SIGER DE BRABANT

QUAESTIONES IN METAPHYSICAM

CENTRE DE WULF-MANSION

CENTRE DE RECHERCHES DE PHILOSOPHIE ANCIENNE ET MÉDIÉVALE
CRÉÉ PAR L'INSTITUT SUPÉRIEUR DE PHILOSOPHIE
DE L'UNIVERSITÉ DE LOUVAIN

PHILOSOPHES MÉDIÉVAUX

COLLECTION DE TEXTES ET D'ÉTUDES PUBLIÉE SOUS LA DIRECTION DE
FERNAND VAN STEENBERGHEN

La diffusion de la collection est assurée
en Belgique et à l'étranger
(sauf la France et l'Allemagne)
par les
ÉDITIONS NAUWELAERTS, S.A.
Avenue des Volontaires, 321
1150 Bruxelles

en France par la Société d'édition
LES BELLES LETTRES
Boulevard Raspail, 95
F-75006 Paris

en Allemagne par
DOKUMENTE-VERLAG
Postfach 1340
D-7600 Offenburg

PHILOSOPHES MÉDIÉVAUX

TOME XXIV

WILLIAM DUNPHY

PROFESSEUR À L'UNIVERSITÉ DE TORONTO
ET À SAINT MICHAEL'S COLLEGE

SIGER DE BRABANT

QUAESTIONES IN METAPHYSICAM

ÉDITION REVUE DE LA REPORTATION DE MUNICH

TEXTE INÉDIT DE LA REPORTATION DE VIENNE

LOUVAIN-LA-NEUVE

ÉDITIONS DE L'INSTITUT SUPÉRIEUR DE PHILOSOPHIE

1981

ISBN 2-8017-0157-2
© 1981 Éditions de l'Institut supérieur de philosophie
D. 1980/0602/26

*A MON ÉPOUSE KATHLEEN,
QUI SAIT POURQUOI.*

AVANT-PROPOS

Quatre versions différentes des *Quaestiones in Metaphysicam* de Siger de Brabant ont été découvertes jusqu'ici:
    M   Munich, Clm 9559, fol. 93^r-118^v;
    P   Paris, Bibl. nat., lat. 16297, fol. 81^r-87^v;
    C   Cambridge, Peterhouse 152, fol. 51^r-103^v;
    V   Vienne (Autriche), Nationalbibliothek, lat. 2330, fol. 99^r-106^v.

En 1948 Dom Cornelio Andrea Graiff a publié M et P ([1]). M contient un commentaire qui s'étend aux livres II à V de la *Métaphysique*; il prend fin avec le chapitre 7 (1017 a 35) et plus de la moitié du livre V n'est donc pas commenté. P couvre une plus grande partie du traité d'Aristote, puisqu'il s'étend du livre II au livre VII, chapitre 14 (1039 a 24), mais le commentaire est beaucoup plus condensé que celui de M.

C, comme P, commence avec le livre II et finit avec le livre VII, mais s'étend jusqu'au chapitre 17 (1041 b 19) de ce livre. C est beaucoup plus détaillé que P; c'est l'exemplaire le plus complet de la *Métaphysique* de Siger retrouvé à ce jour.

V commence avec le livre V, chapitre 6 et finit avec le livre VII, chapitre 11 (1037 b 5).

Les quatre recensions sont des reportations d'étudiants et sont le fruit des leçons de Siger à l'Université de Paris ([2]).

La découverte de M a été annoncée par Mgr Grabmann en 1924 et P a été identifié par M. Duin en 1939. Le P. Maurer fit connaître l'existence de C en 1950. Quant à V, je rencontrai pour la première fois ces *Quaestiones in Metaphysicam* en étudiant le codex latin 2330 de Vienne, tandis que je préparais l'èdition partielle des *Quaestiones in Metaphysicam* de Pierre d'Auvergne, dont un exemplaire est conservé dans ce codex. Mais j'ignorais alors que ces questions appartenaient à

([1]) C.A. GRAIFF, *Siger de Brabant. Questions sur la Métaphysique* (1948).

([2]) Sur les quatre recensions du commentaire et sur les autres fragments retrouvés par J. VENNEBUSCH et par G. BRUNI, voir F. VAN STEENBERGHEN, *Maître Siger de Brabant* (1977), p. 184-185. Le ms. Cambrai 486, fol. 42^r-88^r, contient des *Quaestiones in Metaphysicam* I-V qui sont assez semblables à celles de Siger. Cf. A. MAURER, *Ms Cambrai 486: another redaction of the Metaphysics of Siger of Brabant?* (1949). Le P. Maurer estime aujourd'hui que ces questions ne sont pas l'œuvre de Siger, mais d'un de ses disciples, qui s'est servi librement des leçons de Siger pour préparer son propre cours. Cf. A. MAURER, *The State of historical research...* (1956).

Siger. Uniquement soucieux d'achever sans délai ma dissertation doctorale pour l'Université de Toronto, je me contentai de m'assurer qu'elles n'étaient pas l'œuvre de Pierre d'Auvergne et je les mis de côté en vue d'un examen futur, lorsque j'aurais plus de loisirs.

Onze ans plus tard seulement, en 1964, lorsque je retournai à Toronto comme professeur, je trouvai le temps de poursuivre ma recherche. Ayant commencé la transcription des *Quaestiones* durant l'été de 1965, je m'aperçus qu'il s'agissait d'une œuvre de Siger; je fis part de cette découverte à Étienne Gilson et à Armand Maurer, qui me pressèrent de publier ce texte important. L'année suivante, deux savants Dominicains, membres de la Commission léonine, le P.A. Dondaine et le P.L.J. Bataillon, publièrent leur magistral inventaire de *Vienne 2330* dans l'*Archivum Fratrum Praedicatorum*. Très aimablement, ils m'engagèrent à poursuivre mon travail et à éditer la version viennoise des *Quaestiones in Metaphysicam* de Siger.

En 1967, nous avons fait part, le P. Armand Maurer et moi, de notre intention de publier conjointement les recensions de Vienne et de Cambridge ([3]). Mais le décès prématuré de Dom Graiff en 1977 a modifié nos plans, son projet de rééditer l'ouvrage de 1948, épuisé depuis peu, n'étant plus réalisable. Nous avons agréé la suggestion que nous a faite M.F. Van Steenberghen, de combiner notre projet avec celui du P. Graiff et de publier, en deux volumes, les quatre versions connues des *Quaestiones in Metaphysicam* dans la collection *Philosophes médiévaux*, où les autres écrits de Siger existent déjà en édition critique. Voici comment le travail a été partagé.

Le P.A. Maurer publiera le commentaire inédit de *Cambridge* en même temps que celui de *Paris*, qui s'étend aux mêmes livres et qui a déjà été publié en 1948 par le P. Graiff.

Je me suis chargé des deux autres versions. On trouvera donc dans le présent volume les recensions de *Munich* et de *Vienne*. Le texte de Munich, publié par le P. Graiff en 1948, porte sur les livres II à V; j'ai pu revoir entièrement le texte de M à la *Staatsbibliothek* de Munich, ce qui m'a permis d'améliorer notablement l'édition du P. Graiff; mais je n'ai pas cru souhaitable d'alourdir l'apparat en mentionnant toutes les corrections apportées au texte de l'édition de 1948; je les signale seulement dans les rares cas où la correction est douteuse; la ponctuation a également été améliorée et quelques corrections conjecturales ont été proposées. Le texte de Vienne est publié ici pour la première fois et porte

---

([3]) W. DUNPHY and A. MAURER, *A Promising new discovery...* (1967).

sur les livres V à VII. L'ensemble forme donc un commentaire sur les livres II à VII de la *Métaphysique*, bien qu'il s'agisse de deux reportations provenant de deux cours différents du maître brabançon, comme je le montrerai plus loin.

Trois documents sont publiés en appendice : un fragment de commentaire au livre II de la *Métaphysique*, un fragment de commentaire au livre VII et deux questions de Siger sur le principe d'individuation. Les deux premiers morceaux se lisent dans le Clm 9559 de Munich, entre la question 6 et la question 7 de l'introduction de Siger à son commentaire; il ne semble pas qu'ils aient Siger pour auteur. Le troisième morceau, au contraire, est certainement l'œuvre du maître brabançon : ce sont des questions détachées de son commentaire sur la *Métaphysique* et mises en circulation isolément.

Au cours du volume, les travaux (livres et articles) sont cités d'une manière abrégée : auteur, titre ou premiers mots du titre, date de publication lorsque le travail est cité pour la première fois. On trouvera les renseignements bibliographiques complets dans la *Table bibliographique* à la fin du volume.

Je remercie le Dr Otto Mazal, Directeur du Département des manuscrits, et ses collaborateurs de la *Nationalbibliothek* de Vienne pour leur aimable coopération lorsque j'examinai sur place le *codex 2330*. Pour m'avoir permis d'étudier le précieux *Clm 9559*, la même gratitude est due au Dr Dachs, Directeur du Département des manuscrits de la *Bayerische Staatsbibliothek* à Munich, et au personnel du Département, spécialement à Madame L. Renner.

Je voudrais aussi reconnaître publiquement l'assistance multiforme que les jeunes chercheurs travaillant à *St. Michael's College* ou au *Pontifical Institute of Mediaeval Studies* de Toronto, reçoivent de la communauté des savants plus âgés qui y résident. A quelques pas de leur bureau de travail, ces jeunes chercheurs trouvent toujours, généreusement disponibles, tantôt un expert en latin médiéval, tantôt un paléographe habile à dénouer toutes les énigmes des manuscrits.

Parmi ces auxiliaires précieux, je tiens à reconnaître spécialement ma dette de gratitude envers trois prêtres érudits de la Congrégation de Saint-Basile, la communauté religieuse qui a fondé *St. Michael's College* au XIXe siècle et le *Pontifical Institute* au XXe : J. Reginald O'Donnell, qui m'a introduit le premier dans le monde de la paléographie latine médiévale; Armand A. Maurer, qui, d'abord mon professeur et maintenant mon collègue, n'a jamais ménagé ses encouragements et son assistance dans la réalisation de ce projet ; enfin Joseph E. Wey, le savant latiniste qui lit les manuscrits médiévaux avec l'aisance et la curiosité que d'autres mettent à dévorer des romans policiers et qui, après avoir lu ma transcription, m'a fait plus d'une centaine de suggestions, toujours pertinentes, pour améliorer l'édition.

Je ne puis omettre de mentionner également l'aide souvent occasionnelle, mais toujours efficace, que j'ai trouvée auprès d'un savant Dominicain, le P. Léonard Boyle.

Parmi les personnes auxquelles je me sens lié par une dette de gratitude spéciale, je cite en dernier lieu — last, but by no means least ! — le savant médiéviste qui m'a introduit le premier à la pensée de Siger lorsqu'il était Visiting Professor au *Pontifical Institute* en 1950 et dont les publications sur Siger ont stimulé pendant un demi-siècle les recherches sur le maître brabançon : le chanoine Fernand Van Steenberghen. Je lui dois aussi de nombreuses suggestions utiles pour cette édition de textes, qu'il a bien voulu accueillir dans la collection «Philosophes Médiévaux».

Bel Air, Condé-sur-Huisne (France), mai 1980.   W. Dunphy

INTRODUCTION

Je reprendrai, dans cette introduction, tout ce qui demeure valable dans l'introduction du P. Graiff, notamment la description de M ainsi que les exposés relatifs à l'authenticité et aux caractéristiques littéraires de M.

Description des manuscrits

1. *Munich, Clm 9559.*

Le contenu de ce codex a été décrit pour la première fois en détail par Grabmann en 1924 ([1]). De nouvelles précisions ont été apportées par J.J. Duin en 1954: Duin a notamment distingué les différentes mains qu'on peut discerner dans le manuscrit, ainsi que les cahiers dont il est formé ([2]).

Tandis que Duin a présenté de nombreux arguments en faveur de l'attribution à Siger de la collection complète des commentaires aristotéliciens anonymes conservés dans le Clm 9559 ([3]), M. Sajó a pu établir que deux au moins de ces commentaires sont l'œuvre de Boèce de Dacie([4]).

Je me bornerai ici à décrire les *Quaestiones in Metaphysicam*, qui occupent trois cahiers du codex: fol. 93-94; fol. 95-106; fol. 107-118. *Incipit*: Cum in omni scientia debeat esse aliquod suppositum. *Explicit*: Quando ergo aliquid potest transmutari ab aliquo agente ad actum agentis, ipsum habet principium passivum transmutationis ad ipsum actum; hoc autem est potentia passiva; ideo etc.

Cette partie du manuscrit est ainsi composée:

1) Un petit cahier de deux folios (93-94) contient les six premières questions de l'introduction et deux fragments disparates. Fol. 93^r: les six questions (la moitié de la colonne b est vide). Fol. 93^v-94^r: premier fragment, contenant le plan raisonné de la *Métaphysique* avec indication de l'objet de chaque livre, puis un commentaire littéral de quelques

---

[1] M. GRABMANN, *Neuaufgefundene Werke...* (1924), p. 8-12; *Neu aufgefundene «Quaestionen» Sigers...* (1924), p. 111-126.
[2] J.J. DUIN, *La doctrine de la providence...* (1954), p. 121-130.
[3] *Ibidem*, p. 171-175.
[4] G. SAJÓ, *Boèce de Dacie...* (1958).

passages du début du livre II (la col. b de 94ʳ est à peine entamée). Fol. 94ᵛ: second fragment, sur le livre VII de la *Métaphysique*.

2) Deux cahiers de 12 folios chacun (95-106 et 107-118), comprenant les deux dernières questions de l'introduction, toutes les questions des livres II, III et IV, enfin la partie du livre V qui nous est parvenue. Fol. 95-106 (premier cahier). Au bas du fol. 106ᵛᵇ on lit la rubrique: *quod est unius scientiae*, réclame du cahier suivant. Les 8 folios intérieurs de ce cahier ont les marges coupées très irrégulièrement. Fol. 107-118 (second cahier). Au bas du fol. 118ᵛ, on trouve la rubrique: *substantia dicitur et corpora sim(plicia)*, ce qui est la réclame du cahier suivant, qui est perdu.

Le P. Graiff s'est posé deux questions à propos des deux fragments qu'on trouve dans le petit cahier (fol. 93-94). Sont-ils l'œuvre de Siger? Comment expliquer la place qu'ils occupent entre les six premières questions de l'introduction et les deux dernières?

En ce qui concerne l'auteur des fragments, Graiff constate que Grabmann([5]) et Van Steenberghen([6]) «inclinent à attribuer le premier fragment à Siger»; mais il ajoute, en note, qu'en 1942 Van Steenberghen considérait encore comme douteuse l'authenticité de ce fragment ([7]).

Graiff reprend un argument du professeur de Louvain en faveur de l'attribution du fragment à Siger:

> C'est uniquement vers le début du premier fragment (fol. 93ᵛᵃ) qu'on trouve la raison pour laquelle le ms., malgré l'indication de l'index, ne donne explicitement aucune question sur le *premier* livre de la *Métaphysique*: on y lit que le premier livre n'étant pas d'Aristote, mais probablement de Théophraste, il n'y a pas lieu de s'y arrêter.

Puis Graiff ajoute cette remarque personnelle:

> La dernière phrase du livre II: sunt ergo in hoc secundo tria determinata: *primo, quod cognitio veritatis uno modo facilis, alio modo difficilis...*, suppose la doctrine du premier fragment: Intentio autem Aristotelis in hoc libro est ostendere modum viae qua homo in cognitionem veritatis veniat. Et primo ponit conclusionem, quae est *quod cognitio veritatis uno modo facilis, alio modo difficilis...* ([8]).

Cet argument ne me paraît pas très solide. Le fragment en question s'ouvre par un lemme, les premiers mots du livre II d'Aristote. Il rappelle d'abord (*sicut prius dictum est*) que la métaphysique (*haec scientia*) *considerat de ente et de consequentibus ad ens*. Il énumère ensuite quatre

---
([5]) M. GRABMANN, *Neuaufgefundene «Quaestionen»...*, p. 124.
([6]) F. VAN STEENBERGHEN, *Siger de Brabant...*, I (1931), p. 294-296; II (1942), p. 573.
([7]) C.A. GRAIFF, *Siger...*, p. XI.
([8]) *Ibidem*, p. XI-XII.

groupes de *consequentia ad ens* et déclare que tout ce qui est étudié dans cette science est réductible à l'un de ces quatre groupes. Il procède ensuite à une intéressante *divisio textus* des quatorze livres de la *Métaphysique*, basée sur les *quaesita in ea considerata*. Aussitôt après, il commence le commentaire du livre II par la phrase citée plus haut: *Intentio autem Aristotelis* etc. Mais le sujet de *ponit* est évidemment Aristote, qui commence effectivement le livre II par une thèse sur la vérité, thèse qu'il s'applique ensuite à justifier; ce passage du fragment pourrait donc trouver place au début de n'importe quel commentaire du livre II. Quant à la finale invoquée par Graiff, il s'agit simplement d'un rappel des principaux thèmes développés par Aristote dans les trois chapitres du livre II; cette finale pourrait servir de conclusion à n'importe quel commentaire du livre II. D'ailleurs, après la question 16 de son commentaire, Siger rappelle également les principaux thèmes des chapitres 1 et 2 avant de commencer son commentaire du chapitre 3: *A principio II^i duo determinavit: unum, quod cognitio veritatis uno modo facilis, alio modo difficilis; secundum, quod est status in quolibet genere causae* (^{9}).

Que penser de l'autre argument, selon lequel ce premier fragment contient l'exposé du motif pour lequel Siger omet de commenter le livre I? A moins de soutenir que Siger à lui seul a repris la tradition d'après laquelle Théophraste serait l'auteur du livre I, on ne peut voir dans ce passage du fragment la preuve de son appartenance à Siger. Il faut noter d'ailleurs qu'au cours de son commentaire, Siger cite expressément Aristote comme l'auteur de thèses et de positions défendues dans le livre I(^{10}); même le fragment en litige contient une référence à Aristote comme auteur du livre I(^{11}). Enfin la recension de Cambridge, qui commence aussi avec le livre II précédé d'une introduction en huit questions, ne possède pas ce fragment; ce fait me porte à me rallier à l'opinion de Duin, pour qui l'absence du fragment en C compromet l'attribution de ce fragment à Siger(^{12}).

Pour toutes ces raisons, ce premier fragment sera publié en appendice avec l'autre fragment contenu dans le premier cahier et que personne n'a considéré comme l'œuvre du maître brabançon(^{13}).

Pour les mêmes raisons, je ne puis accepter les arguments avancés par Graiff pour expliquer la place qu'occupe ce premier fragment dans le

---

(^{9}) Cf. *infra*, p. 80, 2-4.
(^{10}) Cf. *infra*, p. 168, 8.
(^{11}) Cf. *infra*, p. 421, 41-42.
(^{12}) J.J. DUIN, *La doctrine de la providence...*, p. 230, n. 141.
(^{13}) Cf. *infra*, p. 417-425.

codex : il y voyait un «véritable trait d'union entre les questions d'introduction et la première question du commentaire au livre II».

Par contre, les arguments de Graiff tendant à montrer que les six premières questions de l'introduction ont probablement été copiées par le scribe alors qu'il avait déjà copié les questions 7 et 8 au début du deuxième cahier (fol. 95ra), sont convaincants.

D'abord, le lien entre ces six questions et les suivantes est établi par le copiste lui-même, qui note à la fin de la question 6 : *Tunc quaerendum est de subiecto huius scientiae. Et primo utrum esse in causatis pertineat ad essentiam causatorum. Et quaere istam quaestionem alibi, simul cum alia quaestione, utrum scilicet solus Deus sit causa Socratis secundum quod ens* ([14]).

Graiff fonde un second argument sur la comparaison entre l'écriture du scribe dans les deux cas :

> Il est probable que les folios 93-94 ont été écrits après le premier cahier de douze folios. En effet, l'écriture de cette portion du ms. est plus menue et fort serrée. De plus, l'absence presque totale de corrections, qui fait contraste avec le premier cahier [de douze folios], dont la marge porte presque toujours assez bien de renvois, ce qui va disparaître dans le second cahier, fait penser aussi à la transcription d'un texte préexistant et à son insertion ici. Pourquoi, sinon, cette demi-colonne (fol. 93rb) serait-elle demeurée vide ? Le copiste, arrivé au terme de la question 6, renvoie le lecteur au fol. 95ra, où l'on trouve les deux dernières questions de l'introduction ; celles-ci avaient donc déjà été copiées et, comme le note M. Van Steenberghen, répondent au *Quinto* et au *Sexto* du plan général annoncé en tête de l'introduction ([15]).

Toutefois plusieurs problèmes se posent encore concernant ces huit questions prises comme un tout pour former l'introduction de Siger à son cours sur la *Métaphysique* d'Aristote. Pourquoi le scribe a-t-il copié les questions 1-6 après les questions 7-8 ? Est-ce un simple accident dans l'organisation de son travail de copiste ? Mais les questions 7 et 8 forment un bloc distinct, avec leur propre phrase introductrice ([16]). En outre, ces deux questions ne répondent pas entièrement aux cinquième et sixième points annoncés au début du bloc des questions 1-6 ([17]). De plus, les questions 7-8 sont plus développées et se présentent davantage comme

---

([14]) Cf. *infra*, p. 41, 4-5 et apparat. La dernière phrase au moins (*Et quaere...*) est une note du copiste et doit donc figurer dans l'apparat, et non dans le texte de Siger, contrairement à ce qu'a fait Graiff (p. 10), alors qu'il voyait dans toute la finale de la question 6 une note du copiste (p. XIII).
([15]) Cf. *infra*, p. 35, 13-18.
([16]) Cf. *infra*, p. 41, 4-5.
([17]) Cf. J.J. DUIN, *La doctrine de la providence...*, p. 232-235.

questions que les six premières. Enfin on peut relever une différence mineure entre les deux groupes: laissant de côté la question 1, qui est un exposé plutôt qu'une vraie question, on constate que les questions 2-5 sont introduites par le mot *an*, tandis que les questions 7 et 8 le sont par le mot *utrum*, terme classique au début de la *quaestio* scolastique.

Sans doute, ces huit questions forment un bloc unique en P et en C. Mais ne se peut-il pas qu'elles n'étaient pas encore unies en M? On a un exemple semblable de remaniement dans le livre III du commentaire: en M, les questions 18 et 19 sont manifestement le fruit d'une discussion qui s'était produite au cours d'une leçon à propos des questions 15 et 16 du même livre; or en P et en C, ces deux questions sont rattachées aux questions 15 et 16 avec lesquelles elles forment un ensemble doctrinal. M reflète peut-être un stade de l'enseignement de Siger où son introduction ne comportait que les questions 7 et 8; les six premières auraient été ajoutées ensuite par le copiste, qui les aurait empruntées à un cours ultérieur du maître ([18]).

Rappelons que, dans les commentaires aristotéliciens du Clm 9559, des passages plus ou moins étendus sont rendus illisibles au moyen de gros traits d'encre noire, larges de plusieurs millimètres et couvrant presque entièrement l'écriture; ailleurs des passages plus longs sont annulés par de gros traits croisés en forme de croix de S. André. Le contexte révèle qu'il s'agit de passages où sont développées des thèses condamnées par l'évêque de Paris le 7 mars 1277. Le propriétaire du recueil a sans doute voulu éviter tout risque d'excommunication en supprimant, dans les commentaires aristotéliciens qu'il avait réunis, les passages qu'il jugeait atteints par le décret épiscopal; car celui-ci sanctionnait, non seulement tous ceux qui avaient enseigné les erreurs condamnées, mais aussi les auditeurs qui ne les désapprouveraient pas ([19]).

Trois passages des *Quaestiones in Metaphysicam* portent des traits noirs de ce genre: le *Commentum* qui suit la question III, 15, où il s'agit de la création et de l'éternité du monde (fol. 102^v); la question V, 11, où l'on demande si un seul effet procède immédiatement de la Cause première (fol. 114^r); la question V, 20, à l'endroit où Siger parle de

---

([18]) Rappelons que les questions 7 et 8 se retrouvent substantiellement dans le fragment publié par VENNEBUSCH: ce sont les deux premières questions de ce fragment, qui en compte trois.

([19]) Cf. M. GRABMANN, *Neuaufgefundene Werke...*, p. 10 (sur les mutilations du Clm 9559); F. VAN STEENBERGHEN, *Maître Siger de Brabant*, p. 150 (sur la condamnation du 7 mars 1277).

l'individuation des substances séparées (fol. 118ʳ). Ces passages ont été reconstitués dans la mesure du possible par Graiff.

Rappelons enfin que M n'est pas l'œuvre d'un copiste professionnel, mais celle d'un étudiant qui a voulu se constituer un recueil de textes en vue de son usage personnel. Il existe deux catégories de manuscrits scolastiques : ceux qui sont écrits par des gens de métier, des professionnels de la corporation des libraires ou stationnaires : leurs traits distinctifs sont la calligraphie, la rareté des ratures, les lettres enluminées, les motifs décoratifs etc. ; ceux qui sont écrits par des étudiants ou des maîtres, à leur usage personnel, sans souci esthétique : l'écriture est cursive, souvent petite et irrégulière, d'une lecture difficile, les abréviations sont nombreuses, mais on vise à l'exactitude de la copie. C'est à ce dernier genre qu'il faut rattacher M : il s'agit d'une transcription d'étudiant, mais d'un étudiant intelligent et appliqué, qui désire posséder un texte exact. Le codex de Munich est d'ailleurs formé de parchemins grossiers et souvent mutilés d'avance, puisque le scribe évite les trous ou les taches du parchemin. L'écriture est cursive et irrégulière, tantôt très serrée et tantôt moins ; les ratures sont faites sans la discrétion du copiste professionnel.

2. *Vienne, Nationalbibliothek, lat. 2330.*

Un inventaire assez complet de ce codex a été donné par A. Dondaine et L.J. Bataillon[20]. La description qu'on va lire est basée en grande partie sur leur travail ; j'y ai ajouté quelques observations.

Le codex, en parchemin, date du dernier tiers du XIIIᵉ siècle ; 308 × 230 mm., avec quelques irrégularités. Après une double feuille de garde (fol. I-II), le codex compte quinze cahiers de deux à six feuillets chacun. La numérotation des folios est continue de 1 à 119, mais il n'y a pas de folios 83 et 110.

Les textes réunis dans ce codex sont l'œuvre de deux copistes principaux. Dondaine et Bataillon les appellent la main A et la main B. Ils voient en A la belle gothique parisienne d'un copiste professionnel de la fin du XIIIᵉ siècle ; en B, une écriture italienne plus personnelle et souvent fort abrégée, remontant à la même période.

Les textes sont copiés en deux colonnes. Le copiste A écrit en moyenne 52 lignes par colonne (fol. 1ra-39rb), tandis que le copiste B parvient à en écrire 59 à 82 (fol. 40ra-119vb)[21].

---

[20] A. DONDAINE et L.J. BATAILLON, *Le manuscrit Vindob. lat. 2330 et Siger de Brabant* (1966).

[21] Les trois derniers écrits, copiés par la main B, couvrent des colonnes qui comportent en moyenne respectivement 75, 80 et 60 lignes.

Plusieurs autres mains apparaissent dans les notes marginales. La plus importante, appelée petit c par Dondaine et Bataillon, a aussi introduit les titres des écrits dans les marges supérieures et c'est elle qui a modifié certaines attributions dans la table des matières du codex, où, sauf une exception, le nom de Siger de Brabant a été systématiquement remplacé par celui de Pierre d'Auvergne. Le scribe c a été probablement le premier propriétaire du codex ([22]).

L'histoire des propriétaires ne peut être tracée qu'à partir de la fin du XVIe siècle. On trouve le codex mentionné dans un inventaire dressé en 1587 pour la Bibliothèque impériale : il s'agit de près de 500 manuscrits grecs et latins, provenant de la collection de l'humaniste hongrois Jean Sambucus, récemment décédé (1531-1584). Le nom *Joan Sambuci* se lit dans la marge inférieure du fol. 1^r, en dessous de la première colonne. Sambucus pourrait avoir acheté le codex en Italie entre 1561 et 1563 ([23]).

Les deux feuilles de garde portent diverses annotations sans intérêt ici, mais surtout (fol. 1^v) une très intéressante table des matières, qui sera analysée plus loin en connection avec l'authenticité de V comme œuvre de Siger ([24]).

Les deux premiers cahiers (fol. 1-8 et 9-19) conservent trois écrits : la *Sententia super librum de bona fortuna* de Gilles de Rome (fol. 1ra-9va) ; la *Sententia super librum de causis longitudinis et brevitatis vitae* de Pierre d'Auvergne (fol. 9va-12va) ; sa *Sententia super librum de causis motus animalium* (fol. 12va-19rb). Chacun de ces écrits a un *explicit* qui l'attribue expressément à Gilles de Rome ou à Pierre d'Auvergne. Le verso du fol. 19 est blanc.

Les trois cahiers suivants (fol. 20-27, 28-35 et 36-39) contiennent une *Sententia super IV^m Meteororum* dont l'*explicit*, attribuant l'ouvrage à Siger de Brabant, a été modifié : le nom de Siger de Brabant a été gratté et remplacé par celui de Pierre d'Auvergne. Ici encore, le verso du dernier folio du troisième cahier est resté blanc ; ce blanc marque aussi une coupure entre le travail du copiste A et celui du copiste B.

Le sixième cahier (fol. 40-49) contient deux écrits : la *Sententia super librum de morte et vita* de Pierre d'Auvergne (fol. 40ra-47rb) et une *Sententia super librum de causis longitudinis et brevitatis vitae* (fol. 48ra-49vb) qui est anonyme, mais que la table des matières attribuait

---

([22]) Pour les observations de DONDAINE et BATAILLON sur le petit c, voir *Le manuscrit...*, p. 161-162. L'altération systématique du nom de Siger sera étudiée plus loin, p. 18-20.
([23]) *Ibidem*.
([24]) Cf. *infra*, p. 19.

originairement à Siger. Le premier écrit groupe en fait trois commentaires littéraux sur les traités d'Aristote *De iuventute et senectute, De inspiratione et respiratione* et *De morte et vita*; ces trois petits traités étaient connus au XIIIe siècle et habituellement réunis en un seul sous le titre du troisième. Il n'y a qu'un *explicit* pour les trois commentaires et Pierre d'Auvergne est mentionné expressément comme leur auteur. Le second écrit est incomplet et ne porte donc pas d'*explicit*, où l'on pourrait s'attendre à trouver le nom de l'auteur, s'il était connu. Dondaine et Bataillon se montrent hésitants quant à l'exactitude de la table des matières lorsqu'elle attribue ce commentaire à Siger, mais ils laissent la question ouverte ([25]).

Le septième cahier (fol. 50-59) conserve un seul écrit, une *Sententia super librum de somno et vigilia*. L'*explicit* ne mentionne pas le nom de l'auteur, mais une autre main a ajouté une phrase qui semble devoir être lue *reportata sub magistro seiero*. Ces mots ont été grattés. La table des matières attribuait aussi originairement cette *Sententia* à Siger, mais une main ultérieure a remplacé Siger par Pierre. Dondaine et Bataillon concluent une longue discussion pour et contre l'attribution à Siger en disant qu'ils inclinent à admettre l'authenticité, mais que, pour affirmer davantage, il faudrait entreprendre l'analyse détaillée du texte, ce qu'ils ne pouvaient faire à ce moment ([26]). Une fois de plus, un espace est laissé blanc au dernier folio du cahier, le texte étant achevé au fol. 59va.

Les *Quaestiones in Metaphysicam* de Pierre d'Auvergne occupent les cinq cahiers suivants. Les questions sur les livres I-V s'étendent sans interruption sur les trois premiers cahiers (fol. 60-67, 68-75 et 76-82). Mais la qualité du texte qui a servi de modèle à B commence à se détériorer et le copiste note, dans la marge du fol. 82va: *Ista questio quasi tota corrupta est*. La copie s'arrête après six lignes de la colonne suivante, dont le reste est blanc. C'est là que la main postérieure c a écrit: *Nota. residuum quinti libri et sextum librum post istud quaternum, ubi est istud signum*, suivi de trois anneaux enlacés. Il n'y a pas de fol. 83. Le copiste B commence le folio 84 avec les mots: *Super 7^m Metaphysice a magistro Petro de Arvenia*. Ces questions occupent un cahier séparé (fol. 84-90), dont les 18 dernières lignes sont restées blanches. Il y a aussi un *explicit* distinct, dans lequel le copiste B attribue cette série de questions sur le livre VII à Pierre d'Auvergne. Un nouveau cahier (fol. 91-98) contient les questions de Pierre d'Auvergne sur les livres X et XII de la

---

([25]) *Le manuscrit...*, p. 184-188.
([26]) *Ibidem*, p. 188-196.

Métaphysique. Le copiste B note sur le premier folio : *Questiones super 10 Metaphysice a magistro Petro de Arvenia;* il termine son travail par un *explicit* selon lequel ces questions ont été *reportate sub magistro Petro de Arvenia* ([27]). Les trois dernières colonnes de ce cahier sont blanches (fol. 98rb et 98^v).

Le neuvième écrit conservé dans le codex occupe le cahier suivant (fol. 99-106). Il s'agit des *Quaestiones in Metaphysicam V-VII* de Siger de Brabant, éditées ici. Étant donné que le texte du dernier folio s'arrête au milieu d'une question (VII, 11), il n'y a pas d'*explicit* où l'on pourrait s'attendre à trouver le nom de l'auteur ([28]). Toutefois, comme on le verra plus loin, une preuve d'ordre externe et une autre d'ordre interne permettent d'attribuer sans hésitation ce commentaire à Siger de Brabant.

Le cahier suivant, qui n'a que trois folios (107-109), porte une série incomplète et anonyme de questions sur le *Liber de causis*, que la table des matières attribue à un maître en théologie de Paris, sans donner son nom. Une main ultérieure, c, attribue l'ouvrage à Pierre d'Auvergne dans la marge supérieure du fol. 107^r ([29]).

Le dernier cahier du codex de Vienne (fol. 111-119) porte une autre série incomplète de questions sur le *Liber de causis*, que la table des matières attribue à Siger. Ces questions ont été éditées par Antonio Marlasca ([30]). Les dernières lignes du fol. 119va et la seconde colonne de ce folio sont restées blanches, bien qu'on trouve au bas du folio des *voces reclamantes* introduites par la note : *ista continuatio vadit ad quaternum sequentem qui*

([27]) Ce groupe de questions est de grand intérêt pour les historiens de Pierre d'Auvergne, un maître parisien de la Faculté des arts contemporain de Siger. On connaît maintenant dix autres manuscrits qui contiennent en tout ou en partie ses *Quaestiones in Metaphysicam*, mais aucun d'eux ne contient des questions sur le livre X. Ce fait, joint aux notes marginales selon lesquelles deux groupes de trois et de quatre questions sur le livre XII ont été ajoutées d'après une reportation plus ancienne, confirme l'opinion de ceux qui pensent que l'ouvrage de Pierre a eu au moins deux rédactions.

([28]) DONDAINE et BATAILLON notent (*Le manuscrit...*, p. 174) qu'une réclame dans la marge inférieure du fol. 106^v a été effacée. Ils supposent que cette réclame a été supprimée parce qu'elle n'avait plus de raison d'être dans le codex, puisqu'il ne contient pas (ou ne contient plus) le cahier annoncé par la réclame. Observons toutefois que le copiste a étiré les 37 derniers mots de la question reproduite au fol. 106^v pour remplir tout l'espace restant de la colonne 106vb. Le cahier suivant devait sans doute commencer avec une nouvelle question.

([29]) Notons que le lieu d'origine de Pierre est écrit ici *Alvernia*. Le copiste A écrit également *Alvernia* dans l'*explicit* du fol. 12va et au fol. 19rb. Le copiste B, d'autre part, écrit *Arvenia* dans l'*explicit* du fol. 47rb, au fol. 90vb et au fol. 98ra, de même que dans les titres des fol. 84ra et 91ra. L'auteur de la table des matières écrit aussi *Arvenia*, tandis que la main qui a modifié la table des matières et altéré l'*explicit* du fol. 39rb écrit *Alvernia*.

([30]) A. MARLASCA, *Les Quaestiones super librum de causis de Siger de Brabant* (1972).

sic incipit. Mais le Codex de Vienne n'a pas conservé cette suite annoncée.

Authenticité

1. *Munich, Clm 9559*

La table des matières, qui occupe le dernier folio du codex et qui a été publiée par M. Grabmann en 1924, attribue expressément le groupe de questions sur la *Métaphysique* à un *magistrer Sogerus*:

> Item questiones super primum, secundum, 3^m, 4^m et partim super 5^m metaphisicorum a magistro Sogero ([31]).

Après avoir examiné le texte et transcrit quelques questions, Grabmann conclut que leur auteur était indubitablement Siger de Brabant. D'autres savants distingués ont confirmé cette attribution et, comme on le sait, les *Quaestiones in Metaphysicam* ont été publiées intégralement par Graiff.

Dans son introduction, Graiff cite le jugement de Van Steenberghen:

> Mgr Grabmann a établi que le *magister Sogerus* du codex de Munich ne pouvait être différent du maître brabançon: l'âge du manuscrit et la technique de l'exposé excluent Siger de Courtrai; les doctrines caractéristiques de Siger de Brabant se retrouvent en divers endroits du texte ([32]).

«Pour notre part, ajoutait Graiff, après examen de la doctrine et, en particulier, de celle qu'on trouve dans les passages raturés et biffés, après examen du style net et personnel, sacrifiant l'élégance à une sobre concision, nous n'hésitons pas à reconnaître en ce document la pensée de Siger, bien que sous la forme d'une reportation» ([33]).

2. *Vienne, Nationalbibliothek, lat. 2330.*

L'attribution à Siger de Brabant des *Quaestiones in Metaphysicam* conservées aux folios 99-106 de ce codex est fondée sur des preuves à la fois d'ordre externe et d'ordre interne.

L'ouvrage est attribué à Siger par un cryptogramme qui se lit dans la marge supérieure gauche de son premier folio, 99^r:

([31]) M. GRABMANN, *Neuaufgefundene Werke...*, p. 9. J.J. DUIN lit *Iterum* au lieu de *Item*. Cf. *La doctrine de la providence...*, p. 172.

([32]) F. VAN STEENBERGHEN, *Siger de Brabant...*, II (1942), p. 514, n. 4.

([33]) C.A. GRAIFF, *Siger...*, p. IX.

rxftukpoft · nbhktusk · tfkfsk ·

Si chaque lettre de ce cryptogramme est remplacée par celle qui la précède immédiatement dans l'alphabet latin, on obtient les mots:

questiones · magistri · seieri ·([34]).

Outre ce cryptogramme, il apparaît qu'une tentative a été faite pour cacher l'auteur de l'ouvrage en l'attribuant à Pierre d'Auvergne. Immédiatement en dessous du cryptogramme, après un signe formé de trois anneaux enlacés, une autre main a écrit: *hic est finis quinti et sextus*. Plus haut, dans la marge supérieure droite du fol. 82vb, où le texte des *Quaestiones in Metaphysicam* de Pierre d'Auvergne est interrompu après six lignes vers la fin du livre V, la même main a écrit la note déjà reproduite plus haut: *Nota. residuum quinti libri et sextum post istud quaternum, ubi est istud signum*; cette note est suivie de trois anneaux enlacés semblables à ceux du fol. 99^r. Il paraît clair que l'auteur des deux notes a voulu mettre les questions des fol. 99-106 au compte de Pierre d'Auvergne. La table des matières fait de même, mais Dondaine et Bataillon ont montré que le mot *Petro* a été substitué au mot *Seiero* qui s'y trouvait primitivement([35]). Ils en ont conclu qu'une tentative délibérée a été faite pour cacher l'appartenance de ces questions à Siger.

Un camouflage analogue a été réalisé pour les *Quaestiones in librum de causis* qui occupent les folios 111-119. Au-dessus de la colonne 111ra, la main c a écrit: *Questiones avicene super libro de causis*. Mais au-dessus de ce titre on lit un cryptogramme identique à celui du fol. 99^r, qui doit se lire également: *questiones magistri seieri*([36]).

Si l'on combine ces indications avec une étude attentive de la table des matières du fol. I^{va}, laquelle ne révèle pas moins de quatre cas de grattage, où le nom de *Pierre* a été substitué à celui de *Siger*, la conclusion s'impose avec une force accrue: une tentative systématique a été faite pour cacher l'appartenance à Siger d'une partie notable du codex 2330. Les *Quaestiones in Metaphysicam* éditées ici comme l'œuvre de Siger sont mentionnées comme suit dans la table des matières: *Item, questiones super 5, 6 et 7^m Metaphysice optime a predicto magistro Petro*. Les lettres *pet* de *petro* ont manifestement été écrites sur un grattage de *seie*: la comparaison peut être faite avec le dernier écrit mentionné dans la table, où le mot *seiero* est intact ([37]).

([34]) La solution du cryptogramme a été réussie par l'éminent médiéviste américain S. HARRISON THOMSON.
([35]) Cf. A. DONDAINE et J. BATAILLON, *Le manuscrit...*, p. 154-160.
([36]) *Ibidem*, p. 174-175.
([37]) *Ibidem*, p. 154-160. Voyez la photo en face de la p. 157.

Ce *magister seierus* est-il bien Siger de Brabant? Oui, car cela résulte également de l'examen du quatrième titre de la table: *Item, sententia super 4ᵐ Metheororum a magistro Petro de Alvernia*. Il est clair que le mot gratté sous *Alvernia* était *Brabancia*. La même substitution a été faite dans l'*explicit* de cet écrit au fol. 39ʳᵇ([38]).

A la lumière des mutilations subies par le texte des *Quaestiones in Metaphysicam* en M, cette tentative pour voiler l'auteur des *Quaestiones in Metaphysicam* de V peut fort bien être liée au climat qui régnait à l'Université de Paris après la citation de Siger au tribunal de l'inquisiteur de France, le 23 novembre 1276, et après la condamnation de nombreuses thèses sigériennes par Étienne Tempier, le 7 mars 1277([39]).

Passons aux critères internes. On trouve dans le texte des questions ample confirmation de la paternité de Siger. Si l'on compare la version de V aux versions de M et de P publiées par Graiff, il est clair qu'elle est l'œuvre du même auteur: on y trouve de nombreux parallèles et de nombreuses identités textuelles avec M et P.

La première question de V: *Utrum singulare sit singulare et unum numero et individuum per materiam tantum*, correspond à la question 20 du livre V dans l'édition de Graiff([40]): ces différents traitements du même sujet révèlent clairement l'identité d'auteur.

La même conclusion se dégage de la comparaison de V avec P pour les questions communes à ces deux versions, mais absentes de M.

Le traitement en V de la question *Utrum omnia eveniunt de necessitate* (VII, 1) indique également son appartenance à Siger: on y trouve l'exposé le plus vivant et le plus personnel retrouvé jusqu'ici du thème développé par Siger dans son traité *De necessitate et contingentia causarum*.

Si l'on ajoute à cela les nombreux parallèles et coïncidences textuelles entre V et C, reconnu aussi par tous les érudits comme l'œuvre de Siger, il devient tout à fait évident que l'auteur des *Quaestiones in Metaphysicam* de V, ici éditées, est bien Siger de Brabant.

Date probable

La date de composition du commentaire de Siger sur la *Métaphysique*

([38]) *Ibidem*. Voyez la photo en face de la p. 155.

([39]) Cf. F. Van Steenberghen, *Maître Siger de Brabant*, p. 141-149 et 155-157. Sur le climat créé à Paris après la condamnation, cf. *ibidem*, p. 157-158; É. Gilson, *History of Christian Philosophy...* (1955), p. 385-427. On trouvera plus loin (en face de la p. 130) une photo du fol. 102ᵛ mutilé par de gros traits d'encre noire.

([40]) Cf. C.A. Graiff, *Siger...*, p. 347-355.

a été discutée par Graiff en 1948, par Duin en 1954 et tout récemment par Van Steenberghen, en 1977.

Graiff mentionne la connaissance des traductions latines de l'*Elementatio theologica* de Proclus (mai 1268) et du livre XI de la Métaphysique (1268?), l'utilisation du *De causis et processu universitatis* d'Albert le Grand (1270?) et du commentaire de S. Thomas à la *Métaphysique* (1270-1272). Il conclut que le *terminus a quo* n'est pas antérieur à 1272 [41]. Après examen du problème plus difficile du *terminus ad quem*, il propose comme date de composition des *Quaestiones in Metaphysicam* 1272-1274 [42].

J.J. Duin, tenant compte de la découverte de C par Maurer, estime que les trois versions (M, P et C) sont des reportations différentes d'un même cours de Siger [43]. Sans donner de date précise, il situe les *Quaestiones in Metaphysicam* après les *Impossibilia* et les considère comme contemporaines du *De necessitate et contingentia causarum* [44]. Des versions de ces deux écrits se lisent avec P dans le recueil scolaire de Godefroid de Fontaines; or Duin s'accorde avec Glorieux pour affirmer que tous les écrits contenus dans ce recueil et dont la date de composition est connue, sont antérieurs à 1273 [45]; on peut en inférer que Duin considère les leçons de Siger sur la *Métaphysique* comme antérieures à 1273.

Dans son livre récent sur Siger, le chanoine Van Steenberghen estime d'abord que les quatre recensions connues des *Quaestiones in Metaphysicam* sont des reportations du même cours professé par Siger [46]. Mais il est moins catégorique plus loin, là où il établit le catalogue précis des écrits de Siger: reprenant à son compte l'opinion de Dondaine et Bataillon, il déclare que la reportation de Vienne «provient probablement d'un cours distinct de celui qui a trouvé écho dans les reportations de Munich et de Cambridge» [47]. Après avoir rappelé tous les arguments invoqués jusqu'ici, il place les *Quaestiones in Metaphysicam* vers 1273 [48].

Je crois que la comparaison attentive des textes, en particulier de la question sur l'individuation au livre V, question commune aux quatre versions, incline à penser qu'elles représentent au moins trois différents

---

[41] *Ibidem*, p. XXI-XXII.
[42] *Ibidem*, p. XXVI.
[43] J.J. DUIN, *La doctrine de la providence...*, p. 235.
[44] *Ibidem*, p. 297.
[45] *Ibidem*, p. 273.
[46] F. VAN STEENBERGHEN, *Maître Siger de Brabant*, p. 96.
[47] *Ibidem*, p. 185.
[48] *Ibidem*, p. 96 et 218-219.

cycles de leçons. Une comparaison plus poussée fournit des indications pour un essai de chronologie relative. Avant de proposer les arguments qui peuvent être invoqués en ce sens, je rappelle que les quatre versions doivent être placées entre des limites chronologiques assez étroites: le *terminus a quo* est l'année 1271-1272, la première année académique complète qui suit la mise en circulation, à Paris, de la traduction de la *Métaphysique* par Guillaume de Moerbeke; le *terminus ad quem* est l'année académique 1275-1276, la dernière année académique complète avant le 23 novembre 1276, date de la citation de Siger, qui, au dire de l'inquisiteur, avait déjà quitté le royaume à ce moment.

Notons aussi que la nature de P, reportation très concise et très sélective conservée dans le recueil scolaire de Godefroid de Fontaines, en fait un objet de comparaison difficile. Le fait que quelque chose se lit dans une ou plusieurs des autres versions, mais est absent de P, peut être sans portée pour la chronologie relative des versions.

Le cas est différent si quelque chose se trouve en P et est absent d'une ou de plusieurs des autres versions. Considérons deux exemples de cette dernière espèce, dans la partie du livre V qui manque en M.

Dans le premier cas, on lit en C une question *Utrum operationes factae secundum artes magicas sint a virtute corporum caelestium vel a substantia aliqua intellectuali* (V, 41)([49]), dont on retrouve la trace en P([50]). Dans cette question, Siger prend position au sujet de pratiques magiques dans lesquelles la raison et la foi semblent être en conflit, mais où la foi n'est pas contestée. Étant donné qu'il n'y a pas trace de cette discussion en V, on pourrait voir ici un lien plus étroit entre P et C.

Quant au second exemple, qu'on trouve dans une question sur la puissance de la matière, présente en P, C et V, un argument est invoqué uniquement en P et V([51]). Mais en V, Siger l'introduit en ces termes: *Unde et hoc etiam ostendit quaedam ratio quam consuevi facere ad hoc.* Ceci pourrait suggérer que V est postérieur à P, bien qu'on doive concéder que l'omission de cette remarque en P pourrait être simplement le résultat de la sélectivité de Godefroid.

Un autre point de comparaison concerne une question étroitement liée à celle de l'individuation, commune aux quatre versions. En V cette seconde question, *Utrum individua eiusdem speciei in istis materialibus vel partes substantiae quantae differant secundum substantiam vel solo accidente*, suit immédiatement la première et Siger les lie en ces termes:

[49] A. MAURER a décrit cette question dans son article: *Between reason and faith...* (1956).
[50] C.A. GRAIFF, *Siger...*, p. 362, ligne 51 - p. 363, ligne 93.
[51] Pour P, voir C.A. GRAIFF, *Siger...*, p. 361, lignes 7-10. Pour V, *infra*, p. 332, 31.

Adhuc, de diversitate individuorum substantiarum materialium eiusdem speciei est aliquid videndum quod in se est bonum et difficile. Et est necessarium scire ad hoc ut sciatur per quid individuum aliquod materiale est individuum. Et quaeritur utrum individua... (^{52}).

En M, il n'y a pas trace de cette seconde question, qui se rapporte au livre V, chapitre 6 d'Aristote, alors que M poursuit son commentaire sur le chapitre 7 avec deux questions et trois *commenta* avant l'interruption du commentaire (^{53}). De même, il n'y a pas trace de cette seconde question sur l'individuation en P, qui saute de la première question à une discussion relative au chapitre 12 d'Aristote (^{54}). Par contre, la seconde question se trouve en C, mais seulement après deux *commenta* et cinq questions relatives aux chapitres 7 à 11 du livre V. Et pourtant C lie expressément les deux questions en ces termes:

Sed quia capitulo de uno quaesitum est de causa individuationis, consequenter ad hoc recurrit quiddam quaerendum cuius consideratio et in se est difficilis et ad praedictam quaestionem necessaria... (^{55}).

Si nous attribuons l'apparition tardive de cette question en C à l'intervention d'un étudiant qui aurait interrogé le maître à ce sujet, la jonction en V des deux questions doctrinalement liées apparaîtra comme un progrès et sera donc l'indice d'un enseignement postérieur. Par contre, on ne pourrait comprendre pourquoi, si ces questions étaient primitivement unies, elles auraient ensuite été séparées par d'autres. D'autant plus que leur unité est confirmée par le fait qu'au moins six manuscrits connus contiennent les deux questions comme unité littéraire indépendante, textuellement plus proche de V que de C; il semble donc que ces deux questions ont été détachées de V, écho de la dernière forme de l'enseignement du maître (^{56}).

Sans doute, on doit concéder que de tels arguments, pris isolément, sont fragiles. Ainsi Duin, constatant la place différente en M, C et P, d'une série de discussions suscitées par le livre III d'Aristote, s'applique à rendre compte de ces faits dans le cadre de son hypothèse selon laquelle ces reportations reflètent le même cours de Siger: en M, les questions 18 et 19 du livre III proviennent d'une reprise, par le maître, du thème traité

(^{52}) Cf. *infra*, p. 309, 5-8.
(^{53}) Cf. C.A. GRAIFF, *Siger...*, p. 355-360.
(^{54}) *Ibidem*, p. 354 et 360.
(^{55}) Cambridge, *Peterhouse 152*, fol. 81rb.
(^{56}) Cf. A. DONDAINE et L.J. BATAILLON, *Le manuscrit...*, p. 203-205. Grâce à une communication du P. Bataillon, je puis ajouter à leur liste de cinq mss. un sixième témoin: Munich, *Clm 6942*, fol. 268vb-271vb. Ces questions sont publiées ici en appendice: cf. *infra*, p. 429-448.

précédemment dans les questions 15 et 16; en C, l'étudiant aurait reclassé ses notes de cours en les recopiant à domicile, joignant les questions 18 et 19 aux questions 15 et 16 auxquelles elles sont liées logiquement; enfin en P, Godefroid de Fontaines, qui avait assisté aux leçons, a recopié le contenu des questions 18 et 19 dans les marges à la suite de la question 17, mais avec des signes de renvoi qui les rattachent aux questions 15 et 16 [57].

Mais si M, P et C représentent plusieurs cours différents, on peut tout aussi bien expliquer l'ordre différent des questions: M reflète un premier enseignement, tandis que C représente un cours ultérieur, dans lequel le maître a regroupé les questions dans un ordre plus logique.

A vrai dire, la situation est plus complexe. Lorsqu'on tient compte des variations nombreuses dans l'ordonnancement des matières communes à C et à V dans les livres V et VI, la certitude fait place à de simples probabilités. Voici un seul exemple. C et V contiennent tous deux trois questions sur la *potentia*, suggérées par le chapitre 12 du livre V d'Aristote. En C, les deux premières (27 et 28) sont suivies d'un bref *commentum* et de trois questions sur la quantité (29-31), suggérées par le chapitre 13 d'Aristote; la troisième question sur la *potentia* est la question 32, qui est introduite en ces termes:

Consequenter quaeritur de quodam omisso superius de potentia activa [58].

En V, les deux premières questions sont les questions 5 et 6; il n'y a rien sur le chapitre 13; la question 6 est suivie d'un *commentum* et de deux questions sur la qualité (7-8), inspirées par le chapitre 14 d'Aristote; puis vient la question 9, qui est la troisième question sur la *potentia*, mais sans aucune référence aux deux précédentes [59]. Enfin P réunit la matière des trois questions en une suite parfaitement logique [60]. La situation est assez déconcertante: P semble tirer parti de la note de C en joignant les trois questions; mais V ignore le problème.

Toutefois un argument plus solide peut être avancé en faveur de la chronologie relative des quatre versions. Cet argument est tiré de l'analyse de leur méthode respective comme commentaires. Laissons de côté P en raison du caractère concis et sélectif de la recension de Godefroid. M et C introduisent régulièrement, entre les questions, un commentaire suivi du texte d'Aristote, chapitre par chapitre; des *lemma-*

---

[57] J.J. DUIN, *La doctrine...*, p. 232-235.
[58] Cambridge, *Peterhouse 152*, fol. 84rb.
[59] Cf. *infra*, p. 331.
[60] C.A. GRAIFF, *Siger...*, p. 360, ligne 1 - 362, ligne 50.

ta sont donnés à profusion pour permettre de repérer aisément le texte expliqué, non seulement au début de chaque chapitre d'Aristote, mais souvent au début d'une section à l'intérieur des longs chapitres. V, au contraire, adopte une procédure très différente: ce commentaire est formé principalement de questions, qui suivent plus ou moins strictement le texte du Stagirite. Quelques exposés doctrinaux, appelés *commenta* dans l'édition, prennent place entre les questions; les lemmes sont rares et ont souvent peu d'intérêt pour le repérage du texte que Siger explique.

Que peut-on conclure de cette différence de méthode? L'étude des commentaires aristotéliciens réalisés à Paris entre 1260 et 1280 révèle une évolution des méthodes allant de la pure exposition littérale au commentaire *per modum quaestionum*, en passant par la méthode qui combine comentaire littéral et questions ([61]). A la lumière de ces faits, V représente un traitement plus tardif de la *Métaphysique* que M et C.

Tenant compte de tous ces arguments, j'incline à penser que V est postérieur aux trois autres recensions. Parmi celles-ci, C pourrait être postérieur à M. Quant à P, ce texte semble avoir plus d'affinité avec C qu'avec M. En tout cas, la publication intégrale des quatre versions donnera aux érudits la possibilité d'entreprendre des enquêtes plus détaillées en vue de résoudre le problème chronologique.

Caractéristiques littéraires

1. *Munich, Clm 9559.*

Les *Quaestiones in Metaphysicam* conservées à Munich sont les reportations d'un étudiant. C'était l'opinion de M. Grabmann ([62]). C'est aussi celle de Van Steenberghen, qui observe, à propos de M: «un même problème est repris jusqu'à trois fois à quelques pages de distance; tout se passe comme si des auditeurs avaient posé des objections au maître ou s'étaient montrés surpris de son enseignement, l'obligeant de la sorte à préciser sa pensée au début de la leçon suivante» ([63]).

Graiff croyait confirmer ces vues par l'examen paléographique de M, qui n'est pas l'œuvre d'un copiste professionnel, mais d'un étudiant désireux de se constituer une collection de textes philosophiques importants ([64]). Cet argument ne paraît pas valable, car rien ne prouve

---

([61]) Cf. M. GRABMANN, *Methoden und Hilfsmittel...* (1939), p. 34-36. Cf. aussi A. MARLASCA, *Les Quaestiones...*, p. 15.
([62]) M. GRABMANN, *Neuaufgefundene Werke...*, p. 16.
([63]) F. VAN STEENBERGHEN, *Maître Siger de Brabant*, p. 192-193.
([64]) C.A. GRAIFF, *Siger...*, p. XV.

qu'un tel recueil devait contenir exclusivement des reportations de cours : le recueil scolaire de Godefroid de Fontaines conserve plusieurs autres textes, notamment des opuscules de Thomas d'Aquin[65].

Graiff relève un indice plus sérieux de reportation lorsqu'il constate la présence de vides de quelques mots et parfois de quelques lignes dans le manuscrit : ces vides semblent correspondre à des lacunes dans les notes prises durant la leçon, lacunes que l'étudiant s'efforcerait ensuite de combler à l'aide de notes d'un condisciple ou en s'adressant au maître[66].

On peut aussi tirer argument du style sobre et concis, souvent elliptique et même incorrect, de M, de l'absence de tout effort rédactionnel et de tout souci d'élégance littéraire : tout cela trahit le style oral de l'enseignement. On a fréquemment l'impression d'assister à un dialogue entre Siger et ses auditeurs.

On s'est demandé si M était un manuscrit formé de notes prises directement en classe ou s'il s'agissait d'un texte recopié à domicile. Je pense avec M. Van Steenberghen que la première hypothèse doit être exclue : si l'on songe aux conditions requises pour réaliser un texte comme M (parchemin, encre, plume d'oie) et au manque de confort des locaux scolaires à cette époque, on ne voit pas la possibilité matérielle de « reporter » directement sur parchemin les leçons d'un maître. Les notes de cours devaient être prises à la mine de plomb ou par un autre procédé du même genre, et recopiées après coup[67]. On en a des indices dans M, car, à plusieurs reprises, le copiste a passé une ligne, puis s'est corrigé en recourant au « *va-cat* » avant de reprendre la ligne omise. Voici un exemple : « Consequenter [*quia veritas bene iudicatur per signa*] utrum verum sit iudicandum multitudine loquentium. Videtur quod sic, *quia veritas bene iudicatur per signa* » (fol. 111va). Les mots entre crochets sont supprimés à l'aide de *va-cat*. On trouve d'autres exemples aux folios 101vb, 102ra, 111rb.

Comme il a été dit plus haut, M est construit suivant une méthode mixte : un commentaire littéral continu, balisé par des lemmes empruntés au texte d'Aristote, est entrelardé de questions. La longueur et le nombre des commentaires et des questions varient de livre en livre, mais en moyenne il y a deux questions pour un *commentum*.

---

[65] J.J. Duin, *La doctrine de la providence...*, p. 133-134.
[66] C.A. Graiff, *Siger...*, p. xv.
[67] Cf. F. Van Steenberghen, *Maître Siger de Brabant*, p. 194.

2. Vienne, Nationalbibliothek, lat. 2330.

En lisant le texte de V, on se sent très près de la classe où Siger donnait ses leçons. D'abord, répondant aux requêtes d'un exposé oral, le maître se répète souvent, diminuant ainsi l'effort d'attention et de mémorisation des étudiants. Voici un exemple de retour à un exposé antérieur:

> Sed dices: hoc quod tu nunc dicis videtur contradicere ei quod prius dixisti. Nam prius dixisti quod causa, sic accepta ut non impedita, semper causat suum effectum et immobiliter se habet quantum ad hoc, quia semper causat. Ergo necesse est tunc ex ea, sic accepta, effectum provenire; quod contradicit ei quod nunc dicis (VII, 1)([68]).

Un autre exemple de répétition pédagogiquement utile se rencontre tout au long de V, dans les réponses aux objections présentées au début de la question (*Ad rationes...*). Au lieu de rappeler simplement l'objection (*Ad primum...*, *Ad secundum...*) ou les premiers mots de l'objection, comme il serait normal dans un texte rédigé pour être lu, en V Siger reprend d'ordinaire l'objection intégralement.

Nous savons que le long développement de la question VII, 1 a occupé deux jours consécutifs, car Siger note deux fois: *ut tangebatur heri*. On peut d'ailleurs préciser le début de la seconde leçon, car le maître rappelle la question posée la veille:

> Ad evidentiam huius, utrum omnia quae eveniunt, eveniant de necessitate, ... sex per ordinem consideranda sunt ([69]).

Ceci est confirmé par une note marginale à cet endroit, car cette note semble faire écho à la promesse faite par Siger à ses étudiants, à la fin de la première leçon, de leur donner le lendemain d'amples explications complémentaires:

> Notabilia multa in crastina die ad solutionem quaestionis ([70]).

Dans l'introduction à la question 7 du livre VII, qu'une note marginale qualifie de «*questio moralis*», Siger reconnaît qu'il se laisse aller à une digression:

> Consequenter, gratia exempli quod ponit in fine lectionis, licet non multum sit ad propositum nisi propter exemplum, quaeritur utrum homo studiosus debeat magis studere ad bonum proprium, scilicet bonum sibi soli, quam ad bonum communitatis ([71]).

([68]) Cf. *infra*, p. 379, 89-93.
([69]) Cf. *infra*, p. 381, 75-78.
([70]) Cf. *infra*, p. 381, 74, apparat.
([71]) Cf. *infra*, p. 398, 4-6.

Ce qui, dans d'autres commentaires, pourrait n'être qu'un procédé de rhétorique, semble évoquer en V un véritable dialogue entre le maître et ses étudiants. Ainsi, au livre V, question 15, après avoir établi sa position, Siger ajoute: *Sed contra illud quod dictum est arguitur...*. Il commence sa réponse à cette objection par les mots: *Dicendum ad hoc, sicut dixi...* Mais voici une nouvelle objection: *Et tu dices...* Siger répond: *Dico quod non est verum...* Enfin une dernière instance: *Et si dicas: quomodo potest hoc esse? Dico quod...*([72]).

Le professeur refuse aussi d'être entraîné dans une discussion prématurée. Au livre VI, question 6, à propos de l'*ens per accidens*, Siger remet à plus tard la solution du problème posé:

...nunc non determino, nec sic, nec non, quoniam hoc debet esse de sequenti quaestione ([73]).

Un peu plus loin, dans la même discussion, Siger note de nouveau:

...de hoc sive ita sit, sive non, nunc non determino. Spectat enim ad sequentem quaestionem ([74]).

Siger ne craint pas non plus d'admettre devant ses étudiants qu'il ne considère plus comme valable une position qu'il a défendue précédemment. Ainsi, au livre V, question 1:

Consuevi alias dicere quod materia tantum est illud per quod aliquid est individuum et unum numero, et hoc tali ratione ...Ideo propter hoc videbatur mihi tunc quod... Ita consuevi dicere alias. Sed videamus utrum haec opinio possit stare. Videtur quod non. Immo videtur habere duo peccata... Et sic apparet quod praedicta opinio stare non poterat ([75]).

La rétractation est exprimée en termes encore plus frappants en C, où Siger introduit sa nouvelle position en ces termes:

Quamvis igitur praedictam viam quandoque tenui, ...errorem meum volo corrigere ([76]).

Ailleurs Siger déclare à ses étudiants qu'il est disposé à changer sa position, pourvu qu'une meilleure lui soit présentée. En V, 2, il présente sa propre position en ces termes:

([72]) Cf. *infra*, p. 355-357.
([73]) Cf. *infra*, p. 372, 58-59.
([74]) Cf. *infra*, p. 373, 11-13.
([75]) Cf. *infra*, p. 305-307.
([76]) Ce texte est cité par J.J. Duin, *La doctrine*..., p. 245, n. 176. Ceci est une exception à la règle formulée par F. Van Steenberghen: «je ne connais pas d'exemple d'un maître qui, ayant abandonné une position défendue antérieurement, éprouverait le besoin de signaler cette évolution. Les rétractations de ce genre s'imposaient encore moins dans l'enseignement oral...». *Maître Siger de Brabant*, p. 201.

Propter quod dicendum, sine praeiudicio sententiae melioris, parati semper acquiescere meliori sententiae, quod...(⁷⁷).

Siger se révèle aussi comme un maître qui, à l'occasion, ne mâche pas ses mots. Après avoir défendu une position dans la première question du livre VII, il ajoute:

...quicumque credit oppositum huius, provenit ex sua ignorantia (⁷⁸).

De nouveau, un peu plus loin dans la même discussion, après une objection introduite par les mots *et tu dices*, le maître ne peut cacher ses sentiments:

Ista obviatio fatua est et hominis non intelligentis (⁷⁹).

Plus haut, dans l'exposé des six manières dont la *theologia quae est sacra scriptura* diffère de la *theologia quae est pars philosophiae*, Siger fait part de son opinion sur certains théologiens de la première catégorie:

Ex quibus iam dictis apparet quod pessime volunt procedere illi qui in illa scientia volunt procedere in omnibus modo demonstrativo (⁸⁰).

Telles sont quelques-unes des raisons qui me portent à partager le jugement des Pères Dondaine et Bataillon à propos de V:

Si nous ne nous abusons, il y a dans ce cahier des questions sur la *Métaphysique* une des pièces littéraires les plus représentatives du vrai style oral de Siger, et par conséquent un des plus fidèles témoins de sa pensée (⁸¹).

Les sources de Siger

1. *Munich, Clm 9559.*

La source principale est évidemment Aristote, puisqu'il s'agit d'un commentaire de la *Métaphysique*. Mais Siger rencontre, dans l'œuvre du Stagirite, des difficultés et des obscurités; il recourt alors à d'autres lumières. On en compte cinq en M:

1. Proclus, le néoplatonicien grec, est cité sept fois. Siger lui emprunte notamment un argument pour prouver la simplicité divine (V, 16).
2. Avicenne est cité trente-deux fois. Mais Siger omet de dire que les

---

(⁷⁷) Cf. *infra*, p. 313, 63-64.
(⁷⁸) Cf. *infra*, p. 378, 49.
(⁷⁹) Cf. *infra*, p. 385, 00.
(⁸⁰) Cf. *infra*, p. 361, 89-90.
(⁸¹) A. DONDAINE et L.J. BATAILLON, *Le manuscrit...*, p. 202.

six premières questions de son introduction s'inspirent d'Avicenne pour le plan de l'exposé et pour la doctrine.

3. Le *Liber de causis*, le célèbre traité qui commente des propositions tirées de Proclus, est cité quatre fois.

4. Averroès, le Commentateur par excellence, est cité 101 fois, soit que Siger reprenne son interprétation du Philosophe, soit qu'il invoque son témoignage.

5. Il faut noter enfin l'influence modératrice de la *fides* (cf. III, 7 et 16), celle d'Albert le commentateur et d'un *quidam* (en marge: *opinio fratris Thomae*) qui est certainement Thomas d'Aquin, car Siger cite textuellement un passage du *Commentaire sur la Métaphysique* (cf. la qu. 7 de l'introduction) et, dans la même question, on lit: *Ista et ultima ratio movit fratrem Thomam*.

D'autres indications confirment l'opinion selon laquelle Siger était plus ou moins constamment éclairé par le commentaire de S. Thomas, tandis qu'il guidait ses étudiants à travers la *Métaphysique* d'Aristote. Graiff invite souvent ses lecteurs à comparer tel passage des *Quaestiones* de Siger avec le texte parallèle de Thomas d'Aquin. Il compte ce dernier parmi les *quidam* qui, aux yeux de Siger, interprètent mal un texte d'Aristote: *sed hoc non valet*[82].

2. Vienne, Nationalbibliothek, lat. 2330.

La source secondaire la plus importante à laquelle Siger recourt ici est encore Averroès: ce n'est pas surprenant, puisqu'il est le *Commentator*. Mais il ne s'agit pas d'une dépendance servile et exclusive. Il arrive à Siger de critiquer Averroès et de se hasarder à proposer une solution meilleure que la sienne:

Sed quamquam Commentator in *VII Physicorum* ponat quamdam solutionem ad istam obiectionem, do tamen aliam quae forte est melior[83].

Siger fait parfois appel à Avicenne (*et hoc patet per Avicennae rationem*)[84]. C'est spécialement le cas lorsqu'il doit expliquer le chapitre sur la relation au livre V[85].

Mais ce qui est plus intéressant, c'est l'usage que fait l'auteur des écrits de Thomas d'Aquin. Plusieurs indices en V révèlent que Siger avait à sa

---

[82] C.A. GRAIFF, *Siger...*, p. 266-267 (IV, 34). Texte d'Aristote: IV, 5 (1010 b 23). Texte de Thomas d'Aquin: *In IV Metaph.*, lect. 14 (CATHALA n° 703).
[83] Cf. *infra*, p. 325, 80-81.
[84] Cf. *infra*, p. 327, 6.
[85] Voyez le début du *Commentum* 3 ainsi que les *Commenta* 5, 6 et 7 du livre V.

disposition le *Commentaire sur la Métaphysique* de frère Thomas. Voici quelques exemples de développements parallèles, bien que différents (pour S. Thomas, je renvoie aux numéros de l'édition Marietti):

Siger	Thomas d'Aquin
V, q. 10-11	*In V Metaph.*, lect. 16 (1000).
V, commentum 3	*In V Metaph.*, lect. 17 (1001-1032).
V, commentum 8	*In VI Metaph.*, lect. 3 (1206).
VII, q. 1	*In VI Metaph.*, lect. 3 (1192-1222).
VII, commentum 3	*In VII Metaph.*, lect. 2 (1284).
VII, commentum 5	*In VII Metaph.*, lect. 4 (1339-1341).

Il est certain également que Siger connaissait le *Commentaire sur la Physique* de S. Thomas. En V, 6, Siger rappelle la tentative faite par *alii* pour améliorer un argument d'Aristote qui avait été critiqué par Galène et Avicenne. Cette tentative est manifestement celle de S. Thomas (*In Phys.*, VII, lect 1([86]). Le maître brabançon croit que cette reformulation ne répond pas à la pensée d'Aristote (*et videtur mihi quod non habuerunt intentionem Aristotelis ad hoc*). Puis il propose un argument pour confirmer que *isti non habent intentionem Aristotelis* ([87]).

Dans la même question (V, 6), Siger énumère trois arguments d'Aristote pour prouver que *impossibile est idem seipsum movere*. La manière dont il présente ces arguments rappelle l'exposé de S. Thomas dans la *Summa contra Gentiles* (I, 13)([88]); ici cependant la dépendance n'est pas certaine.

Par contre, il est clair que Siger connaissait la première question de la *Summa theologiae*: les affinités textuelles abondent entre le *Commentum* 1 du livre VI et cette question de la somme([89]).

Qu'apportent les questions de V aux essais réalisés jusqu'ici pour caractériser la philosophie de Siger? Considérant la manière sélective et indépendante dont il utilise Averroès, Avicenne et Thomas d'Aquin, on peut se demander si le temps n'est pas venu de parler d'une «philosophie

---

([86]) THOMAS DE AQUINO, *Commentarium in octo libros Physicorum Aristotelis*, éd. Léonine (1884), p. 323.
([87]) Cf. *infra*, p. 325, 90-91 et 326, apparat.
([88]) Cf. *infra*, p. 324, 31-53.
([89]) Cf. *infra*, p. 359-361. Pour l'examen de ces affinités, y compris celles qu'on trouve dans le texte parallèle de C, voyez W. DUNPHY et A. MAURER, *A Promising new discovery...* (1967), p. 364-369.

sigérienne». Ou du moins, étant donné que la plupart de ses écrits sont des commentaires de ceux du Stagirite, on pourrait parler d'une «interprétation sigérienne d'Aristote» ou d'un «aristotélisme sigérien».

Principes d'édition

Le texte de cette édition est accompagné de deux apparats. On trouvera dans le premier les corrections apportées au texte, soit par le copiste, soit par une main postérieure; les corrections conjecturales de l'éditeur; enfin les notes marginales relevées dans le codex. Le second apparat donne les références aux citations faites par Siger; si le passage cité n'a pas été retrouvé, il est mentionné comme *locus non inventus*.

Les corrections du copiste sont d'ordinaire marquées dans le texte par un signe reproduit en marge (par ex. = ou ÷). Les corrections qui ne modifient pas le texte ne sont pas signalées dans l'apparat: ce sont celles qui rétablissent l'ordre correct des mots ou des lignes. Ainsi, au début de V, 6, le copiste emploie une série de signes pour remettre en ordre plusieurs lignes qu'il avait déplacées en les copiant. Je me borne à signaler ici ces corrections pour montrer le souci manifeste qu'a eu le scribe de s'assurer un excellent texte.

Certaines notes marginales de V ont pour but de guider le lecteur (par ex. *Notabile, Arguit contra se, Secundus error Platonis* etc.); elles sont toujours précédées d'un simple point. D'autres, au contraire, contiennent des thèses ou des explications, dues peut-être au copiste lui-même; le début de ces notes est presque toujours marqué par quelque variante du signe du gibet (┌); une de ces notes (V, *commentum* 7) est signée «Iacobus».

Les titres des questions se trouvent dans les marges inférieures du codex; ils ont été placés ici en tête de chaque question, sans que ce déplacement soit rappelé chaque fois dans l'apparat. Le signe marginal q° (*quaestio*) est également placé en tête de la question, sans indication dans l'apparat. Quant au signe marginal s° (*solutio*), le P. Graiff l'avait introduit dans le texte de M et cette option a été maintenue, ainsi que sa mention dans l'apparat; pour V, au contraire, le signe s° est négligé.

L'orthographe moderne du latin a été adoptée pour la facilité du lecteur. En plusieurs cas la graphie médiévale d'un mot est donnée dans l'apparat lorsqu'elle se présente pour la première fois dans le texte (ex. *numdum* pour *nondum*, *saltim* pour *saltem*, *sexquilater* pour *sesquialter*). Sans négliger les signes de ponctuation du manuscrit, cette ponctuation a été complétée pour faciliter la lecture du texte, rendue moins aisée par le caractère typiquement oral du style.

La numérotation des questions, le titre *Commentum* et la numérotation qui l'affecte, enfin la numérotation des *rationes* et des réponses *ad rationes* sont l'œuvre de l'éditeur.

Dans l'apparat des variantes, les recommandations de la *Société internationale pour l'étude de la philosophie médiévale* ont été respectées et les abréviations courantes ont été utilisées [90]. Voici le signe et les abréviations utilisés :

< > : addition conjecturale de l'éditeur.
add. : addidit
cancell. : cancellavit
corr. : correxit
exp. : expunxit
iter. : iteravit
lin. : linea
marg. : in margine
scr. : scripsit
sup. : supra
suppl. : supplevi

[90] Cf. A. DONDAINE, *Abréviations latines...* (1960).

<SIGERI DE BRABANTIA>
<QUAESTIONES IN METAPHYSICAM>

(REPORTATION DE MUNICH)

<INTRODUCTIO>

Cum in omni scientia debeat esse aliquid suppositum cuius partes et passiones per se quaeruntur, imprimis videndum est quid ponendum sit hic pro supposito.

Item, debet aliquid esse in scientia quaesitum, quod ex suppositis declarari potest.

Tertio, cum scientia haec sit de ente, videndum quae <sint> partes entis in quibus debet stare consideratio huius scientiae.

Quarto videndum erit de comparatione huius ad alias scientias.

Quinto autem specialiter videndum <erit> circa ea quae debemus supponere circa subiectum, scilicet circa unitatem subiecti, scilicet entis, et de causa entis.

Sexto, cum ens et res dicant diversas rationes secundum AVICENNAM, ideo quaeri potest an esse pertineat ad essentiam illius de quo praedicatur.

QUAESTIO <1>

UTRUM ENS SIT PONENDUM IN METAPHYSICA PRO SUBIECTO

Primo videtur quod ens debet poni pro subiecto huius scientiae, quia ratio subiecti debet esse communis et universalis ad omnes species, quarum accidentia quaeruntur in scientia.

Item, causae subiecti debent esse causae determinatorum in scientia.

---

5 quarum] quorum *scr.*   6 subiecti] sibi *scr. sed marg. corr.*

4 M. GRABMANN a publié les huit questions de cette Introduction dans la *Miscellanea Fr. Ehrle*, I, Rome, 1924, pp. 130-139.
16 AVICENNA, *Metaph.*, tr. I, c. 5, p. 31-42.

Item, debet esse notum ex primo subiecto necessarium, possibile, unum, multum, potentia, actus; haec non debent esse ignota, cum alicubi fiat sermo de eis in scientiis; quae cum sint passiones entis, videtur quod ens sit subiectum.

Sciendum est quod haec scientia considerat de primis terminis et principiis; sed non sunt prima principia alicuius generis disciplinalis, sed ad ens tantum pertinent principia hic considerata.

Praeterea haec scientia certissima non procedens ex suppositione ordine rei, congruum est ut subiectum manifestum habeat. Nihil autem ente notius : unde AVICENNA dicit quod qui ens vult notificare, ignotius accipiet.

Item, licet secundum supposita convertantur ens et res, tamen non notificatur ens res nisi ex esse : unde ratio rei est quod est id quod est sive sit in anima sive extra animam.

Quamquam tamen ens habeat rationem subiecti, ut vult PHILOSOPHUS *IV⁰ huius* et AVICENNA in sua *Metaphysica*, quidam tamen Deum ponunt subiectum, vocantes theologiam hanc scientiam. Tamen secundum AVICENNAM Deum esse non est notum per se, non tamen desperatum notificari, quaesitum autem est in hac scientia; ergo non debet esse subiectum, quia subiectum est id ex quo alia quaeruntur. Ratio AVICENNAE est ista : quia de subiecto scientiae oportet supponere si est et quid est; de Deo autem non supponitur ipsum esse, saltem apud omnes, quia Deum esse non est omnibus manifestum; ergo etc.

Praeterea in fine *Iⁱ Physicorum* et *II⁰* dicit PHILOSOPHUS quod de substantiis separatis quot sunt et quid sunt primae philosophiae est declarare. Sed quid est Deus et si est, erit idem declarare, ut dicit AVERROES *VI⁰ huius*.

Dicet aliquis quod non oportet quod, si quaesitum est quid est, quaesitum sit si est; sed contrarium dicit ARISTOTELES *II⁰ Posteriorum*: qui enim ignorat quid est, nescit si est nisi secundum accidens.

AVERROES autem fine *Iⁱ Physicorum* dicit Deum esse acceptum a

---

13 hic] haec *scr.*   26/29 Ratio... ergo etc.] *marg. sup.*   33 VI⁰] VII⁰ *scr. sed sup. lin. corr.*   34 est²] non oportet quod *add.*

16 AVICENNA, *Metaph.*, tr. I, c. 5, p. 32-33.
22 ARISTOTELES, *Metaph.*, IV, 1 (1003 a 21-23); AVICENNA, *Metaph.*, tr. I, c. 2, p. 12-13.
24 AVICENNA, *Metaph.*, tr. I, c. 1, p. 5.
30 ARISTOTELES, *Physic.*, I, 9 (192 a 34-36); II, 2 (194 b 14-15).
33 AVERROES, *Metaph.*, VI, com. 1 (fol. 144 L).
35 ARISTOTELES, *An. post.*, II, 8 (93 a 18-21).
37 AVERROES, *Physic.*, I, com. 83 (fol. 47 G sq.).

naturalibus et reprobat AVICENNAM ex hoc quod ponit hoc esse quaesitum in scientia divina. Quid ergo ponendum? Dicendum est quod non
40 oportet quod ad eandem scientiam pertineat ponere aliquam conclusionem et medium per quod ostenditur. Medium autem quo Deus ostenditur naturale est, quo ARISTOTELES utitur *XII° huius*, quasi hoc supponens ex physicis. Sed si ratio subiecti debet esse universalis, tunc Deus non debet dici subiectum, quia per se accidentia quaeri debent subiecti et
45 partium eius in scientia.

QUAESTIO <2>

<AN DE QUAESITIS IN HAC SCIENTIA DEBEAT ESSE INQUISITIO DE PRIMO PRINCIPIO>

Sed quaereret aliquis an de quaesitis in hac scientia debeat esse
5 inquisitio de primo principio.

Videtur quod non, quia verissima debent esse posteriorum prima ratio essendi nota.

Dicendum quod haec scientia debet considerare de per se consequentibus ad ens, quae sunt enti propria; cuiusmodi sunt partes seu species et
10 passiones quae non faciunt ens cuiusmodi sunt partes esse aliquid scientiae particularis. Nunc autem principium est de consequentibus ad ens, non communius ente neque aequale, nec collocat ens in aliquo genere particulari. Quare etc.

Et de Primo Principio essendi debet haec scientia inquirere passiones
15 non reales : cuiusmodi sunt perfectum, causa et sic de aliis; multitudo enim attributorum Deo nihil est extra intellectum. Videndum etiam est quid est et si est. Tamen entis, secundum quod ens, non est principium, quia tunc omne ens haberet principium.

Ad rationes, cum arguitur, dicendum quod aliquando principia rei non
20 sunt principia doctrinae, immo aliquando incipit scientia a posterioribus.

Ad aliud, quod nihil prohibet causatum esse notum et principium ignotum.

6/7 Videtur... nota] Cette phrase, obscure par sa concision, semble résumer les deux objections auxquelles il est répondu aux l. 19-22.

---

38 AVICENNA, *Metaph.*, tr. I, c. 1, p. 4.
42 ARISTOTELES, *Metaph.*, XII, 6 (1071 b 3 sq.).

QUAESTIO <3>

UTRUM HAEC SCIENTIA DEBEAT FACERE MENTIONEM DE SPECIALIBUS SUBIECTIS SCIENTIARUM

Deinde quaeritur an haec scientia de specialibus subiectis scientiarum debeat facere mentionem.

Videtur quod non, quia non sunt separata a materia.

Contra : subiectum particularis scientiae est aliquando ignotum; ergo quaeri debet, nonnisi in scientia divina.

Solutio. Dicendum quod huius scientiae est quaerere subiecta scientiarum usque ad hoc quod fiat subiectum scientiae particularis, ita quod omnia quae non faciunt subiectum proprium debent quaeri in hac scientia. Unde AVICENNA : scientia divina considerat de motu et quiete non secundum quod huiusmodi, sed secundum quod entia, non secundum quod in materia collocantur; et breviter omnes partes entis et passiones, partes substantiae, accidens, passiones, causa, perfectum et sic de aliis quae aliquando sunt in materia, non tamen est semper necesse ea esse in materia.

Ideo de his secundum quod non est necesse ea esse in materia sensibili tenetur considerare divinus. Unde non quod est in omni ente considerat et habet scire in universali quod considerat haec scientia.

Et ad quattuor magis specialia reducuntur quaesita huius scientiae, quia quaerit de partibus entis et speciebus, sicut dictum est; et etiam de passionibus secundum modum dictum; inquirit etiam de primis principiis; quaerit etiam de subiectis scientiarum specialium quoad illud per quod unumquodque subiectum proprium efficitur.

Sed quaeret aliquis unde hoc quod, sicut haec scientia considerat de dictis usque ad propria, quare ulterius non considerat in propriis, ita ut omnis quaestio dissolvatur per ipsam.

Potest dici : quaecumque diversitas realis entium non est consideranda ad hoc quod ens sit unius considerationis vel alterius; sed modus definiendi diversus diversificat scientiam, et modus considerandi partes entis usque ad hoc quod dictum est convenit in una ratione definiendi. Ex hoc philosophi usque ad hoc voluerunt scientiam extendere.

9 Solutio] *marg.*   19 non] notius *scr.*   24 quoad] quae ad *scr.*   25 ...efficitur] Nota incidens *add. marg.*

12 AVICENNA, *Metaph.*, tr. I, c. 2, p. 17.
21 Cf. AVICENNA, *Metaph.*, tr. I, c. 2, p. 15.

QUAESTIO <4>

UTRUM SCIENTIA DIVINA SIT UTILIS IN ALIAS SCIENTIAS

Consequenter quaeritur <de> ordine huius scientiae ad alias, an sit utilis in alias.

5 Videtur quod sic, quia certificat subiecta earum.

Contra, quia tunc aliae essent fines huic et excellentiores.

Solutio. Dicendum quod utile potest dici communiter, sic <haec scientia> potest dici utilis et sic processit ratio. Si autem proprie sumatur utile, non debet haec <scientia> dici utilis <nisi> quia
10 proficua est in eas in quibus est eius dominium.

Item, haec scientia aliis necessaria ministrat.

Item, regit alias quia in hac cognoscitur finis omnis speculationis qui est Deus.

Et iterum, haec scientia ordinat alias scientias.

QUAESTIO <5>

UTRUM HAEC SCIENTIA ORDINE DOCTRINAE ALIAS ANTECEDAT

Sed quaeritur consequenter de ordine doctrinae, an haec scientia alias antecedat.

5 Solutio, Dico quod haec scientia debet addisci post scientias naturales et mathematicas, quia quaedam quaesita in scientia divina accipiuntur probata ex scientiis praedictis; numerus enim substantiarum separatarum conceditur in scientia divina et probatur ex numero motuum quem probant mathematici.

10 Item, omnem motum reduci ad Motorem Primum accipitur in scientia divina et in naturalibus probatur. Unde ordine rei antecedit haec alias, sed non ordine doctrinae : unde nos sumus in causa quod ante addiscamus alias, quia non possumus divinam essentiam intelligere nisi mediantibus sensibilibus.

15 Item, quae probantur in scientia naturali, per principia illius probantur quae in divina conceduntur, et concessa in divina probant quaesita in

---

7 Solutio] *marg.*   5 Solutio] *marg.*   7 probata] prohibita *scr.*

10 Cf. AVICENNA, *Metaph.*, tr. I, c. 3, p. 20.
 9 Cf. ARISTOTELES, *Metaph.*, XII, 8 (1073 b 10 sq).

scientia naturali; ergo est ibi circulus. Dico quod non oportet quod principium aliquorum in aliqua scientia sit principium omnium, et hoc oporteret si ratio concluderet. Unde, si per aliquod principium scientiae naturalis quaeratur conclusio in divinis, oportet quod sit notum vel probatum per scientiam divinam. Sed ulterius non probabitur, si ignotum sit, per aliam quam per divinam.

Ulterius notandum est quod differt haec a topica, quia illa facit opinionem, haec scientiam. Praeterea, quaesita in topica sunt conclusiones omnium scientiarum, non sic autem in hac.

Differt autem a sophistica quia solum per sophisticam apparet aliquis sciens, per hanc autem est aliquis sciens. Sed adsunt istae differentiae a posteriori.

Sed dicit AVICENNA quod haec scientia considerat de ente, topica de intentionibus secundis non secundum quod intelligibiles, sed secundum quod per eas a cognitis ad incognita devenimus. Non essent tamen nisi esset anima, sed de eis secundum quod intelligibiles ad III^{um} De anima et VI^{um} huius pertinet consideratio secundum quidditates earum. Unde naturam universalis magis habet scire divinus quam logicus. Et quod dictum nunc verum sit, patet ex definitione quam dat logicus de syllogismo.

QUAESTIO <6>

UTRUM MODUS SCIENTIAE HUIUS SIT TOPICUS VEL DEMONSTRATIVUS

Sed adhuc unum quaeritur de modo huius scientiae, quia haec scientia procedit ex communibus, demonstratio autem ex propriis; ergo etc.

In oppositum est ARISTOTELES : dicit enim quod haec scientia facit scire, et scire est effectus demonstrationis. Quare etc.

Et hoc idem vult AVICENNA.

Solutio. Dicendum quod modus huius scientiae non est topicus, sed demonstrativus. Si enim ex probabilibus procederet, opinionem tantum faceret.

23 Ulterius] Nota differentiam huius ad topicam et sophisticam add. marg.   29 Sed] Alia differentia add. marg.
9 Solutio] marg.

29 AVICENNA, Metaph., tr. I, c. 2, p. 17-18.
 6 ARISTOTELES, Metaph., I, 2 (982 a 30-31).
 8 AVICENNA, Metaph., tr. I, c. 3, p. 18.

Ad rationem in contrarium dico quod verum est quod, si quis vellet probare aliquid de isoscele quod esset proprium isosceli, per medium commune isosceli et alii, non esset demonstratio potissima. Si tamen medium esset proprium de triangulo et passio propria de triangulo, tunc demonstratio potissima de triangulo esset. Nunc autem si quis ex mediis huius scientiae vellet probare aliquid in naturalibus, non esset demonstratio potissima. De subiecto tamen de quo probantur per media propria enti secundum quod ens, est demonstratio potissima; sed post augeri potest secundum doctrinam ARISTOTELIS *I° Posteriorum*.

QUAESTIO <7>

UTRUM ESSE IN CAUSATIS PERTINEAT AD ESSENTIAM CAUSATORUM

Tunc quaerendum est de subiecto huius scientiae. Et primo utrum esse in causatis pertineat ad essentiam causatorum.

| Sicut declarat PHILOSOPHUS *IV° Metaphysicae*, scientia quaedam, quae philosophia seu sapientia dicitur, speculatur ens secundum quod est ens, et principia et causas et consequentia entis inquantum ens. Ideo, cum de ipsa sit intentio, primo quaeramus circa ipsum ens utrum ens vel esse in rebus causatis pertineat ad essentiam causatorum, vel sit aliquid additum essentiae illorum; secundo, utrum ens inquantum ens causam habeat, ut Socrates inquantum est ens causetur ab aliquo.

De primo arguitur quod non. Esse se habet ad illud quod est sicut vivere ad illud quod vivit; sed vivere non pertinet ad essentiam illius quod vivit, sed est aliqua dispositio ei competens; ergo esse non pertinet ad essentiam illius quod est, sed est dispositio accidentalis. Maior patet, quia vivere viventibus est esse. Minor patet, quia *II° De anima* dicit ARISTOTELES quod vivere est moveri secundum locum et appetere et sentire et intelligere, quae omnes sunt dispositiones accidentales; quare etc.

---

5 causatorum] et quaere istam quaestionem alibi simul cum alia quaestione: utrum scilicet solus Deus sit causa Socratis secundum quod ens *add*. Addition du copiste pour guider le lecteur: cf. l'*Introduction, supra*, p. 12.   16/17 Maior... esse] *marg*.

20 ARISTOTELES, *An. post.*, I, 24 (85 a 20 sq.).
 6 ARISTOTELES, *Metaph.*, IV, 1 (1003 a 21-23).
17 ARISTOTELES, *De anima*, II, 4 (415 b 13).
17-18 Cf. ARISTOTELES, *De anima*, II, 2 (413 a 23).

Item, actus non pertinet ad essentiam rei; sed esse est actus rei; quare etc.

Item, illud ad cuius essentiam pertinet esse et non est ipsum per dispositionem additam essentiae, sicut homo albus se habet ad hominem non sicut dispositio essentialis, ipsum est ex seipso et non indiget alio; sed nihil causatum est tale; quare esse non pertinet ad essentiam eius cuius est; quare etc.

Item, auctoritate AVICENNAE *II° tractatu* et *II° Caeli et mundi*: res imponitur a quidditate in communi, et intentio rei et entis imaginantur ab hominibus duae intentiones; ergo ratio essendi est alterius rationis quam ratio rei.

Item, ex verbis eius ibidem potest sumi quod eorum quae significant eandem essentiam sunt nomina synonyma et quidditas unius non certificatur per essentiam alterius; sed certificatio quidditatis rei est per esse, secundum AVICENNAM. Cum quaeritur quid est res, dicitur quod res est id quod est et sic certificatur unum per alterum. Unde qui dicunt quod res sit res et quod tamen non sit, non sunt de universitate eorum qui intelligunt. Et non solum habetur hoc ex AVICENNA, sed etiam ab ARISTOTELE in principio *IV¹ Metaphysicae*: dicit enim quod quaedam sunt entia quia substantiae, quaedam quia qualitates et sic de aliis, et quaedam quia privationes: quare non ens est non ens, ut dicit ipse in littera. Quamvis enim res quae sunt in singularibus possunt non esse, tamen dicendo quod res sit res et tamen quod non habeat esse neque extra animam neque in anima, falsum est.

Item, auctoritate BOETHII: in omni quod est citra Primum differunt quod est et esse; si differunt quod est et esse, unum est accidens alteri necessario.

Item, omne quod est citra Primum compositum est: differt enim unumquodque a Primo in simplicitate; sed quaedam sunt citra Primum quae non composita sunt (quemadmodum intelligentiae) ex materia et forma; ergo est compositio ex essentia et esse et ita in his esse non pertinet ad essentiam.

---

45 differunt] differt *scr.* 46 et²] *sup. lin.* 50 intelligentiae] essentie *scr.; cum Vennebusch correxi.*

---

28 Cf. AVICENNA, *Metaph.*, tr. I, c. 5, p. 34; *De caelo et mundo, locus non inventus.*
35 AVICENNA, *Metaph.*, tr. I, c. 5, p. 34-40.
39 ARISTOTELES *Metaph.*, IV, 2 (1003 b. 6-10).
45 BOETHIUS, *De hebdomadibus* (PL 64, 1311 BC).
48 Cf. BOETHIUS, *De hebdomadibus* (PL 64, 1311 BC); *De Trinitate*, c. 2 (PL 64, 1250 C).

Item, si sic, esset nugatio dicere «res ens currit» vel «ens homo currit», quod non dicitur.

Item, omnia entia sunt per participationem Primi entis, ita quod nihil est ens per se aliud a Primo; ergo, cum in his quae sunt entia per participationem differunt esse participatum et natura participans, quare differt esse ab essentia.

Item, esse secundum quod esse non potest esse diversum; si igitur debeat diversificari, oportet quod sit ex aliquo sibi addito; sed esse per se subsistens non habet aliquod sibi additum per quod diversificetur; ergo esse per se subsistens est unum tantum. Et si hoc, tunc oportet quod in omnibus aliis sit aliquid unitum ipsi esse aut non esset solum unum esse per se subsistens, ita quod differunt natura esse participans et esse.

Contra. AVERROES *V° Metaphysicae* dicit sic: dictio «homo est» uno modo est problema de genere, alio modo de accidente. Secundum quod praedicatur esse diminutum vel esse in intellectu, sic est problema de accidente. Sed sic dictio «homo est», secundum quod praedicatur esse non diminutum, sed qualitativum vel quantitativum, sic <est> problema de genere. Sed in problemate tali est praedicatio essentialis.

Item, *IV° Metaphysicae*: idem est homo et ens homo, et non significat aliquid diversum apud dictionem repetitam: «homo» et «est homo». f. 95rb

Item, substantia cuiuslibet non secundum accidens est aliquod ens; si hoc, cum esse imponitur ab actu essendi, ergo esse non praedicat aliquid quod non pertinet ad essentiam rei.

Item, AVERROES *in eodem loco*: si res est non per suam essentiam, sed per dispositionem additam essentiae, iterum illa dispositio est; et si dicas quod illa dispositio est per suam essentiam, standum fuit in primo; si non, procedendum est in infinitum.

Solutio. Diversae sunt opiniones circa hoc.

Aliqui dicunt quod res est per dispositionem additam essentiae suae, ita quod secundum ipsos res et ens non sunt eiusdem intentionis, ita quod esse est aliquid additum essentiae. Haec est opinio ALBERTI COM-

---

57 et 64 differunt] differt *scr.* 67 intellectu] effectu *scr.*; *cum Vennebusch correxi.* 73 aliquod] aliquid *scr.* 74 non] *marg.* 77 iterum] tunc *scr. sed marg. corr.* illa dispositio est] *marg. iter.* et] addita essentiae *add. sed cancell.* 83 Haec] Opinio Alberti *add. marg.*

65 AVERROES, *Metaph.*, V, com. 14 (fol. 117-118 F-H).
70 Cf. *infra*, le *Commentum* qui suit la Q. 22 du livre V, p. 301, 42-43.
71 ARISTOTELES, *Metaph.*, IV, 2 (1003 b 25-30).
75 Cf. ARISTOTELES, *Metaph.*, IV, 2 (1003 b 33); etiam AVERROES, *Metaph.*, IV, com. 3 (fol. 67 H).
76 AVERROES, *Metaph.*, IV, com. 3 (fol. 67 G).

MENTATORIS. Ratio sua est ista *Libro de causis*, quia res habet esse ex suo Primo Principio; ipsum autem Primum est illud quod ex seipso est, et illud quod ex seipso est habens esse, et est illud quod est ex se; etiam essentia rei est ex se; quare res distinguitur ab esse.

Sed contra: quidquid est universaliter in re est effectus Primi Principii, et nihil est eorum quae pertinent ad rem in re ipsa neque essentialiter neque accidentaliter, quin reducatur in Primum Principium; ergo haec distinctio nulla est, scilicet inter essentiam rei et esse per hoc quod unum sit effectus Primi Principii et aliud non.

Alia ratio illorum fuit talis: illud ad cuius essentiam pertinet esse non indiget alio, idest est ex seipso; si igitur aliquid in causatis esse habeat de sui essentia, non indiget alio.

Dicendum quod hic est aequivocatio ex eo quod «ex» importat circumstantiam causae, et causa multipliciter dicitur, ut habetur V^o *Metaphysicae*; et AVICENNA deceptus fuit per aequivocationem de ly «ex». Cum enim dicitur «res est ex seipsa», potest «ex» denotare circumstantiam causae formalis vel efficientis. Tunc dico quod ista simul stant: homo est homo per se, secundum quod ly «per» dicit circumstantiam causae formalis; et tamen homo per aliud est homo secundum quod «per» denotat circumstantiam causae efficientis; et sic est hic deceptio. Unde in libro *Posteriorum*: primo modo dicendi per se, illud est tale quod est tale per suam formam: unde potest aliquod causatum esse per se formaliter, et tamen causam efficientem habet aliam.

Alia opinio est eadem in ratione. Quidam dicunt sic, quia vident AVICENNAM ponere quod ratio entis et rei sunt diversae intentiones; et hoc non ponit, ut videtur, ARISTOTELES, sed contradicit.

Ponunt autem quidam, modo medio, quod esse est aliquid additum essentiae rei, non pertinens ad essentiam rei, nec ponunt quod sit accidens, sed est aliquid additum quasi per essentiam constitutum sive ex principiis essentiae.

86/87 etiam ... ex se] *marg.*   91/92 scilicet ... non] *marg.*   94 idest ... seipso] *sup. lin.*   00 formalis] materialis *scr.*   10 Ponunt] Opinio fratris Thomae *add. marg.*   11 ponunt] *marg.*   12 additum] *sup. lin.*   12/13 sive ... essentiae] *marg.*

84 ALBERTUS MAGNUS, *De causis et processu universitatis*, lib. I, tr. I, c. 8 (éd. BORGNET, t. X, p. 377 a, b).
98 ARISTOTELES, *Metaph.*, V, 2 (1013 b 4-5).
4 ARISTOTELES, *An. post.*, I, 4 (73 a 34-37).
7 Cf. GUILELMI DE ALVERNIA, *De Trinitate*, c. 2 (*Opera omnia*, Paris, 1674, II, p. 2 b).
8 AVICENNA, *Metaph.*, tr. I, c. 5, p. 35-40.
9 ARISTOTELES, *Metaph.*, IV, 2 (1003 b 24-34).
10 THOMAS DE AQUINO, *In Metaph.*, IV, lect. 2, n° 558.

Etsi conclusio vera sit, modum tamen ponendi non intelligo, quia esse quod pertinet ad rem, aut est pars essentiae rei, ut materia vel forma, aut res ipsa composita ex his, aut accidens. Sed si sit accidens, tunc erit additum essentiae rei: quod est contra dictam opinionem proximam. Sed dicere quod esse sit aliquid additum essentiae rei, ita quod non sit res ipsa, neque pars essentiae, ut materia vel forma, et dicere quod non sit accidens, est ponere quartam naturam in entibus.

Item, dicitur sic quod esse est aliquid additum, nec est res ipsa, nec principium rei, sed est aliquid constitutum per principia essentiae; sed constitutum per principia essentiae est ipsa res; quare non erit additum, nisi tu dicas mihi quod sit constitutum effective sicut accidentia, et tunc erit accidens. Hoc enim dicimus accidens, quod advenit alicui quod habet formam vel quod advenit essentiae rei.

Primo pono quod in causatis ipsum esse pertinet ad essentiam causatorum et non est aliquid additum essentiae causatorum, ita quod res et ens non significant duas intentiones. Ad hoc intelligendum quod tria sunt genera nominum quae convertuntur in suppositis, tamen diversimode.

Quaedam sunt nomina quae significant eandem essentiam et eodem modo, sicut nomina synonyma, ut Marcus, Tullius. Isto modo ens et res nec significant nec convertuntur, quia tunc unum non certificaret reliquum.

Secundo, quando unum significat essentiam, aliud autem non significat essentiam, sed additum essentiae, convertuntur tamen in suppositis quia se extendunt ad aequalitatem suppositorum, ut homo et risibile, quorum intellectus formales diversi sunt.

Tertium est genus nominum in quo quidem sunt quae ad aequalia se extendunt, significantia eandem essentiam, ita quod essentia quae primo apprehenditur eadem est, modo tamen diverso apud animam, unum per modum actus, aliud per modum habitus, sicut currere et cursus, et animatum et vivere. f. 95va

Modo dico quod res et ens significant eandem essentiam, non tamen sunt nomina synonyma nec significant duas intentiones sicut homo et risibile, sed significant eandem intentionem: unum tamen ut est per modum actus, ut hoc quod dico ens, aliud per modum habitus, ut res.

Unde duo deceperunt AVICENNAM, sicut innuitur a COMMENTATORE *IV*°

---

18 dicere] *sup. lin.*   27 Primo] Opinio propria *add. marg.*   34 nec[1]] ut *scr. sed sup. lin. corr.*   39 quorum ... sunt] *marg.*   49 innuitur] inuert[r] *scr.*

Metaphysicae. Non enim distinxit inter nomina quae significant intentiones diversas et inter nomina quae significant eandem essentiam, modis tamen diversis. Et ideo credidit quod esse significet aliquid additum essentiae: unde ad modum significandi diversum credidit diversam essentiam consequi.

Item COMMENTATOR *IV° Metaphysicae*: quaedam sunt dispositiones quae significant dispositiones additas essentiae rei, ut album et nigrum, quaedam sunt essentiales dispositiones quae pertinent ad essentiam. Sed illud quod significat dispositionem alicuius essentialem, quia non significat modo eodem, nec dixit ARISTOTELES *hic* expresse quod significat alio modo, hoc decepit ipsum AVICENNAM: dispositionem enim essentialem non distinxit a dispositione accidentali. Unde *in IV°*, substantia cuiuslibet rei est aliquod ens non secundum accidens. Si esse est dispositio addita, procedetur in infinitum, quod est inconveniens. Standum est ergo in primo.

Sed duo sunt advertenda. Verum est quod BOETHIUS et alii magni dixerunt quod res est id quod est ex seipsa, esse autem habet ex Primo Principio; et in solo Primo Principio posuerunt multi «est» esse pertinens ad essentiam. Illud aliquid veritatis habet, quia esse significat essentiam per modum actus maximi; sed convenit substantiae rei habere naturam et modum actus secundum quod effectus Primi Principii; ideo potest dici quod esse est ex Primo Principio magis proprie et de aliis minus proprie.

Item, esse videtur actum primum significare; sed nulla est natura in rebus quin ad naturam potentiae accedat ex aliquo principio; ideo ad essentiam Primi magis pertinet esse.

Ad primam rationem concedo maiorem. Ad minorem dico quod vivere uno modo est esse viventibus, secundum quod vivere dicitur esse primum; alio modo est operatio viventium, ut moveri secundum locum, augeri etc. De vivere primo modo debet intelligi, sicut de esse, quod vivere sit de essentia viventium.

53/54 unde ... consequi] *marg.*   60 essentialem] accidentalem *scr.*   60/61 dispositionem ... accidentali] *marg.*   65 Boethius] dicit *add. sed cancell.*   65/67 et alii ... Principio¹] *marg.*; quod unumquodque habet esse *add. sed cancell.*   70 dici] dicere *scr.*   73 principio] p° *scr.*   76/77 secundum ... primum] *marg.*

50 AVERROES, *Metaph.*, IV, com. 3 (fol. 67 B).
55 AVERROES, *Metaph.*, IV, com. 3 (fol. 67 B-C).
59 ARISTOTELES, *Metaph.*, IV, 2 (1003 b 25-30).
61 ARISTOTELES, *Metaph.*, IV, 2 (1003 b 32).
76 Cf. ARISTOTELES, *De anima*, II, 4 (415 b 13).

80   Ad aliud dicendum quod est actus potentiae et est actus compositi; et licet actus non pertineat ad potentiam rei vel ad essentiam potentiae, est tamen alius actus, sicut actus compositi, et iste pertinet ad essentiam compositi.

Aliter autem sic. Cum dicitur «actus non pertinet ad essentiam
85 potentiae», dico quod, licet actus non pertinet ad essentiam potentiae quando aliqua distinguuntur realiter dicendo quod hoc est actus, illud autem potentia, tamen illud quod habet modum actus bene potest pertinere ad illud quod habet modum potentiae, et tunc non distincta sunt; et tunc non est maior vera.

90   Ad illud aliud: «cuius essentiam» etc., solutum est in corpore quaestionis.

Ad illud AVICENNAE dicendum est quod AVICENNA erravit credendo esse et res significare essentias diversas quia significant modo diverso,

Ad aliud: «eorum quae sunt synonyma» etc., non dico quod sunt
95 nomina synonyma, immo indubitanter non sunt synonyma. Et ratio huius est quia, si sic, unum non certificaret reliquum.

Item, nomine entis non oportet significari aliquid additum essentiae, quia eadem res, secundum quod uno nomine significatur, potest certificare seipsam secundum quod alio modo significatur; unde, quamvis
00 significet eandem intentionem, tamen illud quod primo comprehenditur ab intellectu est ens, nec potest aliquid illud manifestare.

Ad illud BOETHII dicendum quod differunt quod est et esse, sed non differunt ita quod hoc sit additum essentiae illius, sed differunt in modo significandi.

5   Ad aliud: «omne per se subsistens citra Primum compositum est», ista et ultima ratio movit fratrem THOMAM. Dicendum quod haec ratio duplicem habet solutionem. Primum tamen modum non assero.

Cum dicitur «omne citra Primum debet recedere a simplicitate Primi» etc., nescio ubi sumpta sit haec propositio. Bene tamen invenio quod

---

80 quod ... et²] *marg.*; quod *add. sed cancell.*   81 potentiae] dico quod est actus tamen potentiae vel materiae, et iste non pertinet ad essentiam potentiae *add. sed cancell.*
83 compositi] *marg.*; potentiae *scr. sed cancell.*   98 secundum ... significatur] *marg.*
2 differunt] differt *scr.*   4 significandi] *sup. lin.*

6 Cf. THOMAS DE AQUINO, *Summa theologiae*, I, 50, 2, ad 3^m; *Summa contra Gentiles*, II, 52.
8 Cf. THOMAS DE AQUINO, *Scriptum super libros Sententiarum*, I, dist. VIII, q. 5, art. 1 (éd. MANDONNET, t. I, p. 226, Paris, 1929): *Respondeo dicendum qiod omne quod procedit a Deo in diversitate essentiae, deficit a simplicitate eius.*

quae sunt citra Primum recedunt ab ipso et multiplicantur per hoc quod accedunt ad potentiam. Et causa huius est cum nullum aliorum sit ita actus purus sicut Primum. Hoc tamen non concludit quod habeant diversas essentias.

Item, recedunt a Primo per participare, quia quaedam participant de ente magis et minus, quia quanto magis accedunt ad Primum, tanto plus participant de ente: sicut species numeri per comparationem ad unitatem, quia una magis perfecta, alia minus, nec inveniuntur nec possunt inveniri duae species numeri quae sint | aequaliter se habentes ad principium numeri quod est mensura numerorum, ut unitas; nec etiam in continuis inveniuntur duo quae aequaliter se habeant ad suam mensuram. Ita similiter in substantiis: cum Primum sit mensura omnium entium, in rebus non potest esse quod aliqua duo aeque perfecte appropinquent ipsi Primo et quod habeant diversam naturam. Unde ARISTOTELES: in speciebus numeri semper una species magis perfecta, alia minus.

Item, esto quod maior sit vera: «unumquodque recedit a simplicitate Primi» etc., et quaedam sunt quae non sunt composita ex materia et forma; ergo sunt composita ex essentia et esse. Fallacia consequentis est. Possunt enim recedere alio modo, ut per intelligere, quia omne aliud a Primo intelligit per speciem, quae est aliud ab ipso.

Ad aliud, cum dicitur: nugatio est «res ens currit». COMMENTATOR solvit. Nam eadem essentia dicitur frequenter, nec tamen inutiliter. Aliquid enim vel ratio aliqua alia constituitur in audiente quando dicitur «res ens», quam quando dicitur «res per se». Non tamen sic cum dicitur «Marcus Tullius».

Ad aliud: non potest esse per se subsistens nisi unum tantum. Si negavero tibi illud, quomodo probares? Dico quod esse simpliciter actu non est nisi unius tantum. scilicet Dei. Esse tamen extendit se: accipiendo esse non pro actualissimo, sed secundum quod sumitur in aliis, potest esse in aliquo sine aliquo recipiente esse. Ad probationem: esse unum est, oportet ergo, si diversificetur, quod hoc sit per aliud, ut per illa in quae recipitur aut per differentias; non per differentias, cum non sit genus.

---

12 Primum] actus *scr. sed corr.*   21 similiter in substantiis] *marg.*   23 habeant] habeat *scr.*   38 scilicet Dei] *marg.*   40 esse²] *sup. lin.*   42 aut] ut *scr. sed sup. lin. corr.*

19 Cf. ARISTOTELES, *Metaph.*, V, 15 (1021 a 13).
24 ARISTOTELES, *Metaph.*, VIII, 3 (1043 b 33-34 et etiam 37-39).
31 AVERROES, *Metaph.*, IV, com. 3 (fol. 67 C).

Dico quod, si esse esset omnino univoce dictum, bene probares; sed esse ipsum multipliciter dicitur et plures habet rationes; nonne tunc potest multiplicari ex ratione essendi quae plures est, et non per aliquid cui additum est?

Item, ratio essendi non potest esse ratio addita, quia omnis ratio est essendi ratio, ita quod ratio entis praedicatur de omnibus rationibus essendi univoce.

QUAESTIO <8>

QUAERITUR UTRUM SOLUS DEUS SIT CAUSA SOCRATIS SECUNDUM QUOD ENS

Utrum ratio essendi in omnibus entibus sit a solo Deo, ita quod solus Deus sit causa Socratis in eo quod ens.

Quod sic videtur. Illud quod est causa Socratis inquantum ens, est causa cuiuslibet entis; sed Primum est causa omnis entis; ergo etc. Probatio maioris. Illud quod convenit Socrati secundum quod ens convenit omni enti. Et probatio huius est, quia quod convenit Socrati secundum quod ens, convenit ei per causam universaliter dictam; quia si causa se extendit ad alia, et effectus ad alia se extendet; si igitur omnibus entibus non convenit habere causam nisi solum Deum, ergo Socrati secundum quod ens non convenit alia causa.

Item. *II° Metaphysicae*: effectus respondent suis causis, ita quod universalis universali et particularis particulari; sed ens est causatum universalissimum; quare habebit causam universalissimam, quae est Deus tantum.

Contra: per idem est aliquid ens et tale ens ad speciem determinatam; cum ergo Socrates per idem sit ens et tale ens, sequitur, si solus Deus sit causa Socratis secundum quod ens, quod nihil est aliqua causa alia entis secundum quod tale ens speciei determinatae nisi solus Deus. Cuius oppositum dicit ARISTOTELES: generat enim homo hominem et sol.

Solutio. Dico quod solus Deus est causa Socratis inquantum ens. Sed hoc potest intelligi dupliciter. Uno modo quod aliquis intelligat quod secundum ordinem praedicabilium sunt diversae naturae, ita quod per

---

43 univoce] univociter *scr.*   18 Contra] Oppositum *add. marg.*   19/20 si ... ens] *marg.*   23 Solutio] *marg.*

44 ARISTOTELES, *Metaph.*, IV, 2 (1033 a 33).
14 ARISTOTELES, *Metaph.*, II, 2 (994 b 13).
22 ARISTOTELES, *Physic.*, II, 2 (194 b 13).

unum est animatum et per aliud est tale ens, ita quod per aliam naturam sit ens et tale ens; et quod Deus sit causa Socratis inquantum ens, et aliud sit causa eius inquantum ens tale. Sic dicunt quidam quod Deus est causa. Et quidam dicunt quod causae plures non concurrunt ad effectum unum nisi propter diversas naturas, et quaelibet causa agit suum proprium causatum et ponunt gradus formarum. Isti dicunt falsum, quia, si plures causae concurrunt ad effectum unum et eundem, non oportet quod faciant aliud, sed idem alio ordine. Ponamus quod duae sunt causae, una conservans, alia in esse constituens. Nonne utrumque facit idem? Manifestum quod sic.

Item, idem patet de calore et sole.

Isto modo exponendo primam propositionem non dico quod Deus sit causa Socratis inquantum ens.

Alio modo potest intelligi quod solus Deus sit causa entis inquantum ens, ita quod est causa omnium inquantum entia sunt: quia nulla alia est causa Socratis ita quod sit omnium aliorum, sicut probat prima ratio. Unde isto modo bene probat ratio quod universalissimi effectus sit causa universalis. Sed tamen si consideretur illud inquantum illud ens, non est attribuere | effectum universalissimum ipsi Deo; sed considerando illud secundum quod ens. Unde intelligendum est quod Deus est causa universalissima, non praedicatione, sed causalitate quantum ad effectum, quia ad omnia se extendit eius potentia.

Item, sicut in potentiis passivis potentia passiva non agitur nisi ab una ratione formali, ut visus a colore, sic potentia activa et effectiva, ipsa sola est quae est effectiva obiecti sui formalis secundum quod unum est; et illa ratio est ens.

Ratio in oppositum ostendit quod non est causa Socratis primo modo intelligendi propositionem.

---

26 unum] unam *scr.*   27 Socratis] *sup. lin.*   28 sit ... eius] *marg.*   35 Manifestum ... sic] *marg.*   37 Deus] *marg.*   40 sunt] *marg.*   47 quia ... potentia] *marg.*   48 passivis] agitur per hoc quod habet potentiam *add. sed cancell.*   49 colore] *marg.*   52 primo] secundo *scr.*

< LIBER II >

Secundus liber Metaphysicae. *De veritate autem theoria*, etc.

< QUAESTIO 1 >

UTRUM COGNITIO VERITATIS SIT NOBIS IMPOSSIBILIS

COMMENTATOR dicit quod cognitio veritatis non est impossibilis. Quod sic, probo : nihil movetur ad aliud nisi habeat aliquid illius ad quod movetur; sed intellectus noster est sicut tabula nuda, nihil habens illius ad quod movetur; quare etc.

Item, nihil est quin habeat iudices contrarios, et qua ratione unus dicit verum, et alius; ergo non possumus scire quis dicit verum.

Solutio. Dico quod cognitio veritatis non est impossibilis, quia duo sunt signa ad hoc. Experimentum sermonum verorum est ut conveniant rebus sensatis; quando homo devenit in aliquam opinionem ita quod nec sensus contradicit nec intellectus, signum est cognitionis veritatis. Et si sensus non errans non contradicit opinioni, tunc erit opinio vera.

Aliud signum est : homines quidam habent intellectum caecum naturaliter, quidam consuetudine. Quando homo potest inducere aliquem bene dispositum ad eam quae in anima <est> rationem contradicentem sibi, ad hoc quod non possit contradicere sibi per rationem, etsi per verba possit contradicere, tunc est dispositus ad veritatem. Unde homo habens rationem faciet contradicentem scientem, velit nolit, si contradicens non sit falsis excaecatus.

Ad rationem dicendum quod omne quod movetur habet aliquid illius ad quod movetur, verum est dum movetur vel dum est in motu : nam motus non solum est potentia, sed actus entis in potentia; sed antequam moveatur ad scientiam nihil habet nisi in potentia.

Ad aliud dicendum quod magis credendum est sano quam infirmo,

---

2 Secundus ... etc.] *marg.*   11 Solutio] *marg.*   12 Experimentum sermonum] *marg.*; sermo *scr. sed cancell.* conveniant] conveniens est *scr. sed corr.*   17/18 aliquem ... rationem] *marg.*   21/22 si ... excaecatus] *marg.*

2 ARISTOTELES, *Metaph.*, II, 1 (993 a 30).
5 AVERROES, *Metaph.*, II, com. 1 (fol. 28 K-L).

vigilanti quam dormienti; si tunc unus dicat verum, alius similiter, magis credendum est dicenti verum famosius.

QUAESTIO <2>

UTRUM HABEAMUS NATURALE DESIDERIUM AD SCIENDUM

Quia COMMENTATOR dicit quod nos habemus naturale desiderium ad sciendum, ideo quaeritur utrum hoc sit verum.

Quod non, videtur: naturalia contingunt semper vel in pluribus; sed nec semper nec in pluribus veniunt homines ad scientiam; sed si haberent naturale desiderium, multi ad scientiam venirent.

Oppositum dicit COMMENTATOR.

Solutio. Dicendum quod nos habemus naturale desiderium ad sciendum: unde appetitus proprie in naturalibus est, sicut materia appetit formam, et grave appetit locum inferiorem; unde ad illam similitudinem animata appetunt; unde est appetitus naturalis et animalis; unde per desiderium naturale debemus intelligere id quod habet aliquem appetitum ad aliud. Cum igitur intellectus noster potentiam habeat ad sciendum, habebit naturale desiderium.

Ad rationem dicendum quod naturale contingit nisi impediatur, et naturale est dupliciter: secundum agens et secundum materiam. Secundum agens contingit in pluribus; secundum materiam, cum materia se habeat ad duo contraria, non est quod semper contingat, vel semper non. Et cum homo debet fieri sciens, homo est quasi materia scientiae, quia ipsa natura est intellectus quasi materia. Si autem homo habet naturam secundum agens, bene concludet ratio. Unde si natura nobis daret totum illud per quod intellectus debet fieri in actu, non esset hoc verum quod solum esset intellectus quasi materia; sed hoc non dat nobis natura.

QUAESTIO <3>

UTRUM NATURALE DESIDERIUM POSSIT ESSE OTIOSUM

COMMENTATOR dicit quod naturale desiderium non est otiosum.
Contra: otiosum est quod non includit finem quem natum est include-

---

9 Solutio] *marg.*   14/15 Cum ... desiderium] *marg.*   21 *ipsa*] ista *scr.*

3 AVERROES, *Metaph.*, II, com. 1 (fol. 28 KL).
8 AVERROES, *Metaph.*, II, com. 1 (fol. 28 K).

re; sed contingit naturale desiderium non includere finem ad quem ordinatur; ergo etc. Minor patet, quia grave cum sit sursum potest impediri a suo fine, scilicet ab esse deorsum.

Oppositum dicit COMMENTATOR hic.

Solutio. Distinguendum de otioso. Uno modo est otiosum quia impossibile, alio modo quia non includit finem. Primo modo non potest esse sic otiosum quod impossibile sit includere finem suum, quia si desiderium est ad id ad quod est aptum, tunc non est ad impossibile: unde ratio desiderii naturalis non est nisi ex potentia ad desideratum, ideo non potest esse ad impossibile. Secundo modo potest esse otiosum. Voluntas tamen vel desiderium animale est ad impossibile, quia vellemus esse immortales. Unde? Voluntas insurgit ex comprehensione alicuius boni; sed homo habet apprehensionem alicuius boni impossibilis aliquando: et hoc est quod agit voluntatem, non dico quod cogat; et sic voluntas animalis potest esse ad impossibile. Sed contra: ARISTOTELES dicit II° *Rhetoricae*, capitulo *De ira*: appetens delectatur dum est in ira, quia appetens sperat. Ex hoc arguitur sic. Verum est quod voluntas potest esse respectu alicuius quod in re est impossibile, dum tamen non opinatur illud esse impossibile, quia non est spes nisi respectu opinati; sed opinatum non est impossibile, nec est spes de impossibili.

Sed dicet aliquis quod, licet aliquis non possit velle impossibile, posset tamen velle quod illud quod est impossibile sit possibile.

Sed contra: quod id quod est impossibile sit possibile est impossibile; ergo velle hoc est velle impossibile; quare etc.

Sed, nonne possum velle quod ego sim immortalis? Dico quod non, nisi sub conditione; unde ex conditione potest aliquis velle impossibile.

Contra: ex appetitu boni surgit voluntas; ergo cum bonum impossibile possit esse apprehensum, potest aliquis velle ipsum. Forte quod hoc est verum.

Sed ad rationem, cum dicitur: appetens sperat, verum est quod credit possibile et sperat posse consequi; et de tali loquitur ARISTOTELES ibi.

---

5 non] *marg.*   6 ordinatur] non *add. sed cancell.*   7 a suo ... deorsum] *marg.*
13/14 unde ... impossibile] Cette phrase a été déplacée par le copiste: elle se lit après *immortales* (ligne 16).   13 ad desideratum] *marg.*; desiderantis *scr. sed. cancell.*
14 non] *sup. lin.*   15 tamen] *sup. lin.*   16 Unde] Secundo *scr. sed sup. lin. corr.*
19 animalis] *marg.*   ad] *sup. lin.*   24 nec ... impossibili] *marg.*   25 aliquis^2] *marg.*; tunc *scr. sed cancell.*   28 ergo] sed *scr. sed sup. lin. corr.*   velle^2] *marg.*
32 apprehensum] apprehensivum *scr.*   35 et^1 ... consequi] *marg.*

20 ARISTOTELES, *Rhetor*, II, 9 (1386 b 30-31).
35 ARISTOTELES, *Rhetor.*, II, 9 (1386 b 30-31).

Unde, licet appetens possit apprehendere impossibile, non tamen aliquis prosequitur.

QUAESTIO <4>

UTRUM POTENTIA HOMINIS QUAM HABET AD SCIENDUM POSSIT COMPLERI PER ACTUM

Signum est nullum posse adipisci cognitionem veritatis digne.

Quaeritur utrum potentia hominis quam habet ad addiscendum vel ad sciendum possit compleri per actum, vel sit potentia ad infinitum.

Solutio. Dico quod potentia talis non est ad infinitum, sed ad actum qui compleri potest. Quia si ad infinitum, hoc non potest esse nisi duobus modis: vel propter infinitatem scibilium, vel propter infinitatem intensionis quae potest esse in sciendo aliquid. Sed scibilia non sunt infinita, cum nec species entis sint infinitae. Nec propter infinitatem quae in modo sciendi clarius et clarius, quia perfectio scientiae dupliciter est: quaedam enim est per definitionem, quaedam per demonstrationem. Ratio perfecta scibilium quae est per demonstrationem est quod aliqui habent illa per demonstrationem, et illam demonstrationem per demonstrationem aliam usque ad id quod non est demonstrabile. Et demonstratio non procedit in infinitum per ARISTOTELEM; quare possibile est ut sciatur perfecte per demonstrationem. Idem arguo de eo quod scitur per definitionem: quando enim habetur definitio perfecta alicuius, tunc scitur perfecte; et tunc scitur sicut homo potest scire. Cum ergo definitio non procedat in infinitum, sicut *libro II°* ostendetur, quare possibile est quod sciatur ita quod non clarius et clarius.

QUAESTIO <5>

UTRUM HOMO NASCATUR CUM COGNITIONE PRIMORUM PRINCIPIORUM

In foribus quis delinquet.

Nasciturne cognitio principiorum cum homine? Dicit COMMENTATOR

---

19 quando ... tunc] *marg.* quando] *iter.*; aliquid scitur per definitionem *add. sed cancell.*

4 ARISTOTELES, *Metaph.*, II, 1 (993 a 31).
17 ARISTOTELES, *An. post*, I, 19 (81 b 32 sq.).
21 ARISTOTELES, *Metaph.*, II, 2 (994 b 17 sq). Cf. etiam *Commentum* post q. 12, p. 70.
4 ARISTOTELES, *Metaph.*, II, 1 (993 b. 5).
5 AVERROES, *Metaph.*, II, com. 1 (fol. 29 A).

quod sunt in nobis a natura. Sed hoc potest intelligi dupliciter. Uno modo, quod homo nascatur cum cognitione principiorum actuali vel habituali, ita quod sine acquisitione per sensum : sic falsa est propositio. Alio modo potest intelligi quod cognitio principiorum sit in nobis a natura, sicut postrema sensus perfectio dicitur esse nobis innata : quod enim sensus sentiat aliquid sentire, non est causa quia sensus sentiat prius sua sensibilia; sed mox sentimus ad praesentiam sensibilis, propter hoc autem sensibile habemus; dicit autem ARISTOTELES quod sensum habemus a natura; sic dico hic : principia non sunt nota ex aliquo intellectu priore, quia intellectus habet naturam per quam accipit cognitionem communis, sed statim accipit principia; unde sic sunt principia naturaliter cognita sicut sensibilia se habent ad sensum.

QUAESTIO <6>

UTRUM AD COGNITIONEM SUFFICIENTEM ALICUIUS OPORTEAT INDUCERE USQUE AD COGNITIONEM CAUSAE PRIMAE

PHILOSOPHUS dicit quod nescimus verum sine causa prima et intendit de Causa Prima simpliciter. Et ideo quaeritur utrum ad cognitionem rei sufficientem necesse sit cognoscere omnes causas et Primam simpliciter.

Videtur quod non. Medicina est principium cognoscendi sanitatem et tamen non inducit cognitionem ad Primam Causam simpliciter, quia medicus nihil iuvaretur etsi cognosceret Causam Primam vel si induceret ad primam ideam sanitatis; quare ad sufficientem cognitionem non oportet cognoscere Primam Causam simpliciter.

Item, definitio substantiae sufficiens cognitio substantiae est : non enim cognoscitur per demonstrationem, et definitio substantiae non est per additamentum; ergo substantia non assumit Causam Primam in definitione, cum non assumitur aliquid alterius rationis in definitione, cui definitioni Prima Causa est alterius essentiae.

Oppositum dicit ARISTOTELES : nescimus verum sine causa et hoc sine causa prima veritatis.

---

10 sicut ... innata] *marg.*; probo sic *scr. sed cancell.*   11 enim] *sup. lin.*   prius] *marg.*   12 sed ... sensibilis] *marg.*; et visus unquam videat visibile nisi esset suum proprium obiectum *add. sed cancell.*   15 priore] *marg.*   16 sic] *marg.*

---

13 ARISTOTELES, *De anima*, II, 5 (417 b 16-18). Cf. THOMAS DE AQUINO, *In De anima*, II, lect. 12, n° 373.
4 ARISTOTELES, *Metaph.*, II, 1 (993 b 23-24).

Item, *II° Physicorum* duo dicit. Si debet res cognosci, oportet omne genus causae cognoscere. Aliud dicit: quod in omni genere non oportet cognoscere causam propinquam rei, sed causam summam et remotam.

Item, COMMENTATOR in principio *Physicorum*: doctrina debet incipere a causis rei, docendo causam rei, et non debet cessare usque ad causas effectus propinquas et remotas.

Item, in *II° Physicorum*: si homo debet cognosci, oportet cognoscere omnes causas propinquas et remotas.

Solutio. Dico quod ad cognitionem rei oportet cognoscere omnes causas: formalem, materialem, finalem et efficientem; etiam Causam Primam, cognitione non solum perfecta secundum rem, sed secundum quod exigit humana natura: quia scire est causam rei habere. Cuius probatio est quia inquantum deficit a cognitione alicuius causae, intantum deficit a cognitione rei; ex quo omnes causae sunt ipsius causati, et causatum cognoscimus perfecte inquantum omnes causas propinquas et remotas cognoscimus.

Item, ex eisdem est esse rei et cognitio; cum ergo sufficiens esse non est ex uno genere tantum, sed ex quolibet <genere> illius; et non solum ex hoc, nisi adesset causa remota universalis fluentiae illius; quare oportet etc.

Unum tamen advertendum est quod, quamvis perfecta cognitio rei et sufficiens in humana natura non sit sine cognitione Causae Primae, non tamen quaelibet scientia rei debet inducere considerationem sui quaesiti usque ad Causam Primam. Quae est ergo illa? Dico quod scientia debet inducere ad principia illa quae sunt illius generis subiecti, secundum quod considerat subiectum. Verbi gratia, medicina considerat sanum inquantum sanum et non inquantum ens, et ideo non est inducere causam sanitatis usque ad Primam Causam, quia talis non est causa sanitatis inquantum sanitas, sed inquantum ens.

Ex hoc apparet corollarie quod omnis scientia specialis aliquid supponit aliud a prima philosophia, ipsa autem non supponit ab aliis,

---

23 causas] *marg.*   25 II°] IV° *scr.*   43 principia illa] *marg.*; illas scientias *scr. sed cancell.*   49 aliud] alia *scr.*

---

19 ARISTOTELES, *Physic.*, II, 3 (194 b 17 sq.).
21 Cf. ARISTOTELES, *Physic.*, II, 3 (195 b 21 sq).
22 AVERROES, *Physic.*, I, com. 1 (fol. 6 E).
25 ARISTOTELES, *Physic.*, II, 3 (195 sq.).
30 Cf. ARISTOTELES, *Metaph.*, I, 2 (982 a 28 sq.).

quia considerat subiectum inquantum ens; et quia illud est certissimum, non accipit ab aliis, ipsa autem non supponit nisi propter nos.

In scientia naturali est exemplum: scientia de animalibus de animali considerat et non de prima materia simpliciter, quia materia non est causa animalis inquantum animal. Item, elementa sunt causa animalis, tamen scientia de animalibus non considerat ista, quia non sunt causa animalis secundum quod animal, sed secundum quod corpus mixtum, et ideo consideratio istorum est magis scientiae de generatione.

Unde ille qui considerat rem inquantum res debet considerare Primam Causam, unde est nobilissima scientiarum et ideo meliores causas considerat.

Ad primum sciendum quod medicina est sufficiens principium ad supponendum quod debet supponere scientia specialis, non tamen quantum scientia simpliciter. Si enim faceret haec reductionem ad Primum, non faceret inquantum medicina, sed inquantum philosophia prima. Unde medicina est cognitio sanitatis in genere, sed non simpliciter. Ad probationem dico quod, cum dicitur «in nullo iuvaretur», dico quod si faceret hoc, non iuvaretur in operando, sed in speculando, secundum quod magis et magis accederet ad causam; unde ad operandum sufficit simpliciter scire quia est, ut <quod> haec herba sit sana; quod autem est sufficiens ad operandum debet considerare scientia operativa.

De definitione advertendum est. Dico quod ipsa tradit definiti cognitionem non secundum quamcumque causam, sed per formam; et quia forma est causa sufficiens, ideo per tale genus causae, scilicet per formam et materiam, et per formam maxime, dicit ARISTOTELES quod sufficit cognitio quod quid est esse; propter hoc non inducit cognitionem usque ad Causam efficientem primam.

Est advertendum quod in hoc causae definiti dissimiliter se habent ad cognitionem rei et ad esse rei. Res enim non potest esse ita quod sit ex sola forma vel ex sola materia, sed ex omnibus oportet rem esse.

---

52 animali] *marg.*; homine *scr. sed cancell.*   54 animalis¹] *sup. lin.*; hominis *scr. sed cancell.*   animal] *marg.*; homo *scr. sed cancell.*   animalis²] *marg.*; hominis *scr. sed cancell.*   55 tamen ... animalibus] *marg.*; philosophus tamen naturalis *scr. sed cancell.*   59 est] *iter.*; quod medicina est sufficiens principium *add. sed exp.*   65/66 unde ... simpliciter] *marg.*   68/69 ad operandum sufficit] *marg.*; inesset *scr. sed cancell.*   72 definitione] scientiae *add. sed exp.*   78 in hoc] *marg.*

59 ARISTOTELES, *Metaph.*, VI, 1 (1026 a 21-22).
75 ARISTOTELES, *Metaph.*, II, 2 (994 b 16 sq.).

Cognitionem tamen potest res habere ex uno quia et intellectus dividit ubi non dividit natura.

QUAESTIO <7>

UTRUM QUANDO ALIQUID INEST CAUSAE ET CAUSATO EXCELLENTIUS INSIT CAUSAE

Illud dicit Aristoteles: quando aliquid inest causae et causato per unam rationem, excellentius inest causae quam causato: ut igni inest calidum excellentius quia causa caliditatis est in igne. Per hoc vult ipse probare quod quae sunt causa veritatis cuiuslibet, sunt principia verissima. Quaeritur utrum hoc sit verum.

Quod non, videtur. Homo generat hominem, et tamen non oportet quod excellentius insit humanitas causae quam causato.

Oppositum apparet per auctorem in littera.

Item: secundum Proclum in V^a propositione, omne productivum alterius melius est quam natura eius quod producitur.

Intelligo sic, quod in causis effectivis proprie assumitur haec propositio. Sed aliquid esse causam alterius productivam est dupliciter. Vel ita quod secundum naturam suam distinguatur a producto suo, quod alterum habet naturam productivi, aliud producti; ita quod causa determinetur ex suo effectu, et quod hoc habeat naturam causae, illud naturam effectus. Alio modo contigit illud per accidens quod aliquid sit effectus alicuius, non secundum <se>, ita quod non determinetur ex natura sua ut sit effectus, sed solum secundum accidens, scilicet secundum quod unum est prius alio tempore. Verbi gratia de sole: sol habet de natura sua quod principium est et causa Socratis producti; Plato autem non plus habet de se quod generet Socratem quam e converso, nisi per accidens, quia est prius tempore.

Ad quaestionem dico quod quando aliquid inest causae, et loquor de causa determinata contra effectum, ita quod ex sua natura causae rationem habeat, dico quod excellentius inest causae quam causato. Sicut patet de caliditate respectu ignis, ignis enim ex ratione sua habet

---

4 Illud] Aliud *scr.*   12 Item] *scr. sed perperam cancell.*; Contra *add. marg.*   17 aliud producti] *perperam cancell.*   18 determinetur] determinet *scr.*   20 secundum] quod aliquid est effectus alicuius *add.*   23 de] naturam suam *scr. sed corr.*

4 Aristoteles, *Metaph.*, II, 1 (993 b 24-25).
12 Proclus, *Elementatio theologica*, prop. 7 (et non 5), (éd. Vansteenkiste, p. 267).

30 rationem causae, aliud ex natura sua rationem effectus cuius est causa, scilicet ignis ipse.

Sed in his quae sunt distincta secundum accidens non oportet, ut patet, quod excellentius fuerit in causa quam in causato; ut patet de Socrate generante Platonem: Socrates enim ex natura sua non est productivum
35 Platonis, sed ex hoc quod prius ens. Et PROCLUS loquitur hoc modo. Productivum nobilius est producto; quanto etiam per plura media producit, tanto excellentius invenitur in causa quam in causato.

Per hoc patet solutio ad argumenta, procedunt enim una via.

QUAESTIO <8>

UTRUM SEMPER EXISTENTIA POSSINT HABERE PRINCIPIUM

Postea tangit unum verbum ARISTOTELES, in quo sunt duo dubia. Dicit enim quod principia semper existentium semper sunt. Per hoc innuit
5 quod semper existentia habent causam et principia; et innuitur quod principia sunt verissima, et ita innuitur quod veritas sit in rebus.

De primo arguitur, scilicet, utrum existentia semper possint habere causam efficientem et principium, loquendo secundum intentionem philosophorum.

10 Quod non, probo: principium agens et efficiens est unde motus et effectus principium; sed sempiterna non habent principium ad suam factionem: illud enim quod invenitur post factionem non fuit prius. Haec est ratio facta in V^o *Metaphysicae*.

Item, illud quod habet causam agentem vel efficientem possibile est
15 esse et non esse; sed sempiternum non est tale. Minor est evidens, quia sempiternum in sua ratione non habet materiam, qua res potest esse et non esse. Probo maiorem, et fuit probatio AVICENNAE, quod in omni, praeter Primum, est possibile esse et non esse. Primo, assumo quod sempiternum non potest habere causam agentem nisi quae sit causa sui
20 esse, quia nullam habet transmutationem ad eius esse. Item, aliud assumo: causa sempiterna sicut unquam causavit, sic adhuc causat, ex

---

34/35 Socrates ... ens] *marg.*   7 existentia] semper *scr. sed corr.*   8/9 loquendo ... philosophorum] *marg.*   20 transmutationem] causam ad *scr. sed corr.*   ad] *marg.*
21 unquam] *marg.*; unumquodque *scr. sed cancell.*

1 Cette question a été éditée par GRABMANN. Cf. *Miscellanea Fr. Ehrle*, I, pp. 140-142.
3 ARISTOTELES, *Metaph.*, II, 1 (993 b 27 sq.).
13 ARISTOTELES, *Metaph.*, V, 11 (1018 b 9 sq.).
17 AVICENNA, *Metaph.*, tr. I, c. 6, p. 43-48; etiam tr. VIII, c. 4, p. 397-404.

quo est causa esse et non fieri. Tunc arguo sic: omne quod habet causam sui esse, ipsum est per aliud; sed illud quod habet esse per aliud, cum ipsum fuerit secundum se consideratum, | non habet esse necessarium; etiam non habet esse impossibile, cum suum esse fuerit per aliud; ergo est in termino possibilitatis essendi et non essendi; sed sempiternum non potest esse et non esse; quare non habet causam agentem.

Item, omne quod habet causam sui esse, tale est quod, aliquo extrinseco ablato, ipsum non erit; sed sempiternum non est tale, quocumque extrinseco ablato, quod ipsum non erit; quare etc. Probo maiorem: sicut enim fieri non est quando cessat efficiens, ut cessante sole cessat lumen, sic est in causis respectu esse. Probo minorem: omne enim quod caret potentia ad non esse ex natura sua, quocumque ablato, non propter hoc ipsum non erit; sed sempiternum caret potentia ad non esse; quare etc.

Oppositum dicit ARISTOTELES hic.

Item, *VIII° Physicorum*: si aliquid esset sempiternum, opinati sunt quidam quod non haberet principia, quod tamen non oportet secundum ARISTOTELEM.

Item dicunt auctor *Libri de causis* et ARISTOTELES *V° huius*, et similiter COMMENTATOR. Quaedam sunt necessaria et non possunt aliter se habere; quod tamen semper sint vel non sint semper, causam in hoc habent; hoc dicit COMMENTATOR; quare etc.

Solutio. Dicendum quod supposito quod aliud a Primo sit sempiternum, hoc non videtur tollere quod sit causatum, secundum viam rationis humanae.

Sed advertendum est quod aliquid habere causam efficientem possumus intelligere dupliciter.

Uno modo, quod habeat causam efficientem per transmutationem ad esse, et tale non est sempiternum. Quod enim invenitur in fine transmutationis, non autem in principio, ipsum non fuit prius.

Alio modo potest intelligi aliquid habere causam efficientem per hoc quod sit causa suae naturae et sui esse dans sibi esse, sic quod non est causa esse vel fieri per transmutationem; et tale non tollit rationem effectus. Et sic possunt sempiterna habere causam sui esse.

30 quare etc.] *marg.*   40 et ... huius] *marg.*   44 Solutio] *marg.*

36 ARISTOTELES, *Metaph.*, II, 1 (993 b 27-30).
37 ARISTOTELES, *Physic.*, VIII, 1 (252 b 1 sq.).
40 *Liber de causis*, 6 (BARDENHEWER, p. 170); ARISTOTELES, *Metaph.*, V, 5 (1015 a 20 sq.).
41 AVERROES, *Metaph.*, V, com. 6 (fol. 109 K).

Advertendum tamen quod, quamquam sempiterno non repugnet habere causam agentem, tamen per hoc non probatur quod aliquod sit sempiternum quod habet causam; sed possunt esse plura sempiterna non habentia causam. PYTHAGORAS enim posuit plura sempiterna ita quod unum non esset causa alterius. Et PROCLUS *in XI^a*, probat quod omnia procedunt ab uno. Sed aliud est probare quod sit aliqua Causa Prima, et aliud quod omnes effectus reducuntur ad unum. Sed hoc non potest probatio sua convincere. Probat enim PROCLUS sic: aut sunt causae in entibus aut non; si non, non est scire; si sic, causae in entibus aut se habent circulo, ita quod una causa reducitur in aliam et e converso, aut procedunt in infinitum; primum non est possibile: sic enim contingeret omnia esse priora et posteriora, meliora et peiora; secundum etiam falsum est, scilicet quod sit processus in infinitum; quare relinquitur quod standum est ad Causam simpliciter Primam.

Sed ista ratio PROCLI bene ostendit quod effectus quilibet reducitur ad aliquam unam causam simpliciter. Sed quod omnes effectus reducantur in unam tantum, quae sit tantum una respectu omnium causatorum, hoc non probat ratio. Et ideo ARISTOTELES *in XII°* recitat quod PYTHAGORAS, qui posuit numerum sensibilium, dixit quod principia prima sunt inconnexa; et ARISTOTELES arguit contra ipsum ibi quia convenit universum esse dispositum melius quo potest in sui natura; sed melius se habet si sint diversa ordinata et reducta ad unum principium quam ad plura, sicut melius disponitur regnum si sint ibi plura ordinata ad aliquod unum, et hoc non potest esse nisi sit unus princeps; ergo tunc melius est ponere unum principium. Pono ergo quod non repugnat sempiterno habere causam.

Prima ratio probat quod non potest habere principium transmutationis, et hoc concessum est.

Ad rationem AVICENNAE: omne quod habet causam in natura sua potest esse et non esse, non concedo illam. Ad probationem respondeo: omne quod habet causam habet esse ab alio, concedo; et dico quod, cum fuerit per se consideratum, habet esse necessarium, licet illud sit per aliud.

Contra: est per aliud; ergo non est necessarium.

56/57 quod ... agentem] *marg.*   63/64 aut ... si sic] *marg.*   66 primum] aut penitus non sunt causae in entibus *add. sed cancell.*   69 quod] tertium ut sic *add. sed cancell.*   72 tantum^2] *marg.*; quod *scr. sed cancell.*   74 inconnexa] connexa *scr.*   80 repugnat] repugnet *scr.*   87 consideratum] per se *add. sed cancell.*   87/88 licet ... aliud] *marg.*

60 PROCLUS, *Elementatio theologica*, prop. 11 (éd. VANSTEENKISTE, p. 269).
73 ARISTOTELES, *Metaph.*, XII, 10 (1076 a 1-5).

Dico quod secundum quod ly «de» vel ly «per» dicit circumstantiam causae formalis, tunc habet esse necessarium et tamen est per aliud, non tamen per aliud in eodem genere, sed in genere Primi Efficientis. Et probatio huius est. Accipiamus unum sempiternorum, ut caelum. Si tunc dicatur: caelum quantum est de se nihil est, falsa est propositio. Item, si dicatur: caelum potest non esse, falsum est. Item, caelum habet esse de se sicut ab Efficiente Primo, falsum est. Ex istis negativis dicendum quod caelum de se habet esse sempiternum, ab alio tamen; ex quo de sui ratione non est nihil, nec potest non esse; ergo necessarium est; et ex quo de se non habet esse, habet aliunde esse; ergo caelum habet esse necessario, tamen ab alio. Haec est ratio AVICENNAE in *II° Tractatu*.

Ad tertium dicendum quod maior vera est. Ad minorem dico quod, subtracta causa, sequitur ipsum esse ens et non ens propter duo quae sunt in ipso sempiterno. Quia unde sempiternum est, cum nihil includat quod sit sui corruptivum, potest remanere subtracto quocumque; tamen unde suum esse est ab alio, subtracto illo sequitur quod non est. Unde cum de sua ratione habeat potentiam ut sit, subtracto quocumque, adhuc est; et sic sequuntur duo contradictoria, quod est inconveniens; ex quo sequitur suum principium non posse subtrahi.

QUAESTIO <9>

UTRUM VERITAS SIT IN REBUS VEL IN INTELLECTU

Dicit ARISTOTELES in littera: *principia prima sunt verissima*. Ideo quaeritur utrum veritas sit in rebus.

Quod in intellectu, probo. Illud ad quod finaliter tendit intellectus in intelligendo est in ipso; sed intellectus in sua operatione tendit in veritatem; ergo veritas est perfectio intellectus; ergo etc.

Item, illud ad quod finaliter tendit appetitus bonum est; sed illud ad quod tendit appetitus non est in appetitu, sed in re extra; et ideo dicunt COMMENTATOR et ARISTOTELES *VI° huius* bonum et malum esse in rebus, verum et falsum esse in mente.

4 veritas ... rebus] *marg.*; fuerint intellecta vel in re extra *add. sed cancell.*   6 in ipso] *marg.*; sua operatio *scr. sed cancell.*   tendit] intell *scr. sed corr.*   8/11 sed ... mente] *marg. inf.*; sed appetitus tendit ad cognitionem veritatis finaliter; ergo etc. *scr. sed cancell.*

00 AVICENNA, *Metaph.*, tr. I, c. 6; etiam tr. VIII, c. 4.
3 ARISTOTELES, *Metaph.*, II, 1 (993 b 27).
10 AVERROES, *Metaph.*, VI, com. 8 (fol. 152 G); ARISTOTELES, *Metaph.*, VI, 4 (1027 b 25-27).

Oppositum dicit Aristoteles in *VI° huius* : dicit enim quod falsum est in rebus; ergo eadem ratione verum est in rebus; ergo verum non est in intellectu.

15 Item, hic dicit Aristoteles quod principia sunt verissima; sed illud quod praedicatur de aliquo non est | separatum ab eo, ut dicit f. 97ra Aristoteles in *VII° huius*; ergo veritas est in ipsa re.

Solutio. Dico quod veritas est in rebus et veritas est in intellectu. Et est intelligendum quod duplex ratio veritatis invenitur in rebus, cum veritas
20 sit in intellectu, nam veritas non potest esse in rebus nisi per comparationem ad intellectum, et hoc vel practicum vel speculativum.

Veritas autem est in rebus per comparationem ad intellectum practicum, quando res conformis est ad actum intellectus practici, sicut denarius dicitur verus qui imitatur artem suam; similiter domus dicitur
25 vere vel vera quando intellectui conformis est domifactivo vel imitatur artem domificatoriam.

Alio modo verum habet esse in rebus per comparationem ad intellectum speculativum, inquantum verum quod est in re natum est causare veritatem in intellectu. Unde secundum Aristotelem, illa entia quae nata
30 sunt causare vel generare falsam aestimationem, falsa sunt, ut somnia; ergo e contrario quae nata sunt generare aestimationem veram in intellectu, sunt vera.

Dicit Aristoteles quod, sicut unumquodque se habet <ad> esse, ita ad veritatem, et haec propositio intelligenda est de veritate in rebus.
35 Nam, sicut unumquodque se habet ad esse, ita ad cognitionem, et inquantum habet esse excellentius, habet cognitionem excellentiorem; cognitio autem ad veritatem est, et sic intelligenda est illa propositio de veritate in rebus.

Item, intelligenda est propositio de veritate quae est in anima.
40 Probatio. In participantibus causam necesse est participare effectum; sed ex hoc quod res est vel non est, est opinio vera vel falsa; ergo secundum quod unumquodque se habet ad causam istius veritatis, quae quidem causa est res ipsa, se habebit ad veritatem ipsam : accipit enim intellectus speciem a scibili. Secundum ergo quod se habet res perfectius ad esse, se

---

12/14 Oppositum ... intellectu] *perperam cancell.*   18 Solutio] *marg.*   25 domifactivo] domificio *scr.*   44/45 Secundum ... veritatem] *marg.*

12 Aristoteles, *Metaph.*,VI, 4 (1027 b 17 sq.); etiam IX, 10 (1051 b 6 sq.).
17 Aristoteles, *Metaph.*, VII, 1 (1028 a 23 sq.).
29 Aristoteles, *Metaph.*, V, 28 (1024 b 23-25).
33 Aristoteles, *Metaph.*, II, 1 (993 b 30-31).

habet perfectius ad veritatem. Ergo utroque modo intelligenda est 45 propositio.

Item, intelligendum quod verum et ens convertuntur, ens tamen dicitur absolute, verum autem per comparationem ad intellectum.

QUAESTIO <10>

UTRUM IN CAUSIS MOVENTIBUS CONTINGAT
PROCEDERE IN INFINITUM

Utrum in causis moventibus contingat procedere in infinitum. COMMENTATOR movet illud.

Videtur quod sic, quia causae generantes sunt causae moventes; et tales causae procedunt in infinitum, secundum PHILOSOPHUM, ut iste generatur a patre suo, ille ab alio; ergo etc.

Oppositum vult ARISTOTELES.

Solutio. Dicendum quod causae moventes non procedunt in infinitum, quia cuiuslibet motus est causa efficiens prima in ordine universi, et omnium est una talis.

Ad rationem in oppositum respondet COMMENTATOR in V^o Physicorum. Dicit enim quod in causis moventibus ordinatis essentialiter tenet illud, in causis tamen ordinatis accidentaliter vel secundum accidens contingit procedere in infinitum.

Sed quid vocas tu causas ordinatas essentialiter et accidentaliter? Dico quod causas accidentales vocat COMMENTATOR et etiam ARISTOTELES causas efficientes similis speciei, sicut iste homo generat hominem et ille alium. Causas essentialiter ordinatas vocat causas quae per suas essentias distinguuntur, ut quod hoc est causa et illud est effectus, ut quod sol sit causa hominis secundum quod movetur ab intelligentia; unde per suas essentias habent ista quod unum est prius et aliud posterius, unum efficiens et aliud effectus.

10 Solutio] *marg.*   11 quia] mo *scr. sed sup. lin. corr.*   13 respondet] hic *add. sed cancell.*   24 effectus] effectum *scr.*

5 AVERROES, *Metaph.*, II, com. 5 (fol. 30 I).
7 ARISTOTELES, *Metaph.*, II, 2 (994 a 3 sq.).
9 ARISTOTELES, *Metaph.*, II, 2 (994 a 5-8).
10/12 Cf. THOMAS DE AQUINO, *In Metaph.*, II, lect. 3, n° 304.
13 AVERROES, *Physic*, V, com. 13 (fol. 218 I-K).
18 AVERROES, *Physic*, V, com. 13 (fol. 218 K); etiam VIII, com. 47 (fol. K-L); ARISTOTELES, *Metaph.*, V, 2 (1013 b 34 sq.).

Dicuntur autem ordinatae accidentaliter, quando per suam essentiam non sunt ordinatae quod unum sit causa, aliud effectus, sed per accidens, per quoddam extrinsecum a substantia. Verbi gratia, quod sint causae ordinatae, ut quod Socrates ante Platonem, et Plato ante Ioannem, hoc est per accidens propter Motorem Primum qui semper movet et agit unum post aliud. Et ex hoc contingit quod unum est posterius, aliud prius et ita per accidens. Unde quia illa vadunt in unum, propter hoc est quod ipsa procedunt in infinitum.

Alia expositio est. Quando effectus aliquis de natura sua requirit plures causas ordinatas ad effectum ipsum producendum, tunc causae illae ordinatae sunt essentialiter: verbi gratia, sicut homo generatus de ratione sua requirit hominem et solem et intelligentiam et Primam Causam; et cum hoc requirat de sui essentia, non est accidens ei; sicut etiam requirit cultellus administrationem martelli et artem fabrilem. Istae sunt causae essentialiter ordinatae.

Quando autem res non exigit plures tales causas de sui essentia, tunc sunt causae accidentales: verbi gratia, quod homo hic habeat infinita ad sui generationem, hoc accidit per hoc quod requiritur aliquid primum, et illo primo aliud prius et sic in infinitum.

Tertio modo contingit illud sic exponere, quod causa quae per intentionem movet dicitur essentialis, quae autem praeter intentionem dicitur accidentalis. Quando autem per medias causas agit aliquid per intentionem, tunc sunt causae ordinatae essentialiter; sicut ars fabrilis non tantum intendit movere martellum, sed extendere ferrum et ulterius facere cultellum. Quando autem praeter intentionem, tunc accidentales; sicut cum homo generat illum hominem; quod autem ille generetur ab infinitis praecedentibus, hoc accidit praeter intentionem primi.

Consequenter ARISTOTELES ponit tria per ordinem, et dicit quod, subtracto primo, medium non movet; tunc dicit quod si infinita essent media et omnes causae essent causae moventes, dicit ipse quod nulla moveret, subtracto primo.

Videtur quod non fuerit efficax sua ratio quia, existentibus causis finitis, subtracto primo movente, <medium> non habet ante se aliquam causam quae potest esse causa motus; sed in causis infinitis non est assignare aliquam causam quin habeat ante se aliam; quare etc., et ita erit motus.

Solutio. Dicendum quod illud quod dicit ARISTOTELES hic non differt,

51 primi] *marg.*   61 Solutio] *marg.*   Dicendum] Dicit A *scr. sed corr.*

52 ARISTOTELES, *Metaph.*, II, 2 (994 a 16-19).

scilicet quod, subtracto primo, alia erunt subtracta, sive ponantur finita sive infinita, quia omnia eandem rationem habent: verbi gratia, baculus est movens instrumentaliter; sed si ponas plura talia, cum non sit causa sufficiens sui motus, non erit in aliis aliquid quod sit causa 65 sufficiens motus, quia omnia habent rationem moventis medii, nisi veniatur ad movens non motum, cum illud sit sufficiens principium motus.

Ad rationem dicendum quod, tribus existentibus, primo moto non est motus ante primum, et ideo subtracto primo cessat motus. Et cum tu 70 dicis, existentibus infinitis, non est reperire aliquid quin sit aliquod principium prius, verum est, sed non est aliquod eorum sufficiens principium motus.

QUAESTIO <11>

<UTRUM IN PARTIBUS INFINITI SIT ACCIPERE UNAM PRIOREM, ALIAM POSTERIOREM>

Consequenter dicit ARISTOTELES quod omnes partes infiniti sunt simpliciter mediae, ita quod non una prior et alia posterior; et ideo 5 quaeritur utrum in partibus infiniti sit accipere unam priorem, aliam posteriorem.

Videtur quod sic, quia tempus est infinitum, secundum ARISTOTELEM et similiter revolutiones infinitae; et tamen in revolutionibus praeteritis una prior et alia posterior, ut patet: illa quae fuit anno praeterito non 10 similiter se habet cum illa quae fuit ante millesimum annum.

Solutio. Dico quod in infinitis non est primum neque ultimum. Et quod dicit ARISTOTELES quod prius est aliquid per hoc quod propinquius principio alicui, et posterius quia remotius ab eodem, dico quod hoc verum est; sed in infinitis non est accipere aliquod primum et ideo nec est 15 ibi prius nec posterius.

Ad illud de tempore dico quod contingit considerare rationem prioris et posterioris in partibus temporis vel in partibus totius motus, dupliciter: uno modo per comparationem ad primum quod sit primum

---

63 omnia] omnes *scr.*   72 aliquod] *marg.*   8 Videtur ... sic] *marg.*   12 Solutio] *marg.*   18 temporis] dupliciter *add.*

4 ARISTOTELES, *Metaph.*, II, 2 (994 a 17 sq.).
8 ARISTOTELES, *Physic.*, VIII, 8 (263 a 20-21); etiam VI, 2 (233 a 16 sq.).
13 ARISTOTELES, *Metaph.*, V, 11 (1018 b 9-13).

simpliciter, sic non est prius et posterius in tempore nec in revolutionibus, immo omnes similiter sunt motae; vel per comparationem ad aliquid quod est «nunc praesens», et tunc potest accipi pars prior quae propinquior est isti nunc. Unde secundum comparationem ad primum vel ultimum secundum quid, ibi potest esse aliquid prius et aliquid posterius.

<COMMENTUM>

Cum sint duo modi secundum quos dicamus aliquid fieri ex aliquo: primo sicut ex materia fit aliquid, secundo sicut ex eo quod est in fieri factum esse fit; est quoddam medium inter fieri et illud quod fit, sicut fieri inter esse et non esse. Et accipit unum ARISTOTELES quod non fit aliquid ex alio sicut ex sempiterno.

At vero etc, ARISTOTELES probat finitatem esse in omni genere causae.

Et intelligendum quod, licet in quolibet genere causae sit accipere causam primam in illo genere, non tamen causam simpliciter primam, quae non habet aliam causam: in genere enim causae formalis non est causa prima quae sit forma omnium, quia forma est effectus, et illa forma non est causa efficiens omnium.

Item, in genere causae materialis non est reperire causam primam simpliciter, quia una est causa omnium quae est Causa simpliciter Prima; materia autem non est causa omnium effectuum, quia non ad omnia pertinet materia.

Item, materia secundum AVICENNAM non est causa alicuius in genere causae efficientis; cuiuscumque enim est causa, est causa secundum viam receptionis et non effective; Prima Causa est causa omnium; similiter de aliis causis intelligendum.

Sed propter causam formalem intelligendum quod forma non est quod quid est rei, sed est illud quo res habet esse et quod quid est.

Item, intelligendum quod omnes causae efficientes aliae a Prima Causa efficiente se habent per modum motus, non tamen omnes per modum transmutationis. Sed in inferioribus generatis sunt causae efficientes per

---

20 sic] vel quae ad ultimam simpliciter *add. sed cancell.*; après *ad* le copiste avait marqué un renvoi à la marge; mais tout a été raturé et on ne peut rien lire.   7 At vero] *non subl.* Le reste de la ligne est vide.   11 forma¹] causa *scr. sed marg. corr.*   effectus] efficiens *scr.*

7 ARISTOTELES, *Metaph.*, II, 2 (994 a 20).
17 AVICENNA, *Metaph.*, tr. II, c. 4, p. 96.

modum motus et transmutationis, non autem in sempiternis. In causis materialibus ponebant Antiqui primam materiam, et hic tamen non omittit ARISTOTELES hoc probare et hac ratione. Sicut enim posterius efficiens non habet quod sit movens nisi ex primo movente, et hoc ostensum est prius, sic nec est possibile in genere causae materialis 30 posterius subiectum esse sine primo.

Consequenter dicit ARISTOTELES quod aliquid fieri ex aliquo est dupliciter: aut sicut ex materia vel subiecto, aut alio modo ut ex puero fit vir; iste modus improprius est magis. Praeter istum modum fit aliquid ex aliquo dupliciter: uno modo sicut ex puero fit vir vel ex addiscente 35 sciens, alio modo sicut ex aëre fit aqua. Ex puero fit vir vel ex addiscente sciens sicut ex aliquo quod est imperfectum fit perfectum, et sicut ex aliquo quod est in fieri fit factum, et sicut ex medio inter ens et non ens: istos tres modos ponit ARISTOTELES in littera. Alio modo ex aëre fit aqua sicut ex termino ex quo receditur. 40

Circa illud intelligendum quod ex puero fit vir immediate, propter naturalem ordinationem in materia pueri respectu formae viri; non autem e converso, propter istam rationem quia non aequaliter respiciunt materiam. Similiter ex aurora fit dies propter naturalem ordinem ad ipsum. Unde in sene non est potentia immediate ordinata ad puerum vel 45 ad formam pueri.

Ex aëre autem fit aqua immediate, et e converso similiter immediate, quia aequaliter ordinantur.

Sed quae est causa huius dicti quod dixi: ex puero immediate fit vir et est in potentia ad virum et non e converso? Dico quod ex puero etc. Et 50 huius probatio est: sicut aliquid est transmutabile, sic est in potentia; sed puer immediate est transmutabilis ad formam viri; quare etc.

Sed contingit aliquando quod materia ens sub forma non potest transmutari ad formam contrariam propter defectum agentis, sub agente tamen maioris virtutis potest transmutari. Estne haec causa propter 55 quam ex viro non fit puer immediate, et ex sanguine panis? Dico quod non, quia ex nullo agente fit hoc quod ex sanguine fiat panis immediate; ideo, cum sub nullo agente fit transmutatio ad talem formam, non est hoc propter defectum agentis. Dico ergo quod materia existens sub

f. 97va

---

28 ARISTOTELES, *Metaph.*, II, 2 (994 a 22).
32 ARISTOTELES, *Metaph.*, II, 2 (994 a 23 sq.).
39 ARISTOTELES, *Metaph.*, II, 2 (994 a 25).

60 forma sanguinis non est in potentia ad panem nisi secundum quendam ordinem, et non immediate.

<QUAESTIO 12>

UTRUM CONTINGAT MATERIAE, QUANTUM EST DE SE,
QUOD SIT IN POTENTIA AD FORMAM SPERMATIS
EXISTENS SUB SANGUINE

5   Quaeritur utrum contingat materiae, quantum est de se, quod sit in potentia ad formam spermatis existens sub sanguine. Videtur quod non, quia quamlibet formam indifferenter respicit.

Dico ergo quod nec materiae per se nec formae vel agenti debet illud attribui quod ex uno fiat aliud immediate, et non e converso. Unde dico
10 quod non contingit materiae sanguinis per seipsam quod fuerit immediate sub forma spermatis, et non fuerit sub ratione formae panis, sed ratione materiae et formae talis sub talibus dispositionibus, quia non fit transmutatio ad actum immediate ab agente nisi sub propria materia; nunc autem materia sub forma sanguinis est propria materia spermatis.
15 Unde dicit ARISTOTELES: actus activorum sunt in patiente tamquam in subiecto, et libro *De generatione* dicitur: in habentibus symbolum facilior erit transmutatio; unde non habet aliquid agere in aliud nisi secundum quod est in potentia ad aliquid per formam et dispositiones quae sunt in materia. Unde dicere quod ex puero fit vir, nihil aliud est
20 dicere quam quod aliquid fiat ex aliquo tamquam ex materia sua disposita. Unde dicit ARISTOTELES et concludit quod ex puero fit vir tamquam ex eo quod est in fieri secundum naturalem ordinem, et non e converso: quod ex viro non fit puer tamquam ex aliquo quod immediate ordinetur ad illud.
25 Ideo signanter dicit ARISTOTELES: *propter quod illa non reflectuntur,* quasi diceret: propter hanc causam quod ex viro non fit puer tamquam

---

59/60 existens ... sanguinis] *marg.*; sanguinis *iter.*   61 immediate] et hoc est causa quare etc. Contra: materia sanguinis immediate ordinatur ad formam spermatis et eadem ratione est in potentia ad formam panis. Ad illud patet per praedicta *add. sed cancel., exceptis verbis* panis. Ad illud   14 nunc ... spermatis] *marg.*   25 non] vero *scr.*

15 ARISTOTELES, *Metaph.*, IV, 4 (1006 a 26-28).
16 ARISTOTELES, *De generatione*, II, 4 (331 a 23-24).
21 ARISTOTELES, *Metaph.*, II, 2 (994 a 25).
25 ARISTOTELES, *Metaph.*, II, 2 (994 a 32).

ex aliquo quod est in fieri et in perfici, ordine naturali immediate, propter hanc causam ex viro non fit puer immediate. Illud confirmatur per hoc quod omnes formae quae sunt actu in Motore Primo, sunt potentia in materia prima; si ergo non est actu in Motore Primo ut ex viro fiat puer immediate ordine naturali, ergo nec est potentia in materia, immediate dico.

Item, estne dicendum quod acetum sit in potentia vinum? Dicit ARISTOTELES quod non, *IX° huius*, quia licet vinum posset ire per plures motores ad acetum, non est tamen dicendum quod sit in potentia ad illud; nec terra sub potentia passiva est arca, quia potentia passiva est principium transmutationis ab alio. Ad hoc autem quod ex sanguine fiat panis vel ex aceto vinum, non sufficit una transmutatio.

<COMMENTUM>

Amplius autem cuius. Intendit probare statum in causis finalibus, et ponit quattuor rationes.

Prima est talis: qui tollunt causam finalem peccant; sed qui dicunt causam finalem procedere in infinitum, tollunt causam finalem. Probatio huius est. Finis est cuius causa fiunt alia, et non est illud propter aliud. Circa illud intelligendum est quod est causa finalis respectu aliquorum et simpliciter. Illa quae est aliquorum, illa est cuius causa fiunt alia et illa non sunt propter aliud in eodem genere; causa finalis simpliciter ipsa est cuius causa fiunt alia et illa non propter alia simpliciter.

Quod si aliquis diceret quod, si sit processus in infinitum, destruitur causa finalis simpliciter, sed non causa finalis respectu alicuius, contra: illud quod habet causam finalem respectu alicuius, non est accipere nisi fuerit causa finalis simpliciter. Et probatio huius est: navigium fit propter divitias et nisi divitiae fierent propter honores, divitiae non haberent causam finalem cum considerantur propter se. Similiter et in aliis: cum non sit aliquid cuius non sit causa alia, et illud propter alia simpliciter, tunc, nisi talis ponatur, non erit causa finalis simpliciter; et ita qui destruit causam finalem respectu aliquorum, destruit causam finalem simpliciter. Dicit etiam COMMENTATOR quod omnes aliae fiunt propter finem, et est prima causa inter omnes causas.

30 non] forma *add. sed cancell.*   30/31 in ... ergo] *marg.*; in agentibus *scr. sed cancell.*   11 si sit ... infinitum] *marg.*   destruitur] non *add. sed cancell.*   12 non] *sup. lin.*

34 ARISTOTELES, *Metaph.*, IX, 7 (1049 a 18 sq.); cf. etiam VIII, 5 (1044 b 34-36).
2 ARISTOTELES, *Metaph.*, II, 2 (994 b 9).
20 AVERROES, *Metaph.*, II, com. 8 (fol. 32 M).

Sed qui in infinitum. Secunda ratio. Qui ponunt processum in infinitum destruunt finem, et finis est bonum; ergo illi destruunt bonum simpliciter. Circa illud intelligendum quod aliquid habet rationem boni, non tamen ex hoc quod finis est, sed ex hoc quod habet ordinem in finem; sunt autem aliqua quae habent finem et ordinem ad finem, et tamen non dicuntur habere finem vel bonum nisi per comparationem ad praecedentia. Unde in *III° huius*: in mathematicis non est bonum quia non est ibi finis.

Et nullus conabitur. Tertia ratio. Qui ponit causas finales procedere etc. auferret finem et rationem finis. Et ex hoc concludit quod qui hoc ponit auferret actiones et motus et virtutes naturales. Et probatio huius est: non est motus naturalis ad id quod in infinitum distat, nec agens agit ad impossibile; ex hoc sequitur quod agentia naturalia agunt propter ultimum; si ergo non est ultimum, destruitur agens naturale.

Videndum est si agens naturale agat propter finem. Qui autem ponit quod natura agit non magis determinando ad unum quam ad reliquum, negat quod est propter finem. Qui autem ponit quod agens naturale non tendit ad hoc determinatum, sed in infinitum procedat, ponit quod non agit propter finem; et talis causam agentem destruit. Unde *V° Physicorum*: nihil movetur ad infinite distans; *II°* similiter *Physicorum* et libro *Caeli et mundi* dicitur idem.

Neque utique. Quarta ratio. Si sit processus in infinitum in causis finalibus, destruitur intellectus practicus. Probatio: intellectus practicus non est nisi propter operari; sed operari est propter finem; sed quod causae finales procedant in infinitum, hoc destruit finem; quare etc. Sicut dicit COMMENTATOR: sicut nullus intellectus operatur nisi intendendo finem, sic etiam est in natura quod semper habet ultimum propter quod agit.

Sed neque quod quid erat esse. Probat statum in causis formalibus. Et intelligendum quod forma est aliquid quo aliquid habet esse. Definitio autem indicat esse, et ideo idem est procedere in infinitum in causis formalibus et definitionibus.

f. 97vb

---

22 ARISTOTELES, *Metaph.*, II, 2 (994 b 12).
28 ARISTOTELES, *Metaph.*, III, 2 (996 a 29 sq.).
30 ARISTOTELES, *Metaph.*, II, 2 (994 b 13).
41 ARISTOTELES, *Physic.*, V, 1 (224 b 1 sq.); etiam V, 2 (225 b 33-35); ARISTOTELES, *Physic.*, II, 2 (194 a 28-32).
42 ARISTOTELES, *De caelo*, I, 8 (277 a 24 sq.).
43 ARISTOTELES, *Metaph.*, II, 2 (994 b 14-15).
47 AVERROES, *Metaph.*, II, com. 8 (fol. 33 B-C).
50 ARISTOTELES, *Metaph.*, II, 2 (994 b 17).

Videamus rationem huius. Forma enim rei definibilis non habet partes; quare videtur quod definitio non debet habere partes formae. Dicendum quod forma non habet partes secundum rem, sed secundum rationem, ita quod ratio eius dividitur in plures partes secundum rationem.

QUAESTIO <13>

QUAERITUR QUOMODO DIVIDITUR INTELLECTUS REI, RE EXISTENTE INDIVISA

Sed quomodo habet partes secundum rationem, cum non habeat partes secundum rem? Intelligenda sunt hic tria.

Primo, quod definitio hominis non dividitur in plures partes secundum rem, ita quod secundum unam formam sit rationalis et secundum aliam etc., ponendo gradus formarum.

Secundo, intelligendum quod in rerum natura invenitur gradus formarum in diversis rebus, secundum quod sumuntur diversa genera simul; sicut invenitur aliqua ratio speciei quae est substantia, ita quod non corpus.

Tertio, sciendum propter quid definiendo oportet definitum dividere.

Dicendum quod formae se habent sicut numeri, secundum ARISTOTELEM. In numeris autem ita est quod in specie perfectiore intelligitur species imperfectior; ideo species perfectiores continent virtute operandi formas et gradus imperfectiores repertos in aliis: verbi gratia, animal per suam essentiam est corpus et substantia, unde ratio illius continet omnes illos gradus et ideo fit divisio in omnes.

Ratio aliter sic formatur. In definitionibus quod est prius, magis est quia magis continet; quod autem posterius, minus est quia minus continet: ita quod, si non est prius, non est posterius; ergo in definitionibus, si non est primum, non est aliquid posterius; et si in definitionibus sit unum, tunc non procedetur in infinitum; quare etc.

Unum dubium est de hoc quod arguit sic: si non est prius respectu huius, non est posterius; ergo si non est primum simpliciter, non est posterius aliquod.

Contra: in generatione hominis non est prius respectu huius, quia iste

14 numeri] numerus *scr.*   15 perfectiore] perfectiori *scr.*   17 operandi] continent add. sed exp.

15 ARISTOTELES, *Metaph.*, VIII, 3 (1044 a 9-11).

homo generat illum et ille alium et sic in infinitum; ibi non est primum
30 respectu huius, et tamen non est arguere: ergo non est aliquod posterius in generatione hominis.

Dico primo ponendo conclusionem, quod omnis ratio debet incipere ab aliquo noto, sicut patet per demonstrationem; unde per definitionem non est aliquid scire nisi esset aliquid prius notum; universalissimum
35 autem est prius notum. Sed hoc non respondet argumento. Propter hoc intelligendum quod intellectus definiti requirit essentialiter, de natura essentiae suae, ipsas res ad sui intellectum; et haec sunt omnia illa quae ponuntur in definitione rei; ergo ordinata sunt essentialiter. Sed in ordinatis essentialiter sequitur: si non est primum, non est aliquod
40 posteriorum; et per virtutem illius arguit ARISTOTELES.

Secundo intelligendum quod in generationibus generantes procedunt in infinitum nec est aliquod primum, et ideo non invenio sufficientem causam generationis Socratis: quia omnia quae sunt entia, ut Plato etc., sunt unius rationis. Sicut ergo in uno non invenitur sufficiens principium,
45 nec in aliis; nisi tunc iretur ad Primum, alio modo non est causa sufficiens.

Tertio sciendum quod una est ratio communis ostendendi statum in omnibus causis quae fiunt in causis efficientibus, et est illud: si non est primum, non est aliquod posteriorum.

< COMMENTUM >

Amplius scire. Ponit secundam rationem, et secundo removet quiddam per quod possit impediri sua ratio.

Primo arguit sic. Illi qui dicunt quod definientia procedunt in infini-
5 tum destruunt scire, quia non est scire nisi cum devenitur usque ad individua: ita quod procedamus a supremo usque ad individuum per differentias, quod est ultimum inferius; sed qui ponunt processum in infinitum destruunt individua ultima.

Postea removet quiddam per quod possit etc. Et est: linea est
10 divisibilis in infinitum, ita quod non est procedere ad indivisibilia, et tamen possum ipsam intelligere. Similiter diceret aliquis de definitione. Illud removet ARISTOTELES. Intelligere lineam in infinitum hoc est

---

30 aliquod posterius] *marg.*; primum simpliciter *scr. sed cancell.*   36 requirit] requirunt *scr.*   40 et] *sup. lin.*

2 ARISTOTELES, *Metaph.*, II, 2 (994 b 20-21).
5 Cf. THOMAS DE AQUINO, *In Metaph.*, II, lect. 4, n° 323.
12 ARISTOTELES, *Metaph.*, II, 2 (994 b 23-26).

dupliciter: uno modo quod intelligatur aliquod unum continuum, et tunc non oportet quod intelligatur per partes; alio modo, quod intelligatur per partes aequales, ut pedales; et uterque istorum modorum est possibilis. Sed tertio modo intelligendi ipsam per omnes sectiones, hoc est impossibile. Cum enim non sit in intellectu nisi per suam formam, numquam esset eam intelligere si sua forma esset infinita. Unde super illud dicit COMMENTATOR quod non contingit intelligere infinitum nisi prius intelligendo partem finitam, et sic iterando ipsam infinities non intelligitur infinitum, sed finitum.

Sed materiam. Ponit tertiam rationem. Intelligendum quod materia secundum suam entitatem est infinita et non determinata per album vel nigrum, nec determinata ad entitatem canis vel hominis etc. Sed infinitas et indeterminatio suae entitatis determinatur per formam, sicut hoc est Socrates, hoc est aqua; sed verum est quod forma est finita, et formae non procedunt in infinitum: tunc enim materia non esset determinata per formam; haec est ratio efficax.

Sed si infinitae. Probat quod causae non procedunt in infinitum secundum rectum, nec species causarum sunt infinitae. Probatio huius <est>: ad cognoscendam rem oportet cognoscere omnes causas eius; sed si procederent in infinitum, non possent cognosci omnes causae rei. Ista ratio secundum COMMENTATOREM ostendit quod non est procedere in infinitum in aliqua specie causae. Intellectus enim noster non potest intelligere infinita uno intellectu; sed si debet illa intelligere, oportet illa infinita intelligere pluribus intellectibus, etiam pluribus intellectibus finitis: ita quod, pertransitu quodam, modo unam modo aliam intelligat; si ergo infinita non contingit pertransire, nec intelligere.

Nota quod non est transitus in infinitum, quia transitus notat processum de extremo in extremum; nunc autem non includuntur infinita inter duo extrema.

Sed fueruntne plures dies ante annum praecedentem? Videtur quod non, quia infinitum infinito non est magis.

Contra: plures dies sunt. Dico quod plus non dicit aliquid nisi respectu alicuius finiti; unde non sequitur: plures dies sunt in respectu, ergo plures simpliciter.

---

15 ut pedales] *marg.*   17 enim] *marg.*   46 simpliciter] non sequitur *add.*

19 AVERROES, *Metaph.*, II, com. 11 (fol. 33 M).
21 ARISTOTELES, *Metaph.*, II, 2 (994 b 26).
29 ARISTOTELES, *Metaph.*, II, 2 (994 b 28).
33 AVERROES, *Metaph.*, II, com. 13 (fol. 34 F).

Contra: numquid fuerunt dies post, qui prius non fuerunt? Ergo etc. Dico quod non valet: plus enim dicitur respectu finiti. Unde quod aliquibus videtur esse impossibile quod deventum sit ad praesentem
50 revolutionem si infinitae praecesserint, hoc est quia duo extrema imaginantur inter quae quaerunt infinitas revolutiones; nunc autem ex parte principii simpliciter non est extremum; in infinito igitur non est plus vel respectu eius.

QUAESTIO <14>

QUAERITUR UTRUM CONTINUUM POSSIT INTELLIGI

De intellectu infiniti quaeritur primo utrum continuum possit intelligi. Videtur quod non. Non intelligimus aliquid nisi intelligendo ex quibus et
5 | quantis est, <ut dicitur> *I° Physicorum*; sed non est intelligere continuum ex quibus et quantis est, quia componitur ex infinitis.   f. 98ʳᵃ

Oppositum dicit ARISTOTELES.

Solutio. Dico quod continuum potest intelligi tripliciter. Uno modo convenienter, videlicet intelligendo ipsum continuum non per partes,
10 quia sic intelligendo continuum per partes non est intellectus continui; sed intelligendo ipsum totum simul, hic est intellectus continui secundum quod continuum.

Ad rationem in oppositum respondeo. Dico quod continuum non intelligitur ex quibus et quantis est, ita quod intellectus sit partium
15 quantitativarum continui; quia in continuo est aliquid ita parvum quod divisibile est, quod non potest intelligi, sed est principium intelligendi aliorum continuorum. Quia, secundum ARISTOTELEM, sicut in continuo aliquo toto est aliquod modicum mensura omnium continuorum, ita in ponderibus uncia est mensura; et ita erit accipere aliquod parvum
20 quamquam continuum sit divisibile, et ex quo illud parvum potest esse mensura, non oportet recurrere in continuatione continui ad partes, quia tunc continuum non haberet intellectum.

Contra: nonne dicit ARISTOTELES hoc contra Anaxagoram, scilicet

---

47/53 Contra ... eius] *marg. inf.*   6 quia ... infinitis] *marg. sup.*   8 Solutio] *marg.*   16 quod] tamen *scr. sed sup. lin. corr.*

5 ARISTOTELES, *Physic.*, I, 4 (187 b 12).
7 ARISTOTELES, *Physic.*, V, 3 (227 a 10 sq.); etiam I, 4 (187 b 12 sq.).
17 Cf. ARISTOTELES, *Metaph.*, X, 1 (1053 a 20 sq.).
23 ARISTOTELES, *Physic.*, I, 4 (187 b 7 sq.).

quod non contingit intelligere etc.? Non intelligendum est hoc ex quibus et quantis, idest partibus quantitativis. Unde dicit AVERROES super illud verbum ARISTOTELIS, quod non intelligitur aliquid nisi intelligendo ex quibus et quantis numero et forma sit.

Unde de partibus quae sunt distinctae in toto habet propositio veritatem, sicut patet in composito ex carne et osse et cartilagine, sed si sint partes indistinctae, non oportet, sicut patet de partibus in continuo quia continuum: unde continuum non habet partes ad partes distinctas.

QUAESTIO <15>

UTRUM INTELLECTUS POSSIT COGNOSCERE INFINITUM

Utrum intellectus noster possit intelligere infinitum. Quod sic, probo, quia nominabile.

Item, etiam definibile est: in III° enim *Physicorum* definitur.

Oppositum apparet per rationem prius factam. Similiter hoc apparet I^o *Physicorum*.

Item, COMMENTATOR: quaecumque cognoscuntur ab intellectu, determinantur ab ipso; sed infinita non possunt determinari ab intellectu; quare etc.

Solutio. Dico quod infinitum potest considerari dupliciter: vel sub privatione finis, et sic intelligitur; aut sub quantitate partis acceptae, et sic non potest intelligi: quia numquam per acceptionem partium in intellectu contingit stare, quia semper est alia et alia pars extra in infinitum. Quod autem infinitum non contingit sic intelligere probo: ARISTOTELES in X^o *huius*: mensura continui est aliquid parvum, ita quod est aliquid tandem accipere quod non sit intelligibile per se, sed per aliud cuius est mensura. Ergo si est sumere continuum quod non mensuratur per partes, tunc sequitur quod infinitum non potest ab intellectu nostro intelligi. Sed si intelligatur, hoc est per partes eius; sed tunc necesse est discurrere per partem in partem; sed non potest discurrere per infinita; quare infinitum non potest intellectus intelligere. Et hoc est quod dicit

---

3 infinitum] infinita *scr*.   11 Solutio] *marg*.   17 aliquid] aliquod *scr*.

25 AVERROES, *Physic*., I, com. 35 (fol. 23 D-E).
5 ARISTOTELES, *Physic*., III 6 (207 a 7 sq.).
7 ARISTOTELES, *Physic*., I, 4 (187 b 7-9).
8 AVERROES, *Metaph*., II, com. 11 (fol. 33 LM).
16 ARISTOTELES, *Metaph*., X, 1 (1053 a 20 sq.).

definitio eius, quae est quod infinitum est cuius infiniti nobis accipientibus aliquam quantitatem semper in infinitum est aliquid sumere extra. Et hoc monstrat quod infinitum secundum rationem suam non potest intelligi. Hoc etiam dicit COMMENTATOR hic: non possumus intelligere infinita nisi intelligendo partem finitam, et tunc iterando partem infinities impossibile est illud intelligere.

Ad rationem dico quod est nominabile per privationem finis, et sic est ipsum intelligere per privationem finis.

Ad aliud dicendum quod est definibile, sed non definitione indicante essentiam eius, sed definitione quae dicit quod intelligi non potest cum dicitur: infinitum est cuius quantitatem accipientibus etc.

Ad aliud, ARISTOTELES determinat de infinito; dico quod determinavit de infinito sicut de ente per accidens, et sicut de eo quod non potest per se intelligi.

QUAESTIO <16>

QUAERITUR QUOMODO DEUS SE HABEAT AD INTELLECTUM INFINITORUM, AN EA INTELLIGAT

Utrum Deus possit intelligere infinita. Quod non, videtur. Quaecumque intelliguntur ab intellectu determinantur; sed infinita non possunt determinari ab intellectu divino; quare etc.

Item, intellectus divinus est mensura rei, nostra tamen scientia est mensurata a re, quia non a veritate in intellectu est veritas in re, sed magis e converso; sed intellectus divinus non potest mensurare infinita, quia omne mensurabile finitum est; quare etc.

Oppositum: intellectus noster non potest intelligere infinita quia si debet haec intelligere, oportet haec discursive intelligere; sed intellectus Primi non est discursivus; quare infinita potest intelligere quia non intelligit pertranseundo ab uno in aliud.

Item, intellectus noster non potest intelligere infinita quia non potest intelligere simul plura; sed intellectus divinus potest.

Item, intellectus noster non potest intelligere simul plura quia non potest simul multas species comprehendere, etiam non potest intelligere multa per unam speciem; sed intellectus divinus potest intelligere multa per unam speciem; quare etc.

19 divinus] non *add, sed exp.*

26 AVERROES, *Metaph.*, II, com. 11 (fol. 33 M).
34/36 L'objection correspondante fait défaut dans M.

Solutio. Dico quod intellectus divinus potest intelligere infinita et intelligit. Ad huius intellectum tria consideranda sunt.

Primo, si Primus intelligit sicut nos intelligimus, non potest intelligere infinita, quia nos non intelligimus nisi per discursum quemdam; sed tamen hoc modo non intelligit Deus. Sed per quid intelligit infinita? Dico quod intellectus divinus nullam speciem intelligendi habet nisi quae est eius essentia.

Secundo, sciendum quod, cum eius intellectus et essentia sit ars factiva omnium quae procedunt a Primo Principio, sicut artifex intelligit artificiatum, ita intellectus primus intelligit quaecumque procedunt ab ipso. Sed tamen intellectus primus non intelligit sic quod sit discurrens ab uno in aliud, sed sic quod intellectus quem habet de illis intellectis non habet diversitatem a sui substantia. Et quia quod quid est intellectus divini non capit intellectus noster, ideo difficile est nobis ad plenum capere quomodo intellectus aliorum sit intellectus suae substantiae. Quidam autem modicum intelligentes, | attendentes nobilitatem intellectus divini, abnegant intellectum divinum intelligere proprias naturas rerum. Unde aliud est intelligere proprias naturas rerum et intelligere per proprias naturas rerum.

Sed quae est causa quare intellectus divinus intelligit omnia infinita simul? Dico quod intellectus noster non intelligit multa nisi ut multa et discursive, ita quod multa ut multa unde habent species, ideo oportet intellectum nostrum discurrere. In intellectu divino multa habent unam speciem in ipso, propter hoc multa simpliciter potest intelligere non discurrendo: et loquor de una specie realiter.

Probatio huius est quia Primum Principium est intellectus eorum actualiter quae facit, non tantum in quo conveniunt, sed quantum ad ea secundum quae differunt: Motor enim Primus est causa hominis et equi quantum ad ea quae differunt in ipsis, non tantum in quo conveniunt; et ideo in ipso multa habent unam speciem. Unde, sicut intellectus huius propositionis: omnis homo est animal, intellectus est infinitorum nobis, et idem est hic quantum ad propositum, etsi sint infinita simpliciter; tamen non intelligit intellectus noster ista multa ut actu sunt, sed ut potentia.

Sed intelligitne Primum multa ut multa?

Dico quod est ut sic, est ut non. Intelligit enim multa ut unum, inquantum multa reducuntur ad ipsum per speciem unam et non per

---

21 Solutio] *marg.*   37 divini] nostri *scr. sed cf.* J.J. D*UIN*, *La doctrine*..., p. 328, n. 28.
intelligere] per *add.*

plures. Multa tamen ut multa intelligit respiciendo ea quae differunt in rebus ad intellectum, quia intelligit omnia quantum ad ea quae differunt.

60 Ad rationem: Quae intelliguntur ab intellectu etc., diceret aliquis: quaecumque intelliguntur ab intellectu finito determinantur ab eo, sed de intellectu infinito non oportet. Dico tamen quod intellectus noster finitus est et non intellectus Primi. Intellectus enim noster secundum rem est in potentia, et ideo debet sumi ex ratione actus et obiecti, secundum
65 ARISTOTELEM *II° De anima*. Cum ergo obiectum intellectus nostri sit finitum, et intellectus noster finitus erit; sed obiectum Primi infinitum est, et ideo eius intellectus infinitus est. Et ideo dico quod quaecumque intelliguntur ab intellectu nostro determinantur ab ipso; non autem quae intelliguntur ab intellectu divino.

70 Ad aliud: infinitum mensurari non potest, dico quod mensura quaedam est quantitatis et sic non possunt infinita mensurari; mensuratione tamen essentiae possunt mensurari. Unde mensurare mensura quantitatis, est <ex> aliqua parte quantitatis accipere cognitionem totius; unde infinitum non potest sic mensurari, ita quod accipiatur alia pars post
75 aliam partem et sic in infinitum. Nec sic infinitum mensuratur ab intellectu divino, sed mensura essentiae potest mensurari.

Contra: nonne quantitas infiniti est sua essentia et ita, ut videtur, quando mensuratur per quantitatem, mensuratur mensuratione essentiae?

80 Dico quod unumquodque intantum habet naturam entitatis inquantum accedit ad Primum Principium, quod est mensura omnium, secundum COMMENTATOREM. Cognoscendo tunc infinitum secundum habitudinem quam habet infinitum ad substantiam, hoc modo Primum illud intelligit; et illa mensuratio non repugnat rationi quantitatis, secundum
85 quod mensuratio est secundum talem habitudinem. Ut tamen intelligendo Primum Principium, intelligamus intelligere ipsa infinita, hoc est mensurari ipsa mensuratione essentiae.

---

73 aliqua ... totius] *marg.*; accipere rem secundum quantitatem *scr. sed cancell.*   80 quod] mensuratione essentiae est sic *add. sed cancell.*   entitatis] *marg.*   82 infinitum secundum] *marg.*   83 ad substantiam] primam *add. sed cancell.*   83/84 hoc ... et] *marg.*

---

65 ARISTOTELES, *De anima*, II, 4 (415 a 16-21).
82 Cf. AVERROES, *Metaph.*, XII, com. 51 (fol. 337 A-B); etiam *Metaph.*, II, com. 4 (fol. 30 C-D).

<COMMENTUM>

Contingunt autem auditiones. A principio *IIⁱ* duo determinavit: unum, quod cognitio veritatis uno modo facilis, alio modo difficilis est; secundum, quod est status in quolibet genere causae. Et una ratio huius fuit quia si non est status non est scire.

Contingunt autem. Ostendit quis sit modus ad inquisitionem veritatis. Procedit enim intellectus de uno in aliud quasi per unam mediam viam; in via autem contingit recte agere, et contingit errare; et ideo intendit declarare quae est recta via, et hoc intendit removendo vias erroneas. Sed AVERROES *I° Caeli et mundi*: illud impedimentum quo homo impeditur a cognitione veritatis penes prima principia non est parvi momenti, sed maximi. Propter hoc bene se habet ut removeatur illud impedimentum, et etiam via erronea. Docet ergo rectum modum et removet vias erroneas. Procedit autem sic, quia primo tangit multas vias quarum quaedam sunt rectae, quaedam erroneae; primo tangendo diversas vias erroneas, secundo ostendit rectam viam. Prima pars dividitur in tot partes quot sunt errores. Prima via est erronea, quae ponitur; secundo specificat eam. Prima via est: quidam ponunt veritatem ex consuetis audiri, et haec est via erronea; quia quando homines obediunt illis quae consueti sunt audire, etsi sint falsa, credunt tamen ea esse vera et eorum opposita falsa. Quod hoc sit verum probat ARISTOTELES in legibus humanis, dicens quod homo potest videre quod, quia homo magis assuetus est truffis quam aliis, ideo magis credit illis. Verum est quod lex facit multas considerationes malas secundum quod lex dicitur active, ut lex PYTHAGORAE quae ponebat quod anima hominis ingrederetur corpus bestiae nisi bene esset operata in corpore humano; unde de poenis animarum nos multis illusere fabulosis antiqui poetae. Ratio huius est quam ponit ARISTOTELES *XII° huius*: legislator non ponit de primis principiis secundum quod opinatur, sed secundum quod magis conferens est hominibus, et secundum quod magis potest instruere bonis; aliquando autem per falsa et frivola possunt homines fieri boni. Unde ARISTOTELES *II° Ethicorum*:

---

7 intellectus] ibi *scr.*   19 quando] *marg.*   21 quod²] quae *scr.*   22 truffis] *scr.*; *forsan legendum* crassis (*ita Graiff*)   24/27 ut ... poetae] *marg.*

---

2 et 6 ARISTOTELES, *Metaph.*, II, 3 (994 b 32); II, 1 (993 a 30 sq.).
4 ARISTOTELES, *Metaph.*, II, 2 (994 a 1 sq.).
10 AVERROES, *De caelo*, I, com. 33 (fol. 94 A-B).
21 ARISTOTELES, *Metaph.*, II, 3 (995 a 3 sq.).
28 ARISTOTELES, *Metaph.*, XII, 8 (1074 b 1 sq.).
31 Cf. THOMAS DE AQUINO *In Metaph.*, XII, lect. 10, n° 2597; ARISTOTELES, *Ethic. Nic.*, II, 1 (1103 b 20 sq.); Cf. etiam *Ethic. Nic.*, X, 9 (1179 b 20 sq.).

quidam homines fiunt boni natura, alii doctrina, alii frivolis, alii autem
poenis et verberibus. Quidam etiam fiunt boni propter poenam adiunc- f. 98ᵛᵃ
tam quam timent consequi : sicut enim homo debet fugere tristitiam, sic
35 eligit delectationes, et e converso; si tunc poena adiungatur alicui,
paulatim efficitur bonus. Nec isti tres modi sufficiunt, sed indigetur
legibus humanis ut pendatur qui est latro; unde ARISTOTELES volens illud
probare, probat illud ex effectu.

QUAESTIO <17>

UTRUM CONSUETUDO AUDIENDI FALSA FACIAT EA
CREDERE ESSE VERA

Quaeritur ergo utrum talis consuetudo faciat hominem errare in
5 sensibilibus. Quaeritur tamen de primo, scilicet utrum consuetudo
audiendi frivola faciat hominem credere ea esse vera.

Videtur quod non. In nobis non est opinari sic vel sic, ut dicitur *III° De
anima*; sed tamen imaginari est sic vel sic; sed si in nobis esset assuescere
sic vel sic, et ista consuetudo faceret nos credere aliqua esse sic vel sic.
10 tunc esset opinari sic vel sic; quare etc.

Item, contra naturalia non contingit assuescere; si ergo prima principia sint nobis naturaliter nota, tunc non possumus per assuefactionem
credere opposita illorum.

Item, opinionem accipimus de rebus ex his quae nobis de rebus
15 apparent; cum ergo ex consuetudine de rebus semper res maneant
eaedem, consuetudo sic vel sic non facit credere sic vel sic.

Oppositum probat ARISTOTELES in littera.

Solutio. Dico quod consuetudo audiendi falsa facit credere ea, quod
probat ARISTOTELES per effectum. Non enim oportet semper quaerere
20 causam in probationibus, quia semper a nobis notioribus procedendum
est, et in nobis effectus est notior. Ratio huius est : audire aliquid ab
aliquo praecipue famoso et auctoritatem habente opinionem inducit, est
autem auctoritas locus dialecticus. Unde multoties, illis auditis, firmatur
opinio et fortificatur; et quia audire frequenter aliquid, quamquam illud
25 fuerit falsum, et praecipue a famoso, facit probabilitatem quandam,

7 non²] *marg.*   9 faceret] crede *scr. sed corr.*   18 Solutio] *marg.*   25 falsum]
verum *scr. sed marg. corr.*   et ... famoso] *marg.*   25/26 probabilitatem ... ideo]
marg.; tribuere auditis etiam *scr. sed cancell.*

8 ARISTOTELES, *De anima*, III, 3 (427 b 14 sq.).
13 Cf. ARISTOTELES, *Ethic. Nic.*, II, 1 (1103 a 20 sq.).
17 ARISTOTELES, *Metaph.*, II, 3 (995 a 3 sq.).

ideo in per se notis facit credere opposita principiorum. Unde dicit COMMENTATOR, AVICENNAM deceptum fuisse cum dixit hominem posse generari absque semine. Unde universaliter habens opinionem disponitur intellectus ad proportionalia, quorum scilicet habet opinionem; sicut per temperantiam inclinatur aliquis ad actum temperantiae, sic etiam est in aliis; quare etc.

Item, per se nota sunt quae intellectui ex sensu et phantasia sine ratiocinatione per se manifesta sunt; etiam his propinqua, quae sine magna cogitatione occurrunt intellectui, possunt dici per se nota, extendendo vocabulum. Nunc autem intellectus per suam naturam habet credere principia prima, quia sunt ei proportionalia; et consuetudo vim habet naturae, ut dicitur in *De memoria et reminiscentia*. Unde ille habitus falsus, in anima natus propter consuetudinem, est quasi altera natura: facit enim credere ea quae audiuntur, sicut facit natura credere per se nota.

Ad rationes in oppositum dicendum quod in nobis non est sic opinari vel sic, hoc est sic intelligendum, quia virtus opinativa non operatur ad imperium voluntatis; sed imaginativa imaginatur ad imperium voluntatis; nihilominus tamen, licet in nobis non sit hoc, tamen voluntas hominis bene comparatur ad hoc vel hoc, ad hoc quod homo possit applicari tali vel tali; non tamen sicut est in imaginatione.

Ad aliud dicendum quod licet intellectus noster per naturam suam habeat cognoscere prima principia, tamen natura non determinat ipsum ad principia prima quin etiam possit errare. Unde dictum ARISTOTELIS, scilicet: contra naturalia non contingit assuesci, intelligendum est in determinatis secundum naturam suam, ut lapis ad descensum.

Sed verum est quod <intellectus noster> magis natus est ad principia prima; hoc tamen non obstat quin bene possit errare intellectus circa ipsa propter consuetudinem; unde consuetudo magis facit unum hominem errare quam alterum.

Ad aliud: res non mutatur propter consuetudinem etc., ad hoc dico quod opinio non semper est de eo quod est, hoc est de substantia rei; sed

27 AVICENNAM] quod quidam volunt ut Avicenna quod materia *scr. sed cancell.*   27/28 dixit... semine] *marg.*   36 et] *sup. lin.*   49/51 Unde... descensum] *marg.*

27 AVERROES, *Metaph.*, II, com. 15 (fol. 35 D-E); *Physic.*, VIII, com. 46 (fol. 387 H-I). Cf. AVICENNA, *De diluviis* (éd. ALONSO, p. 306-308).
37 ARISTOTELES, *De memor. et reminisc.*, 2 (452 a 24 sq.).
49 ARISTOTELES, *Ethic. Nic.*, II, 1 (1103 a 20 sq.).

aliquando de accidente rei extra. Unde cum dicimus hoc dici de re, hoc accidit ei quia oppositum aliquando praedicatur de re propter aliquod
60 accidens eius; propter hoc enim quod homo magis assuetus est audire de ista re magis quam de opposita, ideo credit etc.

QUAESTIO <18>

UTRUM SENSUS POSSIT ERRARE CONSUETUDINE

Utrum possit esse error in sensu per consuetudinem. Videtur quod non: dicit ARISTOTELES *II° De anima*: sensus non errat circa sensibile.
5 Oppositum habetur *VIII° Physicorum*.
Solutio. Homo errat circa sensibile, non tamen sensus, quia sensus non sentit rem nisi secundum quod est; sed homo errat circa sensibile per aliquam rationem quae apparet probabilis, propter quam magis credit rationi quam sensui. Sensus autem dicitur errare de re quando alio modo
10 iudicat quam est in re; unde dicit ARISTOTELES *VI° Physicorum* quod qui dicit quod non est possibile aliquid moveri, ipse dimittit sensum et adhaeret rationi, et error ille non fuit apud sensum.
Ad rationem: aliud est hominem errare et sensum.

QUAESTIO <19>

UTRUM HOMO QUI CREDIT OPPOSITA PRINCIPIORUM EX CONSUETUDINE POSSIT REDIRE AD COGNITIONEM VERITATIS

Utrum talis homo qui credit falsa ex consuetudine vel opposita per se
5 notorum, possit redire ad principia veritatis. Quod non videtur. Dicit ARISTOTELES libro *Physicorum* quod aliqui quaerunt demonstrationem in per se notis et illi non possunt philosophari, secundum ARISTOTELEM; nunc autem credere opposita principiorum minus convenit cum philosophia quam quaerere tales demonstrationes; quare tales nullo modo
10 possunt philosophari.
Item, ARISTOTELES in *VII° Ethicorum*, comparans intemperatum ad

4 ARISTOTELES, *De anima*, II, 6 (418 a 11 sq.).
5 ARISTOTELES, *Physic.*, VIII, 3 (254 a 25-26); etiam VIII, 3 (253 a 32-34).
10 Cf. ARISTOTELES, *Physic.*, VIII, 3 (253 a 32-34). Dans le livre VI nous n'avons pas trouvé la référence littérale, mais seulement la doctrine, aux chapitres 9 et 10.
6 ARISTOTELES, *Physic.*, II, 1 (193 a 2 sq.).
11 ARISTOTELES, *Ethic. Nic.*, VIII, 9 (1150 b 30 sq.); cf. etiam 8 (1150 a 20 sq.).

incontinentem, dicit quod in intemperato magis est error, quia ipse peccat in principiis de quibus debet sumere sanitatem, ideo de difficili est sanabilis; incontinens autem minus insanabilis, quia non sic errat. Ex hoc arguo : qui non credunt principiis non possunt sermocinari vel ratiocinari; si ergo errat in principiis, non potest aliquo modo redire. 15

Oppositum dicit AVERROES in prologo *super III^{um}Physicorum* : homo assuetus ad falsa potest redire ad veritatem consuetudine audiendi vera.

Solutio. Dico quod hominem dubitare vel credere opposita principiorum in per se notis potest contingere dupliciter : vel per naturam, vel per 20 consuetudinem audiendi contraria principiis per se notis.

Si per naturam, non potest philosophari, quia qui caret potentia vel virtute qua natus est aliquis comprehendere vera non potest philosophari; sed ille qui credit opposita principiorum per naturam talis est; ergo. Nec similiter poterit comprehendere conclusiones, et tamen manet 25 ratio hominis in eo; et quia natura humana manet et non est mutabilis, ideo non potest transmutari ad scientiam. Unde simile est quaerere huic : an asinus posset philosophari; unde ARISTOTELES comparat talem | caeco non potenti comprehendere colorem. Unde in talibus si quis ratiocinatus fuerit cum illis, non habebit nisi verba. Quid enim scit caecus iudicare de 30 coloribus? Sic etiam est in caecis naturaliter intellectu. Istud tamen contingit in pluribus secundum magis et minus, secundum diversitatem complexionum existentem in ipsis; unde oportet respicere ad complexiones puerorum si quis debet poni ad scholas.

Item, alii sunt tales consuetudine, qui scilicet ignorant principia et per 35 se nota propter consuetudinem audiendi contraria; et isti possunt reverti et philosophari per bonos doctores, et secundum consuetudinem audiendi contraria prius auditis. Sed secundum quod magis vel minus dispositi sunt habitu praecedente, magis et facilius possunt philosophari.

Ad rationem in oppositum dico quod duplex est consuetudo per quam 40 homines deviant a per se notis : unus modus est quia consueti sunt audire opposita notorum per se; alius modus est apud homines peccantes in modo regiminis vitae, sicut sophistae volentes multum disputare, qui volunt videri appetere scire ad hoc quod videantur appetentes; disputant de principiis sicut de aliis, et tandem ex isto modo accidit eis dubitare in 45

14 incontinens] continens *scr.*   19 Solutio] *marg.*   27/28 Unde ... philosophari] *marg. inf.*   36 contraria] ea *scr.*   44 appetentes] apparentes *scr.*

17 AVERROES, *Physic.*, I, com. 60 (fol. 36 D-F). Dans l'édition de Venise (1572), le Prologue du livre III est placé à la fin du livre I; mais une note marginale dit: *Pars haec Proœmii loco in 3 Physicorum legi solebat.*
28 ARISTOTELES, *Physic.*, II, 1 (193 a 6 sq.).

per se notis. Unde dicit ARISTOTELES quod tales, ex tali consuetudine, dicunt maxime falsa.

Ad rationem in oppositum dicendum quod consuetudo audiendi contraria debet aliquem allicere ad opinandum cognitionem veritatis.

<COMMENTUM>

Alii autem. Quidam dicunt quod quaecumque rationes fiunt eis, nisi eis fiat ratio in prima et potissima demonstratione, non credunt illi. Si enim aliquis velit quaerere semper aliqua aeque nota cum mathematicis, errat.
5 Hoc dicit COMMENTATOR quod accidit quibusdam propter defectum instructionis in logica, aliis propter subtilitatem ingenii.

Alii vero: <dicit> quod quidam credunt per exemplum tantum, in istis autem parum facit scientia.

Alii non credunt nisi inducatur testimonium alicuius auctoris : ista non
10 est via recta veniendi ad veritatem. Istam viam potest aliquis habere propter defectum ingenii vel naturae vel propter consuetudinem.

Et illi quidem. Quidam etiam volunt discutere usque ad primum subiectum et praedicatum et dicunt : faciatis nobis breve argumentum. Ista tamen via potest esse via philosophandi, sed hoc non semper est
15 possibile.

Item, intelligendum quod quidam sic dispositi sunt quod iudicent usque ad quid, sicut accidit quibusdam quibus natura denegavit cognitionem primorum principiorum.

Propter quod oportet: hic ostendit ARISTOTELES quae via quaerenda sit
20 in inquisitione veritatis. Ostendit quod multae sunt viae in inquirendo; propter hoc oportet hominem doceri quomodo recipienda sunt singula et quis modus sciendi. Dicit enim quod malum est simul quaerere scientiam et modum sciendi; sed si aliquis fuisset instructus in logicalibus, non contigisset ei illud impedimentum. Dicit AVICENNA quod, dimissa logica

2 Alii] aliquando *scr.* Quidam] Alius error *add. marg.* 7 Alii vero] *non subl.* Alius error *add. marg.* 9 Alii] Tertius error *add. marg.* 12 Quidam] Quartus error *add. marg.*

46 ARISTOTELES, *Sophist. elench.*, I (165 a 20 sq.).
2 ARISTOTELES, *Metaph.*, II, 3 (995 a 6).
5 AVERROES, *Metaph.*, II, com. 15 (fol. 35 B-C).
7 ARISTOTELES, *Metaph.*, II, 3 (995 a 7).
12 ARISTOTELES, *Metaph.*, II, 3 (995 a 8).
19 ARISTOTELES, *Metaph.*, II, 3 (995 a 12).
24 AVICENNA, *Metaph.*, tr. I, c. 8, p. 59.

acquisita, sequuntur quidam logicam naturalem. Etiam COMMENTATOR 25
hic: logica communis est omni scientiae, et logica propria; et quae est
propria traditur in qualibet scientia. Exemplum huius est libro *De
anima*: ibi dicit ARISTOTELES quod prius oportet cognoscere obiecta
quam actus. Unde ibi traditur logica specialis, communis autem non
debet tradi in scientia speciali. Illud etiam dicit COMMENTATOR super 30
VII^{um} Metaphysicae: circa omnem scientiam duo sunt habitus, unus est
qui habet logicam in scientia speciali, alius in scientia communi. Unde est
logica quae est scientia et est logica quae est res.

Consequenter dicit ARISTOTELES quod iste diligens modus non debet
quaeri in omnibus scientiis. Ratio huius est: naturalia et moralia 35
principia habent quae sunt subiecta motui et transmutationi; unde,
propter multa accidentia quae contingunt, accidit quod non possunt dari
omnia contingenter vera nec frequenter: ut homo habet cognoscere
hominem cum duobus oculis; aliquando autem hoc non contingit
propter transmutationes et motus rerum, ut patet in logicalibus: in istis 40
enim non est universale verum quia mutabilia sunt. In his autem quae
sunt liberata ab omni materia, sicut divinae substantiae, maxime cognos-
cibiles sunt, sunt tamen remotae a cognitione nostra propter remotionem
earum a sensu. Mathematica autem sunt media inter naturalia et
metaphysica, et ideo in istis debet esse diligens inquisitio. Unde in 45
omnibus non est sumere universale semper verum. In his autem quae
sunt subiecta motui et transmutationi impeditur quod universale semper
possit esse. Quod tamen aliquando dubitavi, quia accidens semper esse
non potest. Nam non potes considerare universale ut sit semper. Duae
sunt rationes ad hoc: singularia enim non semper sunt; item, narrationes 50
illae quae sunt de his quae sunt per accidens, ut quod iste percussit illum
etc., scientiam non habent, ut vult ARISTOTELES *VI° Metaphysicae*. Ideo
non docet scientia omnia quae accidunt et pertinent ad subiectum, sed
omnia quae essentialem habent ordinem ad subiectum et non alia. Unde

---

25 naturalem] *marg.*; ex sui natura *scr. sed cancell.*   26 communis] est *scr. sed corr.*
est] *marg.*   40 ut] in *scr. sed corr.*   47 universale] non *add.*

25 AVERROES, *Metaph.*, II, com. 15 (fol. 35 F).
28 ARISTOTELES, *De anima*, I, 3 (407 a 5 sq.).
31 AVERROES, *Metaph.*, VII, com. 2 (fol. 153 K-L); etiam *Physic.*, I, com. 35 (fol. 23 C-D).
34 ARISTOTELES, *Metaph.*, II, 3 (995 a 14-15).
36 Cf. THOMAS DE AQUINO, *In Metaph.*, II, lect. 5, n° 336: ... *subiecta sunt motui et
variationi, et ideo, etc.*
52 ARISTOTELES, *Metaph.*, VI, 2 (1027 a 20 sq.).

ARISTOTELES libro *Posteriorum* : ex his quae saepe sunt fiunt demonstrationes, unde domificator non considerat si iste bene vivat in domo facta.

Ideoque. Ex hoc concludit duo. Quia qui debet veritatem scientiae inquirere oportet quod ipse inquirat duo : verbi gratia, ut in scientia naturali debet cognoscere si sit natura, per hoc enim sciet utrum naturalia habeant naturam vel non; etiam debet cognoscere modum demonstrandi, utrum fuerit per omnes causas; item, debet scire utrum habeat demonstrare illud quod demonstrat in omni genere causae; illum modum servat ARISTOTELES in *II° Physicorum* ubi primo inquirit quid sit natura, secundo inquirit utrum per omnes causas etc.

Sunt ergo in hoc secundo tria determinata : primo, quod cognitio veritatis uno modo facilis, alio modo difficilis; secundo, quod in omni genere causae est status; tertio, quae sunt impedimenta cognitionis veritatis. Ita quod totus secundus consistit in modo considerationis veritatis.

60 naturam] materiam *scr.*   62 habeat] habet *scr.*   68 modo] consideratione veritatis *scr. sed corr.*

55 ARISTOTELES, *An. post.*, I, 8 (75 b 24 sq.).
57 ARISTOTELES, *Metaph.*, II, 3 (995 a 17).
63 ARISTOTELES, *Physic.*, II, 1 (192 b 8 sq.); 3 (194 b 16 sq.).

< LIBER III >

f. 99ra   *Necesse est ad quaesitam* etc.

In isto tertio ARISTOTELES dubitationes et difficultates in cognitione veritatis quam considerat haec scientia disputat, licet eas hic non determinet; sed quamlibet in sequentibus suo loco. Procedit ergo sic. Primo determinat intentionem et causam intenti. Intentio autem sua est quod ad sciendam veritatem oportet sic aggredi: oportet enim primo difficultates ponere, quae propter duo procedunt: vel propter occasiones Antiquorum, quia Antiqui habent cognitionem non veram, aut quia praetermissa sunt ab Antiquis.

Inest autem. Dat causam intenti ponendo quattuor rationes.

Cognitio veritatis solutio dubitatorum est; sed non contingit dubitata solvere nisi praecognoscendo dubitationes; quare etc. Probatio minoris est per metaphoram valde propriam: ligatus non potest solvere vinculum nisi sciat ubi est vinculum; sed qui dubitat, ligatus est vinculo; quare non potest solvere nisi sciat illud vinculum.

Circa illud intelligendum quod non stant ista simul quod homo bene possit dissolvere quod sufficiat menti et rationi, et non posse probari per viam rationis oppositum conclusionis; immo sicut dicitur de illa solutione, si scit aliquis bene discernere solutionem, similiter scit per rationem oppositum conclusionis: unde qui scit solvere dubitata, scit bene cognitionem rei.

Et quia quaerentes. Secundo, ostendit causam suam in processu cognitionis veritatis et ponit aliam rationem sui modi procedendi, supponendo quod terminus est exclusio dubitationis. Et tunc arguit: ille enim qui <non> cognoscit terminum non potest bene ire ad terminum; ergo, cum inquisitionis terminus sit cognitio dubitatorum, non poterit veniri ad terminum sine cognitione illius; et si quis venerit, nescit si venerit vel non.

Et adhuc amplius. Ibi est tertia ratio.

2 Necesse ... quaesitam] *non subl.*   12 dubitata] dubia *scr. sed corr.*   17 Circa] Nota *add. marg.*   24/25 et ... supponendo] *marg.*; probando *scr. sed cancell.*   25 Et ... arguit] per simile *scr. sed corr.*   27 inquisitionis] inquisitione *scr. sed corr.*   28 veniri] venire *scr. sed corr.*

2 ARISTOTELES, *Metaph.*, III, 1 (995 a 24).
11 ARISTOTELES, *Metaph.*, III, 1 (995 a 27).
23 ARISTOTELES, *Metaph.*, III, 1 (995 a 33).
30 ARISTOTELES, *Metaph.*, III, 1 (995 a 36).

Amplius melius. Quarta ratio. Sicut est in iudiciis quod, auditis utriusque partis rationibus, contingit melius iudicare, similiter est in cognitione veritatis, visis rationibus difficultatem importantibus, melius poterit cognosci veritas: quia superius dixit, in principio, quod propter
35 nos est cognitio difficilis Primae Causae; et ibidem dicit quod, sicut oculus vespertilionis se habet ad solem, sic intellectus noster ad manifesta in natura.

<QUAESTIO 1>

<UTRUM IMPOSSIBILE SIT COGNOSCERE PRIMAM CAUSAM ESSENTIALITER>

Quidam dicunt quod impossibile sit cognoscere Primam Causam et
5 substantias separatas essentialiter, et AVERROES *III° De anima* dicit oppositum.

Intelligendum. Verum est quod ab intellectu nostro potest comprehendi intellectus Primi non essentialiter, sed sub privatione: ut quod sit incorruptibilis <et> immaterialis.

10 Item, bene cognoscitur secundum habitudinem causatorum ad ipsum, et iste intellectus non est adhuc intellectus essentialis.

Potest etiam intelligi ut Prima Causa rerum et finis omnium; iste intellectus non est adhuc essentialis.

Potest etiam intelligi in simili, sicut dicitur *Libro de causis*: Causa
15 Prima maxime intelligitur in simili. Unde intelligo intellectum meum intelligentem secundum quod est in actu, quia per se non intelligitur aliquid nisi secundum quod est in actu; intelligimus autem Causam Primam cum hoc simili quod ipsum Primum est intellectus in actu, vel etiam intelligimus Primum ut existentem in actu; iste intellectus non est
20 adhuc essentialis.

Ideo videtur esse talis cognitio per quam nos possimus intelligere Principium per essentiam suam: si Primum Principium sic possit intelligi per essentiam suam, ita quod per speciem intelligibilem qua intelligatur a

32 melius] *marg.* 34 veritas] *marg.* quia superius] superius quia *scr.* 10 secundum habitudinem] *marg.*; habitudo *scr. sed cancell.* 16 intelligentem] *marg.* 18/19 vel ... actu] *marg.* 21 cognitio] *marg.* 23 intelligatur] intelligitur *scr.*

31 ARISTOTELES, *Metaph.*, III, 1 (995 b 2).
35 Cf. ARISTOTELES, *Metaph.*, II, 1 (993 b 7 sq.); II, 1 (993 b 9).
5 AVERROES, *De anima*, III, com. 36 (fol. 174 F sq.).
14 *Liber de causis*, § 23 (éd. BARDENHEWER, p. 184).

nobis. Isto modo videtur ARISTOTELES velle, *XII° huius*, cognosci Primam Causam, ita quod species sua non sit species alterius essentiae quam Primae, sed species suiipsius.

Sed intelligendum quod aliquis non potest dicere quod non possit intelligi quia non habet species sensibiles : potest enim substantia materialis intelligi ab intellectu nostro, tamen in essentia sua non est aliqua passio sensibilis. Licet ergo de Primo non habeamus aliquod phantasma vel aliquem sensum, tamen bene possumus intelligere essentiam suam quia possumus intelligere quidditatem rerum sensibilium et tamen quidditatis illius nulla est passio sensibilis vel phantasma, sed haec extra essentiam quidditatis sunt; et tamen quidditas intelligitur per species sensibiles vel phantasma. Ita videtur quod homo multum expertus in philosophia, a causatis a Primo posset pervenire ad intellectum essentiae Primi.

<QUAESTIO 2>

<UTRUM ESSE SIT DE ESSENTIA REI>

Super quaedam prius dicta redeamus : tactum enim fuit de esse, utrum esse sit de essentia rei.

Dicit COMMENTATOR quod quaedam sunt dispositiones essentiales, ut «homo est vivus», similiter dicendo sic «homo est» : non enim praedicatur hic dispositio addita essentiae rei. Ratio dicenda nunc non fuit soluta superius.

Quaecumque sunt entia, sunt entia per participationem Primi Entis; sed in omnibus talibus differunt participans et participatum; et tunc essentia participans et esse participatum differunt.

Dico quod duplex est modus entis per participationem : unus per participationem imitationis; alius per participationem univocationis, ut album ipsum est album per participationem albedinis, quae est univoca. In talibus autem oportet quod sit compositum ex participante et participato. In entibus autem ipsa essentia Primi non est participata per participationem univocationis, sed imitationis, in hoc quod ista imitantur

---

25/26 alterius ... Primae] *marg.*; intelligibilis *add. sed cancell.*   27 quod aliquis] *marg.*   3 Super ... redeamus] *marg.*; ad secundum quod *add. sed cancell.*   enim] *sup. lin.*

24 ARISTOTELES, *Metaph.*, XII, 7 (1072 b 22 sq.).
3 Cf. la question 7 de l'Introduction, *supra* p. 41.
5 AVERROES, *Metaph.*, IV, com. 3 (fol. 66 M).
6 Cf. ARISTOTELES, *Metaph.*, X, 2 (1054 a 18).

Primum. In his autem non oportet quod participans et participatum differant: unde PLATO mutavit nomen imitationis et assumpsit ipsum pro participatione univocationis.

Item, aliquis arguet ad idem sic. Dicendo: hoc est ens vel hoc est, vel est ibi esse universaliter consideratum vel realiter. Ex hoc arguo: «homo est», non potest contrahi ly «est» ad esse particulare nisi per particulare, ut per aliquod accidens hominis: ut homo est albus vel quantus, et sic de ceteris quae significant accidens; et tunc ipsum esse est tale accidens. Praeter autem tale esse accidentale quod habet homo, da mihi esse substantiale; hoc non est nisi esse hominem. Si ergo habet aliquod esse particulare, hoc non est nisi esse accidentis, et tunc non differt «homo est» et «homo est albus vel niger»; vel esse ipsius substantiae. Necessario ergo erit dicere quod dicendo: «homo est», praedicetur esse substantiale ut homo est homo; erit ergo concedere quod esse sit de essentia rei, vel quod homo accidat homini.

Item, quod convenit homini per suam essentiam, illud est praedicatum pertinens ad essentiam; sed homo non contingit esse per accidens, sed per formam; ergo videtur quod sit praedicatio essentialis dicendo «homo est».

Sed aliquis argueret: dicit ARISTOTELES: definitio non dicit esse vel non esse; | si ergo homo vel sua definitio non dicit esse hominem, esse non erit de essentia hominis.   f. 99rb

Dicendum quod ARISTOTELES intellexit, cum dixit quod definitio non dicit «esse», quod definitio non est principium complexum sicut petitio vel suppositio, in qua enuntiatur aliquid de aliquo; ex hoc tamen non concluditur quod esse non sit de essentia illius de quo praedicatur, quod patet per ARISTOTELEM, quia non differt dicere «homo» et «homo est» secundum dictionem repetitam.

Est autem dubitatio etc. In hoc tertio vult PHILOSOPHUS disputare

---

19 imitationis] *sup. lin.*; participationis *scr. sed cancell.*   20 participatione univocationis] *marg.*; imitatione *scr. sed cancell.*   21 aliquis] *sup. lin.*   22 esse] *marg.*   28 hoc non est] *marg.*   37 Sed ... argueret] contra *marg. inf. add. sed cancell.*   37/38 vel non esse] *marg.*   46 Est ... etc.] *marg.*; *non subl.*

19 ARISTOTELES, *Metaph.*, I, 6 (987 b 10 sq.). Cf. PLATO, *Parmenides*, 132 D- 133 D; *Timaeus* 52 C.
37 ARISTOTELES, *An. post.*, I, 10 (76 b 35).
40 ARISTOTELES, *Metaph.*, IV, 2 (1003 b 26-28).
46 ARISTOTELES, *Metaph.*, III, 1 (995 b 5).

quaestiones difficiles, et primo enumerat istas quaestiones. De ista tamen numeratione non est vis.

QUAESTIO <3>

QUAERITUR UTRUM MULTA QUAE SUNT CONTRARIA SINT UNIUS SCIENTIAE

Quaeritur utrum ad unam scientiam pertinet considerare de diversis generibus causarum.

Quod non, probo. Plura quae non sunt contraria non videntur pertinere ad unam scientiam; sed omnes causae non sunt contrariae; quare etc. Maior patet, quia una est ratio contrariorum : ideo pertinent ad unam scientiam.

Item, si sic, tunc quaecumque scientia considerat de una causa, considerat de alia; sed hoc est falsum, quia ad scientiam non pertinet determinare nisi causas sui subiecti; sed quaedam sunt quae non habent omnes causas : mathematica enim non demonstrat per causas finales, ideo quidam Sophistae reputabant talem demonstrationem frustra esse.

Solutio. Et propter hoc intelligendum ad quaestionem quod plura genera causarum non pertinent ad unam scientiam nisi inquantum reducuntur ad genus subiectum unum, vel ad aliquod unum quod sit in scientia. Cum ergo entia considerata in aliquibus scientiis habeant omnes causas, sicut est in scientia naturali, tunc ad illas scientias pertinet considerare de omnibus causis. Aliquando autem pertinet ad unam scientiam considerare de forma, fine et efficiente, ut in scientia divina; de causa autem materiali non considerat.

Intelligendum quod scientia divina considerat de causa formali quia considerat de ente quod est principium intelligendi quod quid est ens, et hoc est forma. De fine similiter et efficiente considerat. Sed intelligendum quod principium motus non est in his quae neque movent, neque moventur, cuiusmodi sunt mathematica secundum quod huiusmodi; sed principia prima de quibus considerat divinus movent, licet non moveantur. Unde primus philosophus non habet considerare motorem secundum quod principium motus, quia nec tale genus subiectum est, conside-

---

11 falsum] probo maiorem quod ad unam scientiam pertinet considerare de una causa ita quid non de alia *add. sed verbo* va-cat *cancell.*   15 Solutio] *marg.*   24 quod quid] quidquid *scr. sed corr.*   27 cuiusmodi ... huiusmodi] *marg.*   28 de ... divinus] *marg.*   29/30 motorem ... quod] *marg.*; unde *scr. sed cancell.*

rat tamen id quod est motor. Intelligendum tamen quod, cum sit causa efficiens in esse et fieri, quamvis entia quae considerat scientia divina non sint principia et causa motus et fieri, sunt tamen principium esse. De causa finali considerat quia de substantiis quae sunt fines motuum, sicut
35 substantiae sempiternae secundum ARISTOTELEM XII° huius. Unde ratio finis non intelligitur respectu motus, sed respectu voluntatis. Unde primus philosophus considerat de his tribus: forma, fine et efficiente. De materia secundum quod causa non considerat scientia divina, quia ens, secundum quod ens, non habet materiam, nec materia est causa entis
40 secundum quod ens, quia tunc omne ens haberet materiam; sed ille qui considerat ens mobile considerat materiam. Sed materia potest considerari dupliciter, secundum COMMENTATOREM: inquantum est principium transmutationis, et sic considerat de ea naturalis; primus autem philosophus considerat de materia secundum quod ens in potentia, quia ens in
45 potentia dividit ipsum ens.

Ad rationem dicendum, cum dicitur «una scientia non considerat multa quae non sunt contraria», dico quod illud falsum est, immo multa quae non sunt contraria possunt pertinere ad unam scientiam, quia illa reducuntur ad unum in scientia. Nam illud est de consideratione scientiae
50 sine quo non potest considerari genus subiectum; sed genus subiectum non potest considerari sine talibus multis; ideo etc.

Ad aliud dico quod non pertinet ad omnem scientiam considerare omnes causas, sed ad illam quae habet genus subiectum et passiones quae requirunt omnes causas.

QUAESTIO <4>

QUAERITUR UTRUM UNUM CONTRARIORUM
SIT RATIO COGNOSCENDI RELIQUUM

Secundo quaeritur utrum unum contrariorum sit principium cognos-
5 cendi reliquum, nam ARISTOTELES innuit quod multa quae sunt contraria sint unius scientiae.

---

40 quia ... materiam] *marg.*   44/45 quia ens ... ens] *marg.*   51 multis] *marg.*; causis *scr. sed cancell.*

---

35 ARISTOTELES, *Metaph.*, XII, 8 (1074 a 14 sq.).
42 AVERROES, *Metaph.*, VII, com. 9 (fol. 159 M-160 A); *Physic.*, II, com. 21 (fol. 56 C).
 5 ARISTOTELES, *Metaph.*, III, 2 (996 a 20 sq.); etiam X, 3 (1061 a 18 sq.).

Quod non, probo, quia unum contrariorum non est principium essendi reliquum; ergo etc.

Item, unum contrariorum potest sentiri sine reliquo, et ita unum non est principium sentiendi reliquum.

Item, quorum sunt diversae naturae positivae, illorum sunt diversae rationes; sed contrariorum sunt diversae naturae positivae; ergo etc.

Oppositum : privatio cognoscitur per habitum, *III° De anima*; sed in contrariis unum est privatio, reliquum habitus; quare etc.

Item, mensura est principium cognoscendi mensuratum; sed unum contrariorum est mensura alterius; quare etc. Minor patet *X° huius*.

Solutio. Intelligendum ad hoc primo quod unum contrariorum non est principium cognoscendi reliquum nisi quia unum est privatio, reliquum habitus. Verum est quod non est idem intellectus habitus et privationis, sed alter est intellectus in anima unius et alterius. Privatio tamen non intelligitur sine habitu, unde, si non fuisset habitus, non cognosceretur privatio, *III° De anima*. Sicut ergo in rebus unum causat reliquum, sic est in intellectu quod habitus causat intellectum privationis, non tamen per se et immediate, sed per suum intellectum. Ulterius considerandum quod unum contrariorum est ut privatio alterius, sicut nigrum, licet non sit pura privatio albedinis, tamen in coloribus nigrum est privatio albedinis; hoc est, supposito colore, nihil invenitur ita differre a perfectissimo colore quod est album sicut nigrum. Unde, sicut privatio simpliciter non intelligitur nisi per habitum, sic nigrum non intelligitur nisi intellecto suo contrario. Tu enim non potes scire nec intelligere naturam nigredinis inquantum habet naturam coloris nisi cognoscendo colorem album, quia non cognoscit aliquis quomodo aliquid habet naturam coloris defective nisi cognoscendo rationem privationis. Unde intelligere et scire naturam nigredinis et naturam huius coloris quomodo deficit, non contingit nisi sciendo naturam a qua deficit.

Est tamen intelligendum quod, sicut potest fieri sensus visus nigredinis sine visione albedinis, similiter et intellectus; sed ille intellectus non esset verus et perfectus intellectus secundum quod nigredo habitus quidam defectivus est. Inquantum tamen est habitus, potest aliquo modo unum

17 Solutio] *marg.*   20 alter] aliter *scr. sed sup. lin. corr.*   24 et immediate] *sup. lin.* suum intellectum] *marg.*; per hoc quod unum causat reliquum *scr. sed cancell.*   25 est] quoque materia *add. sed cancell.*   ut] *sup. lin.*   31 album] *sup. lin.*   38 et perfectus] *marg.*   38/39 secundum ... est¹] *marg.*

13 ARISTOTELES, *De anima*, III, 6 (430 b 22 sq.).
15 ARISTOTELES, *Metaph.*, V, 6 (1016 b 20 sq.).
16 ARISTOTELES, *Metaph.*, X, 1 (1052 b 27).
22 ARISTOTELES, *De anima*, III, 6 (430 b 20 sq.).

40 contrariorum cognosci per se. Inquantum autem unum se habet ut defectivus, non potest cognosci nisi cognoscatur illud a quo deficit : unde contrarium contrario quodammodo cognoscit intellectus.

Per hoc patet solutio. Dico enim quod non sequitur : non est principium essendi, ergo nec cognoscendi, secundum | AVERROEM : est enim   f. 99va
45 aliquod principium doctrinae quod non est principium essendi.

Ad aliud dico quod sensus non cognoscit cognoscendo quod quid est obiecti, quia sensus non distinguit illud. Intellectus autem cognoscit quod quid est obiecti, propter hoc non oportet quod si sentiri possit sine illo, quod cognosci posset sine illo.

50 Ad tertium dico quod contrariorum est secundum quod huiusmodi alia et alia ratio; tamen, sicut intellectus contrarii privativi non est sine intellectu habitus, similiter nec quod quid est unius est sine quod quid est alterius, distinctos tamen habent intellectus.

Consequenter dicit ARISTOTELES quod in immobilibus non est unde
55 principium motus. Quomodo illud sit intelligendum dictum est prius. In immobilibus enim quae movent est unde principium motus; immobilia tamen ut mathematica, quae neque movent neque moventur, non habent unde principium motus; sed tamen in his est causa et principium motus quoad esse, non tamen quoad fieri.

QUAESTIO <5>

UTRUM IN MATHEMATICIS SIT BONUM

Utrum in mathematicis sit bonum. Quod sic, probo : sicut unumquodque se habet ad esse, sic ad bonum, esse enim est aliquod appetibile; si
5 ergo mathematica habent esse, tunc habent bonum.

Oppositum dicit ARISTOTELES.

Item, finis non intelligitur nisi respectu motus vel moventis vel voluntatis; sed in mathematicis non est aliquod istorum, et illud ad quod ista terminantur finis est, finis autem bonum; ergo etc.

---

50 secundum ... huiusmodi] *marg.*   51 contrarii privativi] *marg.*; privationis *scr. sed cancell.*   52 est²] *marg.*   57 moventur] movetur *scr.*

44 AVERROES, *Metaph.*, V, com. 1 (fol. 100 M - 101 D-F).
54 ARISTOTELES, *Metaph.*, III 2 (996 a 22-23).
 6 ARISTOTELES, *Metaph.*, III, 2 (996 a 35).

Solutio. Dicendum primo intelligendo quod ens actu et bonum sunt 10
eadem subiecto, ita quod omne ens est bonum, differunt tamen ratione:
dicitur enim ens quia habet esse, bonum quia appetibile. Dico ergo quod
in mathematicis est bonum quia est ibi esse; tamen mathematica,
secundum quod talia, sunt a ratione boni abstracta. Exemplum huius:
estne magnitudo abstracta alba? Dico quod abstracte considerata est 15
alba, secundum tamen quod mathematica abstrahunt rationem talis rei,
ut ab albo vel nigro, non sunt mathematica secundum considerationem
alba vel nigra, sed secundum esse. Dico ergo quod, cum sit in mathematicis esse, est ibi bonum, et qui dicit hoc dicit verum; quamvis autem hoc
sit verum, tamen mathematica, secundum quod talia, abstrahunt a bono. 20
Unde abstrahunt secundum considerationem a quibus non abstrahunt
secundum esse: abstrahunt autem a ratione motus; et aliquid habet
rationem boni secundum quod habet ordinem ad motum; ideo dico quod
est ibi bonum, tamen consideratur ut abstractum a ratione boni.
25
Per hoc dissolvuntur obiecta.

QUAESTIO <6>

UTRUM IMMOBILE POSSIT ESSE FINIS

Utrum aliquid immobile possit esse finis. Quod non, probo: finis non
intelligitur nisi respectu motus: illud enim est finis ad quod terminatur
motus et quod etiam per motum adquiritur; sed illud quod adquiritur 5
per motum habet esse admixtum motui, ut sanitas et albedo; sed
immobile non est admixtum motui; quare etc.

Oppositum dicit ARISTOTELES *XII° Metaphysicae*: unusquisque motus
caelestis fit propter substantias separatas tamquam propter finem et illae
substantiae separatae sunt immobiles; quare etc.
10

Solutio. Intelligendum sic: finis est aliquid habens ordinem ad motum; sed hoc potest esse duobus modis: vel ita quod illud quod habet
ordinem ad motum ut finis sit extrinsecum mobili, vel intrinsecum, ut
sanitas quae fit per ambulationem. Aliquando autem est extrinsecum et
tamen habet ordinem: potest enim aliquod mobile moveri ad id quod est 15
extrinsecum, sicut patet de motu servi voluntate domini: finis ambula-

---

10 Solutio] *marg.*   24 consideratur ut] *marg.*   9 propter¹] *marg.*   11 Solutio]
marg.   16 servi voluntate domini] *marg.*; *verbum* servi *videtur esse cancell., sed perperam, ut patet*

8 ARISTOTELES, *Metaph.*, XII, 8 (1074 a 20 sq.).

tionis eius est voluntas domini, et illud ad quod vadit voluntas domini est finis ut aliquid intrinsecum mobilis vel illius ad quod movetur; illud autem ad quod vadit servus est finis extrinsecus. Dico ergo quod
20 immobile non potest esse finis motus aliquid intrinsecum, sed extrinsecum. Et ista via processit ratio.

QUAESTIO <7>

UTRUM IN INTELLIGENTIIS POSSINT ESSE DUO PRIMA

PHILOSOPHUS in *XII° huius* ponit quod omnis substantia separata habet comparationem ad motum, et videtur quod finis eorum motuum sunt
5 substantiae nobilissimae, unde secundum numerum motuum numerat ipsas substantias. Sed non videtur esse determinatum si una substantia separata sit causa alterius. Sed ab ARISTOTELE habemus quod omnis causa effecta vadit ad aliquam causam efficientem non effectam, aut non haberemus causam sufficientem. Utrum tamen sit una causa effectiva
10 omnium, dubium est; et ideo quaeritur utrum in intelligentiis sint duo prima.

Primo intelligendum quod in his quae fiunt et non semper sunt non potest inveniri causa non causata; sed per hoc quod una sit causa et alia causata non potes tu ostendere quod utraque non sit sempiterna.

15 Item secundo intelligendum quod, quamvis aliquid sit sempiternum et fiat innovatio in ipso, hoc non tollit quin sit causata : sicut patet in motu, quod in ipso est innovatio et est nihilominus sempiternus; sed in sempiternis nihil est ibi innovationis.

Item tertio considerandum quod, quamvis illae substantiae semper sint
20 nec est in illis innovatio, non tamen potest concludi quin aliqua earum causata sit. Ex hoc enim quod sempiterna sunt potest concludi quod non est causa in eis quantum ad fieri; sed quantum ad esse, non. Sicut sol est causa luminis in medio quia, recedente sole, corrumpitur lumen; ex hoc enim quod in medio est corruptio luminis per recessum solis, coniectura-
25 mus quod sit causa. Sed in talibus substantiis aeternis nulla est corruptio, non potest ergo per hoc ostendi quod una sit causa alterius.

Item, quamquam non sit ibi innovatio, bene probatur quod illud

21 Et ... ratio] *marg.*   8 effecta] effectiva *scr.*   effectam] effectivam *scr.*   9 tamen] *sup. lin.*   10/11 in ... prima] *marg.*; hoc sit verum *scr. sed cancell.*   24 solis] *marg.*; luminis *scr. sed cancell.*

3 ARISTOTELES, *Metaph.*, XII, 8 (1074 a 20 sq.).

semper est, nam cum illud sempiternum habeat rationem per se accidentis ad subiectum, bene probatur ipsum habere causam efficientem. Sicut in demonstrationibus quaedam habent causam suae necessitatis, sicut senarium componi ex trinitatibus duabus, illud sempiternum est et tamen accidens est. Cuius probatio est: nulla res est quae habet plures essentias; sed eadem ratione qua senarius compónitur ex duplici trinitate, potest dici quod componitur ex unitate et quinario; unde ARISTOTELES dicit: bis tria non sunt sex, sed sunt semel sex essentialiter. Et hoc idem dicit ARISTOTELES capitulo *De quantitate*. In ista causa non est innovatio, et ex hoc quod accidens est potest cognosci quod illud causatum est. Cum ergo in sempiternis unum non est accidens alii, ex hoc non potest ostendi quod unum sit causa alterius.

Quinto considerandum quod, cognita veritate alicuius causae, statim cognoscimus effectum illius: ut, cognita quidditate senarii, cognoscimus hoc sempiternum esse numerum et per hoc cognoscimus hoc emanare a sui essentia. Sed nec ista possunt reperiri in supracaelestibus, quia non attingimus ad intellectum essentialem ipsorum.

Sexto intelligendum quod AVICENNA, ARISTOTELES, fides et PROCLUS volunt quod una sit causa effectiva omnium. Ex his apparet ex quibus inducitur difficultas in quaestione.

His suppositis, sciendum quod oportet ponere cuiuslibet motus motorem unum, non ita quod iste habeat unum et ille alium, sed oportet quod in tota universitate est unus Motor Primus. Probatio huius est: unus est motus in universitate entium velocissimus maxime mobilis supremi secundum situm; sed talis motus est motus primus in tota universitate entium; ergo erit unus Motor Primus.

Sed nonne sufficit ostendere per hoc quod unus est Motor Primus. quod sit una causa effectiva omnium?

Dico quod non, quia prius intelligitur dupliciter sive primum: scilicet ordine causalitatis et ordine perfectionis. Prius semper dicitur propinquius principio, sicut prius capiti non est simpliciter prius; nunc autem non est unus motus simpliciter primus, sed est unus motus perfectissimus, nec sequitur ex hoc quod sit unus motus primus causalitate entis.

52 primus] primos *scr.*   58 prius²] sed est un *scr. sed corr.*

34 ARISTOTELES, *Metaph.*, V, 14 (1020 b 7-8).
36 ARISTOTELES, *Categ.*, 6 (6 a 21-25).
45 AVICENNA, *Metaph.*, tr. VIII, c. 4; ARISTOTELES, *Metaph.*, XII, 7 (1072 b 14); PROCLUS, *Elementatio theologica*, prop. 11 (éd. VANSTEENKISTE, p. 269).
58 Cf. ARISTOTELES, *Metaph.*, V, 11 (1018 b 10).

Verum est quod, cum sit unus motor, ut dictum est, maxime elongatus a vilissimo loco, perfectissimus est; sed non probatur quod sit primum ordine causalitatis effectivae, ita quod motor inferior accipiat substantiam suam a Primo Motore, ita quod faciat movere sequentem; nec
65 probatur unum motum venire ab alio. Sed non sequitur, si illud sit perfectissimum et aliud non, quod sit primum causalitate. Apparet quod in entibus una species entis potest esse perfectior alia, sicut patet in speciebus entis, ut homo magis est perfectus quam asinus, et tamen una non habet ordinem causalitatis effectivae super aliam. Sed tantum
70 habemus quod est unum perfectissimum non in suo genere tantum, sed perfectissimum omnium entium, et omnia declinant ab eius perfectione. Sed ex hoc sequitur quod reliqua sunt ad eius imitationem vel per viam exemplaris, et quod est ut mensura omnium aliorum, et quanto aliquid magis accedit ad illud, tanto perfectius, et quanto minus accedit, tanto
75 minus perfectum. Verum est quod dicit AVERROES quod ad hanc conclusionem rationes AVICENNAE non excedunt probabiles rationes.

<COMMENTUM>

At vero. Quaerit ARISTOTELES cuiusmodi scientia magis debet dici sapientia, aut illa quae considerat de causa formali vel finali etc,; ut videlicet ponamus quod aliquis sciat rem per causam finalem, alius per
5 causam formalem; quis est magis sciens? Semper ARISTOTELES vocat speciem rationem, quia forma est quo aliquid est: unde quando aliquid scitur per rationem sive per quod quid est, scitur per formam. Igitur concludit quod omnis scientia debet dici sapientia.

Inquantum. Arguit ARISTOTELES quod illa quae considerat causas
10 finales maxime est sapientia. Scientia sapientia est principalior et senior ordine dignitatis, cui non debent aliae contradicere, sicut servientes eidem. Duo dicuntur hic, videlicet quod scientia sapientia principalior est et quod aliae non debent sibi contradicere. Ista consideratio principaliter est in duobus: considerat enim finem ultimum ad quem omnia ordinan-

---

61 motor] *marg.*; moto *scr. sed corr.*   75 Verum] Concedendae etiam sunt rationes *add. sed cancell.*   75/76 ad ... conclusionem] *marg.*   6 aliquid] aliquis *scr.*   10 sapientia¹] scientia *scr. sed corr.*   11 aliae] alii *scr.*   12 Duo] Nota *add. marg.*   13 aliae] alii *scr.*

75 AVERROES, *Physic.*, VIII, com. 3 (fol. 340 E-F).
2 ARISTOTELES, *Metaph.*, III, 2 (996 b 1).
5 ARISTOTELES, *Metaph.*, III, 2 (996 b 8).
9 ARISTOTELES, *Metaph.*, III, 2 (996 b 10).

tur, et cognitionem habet intus finis ultimi et omnium scientiarum, cum hoc quod cognoscit et ordinat alias scientias in hunc finem administrando eis necessaria. Principalis ergo est ista et principalior quia considerat et administrat et manifestat principia aliarum, etiam ordinat alias scientias. Unde sicut entia considerata in hac scientia regitativa sunt et movent et ordinant in suos fines alia entia, ita haec scientia regitativa est et ordinat alias scientias administrando eis necessaria.

Item, in artificialibus mechanicis illa quae considerat finem alterius praecipit eidem, sicut ars equestris ipsa praecipit arti sellariae quod sic fiat sella, quia cum ars equestris considerat finem et causam superiorem, scit causam quare sic debet fieri frequenter sella, nescit tamen ex sua arte, sed ex alia ratione.

Qualiter tunc non contradicunt aliae scientiae huic? Quia illa demonstrat id quod aliae supponunt, quae non sunt per se nota simpliciter; ergo non contradicere ei iustum est. Tunc arguo: scientiae principalis et dignioris est causam principiorum et digniorum considerare; sed haec est talis et causa finalis est causa principalior cuius causa sunt aliae causae; ergo etc. Unde quia causa finalis est causa aliarum, ideo nomen causae attribuitur fini: unde ARISTOTELES vocat causam finalem cuius causa fit aliquid quia omnes aliae sunt propter istam.

Inquantum vero causarum. Probat quod scientia est illa quae est considerativa causae formalis, quia scientia suprema est illa per quam maxime contingit scire rem; sed causa formalis est illa quae magis facit scire rem; quare etc. Probatio minoris: magis cognoscimus rem quando cognoscimus quid est et per formam, quam quando cognoscimus quid non est, et ideo demonstratio affirmativa potior est negativa; unde infirma est demonstratio quando omnes sunt negativae; quare etc.

Item, magis scimus de re quando scimus quid est quam quando scimus qualis est. Sunt ergo tria quae contingit scire, et non sunt plura scita de re quam < quid est, > quid non est et qualis est. Causa autem formalis facit scire quid est.

Item, in his quorum est demonstratio maxime scimus quando scimus quid est: unde, cum accidenti nihil accidat, tamen non omnia accidentia

16 et] *marg.*   23 sellariae] cellariae *scr.*   31 causa³] cause *scr.*   36 quia] *sup. lin.*

29 Cf. THOMAS DE AQUINO, *In Metaph.*, III, lect. 4, n° 378.
33 ARISTOTELES, *Metaph.*, V, 25 (1013 a 32 sq.).
35 ARISTOTELES, *Metaph.*, III, 2 (996 b 13).
47 Cf. ARISTOTELES, *Metaph.*, III, 2 (996 b 20).

aequaliter accidunt substantiae, sed per ordinem et unum potest esse medium ad cognoscendum aliud accidens.

50 *Circa generationes.* Ostendit quod haec scientia habet considerare de causa efficiente sic: sciens sapiens maxime debet scire; sed tunc maxime f. 100ra scimus circa actus et generationes quando scimus causam moventem.

Unde intelligendum quod quaelibet ratio concludit verum quod scientia sapientia debet quamlibet istarum considerare. Sed quod de 55 materia non arguit, quia materia non est causa determinata ad rem; forma autem est determinata et finis et efficiens, et non valent ad oppositum rei, et indifferenter sic vel sic; et ideo magis faciunt scire. Unde sicut ex his causis maxime habent res esse, ideo magis faciunt ad cognitionem; materia autem est ex qua res potest esse et non esse: ideo 60 modicam cognitionem habet circa rem; et ideo non arguit hic de materia.

QUAESTIO <8>

UTRUM SIT UNA CAUSA EFFECTIVA OMNIUM

Redit ad dubitationem prius motam.

Manifestum ergo ex praedictis quod in universitate entium est unus 5 Motor Primus, sed non sequitur ex hoc quod sit una Causa effectiva omnium. Quia ipse Motor Primus est primus ordine perfectionis; sed non sequitur: si est unus Motor Primus in tota universitate ordine perfectionis, ergo ordine causalitatis. Quamquam enim essentia quinta sit prima causa quantum ad perfectionem omnium inferiorum, non tamen 10 sequitur quod sit causa prima effectiva omnium.

Sed modo quaero si ex hoc sequitur quod sit una Causa effectiva omnium. Et arguo quod sic. In entibus illud quod est perfectissimum omnium, illud est causa effectiva omnium; sed in entibus unum est perfectissimum; quare etc. Minor patet. Probatio maioris. Ista propo-15 sitio verificatur *II° huius*: illud quod est verissimum et perfectissimum causa est omnium entium. Sed illud non sufficit, nec illud habetur in *II° huius*; sed illud, scilicet «quod est causa aliorum est maxime tale», et non illud: «quod est maxime tale est causa aliorum». Quia homo perfectius quidem est quam equus quia participat aliquid divinae boni-

---

3 Redit ... motam] *marg.*

50 ARISTOTELES, *Metaph.*, III, 2 (996 b 22).
15 ARISTOTELES, *Metaph.*, II, 1 (993 b 27 sq.).

tatis, secundum AVERROEM *II° Caeli et mundi*, et tamen homo non est causa effectiva equi; propter quod etiam maior videtur falsa.

Dicendum quod non nego istam consequentiam: unum Primum est perfectissimum; ergo una est Causa effectiva omnium. Nec valet ista consequentia: perfectum non est causa minus perfecti; ergo perfectissimum non est causa imperfectorum vel minus perfectorum. Quia in istis inferioribus unum non se habet ad aliud per participationem, eo modo quo omnia se habent per participationem ad ipsum Primum. Attendemus ergo plures vias, ARISTOTELES, AVICENNAE, PROCLI, et aliorum ad illud probandum.

Dico ergo: cum sit unum ens perfectissimum, ut finis quintae essentiae, illud est perfectissimum in tota universitate entium. Ex hoc ergo accipio quod est unum bonum quod est finis omnium. Tunc arguo sic: tota universitas est ordinata in unum finem quod est ens perfectissimum; sed quaecumque habent ordinem ad unum finem, inter se sunt ordinata, ita quod unum aliquid conferat ad alterum: nisi enim esset eorum ordo ad invicem, non essent ordinata ad unum; ergo sequitur quod sint invicem ordinata. Sed tunc arguo: quorumcumque est ordo ad invicem, eorum alterum alteri confert et ad unum finem naturae illorum sunt sic ordinatae, quod ab uno agente, ex hoc quod illud agens tribuit eis ordinem: semper enim unitas finis concludit unitatem agentis; ergo erunt ab uno agente. Declaratio rationis est: exercitus ordinatus est in finem ad complendum voluntatem ducis, ut ad vincendum; oportet ergo quod illa quae sunt in exercitu habeant ordinem ad invicem; quod autem isti ordinem habeant ad invicem, hoc non est nisi quia unus conferat; et quod omnia ordinentur ad unum, hoc non est nisi ab aliquo uno ordinante: voluntas enim confert ad hoc. Sic etiam, si tota universitas rerum ordinem habeat ad aliquod unum et ordinem habent inter se, ex hoc sequitur quod est aliquod unum agens tribuens eis istas naturas.

Alia est ratio ad hoc, et videtur deficere, quae est ratio AVERROIS *II° Physicorum*. Dicit ipse quod illa quae sunt diversarum naturarum non videntur ad invicem ordinata nec ad unum finem nisi ab uno agente vel gubernatore, nisi a casu; et si a casu, hoc erit raro. Sed si in universitate entium ea quae sunt diversarum naturarum inveniantur ordinata et tendere in unum finem et sibi invicem servire et frequenter, hoc tunc erit

39 agente] ab *scr. sed corr.*   45 ab] ad *scr.*

20 AVERROES, *De caelo*, II, com. 63 (fol. 141 I); com. 64 (fol. 142 H); mais la citation n'est pas littérale.
49 AVERROES, *Physic.*, II, com. 77 (fol. 77 G-H).

ex aliquo uno ordinante istas naturas. Ergo videtur quod una sit Causa effectiva omnium.

ARISTOTELES format eam aliter *XII° huius*. Dispositio universi est melior et meliore modo quo potest esse, quia naturalia fiunt meliore modo quo possunt: in libro enim *De partibus* assignat ARISTOTELES rationem quare tale animal tales partes habet; si ergo hoc est verum de aliqua specie, multo fortius et de toto universo. Tunc arguo: in toto universo est dispositio optima; multitudo ergo principatuum non est in universo, quia sic non esset dispositio optima. Et etiam ostensum est quod non sunt multi principatus, sed principatus est unius ab unitate principantis. Ergo una est causa effectiva omnium.

Item etiam probatur ex ordine quem habent universa inter se ordinata; et inter se ordinantur.

Item, haec est ratio ARISTOTELIS et cum hoc cum quo est ARISTOTELES magis tenendum est.

Iterum, alia videtur via hoc posse ostendi. Intelligendum quod differenter unum dicitur praedicari de pluribus: aequivoce et analogice ita quod non pure aequivoce, et etiam univoce. Quando enim aliquid dicitur de aliquo aequivoce, non attenditur ordo illius ad alterum, sed solo casu dicitur nomen de illis pluribus, ita quod nomen quod significat unum non importat ordinem vel respectum ad aliud in significato, et in re non est causa quare dicantur ad invicem per ordinem, sed solum est vox communis, ut Ioanni in Anglia et in Hispania: solo enim casu de eis dicitur nomen. Sed quando nomen dicitur analogice, tunc attenditur unus respectus inter se: verbi gratia, sanum dicitur de animali et de urina et de dieta; ratio autem sanitatis in urina et dieta ordinem habet ad sanitatem in animali, ita quod nomen sic dictum, licet non habeat illam rationem unam, tamen ratio eorum est ad unum dicta.

Secundo, accipio quod ens secundum quod dicitur de universitate entium causatorum non praedicatur de eis aequivoce pure et a casu, sed ratio essendi secundum quod dicitur de quodam, dicta est secundum ordinem ad alterum, sicut ens dicitur de accidente per comparationem ad substantiam.

f. 100rb

58 meliore²] meliori *scr.*   70/71 Iterum ... differenter] *marg.*; arguit ergo Aristoteles per aliam viam, intelligendo quod dicitur *scr. sed cancell.*   71 analogice] non *add. sed exp.*   72 et ... univoce] *marg.*   73 alterum] rem *scr. sed sup. lin. corr.*   77/78 solo ... nomen] *marg. sup.*   84 et] *marg.*; sed *scr. sed cancell.*

57 ARISTOTELES, *Metaph.*, XII, 10 (1075 a 16 sq.).
59 ARISTOTELES, *De part. animal.*, I, 1 (640 a 34 sq.).
68 ARISTOTELES, *Metaph.*, XII, 10 (1075 a 16 sq.).

Item, si diceretur aequivoce, rationes entium non essent nisi similitudines.

Item quaecumque solum similitudines sunt et solo nomine communicant, unum non ducit in cognitionem alterius; sed aliqua entia in causatis ducunt in cognitionem alterius. Arguo tunc sic: quidquid est in causatis, est in eis ex sua causa; sed entia habent rationem essendi ad unum dictam, ita quod ens non est penitus aequivoce dictum de eis; ergo hoc est ex sua causa. Sed non est nisi ab una causa effectiva: sicut ex ordine quo exercitus in unum finem et singulorum ad invicem, unitas ducis declaratur, sic arguo hic unitatem causae effectivae omnium entium. Supposita ergo maiore, arguo sic: omnis ratio essendi una est, et una ducit in cognitionem alterius et non est solum vox communis omnibus entibus; sed hoc non habent entia nisi ex unitate suae causae effectivae; quare etc.

Si aliquis vellet protervire et dicere, dicam, quod ens est unum non solum nomine, non propter unam causam omnino, sed propter unitatem causae in uno genere et propter subiectum omnium entium, ut propter unitatem substantiae in genere substantiae; ex unitate huius causae contingit quod ens non est commune solo nomine, contra: si hoc est verum, tunc ens non est commune unitate substantiarum; et si hoc est verum, erit ex unitate causae effectivae.

Si dicas: ratio entis in unitate substantiarum una est, sed non est una ex unitate Primi effectivi, sed ex unitate entis perfecti quod imitantur, ex eo quod, licet istae substantiae diversae sint, habent tamen ordinem ex imitatione alicuius primi, non tamen effectivi, tunc restat quaestio ulterior, quia quidquid est in causatis ex sua causa est. Quaero tunc unitatem substantiarum. Tu dicis quod non sunt unitates aequivocae rationis propter imitationem alicuius unius; huius imitationis est aliqua causa, et non potes reddere causam nisi reddendo unitatem causae effectivae; quare etc.

Alia via. Item, effectus secundum quod reducuntur in causas minus universales et propinquiores effectibus, secundum hoc magis dividuntur: causa enim hominis homo, causa equi equus; cum autem istae causae in causis magis universalibus uniuntur, ut in sole causa hominis et equi,

---

90 similtudines] *marg.* et] *sup. lin.* 91 in causatis] *marg.* 94 de eis] *marg.* 96/97 exercitus ... declaratur] *marg.*; iuvabat ad actiones *scr. sed cancell.*. 98 arguo sic] *marg.*; et dico ad minorem quod *add. sed cancell.* 7 unitate] unitati *scr.* 14 dicis] dicit *scr.* 18 Alia via] *marg.* 19 dividuntur] *marg.*; dicuntur causa *scr. sed cancell.*

minus dividuntur; tunc tandem quando isti effectus venient in Causam Primam venient in unum simpliciter et non dividentur. Ita quod secundum hoc est de illis sicut de speciebus numerorum : omnes enim numeri
25 tandem veniunt in aliquod unum sicut in suam causam. Sic etiam omnis multitudo, secundum PROCLUM et secundum veritatem, ab unitate procedit.

Quarta via. Alia via est : Primum ens in universitate est perfectissimum ex quo dependet quinta essentia et ab ista dependent omnia alia; sed
30 perfectissimum quod est actus purus, sicut consonant philosophi, et unumquodque perfectum est secundum quod est in actu. Illud ergo quod est perfectissimum maxime est in actu, ita quod unumquodque quando recedit ab ipso vadit ad potentiam. In primis substantiis est hoc verum : habent enim potentiam ad suum esse, cum non sint suum esse. Corpora
35 autem caelestia removentur a Primo per hoc quod sunt in potentia ad ubi. Ista autem corpora ulterius sunt mobilia et in potentia ad qualitates et ad ubi. Patet igitur quod supremum est actualissimum, et cetera differunt ab actualitate eius; et unumquodque agit secundum quod est in actu; ideo differunt ab essentia eius. Et ideo bis ponere duo sempiterna
40 aeque prima et sempiterna, haec non stant simul. Ut quod tu ponas «A» esse excellentissimum et actum purum, et similiter ponere tunc quod «B» sit tale, haec non stant simul, ut videtur. Si enim «A» est actus purus, oportebit «B» recedere ab actu puro : dictum est enim prius quod PROCLUS omnia ostendit reduci ad unum primum.

<QUAESTIO 9>

<UTRUM UNIUS SCIENTIAE VEL PLURIUM SIT CONSIDERARE PRIMA PRINCIPIA OMNIUM>

At vero de principiis. PHILOSOPHUS disputat tres quaestiones. Prima est
5 utrum unius scientiae vel plurium sit considerare prima principia omnium. Prima principia sunt «de quolibet esse vel non esse» etc. Omnia enim alia principia virtutem habent ex his principiis et virtute istorum fit omnis demonstratio. Et si pertineat ad aliam scientiam considerare de substantia et primis principiis, quae earum debet dici sapientia?

22 minus dividuntur] *marg.*   isti] hi *scr. sed sup. lin. corr.*   23 et non dividentur] *marg.*   28 Quarta via] *marg.*   34 suum¹] non *scr.*   39 Et ideo] *marg.*; Item *scr. sed cancell.*   42/43 Si ... actu puro] *marg.*

26 PROCLUS, *Elementatio theologica*, prop. 11 (éd. VANSTEENKISTE, p. 269).
  4 ARISTOTELES, *Metaph.*, III, 2 (996 b 26). Cf. THOMAS DE AQUINO, *In Metaph.*, III, lect. 5, n° 388.

ARISTOTELES arguit ad unam partem sic. Omnis scientia accipit hoc principium «de quolibet esse vel non esse» etc.; ergo qua ratione pertinet ad hanc scientiam quae considerat de substantia, et ad aliam scientiam. Si tu dicas: quod pertinet ad diversas scientias de his principiis determinare, hoc vanum est et frustra, scilicet in diversis scientiis determinare idem; ergo ad nullam scientiam pertinet determinare de hoc principio; ergo non ad illam de substantia.

Item, alia ratio est ibi: *simul enim*. Si ita sit quod ad aliquam scientiam pertinet considerare de his principiis, aut erit definiendo, et hoc non potest esse quia complexum non definitur, sed terminus, et per definitionem terminorum habetur cognitio complexorum; dignitates autem sunt principia complexa.

Item, non potest haberi eorum cognitio per definitionem: sicut enim in demonstrationibus non omnia probantur per demonstrationem, quia sic contingeret procedere in infinitum, similiter est in definitionibus quod non omnia habent definiri, sed quaedam per se nota sunt quorum ratio statim per se cognoscitur: ut ens non definitur, sed ratio eius per se cognoscitur.

Item, non per demonstrationem habent sciri prima principia, quia si sic, tunc, cum omne quod demonstratur, demonstretur per aliquid notius, sequeretur quod dignitatibus esset aliquid notius et communius.

Item, in demonstratione sunt tria: subiectum, passio et medium vel dignitas. Si ergo ista demonstrentur, oportet quod sit unum genus subiectum pertinens ad illam demonstrationem de quo demonstrentur omnia, quod est inconveniens. Ea enim quae demonstrantur sunt circa aliquod genus subiectum. Si tunc dignitates demonstrentur, oporteret quod unum esset genus omnium, quod est inconveniens. Nec enim in una scientia nec in diversa, cum dignitates sint prima, habent aliquod genus subiectum prius.

Solutio. Ista quaestio solvitur *IV° huius*: subdit enim ibi ARISTOTELES quod considerare veritatem de talibus principiis non pertinet ad quamcumque scientiam, sed ad philosophiam primam, quia scire veritatem de aliquibus pertinet ad scientiam in qua considerantur eorum termini; sed termini talium dignitatum considerantur in philosophia prima, ut esse vel non esse, qui communes sunt; sic igitur et dignitates considerantur in

12 ad²] *sup. lin.*   32 unum] unde *scr. sed sup. lin. corr.*   39 Solutio] *marg.*

10 ARISTOTELES, *Metaph.*, III, 2 (996 b 29 sq.).
17 ARISTOTELES, *Metaph.*, III, 2 (997 a 2).
39 ARISTOTELES, *Metaph.*, IV, 3 (1005 a 21 sq.).

philosophia prima, cum communes sint. Tamen non habet cognoscere illa principia in definiendo, quia definitionem non habent; neque demonstratione, quia demonstrationem non habent; sed habet illa considerare elenchice vel argumentative, non ex aliquibus quae sunt magis nota, sed ex his quae conceduntur ab adversario.

Ad oppositum ibi : *At vero*, est ratio talis : si non esset huius scientiae considerare omnino principia prima, non esset haec scientia sapientia; cum enim alia probentur per istam, oportet istam prima principia omnium considerare.

At vero. Ratio potest alio modo formari sic : si alia est scientia de substantia et de primis principiis, tunc non poterit dici quae scientia sapientia, quia scientia de primis principiis videtur esse sapientia; e contra scientia de substantia videtur esse principalior et ideo sapientia.

QUAESTIO <10>

QUAERITUR UTRUM UNIUS SCIENTIAE SIT CONSIDERARE DE OMNI SUBSTANTIA

Utrum unius scientiae sit considerare de omni substantia. <Quod non, videtur>, quia si aliqua scientia consideret de omni substantia, cum nulla alia scientia de hoc consideret, videtur quod erit ista. Contra : cuius est considerare de substantia, eius est considerare de accidentibus illius substantiae : habent enim cognitionem connexam; si igitur huius scientiae est considerare de omni substantia, eius erit considerare de omnibus accidentibus et tunc nulla scientia erit praeter hanc, cum in hac determinetur de omni substantia et accidente.

Solutio huius quaestionis est quod de omni substantia, sub ratione sub qua substantia est, debet haec scientia considerare.

Secundo, quod huius est considerare de omni accidente in generali ut accidentia sunt.

Tertio sciendum quod haec scientia non considerat substantias speciales ut substantias mobiles, et ita nec talia accidentia specialia.

Quarto, quod cum sint aliquae substantiarum specialium, ut primarum substantiarum, propter connexionem substantiae in communi et

---

48 non] *iter. sed corr.*   54/57 At ... ideo sapientia] *marg. sup.* (*le signe d'insertion a été placé par erreur après* adversario, *l. 49*)   54 alia] aliqua *scr.*   55 et] aut *scr.*   7 accidentibus] accidentis *scr. sed corr.*   8 habent ... connexam] *marg.*   12 Solutio] *marg.*   14 quod] dato *scr. sed corr.*

50 ARISTOTELES, *Metaph.*, III, 2 (997 a 11).

substantiarum communium, cuius est considerare aliquod commune, eius erit considerare illud sub quo est illud commune; et ideo sunt quaedam substantiae de quibus secundum propriam rationem habet considerare philosophus. Unde in *VI° Metaphysicae* dicitur quod, si non esset aliqua scientia nisi naturalis, tunc illa consideraret Primam Causam omnium entium.

QUAESTIO <11>

UTRUM AD EANDEM SCIENTIAM PERTINEAT CONSIDERARE DE SUBSTANTIA ET ACCIDENTIBUS SUBSTANTIAE

Amplius autem. Tertia quaestio. Utrum ad eandem scientiam pertineat considerare de substantia et de accidentibus substantiae. Quod non, probo: cum accidentia considerentur habendo de ipsis demonstrationem, tunc cognitio substantiae sive quod quid est erit per demonstrationem, quod falsum est, quia quod quid est non demonstratur; ergo, cum accidentia demonstrentur, tunc non eiusdem scientiae erit considerare de hoc et illo.

Oppositum arguo. Si non consideret accidentia, tunc nulla esset cognitio vel demonstratio accidentium de subiecto, cum non sit cognitio accidentis sine substantia.

Solutio est quod eiusdem scientiae est considerare subiectum et accidens per se secundum eandem rationem subiecti secundum quam pertinet illud accidens ad subiectum; concurrentia tamen, ut accidens per accidens, non oportet. Unde universaliter quae habent connexionem ad invicem unum non potest sciri sine altero, sed eiusdem scientiae est considerare de uno et de altero. Sic autem se habent substantia et accidens quod accidens sciri non potest sine substantia.

Ad rationem in oppositum respondeo et dico quod consequentia non tenet. Quamvis enim ad eandem scientiam pertineat considerare de substantia et per se accidente illius, non tamen eodem modo. Cognoscuntur enim accidentia demonstratione, substantiae autem definitione. Hoc habetur *II° Posteriorum* quod accidentia cognoscuntur per definitionem quae est demonstratio, aliquando, cum eorum fuerit altera ratio. Sed quomodo fit notum quod quid est et substantia? Ad hoc

21/23 et ... philosophus] *marg.*   26 quae est demonstratio] *marg.*

23 ARISTOTELES, *Metaph.*, VI, 1 (1026 a 27-29).
 4 ARISTOTELES, *Metaph.*, III, 2 (997 a 25).
25 ARISTOTELES, *An. post.*, II, 3 (90 b 14 sq.).

habemus artem *II° Posteriorum*: non enim consistit definiendo tantum vel dividendo tantum, sed est via composita ex definitione et divisione. Dividendo enim est petitio principii arguendo sic: omne C est B vel A; sed non est A; ergo est B. Si autem velimus accipere quod C sit A per definitionem, sic omne B est A in eo quod quid est, omne C est B in eo quod quid est, petitur principium. Unde via composita est via ad investigandum quod quid est per definitionem et etiam per divisionem, per differentias etiam essentiales, ut supposito quod C dividatur immediate per A et B tamquam per differentias essentiales, et tunc, si ostendatur quod C non est B, sequitur quod sit A. Hoc autem non sequitur nisi habita divisione per differentias essentiales.

<QUAESTIO 12>

<UTRUM OMNIUM SIT CAUSA UNA>

Considerationem nostram posuimus ad hoc quod omnem effectum reduceremus ad Causam unam, quaerendo utrum omnium sit Causa una.

Una ratio fuit haec. Effectus secundum quod reducuntur in causas propinquiores magis dividuntur, si autem in causas universaliores minus; ex hoc sequitur quod effectus secundum quod veniunt in Causam simpliciter Primam videntur simpliciter uniri in ipsa.

Alia ratio est talis. Secundum ordinem effectuum est ordo causarum; unde, cum aliquid sit unum in effectibus, illud est unum a causa una, effectus enim habent unum commune quia sunt ab una causa. Unde homo et asinus sunt distincti quia causae eorum propriae sunt distinctae. Sed omnia quae sunt communicant in esse, et nihil est in effectibus nisi ex causa; quare una est omnium eorum Causa.

Item, cum aliquid sit commune pluribus, illud commune neutri ipsorum inest secundum quod ipsum: unde, si aqua sit perspicua secundum quod aqua, tunc perspicuum non conveniet aeri, cum effectus non se extendit ultra suam causam; si ergo aliquid inest alicui secundum quod ipsum cum hac reduplicatione, tunc non excedit ipsum. Sed ex hoc arguo quod in universitate entium non possunt esse duo quorum

9 Primam] *marg.*   12 enim] sed *scr. sed cancell. et marg. corr.*   quia] quare *scr. sed corr.*   18 cum] *sup. lin.*; tunc si *scr. sed cancell.*

28 ARISTOTELES, *An. post.*, II, 4 (91 b 1 sq.).
4/5 C'est la troisième fois que l'auteur revient sur la même question: cf. *supra*, q. 7 et 8, p. 97 et 101.

utrumque habeat esse secundum quod ipsum; ergo in universitate entium est aliquod unum solum quod est ex seipso; ergo omnia alia sunt ab uno in universitate entium.

Haec ratio et praecedens non habent impediri nisi ex uno. Diceret enim aliquis quod si esse esset aliquid univocum, tunc bene argueret: si A est secundum quod ipsum, tunc B non est secundum quod ipsum; si tamen esse illud sit aequivocum et aliud esse copuletur in utrisque, tunc non stat ratio. Eodem modo ad rationem aliam: bene enim concluderet si esse esset effectus univocus, sed nonne carebunt rationes sua demonstratione propter hunc defectum? Dico quod rationes istae fidem faciunt per illud quod ens non est pure aequivocum, sed analogum, quod prius dictum fuit; quia in entibus ratio unius et entis unum ducit ad cognitionem alterius, et ratio unius sumitur ex ratione alterius, et ordinem habent inter se; et hoc est ex unitate causae. Unum enim sic non inesset omnibus nisi ab aliquo uno.

Si dicatur quod reducitur in causas analogas, dico tunc quod analoga et similia arguunt causam unam quare hoc sequitur illud. Si enim imitatur aliud, adhuc non cessat intellectus quaerere si huius imitationis et similitudinis oportet esse causam aliquam.

Tertia ratio ad idem. Praemitto quod fuit dictum quod in universitate entium est unum ens perfectissimum, ita quod esse in omnibus aliis defectivum est ab illo et minoratum. Arguo tunc sic: nihil habens esse defectivum vel minoratum est ex sua natura effective; sed omnia alia ab ipso perfectissimo habent esse minoratum; ergo nihil habebit ex se esse nisi ipsum et tunc omnia erunt ab ipso. Probo maiorem sicut in numeris, quia species rerum numeri sunt. Est aliquis numerus defectivus ex remotione alicuius essentialis ad numerum; ita verisimile est quod aliquod ens sit defectivum ex remotione causali ab esse, quia in seipso non habet esse, sed remotum est; non enim habet causam sui esse, sed remotum est a causa essendi. Ex hoc verificatur propositio sumpta superius quae est quod «illud quod est maxime tale est causa aliorum» quia perfectissimum ens est causa aliorum, quia nihil minoratum videtur esse ex seipso; ergo est ex alio et perfectissimo. Unde sicut quod est causa maxime, est maxime ens, similiter illud quod est maxime ens, est causa aliorum convertendo propositionem.

Item, quarta ratio. Illud in entibus quod est per essentiam suam, est causa omnium aliorum quae sunt per participationem; sed unum solum

---

25/26 Diceret ... si] *marg.*; si enim *scr. sed cancell.*   35 inesset] esse *scr. sed sup. lin. corr.*   44 effective] effecti *scr. sed corr.*

est per essentiam suam et omnia alia sunt per participationem; quare in entibus unum est causa.

Primo intelligendum quod illud dicitur esse ens per participationem quod partialiter est, quasi habens partem essendi et non totum, sed defective aliquo modo. Unde dicimus habere esse per participationem non habentia essendi perfectionem vel esse per essentiam; < esse per essentiam > e contra est habere esse perfectum et totum. Hoc supposito, verificantur maior et minor. Dicere ergo aliquid habere esse per essentiam est dicere habere esse perfectum; et sic patet minor, scilicet quod est unum solum per essentiam, quia est unum solum perfectissimum.

Quinto arguitur sic. Illud quod sui natura est possibile esse et non esse, de sui natura non determinatur ad alterum istorum, sed ex quodam alio. Ratio est Avicennae, II° tractatu. Et quia in causis non est procedere in infinitum, oportet quod veniamus ad aliquod tale quod necessario sit esse. Sed quoddam est esse necessarium per se, quoddam per aliud; et cum non sit procedere in infinitum, oportet quod veniamus ad aliquod tale quod necessario sit esse ex seipso. Sed tale solum est unum, ut probatum erat. Quare etc. Et ita possibile vadit in necessarium per aliud, necessarium autem per aliud vadit in necessarium per se. Probatio assumpti, scilicet quod illud quod habet esse necessarium de se sit unum solum tale, tribus mediis.

Primum tale. Si plura sunt quorum quodlibet necesse est esse ex seipso, illa conveniunt in necessitate essendi; si ergo differunt, differunt per aliquid additum uni vel utrique, et tunc necessario unum vel utrumque compositum erit; et hoc est impossibile quod primum sit compositum; ergo non possunt esse plura ex seipso.

Hic non est probandum nisi quod illud quod ex se necesse est esse, non sit compositum. Probatio huius est: in omni composito sunt duo quae secundum se divisa sunt, ut materia et forma vel aliqua talia in compositione artis, sicut in domo; aliter enim esset simplex. Arguitur ergo sic: illa quae sunt secundum se divisa et multa, videtur quod ex se non uniuntur, sed ex quodam alio ut ex causa in qua sunt unita. Hoc dicit Aristoteles VIII° Metaphysicae: ipse enim quaerit quid facit unum ex materia et forma; ipse dicit quod motor qui unit ea et non exigitur medium quod sit forma, sed efficiens. Unde compositum est unum per participationem ab aliquo quod est unum in se.

73 aliud] *marg.*; accidens *scr. sed cancell.*   76 per aliud] *sup. lin.*

71 Avicenna, *Metaph.*, tr. I, c. 6, p. 43-48. A moins que II° (l. 71) soit une corruption de VI°: cf. tr. VI, c. 1, p. 295, 96-97.
91 Aristoteles, *Metaph.*, VIII, 6 (1045 a 25 sq.).

Item, si sint plura, aut differunt per aliquid pertinens ad complendam 95
essendi necessitatem aut per aliquid quod non pertinet ad hoc, sed
differunt accidente. Tunc illud accidens aut inest eis per essentiam
necessitatis essendi aut non; si sic, tunc in necessitate essendi conveniunt;
sed cum tale accidens inesset eis sic, tunc in illo non differrent; si autem
per aliud, tunc non esset nisi illud accidens esset; quare sequitur quod 00
necessarium esse in esse suo proprio dependeat ex alio, quod est
inconveniens; quare non possunt esse necessaria per aliquid quod non
pertinet ad necessitatem essendi. Si autem differant per aliquid pertinens
ad completionem essendi, hoc est duobus modis: aut ita quod pertineat
ad rationem eius, sicut vivum pertinet ad rationem animalis; aut quia 5
specificat esse illius sicut differentia specificat esse animalis quod est
genus: genus enim non habet esse praeter differentiam, secundum
AVICENNAM. Sed duo quorum utrumque necessarium est esse ex seipso
non possunt differre per aliquid quod sit de ratione essendi necessitatis,
quia in illo conveniunt. Si autem differant per aliquid per quod 10
specificantur, tunc arguo: illud cuius ratio specificatur ex aliquo, ipsum
dependet ex ipso quantum ad esse actuale, ut animal ex speciebus; sed si
ratio essendi necessitatis dependeret ex aliquo, sequitur quod esse
necessitatis dependeret ex alio, quod est inconveniens, tum quia ipsum
est suum esse, tum quia ipsum dependere ex alio est inconveniens. 15

Ratio PROCLI est ista, *XI^a propositione* sui libri, quod omnis effectus
vadit ad unam Causam Primam, quia aut causae non sunt penitus in
entibus, aut sunt causae in entibus; et si sunt causae, aut causae se habent
circulo, aut contingit procedere in infinitum in causis. Primum non est
f. 101ra possibile quia | tunc nihil esset scire. Dicere etiam quod se habent circulo, 20
hoc falsum est, quia tunc erit idem melius et peius seipso, vilius et
nobilius, quia causa nobilior et melior causato. In causis etiam in
infinitum procedere inconveniens est. Oportet ergo, cum non sit procedere in infinitum, quod aliquid sit causa in entibus, et quod ab illa causa
sint omnia sicut a radice prima. Si aliquis dicat quod effectus iste habet 25
hanc causam primam, ille illam, hoc improbat quia omnis multitudo

---

11 arguo] illud cuius ratio dependeret ex aliquo, ipsum specificatur ab ipso *add. sed exp.* 12 actuale] accidentale *scr.* 16 Ratio] Ratio Procli *add. marg.* quod] Cum omnis effectus vadat in suam causam in entibus *add. sed cancell.* 17 aut] si non *scr. sed corr.* 18 aut¹ ... si sunt causae] *marg. inf.* 25/26 effectus ... improbat] *marg.*; haec causa non est prima, dicit Proclus quod sic *scr. sed cancell.*

8 AVICENNA, *Metaph.*, tr. V, c. 3, p. 251, 00 - p. 252, 7.
16 PROCLUS, *Elementatio theologica*, prop. 11 (éd. VANSTEENKISTE, p. 269).

secunda ordine causalitatis ab uno est; istae ergo multae causae sunt ab uno.

Sed quid de sua auctoritate, cum ratio possit inveniri? Est intelligen-
30 dum quod omnis multitudo secunda ordine causalitatis sub uno est. Probatio PROCLI est haec. Si multitudo in entibus non sit secunda ab uno, aut ergo prior est, aut simul natura cum uno aut post. Hoc sequitur bene. Improbando igitur duo membra, sequitur tertium. Sed multitudo non potest praecedere unum ordine causalitatis, quia tunc multitudo non
35 participaret unitate, quod est inconveniens; multitudo enim uno non potest non participare; non autem est participare nisi eo quod prius est; quod autem multitudo participet uno probat *I^a propositione*.

Sed dicet aliquis quod simul erunt natura multitudo et unum in universitate entium et ordine causalitatis : non enim, ut videtur, prius est
40 A quam A et B. Per idem contingit arguere oppositum : si multitudo et unum sint simul natura, tunc iterum multitudo uno non participabit, quia cum unum et multum natura diversa sint et non est unum prius altero, sequitur quod ipsa sunt circa diversa existentia, ita quod multum non erit unum, quod est inconveniens; ergo relinquitur quod multitudo
45 erit ab uno, ita quod, cum id quod est unum et multum sint diversa, ergo oportet quod aliquid congreget ea, aut nihil; si nihil, contingit procedere in infinitum; tandem ergo contingit devenire ad aliquod unum quod aggregat ea.

<COMMENTUM>

Amplius autem utrum substantiae sensibiles. Tangit PHILOSOPHUS duas quaestiones, secundo solvit. Prima quaestio est utrum praeter substantias sensibiles sint substantiae insensibiles quae sint eiusdem speciei cum illis.
5 Secunda, dato quod sint aliae substantiae praeter sensibiles, utrum illae sint unius speciei tantum, aut praeter has sint mediae, ut inter substantias et species earum sint substantiae intermediae.

PLATO autem credidit quod quaecumque sunt abstracta secundum rationem, ita et secundum esse. Unde quia inveniuntur magnitudines
10 abstractae, credidit quod magnitudines per se subsisterent sine qualitatibus sensibilibus et ideo posuit species intermedias. Et conveniunt cum substantiis sensibilibus in hoc quod plura inveniuntur sub una specie,

31 ab uno] *marg.*   11/12 Et ... specie] *marg.*; unde *scr. sed cancell.*

31 PROCLUS, *Elementatio theologica*, prop. 5 (éd. VANSTEENKISTE, p. 266).
37 *Ibidem*, prop. 1 (p. 264).
2 ARISTOTELES, *Metaph.*, III, 2 (997 a 34).

conveniunt autem magnitudines cum speciebus quia, sicut species sunt abstractae a motu, ita et magnitudines. Differunt tamen ab istis speciebus, quia in istis speciebus non fit tantum unum individuum in una specie, et ratio huius est : si per idem esset species et determinatum ad individuum, sicut homo et hic homo, sicut hic homo non participatur a pluribus, sic nec species participaretur a pluribus.

Quomodo autem. Disputat ad istas quaestiones. Primo dicit sic : quae sint rationes inducentes ad hoc quod sint species et substantiae separatae, in prioribus dictum est. In *I°* enim posuit rationes secundum quas PLATO posuit substantias separatas a materia, quae sunt eiusdem rationis cum istis inferioribus sensibilibus.

Multis autem modis. Arguit ad oppositum sic : quod multa difficilia et impossibilia sequuntur eum qui dicit aliquas substantias esse praeter substantias sensibiles. Nam et isti ponunt substantias sempiternas, ponentes ipsas esse easdem cum sensibilibus et eiusdem rationis, et dubitationis hoc est primum.

Secundo verificat hoc, quod isti qui sic dicunt ipsi vocant ista «per se hominem», «per se equum»; et dicunt quod nihil habent istae substantiae separatae nisi quod pertinet ad substantiam speciei. Et dicit COMMENTATOR quod simile est hoc ponere et ponere deos in humana specie, quia qui ponit deos in humana specie ponit quosdam homines corruptibiles et quosdam incorruptibiles. Vide rationem inconvenientis, quia non possunt esse individua sub una specie quorum unum sit corruptibile, aliud incorruptibile. Unde possunt individua differre penes accidentia, ita quod unus sit albus, alius niger; sed penes accidentia essentialia, ita quod unum sit risibile et aliud non risibile, hoc stare non potest. Sed corruptibile et incorruptibile sunt accidentia essentialia. Sicut ergo non est accidens concurrens rei quin ad essentiam rei vel individui pertineat materia, sic est de essentialibus accidentibus quod alterum eorum non inest rei nisi per materiam; unde unum individuum non potest esse corruptibile et aliud incorruptibile, quia per materiam est corruptibile.

13 autem] *marg.*   14 ab ... speciebus] *marg.*   15 non] *sup. lin.*   21 prioribus] pluribus *scr.*   25 eum] *marg.; verbum illegibile scr. sed cancell.*   dicit] *marg.*   40 vel individui] *marg.*   41 sic] ideo (?) *add. sed cancell.*

19 ARISTOTELES, *Metaph.*, III, 2 (997 b 3).
21 Cf. ARISTOTELES, *Metaph.*, I, 6 (987 a 30 - 988 a 19).
24 ARISTOTELES, *Metaph.*, III, 2 (997 b 5).
32 AVERROES, *Metaph.*, III, com. 7 (fol. 45 D).

QUAESTIO <13>

QUAERITUR UTRUM SINT SUBSTANTIAE PRAETER SENSIBILES
QUAE SINT EAEDEM SPECIE CUM ILLIS

Utrum sint aliquae substantiae praeter sensibiles quae sunt eaedem
5 specie cum illis. Quod sic videtur. Singularium non est scientia nisi secundum quod reducuntur ad aliquod universale, cum sint infinita. Arguo tunc sic: scientia non est nisi universalium; si ergo scientia est de universalibus quae sunt abstracta, et scientia non est nisi existentium, videtur ergo quod species separatim existant absque singularibus.

10 Item, scientia non est nisi de necessariis et impossibile aliter se habere; sed in singularibus sensibilium nihil invenitur necessarium; ergo scientia non erit de istis, sed tantum de speciebus istorum; et species istae sempiternae sunt et iterum sunt eiusdem rationis cum individuis eorum; ergo sunt quaedam substantiae separatae eaedem cum sensibilibus.

15 Item, intellectus cognoscens similis est rei; ergo modus intelligendi sequitur modum essendi, aliter esset fictities. Tunc arguo: universalia sunt abstracta secundum intellectum a singularibus; ergo sunt abstracta secundum esse; ergo etc.

Item, omne quod fit, fit a sibi simili. Tunc arguo: illud quod est
20 maxime tale causa est aliorum in unoquoque genere; sed quod est tale per essentiam maxime est tale; ergo qui est homo per essentiam causa est aliorum, et talis est homo idealis; quare, cum homo sit causatus a sibi simili, in homine est dare hominem similem qui est causa aliorum, et talis homo separatus est; ergo etc.

25 Oppositum patet per ARISTOTELEM.

Solutio. Dicendum quod ponere alias substantias a sensibilibus necesse est; sed ponere quod sint eiusdem rationis penitus, corruptibile scilicet et incorruptibile, quae non sunt accidentia concurrentia rei, sed pertinentia ad totam speciem, hoc impossibile est. Sicut enim non possunt duo
30 individua differre penes hoc quod unum habet materiam, aliud non, sic nec possunt differre penes corruptibile et incorruptibile; unde corruptibile et incorruptibile non cadunt in eadem specie nec in eodem genere.

Item, per se subistens de per se subsistente non potest praedicari; nunc autem omne quod ex sua ratione est per se subsistens est individuum et

---

7 universalium] *marg.*; verorum *scr. sed cancell.*   15 ergo] *marg.*; sed *scr. sed cancell.*   16 Tunc] ergo *scr. sed corr.*   universalia] *marg.*; nulla *scr. sed cancell.*   26 Solutio] *marg.*   31/32 unde ... genere] *marg.*

25 ARISTOTELES, *Metaph.*, III, 2 (997 b 5 sq.).

etiam forma liberata a materia; unde fatuum est quaerere utrum forma 35 liberata a materia habeat plura individua in eadem specie.

Sed quaeritur: potestne Deus hoc facere, scilicet duas intelligentias similes? Dico quod non: non enim potest Deus Socratem facere asinum, ita quod sit Socrates et asinus ita simul. Unde in separatis a materia, cum esse eorum sit quasi esse Socratis, non est possibile quod sint ibi plura 40 individua in eadem specie.

f. 101rb

Unde nec propter fieri nec propter esse oportet ponere species liberatas a materia. Et ratio huius ultimi est quia nihil cognoscitur nisi per cognitionem suae substantiae. Cum igitur huiusmodi substantiae sint aliae ab istis sensibilibus, per ista sensibilia non potest haberi cognitio 45 illarum; unde habere cognitionem illarum est habere cognitionem externorum.

Item, non oportet ponere illas ut sint causa fieri vel moventes ad generationem, quia movens ad generationem aliquando est secundum tempus generationis, aliquando non; ergo movens non semper eodem 50 modo se habet; sed istae substantiae liberatae a materia semper eodem modo se habent nec est aliqua causa ponendi quare aliquando se habeant hoc modo vel illo.

Nec etiam oportet ea ponere tamquam exemplaria. Dicere enim quod sint exemplaria, hoc est metaphorice secundum ARISTOTELEM. Hoc autem 55 non est philosophi, sed poetae est loqui metaphorice et non sapientis. Unde verum est quod quaedam fiunt per exemplar, sicut patet in domo; sed sic non est in generatione hominis, quia generat sibi simile et non equum. Unde, cum homo generatur, aut homo est in causa quare ille qui generatur est homo et non equus, aut exemplar est in causa. Si tu dicas 60 quod homo, ergo exemplar est frustra; si autem exemplar, accidit tunc quod homo magis generetur ex homine quam equus, cum non sit generatio per causam.

Nec exiguntur propter causas formales, ita quod sint causae formales istorum, quia forma substantia rei est; sed nihil separatum ab alio est 65 substantia eius; ergo formae ideales non sunt causae istorum aliquo quattuor modorum.

Ad rationes in oppositum. Cum dicitur: singularia sunt infinita; ergo etc., dico quod singularis sub ratione singularis non est scientia, sed

---

37/38 scilicet ... similes] *marg. inf.*   39 ita simul] *sup. lin.*   45 sensibilia] separata *scr.*   47 externorum] extremorum *scr.*   64/65 ita ... istorum] *marg.*

55 ARISTOTELES, *Metaph.*, XIII, 5 (1079 b 24-26).

secundum quod reducitur ad universale. Et tu dicis: oportet tunc universale abstracte existere. Dico quod scientia est de universalibus ut universalia sunt, tamen scientia de universalibus ut universalia sunt non requirit quod subsistant per se, sed quod abstracte considerentur: hoc sufficit ad hoc quod de illis possit esse scientia. Unde nisi possent sic considerari, quamvis sic non existant, de illis non esset scientia naturalis.

Ad aliud similiter dicendum quod sempiternitas universalium de quibus sive quorum est definitio et demonstratio, non est propter sempiternitatem alicuius individui, sed propter continuitatem generationis individuorum continue existentium.

Ad tertium: intellectus per cognitionem assimilatur rebus. Dico quod similis efficitur, non tamen per omnia: unde voluit EMPEDOCLES quod terra terram cognoscit; nec oportet quod res modum intelligendi habeat secundum modum in essendo: non enim oportet intelligere album ut est album, sed possum intelligere aliquid quod est album sine eo, quia secundum ARISTOTELEM unumquodque recipitur per modum recipientis; quare, cum alius sit modus intellectus recipientis quam esse rei extra, poterit intellectus alio modo intelligere quam res se habeat extra. Unde color potest sentiri absque sapore quamvis non habeat esse aliquando sine illo.

Ad aliud dicendum: quod est maxime tale est causa aliorum et illud quod est per essentiam est maxime tale, utraque istarum vera est. Possumus tamen dicere quod verum est quod omnes homines generantur ab homine qui est humanitas ipsa, similiter in equis; non tamen per equitatem quae est eiusdem rationis cum equo hoc generato, sed per modum excellentiorem.

< COMMENTUM >

Amplius autem si quis praeter species. Quaeritur utrum praeter substantias separatas oportet ponere medias substantias.

Prima ratio talis. Quidam dicebant quod sunt mediae substantiae inter substantias sensibiles et species. Tunc arguit sic. Cum mathematicae sint de mediis, tunc erit quoddam caelum praeter caelum sensibile; sed

78/79 generationis] *marg.*   83 oportet] *marg.*; possum *scr. sed cancell.*   94/95 sed ... excellentiorem] *marg.*

81 ARISTOTELES, *Metaph.*, III, 4 (1000 b 6-7).
85 ARISTOTELES, *Metaph.*, I, 6 (998 a 3-4); *De anima*, II, 5 (417 b 20 sq.) etiam II, 12 (424 a 17 sq.).
2 ARISTOTELES, *Metaph.*, III, 2 (997 b 12).

insensibile illud non potest esse, cum illud debeat esse eiusdem rationis cum sensibilibus; nec mobile potest esse, cum sit separatum a materia. Similiter erit harmonia de substantiis mediis, et tunc erunt media animalia et sensus alii intermedii.

Dubitabit autem. Secunda ratio. Si oportet ponere media, quaero quae sit ratio huius. Si ratio sit in aliquibus, et in omnibus; sed hoc est impossibile, quia tunc erunt media intermedia quae erunt de sanis intermediis; hoc autem impossibile, tunc enim essent talia salubria quae sunt media inter illa.

At vero. Arguit ad oppositum sic. Scientia non est nisi de existentibus; sed astrologia, cum sit scientia, non est de caelo sensibili, quia illa quae sunt in illa non sunt vera de caelo sensibili. Cuius probatio est comparando stellam ad punctum; item, motus quos ponunt astrologi non possunt esse sensibiles; item, quod circulus tangat planum in semicirculo, illud non potest esse verum de circulo sensibili, sed tangit in alio.

Sunt autem aliqui. Ipse probavit quod non sunt substantiae mediae ita quod sint separatae. Sed quia posuerunt aliqui medias magnitudines per se subsistentes, quidam autem ponebant eas esse simul cum istis, ut quidam posuerunt de loco, sed locus debet esse aliquid immobile, et nihil sensibilium est immobile, ideo, ut dicit, *IV° Physicorum* istam opinionem reprobavit.

Non enim. Arguit quattuor mediis. Primo sic : nullus debet aliquid dicere nisi habeat rationem; cum ergo non dicebant species esse cum sensibilibus, ergo nec ista media, cum sit eadem ratio utrobique. Species autem PLATO nusquam posuit, incorporea enim a sapientibus non debent poni in loco nec in tempore. Dixi alias quod in separatis penitus liberatis <a materia>, cum forma per se subsistat, per se determinatur ad unum individuum; et ideo non sunt multa individua sub una specie. Nonne ergo idem est intellectus individui et speciei? Si alius sit intellectus unius et alterius, tunc non erunt individuum et species idem.

De diverso intellectu individui et speciei talis, dicendum quod intellec-

---

28 Primo sic] Contra *scr. sed cancell. et marg. corr.*   28/29 aliquid dicere] *marg.*   30/32 Species ... tempore] *marg.*

10 ARISTOTELES, *Metaph.*, III, 2 (997 b 20 sq.).
11 ARISTOTELES, *Metaph.*, III, 2 (997 b 24 sq.).
16 ARISTOTELES, *Metaph.*, III, 2 (997 b 35).
22 ARISTOTELES, *Metaph.*, III, 2 (998 a 7).
26 ARISTOTELES, *Physic.*, IV, 4 (212 a 18).
28 ARISTOTELES, *Metaph.*, III, 2 (998 a 11).
32/34 Cf. *supra*, q. 13, lignes 39-41 (p. 116).

tus individui et speciei essentialis in sensibilibus alius et alius est, eo quod aliquid pertinet ad essentiam individui quod non pertinet ad aliud. Sed in his quae separantur a materia, cum nihil aliud pertineat ad intellectum speciei et individui, intellectus essentialis idem est, accidentalis tamen diversus. Quia, si voluerimus intelligere substantiam separatam ut hic existentem quia eius motus hic appareat, hic intellectus erit alius ab intellectu speciei, sed accidentalis.

Amplius autem. Secunda ratio. Si ponas magnitudines tales esse cum sensibilibus, tunc plura entia erunt in eodem loco. Si tu dicas quod hoc non est inconveniens, quia unum eorum est mathematicum, contra, si sit mathematicum habet dimensiones; nunc autem non est alia causa quare duo corpora non possunt esse in eodem loco, nisi quia dimensiones non possunt; quare etc. Quia differentia essentialis est ordo substantialis suarum partium, si tu ponas tunc quod duae lineae pedales sint simul, tunc ponis non esse duas, sed facis unam positionem. Si dicas : facio unam positionem totius in loco, ex hoc sequitur quod sit una positio partium in toto.

Totaliter autem. Tertia ratio est : ipsi faciunt magnitudines immobiles. Contra : quidquid est in mobili, mobile est.

Quarta ratio. Quaero causam quare ipsi ponunt substantias medias cum sensibilibus; non debent hoc ponere sine ratione. Ponendo enim eas cum sensibilibus, sequuntur eadem inconvenientia quae sequuntur ponentibus ipsa separata, et adhuc quaedam propria. Sed, si quis quaeret quare non sunt eaedem, non est bona ratio ad hoc et ideo multum indiget inquisitione.

QUAESTIO <14>

<UTRUM GENUS SIT PRINCIPIUM VEL PARS SPECIEI>

Quaeritur utrum genus sit principium vel pars speciei. Quod sic, videtur. ARISTOTELES *V° Metaphysicae*, capitulo *De toto et parte* : genus est pars speciei; ergo est elementum speciei.

38 in sensibilibus] *marg.* 40 a materia] *marg.* 42/44 Quia ... accidentalis] *marg.*; unde dicit Aristoteles quod intellectus (une demi-ligne vide) si tunc velimus intelligere substantiam hic existentem, tunc intellectus talis est indivisibilis et essentialis *scr. sed cancell.* 45 Secunda ratio] *marg.* 55/57 ipsi ... Quarta ratio] *marg.* 61 ratio] quaestio *scr. sed corr.*

45 ARISTOTELES, *Metaph.*, III, 2 (998 a 13).
55 ARISTOTELES, *Metaph.*, III, 2 (998 a 15).
 4 ARISTOTELES, *Metaph.*, V, 25 (1023 b 24-25).

Item, genus est aliquid existens in re, aliter de re non praedicaretur, et est alterius rationis a speciebus et individuis; cum igitur tertia ratio eius non sit nisi tertiae rei, videtur ergo quod sit tertia res et ita nomen elementi. Quod autem tertia ratio eius sit tertiae rei, probo, quia alter intellectus non est nisi quia alterius rei abstractae, ita quod non sit aliqua duarum rerum, speciei scilicet <et> individui similiter, et tunc non erit nisi pars speciei et ita male dividitur contra ipsas species sicut contra ea ex quibus componitur.

Contra : genus praedicatur in quid de specie; sed pars non praedicatur in quid de eo cuius est pars; ergo etc.

Solutio. Dicendum quod genera sunt principia rei, sed principium dicitur duobus modis : vel in cognoscendo vel in essendo. Et principium in essendo adhuc duobus modis dicitur : aut enim est principium essendi intrinsecum, ut materia vel forma, vel extrinsecum, ut efficiens. Unde dico quod genus est principium cognoscendi speciem, non autem est principium essendi intrinsecum, ut materia vel forma : licet enim eius ratio sit a materia, non tamen est materia.

Sed estne principium essendi extrinsecum? Dico quod, si genus esset abstractum in essendo sicut est abstractum secundum intellectum, tunc esset principium essendi; sed in rei veritate non esset principium intrinsecum, sed principium extrinsecum, principium dico efficiens. Unde quaestio ista utrum genus sit principium speciei, dependet ab illa quae quaerit utrum genus sit separatum a specie.

Dico ergo quod, si esset animal separatum, tunc illud animal esset animalitas ipsa et esset animal per essentiam et maxime tale; sed illud quod est per essentiam et maxime tale est causa aliorum et principium, ut patuit prius; unde illud animal, si tale esset, esset causa omnium animalium per participationem; unde si esset separatum et commune, esset principium in essendo.

Sed dico quod nihil praedicatur de alio et est separatum ab illo, sed est in illo; cum ergo genus praedicatur de speciebus, genus est in illis. Et dico quod non est principium essendi intrinsecum nec extrinsecum, sed solum principium cognoscendi et non principium in essendo.

Ad illud in V^o, dicendum quod non intelligit nisi quod genus sit principium cognitionis.

16 Solutio] *marg.*   23 extrinsecum] intrinsecum *scr. sed marg. corr.*   33 separatum] principium *scr. sed marg. corr.*

32 Cf. supra, q. 13, lignes 19-24 (p. 115).

Ad aliud : habet rationem abstractam, dico quod haec propositio neganda est, quod ratio abstracta non est nisi abstractae rei, quia unius rei simplicis possunt esse diversae rationes et utraque illarum erit ratio essentialis, non tamen aeque principaliter, sed <una> minus erit
45 communis. Unde tunc causantur illi intellectus?

Dico quod quidquid intelligit intellectus, intelligit per phantasmata; cum ergo per unum phantasma intelligat unum in re, et per aliud phantasma aliud in ipsa re, nonne eiusdem sunt isti duo intellectus? Constat quod sic, ut patet in homine. Potest enim ibi intelligi aliquid ut ei
50 proprium, et aliquid ut est ei commune et etiam asino, sicut sentire; et sic eiusdem possunt esse diversi intellectus per diversa phantasmata.

Intelligendum. Sine dubio secundum ponentes quod in substantia rei sit ordo, et quod secundum hunc ordinem sumuntur plura praedicata rei vel universalia, secundum hoc oportet ponere quod genera erunt elemen-
55 ta rei et pars speciei. Et si non ponamus hunc ordinem, non oportet hoc ponere. Unde, si praedicatur in quid et non est pars, non erit ponere quod sit principium rei intrinsecum in essendo, nec extrinsecum, sed solum principium cognoscendi.

<COMMENTUM>

Adhuc autem. Alia quaestio. Dato quod universalia sint principia, quaerit quae sunt illa : aut universalia genera, aut differentiae quae sunt ultima praedicata de individuis, vel alia talia.

5 *Nam si.* Arguit quod genera non sint principia, et tamen hoc non videtur esse ad quaestionem. Secundo, arguit quod minus universalia. Tertio, arguit ad oppositum.

Ad primum ponit duas rationes. Prima est : si genera, quia maxime communia, sunt principia maxime, tunc unum et ens erunt principia
10 maxime, cum maxime sint communia et tamen unum et ens non sunt genera; ergo genera propter hoc quod maxime communia non debent dici principia, quia quod est maxime commune, si esset abstractum, sine dubio esset principium secundum quod PLATONICI posuerunt ens et unum et abstracta, et ideo posuerunt ea principia.
15 Vel formetur ratio sic. Si genera essent principia, hoc esset quia maxime communia; sed tunc sequitur quod unum et ens essent principia

44/45 sed ... communis] *marg.*   45 causantur] causatur *scr.*   52 Intelligendum] *marg.*

2 ARISTOTELES, *Metaph.*, III, 3 (998 b 14).
5 ARISTOTELES, *Metaph.*, III, 3 (998 b 17).

et tamen non sunt genera. Et hoc probat sic. Genus non praedicatur de differentia per se; sed ens praedicatur de omnibus differentiis per se; ergo etc. Probatio maioris : genus non est de ratione differentiae : sunt enim duo diversa in ratione speciei, quamvis cadant in ratione eiusdem; ergo genus non praedicatur de differentia tamquam id quod est de sua ratione; sed ens praedicatur de differentiis per se : si enim non praedicatur ens per se de differentia, tunc accipio unum ARISTOTELIS, scilicet quod nihil attribuitur ei per se, accipio et aliud quod species non praedicatur de differentia per se, saltem si differentia fuerit in plus; quia, si species per se praedicetur de differentia, tunc in differentia erit causa quare species dicatur de illa, et tunc dicitur de omni, quia per se supponit de omni; ergo de quocumque praedicaretur differentia, et species, quia ad quodcumque se extendit causa praedicati, et praedicatum.

Item, duo sunt modi per se praedicandi; sed species non praedicatur de differentia primo modo, quia non est eius definitio; nec secundo modo, quia tunc differentia esset proprium subiectum respectu speciei, quod est inconveniens.

Sciendum quod genus bene praedicatur de differentia per accidens et non per se : rationale enim secundum quod rationale non est animal, sed rationale secundum quod homo est animal, propter hoc dicit ARISTOTELES quod genus sine suis speciebus non praedicatur de differentia.

Consequenter concludit corollarium quod unum et ens sunt principia substantiarum et accidentium.

Item, concludit aliud corollarium, scilicet quod ens dicitur multipliciter, non solum de substantia et qualitate etc., sed de speciebus et etiam de individuis. Sed tu potes intelligere quod ens dicatur multipliciter ad decem genera, et praedicatur de differentiis in genere substantiae per hoc quod secundum unam rationem dicitur de his in uno genere et de differentiis alterius generis per unam rationem in illo genere. Alio modo secundum quod habet rationes multiplices, secundum quod habet dici de differentiis in genere substantiae et de individuis et speciebus. Hoc habetur *I⁰ Physicorum* in ratione MELISSI. Positio est haec. Si ens tantum dicitur multipliciter de generibus entium, tunc non diceretur per se de

20/34 En marge, deux profils de visages humains.   42 substantia ... sed de] *marg.* etiam] scilicet *scr. sed sup. lin. corr.*   48 in ... speciebus] *marg.*; illorum *scr. sed cancell.*

23 ARISTOTELES, *Metaph.*, III, 3 (998 b 23 sq.).
37 ARISTOTELES, *Metaph.*, III, 3 (998 b 25).
49 ARISTOTELES, *Physic.*, I, 2 (185 a 29).

differentiis. Hic dicitur quod ens non est genus. ARISTOTELES dicit in *Elenchis* quod latet multiplicitas sub ente et uno, unde ens secundum multas rationes dicitur de substantia et accidente. Ratio est ad hoc talis. PLATO voluit quod ens esset genus entium; si ergo ens secundum unam rationem dicatur de substantia et accidente, aut erit illa ratio absolute dicta, aut ad aliquid dicta et per attributionem; sicut sanum dicitur de animali absoluta ratione, de urina per ordinem ad aliud. Probabo sufficientiam huius. Omne enim habens rationem oportet quod dicatur secundum unam rationem vel aliam et aliam : non enim potest dici quod ens habeat rationem communem utrisque. Si sit ratio absolute dicta, tunc non dicetur de accidente, cum talis ratio de accidente non dicatur. Si fuerit respective dicta, tunc non conveniet substantiae. Si tunc duo prima sint impossibilia, relinquitur quod ens multipliciter dicatur.

Ad oppositum argueret aliquis sic. Quaecumque sunt obiecta unius potentiae cognoscitivae, sunt unius rationis; sed omnia entia sunt talia quod sunt obiecta potentiae intellectivae vel cognoscitivae; haec ratio non significatur nisi nomine entis; quare etc.

Ad primam rationem dico quod, si tu intelligas unam rationem univoce, tunc est maior falsa; sed saltem habent unam secundum analogiam. Et hoc probo sic. Universaliter quaecumque sic sunt ad invicem quod unum non potest cognosci sine altero, necesse est ea referri ad aliquod unum, sicut patet de accidente : accidens enim non cognoscitur sine substantia nec definitur; sicut ratio sani in urina non cognoscitur nisi per cognitionem rationis sani in animali; sed illa quae sunt analoga unum non habet cognitionem sine altero, et hoc arguit illa esse sub eadem potentia cognoscitiva.

Secunda ratio est ibi : *Adhuc autem.*

Differentiae magis videntur esse principia quam genera, quia differentia sumitur a forma, genus vero a materia; sed differentiae non sunt principia quia differentiae sunt infinitae, saltem nobis; quare etc. Unde tot sunt differentiae plures principiis quot sunt ante ultimam differentiam.

51 genus] neque *add. sed exp.*   52/54 En marge, un profil de figure humaine qui pousse la langue.   53 de substantia et accidente] *marg.*   59/60 non ... utrisque] *marg.*; diceret aliquis quod ista ratio non est talis nec talis, sed est communis ad utramque. Contra: omnis ratio est talis absolute dicta vel respective; et omne nomen et omne significatum: *add. sed verbo* va-cat *cancell.*   64 argueret ... sic] *sup. lin.*   76 eadem] eodem *scr. sed corr.*

52 ARISTOTELES, *Sophist. elench.*, 7 (169 a 22 sq.).
77 ARISTOTELES, *Metaph.*, III, 3 (998 b 30).

At vero. Arguit quod genera non sunt magis principia quam differentiae, sed e converso. Prima ratio est : PLATONICI dicunt quod unum habet maxime rationem principii. Arguo tunc. Unum secundum PLATONICOS maxime habet rationem principii; sed unum indivisibile est vel secundum speciem vel secundum quantitatem, ut punctus et unitas; sicut tunc species praecedit quantitatem, sic indivisibile secundum speciem <est> magis principium quam indivisibile secundum quantitatem; sed universale quod est species magis habet rationem unius secundum speciem quam genus; quare maxime principium. Unum secundum quantitatem est hoc quod non dividitur, sicut illud lignum unum est; unde indivisibilitas secundum quantitatem est eius forma accidentalis. Indivisibilitas secundum speciem est unum ens essentiale. Unde quamvis quantitas accidat substantiae, tamen non sibi ipsi accidit.

Item, licet unum secundum quantitatem accidat substantiae, tamen illud unum est essentiale quantitati; quod enim quantitas non dividatur in plures quantitates essentiales secundum speciem, hoc est ei essentiale. Probatio huius est : si sibi ipsi est quantitas essentialiter, sic sibi ipsi est ens essentialiter et unum.

Intelligendum quod unum non habet positionem. Contra : est positio; quare etc.

Dico quod positio est ordo quidam, sed ordo est secundum prius et posterius et secundum medium; unum secundum quod unum, partes non habet. Quomodo ergo erit in indivisibili, secundum quod indivisibilis positio? Quia ibi non est ordo, sed unitas secundum quod unitas est indivisibilis, punctus autem est terminus continui; in continuo vero, secundum quod continuum est, est principium, medium et finis; et ideo dicitur quod punctus habet positionem, unitas autem non. Unde punctus secundum quod indivisibilis non habet positionem, sed secundum quod est signare ipsum in principio, vel in medio, vel fine.

Amplius in quibus. Ponit aliam rationem, et est quod etiam PLATO non faciebat universale separatum in talibus in quibus dicitur aliquid secundum prius et posterius, sicut est in numeris et figuris, quia non ponebat ideam nisi per cuius tamquam primi essentiam essent alia; et quia in talibus ordinatis est aliquid prius quod est causa aliorum, non oportet esse ideam quae sit causa aliorum; sed in genere una species prior est et

---

93 quantitatem] speciem *scr. sed corr.*   1 Intelligendum quod] *marg.*; Item *scr. sed cancell.*   12 etiam] cum *scr.*

83 ARISTOTELES, *Metaph.*, III, 3 (999 a 1).
12 ARISTOTELES, *Metaph.*, III, 3 (999 a 6).

alia posterior; quare non erit universale principium separatum. Unde notandum quod, cum probavit quod genus non debet poni separatum, ex hoc vult habere quod non sit principium.

Iterum, dubitatio est quomodo in speciebus una est prior et alia posterior. Et dico quod prius universaliter est quod propinquius est principio naturali, quod est actus vel forma; et secundum hoc una species est prior alia, sicut homo sub animali est prior et perfectior quantum ad formam, et hoc habetur *I° De generatione* et multis aliis locis. Ratio autem huius est quoniam, sicut in numeris contingunt diversae species numerorum secundum quod unus est perfectior alio, est autem perfectior secundum quod pluribus unitatibus participat, sic similiter species rationem numeri habent in hoc quod non possunt esse plures sub eodem genere, nisi una sit perfectior et magis participet de entitate et unitate separata; quoniam sicut | in quantitatibus continuis et discretis sunt f. 102ra mensurae, et similiter in substantiis sunt mensurae; et quaecumque in quantitatibus se habent eodem modo ad suam mensuram, sicut se habent ad suam quantitatem. Similiter in aliis quaecumque habent eandem approximationem ad suum principium sunt eadem in substantia, et ideo in speciebus, cum non possint esse eaedem in substantia, oportet quod ultima magis accedat ad primum principium quam quaedam alia, cum una sit magis perfecta, alia minus; aliter enim non essent unite species entis.

Amplius autem ubi. Quod est melius prius est; sed in speciebus una est melior alia; quare etc.

Item autem. Arguit ad oppositum. Ista universalia non sunt principia nisi quia separata ab eis quorum sunt principia; sed non ponuntur universalia separata abstracta nisi quia communia; cum ergo genera sint maxime communia, maxime sunt separata, et tunc maxime principia.

QUAESTIO <15>

UTRUM UNIVERSALIA SINT IN ESSE SEPARATA A SINGULARIBUS

Est autem habita. In parte ista disputat aliam quaestionem : utrum universalia sint separata a singularibus.

37 accedat] accedant *scr.*   45 principia] suivent trois lignes blanches; nihil defuit *add. marg.*

25 ARISTOTELES, *De generatione*, I, 3 (318 b 14 sq.); cf. etiam *Metaph.*, III, 3 (999 a 13 sq.).
40 ARISTOTELES, *Metaph.*, III, 3 (999 a 13).
42 ARISTOTELES, *Metaph.*, III, 3 (999 a 16).
 3 ARISTOTELES, *Metaph.*, III, 4 (999 a 24).

Primo dicit de ista dubitatione quod habita est ex praedictis, idest consequenter ens. Quaesivit enim prius an universalia sint principia, et dixit : si sunt separata, tunc sunt principia.

Secundo dicit quod est difficilis.

Tertio, quod consideratio eius est utilis, quia illud facit varietatem in sequentibus et circa philosophiam.

Et arguit primo quod sint separata quia scientia non est singularium; ergo debet esse universalium; ergo oportet ipsa esse. Sed universalia secundum quod sunt in particularibus particularia sunt; ergo, si universalia debent esse, oportet quod sint abstracta a singularibus, cum non possint esse universalia in singularibus; quare etc.

Contrarium arguit sic. Si universalia sint separata, aut haec erunt genera suprema aut intermedia aut infima; dictum autem est prius quod genera non sunt separata.

Solutio. Dico quod scientia quae debet esse de universalibus non requirit quod universalia secundum esse sint abstracta, sed quod abstracte intelligantur; ita quod sunt entia universalia secundum considerationem et non subsistentia praeter singulare. Si enim universale existeret per se absque singularibus, non esset universale praedicabile de eis; nunc autem sunt praedicabilia de eis; quare oportet quod sint in illis, et secundum hoc sint particularia. Stant ergo simul quod habeat universale intellectum abstractum a singulari et tamen quod sit in singulari et praedicabile de ipso. Licet enim non sit universale praeter accidentia individuantia, considerari tamen potest sine illis; et hoc est abstrahere.

Et ex hoc intelligendum quod, si universalia essent separata secundum esse, nulla necessitas esset ponere intellectum agentem; unde PLATO sic ponens, non posuit intellectum agentem abstrahentem.

Item, de necessitate ponendi intellectum agentem est intelligendum quod non sufficit intellectus agens ad determinandum intellectum possibilem in actu : non enim intelligit qui prius non sensit.

Item, phantasma per se non sufficit : phantasma enim non est forma abstracta quae sufficiat ad educendum intellectum de potentia ad actum, quia phantasma, cum sit materiale, non agit nisi in tangendo, tactus

---

5 est] *sup. lin.*   18 separata] Ad istam quaestionem intelligendum quod scientia non est singularium propter infinitatem et corruptionem eorum; ergo oportet esse quaedam universalia si debet esse scientia; sed in entibus sunt particulariter; non ergo oportet universalia secundum esse separata. *add. sed verbo* va-cat *cancell.*   19 Solutio] *marg.* Dico] Ad rationem in oppositum *scr. sed cancell.*   33/34 quod ... sensit] *marg.*; quod non est sine phantasmate, unde dicitur III *De anima* quod non est intelligere nisi post phantasiam *scr. sed cancell.*   34 sensit] sensi *scr.*   35 enim] quamvis *add. sed cancell.* 37 tangendo] et cum hoc sit verum *add. sed exp.*

autem materiae et corporis non potest agere formam abstractam, sed materialem; unde *in VII⁰* AVERROES : mixtum cum materia facit mixtum.

40 Et iterum, illud quod educit intellectum de potentia ad actum est obiectum intellectus; si ergo phantasma praeter abstractionem moveret intellectum, tunc intellectus esset particularis, cum phantasma sit particulare, et fieret unum et idem cum intellectu si sit eius obiectum; et haec est ratio ARISTOTELIS *III⁰ De anima*.

45 Sed posset aliquis dicere : color et sapor coniuncta sunt secundum esse, tamen color agit formam coloris in visu absolute et non saporis; quare, quamvis in phantasmate forma non sit separata a conditionibus individuantibus, poterit tamen illud phantasma particulare facere formam suam in intellectum absque conditionibus individuantibus.

50 Et dicendum quod sapor est aliquod accidens colori sic quod in agendo nihil agit ad immutandum visum; non sic autem de natura formae et conditionibus individuantibus, quoniam hic et nunc faciunt aliquid ad modum agendi formae vel speciei : faciunt enim quod species repraesentativa sit rei sic vel sic; si ergo phantasma particulare faceret ad
55 intelligendam formam sine intellectu abstrahente, tunc faceret se repraesentari sub illis conditionibus. Unde dicit COMMENTATOR quod, si forma esset cognitio illius cui est apta, et illud phantasma esset cognitio formae ut individualis esset, tunc intellectus esset particularis. Concurrunt ergo phantasma et abstrahens, et non sunt phantasma et abstrahens duo
60 motores quorum utrumque de se habeat imperfectionem movendi, sicut se habent duo homines moventes aliquid commune; sed phantasma est motivum sicut motivum potentia, intellectus vero dat formam abstractionis ut moveat.

Sed, si dicatur etiam quod forma quamdiu existit in phantasia non est
65 abstracta, sed formam abstractionis habet in intellectu, tunc videtur adhuc quod phantasma non accipiat ab agente unde possit movere intellectum possibilem ad actum. Verum est enim quod species intelli-|gibilis habet unde sit motor intellectus, sed phantasia vel species f. 102ʳᵇ rei quamdiu est in phantasmate non habet quod sit movens.

70 Dicendum ad hoc quod duplex est forma et diversa, quarum utraque

---

41 abstractionem] actionem *scr. sed corr.* 52 hic] forma *scr. sed corr.* 57 cui] cuius *scr. sed corr.* 59 abstrahens¹] abstractio *scr. sed corr.* abstrahens²] abstractum *scr. sed marg. corr.* 62 motivum¹ et motivum²] motor *scr., sed in* motum *corr.* 64 etiam] *sup. lin.* 68 intelligibilis] intelligibiles *scr. sed corr.*

39 AVERROES, *Metaph.*, VII, com. 31 (fol. 181 L).
44 ARISTOTELES, *De anima*, III, 7 (431 a 14-15).
56 AVERROES, *De anima*, III, com. 19 (fol. 162 B).

est abstracta. Una est ipsa species intelligibilis per quam res intelligitur, et hoc est ipse intellectus in actu; aliud est obiectum universale praedicabile de pluribus, quod est obiectum intellectus. Prima autem forma est in intellectu sicut formalis intellectus rei, sed vera natura rei non. Unde dico : unum istorum habet rationem formae et abstractionis, et aliud habet rationem obiecti et motoris. Dico ergo quod, cum dicitur quod illud quod est in singularibus non habet formam abstractionis, quod falsum est; sed illud quod est in particularibus habet formam abstractionis secundum intellectum, et non secundum esse, et per illam formam abstractam quae est in intellectu, debetur ei quod sit in actu, et illud habet ab intellectu agente.

Contra praedicta contingit arguere, scilicet quod non oportet tantum ad hoc quod de singularibus sit scientia, quod universalia considerentur abstracte, sed quod sint separata secundum esse. Sic obiectum naturaliter praecedit actionem ipsius obiecti, sicut sensibile ipsum sentire; sed obiectum intellectus est universale movens ipsum intellectum, esse autem intellectus tendit ad singulare, hoc est sicut linea reflexa; ergo abstractio a singularibus praecedit considerationem intellectus. Oportet igitur ante considerationem intellectus quod universale sit abstractum.

Et intelligendum quod obiectum actus non oportet praecedere secundum tempus actum potentiae: quaedam enim sunt quae inveniuntur apud extremam perfectionem, secundum AVERROEM *III° De anima*: quaedam enim sunt quae semper inveniuntur in actu; tale autem est universale. Numquam autem est obiectum in actu nisi intellectus sit in actu; si enim nihil intelligeretur in actu, nullum esset obiectum in actu : unde AVERROES <dicit> quod intellectus agens quantum est de se semper abstrahit, si autem non semper abstrahat, hoc est propter dispositionem phantasmatis.

Sed semper videtur quod <obiectum> praecedat natura et causalitate, ita quod obiectum non debet habere illud quo est obiectum ab intellectu ipso; ergo universale debet habere abstractionem antequam intelligatur, et ita sequitur positio PLATONIS.

Ad hoc dicendum quod AVERROES *III° De anima* dixit quod in intelligendo sunt duo : actio scilicet intellectus agentis et alia actio intellectus possibilis. Et istae sunt abstrahere intelligibilia et recipere ea;

---

82 Contra] Hic redit ad solutionem quaestionis prius datam *add. marg.*   96 agens] *marg.*   5 intellectus possibilis] *marg.*

92 AVERROES, *De anima*, III, com. 14 (fol. 158 F).
96 AVERROES, *De anima*, III, com. 19 (fol. 162 C sq.).
3 AVERROES, *De anima*, III, com. 18 (fol. 161 E).

et sunt diversae, quamquam una non sit sine alia. Et una est causa alterius, abstractio enim intellectorum est causa huius actionis quae est receptio intellectorum; unde aliter se habent ad obiectum universale abstractio et receptio, quia abstractio naturali ordine praecedit id quod
10 est actu movens intellectum, ut ipsum universale, et per consequens receptio eius in intellectu possibili, naturali ordine et causali, sequitur naturam intellectus abstrahentis. Simul tamen sunt tempore et ideo dicendum quod universale simul tempore est et non prius quam intelligatur. Unde, sicut prius dictum est, in intellectu sunt duo: abstractio et
15 natura abstracta quae est movens; et intellectus causa est utriusque, nam intellectus agens causat species intelligibiles et abstractas.

Sed cuius est causa per prius? Videtur sine dubio quod abstractio universalium praecedat naturaliter abstractionem intellectorum.

<COMMENTUM>

Amplius autem. Disputat ARISTOTELES utrum sit aliquod formale ens separatum ab istis singularibus sensibilibus secundum esse. Et differt haec quaestio a priore, quia est ponere aliquas substantias separatas
5 praeter singulares. Utrum tamen in quibusdam hoc sit verum et in quibusdam non vel in omnibus naturis, dubitatio est.

Quod autem sit ponere aliquod ens secundum formam separatum a sensibilibus, probat ARISTOTELES duabus rationibus. Prima talis : si nihil sit ens praeter singulare, tunc non erit aliquid intellectuale; et cum
10 scientia non sit singularis, non erit scientia, vel sic scientia non debet differre a sensu, sicut posuit PLATO.

Amplius autem. Ponit aliam rationem. Si nihil sit praeter compositum sensibile, tunc nihil erit sempiternum, cum singularia omnia sint corruptibilia et in motu; caelum autem non est sempiternum quantum ad ubi,
15 sed in sui substantia.

Quod autem consequens sit impossibile, scilicet : nihil esse sempiter-

---

10 ut ... universale] *marg.*   18 naturaliter ... intellectorum] *marg.*; intellectum abstractum *scr. sed cancell.*   4 priore] priori *scr.*   5 Utrum ... hoc] *marg.*; In quibusdam tamen hoc *scr. sed cancell.*   6 quibusdam] *marg.*; quibus *scr. sed cancell.*   vel in omnibus naturis] *marg.*; naturis *incertum.*   12 praeter] compositum *add. sed exp.*   13/14 cum ... motu] *marg.*   16 Quod] Et tunc *scr. sed corr.*

2 ARISTOTELES, *Metaph.*, III, 4 (999 a 33).
12 ARISTOTELES, *Metaph.*, III, 4 (999 b 4).

num, probo. Si nihil sit sempiternum, tunc nihil generatur; quia si aliquid generetur, generatur ex aliquo et iterum illud ex alio, et sic procedendo in infinitum numquam complebitur generatio in actu. Et nolo quod procedat in infinitum ordine essentiali. Cum ergo ex non ente non possit aliquid generari, oportet quod sit aliquid ingenitum quod sit causa generationis, et hoc est materia, secundum quod habetur *I°* *Physicorum* quod materia est ingenita et incorruptibilis.

Alia ratio est. Generatio, si debet esse, debet habere terminum, cum nullus motus infinitus sit; terminatur enim generatio ad formam et ad esse; sed si hoc, tunc oportet formam esse ingenitam; illud patet in *VII°* : si enim forma generetur, hoc erit ex aliquo quod transmutatur ad formam, et iterum si illa forma generetur, generabitur ex aliquo quod transmutatur ad formam, et sic in infinitum. Et ita sequitur, si forma generetur, generatio non terminabitur ad formam.

Arguit ad oppositum. Domus non potest esse sine lateribus et lignis; ergo similiter erit in naturalibus quod non sunt formae separatae a singularibus.

Dicendum ad istam quaestionem quod est ponere, praeter singularia, substantias separatas; sed in quibus hoc fuerit verum et in quibus non, demonstrabitur in *VII°*. Verum est quod in natura sensibilium non est ponere formas separatas sicut voluit PLATO; in genere tamen naturarum intelligibilium est hoc ponere, sicut habetur in *XII°*. Ratio ultima bene probat quod in natura sensibilium non est ponere formam separatam.

Quod autem dicitur quod materia est ingenita etc., intelligendum est quod materia non est sempiterna nisi in sensibilibus, nec separatur ab eis. De forma dico quod non est per se genita, quia tunc per se posset esse et haberet materiam, et sic procederetur in infinitum. Generatur tamen per accidens, ut per generationem compositi : unde per hoc quod aliquid compositum generatur, illud quod est essentiale composito generatur, ut forma.

Dicit ARISTOTELES quod ex non ente non fit ens. Verum est quod non ens purum non potest mutari in ens, quia transmutatio vult habere

---

20 nolo] bene *scr. sed corr.*

23 ARISTOTELES, *Physic.*, I, 9 (192 a 26-28).
26 ARISTOTELES, *Metaph.*, VII, 8 (1033 b 5 sq.).
36 ARISTOTELES, *Metaph.*, VII, 2 (1028 b 27 sq.); 17 (1041 a 6 sq.).
38 ARISTOTELES, *Metaph.*, XII, 8 (1074 a 15 sq.); XI, 2 (1060 a 7 sq.).
48 ARISTOTELES, *Metaph.*, XIV, 2 (1088 b 17 sq.).

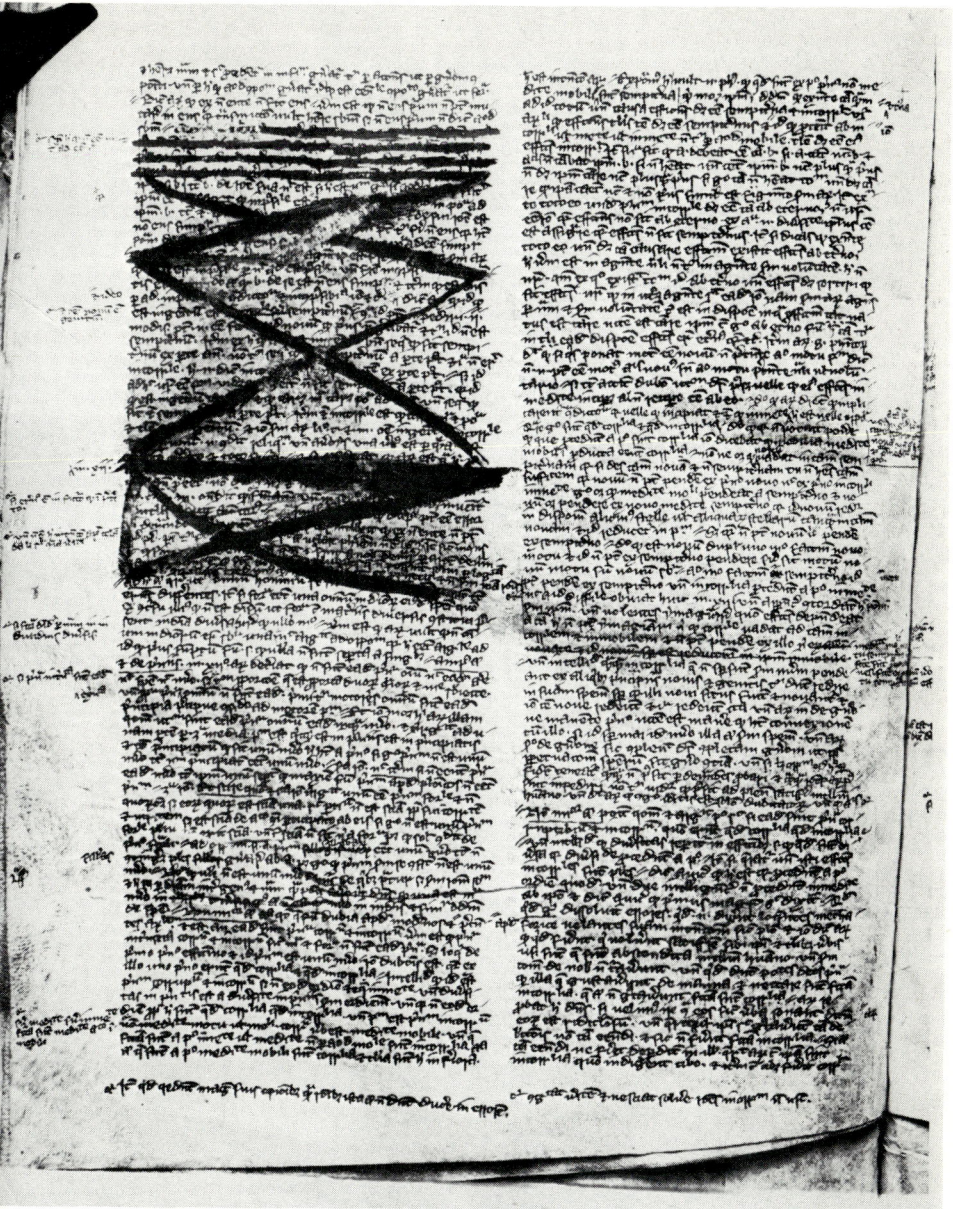

Clm 9559, fol. 102ᵛ.

subiectum; sed non ens purum non dicit aliquod subiectum... agens facere... aliquid transmutare, sed non hoc quod non esse mutetur ad esse, ...ponamus B et ponamus quod in universitate entium nihil sit in potentia ad esse ipsius B, tunc B de ratione sua nihil est; si hoc est verum, ergo si aliquod agens facit ipsum esse, tunc faciet quod impossibile est, quia accipiendo quod non fuerit aliquid in potentia ad ipsum B, tunc etiam ipsum B de sui ratione caret potentia ad esse, et etiam de sui ratione est non ens simpliciter. Unde, cum Socrates sit ens secundum istam rationem, potest tamen fieri non ens quia habet potentiam de sui ratione ad non ens. Sed B... caret potentia ad esse simpliciter et secundum tempus, et ideo in virtute nullius agentis est facere quod habeat esse, quia secundum ARISTOTELEM quod per se est impossibile, per nihil aliud est possibile: unde facere incompossibilia nullius agentis est. Accipiendo autem quod B de se est non ens simpliciter, et iterum quod est ens per aliud, implicat simul contradictoria et incompossibilia; ideo etc. Et ideo dicit ARISTOTELES quod illud quod est ingenitum est sempiternum, et omne novum est genitum.

Contra: illud potest impediri duobus modis. Potest enim esse factum aliquid novum, quod prius non generabatur, et tamen illud non est sempiternum. Iterum, ex hoc quod aliquid est ingenitum, bene sequitur quod sit sempiternum ex parte ante; non tamen sequitur quod etiam sit sempiternum a parte post, et ita non erit incorruptibile. Hoc enim dicit incorruptibile quod... ex parte post. Sed illud adhuc videtur esse falsum,

---

50 subiectum²] Presque la moitié de la colonne 102ᵛᵃ (lignes 5-38) est biffée au moyen de gros traits à l'encre noire, qui rendent pratiquement illisibles les mots qu'ils recouvrent. Les lignes 5-8 sont entièrement couvertes de traits horizontaux; les lignes 9-15 sont annulées par deux gros traits obliques formant une croix de S. André; même chose pour les lignes 15-27 et 28-38; enfin un large trait horizontal recouvre les lignes 29-30. Le texte est reconstitué dans la mesure du possible; les mots illisibles sont remplacés par des points de suspension (...) et l'apparat critique indique le nombre approximatif de mots perdus.   50 subiectum²] une première ligne biffée; on peut déchiffrer les mots *agens facere* et *aliquid transmutare*.   51/52 sed non ... ad esse] *marg.*   52 esse ...] trois lignes biffées, dont la dernière peut être déchiffrée; *ponamus B ... in potentia ad esse*.   53/80 ipsius B ... toto futuro] vingt lignes annulées au moyen de traits obliques; on peut reconstituer le passage à l'exception de quelques mots.   55 quia] *marg.*   59 Sed B ...] un ou deux mots illisibles.   65 ideo] *marg.*   66 sempiternum] incorruptibile seu *add. sed cancell.*   et ... genitum] *marg.*   72 quod ...] trois mots raturés et effacés.

50 Cf. la photo du folio 102ᵛ à la page 130.
61 ARISTOTELES, *Metaph.*, XIV, 2 (1088 b 17 sq.).
65 ARISTOTELES, *De caelo*, I, 12 (282 a 30-31).

videlicet quod ingenitum non sit sempiternum a parte post: quia illud quod est ingenitum caret materia, et quod caret materia, caret potentia ad non esse: unde sequitur quod sit etiam sempiternum a parte post. Iterum, etiam incorruptibile est quod caret materia et potentia, et tale est ingenitum; et ideo secundum ARISTOTELEM libro *Caeli et mundi*, omne ingenitum est incorruptibile et sempiternum: per unum enim concludit reliquum. Unde AVERROES: una virtus est per quam aliquid est in toto praeterito et toto futuro.

Et si aliquis dicat quod ARISTOTELES et contra hoc, probo... in *XII*°... prius esset, non dicit ibi neque etiam negat... libro *Caeli et mundi* ostendit quod, si aeternus est in futuro, quod in praeterito: unde in *Sexto* demonstratio invenitur quod intellectus fuerit ante corpus. Intelligendum tamen quod duplex potest esse error in demonstrando illam: unum est dicendo quod ARISTOTELES intellexit quod ex non ente non potest aliquid fieri, potest tamen...; sic autem velare philosophiam non est bonum: unde non est hic intentio ARISTOTELIS celanda, licet sit contraria veritati.

Item, sicut inconveniens est quod sint aliqua demonstrabilia quae non possint a nobis demonstrari per artem... ita inconveniens est quod sint... insolubiles, quae non possint solvi per logicam... et aliis credimus quod magis fuerint ex prophetis, et non secundum viam rationis.

Item, quidam credunt magis suis opinionibus quam rationibus, ista autem non debent ducere in errorem.

Adhuc autem. Quaerit utrum omnium hominum sit forma una. Quod non, videtur, quia quomodo tunc erunt differentes? Item, si forma esset una omnium individuorum eiusdem speciei, quomodo ex concursu illius quod non est divisum, ut forma, cum materiis diversis constitui possent individua diversa? Videtur quod nullo modo.

Verum est quod ARISTOTELES vult quod non omnium individuorum

---

81 in XII° ...] *marg.*; deux lignes soigneusement raturées.   82 negat ...] une demi-ligne annulée.   83 si ... praeterito] *marg.*   87 tamen ...] trois mots illisibles, car ils tombent sous le croisement des deux lignes obliques qui annulent les dix dernières lignes du commentaire.   88 unde ... veritati] *marg.*   90 artem ...] trois ou quatre mots illisibles   sint ...] deux mots biffés.   91 logicam ...] deux mots effacés.   92 viam rationis] ces mots continuent la ligne, mais sont dans la marge.   93/94 Item ... errorem] *marg. inf.*

---

77 ARISTOTELES, *De caelo*, I, 12 (282 b 1 sq.).
79 AVERROES, *De caelo*, I, com. 121 (fol. 82 K-L).
82 ARISTOTELES, *De caelo*, I, 12 (283 b 10 sq.).
95 ARISTOTELES, *Metaph.*, III, 4 (999 b 20).

erit substantia una, sed forma dividitur per materiam in individuis diversis. Nec arguit ad oppositum, quia hoc esset arguere ad id quod prius sumptum fuit, scilicet quod universalia non sunt separata a singularibus.

Amplius autem et de principiis. In *XII°* ARISTOTELES determinat quod
5 non sunt eadem principia omnium: nec eadem genere, nec specie, nec numero. Sed principia intrinseca sunt eadem tantum proportione, quae est proportio duorum contrariorum et materiae subiectae. Unde propria principia extrinseca omnium non sunt eadem. Primi tamen Motoris omnium sunt eadem principia, praecipue considerando ad Motorem
10 Primum. Et ideo movet hic ARISTOTELES illam quaestionem utrum sint eadem principia omnium, eadem inquam numero. Et arguit ad unam partem per tria media.

Primum est: quidquid est in principiis, est in principiatis, et tunc principiatum, quod sit unum numero, hoc habet a principio; si ergo
15 principium non est unum numero, tunc nullum principiatum esset unum numero.

Secunda ratio: *Nec iterum*: si non essent principia eadem numero, tunc ipsum unum separatum, quod maxime fuit principium apud PLATONICOS, non esset principium.

20 Tertia ratio: *Et scire quomodo*; et ista ratio arguit unum esse principium formale et non quorumcumque, sed eorum quorum est scientia una; sic particularium non est scientia propter sui corruptibilitatem et infinitatem, sed est scientia de aliquo communi participato ab eis; si ergo non est unum principium formale plurium, non erit scientia; unde, cum
25 scientia non sit nisi a forma, patet quod solum concludit de principio formali.

Ad oppositum. Si A, principium syllabarum, esset unum numero, tunc non contingeret plures syllabas generari ab A; patet ergo quod principium secundum se consideratum non est unum numero. Nota quod
30 universale non est unum numero cum his de quibus praedicatur, sed secundum rationem solum; et hoc patet per differentiam inter genus et materiam quam ponit AVERROES, dicens quod una est materia numero in

---

1/2 sed ... diversis] *marg.* 6 Sed ... eadem] *marg.* 8 extrinseca] *marg.* motoris] motores *scr. sed corr.* 27 syllabarum] *sup. lin.*; syllogismorum *scr. sed cancell.* 28 syllabas] *marg.*; syllogismos *scr. sed cancell.* 29 Nota] Nota *add. marg.*

4 ARISTOTELES, *Metaph.*, III, 4 (999 b 24); XII, 4 (1070 b 1 sq.).
10 ARISTOTELES, *Metaph.*, III, 4 (999 b 25).
17 ARISTOTELES, *Metaph.*, III, 4 (999 b 26).
20 ARISTOTELES, *Metaph.*, III, 4 (999 b 26-27).
32 AVERROES, *Metaph.*, I, com. 17 (fol. 14 K).

transmutationibus diversis, genus autem non est idem numero in individuis; et similiter dicendum de specie.

<QUAESTIO 16>

<AN EADEM SINT PRINCIPIA CORRUPTIBILIUM ET INCORRUPTIBILIUM>

Non minor autem. Alia quaestio quae fuit dubia apud modernos et apud praedecentes ARISTOTELEM, et est an eadem sint principia corruptibilium et incorruptibilium.

Verum est quod principia intrinseca corruptibilium et incorruptibilium, sicut materia et forma, non sunt eadem principia. Sed loquor de Primo Principio effectivo, et illud principium est unum numero. Ratio dubitationis est quare ex illo uno principio erunt quaedam corruptibilia et quaedam incorruptibilia.

Intelligendum quod idem est principium corruptibilium et incorruptibilium, sed non eodem ordine et aeque immediate: unde diversitas in principiatis est a diversitate in principiis secundum ordinem. Unde, quia non eodem ordine, propter hoc sunt quaedam corruptibilia, quaedam incorruptibilia. Unde Primum est principium incorruptibilium, sive mediate sive immediate facta sunt, mediante aliquo immobili; corruptibilium vero est mediante mobili. Unde quae facta sunt a Primo immediate vel mediate, non per aliquod mobile, sunt incorruptibilia; alia autem, quae sunt a Primo mediante mobili, sunt corruptibilia: et talia sunt haec inferiora. | Haec est intentio ARISTOTELES.

Exponamus hoc. Vult enim PHILOSOPHUS quod quaedam sunt ex Primo Principio non mediante mobili, et talia sunt sempiterna. Quid movet ipsum? Dicendum quod, existente causa quantum ad illud totum unde causa efficiens debet esse sempiterna et incorruptibilis, videtur ARISTOTELI quod effectus talis causae debet esse sempiternus; et ideo illud quod procedit ab incorruptibili vel mediate vel immediate, non tamen per aliquod mobile, tale debet esse eius effectus incorruptibilis.

5 apud] *marg.* 16/17 sive mediate ... immobili] *marg.*; non mediante motu vel mobili *scr. sed cancell.*, exceptis tamen verbis vel mobili. 23 et talia] *marg.* 26 effectus] efficiens *scr.* ideo] *marg.*

4 ARISTOTELES, *Metaph.*, III, 4 (1000 a 5).
21 ARISTOTELES, *Metaph.*, III, 4 (1000 b 21 sq.); cf. XII, 8 (1073 a 14 sq.).

Item, si ita sit quod A debeat esse causa B, si A causat nunc B et alias non causabat ipsum B, si non habeat unde causet ipsum B nunc plus quam prius, non debet ipsum causare nunc plus quam prius. Si ergo causa habeat totum unde debet causare, quod ipsa causet nunc et non prius simile est figmento, secundum ARISTOTELEM.

Item, existente toto eo unde principium incorruptibile debet esse causa ab aeterno, non videtur esse ratio quare effectus non sit ab aeterno : ex aliqua enim diversitate ipsius causae est assignare quare effectus non sit sempiternus.

Item, si dicas quod, existente toto eo unde debet causa causare effectum, existit effectus ab aeterno, hoc verum est in agente naturali, non tamen in agente secundum voluntatem, hoc non videtur, quoniam ex quo existit totum illud ab aeterno unde effectus debet sortiri quod sit effectus, videtur quod in utroque agente sit eadem ratio : nam secundum ARISTOTELEM agens per naturam et secundum voluntatem, cum est in dispositione in qua effectum natus est causare, necesse est causare ipsum; cum ergo ab aeterno fuit haec causa tota in eadem dispositione, effectus erit aeternus; quare etc.

Item, ARISTOTELES *VIII° Physicorum* dicit quod, si quis ponat motum esse novum, non praecedente alio motu, falsum dicit : non enim potest esse motus aliquis novus sine alio motu praecedente naturali vel voluntario.

Sed tunc accidit dubitatio utrum Deus posset velle quod eius effectus immediatus inciperet aliquando recipere esse ab eo.

Dico quod ARISTOTELES diceret quod implicarentur contradictoria, quia velle quod incipiat et etiam quod immediate a Causa Prima, hoc est velle opposita : unde enim aliquid ponitur incipere, requirit causam novam; unde autem a Causa Prima immediate, aeternum ponitur.

Quare ergo sunt quaedam corruptibilia et quaedam incorruptibilia?

Dico quod, quia non potuit ponere quod quae procedunt a Primo sint corruptibilia, ideo dicebat quod mobilia mediante mobili producta, essent corruptibilia. Nonne oportet quod novum vadat in causam

---

32 causa] non *scr. sed corr.*   44 natus] causat *scr. sed corr.*   45 eadem] tali *scr. sed corr.*   52 immediatus] immediate *scr.*   54 a Causa Prima] *marg.*   55/56 unde ... ponitur] *marg.*   60 novum] *sup. lin.*

33 Cf. ARISTOTELES, *An. post.*, II, 16 (98 a 35 sq.).
47 ARISTOTELES, *Physic.*, VIII, 7 (261 a 6-7).
55/56 Le ms. de Paris (16297) porte le même passage (*unde enim ... ponitur*) dans une note marginale du fol. 129va.

sempiternam? Quia, si des causam novam et non sempiternam, tu non habes causam sufficientem, quia novum non potest pendere ex principio novo, nec ex principio incorruptibili immediate; ergo oportet quod mediante mobili pendeat a sempiterno. Et novum oportet pendere ex novo mediante sempiterno, quia illud novum reducitur in dispositionem 65 alicuius stellae vel aliquarum stellarum tamquam in causam novam, et illud reducetur in Primum.

Sed quare non potest novum «ubi» pendere ex sempiterno? Dico quod est novum dupliciter: uno modo factum novo motu, et illud non potest ex sempiterno pendere sive sit novum motu sive novum substantia; alio 70 modo factum motu sempiterno: illud potest pendere ex sempiterno. Unde incorruptibilia procedunt a Primo immediate, nec aliquid difficile obviat huic in *XII°*; unde apparentia concordant huic positioni secundum ipsum. Unde volentes imaginare quomodo effectus dependeat a causa, hoc non potest imaginari nisi quod corruptibile vadat ad causam 75 incorruptibilem et immobilem, et non potest pendere ex illo nisi mediante mobili motu sempiterno in quo factae sunt innovationes, factae ex motu sempiterno. Unde intelligendum: quamquam corruptibilia, quae non semper sunt, secundum numerum pendeant ex aliquibus principiis novis et genitis, tamen debent redire in suam speciem semper, quia illi novi 80 situs fiunt et novantur et ideo causae novae redeunt, et ita redeunt ista. Unde ARISTOTELES in *De generatione*: manente principio, necesse est manere quod habet connexionem cum illo; sed illud semper manet idem numero, illa autem secundum speciem. Unde ARISTOTELES *II° De generatione*: sic complevit Deus completam generationem, ut propter perpetua- 85 tionem specierum sit generatio continua. Unde, licet oppositum huius per fidem teneatur, quamquam non possit per demonstrationes probari, et quamquam rationes ARISTOTELIS possint impediri, non tamen videtur quod possit ad plenum satisfieri intellectui humano; unde dicit ARISTOTELES quod cognitio veritatis est solutio dubitatorum: unde, quod 90 aliquis cognoscat veritatem et nesciat solvere rationes in oppositum, non videtur.

70 novum¹] motum *scr. sed corr.* 71 motu] *marg.*; ex *scr. sed cancell.* 73 positioni] ce mot continue la ligne, mais en marge. 76/78 mediante ... sempiterno] *marg.*; ex aliquo innovato et illud novum semper est reductum in ipsum immobile *scr. sed cancell.* 78 corruptibilia] incorruptibilia *scr. sed corr.* 86 licet] si *scr. sed corr.* huius] eius *scr. sed corr.* 91/92 cognoscat ... videtur] *marg. inf.*

73 ARISTOTELES, *Metaph.*, XII, 8 (1073 a 28 sq.).
82 ARISTOTELES, *De generatione*, II, 9 (355 a 24 sq.).
84 ARISTOTELES, *De generatione*, II, 10 (336 b 31-32).
90 ARISTOTELES, *Metaph.*, III, 1 (995 a 28-29).

<COMMENTUM>

Non minor autem. Ponit quaestionem et arguit primo sic. Si eadem sint principia corruptibilium et incorruptibilium, quomodo erunt quaedam corruptibilia, quaedam incorruptibilia? Unde intelligendum quod diversitas reperitur in effectibus, scilicet quod quaedam sunt diversa quia diversimode procedunt a Primo. Item, si quaeratur unde isti effectus incorruptibiles sunt plures, dicit AVICENNA quod hoc est quia procedunt a Primo ordine quodam : unde duae intelligentiae non procedunt immediate ab ipso, et dicit AVICENNA quod Primus Magister sic dixit.

Quod quidem igitur. Dissolvit errores. Quidam enim dixerunt loquentes metaphorice, velantes suam intentionem, sicut PLATO. Et ideo dicit ARISTOTELES quod quidam fuerunt qui voluerunt satisfacere sibi ipsi et talibus verbis usi sunt quae sunt abscondita intellectui humano. Unde secundum COMMENTATOREM de nobis non curaverunt. Unde quidam dicunt, ponentes deos principia, quod illa quae gustaverunt de manna et nectare sunt facta incorruptibilia; quae autem non gustaverunt, facta sunt corruptibilia. ARISTOTELES reprobat hoc dicens : si velimus ire contra eos sicut verba sonant, dictum eorum est ridiculosum. Unde quaerit ARISTOTELES : vel ipsi sic gustaverunt causa delectationis, non causa essendi, et sic non fuerunt facta incorruptibilia; si autem causa essendi, ne fieret deperditum in illis, quaerit ARISTOTELES, cum ipsa sint incorruptibilia, quomodo indigerent cibo; et iterum, cum cibus fuerit corruptibilis, | quomodo dabit eis necessitatem semper existendi? Unde talibus non   f. 103ʳᵃ
est studendum, secundum ARISTOTELEM, quae potest aliquis divinare, non tamen recte intelligere.

Intelligendum quod de divinis recte loqui vel fabulose duobus modis contingit. Quidam fabulose dicunt aliquid de his, quia intellectus eorum non potest elevari ad illud quod est purae naturae intelligibilis : unde

---

19 Aristoteles] *marg.*

2 ARISTOTELES, *Metaph.*, III, 4 (1000 a 5).
7 AVICENNA, *Metaph.*, tr. IX, c. 4, p. 482, 77-80.
9 Cf. AVICENNA, *Metaph.*, tr. IX, c. 2, p. 462, 49-53; p. 463, 65-67. Mais Avicenne ne dit pas ce que Siger lui fait dire au sujet d'Aristote (*Primus magister*).
10 ARISTOTELES, *Metaph.*, III, 4 (1000 a 9).
14 AVERROES, *Metaph.*, III, com. 15 (fol. 55 B-C).
17 ARISTOTELES, *Metaph.*, III, 4 (1000 a 15-19).
19 ARISTOTELES, *Metaph.*, III, 4 (1000 a 15 sq.).
21 ARISTOTELES, *Metaph.*, III, 4 (1000 a 16-17).
24 ARISTOTELES, *Metaph.*, III, 4 (1000 a 18-19).

depressi phantasmatibus suis, intellectualia traxerunt huiusmodi ad
sensibilia; et hoc est quod fecit quod quidam posuerunt deos animalia, et 30
hoc fecit eorum imaginatio. Alii autem levaverunt intellectum suum ad
talia, sed obumbrantur loquendo metaphorice ut tegerent veritatem.

Secundo intelligendum quod ad homines qui volunt inquirere veritatem rerum non pertinet docere sub tali metaphora: ad poetas enim
pertinet, non ad philosophos. Quia loqui per metaphoras est infimus 35
modus persuadendi; philosophi autem non est habere infimum modum.
Iste enim modus minus est quam dialecticus, quia minus generat quam
opinionem, ut suspicionem: verbi gratia, quidam volentes retrahere ab
aliquibus vitiis, repraesentant sibi abominabile. Aliud est quod per talem
modum obumbratur veritas: unde tales secundum COMMENTATOREM 40
loquuntur extra intellectum hominis: licet enim ipse novit quid dicit,
tamen super nos dicit, ut habetur in *VI°*.

Tertio contingit error cum contingit quosdam apologiando loquentes,
et alios sequentes facere illud tenere quod est secundum sensum
irrationabile. 45

In duobus tamen casibus utendum est metaphora. Unus est quia
aliquando accidit quod res non sunt intelligibiles in se et tunc utendum
est metaphora; tamen loquendum est per talia quae sunt simillima: unde
AUCTOR *De causis* dicit quod Causa Prima videtur convenienter per suum
causatum, quod est ei simillimum. Item, in alio casu propter eos ad quos 50
loquitur aliquis: aliquando enim veritas nota est doctori, tamen loquitur
aliquando ad vulgares qui ipsum non intelligunt, et talibus loquendum
est sub metaphora. Tamen philosophus nisi in his duobus casibus non
debet loqui metaphorice. Secundum ARISTOTELEM quaedam participant
magis Primo Principio, quaedam non: unde ipsa possunt intelligere quae 55
gustaverunt manna, hoc est: quae gustaverunt magis de dulcore et
bonitate Primi, incorruptibilia facta sunt; quae vero minus, corruptibilia.

Addiscentibus. Repetit quaestionem et dicit: quaeramus ab illis qui
procedunt per demonstrationem quare quaedam corruptibilia, quaedam
incorruptibilia. 60

29 intellectualia] *marg.*; intellectibus *scr. sed cancell.*   32 ut ... veritatem] *marg.*
48/50 unde ... simillimum] *marg.*   55 ipsa] ipsi *scr.*

40 AVERROES, *Metaph.*, III, com. 15 (fol. 55 B-C).
42 ARISTOTELES, *Metaph.*, VI, 2 (1026 b 3 sq.).
49 *Liber de causis*, § 5 et § 23 (éd. BARDENHEWER, p. 169 et 184).
54 ARISTOTELES, *Metaph.*, XII, 5 (1071 a 1 sq.).
58 ARISTOTELES, *Metaph.*, III, 4 (1000 a 19); au lieu de *Addiscentibus*, d'autres traductions
lisent *A dicentibus*.

Etenim. Tangit solutionem EMPEDOCLIS. Intelligendum quod EMPEDOCLES posuit principia entium sex: quattuor materialia, ut quattuor elementa, et duo formalia: litem et amicitiam. Unde dicit quod per amicitiam elementorum moventem elementa ad unum, fit congregatio illorum in unum chaos confusum, ita quod non remanent elementa in suis sphaeris, et tunc corrumpitur mundus secundum ipsum; postea autem per litem moventur et redeunt in sua principia, et tunc generatur mundus, et sic circulariter est corruptio et generatio universi secundum ipsum. Item, in particularibus dicit quod aliquod ens mundi, ut Socrates, generatur per amicitiam elementorum, corrumpitur autem per odium; aliter vel e contrario dicens de toto et parte in generatione. Modo videte: quando ex elementis fit mixtum, tunc cessat discordia et cessant a suis contrarietatibus et efficiuntur unum; quando corrumpuntur, tunc corrumpit lis inter ea. Dixit ergo EMPEDOCLES quod illa quae de sua compositione habent odium, facta sunt corruptibilia: unde solus Deus secundum ipsum incorruptibilis est, quia odium in sua compositione non habet.

Videtur autem. Reprobat ARISTOTELES illud sic. Odium est causa generationis, ut ipse posuit; ergo non causa corruptionis. Sed contra illud potest argui: nonne materia est causa esse et non esse? Dicendum quod in genere materiae potest aliquid esse causa esse et non esse, non tamen in genere efficientis potest hoc esse verum; odium vero ponebat causam efficientem. Dixit etiam EMPEDOCLES quod Deus non fit ex odio: tunc sequitur quod Deus sit insipientissimus, quia ipse posuit quod simile cognoscit semper simile, ut terra terram.

Similiter autem. Reprobat hoc quod dixit de amore. Dixit enim quod est causa corruptionis. Contra: est causa generationis; quare non corruptionis, sicut prius argutum est.

Sed unde ratio. ARISTOTELES reprobat EMPEDOCLEM in hoc quod non dixit causam propter quod odium movet, cum prius non movit. Item, in *VIII° Physicorum* habetur quod illud quod movet cum prius non

62 Empedocles] *sup. lin.*   76/77 quia ... habet] *marg.*   82/83 odium ... efficientem] *marg.*   86 Similiter autem] Sed unde ratio *scr. sed corr.*   88 argutum est] Solutum est viso quomodo supra dixit de generatione *add. marg.*

61 ARISTOTELES, *Metaph.*, III, 4 (1000 a 24).
78 ARISTOTELES, *Metaph.*, III, 4 (1000 a 27).
85 Cf. ARISTOTELES, *Metaph.*, III, 4 (1000 b 6).
86 ARISTOTELES, *Metaph.*, III, 4 (1000 b 11).
89 ARISTOTELES, *Metaph.*, III, 4 (1000 b 9).
91 ARISTOTELES, *Physic.*, VIII, 6 (259 a 13).

moveret, non potest esse prima causa motus; et quia ipse posuit odium movere cum prius non movit, ideo ex hoc posuit ipsum non esse unde principium motus : unde ARISTOTELES ponit Primum semper movere. EMPEDOCLES loquitur de universo sicut de animali et de partibus eius sicut de membris animalis. Dicit enim quod elementa aliquando fuerunt unita et tunc fuit nutritum odium in membris, et tendebat ad principalitatem, ad honorem, si posset agere; attamen tandem movit ad dissolvendum sacramentum, idest unionem.

Attamen. Reprobat EMPEDOCLEM in hoc quod non dixit ad propositum. EMPEDOCLES nihil dixit ad propositum, quia ipse deberet supposuisse aliqua corruptibilia et aliqua incorruptibilia et dixisse causam et etiam quare supponit elementa incorruptibilia. Contra : prius dictum est quod EMPEDOCLES dixit quod solus Deus sit incorruptibilis. Dicendum quod est corruptio per odium, et sic posuit Deum incorruptibilem; Deum autem, idest orbem caelestem dixit esse corruptibilem per amicitiam, et sic non contradicit sibi ipsi.

Quod quidem igitur. Recapitulat.

Si vero diversa. Arguit ad oppositum sic, per duas rationes.

Prima est. Si sint diversa principia corruptibilium et incorruptibilium, quaero aut principia corruptibilium sint corruptibilia aut incorruptibilia. Si corruptibilia, contra : omne quod corrumpitur, in aliquid corrumpitur, quia in idem ex quo componitur; tunc, si priora sint corruptibilia, corrumpuntur in priora et sic in infinitum. Intellige quod de materia et efficiente bene dicit, de forma nihil. Item, si sint corruptibilia, tunc quomodo erit generatio continua et perpetua? Si sint incorruptibilia, tunc non possunt esse quaedam corruptibilia, quaedam incorruptibilia.

Et hoc indiget multa inquisitione. Intelligendum quod principia corruptibilium effectiva prima, incorruptibilia sunt; si enim vadunt ad causam sempiternam mobilem, illa causa ulterius vadit ad | Causam primam immobilem.

Sed principia intrinseca, ut materia et forma, suntne corruptibilia? Dico quod sic, per accidens, non per se. Materia enim corrumpitur per accidens, ut secundum quod est sub albedine, quia id quod est in materia corrumpitur; unde materia corrumpitur per accidens per formam et

---

95 sicut²] scilicet *scr. sed marg. corr.*   97 tendebat] invidebat *scr. sed marg. corr.*   3 quare] *marg.*

94 ARISTOTELES, *Physic.*, VIII, 6 (259 a 13 sq.); cf. *Metaph.*, XII, 7 (1072 a 23 sq.).
00 ARISTOTELES, *Metaph.*, III, 4 (1000 b 17).
 8 ARISTOTELES, *Metaph.*, III, 4 (1000 b 22).
 9 ARISTOTELES, *Metaph.*, III, 4 (1000 b 23).

privationem, sed sua substantia non corrumpitur nec per se, nec per accidens, sicut potest haberi ex *I° Physicorum*. Item, forma non corrumpitur per se quia non generatur per se, quia si sic, tunc ad essentiam formae pertineret aliquid quod transmutatur ad esse, et eadem ratione de
30 forma sequente, et sic generatio non haberet terminum. Unde intelligendum quod substantia formae non corrumpitur nisi per accidens, substantia autem materiae neque per se neque per accidens. Similiter, si forma per se corrumperetur, tunc aliquid illius transmutaretur ad non esse, et sic in infinitum. Sed intelligendum quod principium effectivum non est
35 corruptibile, nec principia intrinseca quoad sui substantiam; propter quae generatio est aeterna.

Amplius autem. Alia ratio. Omnes supponunt quod eadem sint principia corruptibilium et incorruptibilium, sed non assignant causam quare quaedam corruptibilia, quaedam incorruptibilia.

QUAESTIO <17>

<UTRUM ENS SIT SUBSTANTIA ENTIS, ITA QUOD PRAEDICET SUBSTANTIAM ENTIUM>

Omnium autem ad considerandum difficillimum. Utrum ens sit substan-
5 tia entis, ita quod praedicet substantiam entium. Dicendum quod sic. Dico etiam quod unum quod dicit indivisionem in genere quantitatis est accidentale, et tale non dicit substantiam eius de quo praedicatur; sed unum quod est ab indivisione formae substantialis dicit substantiam eius de quo praedicatur.
10 Item, ens uno modo dicitur ens separatum ratione essendi indeterminata et universali, per se subsistens, sicut posuit PLATO; et dico quod tale ens non est, et ideo nec tale ens est substantia entium nec praedicabile de ipsis. Alio modo potest intelligi ens, quod est ens per essentiam et non per participationem rationis essendi. Et dicitur ens per essentiam quod est
15 ens perfectissimum, non esse participans, et hoc est Primum Ens, et tale ens est suum esse. Sed tamen tale non est substantia formalis nec

28/30 tunc ... terminum] *marg.*; forma tunc esset ex aliquo quod transmutatur ad ipsam *scr. sed cancell.*   36 quae ... aeterna] *marg.*   7/9 sed ... praedicatur] *marg.*

27 ARISTOTELES, *Physic.*, I, 9 (192 a 25-31).
37 ARISTOTELES, *Metaph.*, III, 4 (1000 b 32).
4 ARISTOTELES, *Metaph.*, III, 4 (1001 a 4).

essentiale proprium ipsorum entium, sed exemplar et principium omnium entium.

Et est considerandum quod est ens aliquod sine additione rationis essendi, et hoc potest esse dupliciter: vel quod tale est quod suae rationi nihil potest addi, et hoc modo est Primum Ens; alio modo est ens tale quod in sui ratione nihil est additum, et tale est ens commune praedicabile.

Item, PLATO posuit quod animalitas ipsa est eiusdem rationis cum animalibus quae sunt hic, quorum est causa, et quod est deus eorum quorum est principium. Sed in hoc quod posuit quod animalitas esset principium et causa animalium, non erravit; sed in hoc quod primam causam animalium, erravit. In hoc etiam quod posuit quod animalitas praedicatur de animalibus quae sunt hic, male posuit; in hoc etiam quod posuit animalitatem quemdam deum, bene posuit et forte intellexit per istas ideas Causam Primam omnium entium, quae in se habet istas ideas.

Consequenter arguit ARISTOTELES ad quaestionem tali ratione: ens et unum sunt maxime universalia; tunc, nisi sit ponere ens quod sit ens ipsum, nihil in entibus invenietur praeter singularia. Et ARISTOTELES stat in hoc tamquam in inconvenienti: prius enim probatum est aliqua esse universalia.

Postea probat ARISTOTELES quod, si est ponere ens quod sit ipsum ens, quod illud erit substantia entium: quia praedicabile in quid de aliquibus, substantia est eorum; sed tale ens est praedicabile in quid; quare etc. Sed ratio deficit, ut videtur, quia vult probare quod, nisi sit ens per se subsistens, quod nihil erit universale; hoc autem non oportet, ut prius patet.

Praeterea, si unum non est substantia eorum quae sunt, tunc numerus non erit substantia separata: est enim numerus unitates.

---

34 singularia] *marg.*; substantiam *cancell.*

32 ARISTOTELES, *Metaph.*, III, 4 (1001 a 19 sq.).
37 ARISTOTELES, *Metaph.*, III, 4 (1001 a 27 sq.).
44 Cf. ARISTOTELES, *Metaph.*, III, 4 (1001 a 26); cf. etiam THOMAS DE AQUINO, *In Metaph.*, III, lect. 12, n° 491.

<QUAESTIO 18>

<UTRUM EX NON ENTE PONERE ALIQUID FIERI AB ALIQUO AGENTE SIT CONTRADICTORIA FACERE>

Revertamur super quaedam prius dicta. Quaedam rationes prius
5 factae fuerunt, quarum una fuit de dicto ARISTOTELIS, qui dixit quod ex non ente ponere aliquid fieri ab aliquo agente, est contradictoria facere. Ut B, si est non ens carens potentia ad esse simpliciter pro quolibet tempore, ipsum est non ens simpliciter pro quolibet tempore. Et declarabatur ratio in contrario. Socrates enim, cum sit ens, potest fieri non ens
10 ab aliquo agente, quia de se non est ens simpliciter et pro quolibet tempore; sed, si de ratione eius esset esse pro quocumque tempore, non posset fieri non ens aliqualiter.

Dico imprimis quod illud quod de sui ratione est non ens fieri, simpliciter contradictoria implicat, secundum ARISTOTELEM : omnis enim
15 propositio impossibilis incompossibilia implicat. Et dicere ARISTOTELEM hoc opinari, non est hoc asserere; nec demonstrat sua ratio, sed petit. Quando enim tu dicis : ex quo B de sua ratione non habet potentiam materiae, tunc B de sua ratione est non ens, dico quod falsum est, quia oporteret ad hoc quod illud sequeretur quod non esset potentia agentis,
20 nec etiam potentia materialis. Tu probas hoc quia B de sua ratione caret potentia ad esse. Dico quod de sua ratione non habet exclusionem eius a quo habet accipere esse, et sine potentia materiali potest recipere esse, quia a suo agente. Igitur apparet quod sua ratio non sit demonstrativa, sed propositi petitiva. Disputatum enim est quod illud quod de se non est
25 possibile, per aliud non est possibile; et tu accipis ex hoc, quia B caret potentia materiali ad esse, quod sit simpliciter non ens. Accipere autem quod sit non ens simpliciter, hoc est accipere quod caret potentia agentis, et sic id quod caret potentia est de sua ratione non ens : unde dicere quod non sit ens, est excludere potentiam agentis.

8/9 declarabatur] adducebatur *scr. sed marg. corr.*   11/12 sed ... aliqualiter] *marg.*   15/16 Et ... petit] *marg.*   17/23 Quando ... agente] ces phrases sont placées dans le ms. après 23/33 (Igitur ... materiali), mais des renvois en marge permettent de rétablir le texte.   17 enim] *sup. lin.*   23 quia] *marg.*   Igitur ... sua] Unde apparet quod haec *scr., sed cancell. et marg. corr.*   24 petitiva] impeditiva *scr. sed corr.*   enim] *inf. lin.*

4 Cette question n'est pas une question proprement dite, mais plutôt un développement du commentaire qui suit la question 15 (supra p. 130, 48 sq.).
5/6 ARISTOTELES, *Physic.*, I, 8 (191 b 23 sq.); etiam *Metaph.*, XI, 6 (1062 b 24-25).
14 ARISTOTELES, *De caelo*, I, 12 (282 b 1 sq.).

Item, si debeo de aliquo dicere quod sit non ens simpliciter pro quocumque tempore, haec propositio excludit omnem potentiam, qua potentia posset illud esse vel recipere esse. Non ergo disputatio est utrum possit esse potentia agentis, deficiente potentia materiali.

<QUAESTIO 19>

<UTRUM INCORRUPTIBILE POSSIT ESSE PRINCIPIUM CORRUPTIBILIS IMMEDIATE>

Prius tangebatur una ratio quod incorruptibile non possit esse principium corruptibilis immediate. Et ratio huius est quia, existente toto eo ab aeterno unde debet esse causa efficiens, tunc ab aeterno erit effectus. Dicebatur prius similiter quod, si dicatur quod Primum voluit ab aeterno quod effectus suus inciperet et quod immediate ab eo recipiat esse, ista non stant simul, sed contradictoria implicantur : unde velle hoc, est velle impossibile et ideo hoc esse est esse impossibile.

Dico quattuor circa istam rationem. Ratio enim ista quae probat quod incorruptibile immediate non potest esse principium corruptibilis, non potest solvi nisi interempto uno quod est probabile, non tamen necessarium. Quando enim tu accipis quod universaliter existente toto eo unde debet esse causa efficiens ab aeterno, debet esse effectus ab aeterno, dico quod haec non est necessaria. Secundo, dico quod multa sunt credibilia et vera, quae, quia repugnare videntur magis manifestis, negata sunt; quare tunc non possem illud negare? Tertio, dico quod propositio probabilis est tantum, non necessaria. Quarto, quod ratio humana ducit in hoc quod debet negari.

Et ad hoc probandum accipio tres propositiones. Una est : quando accipitur universale aliquod attendendo ad plura particularia et non ad omnia, illud universale est verum pro pluribus et non pro omnibus : unde si etiam accipiatur pro aliquibus quae non sunt eiusdem rationis cum particularibus ad quae attendit, propositio probabilis est. Secundum est

---

12 incorruptibile] principium *add. sed cancell.*   principium] ipsum *scr. sed cancell. et marg. corr.*   corruptibilis] incorruptibilis *scr. sed corr.*   18/19 Tertio ... Quarto, quod] *marg.*   21 Et ... probandum] Ex istis duobus *scr. sed cancell. et sup. lin. corr.*   24 etiam] *inf. lin.*   cum] *iter.*

4 Cette question est un développement de la question 16 (supra p. 134) plutôt qu'une question proprement dite.
18/19 J.J. Duin (*La doctrine* ..., p. 420, n. 97) suggère de supprimer cette phrase (*Tertio ...*), qui serait une note du copiste; mais il faut alors changer le *quattuor* (ligne 11) en *tria*, et le *Quarto* (ligne 19) en *Tertio*.

quod ea quae accipimus de modo agendi Primae Causae, accipimus in sensibilibus : unde, quia semper recurrimus ad sensibilia, intellectus noster natus est ad sensibilia. Tertium est quod unumquodque agit secundum suam substantiam; et cum Primum sit super alia, modus suus agendi est super alios modos agendi. Cum ergo tu dicis : si causa est ab aeterno unde debet esse effectus, tunc effectus erit ab aeterno, tu consideras ad ista inferiora et non respicis ad Primum, quod est alterius rationis. Sic ergo potest aliquis errare, et sic propositio assumpta probabilis est et non necessaria.

Item, hoc apparet sic. Dependentia est inter causam et effectum; cum ergo dependeat effectus ex causa magis quam e converso, minus videtur quod effectus possit esse sine hoc quod causam habeat unde debet esse, quam quod causa possit esse sine effectu et tamen habere illud unde debet esse causa. Sed primum ostendo esse verum, scilicet quod effectus possit esse sine sua causa. Nam ARISTOTELES libro *De generatione animalium II°* : quando lapis proicitur in aquam, una pars aquae expulsa movet aliam et una pars non habet quod movet nisi quia movetur, et prima pars non nisi ab alia movente ipsam; sed motus est in parte posteriore sine motu in parte priore; ergo effectus potest esse absque causa unde debet esse effectus; ergo similiter potest causa esse unde causa est, non tamen existente effectu. Et etiam ARISTOTELES libro *De motibus animalium* dicit quod hoc est mirabile, scilicet quod effectus possit esse sine causa, non tamen impossibile. Licet tunc causa habeat unde sit causa ab aeterno, mirabile est quod effectus non sit ab aeterno, non tamen impossibile. Unde considerandum est quod homo de separatis errat faciliter et ideo decipitur. Unde et ANAXAGORAS posuit quod intellectus esset motor primus et quod moveret in tempore aliquo primo; et cum quaerebatur ab eo quare nunc magis movet quam prius, ipse respondit : quia sic aptum natum est ad illud. Illud bene respondetur secundum opinionem suam, et ideo similiter potest esse dicendum hic.

41 aquam] aqua *scr.*

41 ARISTOTELES, *De generatione animal*, II, 1 (734 b 8 sq.); cf. *infra*, lib. V, q. 12, p. 262-264.
46 ARISTOTELES, *De motibus animal.*, 4 (699 b 19 sq.).
51 Cf. ARISTOTELES, *Metaph.*, I, 3 (984 b 8 sq.).

QUAESTIO <20>

<UTRUM SIT EADEM MATERIA IN CORPORE GENERABILI
ET IN CORPORE CAELESTI>

Quaeritur utrum sit eadem materia in corpore generabili et corruptibili et in corpore caelesti. Unius actus est esse in una materia; si ergo omnia corpora communicent in actu corporeitatis, quare et in materia.

Item, quaecumque communicant in genere, communicant in materia, cum ratio generis sit sumpta a materia; sed omnia corpora communicant in genere, quia in genere substantiae; ergo etc.

Contra: quaecumque communicant in una ratione materiae, communicant in una ratione potentiae; sed haec et illa non habent unam potentiam, quia tunc ad quodcumque unum transmutaretur, et reliquum; sed haec inferiora transmutabilia sunt ad substantiam, illa vero non; ergo etc.

Solutio. Intelligendum quod non potest esse materia quae est yle in omnibus substantiis, ut in separatis et in istis, quia materia quae est yle non est divisibilis, sed quantitas facit eam esse divisibilem; si tunc sit materia in istis et in illis, hoc est diversa pars materiae et haec diversitas est a quantitate; in corporibus autem caelestibus non est quantitas. Sciendum quod ante tempus ARISTOTELIS credebatur quod superiora essent eiusdem naturae cum corporibus elementaribus, sed probat ARISTOTELES in *I° Caeli et mundi* quod sunt alterius naturae; et propter hoc non potest poni quod sit eadem materia secundum rationem. AVICENNA etiam credidit, quia invenit actum corporeitatis in omnibus, superioribus scilicet et inferioribus, et actus exigit subiectum, ideo credidit esse unam materiam. Ista ratio non habet efficaciam, quia corpora elementaria et caelestia sunt corpora et etiam corpora distincta; sed si esset aliquod corpus non separatum nec distinctum, nec per aliam rationem esset corpus et corpus distinctum, sed per eandem formam; ista duo sunt corpora et distincta corpora, et non invenitur unus actus corporeitatis nisi genere; unde non est una ratio materiae hic et ibi.

Ad rationes in oppositum. Cum dicitur: actus debet habere unum subiectum, verum est; et cum dicitur: corruptibile et incorruptibile

---

4 corruptibili] incorruptibili *scr. sed corr.*   15 Solutio] *marg.*   19 in ... quantitas] *marg.*   27 et caelestia] *marg.*   29 ista] tunc *scr. sed corr.*

22 ARISTOTELES, *De caelo*, I, 3 (270 a 12 sq.).
24 AVICENNA, *Metaph.*, tr. II, c. 2, p. 69-82.

habent unum actum, dico quod non habent unum actum nisi unum
35 genere.

   Ad aliud dicendum quod duplex est genus, scilicet genus subiectum et genus logicum. Unde, cum ARISTOTELES dicit quod corruptibile et incorruptibile non habent idem genus, verum est, genus subiectum; tamen unum genus rationis habent idem. Sed hoc non concludit quod
40 materiam habeant unam. Unde genus subiectum est illud quod sumptum est a materia, cum intellectus eius sit sumptus ab aliquo principio materiali et reali.

   Ad aliud, cum dicitur: materia et forma principia sunt generis substantiae, dico quod materia et forma non sunt principia cuiuslibet substan-
45 tiae, sed sensibilis; etenim yle est corporea substantia, et pertinet de omni substantia et omni ente ad naturalem. COMMENTATOR autem dicit in tractatu *De substantia orbis* quod non est yle in corpore caelesti. Accipiamus tunc corpus caeleste in sui substantia praeter motorem : quaero tunc utrum in illo sint duo, quorum unum sit forma et aliud
50 quod, consideratum secundum se, est potentia propria illius formae, sicut substantia in actu habet formam propriam, an sit simplex substantia et solum potentia ad ubi. AVERROES tenet quod est subiectum in actu, in potentia solum ad ubi. Alii dicunt quod habet materiam propriam, non tamen quae sit yle. Videtur mihi quod AVERROES melius dicit, quia
55 ARISTOTELES *VIII° Metaphysicae* dicit quod in substantiis naturalibus et aeternis alia est ratio per alia et alia principia; illa enim non habent materiam aut non talem qualem sensibilia, sed solum secundum locum mobilem; ergo posuit in illis esse potentiam tantum ad ubi, non ad substantiam.
60 Item, cum hoc tu non habes unde probes quod in sui substantia sit   f. 103ᵛᵇ
potentia.

   Item, aliqui arguunt deridendo COMMENTATOREM, sic : si corpus caeleste sit forma, cum omnis forma sit intelligibilis de se, tunc corpus caeleste erit de se intelligibile, quod tamen falsum est; ergo habet
65 materiam. Propter istam rationem non est ponendum quod sit ibi materia, quia ratio ista non valet. Propositio aliqua quae est conclusio demonstrationis intelligenda est secundum quod probatur per suum medium. Quomodo ergo probatum est quod separatum a materia sit

---

36 genus²] *marg.*   42 reali] *iter. sed corr.*   51 habet] habent *scr.*   substantia] potentia *scr. sed corr.*   53 habet] habent *scr. sed corr.*   57 non] *marg.*

47 AVERROES, *De substantia orbis*, c. 2 (fol. 6 H-I); c. 3 (fol. 9 B-C).
55 ARISTOTELES, *Metaph.*, VIII, 4 (1044 b 6-8).

intelligibile in actu et intelligens in actu? Dico quod, quia ARISTOTELES invenit de intellectu quod existit in actu quando est forma liberata a 70 materia, ex hoc et ex aliis accipit quod forma liberata a materia sit intelligibilis in actu; ista conclusio est intelligenda secundum quod probat medium. Unde sumo duo. Unum est quod in corpore caelesti verum est quod est transmutabile ad ubi, et materia in potentia ad dimensiones subiectum est dimensionum. Aliud est quod intellectus 75 noster existens in actu et forma materialium rerum existens in intellectu nostro est forma liberata a materia. Dico ergo quod species talis intelligibilis non est in potentia ad ubi et non est in potentia ad dimensiones, quia ex illa specie intelligibili et intellectu fit unum secundum ARISTOTELEM, et intellectus non est corpus nec virtus in corpore. 80 Unde subiectum in actu, ut homo risibile, quod habet unde sit determinatum, bene potest esse proprium subiectum; sed illud quod est in potentia tantum, non habet a quo determinetur; et ideo dicit AVERROES quod potentia substantiae vel materiae ipsa est contrariorum; unde est ibi materia in potentia ad ubi et non ad aliud. 85

<COMMENTUM>

At vero. Ponit duas rationes ad oppositum quod ens et unum non sint substantiae entium. Si ens ipsum separatum per se subsistens sit substantia entium, tunc quidquid est praeter ens est nihil; sed ens praedicabile de pluribus est unum indivisibile; ergo non erit multitudo. 5

Intelligendum quod, si ens esset unum ratione, ita quod cum hoc quod est abstractum secundum considerationem, esset ponere abstractum secundum esse, tunc esset ponere unum ens indivisible sicut posuit PLATO. Sed, si ponamus quod ens sit unum ratione non abstractum secundum esse, tunc non oportet ponere unum ens indivisibile. Unde 10 ARISTOTELES solvit rationem PARMENIDIS *I° Physicorum*, quae est talis: quidquid est praeter ens est non ens; sed non est nihil, etc. Dicit ARISTOTELES quod non sequitur: ergo ens est tantum unum. Secundo dicit quod ratio peccat in forma: quamvis enim ens significet unum, non sequitur quod non sit multitudo in entibus; unde ratio non concludit. 15 Sed, si esset unum ens indivisibile abstractum, tunc esset ratio sua bona.

78 est¹] nisi *add.*   6 ita quod] *marg.*   11 rationem] quaestionem *scr. sed marg. corr.*

80 ARISTOTELES, *De anima*, III, 4 (430 a 1 sq.).
83 AVERROES, *De substantia orbis*, c. 3 (fol. 9 B-C).
 2 ARISTOTELES, *Metaph.*, III, 4 (1001 a 29).
11 ARISTOTELES, *Physic.*, I, 3 (186 a 22 sq.).

Utrobique autem. In ista parte dicit auctor quod quocumque modo dicatur, accidit difficile. Quia, si ens non ponatur substantia entium, non erit numerus substantialis : unde distinguit COMMENTATOR numerum in numerum substantialem et mathematicum. Iterum, si unum et ens sit substantia entium, tunc aut non est aliud unum ab uno quod est unum ipsum, et tunc non erit numerus et multitudo in entibus; si autem sit aliud, tunc erit unum per participationem unius quod est ipsum unum; sed illud quod est per participationem erit unum quod non est ex uno; quare erit aliquid compositum ex ente et non ente.

QUAESTIO <21>

<UTRUM ENS POSSIT PARTICIPARI>

Quaeritur si ens possit participari. Quod non, probo. Omne quod participatur est ex participato et natura participante, quae diversa est a participato; sed nihil est diversum ab ente; sed oportet illud esse diversum ab ente quod participaret ens; quare etc.

Solutio. Dico quod ens participari duobus modis est : vel ens commune, vel ens quod est Ipsum Ens particulare. Sed illud est duplex. Unum est Ens Ipsum, hoc est Ens PLATONIS separatum; tale non participatur quia non est aliquod tale ens. Alio modo Ens Primum per se, non sicut ens quod nunc dictum est, et hoc Ens contingit participari duobus modis : vel per participationem esse vel essentiae, vel per participationem imitationis. Unde aliquid potest participare Ens Primum non per essentiam, sed per imitationem.

Sed potestne aliquid esse ens per participationem entis communis? Dico quod non, quia tunc oportet quod illud esset compositum ex natura participantis et participati, quae inter se essent diversa. Unde omne quod est ens, est ens per suam rationem : homo enim est animal per participationem animalitatis, quia est aliquid in ipso quod differt a natura animalitatis; non tamen est ens per participationem entis, quia nihil est in ipso quod sit differens ab ente vel a ratione entis, et sic patet ad illud.

22 et tunc] *marg.*   7 Solutio] *marg.*

17 ARISTOTELES, *Metaph.*, III, 4 (1001 b 1).
19 AVERROES, *Metaph.*, III, com. 16 (fol. 58 E-H); etiam I, com. 38 (fol. 22 K).

<COMMENTUM>

Amplius autem si indivisibile. Posuit auctor prius unam rationem ad ostendendum quod non contingit ponere ipsum unum per se subsistens quod sit substantia entium. Hic ponit aliam ad partem eandem. Secundo, quia ratio ridiculosa est nec habet efficaciam, ponit ad eam solutionem ad hominem. Tertio, ostendit quod ratio stat.

Secunda ratio talis est. Si indivisibile sit ipsum unum, tunc nihil erit. Verum est quod nihil est praeter unum et ens; si tunc unum et ens esset indivisibile, tunc non esset multitudo; sed secundum ZENONEM oportet aliud ponere, quia ipse dixit quod illud quod additum non facit maius nec ablatum minus, tunc ipsum nihil facit; sed tale est unum et ens; quare etc. Sed illud non sequitur nisi illud quod ablatum facit minus et additum facit maius habeat naturam magnitudinis. Unde ZENO opinatur nihil esse nisi magnitudinem : unde secundum ipsum corpus omnino erit ens quia additum alicui facit omnino ens secundum omnem dimensionem. Superficies vero et linea non sunt simpliciter entia, sed sic, quia aliquo modo faciunt magis secundum latitudinem vel longitudinem vel secundum alterum illorum. Unde dico: si ens esset separatum, ut posuit PLATO, ipsum esset indivisibile.

f. 104ra *Sed quoniam.* Solvit dicens quod, cum dicit ZENO quod illud quod additum non facit maius etc., dicit ARISTOTELES quod non oportet ad hoc quod sit ens quod faciat magis, sed sufficit ad hoc quod sit ens, quod faciat plus, et hoc facit indivisibile.

Sed quomodo etc. Ostendit quod adhuc remanet difficultas PLATONIS. PLATO enim dixit quod non est differentia inter unum, principium numeri, et unum quod non dividitur secundum plures essentias, ut Socrates. Unde accidentale est quod non dividitur in plures quantitates, et quia dixit quod unum est substantia entis, illa autem quorum substantia est ex numero, numeri sunt, ideo credidit quod entia essent numeri, et non tantum hoc credidit, sed etiam quod ex uno isto fiat magnitudo. Et dicit ARISTOTELES contra ipsum quod, quamvis sit substantia entium, quaeramus ab ipso quomodo ab ipso uno vel pluribus fiat magnitudo : illud enim simile est et dicere quod linea sit ex punctis, quod

---

2 ARISTOTELES, *Metaph.*, III, 4 (1001 b 6-7).
4 ARISTOTELES, *Metaph.*, III, 4 (1001 a 29).
9 Cf. ARISTOTELES, *Metaph.*, III, 4 (1001 b 8-9).
20 ARISTOTELES, *Metaph.*, III, 4 (1001 b 13).
24 ARISTOTELES, *Metaph.*, III, 4 (1001 b 17).
31 ARISTOTELES, *Metaph.*, III, 4 (1001 b 13 sq.).

est inconveniens. Unde dicit ARISTOTELES *I° De generatione* in ratione DEMOCRITI : tanta est magnitudo alicuius totius, quanta est suarum partium divisarum; unde, quia in quantitate pedali invenimus unam partem esse medietatem pedalis quantitatis et aliud similiter, tunc totum habet eandem quantitatem; si ergo in linea punctus aliquam quantitatem non habet, quare, etc.

Adhuc autem. Ostendit aliam difficultatem PLATONIS. PLATO velabat veritatem : dixit enim quod ex uno tamquam formali et quadam natura materiali fiebat numerus et magnitudo materialis, et illam naturam materialem vocat inaequalitatem. Sed quaerit quomodo ex uno fiebant ista duo, cum sint diversa, et diversa debent habere diversa principia.

Sciendum quod duo sunt hic consideranda : habemus enim distinctionem inter unum principium numeri et unum essentiale.

QUAESTIO <22>

<UTRUM UNUM PRINCIPIUM NUMERI SIT PRAEDICABILE DE MAGNITUDINE>

Sed estne unum principium numeri praedicabile de magnitudine? Quod non, probo, quia unum est indivisibile, magnitudo autem non; quare magnitudo non erit aliquid unum.

Item, unitas principium numeri est accidens ei cuius est; sed magnitudo non est accidens ei cuius est; quare etc.

Solutio. Dico quod aliqua magnitudo una est.

Ad rationem in oppositum dicendum quod ex hoc est unum quia actu indivisum; magnitudo autem, quamvis sit multa in potentia, est tamen unum in actu; quod autem divisibilis sit, hoc accidit suae unitati, non autem accidit suae continuitati, immo essentiale est continuo quod dividatur.

Ad secundum dicendum quod magnitudo quae est indivisibilis secundum se, secundum essentiam suam unum est, et unum est ipsi essentiale, sicut ens quod est accidens albedini est essentia sui ipsius. Unde omne quod est accidens alicui, alii est essentiale : et ideo unum, quamvis sit accidens alii, sibi ipsi tamen est essentiale.

43 materialem] *marg.*   inaequalitatem] magnitudinem *scr. sed cancell. et marg. corr.*
9 Solutio] *marg.*

34 ARISTOTELES, *De generatione*, I, 2 (316 a 13 sq.).
40 ARISTOTELES, *Metaph.*, III, 4 (1001 b 19).

QUAESTIO <23>

<UTRUM EX UNO FIAT MAGNITUDO>

Utrum ex uno fiat magnitudo. Videtur quod sic. Dicit ARISTOTELES libro *Posteriorum*: geometria non descendit in arithmeticam nisi magnitudines sint numeri; per hoc innuit quod sint numeri; sed numeri sunt ex uno.

Oppositum arguit ARISTOTELES in littera. Idem enim est esse magnitudinem ex tali uno et ex indivisibilibus; sed magnitudo non potest esse ex tali uno; quare etc.

Solutio. Dicendum ut habetur X^o *huius*. Ratio unius est ratio indivisibilis; unde eo modo quo unumquodque est unum, est indivisibile; et quia unum indivisibile est, ideo est mensura omnium quae sunt in genere. Et voco mensuram principium cognitionis, sicut unitate mensuramus denarium, similiter in continuo ex aliquo parvo mensuramus totum: facilius enim est cognoscere parvum quam magnum. Dico tunc quod unum indivisibile duobus modis est: vel simpliciter, vel secundum quid. Simpliciter, sicut in numeris; unum secundum quid est unum secundum hominum rationem, sicut ponunt homines sibi mensuram, ut lineam pedalem. Est ergo unum dictum ab indivisibili simpliciter et ex tali uno non habent fieri magnitudines; ex uno tamen quod est indivisibile secundum positionem, habet fieri magnitudo maior. Unde unum quod est mensura in genere vel secundum positionem, est principium cognitionis. Ex omnino indivisibili numquam habet quod mensuret magnitudinem maiorem, sed ex hoc quod habet indivisionem secundum quid et parvum est respectu alicuius magni, sicut ulna respectu totius panni.

<COMMENTUM>

His autem habita dubitatio. Hic disputat PHILOSOPHUS aliam quaestionem et primo quaerit eam, secundo prosequitur ibi: *Nam si non sunt.* Quaestio est, cur nos distinguamus in entibus duo genera entium: aliquid quod est substantia et aliud quod est accidens. Et ratio huius est quia

---

4 non] *marg.*   5/6 sed ... uno] *marg.*   10 Solutio] *marg.*

4 ARISTOTELES, *An. post.*, I, 7 (75 b 4-6).
7 ARISTOTELES, *Metaph.*, III, 4 (1001 b 25).
10 ARISTOTELES, *Metaph.*, X, 1 (1052 a 36).
2 ARISTOTELES, *Metaph.*, III, 5 (1001 b 26).
3 ARISTOTELES, *Metaph.*, III, 5 (1001 b 28).

accidens habet esse in alio secundum AVICENNAM: habet enim esse in subiecto specifico, propter primam materiam quae non habet speciem; substantia autem habet esse per se. Nunc autem in sensu multa apparent, ut albedo, nigredo, calidum, frigidum et huiusmodi passiones; item,
10 etiam apparent dimensiones et numeri, et omnia ista iudicat sensus in ente, ultra haec autem nihil. Quid igitur debemus dicere substantiam huius entis absolute, utrum substantiae entium sint lineae, superficies et corpora, vel numeri vel aliquid aliud praeter haec?

Deinde cum dicit: *Nam si non sunt*, arguit ad illam quaestionem et
15 primo quod corpus sit substantia, secundo quod linea et superficies, ibi: *At vero corpus*. Ratio est haec. Si nos non dicamus corpora vel tres dimensiones esse substantiam vel ens absolutum, non videtur quid habeat dici substantia, quia in ente particulari inveniuntur passiones et alterationes et motus; sed nullum istorum videtur esse substantia, quia
20 omnia sunt denominativa et dicta de subiecto; circumscriptis autem istis, non videtur aliquid remanere nisi tres dimensiones; quare videntur esse substantia entis.

At vero non corpus. Arguit quod linea et superficies et puncta sint substantiae entium. Ratio est haec: corpus minus est substantia in ipsis
25 entibus quam superficies; si ergo corpus est substantia, multo fortius linea et superficies. Probo maiorem: substantia est ens primum, superficies est prius quam sit corpus; cuius probatio est quoniam definitio significat substantiam definiti, sed corpus definitur superficiebus et lineis. Item, substantia primum est; sed superficies et lineae naturaliter praece-
30 dunt corpus; quare erunt magis substantia.

Corpus vero. Dicit ARISTOTELES quod propter praedicta credebant quidam quod ista essent principia entium: unde quaerentes principia entium, quaerebant principia corporis. Alii magis elevantes intellectum suum dixerunt substantias esse numeros, quia res erat una secundum   f. 104rb
35 essentiam suam et una erat a numero; quare et substantiam habet a numero.

At vero si hoc quidem. Modo arguit ad oppositum, et habet quattuor partes secundum quattuor rationes. Concessum est quod superficies magis <est> substantia quam corpus; si ergo superficies non sint

---

6 AVICENNA, *Metaph.*, tr. III, c. 1, p. 104-107.
14 ARISTOTELES, *Metaph.*, III, 5 (1001 b 28).
16 ARISTOTELES, *Metaph.*, III, 5 (1002 a 4 sq.).
23 ARISTOTELES, *Metaph.*, III, 5 (1002 a 5 sq.).
31 ARISTOTELES, *Metaph.*, III, 5 (1002 a 7 sq.).
37 ARISTOTELES, *Metaph.*, III, 5 (1002 a 15 sq.).

substantiae, ergo nec corpus. Quod non sint substantiae probo, quia 40
magis videtur quod sint substantiae sensibilium quam aliorum; quare,
cum non sint substantiae sensibilium, nec aliorum. Sed videtur quod hoc
petitur, quia diceret aliquis quod sunt substantiae sensibilium. Dicit
ARISTOTELES : in sensibilibus impossibile est ipsas esse substantiam, quia
illa quae mutantur, subiecto manente, non sunt substantiae; sed superfi- 45
cies mutantur de figura in figuram et termini mutantur; quare non sunt
substantiae.

Amplius autem haec omnia. Secunda ratio est : ARISTOTELES in principio
VII^i Metaphysicae dicit, ponens differentiam inter ens quod est substantia et alia entia, quod ens quod est substantia dicit quid est, alia autem 50
dicunt <ad> quid et quale et quantum, et sic de aliis, et omnia talia sunt
entia in ordine ad aliud. Tunc arguo sic : illud quod non dicit quid est,
sed quantum, praedicans aliquid in ordine ad aliud, illud non est
substantia; sed sic se habent dimensiones; quare etc. Verum est quod
haec ratio est metaphysica, et sic talis praedicatio denominativa est, ut 55
videtur. Sed ego quidem dubito : dicam quod haec praedicatio est
essentialis : unde homines qui proprios habent intellectus de rebus, magis
propria habent verba et propriam linguam; unde Graeci magis habent
linguam propriam. Contra : sapientes non mutant linguam. Dico quod
falsum est. 60

Adhuc autem. Tertia ratio. Si superficies in hoc ente, quae ambit
ipsum, est substantia huius entis, aut erit superficies exterior aut alia
quaedam. Superficies exterior, cum sit terminus huius corporis, non
videtur dicere substantiam eius, sed hoc ens terminatur per superficiem
istam. Si superficies interior, contra : superficies quaecumque interior 65
non habet esse nisi in potentia; sed substantia rei ipsa est in actu et non in
potentia; quare patet quod non sit substantia nec superficies exterior nec
interior; ergo multo minus corpus.

Aliter sic potest formari. Si superficies esset substantia corporis alia
praeter exteriorem, non est dicere quod magis sit substantia secundum 70
unam quam secundum aliam; et qua ratione est una superficies eius
substantia, et alia; ergo videtur quod multas habebit substantias, vel
quod nulla istarum erit eius substantia.

44 ipsas] ipsa *scr.*

44 ARISTOTELES, *Metaph.*, III, 5 (1002 a 16-17).
48 ARISTOTELES, *Metaph.*, III, 5 (1002 a 18-19).
49 ARISTOTELES, *Metaph.*, VII, 1 (1028 a 11-15).
61 ARISTOTELES, *Metaph.*, III, 5 (1002 a 20).

Nam cum dicis. Antequam ad istam rationem transeamus, iudicemus de ista quaestione: habemus enim rationes quae faciunt dubitare. Cum enim in ente particulari praeter passiones, motus et alterationes, quorum nullum videtur esse substantia, non sint nisi dimensiones, quare videtur quod sint substantiae. Sensus enim non cognoscit nisi per motus, alterationes et talia; et ex hoc videtur quod, nisi homo posset elevare se ultra sensibilia, quod ista essent substantiae entium.

Si tu facias illam rationem *VII*: illud quod dicit quid, est substantia; sed istae dimensiones dicunt quantum; ergo etc., dicam quod minor falsa est. Dico enim quod inter omnia quae apparent de re, nihil ita apparet substantia et subiectum sicut tres dimensiones; et ex hoc contingit quod multi credebant quod essent substantiae sensibilium tres dimensiones, et figuram dicebant formam substantiae. Et cum hoc quod sensus ultra ista non sentit aliquid, duo sunt quae faciunt credere ista esse substantias: tum quia ultra ista non sentit aliquid, tum quia illa quae sunt primum in genere causalitatis et propinquius adhaerent substantiae, sunt tres dimensiones. Et homines multi sunt quorum intelligere non est nisi phantasia, nec est mirum si quidam credebant ista esse substantias rerum, quia imago est repraesentativa rei; unde maxime attenditur repraesentatio entis ad figuram et quantitatem, magis quam ad colorem vel alia.

Si philosophus ponat quod non est substantia rei, sed aliquid compositum ex materia et forma, figura et dimensione et huiusmodi, quomodo probabis hoc? Materia bene probatur esse in sensibilibus et certe magis quam forma, quia transmutatio fecit scire materiam: nos enim videmus quod ista inferiora transmutantur, ita quod nihil eius remanet in actu quod prius: si enim aliquid transmutatur localiter, videmus ipsum habere primo unum ubi, secundo aliud; item in alteratione, cum videmus quod non remanet aliquod ens quod prius fuit < et apparet aliquod ens quod prius non fuit >, ex hoc concipit intellectus quod est ibi aliquid in potentia cuius habitudo talis est ad entia, sicut subiecti in alteratione ad duo contraria. Unde longum et latum, et huiusmodi omnia sunt in potentia in materia. Sed per quid probatur quod est ibi forma in actu? Hic sunt intelligenda tria, quorum duo sunt COMMENTATORIS et tertium ARISTOTELIS. AVERROES dicit quod actio fecit scire formam. Item, *IX°*

98 quam] *marg.*   2 prius] non *add.*

74 ARISTOTELES, *Metaph.*, III, 5 1002 a 28).
81 ARISTOTELES, *Metaph.*, VII, 1 (1028 a 11-15).
98 Cf. AVERROES, *Metaph.*, VIII, com. 12 (fol. 220 G-H).
 8 AVERROES, *De substantia orbis*, c. 1 (fol. 5 I).

Metaphysicae dicit quod ponentes omnia quae sunt esse immediate a Deo, tollunt ab entibus proprias operationes; quare et essentias : ergo essentia cognoscitur ab operatione. Item, aliud verbum ARISTOTELIS libro *De anima* : animatum distinguitur ab inanimato quia hoc vivit, illud non vivit; sed distinguere est penes substantias; si animata et inanimata distinguantur ab invicem in vivendo, tunc accipiemus quod hoc habet animam, per propriam operationem quae est vivere; unde, cum materia non sufficiat ad agendum, isto modo deveniendum est ad formam.

Modo probo quod est aliquid in materia praeter dimensiones, propter colores et talia, sic: nos invenimus entia habere proprias operationes, sicut sumamus sentire tamquam propriam operationem; istam oportet reducere ad aliquod principium; non potest reduci in primam materiam, quia est in potentia ad omnes actiones, ergo de se nullam facit.

Praeterea, ens sensibile habet actionem quae non potest reduci in tres dimensiones nec in figuram aliquam sicut in suam causam : quantumcumque ens accipiat tres dimensiones et figuratas, non tamen conveniunt tales figurae et dimensiones in actione, quamtumcumque attingat unum ens ad figuram et dimensiones alterius : cum enim id, ut lapis, habet tres dimensiones sicut homo, quare ergo non sentit?

Item, volo quod habeat easdem dimensiones in longitudine et latitudine etc., et tamen non habet eandem actionem; ergo dimensiones non habent causalitatem super actiones.

Item, illud probatur sic : corpus caeleste movetur motu circulari; facias tale corpus et movebit similiter, licet motu minore quia minus corpus; quare dimensiones non penitus activae sunt.

Unde contra PLATONEM, qui posuit in aliquo harmoniam, arguit ARISTOTELES : si enim non esset reducere actionem in qualitatem elementarem, nec ad frigus nec ad caliditatem, nec ad operationem istorum, tunc non contingit aliquod istorum esse substantiam. Si enim agit virtute istarum, oportet quod activa sint media; ergo actio facit scire formam. Et hoc propria actio, quia, cum non contingit reducere nec in materiam, nec in dimensiones, nec passiones, ex hoc concludimus quod est aliquod principium in quod reducuntur.

Dico ergo quod substantia huius non est sensibilis, sed intelligibilis; et non simplex, sed compositum ex materia et forma. Unde sentire non est

---

9 ponentes] ponendo *scr. sed cancell et marg. corr.*

9 AVERROES, *Metaph.*, IX, com. 7 (fol. 231 H-I); XII, com. 34 (fol. 301 E-F).
12 ARISTOTELES, *De anima*, II, 2 (413 a 20 sq.).
35 ARISTOTELES, *De anima*, I, 4 (407 b 27 sq.).

hoc, sed intelligere. Unde per propria accidentia rei accipitur forma rei:
45 accidentia enim magnam partem conferunt ad cognoscendum quod quid est, et dicit COMMENTATOR quod hoc verum est, si sint accidentia propria.

Bene probatum est quod in hoc composito sensibili est aliquod compositum intelligibile ex materia et forma, sed adhuc restat probandum quod illud est primum. Quamvis enim tu probaveris quod est
50 aliquid compositum in isto, ego dicam quod illud est tres dimensiones in hoc subiecto. Et propter hoc quaerit COMMENTATOR quid est illud quod recipit primo: materia, vel forma, vel dimensiones. Si dimensiones, tunc videtur quod sunt substantiae rei et forma. Arguo sic: forma divisibilis est huius entis sensibilis; non dividitur autem nisi per hoc quod reperitur
55 in subiecto diviso; subiectum autem non est divisibile nisi per dimensiones, quae sunt longitudo, latitudo; videtur ergo quod dimensiones praecedunt formam, vel forma non erit divisibilis, nec hoc lignum posset dividi in duo ligna tunc, quia forma de se non est divisa.

Dico quod forma huius subiecti divisibilis est. Et tu dicis: ipsa autem
60 non est divisibilis nisi ad divisionem subiecti praedimensionati. Dico quod falsum est, sed dividitur per accidentem sibi quantitatem et dimensiones, ita quod primum ordine naturali est compositum ex materia et forma, et contingit utrumque dividi divisibilitate consequente: quare, ut videtur, non oportet quod dividatur per dimensiones praece-
65 dentes. Unde subiectum album est per albedinem posterius advenientem; quare similiter in proposito.

Item, dimensiones sequuntur subiectum, ut materiam primam; tamen materia prima indivisibilis est; et ita, quamvis compositum dividatur, hoc erit per quantitatem sibi accidentem.
70 Contra: tu dicis quod forma dividitur per quantitatem sibi accidentem. Contra: ex quo ponis quod dimensiones non praecedunt, tunc forma quae de se est indivisibilis et recepta in subiecto non secundum quod divisum est vel divisibile, talis forma erit indivisibilis, nec potest sibi accidere quantitas; sed forma quae recipitur in materia, non
75 praecedentibus dimensionibus, una est et subiectum eius unum est et indivisum, quia ponendo quod dimensiones non praecedant formam, non ponemus quod illud subiectum sit longum vel latum; quare forma recipitur in subiecto non diviso, et ita, cum forma sit una cum subiecto

56 sunt] est *scr.*   59 Dico] dices ad illud sic: haec *scr. sed exp.* Et tu dicis] *marg.*   68 indivisibilis] divisibilis *scr.*   77 non] *marg.*

46 AVERROES, *Metaph.*, IX, com. 7 (fol. 231 H-K); VII, com. 19 (fol. 168 D-F).
51 AVERROES, *Metaph.*, III, com. 17 (fol. 61 D-H).

isto, repugnare videtur quod habeat dimensiones. Nec est simile de divisibilitate quantitatis, et formae et materiae. Verum est : ad hoc quod quantitas dividatur, non est necesse quod subiectum praedivisum sit, sed dat sibi divisionem; sic non est forma, quia indivisibilis est de se. Item, materia dividetur dimensionibus quamvis dimensiones sequantur, non tamen forma, quia materia habet rationem existentis in subiecto, forma vero non, nisi inveniat subiectum praedivisum; ergo forma erit una et indivisa.

In hoc iacet quaestio ista quod, cum forma sit divisibilis per accidens, non per se, quaestio est si ista divisio debet esse prius forma vel posterius: musicum enim dicimus esse hominem per accidens. Unde semper dicit ARISTOTELES divisionem formae esse propter divisionem subiecti, et ideo divisibilis est per accidens: quamvis enim sequatur dimensiones, tamen recipitur forma in subiecto non ut divisum est; ipsa enim non potest dividi, ut videtur.

Nam. Ponit ultimam rationem, quae talis est. Substantiae aliquando sunt, aliquando non sunt, per generationem earum et corruptionem; sed puncta, lineae, superficies aliquando sunt, aliquando non, sed non per generationem eorum et corruptionem; ergo non sunt substantiae. Maior patet. Probo minorem. Quando enim dividitur corpus, fiunt duae superficies quae prius non erant, ut patet diviso ligno; similiter est de punctis quando dividitur linea. Modo non est intelligendum quod, cum duae superficies ibi incipiant, hoc sit per hoc quod superficies media continuans illa, existens una dividatur in duas, quia indivisibilis est secundum profunditatem. Eodem modo intelligendum in aliis. Quando linea dividitur, nonne necesse est quod punctus in medio dividatur? Certe non oportet. Sed per quid est ista divisio? Dico quod corpus est in potentia ad duo corpora ad hoc quod sequatur quod sint duae superficies: ex quo enim corpus non est infinitum, tunc habet superficiem, et si non essent terminata duobus terminis, non essent duo corpora, sed unum corpus, ut prius. Modo habemus quod aliquando incipiunt; similiter aliquando desinunt esse duae superficies, quando coniunguntur corpora. Similiter intelligendum quod, quando duo corpora continuantur, non fiunt ex duobus superficiebus una superficies, sicut nec ex una fiebant duae superficies, nisi per accidens.

Similiter autem. Declarat rationem per simile, «nunc» in tempore, quia

1 hoc¹] hoc non est per hoc quod *scr. sed corr.*   10 quando] quare *scr.*

90 ARISTOTELES, *Metaph.*, VII, 8 (1033 a 24 sq.).
94 ARISTOTELES, *Metaph.*, III, 5 (1002 a 28).
14 ARISTOTELES, *Metaph.*, III, 5 (1002 b 5-6).

«nunc» in tempore non contingit generari et corrumpi, et tamen est aliud semper et aliud; sic est de punctis in lineis, similiter est de superficiebus, quod aliquando incipiunt et aliquando desinunt: unde «nunc» non manet, sed fit aliud et aliud, et tamen secundum illud quod fertur semper. Eadem ratio est de superficie et linea: ista enim absque generatione et corruptione incipiunt et desinunt.

QUAESTIO <24>

UTRUM SUPERFICIES GENERETUR

Ad declarationem istorum et praedictorum tria quaerenda sunt. Primo, utrum superficies generetur. | Videtur quod sic, nam ex duabus f. 104vb
superficiebus contingit fieri unam superficiem compositione illarum superficierum; et ex divisione eius contingit fieri duas superficies. Arguo tunc sic. Quod fit ex aliquibus per eorum compositionem, illud generatur; sed superficies tertia incipit esse per continuationem duarum superficierum; quare etc.

Oppositum vult ARISTOTELES.

Solutio. Intelligendum quod superficies non contingit dividi secundum profunditatem quia non habet profunditatem; nec contingit ipsam continuari secundum profunditatem; superficiei tamen contingit superficiem continuare secundum latitudinem quia latitudinem habet.

Intelligendum quod superficies potest generari ex duabus superficiebus applicatis secundum latitudinem, et potest una dividi in duas secundum latitudinem, sicut quando dividitur corpus, et iste modus per generationem est: fiunt enim quaedam compositione, secundum ARISTOTELEM I° Physicorum. Quando autem corpus dividitur, incipiunt esse duae superficies sine generatione earum; quod enim generatur, generatur ex aliquo; superficies autem illa non generatur ex superficie, ita quod illa superficies dividatur in duas secundum profunditatem, quia profunditatem non habet; nec ex superficie divisa, quia tunc oportet illam habere profunditatem. Similiter quando continuantur vel coniunguntur duae superficies, non generatur una secundum profunditatem, quia tunc oportet illam habere profunditatem.

Iterum, intelligendum de lineis quod ex lineis secundum longitudinem

4 Primo] Prima scr.   11 Solutio] marg.

10 ARISTOTELES, Metaph., III, 5 (1002 a 28 sq.).
19 ARISTOTELES, Physic., I, 7 (190 b 5 sq.).

potest aliqua fieri et corrumpi; sed quando dividitur superficies et incipiunt esse duae lineae, hoc non est per earum generationem. Similiter de earum compositione est. 30

Sed de punctis alia ratio est: quia enim superficies poterant aliquo modo continuari et dividi, ideo aliqua generatio est in eis; sed puncta omnino sunt indivisibilia; propter hoc ex duobus punctis nullo modo fit tertium punctum neque compositione neque divisione.

Quando ergo tu arguis, dicendum quod verum est quod superficiem 35 contingit generari, et patet quomodo.

QUAESTIO <25>

UTRUM NUNC IN TEMPORE SIT ALIUD ET ALIUD

Auctor dicit quod «nunc» in tempore est aliud et aliud. Quod non, probo, quia «nunc» est mensura eius quod fertur; sed illud quod fertur in toto motu unum est; quare etc. 5

Oppositum est hic et *IV° Physicorum*.

Solutio. Dico quod illud quod movetur in spatio continuo, in toto spatio uno non habet esse unum, sed numeratum, si tempus est numerus secundum prius et posterius. Intelligamus motum per spatium: modo ita est quod «nunc» est unitas eius quod fertur; sed illud quod fertur 10 secundum substantiam est unum in toto motu, esse tamen non habet unum; et propter hoc unitas illius quod fertur una est. Similiter dico de «nunc»: secundum esse, habet aliud et aliud esse, secundum autem substantiam, idem; per idem esse intelligamus quod mobile in quolibet spatio sibi aequali inter duo instantia habet esse unum, sed in toto spatio 15 habet esse numeratum.

Ad rationem patet quod illud quod fertur in toto motu unum est secundum substantiam, ut lapis, sed non habet unum esse accidentale secundum quod movetur; similiter, dico, unitas eius: ut ipsum «nunc» unum est secundum substantiam et non secundum accidens. Unde 20 aliquid habere esse unum indivisum secundum prius et posterius, hoc est ipsum esse in instanti.

31 enim] *sup. lin.*

3 ARISTOTELES, *Metaph.*, III, 5 (1002 b 5 sq.).
6 ARISTOTELES, *Physic.*, IV, 13 (222 a 14); etiam *Metaph.*, III, 5 (1002 b 5 sq.).

QUAESTIO <26>

UTRUM NUNC IN TEMPORE CORRUMPATUR

Utrum «nunc» corrumpatur, saltem per accidens. Et quod non, ita quod neque per se neque per accidens, probo: omne quod corrumpitur
5 habet «nunc» quando primo non est; sed «nunc» non habet quando primo non est; ergo etc. Probo maiorem: omne quod corrumpitur per accidens, ut habetur V° *Metaphysicae*, habet tempus in quo corrumpitur et in fine corrumpitur; et ita «nunc» habet quando non est primo. Probo minorem: quia si «nunc» corrumpatur, aut ergo corrumpitur in eodem
10 instanti aut non in eodem, sed in alio; non in eodem, quia cum est, non est dicere quod primo non est; nec corrumpitur in instanti sibi continuo, quia instans instanti non continuatur; nec corrumpitur in instanti mediato, ita quod in illo sit dicere quod non erit primo, quia tunc, cum sit tempus medium, erit illud «nunc» simul cum omnibus instantibus
15 mediis, quod est inconveniens: mobile enim non potest esse simul in duabus partibus spatii; quare una non continet alteram; quare «nunc» in duobus aequalibus simul non potest esse, cum sit mensura eius quod fertur.

Oppositum apparet libro *Caeli et mundi*: illud enim quod primo non
20 est, postea existens, illud generabile est; quod autem aliquando est, postea autem non est, corruptibile est; sed «nunc» aliquod in spatio, primo non est, deinde est: quare generabile est; aliquando est, postea non est: quare corruptibile est, saltem per accidens.

Dicendum quod ipsum «nunc» non generatur per se. Quamvis illud
25 multipliciter possit probari, et ratio una ad hoc est: nam oportet quod illud quod generatur sit divisibile, et dicitur divisibile quia omne quod generatur fit ex aliquo quod transmutatur ad esse, et recipit esse; ergo in omni generato sunt duo: illud quod generatur et terminus generationis: unde per hoc potest ostendi quod nullum accidens generetur, et ideo
30 *VII° huius* dicit ARISTOTELES quod accidentia non generantur nisi per accidens.

Item, omne quod generatur oportet quod terminus suae generationis sit divisibilis, quia in quodam tempore acquiritur terminus generationis,

5 nunc¹] tempus *scr. sed marg. corr.*

7 ARISTOTELES, *Metaph.*, V, 24 (1023 a 26 sq.).
19 ARISTOTELES, *De caelo*, I, 11 (280 b 14-15).
30 ARISTOTELES, *Metaph.*, VII, 9 (1034 b 7 sq.).

et illud quod est in tempore, est divisibile. Unde dicit COMMENTATOR quod non cessant partes seminis generari et corrumpi donec inducatur forma hominis, et ibi subdit COMMENTATOR: si forma substantialis recipit magis; si autem non, tunc hoc fit in accidentibus formae generatae. Ex hoc sequitur quod alteratio, quamvis non sit continua secundum alterabile, tamen in alteratione est continuitas formae intensionis magis et minus, quae quidem forma inducitur. Unde in qualibet parte temporis alterabit, cum praesens sit, et semper, quia qua ratione alterat unam partem, et aliam.

Sed generaturne «nunc» per accidens et corrumpitur? Corrumpi per accidens potest intelligi duobus modis. Aut ita quod corruptio ipsius «nunc» sequatur ad corruptionem eius quod corrumpitur per se, et isto modo non corrumpitur, ita quod fit transmutatio ab esse alicuius rei, et illud «nunc» se habet consequenter ad illud quod sic corrumpitur: quia omne quod sic corrumpitur habet esse in tempore, sed «nunc» non habet esse in tempore. Sed «nunc» corrumpitur per accidens: verbi gratia, si mobile continue mutatur in spatio, nonne ad motum esse corrumpi sequitur quod esse eius non maneat in spatio? Tunc, sicut illud esse corrumpitur, similiter unitas illius esse, quae est «nunc», ut dictum est prius, per hoc quod accidens continue mutatur. Accipiamus mobile motum in spatio: transmutatio non fit ab esse illius ita quod maneat idem in toto tempore; et ideo sic non corrumpitur.

f. 105ra   Ad rationem dicendum quod «nunc» non | habet quando primo non est, quia primo non esse est in fine alicuius temporis, et in fine quando aliquid transmutatur ad non esse; cum ergo «nunc» non habeat esse in tempore, tunc non est assignare tempus in quo primo non est, quia non primo non est quando est, nec quando posterius est, neque mediate neque immediate. Sed ad maiorem dico quod omne quod corrumpitur per se, verum est quod habet, etc.; similiter omne quod corrumpitur per accidens primo modo, ita quod toto tempore transmutatur ad non esse et in fine non est illud; sed de eo quod corrumpitur per accidens secundo modo non habet propositio veritatem, scilicet: omne quod corrumpitur habet quando primo non est: unde esse in quolibet spatio sibi aequali non oportet quod habeat transmutationem temporalem ad esse eius, quia non generatur neque corrumpitur nisi, ut dictum est, secundum accidens.

34 Unde] Nota *add. marg.*

34 AVERROES, *Metaph.*, VII, com. 31 (fol.. 181 E-H); etiam XII, com. 18 (fol. 305 A-C).
44 Cf. *Impossibilia* (éd. BAZÁN, p. 78).

< COMMENTUM >

Omnino dubitabit aliquis. Quaestio est quae est ratio quare oportet ponere media inter sensibilia et mathematica, ut species. Et arguit quod sic primo. Verum est quod ponendo mathematica intermedia, differunt a sensibilibus secundum quod abstrahunt a materia; conveniunt tamen in hoc quod in sensibilibus contingit esse plura individua sub eadem specie; similiter in mathematicis, quia mathematica non abstrahunt a quantitate quod est principium divisionis. Ex hoc sequitur quod principia formalia sensibilium et mathematicorum non sunt numero determinata, licet sint specie determinata: verbi gratia, vocis litteratae non sunt principia determinata secundum numerum, sed principia huius vocis sunt determinata. Similiter in mathematicis: huius trianguli aequilateri sunt principia determinata, non tamen trianguli absolute. Volebat autem PLATO quod contingeret ponere principia sensibilium et intermediorum, quae non tantum essent principia determinata specie, sed et numero; et ideo posuit species.

Intelligendum quod non contingit ponere species separatas a sensibilibus nec mathematica, nisi secundum considerationem. Item, intelligendum quod principia formalia sensibilium et mathematicorum ista sunt specie determinata, sed non sunt numero determinata. Suntne principia asinorum determinata numero? Dico quod non, sicut nec asini, saltem quoad nos. Sed principia prima non formalia, sed effectiva, sunt determinata numero, ut primi motores, et non tantum specie. ARISTOTELES enim probat numerum eorum in *XII*°. In hoc ergo quod PLATO credebat principia formalia esse numero determinata, in hoc erravit. Intelligendum quod haec non potest verificari: humanitas est alba, sicut homo est albus, quia dicit ARISTOTELES in littera quod homini qui est species nihil accidit, ut album vel nigrum.

His autem affine. Quaerit aliam quaestionem, utrum prima principia sint existentia in potentia vel alio modo, sicut in actu. Quidam auctores posuerunt primum principium materiam, et materia est in potentia.

---

25 credebat] quaerebat *scr.*   29 affine] fide *scr.*   31 materiam] materia *scr.*

---

2 ARISTOTELES, *Metaph.*, III, 6 (1002 b 12).
24 ARISTOTELES, *Metaph.*, XII, 8 (1074 a 14 sq.).
27 ARISTOTELES, *Metaph.*, III, 6 (1002 b 20 sq.); cf. THOMAS DE AQUINO, *In Metaph.*, III, lect. 14, n° 517.
29 ARISTOTELES, *Metaph.*, III, 6 (1002 b 33).

Quod sint in potentia arguit sic: si sint actu, aliquid erit prius primis principiis; hoc autem est impossibile; ergo primum. Probo conclusionem duobus modis. AVERROES dicit hic quod illud quod est aliquid in potentia prius est quam illud quod est illud in actu; si ergo primo principia sint in 35 actu, esset aliquid eis prius: unde iste homo prius est in potentia quam in actu. Aliter potest probari sic: sicut habetur in *XII°*, prius est a quo non convertitur subsistendi consequentia; sed illud quod est, potest esse, et non convertitur: quod potest esse, est; ergo illud quod est in potentia, prius. 40

Oppositum arguit sic: si sint in potentia et non in actu, tunc nihil erit, quia illud quod potest esse, nondum est; si tunc primum principium sit in potentia, nihil erit.

QUAESTIO <27>

QUAERITUR UTRUM PRIMUM PRINCIPIUM SIT ACTU VEL POTENTIA

Circa illud quaero utrum Primum Principium sit actu vel potentia. Arguo quod potentia praecedat quia illud est prius a quo non convertitur subsistendi consequentia; sed quod est, potest esse, et non convertitur; 5 ergo etc.

Oppositum determinatur *IX° huius*.

Intelligendum quod actus praecedit potentiam in ratione et etiam substantia seu perfectione, et similiter tempore. In eodem tamen potentia praecedit actum, quod exit de potentia ad actum. 10

Primum declaratur sic, quia potentia definitur per actum: aedificator enim est qui potest aedificare. Item, <actus> est prius dignitate et perfectione, quia unumquodque nobilius est cum est in actu, quam cum est in potentia; et illud sumitur aliquando prius natura quia propinquius principio naturali; et cum materia et forma sint principia, quod est prius 15 altero istorum, potest dici prius.

In eodem tamen in quo actus et potentia sunt, prius est potentia quam actus, quia prius est frumentum in potentia quam frumentum in actu;

---

34 AVERROES, *Metaph.*, III, com. 19 (fol. 62 M).
37 ARISTOTELES, *Metaph.*, XII, 6 (1071 b 22 sq.); cf. THOMAS DE AQUINO, *In Metaph.*, XII, lect. 6, n° 2500.
43 Cf. ARISTOTELES, *Metaph.*, III, 6 (1003 a 5 sq.).
5 Cf. ARISTOTELES, *Metaph.*, XII, 6 (1071 b 22 sq.).
7 ARISTOTELES, *Metaph.*, IX, 8 (1049 b 10 sq.).
12 Cf. ARISTOTELES, *Metaph.*, IX, 3 (1046 b 34 sq.).

similiter est in homine. Tamen in alio praecedit homo in actu potentia
hominem, ut ipsum sperma.

Sed tunc dices quod potentiam in eodem praecedit actus: quia enim prius est sperma quod fuit causa istius hominis, dicis quod hominem in potentia praecedit homo in actu; tunc, cum illud sperma quod fuit causa istius hominis praecessit homo potentia, ut aliud sperma, videretur eadem ratione quod hominem potentia praecedit actu homo in eodem.

Item, probo quod non potes dicere, secundum viam ARISTOTELIS, quod actus simpliciter praecedat potentiam, quia in sempiternis unum non praecedit aliud; sed homo in actu et homo in potentia <sunt> sempiterna, si generatio sit aeterna; ergo unum non praecedit alterum.

Solutio. Bene scio quod movens est ante motum, sed utrum sit prius tempore quaestio difficilis est. Possumus tamen dicere sic, quod si nos attendamus ad ipsam totam speciem, non ad aliquid ipsius, non est dicere quod homo sic consideratus sit in potentia secundum quod actus dividitur contra potentiam, quia species humana semper est. Potentia autem secundum quod dividitur contra actum non habet esse nisi in individuo: unde est dicere quod homo, secundum speciem acceptus, numquam est in potentia; sed potentia ad individuum habet referri. Unde in *XII°* dicit ARISTOTELES quod non sic fit generatio quod aliquid generetur quod numquam fuit nisi in potentia, sed sic quod eadem semper redeant secundum speciem; igitur species numquam fuit in potentia; ergo potentia refertur ad individuum.

Et referendo potentiam ad individuum et actum ad speciem, nonne est dicere quod actus praecedat potentiam? Constat quod sic. Sed bene verum est, si actus in individuis accipiatur sicut tu arguebas, sicut ante potentiam est actus, sic ante actum illum est potentia. Sed referendo utrumque ad speciem, non est verum dicere quod potentia ante actum, quia ibi non est potentia.

Ad aliud dico quod possibile uno modo dicitur quod potest esse et non esse, quod dividitur contra necessitatem et contra actum: de isto non est verum quod illud quod est potest esse. Aliud est possibile quod dividitur contra impossibile, secundum quod illud potest dici esse possibile quod non est impossibile, er tale est commune ad necessarium et non necessarium, et de tali tenet argumentum et de tali etiam quaerit

21 enim] *sup. lin.*   23 illud] eadem *scr. sed corr.*   30 Solutio] *marg.*

26 ARISTOTELES, *Metaph.*, IX, 8 (1050 b 6 sq.).
38 ARISTOTELES, *Metaph.*, XII, 6 (1071 b 24 sq.); etiam 6 (1072 a 10 sq.).

ARISTOTELES an actus sit prius potentia. Sed intelligendum circa istud quod est actus quidam imperfectus, et in his veritatem habet quod illud quod est, potest esse, quia iste est actus | entis in potentia; similiter quod currit potest currere; non tamen cum tanta proprietate verificatur cum actu secundum quod verus actus est.

Item, quaedam sunt quae habent actum in substantia: de his potest dici quod sic sunt, quod possunt esse; minus autem proprie de his quae non habent actum in sui subiecto, ut Primum Principium, ut de eo minus proprie dicatur quod potest esse, quia non habet actum in subiecto.

Primum Principium estne potentia vel actu eo modo quod possibile distinguatur sic: quod potest esse et non esse?

Dico quod Primum Principium nihil est in potentia, sed in actu. Illam rationem quam facit ARISTOTELES hic disputando, ponit pro solutione, dicens quod si Primum Principium esset in potentia, nihil esset, quia si posset esse, non esset: quod enim potest esse, nondum est; et si Primum Principium non esset, non essent sui effectus, et ideo nihil esset; est ergo actu Primum Principium.

Item, si Primum Principium esset potentia, cum non habeat aliquod prius quod educat ipsum de potentia, tunc oportet vel quod non esset, vel quod materia iret per se ad formam. Sed in *XII°* adducit pro testimonio quod Primum Principium semper agit, quia nisi semper ageret, videtur ei quod esset in potentia, quia agens quod non semper agit est in potentia; et ideo ponit Primum semper agens. Unde AVERROES: res quae vice temporis est, et postea movet in actu, est materiam per se ire ad actum vel per se moveri.

QUAESTIO <28>

QUAERITUR UTRUM PRIMA PRINCIPIA SINT UNIVERSALIA VEL PARTICULARIA

Has autem dubitationes. Quaeritur utrum prima principia sint universalia vel particularia. Quod non universalia, probo, quia nihil universalium

---

54 ARISTOTELES, *Metaph.*, IX, 4 (1047 b 14 sq.); cf. THOMAS DE AQUINO, *In Metaph.*, IX, lect. 3, n° 1812.
66 ARISTOTELES, *Metaph.*, III, 6 (1003 a 1 sq.); cf. THOMAS DE AQUINO, *In Metaph.*, III, lect. 15, n° 522.
73 ARISTOTELES, *Metaph.*, XII, 7 (1072 a 23 sq.).
76 AVERROES, *Metaph.*, XII, com. 54 (fol. 339 K-L).
4 ARISTOTELES, *Metaph.*, III, 6 (1003 a 6).

est substantia; sed principia substantiarum sunt substantiae; quare etc. Probo maiorem: nihil universalium est hoc aliquid, hoc est per se subsistens; sed substantia est hoc aliquid; quare etc. Probo minorem, quod substantia sit hoc aliquid: saltem enim substantia prima quae est
10 Primum Principium est hoc aliquid.

Sed diceret aliquis quod universalia essent hoc aliquid. Contra: tunc Socrates esset tria animalia, si quodlibet illorum sit per se subsistens, quia Socrates in eo quod Socrates, est animal, et in eo quod recipit praedicationem hominis, est aliud, et similiter tertium secundum quod
15 recipit praedicationem animalis.

Ad oppositum: non sciuntur res nisi per sua principia; sed res sciuntur per universalia; nisi ergo principia essent universalia, nihil sciretur.

Dissolutio huius quaestionis est quod principia non sunt universalia sicut posuit PLATO, ponendo quod sint separata. Secundo, quod univer-
20 salia non sunt entium principia secundum quod universalia, quia universalia non sunt nisi secundum quod intelliguntur; si ergo essent principia, non haberent res esse nisi ut intellectae; et hoc est quod dicit AVERROES, quod res nihil sunt nisi secundum quod sentiuntur, secundum quod ponunt quidam in *VI° huius*; sed sunt principia secundum quod existunt,
25 et sic sunt particularia. Unde dico quod in universali duo sunt. Ratio universalis, et sic non est universale substantia entium, quia COMMENTATOR dicit quod genus et differentia differunt a formis secundum quod formae: illas enim esse genus vel differentiam est accidens eis; universale tunc secundum quod universale non est substantia, non solum
30 substantia prima, sed nec substantia aliquo modo. Aliud est in universali, scilicet illud quod est universale, et illud est substantia. Sed distinguendum quod duplex est substantia, et universalia non sunt substantiae primae, sed sicut definitio dicit substantiam, et ista habent definitionem.

Pro ratione ad oppositum intelligendum quod, quamvis principia
35 rerum sint particularia, propter hoc non sequitur quod non sit scientia, quia possunt considerari ut abstracta a particularibus, et illo modo sunt principia scientiae. Et haec sufficiant.

9 enim] *sup. lin.*

24 ARISTOTELES, *Metaph.*, VI, 3 (1027 b 6 sq.).
27 AVERROES, *Metaph.*, VII, com. 24 (fol. 174 L-M); com. 43 (fol. 196 C); VIII, com. 6 (fol. 214 I sq.).

< LIBER IV >

< COMMENTUM >

Est scientia quaedam quae speculatur ens.

In isto libro quarto, primo determinat PHILOSOPHUS de quibus considerat ista scientia, deinde disputat contra negantes prima principia scientiarum.

Primo igitur declarat quod ista scientia, quae sapientia vel philosophia dicitur, ut ostensum est *I° huius*, considerat ens inquantum est ens et quaerit prima principia entis et causas secundum quod ens. Circa autem hoc primo praemittit quod aliqua est scientia quae considerat ens inquantum est ens et quae illi insunt secundum se. Huius autem necessitas est. Si enim non esset scientia de ente secundum quod ens, tunc ea quae communia sunt omnibus entibus essent ignota. Hoc autem irrationabile: quomodo enim omnia alia entia essent nota? Communia enim omnibus entibus sunt ens et consequentia ipsum, et ideo est aliqua scientia quae speculatur ens secundum quod ens et ista speculatur quae enti insunt secundum se, quoniam eadem scientia considerativa est subiecti et accidentium per se eius, ut prius ostensum est in *III° huius*. Dico autem quae insunt per se propter ea quae insunt secundum accidens, quia talia non speculatur aliqua scientia vel ars, sicut ostendet ARISTOTELES *VI° huius*; talia enim sunt infinita, sicut dicitur *II° Physicorum* et *VI° huius*, et ideo eorum non est scientia. Unde ars quae considerat domum non considerat quae ei insunt per accidens, ut utrum nociva uni, alii proficua, uni fortunata, alii infortunata et alia quae, quia infinita sunt et causalitatem per se in subiecto non habent, sub consideratione scientiae non cadunt. Haec autem scientia quae considerat ens inquantum ens non est scientia particularis. Scientiae enim particulares, sicut scientia naturalis et grammatica et mathematicarum geometria et arithmetica et aliae, aliquod ens determinatum considerant,

3 Est ... ens] *non subl.*

3 ARISTOTELES, *Metaph.*, IV, 1 (1003 a 21).
8 ARISTOTELES, *Metaph.*, I, 2 (982 b 8 sq.).
10 ARISTOTELES, *Metaph.*, IV, 1 (1003 a 21-22).
18 ARISTOTELES, *Metaph.*, III, 2 (997 a 18 sq.).
21 ARISTOTELES, *Metaph.*, VI, 2 (1026 b 2-4).
22 ARISTOTELES, *Physic.*, II, 5 (196 b 27 sq.); *Metaph.*, VI, 2 (1026 b 7).

30 aliud et aliud unaquaeque, et non considerant ipsum secundum quod
ens, sed secundum rationem propriam in eo quod tale ens et accidentia ei
ut sic: unde quasi partem aliquam entis considerat unaquaeque, propter
quod dicitur particularis; quare scientia quae considerat ens absolute et
secundum quod ens non est particularis, sed erit universalis.

35   Deinde ostendit quod illa scientia quae speculatur ens secundum quod
ens, est scientia illa quae dicitur philosophia. Et intendit rationem istam
quia eiusdem scientiae est considerare causas et principia alicuius et
ipsum cuius sunt causae et principia; sed philosophia considerat primas
causas et prima principia, ut ostensum est *I° huius*; haec autem sunt
40 principia et causae entis inquantum ens; quare philosophia habet
considerare ens inquantum | est ens. Maiorem istius rationis non ponit, f. 105va
sed tantum minorem et eam verificat. Maior vero verificatur sic. Scire
aliquid est per causam ipsum cognoscere, sicut dicitur *I° Posteriorum*, et
tunc opinamur scire unumquodque cum causas cognoscimus primas et
45 principia prima usque ad elementa, ut dicitur *I° Physicorum*. Scientia
igitur quae considerat causam alicuius secundum quod causa eius,
considerat de illo. Quod autem philosophia consideret causas et principia, *I° huius* ostensum est; sed quod causae primae et principia prima
sint causae et principia entis secundum quod est ens declarat
50 PHILOSOPHUS ex testimonio Antiquorum, dicens quod omnes philosophi
quaerentes causas et principia entis, principia prima et causas primas in
rebus quaesierunt; hoc vero non esset nisi eius essent principia et causae;
ideo etc.

   Et est hic intelligendum quod non intendit PHILOSOPHUS per principia
55 et causas entis secundum quod ens, quod ens absolute dictum habeat
causas et principia, ita quod causam habeat eius in eo quod ens, quia
tunc omne ens haberet causam; quod enim convenit enti in eo quod ens,
cuilibet enti convenit quia inest per se et universaliter; si autem omne ens
haberet causas, tunc nullum ens haberet causas: non enim esset aliqua
60 causa prima et si non esset prima, nec aliqua aliarum. Sed intendit
PHILOSOPHUS per causas et principia entis inquantum ens, causas simpliciter et per se entis causati, non causas secundum accidens, sed causas per
se entitatis eorum quae causam habent illius. Non enim omne ens
entitatis suae causam habet nec omnis quaestio quaerens de esse habet

---

35 ARISTOTELES, *Metaph.*, IV, 2 (1003 b 15 sq.).
39 ARISTOTELES, *Metaph.*, I, 2 (982 b 8 sq.).
43 ARISTOTELES, *An. post.*, I, 2 (71 b 9 sq.).
45 ARISTOTELES, *Physic.*, I, 1 (184 a 12 sq.).
48 ARISTOTELES, *Metaph.*, I, 2 (982 a 4 sq.).

causam. Si enim quaeratur quare magis est aliquid in rerum natura quam 65 nihil, in rebus causatis loquendo, contingit respondere quia est aliquod Primum Movens immobile et Prima Causa intransmutabilis. Si vero quaeratur de tota universitate entium quare magis est in eis aliquid quam nihil, non contingit dare causam, quia idem est quaerere hoc et quaerere quare magis est Deus quam non est, et hoc non habet causam. Unde non 70 omnis quaestio habet causam nec etiam omne ens.

Sic ergo iam ostensum est quod aliqua scientia, sicut philosophia, habet speculari ens secundum quod ens.

Consequenter ostendit quod illa scientia est una quae sic speculatur ens et de omni ente, intendens rationem istam: omnium dictorum ad 75 aliquid unum primum est una scientia; sed omnia entia dicuntur ad unum, ut ad substantiam, ita quod quaedam dicuntur entia quia passiones entis quod est substantia, quaedam quia via in substantiam, quaedam quia corruptiones, etc.; quare una est scientia quae speculatur ens inquantum est ens. Maiorem non ponit Aristoteles nisi in exemplo, 80 in simili de salubri et medicinali. Causa autem illius propositionis est quia aliqua perfecte non sciuntur nisi per definitiones suas; illa autem quae dicuntur ad aliquod primum unum definiuntur per ipsum primum, ut sanum in urina per sanum in animali; cuius igitur est cognoscere primum, est cognoscere illa quae ad ipsum dicuntur; scientia igitur quae 85 est de primo, est de omnibus dictis ad ipsum. Minorem ponit in littera et verificat.

Et est hic intelligendum quod omnes modi entis reducuntur ad quattuor. Quaedam enim sunt quae habent esse debilissimum, scilicet secundum animam tantum, et huiusmodi sunt privationes et universaliter 90 entia secundum animam, quae sunt entia diminuta. Quaedam autem sunt quae non sunt simpliciter privationes, sed sunt admixta privationi, sicut sunt motus, generationes et corruptiones: habent enim aliquem actum, tamen admixtum potentiae et privationi. Quaedam autem sunt ulterius in esse actuali perfecto, sed hoc potest esse dupliciter: aut enim sunt ita 95 quod de se sunt aliquid, tamen esse per se non habent, sed habent tantum in alio existere: huiusmodi autem sunt accidentia; vel sunt in actu perfecto et habent esse per se non ex alio, et huiusmodi sunt substantiae. Et huiusmodi entia sunt entia prima et maxime entia, minus autem

---

93 generationes] generatio *scr.*

80 Aristoteles, *Metaph.*, IV, 2 (1003 a 34-36); (1003 b 1-4).
86 Aristoteles, *Metaph.*, IV, 2 (1003 a 33 sq.).

00 accidentia, adhuc autem minus motus et generationes, minime autem privationes: solum enim secundum animam.

Ulterius autem intelligendum quod ens de omnibus istis secundum unam aliquam naturam non dicitur, idest univoce: sicut de substantia et accidente non dicitur pure univoce nec pure aequivoce, ita quod hoc
5 nomen ens sit nomen aequivocum a casu impositum substantiae et accidenti per diversas rationes; sed dicitur de eis per prius et posterius: ita quod dicitur de accidente secundum quod accidens respectum habet ad substantiam. Et ratio huius est quoniam omnis ratio essendi vel dicitur absolute vel per habitudinem ad aliud: non enim est aliquod
10 medium; cum igitur ratio essendi sit in substantia sicut etiam in accidente, vel erit in utroque ratio essen- | di absolute, quod non f. 105vb contingit quia accidens esse absolute non habet, sed per aliud; vel erit in utroque ratio essendi per habitudinem ad aliud, quod non contingit quia substantia habet esse per se et per nihil aliud; quare non relinquitur nisi
15 modus analogiae, scilicet quod unum habeat esse per habitudinem ad aliud; substantia autem per se habet esse; quare accidens per habitudinem ad eam. Dicitur igitur ens de istis multipliciter, sed non simpliciter aequivoce, sed ad unum aliquid. Et per idem potest ostendi quod ens per diversas rationes sic dicitur de ente in potentia et ente in actu. Quoniam
20 autem videtur ARISTOTELES hic innuere quod solum univocorum et eorum quae dicuntur ad unum sit scientia una, non autem aequivocorum simpliciter, videtur quod hoc falsum sit, quia hoc nomen «canis» aequivoce dicitur de latrabili animali et de pisce marino et sidere caelesti, et tamen omnium istorum est eadem scientia, saltem in genere, ut scientia
25 naturalis. Ad librum enim *De animalibus* pertinet de animali latrabili et pisce considerare, ad librum vero *De caelo et mundo* pertinet considerare de caelesti cane, ad quem pertinet consideratio de stellis; quare aequivocorum simpliciter est eadem scientia; frustra ergo distinguit ARISTOTELES. Et respondet COMMENTATOR dicens quod contingit quod aliquod nomen
30 significet aliqua quae pertinent ad eandem scientiam, et secundum hoc contingit quod aequivoca considerentur in eadem scientia et eorum sit scientia una, sed hoc non est essentiale, sed accidit. Quod enim nomen sit aequivocum et significet illa quae in eadem scientia habent considerari, concursus est accidentalis; propter hoc autem accidit quod

00 et] etiam *scr.*   31 considerentur] consideratur *scr.*

20 ARISTOTELES, *Metaph.*, IV, 2 (1003 a 33 sq.).
29 AVERROES, *Metaph.*, IV, com. 2 (fol. 66 B-D).

aequivocorum sit eadem scientia, et non accidit per se quod aequivoco- 35
rum ex hoc quod aequivoca sunt sit eadem scientia, sicut eorum quae
dicuntur ad unum est eadem scientia secundum quod talia sunt; quia
aequivoca possunt esse quae simpliciter nullam convenientiam habent et
ideo ut sic ad eandem scientiam non pertinent.

Deinde demonstrat quod ista scientia maxime habet considerare de 40
substantia, quoniam scientia quae est de pluribus ad unum primum dictis
maxime proprie est considerativa illius primi unius; cum igitur illud
unum ad quod dicuntur omnia entia et propter quod sunt entia est
substantia, quare scientia quae est de ente inquantum ens maxime
considerat substantiam. Et ulterius concludit quod, cum scientia quae 45
considerat aliquod subiectum, considerat omnes partes et species illius,
sicut grammatica una existens considerat omnes voces, quare ista scientia
quae est de ente inquantum ens et maxime de substantia, omnia entia
considerat et omnes substantias et omnes species istorum.

Et est hic advertendum quod, cum ista scientia consideret omnia entia, 50
non considerat secundum proprias eorum rationes, quia secundum hoc
ista scientia quaestionem omnem haberet solvere et sic non esset alia
scientia ab ista. Sed de omnibus entibus determinat secundum quod
entia, et de omnibus substantiis secundum quod substantiae sunt; et de
aliquibus secundum rationes eorum proprias determinat sicut de ente et 55
consequentibus ipsum et primis principiis eius: quae sunt substantiae
immateriales. Et universaliter omnes proprias rationes eorum determinat
quorum ratio non requirit in esse suo materiam sensibilem, sive sit
separata universaliter a materia sensibili sive non, dummodo non
universaliter reperiatur in materia sensibili: ita quod rationes proprias 60
omnium entium quoad esse in materia ibi non determinat, sed ibi definit.
Unde de omnibus substantiis secundum rationem propriam non determinat, sed solum de illis quorum ratio non determinat sibi materiam
sensibilem: unde de omnibus considerat secundum quod substantiae
sunt, non autem secundum quod aliqua est materialis. 65

Sed nunc accidit dubitatio, quoniam in *VII° huius* et in *VIII°* rationem
propriam substantiae sensibilis ARISTOTELES declarat, et non alicuius
alterius, sicut proponit se in principio *VIIⁱ* facturum. Et intelligendum
sicut vult ARISTOTELES fine *Iⁱ Physicorum*: physici non est considerare de
forma in genere, idest in communi, nec de substantia, sed solum de 70

---

66 ARISTOTELES, *Metaph.*, VII, 3 (1029 a 33 sq.); VIII, 1 (1042 a 7 sq.).
68 ARISTOTELES, *Metaph.*, VII, 1 (1028 a 27 sq.).
69 ARISTOTELES, *Physic.*, I, 9 (192 a 34 sq.).

speciebus corruptibilibus. Nec considerat physicus substantiam per se, sed per accidens propter conditionem eius quae est materialitas; sed philosophus per se considerat de substantia secundum quod substantia est; et quia substantia prima immaterialis est, ideo per se considerat substantiam immaterialem, substantiam autem materialem nisi secundum quod substantia est. Et si consideret eam aliquo modo secundum propriam rationem, secundum quod materialis est, non considerat nisi quia cognitio substantiae materialis via est in cognitionem substantiae immaterialis. Quod autem cognitio eius sit via in ipsam secundum quod de ipsa determinat, signum est quia solum in generalibus stat ARISTOTELES, non descendendo de ipsa ad aliquam substantiam materialem, ut ad aliquam speciem determinatam, sed solum ut substantia materialis est. Et etiam hoc dicit ARISTOTELES expresse in principio VII^i, quod prius determinandum de substantia sensibili quia | prae opere est f. 106ra ad transeundum ad id quod notius est.

Consequenter ostendit quod ista scientia habet considerare de uno et partibus et speciebus eius. Et intendit rationem istam: ens enim et unum sunt simpliciter idem, et nihil est ens nisi unum; et si differant, non differunt nisi quia significant idem modis diversis, sicut principium et causa; quare quaecumque sunt partes unius, et entis; sed ista scientia considerat ens et omnes partes eius, ut iam ostensum est; quare considerat etiam unum et omnes partes eius, ut simile et aequale. Maiorem probat ARISTOTELES duabus rationibus.

Prima est: quaecumque talia sunt quod ipsa addita alicui non dicunt aliquid diversum ab illo, sunt eadem illi et etiam inter se, quia quae uni et eidem sunt eadem, inter se sunt eadem; sed ens et unum addita alicui non dicunt aliquid diversum ab illo: idem enim est dicere homo et ens homo, et homo et unus homo; quare ens et unum sunt idem homini et inter se. Minorem tantum propositionem ponit in littera et ostendit eam, quia homo et unus homo, et homo et ens homo non separantur in generatione nec in corruptione, immo simul generantur et corrumpuntur; quare simpliciter sunt idem.

Secunda ratio est quia unum et ens sunt in substantia cuiuslibet: unumquodque enim est ens et unum per substantiam suam; cum igitur

95 etiam] illi *add. sed exp.*   96 eadem²] ea *add. sed exp.*

83 ARISTOTELES, *Metaph.*, VII, 3 (1029 b 3 sq.).
86 ARISTOTELES, *Metaph.*, IV, 2 (1003 b 22 sq.).
93 ARISTOTELES, *Metaph.*, IV, 2 (1003 b 20 sq.).
99 ARISTOTELES, *Metaph.*, IV, 2 (1003 b 28-31).

substantia rei sit una et indivisibilis, manifestum quod ens et unum idem
sunt et non aliud. Quod autem ens sit in substantia rei probat
COMMENTATOR sic, quia unumquodque aut est ens per substantiam suam
aut per additum; si per substantiam suam, habeo propositum; si per
additum, cum illud sit ens, aut per substantiam suam aut per additum; si
per substantiam eius, eadem ratione standum est in primo: dicere enim
quod hoc est per substantiam suam et aliud non, fictio est; si per
additum, fit processus in infinitum, quod est inconveniens.

Et est hic advertendum quod ens et unum sunt idem et idem
significant; sed non sicut nomina synonyma, quae per eandem rationem
significant idem, ut vestis et indumentum, sed significant idem modis
diversis, ut principium et causa, ut ens significat substantiam rei
secundum quod habet actum essendi, unum vero secundum quod
indivisum est in se. Et ita ens et unum significant idem per diversas
rationes, non ita quidem quod unum addat aliquid sive aliquam dispositionem additam essentiae super ens, sed solam indivisionem dicit, quae
non est nisi pura privatio et negatio. Unde plura sunt nomina substantiae
rei per diversos modos: hoc enim nomen res imponitur ab essentia in
communi, ens vero ab actu essendi, unum vero ab indivisione, homo vero
vel animal ab essentia determinata.

Secundo advertendum est quod AVICENNA hic erravit. Non distinxit
enim inter unum quod est principium numeri et unum quod convertitur cum ente, et ideo peccavit. Unum enim quod convertitur cum
ente dicit indivisionem in substantia absolute, unum vero quod est
principium numeri super hoc addit rationem mensurae, quae primo
reperitur in genere quantitatis. Si autem unum quod est principium
numeri converteretur cum ente, tunc etiam numerus reperiretur universaliter in quolibet ente, et tunc ratio eius non determinaret sibi materiam et
quantitatem, et sic consideratio de numero et eius passionibus non
pertineret ad artificem specialem, ut ad arithmeticum, sed pertineret ad
philosophum primum: eius enim solius talia est considerare; hoc autem
est inconveniens.

Deinde incidentaliter dicit quod tot sunt partes philosophiae quot
substantiae, quia philosophia principaliter est de substantia et secundum
ordinem partium substantiae, secundum quod aliqua est prima, aliqua

11 suam] *iter.*   38 secundum] et *scr. sed corr.*

7 AVERROES, *Metaph.*, IV, com. 3 (fol. 67 G).
25 AVICENNA, *Metaph.*, tr. III, c. 2-3, p. 107-114 et 114-122.
37 ARISTOTELES, *Metaph.*, IV, 2 (1004 a 2-3).

40 secunda, est ordo in partibus philosophiae; sicut in mathematicis scientiis quaedam est prima, ut arithmetica, quaedam posterior, ut geometria.

Consequenter ostendit quod eadem scientia considerat de oppositis unius et partium eius, ut de multo, quia unius scientiae est opposita 45 speculari; sed unum et multum opponuntur; sed huius scientiae est considerare de uno, quare et de multo. Et iterum de negatione et privatione, quia unum negationem vel privationem in se importat.

QUAESTIO <1>

QUAERITUR UTRUM UNIUS SCIENTIAE SIT SPECULARI OPPOSITA

Et hic quaeritur primo utrum unius scientiae sit speculari opposita. Videtur quod non. Ea quae cadunt sub eadem scientia, propter eorum 5 unitatem cadunt sub illa. Sed opposita minime sunt unum, quod patet in contradictoriis: maxime enim sunt divisa: affirmatio enim et negatio sunt prima radix divisionis, et quia affirmatio et negatio sunt maxime divisa, per consequens privatio et habitus, quia ad affirmationem et negationem | reducuntur. Hoc etiam patet in contrariis, quia utrumque f. 106rb 10 illorum aliquam naturam positivam habet, et maxime differunt: quare non pertinent ad unam scientiam.

Oppositum dicit Philosophus hic.

Et dicendum quod universaliter omnium oppositorum est una scientia. De affirmatione enim et negatione manifestum est, quia, licet intellectus 15 negationis non sit intellectus affirmationis, tamen non est sine intellectu affirmationis: oportet enim esse posteriorem intellectu affirmationis: intellectus enim sequitur rem et ideo, sicut negatio non est in re nisi compositionis praeexistentis, similiter in intellectu, intellectus negationis non est nisi post intellectum affirmationis cuius est negatio. Similiter 20 etiam in privatione et habitu, quia privatio non cognoscitur nisi per habitum.

Quomodo autem contrariorum omnium sit una scientia dictum est prius in *III*°.

Ad rationem primam dicendum quod aliqua possunt habere unitatem

13 Et] Solutio add. marg.

43 Aristoteles, *Metaph.*, IV, 2 (1004 a 9 sq.).
12 Aristoteles, *Metaph.*, IV, 2 (1004 a 9).
23 Aristoteles, *Metaph.*, III, 1 (955 b 21 sq.).

considerando in se vel prout referuntur ad cognitionem. Licet autem affirmatio et negatio in essendo realiter divisa sint, tamen unitatem in cognitione habent, eo quod negatio non intelligitur nisi post affirmationem.

QUAESTIO <2>

QUAERITUR QUOMODO UNUM OPPONATUR MULTO

Consequenter quaeritur quomodo unum opponatur multo, utrum privative vel relative. Videtur quod non privative quia privatio posterior est habitu; sed unum non est posterius multo, immo prius; quare non est eius privatio.

Item, privatio definitur per habitum; sed unum non definitur per multum, sed magis e converso; quare etc.

Item, privatio non praedicatur de habitu; sed unum praedicatur de multo: omne enim multum est aliquod unum; quare etc.

Item, videtur quod opponatur multitudini relative, quia mensura et mensuratum opponuntur relative; sed unum et multitudo se habent ut mensura et mensuratum; quare etc.

Oppositum dicit PHILOSOPHUS hic et X^o huius.

Et dicendum quod primo est intellectus entis, deinde non entis, deinde intellectus divisionis, quia ens et non ens sunt prima radix divisionis; quarto autem est intellectus unius, cuius ratio sumitur a privatione divisionis; post hunc autem est intellectus multitudinis: non enim statim cum habetur divisio sive intellectus divisionis, habetur intellectus multitudinis, quia multitudo est aggregatio unitatum: unde antequam per divisionem intelligatur multitudo, oportet prius quamlibet partem divisionis rationem unius habere. Tunc ergo dicendum quod unum seu unitas opponitur divisioni privative; et quia multum in ratione sua habet unitatem, ideo dicitur hic et etiam in X^o quod unum opponitur multo privative, ratione divisionis importatae per multum.

Unde rationes verum concludunt et duae primae simpliciter admittendae sunt.

Sed cum dicitur tertio quod unum praedicatur de multo, dicendum quod non illud unum quod opponitur illi multo, sed aliud unum: quod

---

4 privative²] relative scr. sed corr.

14 ARISTOTELES, Metaph., IV, 2 (1004 a 16); X, 3 (1054 a 23 sq.).

30 enim est unum uno modo, est multa alio, sicut dicitur *I° Physicorum*; quae enim sunt unum subiecto, sunt plura ratione, ut homo et album.

Et cum dicitur quod unum opponitur multo sicut mensura, dicendum quod non per se, sed per se opponitur numero sicut mensura, quia eius est principium et mensura, quia rationem primae mensurae habet. Unde
35 unum quod est principium numeri opponitur multo relative, sed non omne unum; ideo etc.

< COMMENTUM >

Consequenter determinat quod eadem scientia habet considerare de oppositis partium unius, cuiusmodi sunt: diversum et inaequale, dissimile, quorum aliquid est contrarium, quia reducitur ad aliquid istorum: est
5 enim contrarietas quaedam diversitas. Et probat hoc sicut de multo probavit, quia unius scientiae est opposita speculari; sed una scientia speculatur de partibus unius, ut de eodem, quod est unum in substantia, et simili, quod est unum in qualitate, et aequali, quod est unum in quantitate, et aliis talibus; quare et una scientia eorum opposita specula-
10 tur, scilicet diversum et contrarium quod reducitur ad diversum et dissimile et inaequale. Et addit quod licet ista multipliciter dicantur sicut et unum multipliciter dicitur, tamen unius scientiae est considerare de his, quia omnia sic multipliciter dicuntur quod ad unum dicuntur; talium vero est scientia una.

< QUAESTIO 3 >

QUAERITUR UTRUM PHILOSOPHUS HABEAT CONSIDERARE DE INAEQUALI

Et est hic quaerendum utrum philosophus habeat considerare de
5 inaequali. Et videtur quod non, quia, sicut vult Avicenna et dictum est superius, philosophi consideratio non se extendit nisi ad ea quae possunt esse extra materiam, idest quorum ratio non determinat quod sint in materia sensibili; sed aequale et inaequale solum sunt in quantitate, quantitas autem determinat sibi materiam, ita quod sine ea esse non

6 quia unius] *iter. sed corr.*   sed una scientia] *iter.*

30 Aristoteles, *Physic.*, I, 2 (185 b 32 sq.).
2 Aristoteles, *Metaph.*, IV, 2 (1004 a 17 sq.).
5 Cf. Avicenna, *Metaph.*, tr. I, c. 2, p. 16.

178   LIBER IV

f. 106ᵛᵃ potest; quare non pertinet consideratio istorum ad | philosophum, sed ad mathematicum et primo ad arithmeticum, quia primo reperitur in numeris.

Oppositum dicit PHILOSOPHUS.

Et responsio ad hoc est quod inaequale potest considerari dupliciter: vel quantum ad rationem eius propriam unde inaequale est, vel inquantum habet rationem multitudinis. Primo modo non considerat de eo philosophus, sed secundo: pro tanto enim de eo considerat quia multum est.

Et patet ad rationem.

<QUAESTIO 4>

QUAERITUR UTRUM PHILOSOPHUS HABEAT CONSIDERARE
DE CONTRARIO

Consequenter quaeritur utrum philosophus habeat considerare de contrario. Videtur quod non, quia omne contrarium in materia existere videtur, omne enim est in subiecto; sed philosophi consideratio non se extendit nisi ad ea quae possunt esse extra materiam; quare non habet considerare de contrario.

Oppositum dicit PHILOSOPHUS.

Et dicendum quod, sicut dicitur *I° Physicorum*, in omni genere est reperire unam contrarietatem primam. Et *X° huius* dicitur quod quodlibet genus primo dividitur per differentias contrarias. Ex quo manifestum est quod ratio contrariorum potest esse extra materiam et non determinat se esse in materia. De talibus autem considerat philosophus et ideo de contrario habet considerare.

Et cum dicitur quod omne contrarium est in materia, dicendum quod potest sumi contrarietas secundum primam radicem contrarietatis, quae est privatio et habitus; et etiam potest sumi contrarietas secundum propriam rationem eius, quae est maxima distantia eorum quae sub eodem genere. Et si sumatur secundo modo, tantum est in materia, quia ubi sunt maximae distantiae, ibi sunt magis et minus distantiae; ubi autem magis et minus, ibi est intensio et remissio; intensio autem et remissio non fit nisi per media quae sunt inter extrema, media autem sunt

13 ARISTOTELES, *Metaph.*, IV, 2 (1004 a 18).
 9 ARISTOTELES, *Metaph.*, IV, 2 (1004 a 20 sq.).
10 ARISTOTELES, *Physic.*, I, 6 (189 b 25-27).
11 ARISTOTELES, *Metaph.*, X, 4 (1055 a 3 sq.).

composita ex extremis; hoc autem non contingit nisi per materiam et
25 subiectum, et ideo talia contraria necessario sunt in materia et subiecto.
Primo autem modo non oportet, et sic reperiuntur in quolibet genere. Et
sic patet ad rationem.

<COMMENTUM>

Deinde postquam ostendit quod unius scientiae est considerare de istis
communibus partibus unius et eorum oppositis, cuiusmodi sunt idem et
diversum, simile, dissimile, consequenter ostendit quod philosophia de
5 omnibus istis considerare habet, et ponit rationes tres.

Prima est: solutio cuiuslibet quaestionis ad aliquam scientiam pertinet; sed utrum Socrates et Socrates sedens sint idem aut diversum, est
aliqua quaestio, et utrum unum uni sit contrarium et quid est contrarium, est aliqua quaestio; quare eorum solutio ad aliquam scientiam
10 pertinet; sed haec est philosophia, et hoc probat quia cuius est
considerare ens secundum quod huiusmodi, est considerare passiones
eius et propria ei secundum quod huiusmodi; sed rationes terminorum in
quibus fiunt huiusmodi quaestiones sunt vel passiones entis vel propria ei
vel consequentia ipsum, ut idem, diversum, simile, dissimile, aequale,
15 inaequale, contrarium, unum, multum: non enim sunt passiones alicuius
determinati, ut numeri aut lineae, sed entis secundum quod ens; quare
solutio talium quaestionum pertinet ad philosophiam. Rationes igitur
talium terminorum, philosophiae est considerare.

<QUAESTIO 5>

QUAERITUR UTRUM IDEM, DIVERSUM, SIMILE, DISSIMILE ETC. SINT
PASSIONES ENTIS SECUNDUM QUOD ENS

Et hic quaeritur utrum talia communia praedicta sint passiones entis
5 secundum quod ens. Videtur quod non, quia passiones entis secundum
quod ens insunt cuilibet enti; sed quaedam praedictorum non insunt
cuilibet enti, ut idem et diversum, aequale et simile; ergo etc.
Oppositum dicitur in littera.

24 ex] in *scr. sed corr.*   7 sed] *sup. lin.*   aut] et *scr. sed sup. lin. corr.*   8 quaestio] quare eorum solutio ad aliquam scientiam pertinet, sed utrum Socrates et Socrates sedens sint idem aut diversum est a *add. sed cancell.*   10 quia] quare *scr.*   12 ei] eis *scr.*   13 ei] eis *scr.*

4 ARISTOTELES, *Metaph.*, IV, 2 (1004 b 1 sq.).
8 ARISTOTELES, *Metaph.*, IV, 2 (1004 b 5).

Et dicendum quod aliquid esse passionem entis secundum quod ens, potest esse tripliciter.

Uno modo, illud quod inest cuilibet enti per aliquam rationem unam existentem in quolibet ente; et sic nihil est passio entis secundum quod ens, quia ens rationem unam non habet nec est aliqua ratio una in quolibet ente.

Alio modo, illud quod inest cuilibet enti, tamen non per rationem unam, sed per rationes diversas, attributas tamen uni sive ad unum dictas; et sic quaedam dictorum sunt passiones entis secundum quod ens per rationem unam dictam ad aliquid unum, sicut unum et multum, idem et diversum et contrarium aliquo modo prout sumuntur secundum radicem primam contrarietatis, quae est privatio et habitus.

Tertio modo dicuntur esse passiones entis secundum quod ens, illa quae, licet non insint cuilibet enti, tamen non collocant illud cuius sunt passiones in aliquod genus particularis scientiae, vel geometriae, vel mora- | lis vel naturalis, ut est causatum, necessarium, prius et posterius: huiusmodi enim, licet non insint cuilibet enti, tamen non collocant illud cui insunt in aliquo genere particularis scientiae; et ulterius ratio illorum non requirit ea esse in materia sensibili, et secundum hoc aliquo modo inferius est passio superioris, sicut per se consequens ad rationem suam aliquo modo, ut saltem per modum divisionis. Sic igitur patet quod ista sunt passiones, et quomodo, et patet solutio ad rationem.

<COMMENTUM>

Secunda ratio est: dialectici et sophistae similitudinem habent cum philosopho et eandem subinducunt figuram. Sophista enim est apparens philosophus, et dialecticus est tentativus de quibus philosophus est sciens. Sed dialectici et sophistae de omnibus disputant, ut utrum Socrates et Socrates sedens sint idem et utrum unum uni contrarium: disputant enim de omnibus. Quare et philosophus de istis habet considerare. Etenim dialectica differt a philosophia modo potestatis, idest considerationis et certitudinis: philosophus enim de omnibus communibus considerat per certitudinem et secundum veritatem, et ex propriis, non per extranea; dialectica vero de his considerat per extranea quaedam, quae sunt communia probabilia, et ideo non facit certitudinem; quia igitur dialecticus de istis considerat, ideo et philosophus, quia circa idem versantur. Differt autem a sophista vitae prohaeresi, quia sophis-

5 ut] et *scr. sed corr.*   8 potestatis] pōiatis (?) *scr.*

tae non quaerunt in vita nisi apparere scire, philosophus autem non appetit in vita nisi scire, et si non appareret hominibus, illud appeteret, quia propter se appetit; differunt ergo in fine suae vitae.

Et sciendum quod dialectica et sophistica circa idem versantur, ut circa totum ens, sed differenter, quia dialectica ex communibus intentionibus quae sunt a ratione facta in ipsis entibus, considerat de toto ente, quia huiusmodi intentiones in omnibus entibus reperiuntur, quia omnia entia sub actu rationis cadunt; huiusmodi autem actus sunt rationis, et per huiusmodi opinionem facit de entibus; philosophus vero ex his quae insunt entibus secundum quod entia sunt, de toto ente determinat secundum certitudinem et veritatem.

Sed iuxta hoc est intelligendum quod dialectica docet ex quibus et qualibus principiis et qualiter inducatur fides quam intendit facere, ut est opinio; et hoc demonstrative tradi potest, et sic dialectica est scientia et facit scire. Scire enim hoc est habitus scientialis. Habitus autem ille qui fit ex tali modo procedendi circa entia quem docet dialectica, non est scientia, sed opinio. Unde sic dialectica non facit scire, nec sic est scientia, nec habitus scientialis; tamen ex tali modo procedendi circa entia quem docet dialectica fit opinio et probabilitas quaedam.

Tertia ratio est: quaecumque reducuntur ad ens et non ens, unum et multum, pertinent ad considerationem philosophi; sed iam dicta communia, ut idem et diversum, simile, dissimile, aequale etc. reducuntur ad ens et non ens, unum et multum; quare pertinent ad considerationem philosophi. Huius rationis minorem tantum verificat in littera. Primo, quod omnia ista reducuntur ad ens et non ens: omnium enim contrariorum unum est ens, reliquum non ens, quia unum est sicut privatio alterius; quare, cum iam dicta communia sint contraria, ipsa reducuntur ad ens et non ens. Et iterum, sicut dixerunt omnes Antiqui, fere omnia entia sunt ex contrariis seu contraria: principia enim dixerunt esse contraria; ista autem iam dicta sunt contraria; quare reducuntur ad ens et non ens. Quod autem reducantur ad unum et multum supponatur, quia manifestum est.

Et tunc recolligit omnia dicta in hoc capitulo et concludit.

Dicendum autem utrum unius aut diversae.

In capitulo isto quod est pars secunda istius quarti, intendit

27 facere] *sup. lin.*

38 ARISTOTELES, *Metaph.*, IV, 2 (1004 b. 26-27).
48 ARISTOTELES, *Metaph.*, IV, 3 (1005 a 19).

PHILOSOPHUS determinare de primis principiis et dignitatibus quae sunt in disciplinis. Et primo determinat quod unius scientiae, sicut philosophiae, est considerare de dignitatibus primis et de substantia. Secundo, quod illius scientiae est considerare principium primum et dignitatem primam maxime.

Circa primum praemittit quaestionem: utrum unius scientiae sit considerare de substantia et de dignitatibus in mathematicis. Dicit autem hoc quia scientiae mathematicae manifestissime utuntur istis dignitatibus et saepissime. Et ipse solvit dicens | quod unius scientiae est de his considerare, sicut philosophiae. Et intendit rationem istam: consideratio eorum quae reperiuntur in quolibet genere entis pertinet ad philosophum; sed prima principia complexa quae dicuntur dignitates reperiuntur in quolibet genere entis; quare etc. Minorem verificat quia omnes scientiae de quolibet genere entium utuntur istis dignitatibus; hoc autem non esset nisi reperirentur in genere subiecto de quo est scientia; quare in quolibet genere entis reperiuntur. Dicimus autem omnes scientias uti istis principiis «de quolibet esse vel non esse» et «non de eodem simul esse et non esse» et similibus, non in sua communitate, sed prout determinata sunt ad genus subiectum de quo est scientia et fiunt in terminis illius scientiae: hoc enim sufficiens est subiecto. Et ideo, quia in quolibet <genere> entis reperiuntur ista principia, nulla scientia particularis habet declarare ea si sint vera vel non, sicut nec aliquid considerat de ente secundum quod est ens.

Deinde circa hoc duos errores removet et concludit sicut patet in littera.

Consequenter ostendit quod philosophi est considerare de firmissimo principio et primo. Hoc autem ostendit primo; secundo, errores Antiquorum circa hoc removet. Primo autem ostendit quod philosophus habet considerare de firmissimo principio; secundo ostendit quid sit firmissimum principium. Intendit igitur talem rationem: maxime et certissime cognoscens circa unumquodque genus, habet dicere firmissima principia: cognitio enim aliorum dependet ex cognitione principiorum; quare maxime et certissime cognoscens entia, habet dicere firmissima entium principia; sed philosophus est maxime et certissime cognoscens entia; quare habet considerare firmissima principia.

---

73 ARISTOTELES, *Metaph.*, IV, 3 (1005 a 33 sq.).
74 ARISTOTELES, *Metaph.*, IV, 3 (1005 b 4).
75 ARISTOTELES, *Metaph.*, IV, 3 (1005 b 11 sq.).

QUAESTIO <6>

QUAERITUR UTRUM PHILOSOPHUS IN SUI COGNITIONE SIT CERTISSIMUS

Et hic quaeritur utrum philosophus in sui cognitione sit certissimus.
Videtur quod non, quia philosophia est ad cognoscendum difficilia, sicut dicitur *I° huius*: quae quidem non sunt facilia homini ad cognoscendum; difficultas autem in scibilibus est causa incertitudinis; quare philosophia non est certissima.

Item, sicut dicitur *II° huius*, intellectus noster se habet ad prima entia, quae sunt in natura manifestissima, sicut oculus noctuae ad lucem solis; quare non certus est de illis; circa talia autem quae a sensibus sunt remotissima versatur philosophus; quare etc.

Oppositum dicit PHILOSOPHUS hic et *I° huius*. Et arguitur quod philosophia sit certissima: ceterae enim scientiae procedunt ex suppositione huius, quia principia aliarum scientiarum ex ista ostenduntur, ut iam ostensum est; quare ista est certissima.

Solutio. Et dicendum quod cognitio priorum secundum viam rationis certior est et simplicior: priora enim secundum viam rationis sunt universalia magis, et quia minus universalia addunt aliquid supra magis universalia, ideo ad comprehensionem eorum plura exiguntur et cognitio eorum est minus certa: unde scientiae quae simpliciorum sunt, certiores sunt illis quae sunt dictorum ex additione, ut dicitur *I° Posteriorum*.

Ulterius intelligendum quod in scientia divina seu philosophia tria considerantur: substantia, passiones et causae, et prima principia rei sive entis. Et ista considerantur in ipsa per principia doctrinae: non enim oportet eadem esse principia prima rei et prima principia doctrinae. Tunc dicendum quod philosophia certissima est quantum ad subiectum et passiones et doctrinae principia, cum certior sit scientia quae est magis universalium et ista scientia sit de maxime universalibus quantum ad subiectum et passiones et principia doctrinae: est enim de ente secundum quod ens et de passionibus eius ut sic. Et ex principiis quae fiunt in terminis entis manifestum quod ista est scientia certissima, et philoso-

---

10 noctuae] noctuce *scr.*   17 Solutio] *marg.*

6 ARISTOTELES, *Metaph.*, I, 2 (982 a 23 sq.).
9 ARISTOTELES, *Metaph.*, II, 1 (993 b 9-11).
13 ARISTOTELES, *Metaph.*, IV, 3 (1005 b 11); I, 2 (982 a 12-13).
22 ARISTOTELES, *An. post.*, I, 27 (87 a 31).

phus in cognitione certissimus. Quantum tamen ad prima principia rei non est valde certior aliis. Ex quibusdam enim in aliis scientiis declaratis declarat prima principia esse, ut ex sempiternitate motus, quod declara- 35 tum est in physicis, declarat hic Primum Principium esse. Unde aliae scientiae sibi assurgunt ad probandum prima principia esse, et ideo sic non est certior aliis. Tamen advertendum quod, licet certior sit cognitio cum ex causa scitur effectus, quam quando causa scitur per effectum, in mathematicis autem est illud genus cognitionis secundum quod scitur 40 effectus per causam, in scientia autem ista maxime est aliud genus cognitionis secundum quod scitur causa per effectum, quamquam ista scientia non sit certior aliis quantum ad illud genus cognitionis quod est in mathematicis, quia tamen omnes aliae ex suppositione eorum quae hic tantum habent verificari et declarari procedunt, potest dici quod ista est 45 certior omnibus aliis scientiis.

Et patet solutio ad rationes.

<COMMENTUM>

Consequenter demonstrat quid est firmissimum principium. Et primo ponit tres conditiones firmissimi principii; secundo demonstrat quid est illud principium cui conveniunt istae conditiones.

f. 107rb   Prima con- | ditio, quod firmissimum est circa quod non contingit 5 mentiri nec errare: quoniam incertitudo et ignorantia circa aliquid est causa erroris circa illud; quare per oppositum certitudo causa non erroris; circa ergo illud quod certissimum est non contingit errare.

Secunda conditio est quod firmissimum principium non habetur ex conditione, idest ex suppositione alterius, ita quod cognitio eius depen- 10 deat ex cognitione alterius, quia illud quod necesse est habere intelligentem quodcumque entium, non habetur ex suppositione intellectus alterius, sed omnem intellectum praecedit; firmissimum autem et primum principium est huiusmodi, aliter enim non esset primum et firmissimum.

Tertia conditio est quod firmissimum principium naturaliter venit ad 15 habentem: naturaliter, quia non ex argumentatione aliqua nec propositione priore, quia cognoscitur per rationem suorum terminorum et rationes terminorum cognoscuntur via sensus et experientiae; et ita cognoscitur naturaliter, quia sine argumentatione et ratione.

Deinde ostendit quod illud principium: «non de eodem simul esse et 20

17 priore] priori *scr.*

2 ARISTOTELES, *Metaph.*, IV, 3 (1005 b 11 sq.).
20 ARISTOTELES, *Metaph.*, IV, 3 (1005 b 18 sq.).

non esse», habet dictas conditiones firmissimi principii. Circa ipsum enim impossibile est errare mente, licet voce contingat dicere oppositum: non enim necesse est quae aliquis dicit voce, haec existimare. Quod autem non contingat mente opinari idem simul esse et non esse, probat
25 quia contraria simul inesse eidem non possunt; sed opiniones contradictoriorum sunt contrariae, ut dicitur *II° Perihermeneias*: opiniones enim contrariorum non sunt contrariae: opinari enim quod homo est albus et quod homo non est albus contradictoria sunt, non autem opinari quod homo est albus et quod homo est niger; quare opinari contradictoria
30 simul non contingit.

Et ex hoc concludit corollarium quod, quia illud principium est primum et firmissimum, ideo omnes demonstrantes in illud principium ultimo reducunt demonstrationes suas, et hoc est quia natura hoc est principium omnium aliarum dignitatum.

<QUAESTIO 7>

QUAERITUR UTRUM IN COGNITIONE PRIMI PRINCIPII
CONTINGAT ERRARE

Quaeritur hic utrum in cognitione primi principii huius, scilicet «non
5 de eodem simul esse et non esse», contingat errare. Videtur quod sic, quia sensus certior est circa proprium sensibile quam intellectus circa intelligibile; sed sensum circa sensibile proprium contingit errare, ut si medium vel organum sit indispositum: quandoque enim dicit gustus dulce esse amarum, ut patet ex *III° De anima*; quare intellectum contingit
10 errare circa quodlibet intelligibile.

Oppositum dicit Philosophus.

Et responsio est quod nullus mente potest circa illud principium errare, ut iam ostensum est, licet voce dicat oppositum eius, sicut dicitur de Heraclito quod ipse existimabat idem simul esse et non esse.

15 Ad rationem, cum dicitur quod sensus errat, dicendum quod sensus circa actum suum non errat: sentit enim suum sensibile et etiam sentit se sentire: videt enim visus album et videt aliquo modo se videre. Unde

28 contradictoria] contraria *scr.*

26 Aristoteles, *De interpretatione*, I, 14 (23 a 27 sq.).
31 Aristoteles, *Metaph.*, IV, 3 (1005 b 32-34).
 9 Aristoteles, *De anima*, III, 3 (428 b 17 sq.).
11 Aristoteles, *Metaph.*, IV, 3 (1005 b 23 sq.); 4 (1006 a 2 sq.).

qualiter ipse sensus afficiatur et qualis sit sensatio recte iudicat. Sed iudicando quale sit sensibile, si sit sensibile commune, potest errare, ut dicitur *II° De anima*; si autem sit sensibile proprium, intelligendum quod 20 forma sensibilis non est in sensu, sed est in sensibili et agit in ipsum sensum per medium et recipitur aliquo modo ratio eius in sensu et perficit ipsum sensum per medium; et ideo recipitur secundum dispositionem medii et organi, quia omne receptum est in recipiente per modum recipientis et non per modum recepti; et ideo, cum sensus iudicet de eo 25 secundum quod in eo recipitur, et potest recipi et esse in ipso, non sicut est in natura sua, sed secundum dispositionem organi, ideo potest sensus iudicare de sensibili proprio aliter quam sit, sicut gustus quandoque illud quod est dulce per naturam suam iudicat esse amarum propter aliquam dispositionem innaturalem existentem in organo gustus. 30

Intelligendum tamen quod sensus sic errare non potest ut iudicet de eodem simul opposita. Dico: idem sensus: verum est enim quod unus homo secundum intellectum et secundum sensum de eodem simul potest iudicare opposita, ut secundum sensum solem esse pedalem, secundum rationem vero et intellectum iudicabit esse maiorem tota terra. Similiter 35 secundum duos sensus potest simul iudicare opposita, ut dicet PHILOSOPHUS in *isto IV°*, quia quandoque tactus dicit esse duo quod visus iudicat unum; sed secundum sensum <unum> et idem organum non contingit simul opposita de eodem iudicare. Similiter etiam est de intellectu, quod circa intelligibile non contingit sic errare quod simul 40 opposita iudicet de eo; alio tamen modo contingit errare.

Et sic patet solutio ad rationem.

<QUAESTIO 8>

QUAERITUR UTRUM PRIMUM PRINCIPIUM SIT NOTISSIMUM

Consequenter quaeritur utrum illud principium: «non de eodem simul esse et non esse», sit notissimum. Et videtur quod non sit per se notum, quia in principiis per se notis praedicatum est de ratione subiecti; sed esse 5

f. 107va non est de ratione entis | quare etc.

Oppositum dicit PHILOSOPHUS.

18 recte] ratione *scr.*   23 et] tamen *scr. sed corr.*

20 ARISTOTELES, *De anima*, II, 6 (418 a 11 sq.).
37 ARISTOTELES, *Metaph.*, IV, 6 (1011 a 33 sq.).
7 ARISTOTELES, *Metaph.*, IV, 3 (1005 b 13).

<QUAESTIO 9>

QUAERITUR UTRUM PRIMUM PRINCIPIUM NATURALITER VENIAT
AD HABENTEM

Secundo quaeritur utrum illud principium naturaliter veniat ad habentem. Et videtur quod non, quia illud quod advenit per operationem intellectus praecedentem, non venit naturaliter; sed illud principium venit per operationem intellectus praecedentem: cognoscitur enim per rationem et definitionem terminorum; haec autem sunt actus intellectus; quare etc.

Oppositum dicit hic.

Et ad secundam primo dicendum quod duplex est operatio intellectus: una quae est indivisibilium intelligentia, quae solum est apprehensiva incomplexorum; alia consistit in compositione et divisione intelligibilium. Et cum in utraque intellectus cognoscat, in cognitione utriusque oportet esse aliquid primo notum, aliter enim secundum neutram nihil esset notum: quia sicut in entibus, si nihil sit primum ens, nihil erit ens, sic in notis ab intellectu, si nihil sit primo notum, nihil erit notum. Primo autem notum secundum cognitionem apprehensivam est ratio entis, sicut dicit AVICENNA: hoc enim est quod primo occurrit intellectui nostro. Similiter in secunda operatione est aliquid primo notum secundum compositionem, et cum principia cognoscantur per terminos, oportet quod principium vel compositio primo nota sit nota per terminos primo notos; termini autem primo noti sunt ens et non ens; et ideo primum principium notum fit in terminis entis et non entis. Et illud principium ex alia cognitione compositionis alterius non est notum, nec sic venit ad habentem; sed ex alia cognitione apprehensiva, ut ex apprehensione terminorum primorum. Sed omnes aliae compositiones et propositiones ex huiusmodi compositione dependent; et ideo natura venit ad habentem pro tanto quia non ex ratione alia vel propositione.

Et per hoc ad rationem patet solutio, quia, licet principium fiat notum ex alio prius cognito, tamen illud cognoscitur alia ratione cognitionis, ut cognitione apprehensiva.

Ad primam quaestionem dicendum quod illud principium est notissimum inter complexa sicut ens inter incomplexa, sicut dicit ARISTOTELES

---

10 ARISTOTELES, *Metaph.*, IV, 3 (1005 b 17).
19 AVICENNA, *Metaph.*, tr. I, c. 5, p. 31-33.
34 ARISTOTELES, *Metaph.*, IV, 3 (1005 b 13).

in littera, quia circa ipsum impossibile est errare. Si autem esset ignotum, secundum aliquem modum contingeret circa ipsum errare. Et cum arguitur quod in principiis per se notis praedicatum debet esse de ratione subiecti, dicendum quod non oportet. Propositio enim potest esse per se nota tripliciter.

Uno modo quando praedicatum est de ratione subiecti, et hoc dupliciter. Quandoque enim ratio subiecti non nota est omnibus, sicut dicendo: «Deus est», ratio subiecti non est nota omnibus; et talis, licet sit per se nota, non tamen est omnibus per se nota, sed sapientibus; et ideo quibusdam videtur esse propositio demonstrabilis, sed non est demonstrabilis sapientibus. Quandoque vero, cum praedicatum sit de ratione subiecti, ratio subiecti nota est omnibus, ut *ens est unum*, vel *ens non est non ens*, et tunc est propositio per se nota et omnibus nota.

Alio modo potest esse propositio per se nota quando praedicatum est immediatus effectus subiecti, et subiectum est causa immediata eius, inter quem et subiectum non sit aliquod medium in cognoscendo, licet non sit praedicatum de ratione subiecti. Et talis propositio est per se nota: scire enim est per propriam causam. Tamen advertendum quod, cum sic se habet praedicatum sicut effectus quandoque, si illud accipiatur de definitione subiecti, est propositio per se nota; si vero de subiecto, non, quia subiectum non fuit per se notum, sed statim notificata ratione eius et quod quid est, fiet propositio per se nota. Quandoque autem est propositio per se nota si praedicatum sit effectus subiecti seu praedicatum accipiatur de subiecto seu de definitione subiecti.

Tunc igitur dicendum quod contingit proponere illud principium notissimum tripliciter. Uno modo sic: «illud quod est non est non ens»; alio modo sic: «idem non contingit simul esse et non esse»; tertio modo sic: «idem non contingit simul esse album et non esse album». Et quocumque modo proponatur, nullus potest mente opinari oppositum, tamen notius est primo modo propositum sic: «ens non est non ens», quia sic manifeste est praedicatum de ratione subiecti et de intellectu simplici entis, quia ens definitionem non habet: secundo modo est minus nota, quia ponitur ibi «contingit» et contingens et possibile est minus notum quam esse vel ens quod primo accipiebatur; tertio modo minus nota est quia ratio entis particularis, ut albi, minus nota est quam ratio entis absolute.

41 non] *sup. lin.*

<QUAESTIO 10>

QUAERITUR UTRUM OPINIONES CONTRADICTORIORUM
SINT CONTRARIAE

Consequenter quaeritur utrum opiniones contradictoriorum sint con-
5 trariae. Videtur quod non, quia entia sunt causa per seipsa opinionis;
quare secundum dispositionem suam facient dispositionem opinionis;
quae igitur secundum se contradictoria sunt, contradictoriam facient
opinionem, | non contrariam. f. 107vb

Oppositum dicit PHILOSOPHUS hic et II° Perihermeneias.
10 Solutio. Et dicendum quod opiniones eorum quae habent contraria
praedicata, non sunt primo contrariae, ut quae opinatur Socratem esse
album et Socratem esse nigrum, sed inquantum ipsa sequuntur contradictoria, quorum opiniones sunt primo contrariae. Et propter rationem
intelligenda sunt duo. Primum est quod contradictoriorum alterum est
15 natura positiva, aliud non, scilicet negatio, quae nihil ponit; contrariorum vero utrumque est natura positiva. Aliud intelligendum est quod,
licet alterum contradictoriorum non habeat esse in rerum natura, tamen
habet esse rationis: unde, sicut dicit ARISTOTELES principio huius IV^i, non
ens esse non ens quia esse rationis aliquo modo habet. Tunc dicendum
20 quod opiniones affirmationis et negationis, quae opponuntur contradic-
torie, non sunt contradictoriae, quia tunc opponerentur sicut affirmatio
et negatio, sicut opinio et non opinio; quia alterum contradictoriorum
quod est negatio et non ens, habet esse rationis, ideo utrumque in
opinione est aliquid positivum; et ideo, cum contraria sint quae opposita
25 sunt et naturam positivam habent, opiniones contradictoriorum sunt
contrariae.

Et patet ad rationem.

QUAESTIO <11>

QUAERITUR UTRUM NON DE EODEM SIMUL ESSE ET NON ESSE
SIT PRIMUM PRINCIPIUM ALIARUM DIGNITATUM

Consequenter quaeritur utrum illud principium «non contingit simul

10 Solutio] Solutio *add. marg.*   eorum] contradictoriorum *scr. sed corr.*   19 quia] dicitur *scr. sed corr.*

9 ARISTOTELES, *Metaph.*, IV, 3 (1005 b 28-29); *De interpretatione* I, 14 (23 b 23 sq.).
18 ARISTOTELES, *Metaph.*, IV, 2 (1003 b 10).

idem esse et non esse» sit primum principium aliarum dignitatum. Videtur quod non: eius quod est ens per se non est principium in essendo; quare eius quod est per se notum non est principium in cognoscendo; sed dignitas est per se nota; quare eius non est principium.

Oppositum dicit PHILOSOPHUS.

Solutio. Et dicendum quod duplex est operatio intellectus: una apprehensiva, alia compositiva. Et secundum primam operationem primo notum est ens, nec sic cognoscitur aliquid aliud nisi praesupposita ratione entis. Ita et primo notum in secunda operatione est illud principium «ens non est non ens» seu «non contingit simul idem esse et non esse». Et sicut rationes terminorum in quibus fit hoc principium sunt prius notae quam rationes aliorum terminorum in quibus fiunt aliae dignitates, ut «omne totum est maius sua parte», et cognitio aliorum dependet ex cognitione istorum, ita et cognitio aliarum dignitatum dependet ex cognitione istius principii. Sic «omne totum est maius sua parte» dependet ex isto principio «non contingit simul idem esse et non esse»: si enim idem simul sit et non sit, tunc non omne totum est maius sua parte, si omne totum sit maius etc. Est igitur illud principium aliarum dignitatum, ita quod aliae cognoscuntur ex praesuppositione huius.

Et cum arguitur quod eius quod est per se notum non est principium in cognoscendo, dicendum quod principium per se notum proprie et in primo gradu est illud quod cognoscitur ex cognitione suorum terminorum, qui non sunt noti ratione vel definitione, sed tantum via sensus et experientiae, et hoc est tantum unum, illud scilicet quod dictum est. Tamen extendendo per se notum ad illa quae cognoscuntur per rationes terminorum et illa quae cognoscuntur ratione et definitione, possunt esse multa per se nota primo modo loquendo de per se noto; et appellando solum talia dignitates, sic non habent principium; secundo autem modo contingit, sicut est in rei veritate.

<COMMENTUM>

Deinde removet errores Antiquorum circa illud principium primum. Et sunt duo. Quidam enim dicebant quod idem contingit simul esse et non esse, et dicebant se hoc existimare, cum sit impossibile, ut praeostensum est; et dicit ARISTOTELES quod hoc supponendo pro impossibili et

10 Solutio] Solutio *add. marg.*   19 Sic] sicut *scr.*

9 ARISTOTELES, *Metaph.*, IV, 3 (1005 b 33-34).
2 ARISTOTELES, *Metaph.*, IV, 4 (1005 b 35 - 1006 a 1).
5 ARISTOTELES, *Metaph.*, IV, 4 (1006 a 4-5).

ostendendo hoc esse impossibile, declarabimus hoc esse firmissimum principiorum. Alius error est, quod quidam primum principium iam dictum conabantur demonstrare, et dicit PHILOSOPHUS quod hoc fuit propter ineruditionem, quia ineruditio est non cognoscere quorum
10 oportet quaerere demonstrationem et quorum non. Non enim omnium est demonstratio, ut ostensum est in *Analyticis*: fieret enim sic processus in infinitum, et sic non esset demonstratio, quia non esset prima, quare nec aliqua alia; et ideo, si quorundam non est demonstratio, maxime istius principii primi non erit demonstratio.
15 Consequenter intendit disputare contra negantes illud principium, sicut iam praemisit. Et quia iam probavit quod non contingit ipsum demonstrare, ostendit quod, licet non contingat ipsum simpliciter demonstrare, tamen contingit demonstrare elen- | chice, scilicet ad contra- f. 108ra dicentem illi principio, si confiteatur se aliquid dicere, unde supponen-
20 do aliquid confessum ab eo. Quidquid autem aliud supponitur ab isto principio, minus notum erit, et oportet illud principium intelligere intelligendo aliud; et ideo in veritate petetur quod est in principio. Tamen non petetur ad contradicentem, quia aliquid confitetur. Et tunc demonstrat quid oportet supponere contra ipsum, dicens quod non
25 contingit supponere aliquid esse aut non esse, quia sic statim peteretur propositum; sed oportet supponere nomen aliquid significare et sibi et alii: si enim hoc neget, cum eo non erit sermo, sicut nec cum planta, quia negat sermonem significare. Et iterum si neget sermonem et nomen aliquid significare, hoc concedet, quia non contingit hoc negare nisi per
30 vocem et sermonem: quare simul negando significare sermonem, confitetur ex ipso actu opposita. Et ideo qui negat loquelam, concedit loquelam. Dicit autem ARISTOTELES quod oportet supponere nomen aliquid significare et non aliquid esse vel non esse, non quia non petatur sic principium, sed certe petitur principium; sed quia non contingit hoc negare nisi illud
35 concedendo; sic etiam non contingit de principio, ut ostendet inferius.

19 unde] unum *scr.*   27 sermo] aliquid *scr. sed corr.*

8 ARISTOTELES, *Metaph.*, IV, 4 (1006 a 5 sq.).
11 ARISTOTELES, *An. post.*, I, 3 (72 b 18 sq.).
15 ARISTOTELES, *Metaph.*, IV, 4 (1006 a 11 sq.).
17 ARISTOTELES, *Metaph.*, IV, 4 (1006 a 12 sq.).
32 ARISTOTELES, *Metaph.*, IV, 4 (1006 a 21).

<QUAESTIO 12>

QUAERITUR UTRUM QUI INTERIMIT LOQUELAM PONAT LOQUELAM

Sed hic est dubium hoc quod dicit quod qui interimit sermonem vel loquelam, ponit et sustinet loquelam, quia sustinens unum oppositorum, non habet concedere reliquum, sicut PHILOSOPHUS hic intendit declarare.

Solutio. Et intelligendum quod, cum quis interimit et negat significationem nominum, et loquelam per hoc interimit, est in ista negatione duo considerare: rem negatam et actum negandi. Ex re autem negata, ut sic, non sequitur affirmatio loquelae, quia ad oppositum non sequitur oppositum. Sed ad actum negandi hoc, idest loquelam, sequitur affirmatio eius: actus enim negandi hoc non potest esse nisi per sermonem significantem, et ideo qui negat sermonem significare, cum hoc neget per sermonem significantem, nomen et sermonem confitetur significare.

<COMMENTUM>

Consequenter ex iam dicta suppositione arguit et ponit duas rationes. Prima est quod, si nomen aliquid significet, hoc verum est esse aut non esse, ita quod non simul est et non est; quare non omne simul habet esse et non esse. Ad secundam rationem praemittit tria.

Primum est quod nomen significat aliquod unum ratione, sicut homo significat animal bipes, quod est unum ratione. Et hoc ostendit quoniam, nisi nomen aliquid significet, non contingit ad invicem disputare nec ratiocinari; si igitur ponamus nomen aliquid significare, ipsum significat unum necessario: si enim ponamus nomen aliquod significare plura, si sint finita, unicuique significatorum contingit unum nomen imponere, et sic nomen significabit unum; si autem dicatur quod nomen significat infinita, non erit sermo, quia quod non significat unum, nihil significat, quia significare est intellectum constituere; qui autem non intelligit unum, nihil intelligit, quia simul plura non contingit intelligere; quod autem significat infinita, non significat unum; quare nihil significat. Si igitur nomen aliquid significat, unum significat.

Secundum quod praemittit est quod unum nomen non potest significa-

---

6 Solutio] Solutio *add. marg.*

5 ARISTOTELES, *Metaph.*, IV, 4 (1006 a 25 sq.).
2 ARISTOTELES, *Metaph.*, IV, 4 (1006 a 29).
5 ARISTOTELES, *Metaph.*, IV, 4 (1006 a 32 sq.).
18 ARISTOTELES, *Metaph.*, IV, 4 (1006 b 13 sq.).

re rationem et quod quid est hominis et etiam oppositum huius, quoniam
20 illa dicimus significare unum, non quae significant unum subiecto, sed
unum ratione; quia, si illa significarent unum quae significant unum
subiecto, tunc omnia unum significarent et essent synonyma, quia album
et homo idem sunt subiecto, similiter album et lapis et asinus et sic de
aliis; quare omnia nomina synonyma essent; hoc autem est inconve-
25 niens; quare non significant unum quae significant unum subiecto, sed
quae unum ratione. Sed «homo» et «non homo» sive «hominem esse» et
«non hominem esse» non sunt unum ratione, nec dicuntur de uno
ratione, nisi si quis hoc vocet non homo, quod nos vocamus homo; sed
hoc erit aequivoce et secundum nomen; nos autem loquimur de re cum
30 dicimus «homo et non homo non sunt idem»; quare, etc.

Tertium quod praemittit est quod «homo» et «non homo» non
significant idem, quia si significarent idem, cum homo significet homini
esse, idest rationem et quod quid est hominis et non homo quod quid est
non hominis, sequitur quod unum erunt ratione quod quid est hominis et
35 non hominis: hoc enim est significare unum, scilicet ratione, sicut vestis
et indumentum. Si igitur ista sint unum ratione, nomen quod significat
quod quid est hominis, significabit quod quid est non hominis; quod est
secundo improbatum.

Deinde arguit ex his sic. Si homo significat unum, sicut animal bipes,
40 tunc homo est animal bipes et de necessitate; et si de necessitate est
animal bipes, impossibile est hominem non esse animal bipes: haec enim
est ratio necessitatis, quod non possit aliter se habere. Non igitur
contingit simul esse et non esse. Prima propositio verificatur sic, quia, si
homo significat animal bipes, hoc est quod quid est eius, quia nomen
45 significat | quod quid est; sed ipsum quod quid est necessario praedicatur f. 108rb
de eo cuius est; quare etc.

Circa istam rationem sic procedit: primo ponit totam rationem,
secundo determinat quiddam suppositum, tertio removet unam responsionem, quarto aliam responsionem removet.
50 Posita igitur ratione, determinat suppositum. Supposuit enim quod
homo et non homo, et homini esse, idest ratio, et non homini esse, idest
ratio, non sint unum ratione. Et hoc determinat, quia homo et album
multo minus differunt et magis conveniunt, quam hominem esse et non

40 est^1] iter.

31 ARISTOTELES, Metaph., IV, 4 (1006 b 22 sq.).
39 ARISTOTELES, Metaph., IV, 4 (1006 b 28 sq.).

hominem esse; homo tamen et album non sunt unum ratione; quare etc. Minorem ulterius probat, quia, si quis dicat quod homo et album sunt 55 unum ratione, quia dicuntur de subiecto uno et sunt idem subiecto, tunc omnia erunt unum ratione: quia qua ratione homo et album sunt unum ratione, eadem ratione asinus et album; quaecumque autem uni sunt eadem in ratione, inter se sunt eadem ratione: quare homo et asinus sunt unum ratione, et similiter in omnibus; hoc autem impossibile; quare etc. 60

Deinde removet unam responsionem ad principalem rationem. Diceret enim aliquis quod bene probatur quod homo tantum sit animal bipes essentialiter et non non animal bipes: cum enim homo significet unum ratione et hoc est animal bipes tantum, sequitur quod illud tantum dicetur de homine essentialiter; diceret tamen quod est non animal bipes 65 accidentaliter. Et <si> quaeritur: quid est homo?, dicet quod est animal bipes et non animal bipes; sed est animal bipes essentialiter, non animal bipes accidentaliter. Et removet hoc intendens quod, cum quaeritur quid est homo, respondendum est ad interrogatum, et non est respondendum accidens, quia qua ratione respondendum est unum, et 70 omnia, quia omnia sunt extra substantiam rei de qua quaeritur. Sed non contingit respondere omnia, cum sint infinita; quare nullum est respondendum cum quaeritur quid sit homo. Licet igitur homo esset non animal bipes accidentaliter, cum quaeritur quid est homo, non est ipsum respondendum, sed solum animal bipes. 75

Consequenter removet aliam responsionem, et patebit post.

<QUAESTIO 13>

QUAERITUR UTRUM NOMEN SIGNIFICET ALIQUID NATURALITER

Circa praedicta quaeritur primo circa ea quae praemittit ad rationem secundam. Primo de significatione nominum. Et primo quaeritur utrum nomen significet aliquid naturaliter sine institutione; secundo, utrum 5 possit doceri quid significet nomen; tertio, utrum quid significet nomen possit esse notum per rationem.

---

54 ratione] et hoc determinat quia homo et album multo minus differunt *add. sed verbo* vacat *cancell.*   74 homo] non est respondendum *add.*

55 ARISTOTELES, *Metaph.*, IV, 4 (1007 a 1 sq.).
61 ARISTOTELES, *Metaph.*, IV, 4 (1007 a 8 sq.).
76 ARISTOTELES, *Metaph.*, IV, 4 (1007 a 21 sq.).

De primo arguitur quod nullum nomen significet naturaliter, quia illud quod est a natura est idem apud omnes; sed nomina non significant idem apud omnes; quare non significant naturaliter.

Contra: dicit ARISTOTELES *I° Politicae* quod sermo differt a voce, quia sermo est semper ad ostendendum aliquid, ut iustum vel iniustum; vox autem non semper est ad aliquid ostendendum, quia inest aliis animalibus, quae non aliquid tale ostendunt. Sermo autem datus est homini a natura, ut dicit PHILOSOPHUS ibidem; quare nomina per quae fit sermo a natura et sine institutione videntur significare.

Solutio AVERROIS super V^{um} *Ethicorum*: ea quae sunt iusta naturaliter, fiunt iusta positive per determinationem ad materiam determinatam: ut, verbi gratia, cum sit iustum naturaliter sacrificare et honorare Deum, hoc fit iustum positive per sic sacrificare vel sic, vel sacrificare tale vel tale, ut unam capram vel duas oves. Simili modo est in proposito, quia nomen significare naturale est, sed quod significet hoc vel hoc, est ex institutione. Graecus enim audiendo nomen latinum apprehendit quod aliquid significat, licet non quod significet hoc vel hoc. Potest enim aliquis apprehendere significare sine significare hoc vel illud, licet non contingit hoc significare nisi significando hoc vel illud; licet enim genus non habeat esse sine aliqua specie, tamen habet intelligi sine specie omni.

Et patet ad rationes.

QUAESTIO <14>

QUAERITUR UTRUM QUID SIGNIFICET NOMEN POSSIT DOCERI

De secundo arguitur quod non possit doceri quid significet nomen, quia principiorum doctrinae non est doctrina; sed quid significat nomen est principium doctrinae, omnis enim doctrina praesupponit nomen significare; quare etc.

Oppositum apparet, quia pueri instruuntur quid significant nomina idiomatis sui.

Solutio. Dicendum quod aliquis sciens unum idioma potest doceri

---

15 dicit] prius *scr. sed corr.*   17 Solutio] Solutio *add. marg.*   24 non quod] quod non *scr.*   9 Solutio] Solutio *add. marg.*

11 ARISTOTELES, *Polit.*, I, 2 (1253 a 10 sq.).
15 ARISTOTELES, *Polit.*, I, 2 (1253 a 7 sq.).
17 AVERROES, *Ethic. Nic.*, V, c. 7 (fol. 73-74 A-E).

quid significant nomina alterius idiomatis, quod ignorat per nomina sui idiomatis, sicut latinus ab alio doceri quid significant nomina graeca, interpretando graecum per latinum. Item, aliquis sciens quid significant vocabula quaedam unius linguae potest doceri quid significant vocabula alia eiusdem idiomatis, quae ipse ignorat. Sed si sit aliquis inexpertus cuiuslibet idiomatis, non potest doceri quid significat aliquod nomen: scire enim quid significat nomen universaliter loquendo est doctrinae principium: hoc enim praesupponit doctrina, quod quis intelligat quid aliquod nomen significet, et ideo per doctrinam hoc haberi non potest.

Et patet ad rationem.

QUAESTIO <15>

QUAERITUR UTRUM QUID SIGNIFICET NOMEN POSSIT HABERI PER RATIONEM

De tertio arguitur quod quid significat nomen non possit haberi per rationem, quia principia non sunt nota per rationem; sed quid significat nomen est principium, ut dicitur principio *Posteriorum*; quare etc.

Contra: per se nota et non per rationem cognoscuntur per rationes terminorum; sed aliquis potest | cognoscere rationem alicuius vocis, ut huius «homo», et quid sit significare talem rem quae homo est, et tamen non cognoscet quod haec vox significet talem rem; quare quid significat nomen universaliter non est per se notum.

Dicendum quod non est de per se notis quid significet nomen, sed fit notum per aliud; non per doctrinam, ut iam dictum est, sed per inventionem, post quaedam alia intellecta. Quod enim nomen hanc rem significet per voluntatem est. Quomodo igitur isti nescienti quid significat nomen universaliter <patebit> quod hoc nomen hanc rem significet? Dicendum quod eo modo quo fit ei notum quod homo velit talem rem significare; hoc autem fit ei notum per signa exteriora docentis respectu talis rei, et per gestus: sicut si quis panem nominet et rem talem ostendat per signa corporis et vocem proferat, alius vocem audiens et signa corporis videns, statim ex se intelliget quod per talem vocem, talem rem voluit significare. Et isto modo duo pueri omne idioma ignorantes, idioma sibi commune formare possent.

4 non] *marg.*

6 ARISTOTELES, *An. post.*, I, 1 (71 a 12 sq.).

Ad rationem dicendum quod duo sunt modi acceptionis scientiae: unus per doctrinam, alius per inventionem; et prima acceptio scientiae non est per doctrinam, sed per inventionem. Et ideo non oportet quod omne principium doctrinae sit primum principium acceptionis scientiae. Et ideo, licet quid significet nomen sit primum principium doctrinae, non tamen primum principium scientiae. Et ideo non est per se notum.

QUAESTIO <16>

QUAERITUR UTRUM NOMEN SIGNIFICET INTELLECTUM REI

Consequenter quaeritur quid significet nomen. Et primo utrum significet intellectum rei; secundo utrum significet quod quid est rei. Quod autem significet intellectum rei videtur, quia significare est intellectum constituere, sicut dicitur *I° Perihermeneias*; sed non constitueret intellectum aliquod nomen nisi significaret intellectum; quare etc.

Item, dicit ARISTOTELES principio eiusdem libri quod voces sunt notae passionum quae sunt in anima, et non omnes voces significant passiones quae sunt affectiones appetitus, cuiusmodi sunt amor, gaudium et ira, sed significant passiones secundum quod intellectus rerum dicuntur passiones: intelligere enim quoddam pati est, ut dicitur *III° De anima*; quare etc.

Contra: si nomen significaret intellectum rei et non rem, tunc omnia nomina essent secundae impositionis: essent enim nomina intentionum, non rerum, quod falsum est.

Solutio. Dicendum quod nomina non significant intellectum rei, sed sunt signa rerum. Quod patet sic, quoniam, si nomina significarent intellectum rei, cum nomina constituant intellectum eius quod significant, tunc nomina constituerent intellectum intellectus rei; nunc autem omnia nomina non constituunt intellectum intellectus rei, immo si quis ex nomine ducatur in intellectum intellectus rei, iste intellectus accessorius est; intellectus autem rei est principalis, et ideo rem significat nomen.

Et cum arguitur quod nomen non constitueret intellectum nisi significaret intellectum, dicendum quod falsum est: non enim constituit

2 nomen] non *scr. sed corr.*   18 patet] falsum est *scr. sed corr.*

6 ARISTOTELES, *De interpretatione*, I, 3 (16 b 20).
8 ARISTOTELES, *De interpretatione*, I, 1 (16 a 3).
12 ARISTOTELES, *De anima*, III, 4 (429 b 24-25).

intellectum quia eius sit signum, sed quia haec est ratio significandi, repraesentare scilicet rem per vocem ipsi intellectui.

Et cum arguitur secundo quod voces sunt notae earum etc., dicendum quod voces non habent significare tantum secundum quod habent esse, sed modo quo intelliguntur; nec oportet quod res habeant esse sic sicut intelliguntur, scilicet abstracte. Et propter hoc non referuntur voces ad res nisi mediante intellectu. Et ideo diversa est comparatio intellectus ad res et vocis ad intellectum: vox enim significat rem eo modo quo intelligitur, intellectus autem rem intelligit non semper sicut est, sed modo quo non est, quia res esse non habet abstracte, sic autem significat ipsam vox. Unde non intendit Philosophus dicere quod voces sint signa ipsorum intellectuum, sed sunt signa rerum secundum quod intelliguntur; et quia ut sic dicuntur passiones intellectus, ideo dicit quod voces sunt notae etc.

<QUAESTIO 17>

QUAERITUR UTRUM NOMEN SIGNIFICET QUOD QUID EST ET SUBSTANTIAM REI

Consequenter de secundo arguitur quod nomen non significet quod quid est et substantiam rei, quia album significatur nomine albi et musicum est album; quare musicum significatur nomine albi; sed musicum non est quod quid est albi; quare etc.

Contra: intellectus est quod quid est ipsius rei; sed eiusdem est significatio cuius et intellectus, quia significare est intellectum constituere; quare etc.

Solutio est quod nomen significat quod quid est rei quae significatur, quoniam nomen est signum substantiae eius cuius est nomen. Unde, cum multa accidant homini, hoc nomen homo non significat aliquid istorum, sed significat substantiam, et ideo significat tantum unum. Si enim significaret accidens rei, tunc non esset nomen rei, sed accidentis rei; sicut si intelligatur accidens rei, non est intellectus rei, sed accidentis. Sunt enim in significando res et accidens distincta sicut in intelligendo; et ideo, sicut qui intelligit rem, non intelligit accidens, similiter qui significat rem, substantiam eius significat et non accidens aliquod.

27 intellectui] intellectum *scr.*

36 Aristoteles, *De interpretatione*, I, 1 (16 a 3).
4 Aristoteles, *Metaph.*, IV, 4 (1007 a 25 sq.).

Et cum arguitur: album significatur nomine albi, et musicum est album, quare etc., dicendum quod est fallacia accidentis, quia sic dicendo «musicum est album» praedicatio est accidentalis, et ideo non oportet quod quidquid dicatur de albo, et de musico; quaedam tamen quae insunt albo, insunt musico et tunc sequitur; et ideo, si tertium quod denotetur inesse istis sit tale quod in eo distinguantur subiectum et accidens, fallacia est accidentis; si vero non, tunc non est fallacia. Et ideo secundum hunc locum scientes ab insciis distinguuntur. Oportet enim rerum naturam cognoscere qui deceptionem secundum locum istum debet invenire. Et ideo quia album intellectum habet abstractum a musico, ideo et significationem; licet album et musicum eadem sint secundum subiectum.

QUAESTIO <18>

QUAERITUR UTRUM NOMEN POSSIT SIGNIFICARE INFINITA

Consequenter quaeritur de multitudine significatorum nominum. Et primo utrum nomen possit significare infinita; deinde utrum plura. Quod autem non possit significare infinita videtur, quia non contingit intelligere infinita, ut ostensum est hic; quare etc.

Contra: dicit AVERROES *III°* *De anima* quod intellectus infinita intelligit in propositione universali; quare et contingit significare infinita per nomen.

Solutio. Infinita secundum quod infinita non contingit intelligere, sed secundum quod infinita reducuntur ad aliquid unum, utpote ad aliquid quod est substantia omnium infinitorum: sicut intelligens universale quodammodo intelligit omnia singularia, quae sunt infinita; et sic contingit significare infinita per nomen. Sed significare sic infinita non est significare infinita nisi in potentia, quia intelligere infinita sic intelligendo aliquid unum, non est intelligere ea infinita nisi in potentia. Vocem autem significare infinita potest dupliciter intelligi: vel ita quod vox sit imposita ad significanda infinita, et sic nullum nomen potest significare infinita in potentia; vel ita quod vox significet aliquid quod est potentia infinita, et sic contingit nomen significare in potentia et sic significantur infinita in potentia per propositionem universalem.

Et procedunt rationes.

6 hic] secundo *scr. sed corr.*   20 et sic²] *iter.*

7 AVERROES, *De anima*, III, com. 19 (fol. 162 B-C).

QUAESTIO <19>

QUAERITUR UTRUM NOMEN POSSIT SIGNIFICARE PLURA

Deinde quaeritur utrum nomen possit significare plura. Videtur quod non, quia quod non significat unum, nihil significat, ut dicit hic PHILOSOPHUS; et probat, quia qui non intelligit unum, nihil intelligit; quod autem significat plura non significat unum; quare etc.

Item, omne ens est unum, omnis igitur intellectus entis est intellectus unius et similiter significatio; sed omne nomen significat aliquod ens; quare et unum.

Oppositum patet in nomine aequivoco, quod plura significat.

Solutio. Nomen plura significare potest intelligi dupliciter. Vel ita quod significet plura sic quod non possit significare unum per se sine alio, vel ita plura quod contingit significare unum sine alio. Vel alio modo et est: idem nomen potest significare plura significatione una vel pluribus. Primo modo non contingit nomen significare plura, scilicet ut plura et ut significata distincta, ita scilicet quod non contingat significare unum sine alio, quia nec sic contingit intelligere plura nisi pluribus intellectibus distinctis et actionibus pluribus intelligendi et momentis pluribus; et ideo potest quodlibet intelligi sine alio; et quia non contingit intelligere plura nisi pluribus momentis, ideo non contingit significare plura, ita quod unum non sine alio; etiam quando significatur unum, impossibile est significare aliud, quia significare non est nisi intellectum constituere; et licet ex parte nominis, sicut in nomine aequivoco, quantum est de se plura importentur, tamen quia ex parte intellectus non simul concipiuntur, ideo nec significantur. Significare igitur plura ut plura per nomen, ita quod non contingat significare quodlibet per se sine alio, non contingit. Significare tamen plura, pluribus significationibus quorum quodlibet significatur sine alio, bene contingit, sicut dicit PHILOSOPHUS in littera.

Et cum arguitur, patet solutio: probant enim rationes quod non contingit plura significare per nomen primo modo, sicut concessum est.

---

11 Solutio] Solutio *add. marg.*

5 ARISTOTELES, *Metaph.*, IV, 4 (1006 b 10).
29 ARISTOTELES, *Metaph.*, IV, 4 (1006 b 1 sq.).

QUAESTIO <20>

QUAERITUR UTRUM, SI HOMO SIGNIFICAT ANIMAL BIPES, NECESSE SIT IPSUM ESSE HOC

Consequenter circa rationem ARISTOTELIS quaeritur utrum, si homo
significat animal bipes, necesse sit ipsum esse animal bipes; et idem
intelligatur in aliis. Et videtur quod sic, ratione faciente fidem, quia quod
quid est aliquid dicitur de illo cuius est et necessario: quid enim magis
veriusque dicetur de aliquo, quam id quod ipsum est? Sed illud quod
nomen significat est quod quid est eius quod significatur, et non aliquod
accidens eius. Quare illud quod nomen significat necessario dicitur de eo
quod significatur per nomen. Quare, si homo significat animal bipes,
necessario homo est hoc.

Contra: quaedam est definitio quae dicit quid est, quod significatur
per nomen, et tamen non est definito indicans quid est esse rei, ut dicitur
II° *Posteriorum*, ut definitio tragelaphi; si igitur praedicare illud quod
significatur per nomen non est nisi praedicare significatum, et ipsum
quandoque non habet quod quid est, manifestum quod non oportet
significatum per nomen esse hoc necessario.

Item, Caesar significat hominem, et tamen Caesar non est homo.
Quod significet hominem patet, quia Caesar idem significat quod prius,
ipso existente et non existen- | te, et ipso existente significabat hominem: f. 109ra
significabat enim individuum hominis et de ratione individui est species.

QUAESTIO <21>

<UTRUM NOMEN IDEM SIGNIFICET ET UNIVOCE RE EXISTENTE ET NON EXISTENTE>

Gratia huius quaeritur utrum nomen idem significet et univoce, re
existente et non existente. Videtur quod sic. Nomen constituens intellectum unum nunc et prius, non significat aequivoce nunc et prius, sed
univoce; sed nomen re existente et non existente unum intellectum
constituit; quare significat idem et univoce.

Contra: significatio una non aequivoca debet esse unius, sicut intellectus unus est unius; sed Caesare existente et non existente, Caesar non

---

15 ARISTOTELES, *An. post.*, II, 7 (92 b 26); *tragelaphi* est la transcription du mot grec τραγέλαφος; la traduction latine serait *hircocervus* (bouc-cerf).

habet intellectum unum: non enim est intellectus eius intellectus unius; similiter nec significatio. Considera enim ad res, nihil invenies de quo posses enuntiare primo quod est, deinde quod non est, sicut ista enuntiantur de Socrate: nihil enim unum in re manet nisi subiectum mutationis, quod nihil est nisi in potentia; huius autem unius non est significatio; quare etc.

Solutio. Ad primam quaestionem dicendum quod, si nomen significat aliquid, sive sit res naturae sive rationis, sive fictum sive verum, illud quod significat nomen necessarium est praedicari de significato per nomen: significat enim nomen quod quid est eius cuius est nomen, ut praeostensum est; quid autem verius praedicatur de aliquo quam suum quod quid est? Est tamen attendendum propter rationem ad oppositum quod, cum nomen aliquod habeat definitionem dicentem quid significat nomen, ista definitio praedicatur necessario de eo quod significatur per nomen. Dicit enim AVICENNA quod illud potest habere rationem rei vel entis et quidditatis quod non est extraneum, sed non potest habere rationem rei vel entis quod <est extraneum> omnino: ratio enim rei qua res est res, non est nisi quod est. Et hoc etiam vult ARISTOTELES: dicit enim in principio *huius IV^i* quod non ens esse non ens dicimus, per hoc probans esse ens aliquo modo. Definitio igitur rei non dicit quod quid est rei extra animam, sed aliquo modo rei sive in anima sive extra animam.

Et cum dicitur quod definitio dicens quid significat nomen, non dicit quod quid est, verum est rei extra animam, idest quod quid est in re extra, quia ei non competit tale esse; sed dicit esse et quod quid est secundum esse quod sibi competit; ideo etc.

Et cum dicitur quod Caesar significat hominem, et tamen non est homo, dicendum quod Caesar non significat hominem simpliciter, sed temporis determinati: sic enim habuit substantiam et definitionem. Unde transmutabile est secundum substantiam et definitionem, quod secundum eam tempore mensuratur. Et ideo praedicatum necessarium non habuit, sicut nec esse necessarium: significat enim singulare, et hoc de ratione sua est hic et nunc. Unde non significat hominem simpliciter, sed Caesarem, et quia ipse est temporis determinati, ideo non est homo nisi in tempore determinato; et ideo potest Caesar, quando Caesar non est, non significare hominem.

17 Solutio] *marg.*   27 quod] le ms. porte un espace vide d'un ou deux mots.
33 idest] sed *scr. sed corr.*   39 quod] quae *scr.*

25 AVICENNA, *Metaph.*, tr. I, c. 5, p. 31-36.
29 ARISTOTELES, *Metaph.*, IV, 2 (1003 b 10).

Solutio. Ad secundam quaestionem dicendum quod nomen significat idem et univoce re existente et non existente. Et ratio una est quia unus manet intellectus de re, ipsa existente et non existente; quare et significatio. Alio ratio est quia nomen significat unum secundum rationem, et ideo univoce semper eius quod significatur per nomen est una ratio, licet ipsum transmutetur secundum esse; quare, cum significet nomen ipsum secundum rationem unum, idem et univoce significabit.

Et cum arguitur quod non est dare aliquid unum in re, re existente et non existente, dicendum quod significatio una debet esse unius secundum rationem et intellectum. Et quia quando cessat entitas rei non cessat intellectus eius, ideo nec unus intellectus nec una significatio: ex quo enim significatio non refertur immediate ad rem (sic enim cessaret, cessante esse rei), sed refertur ad rem prout res refertur ad intellectum, et cessante esse non cessat intellectus, ideo nec significatio. Et ideo, quamvis in re non sit unum recipiens praedicationem essendi et non essendi, tamen in ratione unum utrumque recipit.

<COMMENTUM>

Omnino vero destruunt. Consequenter removet PHILOSOPHUS contra praedicta responsionem qua posset aliquis dicere quod homo est animal et non est animal bipes sicut unum praedicatum essentiale. Et hoc removet dicens quod si ita dicat quis, tunc nihil erit substantia, sed omnia erunt accidentia. Quia substantia aliquid unum significat ratione et non alterum ratione ab illa; sed si negatio pertineret ad essentiam affirmationis, vel affirmatio et negatio ad essentiam eiusdem, tunc nomen aliquod non significaret unum aliquid ratione, ad cuius rationem non pertineat aliquod alterum, quia nullum nomen significat aliquid nisi id ad cuius essentiam pertinet affirmatio et negatio, ut dicit adversarius; haec autem non sunt unum ratione, ut iam ostensum est; quare nullum nomen significat substantiam. Nihil igitur erit substantia, sed omnia erunt accidentia, quia accidens est illud ad cuius rationem pertinet alterum ab ipso; hoc autem est impossibile; quare impossibile simul esse contradictoria vera.

Quod autem omnia esse accidentia sit impossibile, probat quia aliter non erit aliquod universale essentiale per quod fieret definitio alicuius, quod est inconveniens. Et iterum, fieret processus in infinitum in entibus,

46 Solutio] *marg.*   9 significaret] significat *scr.*

2 ARISTOTELES, *Metaph.*, IV, 4 (1007 a 21).

quia accidens de ratione sua exigit dici de subiecto, et illud subiectum, si sit accidens, exigit aliud subiectum, et sic in infinitum. Sed in accidentibus nec entibus contingit procedere in infinitum, sed est necessario venire ad substantiam, quia accidens alicui non dicitur nisi dupliciter: vel sicut musicum Socrati, | vel sicut musicum albo. Sed in accidentibus quae accidunt sicut musicum Socrati non contingit procedere in infinitum, accipiendo subiectum post subiectum, ut Socrati accidat album, et Socrati albo aliud accidat, quia Socrates; sed non potest esse subiectum quia ex eo et accidente non fit unum habens esse per se, sicut requirit ratio subiecti; quare erit status in aliquo primo quod non dicitur de alio, et hoc est substantia. Nec est procedere in infinitum in accidentibus quae dicuntur accidere inter se quia accidunt alicui tertio, sicut album accidit musico quia utrumque accidit Socrati, quia sic accidentium neutrum est subiectum alterius: non enim accidentium magis est unum subiectum alii quam e converso; quare oportet quod subiectum eorum sit aliud: non accidens, quia eadem esset ratio de isto et de primo accidente quod non est subiectum; quare erit necessario subiectum quod non dicitur de alio: quod est substantia; quare non est procedere in infinitum. Non igitur omnia sunt accidentia. Quare etc.

<QUAESTIO 22>

<UTRUM ACCIDENS POSSIT ACCIDERE ACCIDENTI ESSENTIALITER>

Circa iam dicta quaeritur, et quia dicit PHILOSOPHUS quod unum accidens non magis accidit alii quam e converso, quaeritur utrum accidens possit accidere accidenti essentialiter, ita quod unum accidens sit subiectum proprium alterius. Videtur quod sic, quia quod habet rationem causae et principii primi ad aliquid sibi accidens, videtur quod sit subiectum eius essentiale, non accidentale; sed tale est unum accidens respectu alterius, ut numerus respectu paris et imparis, et calidum et humidum temperate respectu dulcis; quare etc.

Item, compositum ex materia et forma subiectum essentiale est accidentis, licet non sit subiectum primum, sed per aliud, ut per materiam; quare similiter, licet accidens non sit subiectum primum, attamen videtur quod possit esse essentiale et per se subiectum respectu alterius accidentis.

3 ARISTOTELES, *Metaph.*, IV, 4 (1007 b 2 sq.).

Oppositum dicit in littera quod accidens non dicitur accidere accidenti nisi quia ambo eidem accidunt, scilicet substantiae.

Item, in littera dicit quod duorum accidentium unum non est magis subiectum alii quam e converso, nec magis accidit alii quam e converso; si autem unum accidens essentialiter accideret alii, unum magis accideret alii quam e converso; quare esset ibi ordo; quare etc.

Solutio. Intelligendum quod unum accidentium uni substantiae habet rationem causae effectivae et principii respectu alterius, ut calidum et humidum temperate respectu dulcedinis habet rationem causae et principii, quia omnis causa est principium, ita quod unum accidens est causa quare substantia subiecta susceptiva est alterius accidentis. Tamen unum accidens non potest habere rationem subiecti primi non causati in genere subiecti respectu alterius accidentis, quia omne accidens vult esse in substantia, quod est primo subiectum, nec potest habere rationem subiecti immediati, sicut compositum est subiectum immediatum accidentium, licet non subiectum primum.

Et ratio huius est quia illud quod debet esse subiectum essentiale et immediatum, ad essentiam eius debet pertinere ratio subiciendi, et hoc est necessarium sive sit subiectum primum sive non: ex hoc enim quod per se subsistit, habet aliquid rationem subiciendi et subiecti; nihil autem tale pertinet ad rationem accidentis; quare accidens non potest esse subiectum immediatum alterius accidentis. Et illud innuitur in littera, quoniam si ad essentiam subiecti non pertineret illud quod habet rationem subiciendi, non haberet per se rationem subiciendi; subiectum autem ex hoc quod subiectum, per se habet rationem subiciendi. Et ideo, cum forma sit eorum quae sunt in subiecto et ad eius essentiam non pertinet id quod habet rationem subiecti, forma non est subiectum alicuius, sed substantia. Unde ARISTOTELES quando debuit hic probare quod substantia tantum est subiectum, assumpsit quod, si aliud a substantia sit subiectum, non potest esse nisi altero duorum modorum, ut vel quod totum aggregatum ex subiecto et accidente sit subiectum, ut Socrates albus, vel tantum accidens; sed secundum iam est improbatum; primum autem destruxit ARISTOTELES, quia totum aggregatum non est per se nec est unum, quia ex subiecto et accidente non fit unum nisi per accidens. Quamvis igitur unum accidens sit causa essentialis alterius, non est essentialis essentialitate subiecti, sed causae effectivae; sed omnia

16 ARISTOTELES, *Metaph.*, IV, 4 (1007 b 2-4).
18 ARISTOTELES, *Metaph.*, IV, 4 (1007 b 14 sq.).
37 ARISTOTELES, *Metaph.*, IV, 4 (1007 b 2-4).
43 ARISTOTELES, *Metaph.*, IV, 4 (1007 b 1 sq.).

accidentia aequaliter se habent ad rationem subiciendi, licet ordo <sit> secundum rationem causae effectivae.

Et cum arguitur quod unum accidens habet rationem causae et principii respectu alterius, verum est causae effectivae, sed non in genere subiecti; et ideo accidentalis est comparatio accidentis ad accidens aliud in genere subiecti.

Ad aliud dicendum quod non est simile de uno accidente respectu alterius et de composito respectu accidentium, quia accidens de ratione sua vult accidere enti per se et essentiali, tale autem non est aliud; compositum vero est ens per se, licet non primo habeat rationem subiciendi.

<QUAESTIO 23>

<UTRUM OMNE ACCIDENS IN SUBSTANTIA HABEAT CAUSAM PROPTER QUAM INEST>

Deinde quaeritur utrum omne accidens in substantia cui accidit habeat causam propter quam inest subiecto, licet illa causa non pertineat ad rationem subiecti. Videtur quod sic. Dicit ARISTOTELES II° *De anima* quod actus activorum sunt in patiente et disposito: quare et omne accidens est in subiecto disposito; sed tale non est nisi subiectum causale respectu illius; quare etc.

Item, si accidens sit in subiecto et non habeat in eo causam propter quam inest, quare magis inest illi quam alii?

Contra: si omne accidens haberet in substantia cui inest causam quare inest, tunc nihil accideret alii contra naturam suam, ut lapidi non accideret esse sursum, quia in subiecto tale accidens non habet propter quid.

Item, si omne accidens in subiecto haberet causam propter quam inest, tunc nullum esset accidens per accidens, sed omnia essent per se et demonstrabilia, quia accepto quocumque accidente, cum processus ab isto ad substantiam non sit infinitus quia habet causam post causam usque ad substantiam, quare tandem est venire ad substantiam rei, et ei nullum erit accidens concurrens vel per accidens, quia aut est causa eius immediate aut causa causae; et tunc omnia erunt demonstrabilia quia demonstratio est per causam, licet non semper per causam primam et immediatam; hoc autem est inconveniens; quare etc.

6 ARISTOTELES, *De anima*, III, 2 (426 a 4-5).

Solutio. Dicendum quod non omne accidens habet causam in subiecto quare sibi accidat, nec causam substantiam nec causam accidens aliud; immo sunt multa quibus non est dare causam ex his quae sunt in re, sicut est de his quae contra naturam accidunt. Etiam, si omne haberet causam in subiecto, tunc nihil esset per accidens. Et sciendum ad evidentiam huius quod accidentia accidunt quattuor modis, nisi quod quidam illorum modorum subdividuntur.

Quaedam accidunt subiecto per propriam rationem eius secundum quod binarius dicitur par et homo risibilis accidentaliter.

Quaedam vero non accidunt substantiae per propriam rationem substantiae nec per rationem pertinentem ad substantiam, sed per aliquod aliud accidens per se, sicut dulcedo inest substantiae ut lacti non per aliquid pertinens ad substantiam, sed per aliquod aliud accidens, ut per calidum et humidum temperate.

Tertio modo dicitur accidens illud quod est contra naturam substantiae subiectae, et substantia subiecta nihil habet nisi solum rationem subiecti, causa autem effectiva est extra. Et iste modus subdividitur, quia potest esse contra naturam quia immediate repugnat substantiae, vel quia immediate repugnat per se accidenti substantiae; vel alio modo potest subdividi ex parte causae effectivae quae est extra, vel quod illa causa faciat aliquid in substantia extra naturam immediate vel mediate, scilicet mediante quodam alio quod prius facit in illa substantia, vel quod prius est in ea; et ideo quandoque potest esse in substantia causa effectiva accidentis quod est contra naturam, ut si fiat illud accidens in subiecto ab extrinseco, mediante alio intrinseco; illud enim intrinsecum rationem causae effectivae respectu illius habebit.

Quartus modus est quando substantia subiecta nec per se, nec per aliud existens in ea, causa est accidentis; etiam nec per se nec per aliud existens in ea repugnat illi accidenti, immo si consideretur substantia in se, aequalis erit ad illud accidens et eius oppositum, sicut se habet Callias ad album et nigrum, et materia ad formam terrae et aquae: materia enim nec per se nec per aliud existens in natura sua repugnat formae isti vel illi; et similiter Socrates per nihil existens in eo repugnat albo vel nigro. Et ideo istius accidentis est causa non intrinseca, sed extrinseca, sicut etiam causa quare materia est sub forma terrae non est ab intra, sed ab extra, ut ab agente. Et similiter est de isto accidente. Unde accidens tale comparatum ad substantiam non habet intra causam effectivam, sed determinatur ab agente et generante. Et hoc potest esse dupliciter: vel quod fiat in substantia mediate vel immediate, per medium vel sine medio.

Hi igitur sunt modi quibus aliquid dicitur accidens. Et cum istis modis

dicatur aliquid accidens alii, manifestum est quod non oportet quod 65
omne accidens in subiecto habeat causam, sed quandoque est causa
extra. Patet igitur ad quid comparantur accidentia sicut ad subiectum, et
ad quid sicut ad efficiens.

Et cum arguitur quod actus activorum sunt in patiente disposito,
verum est illud de formis quae naturales sunt suis subiectis; sed de formis 70
accidentalibus non oportet ita quod subiectum sit dispositum, ita quod
sit causale respectu accidentis, quia tunc nullum esset accidens contra
naturam. Verumtamen etiam accidens vult esse in subiecto cum suis
dispositionibus, sicut forma in materia.

Et cum arguitur quod, si accidens in subiecto non habet causam 75
propter quam inest, quare magis inest isti quam alii, dicendum quod
causa accipienda est ab extra, ut quia agens extrinsecum agit ipsum in
substantia.

< COMMENTUM >

Amplius si contradictiones simul. Consequenter ponit aliam rationem
ad principale, intendens quod si contradictoria sunt simul vera de eodem,
tunc omnia erunt unum, ut homo et murus et domus etc., quia de
quolibet verum est dicere affirmationem cuiuslibet vel negationem: ut de 5
homine verum est affirmare domum vel negare; cuiuslibet autem diversi
ab homine verum est dicere negationem de homine quia minus differt ab
homine quam sua propria negatio, ut non homo. Si igitur ipsa dicitur de
homine ex hypothesi, et negatio cuiuslibet alterius dicetur de homine; si
autem negatio cuiuslibet alterius dicetur de homine, ergo et affirmatio, 10
f. 109vb quia | contradictiones sunt simul ex hypothesi; quare homo si non est
murus, nec domus, nec asinus, nec bos, erit murus et domus et omnia
talia; quare omnia erunt unum.

Et ulterius aliud inconveniens concludit quod dicens sic: contingit
quod quidquid verum est dicere, verum est negare et e converso, dictum 15
suum negat: ut si concedat quod Socrates est homo et non homo,
sequitur quod neget quod nec est homo nec non homo; ex hoc enim quod
est non homo, non est homo; et ex hoc quod homo, non est non homo;
quare si est homo et non homo, nec est homo nec non homo; et ita
dictum interimit. 20

75 causam] da *add.*   5 quolibet] quocumque *scr. sed corr.*   vel] et *scr. sed corr.*

2 ARISTOTELES, *Metaph.*, IV, 4 (1007 b 19).
14 ARISTOTELES, *Metaph.*, IV, 4 (1007 b 29).

Deinde ponit aliam rationem et est divisiva, quia si contingit vere idem simul affirmare et negare, aut hoc est verum in omnibus, aut in quibusdam et quibusdam non. Si autem in quibusdam est verum, in quibusdam non, tunc contingit quaedam vere affirmare, et ista non contingit simul esse et non esse; qua autem ratione hoc est in uno, et in quolibet. Si autem hoc sit verum in omnibus, aut est ita quod de quibuscumque contingit aliquid affirmare, contingit idem negare; non tamen de quibuscumque contingit aliquid negare, contingit idem affirmare; aut de quibuscumque contingit aliquid affirmare, contingit idem negare, et e converso. Si primo modo, quod non de quibuscumque contingit aliquid negare, contingit idem affirmare, tunc erit aliqua negativa vera et certa, ita quod eius opposita sit falsa. Et si aliqua negativa est vera, ergo et aliqua affirmativa, quia veritas cuiuslibet negativae dependet ex affirmativa et ex veritate illius; quare non contingit omne simul esse et negare. Si autem verum sit affirmare quaecumque verum est negare et e converso, tunc hoc aut est divisim aut coniunctim, ita scilicet quod coniunctim esset affirmare et negare, non tamen divisim. Si autem coniunctim esset verum et non divisim, tunc affirmatio et negatio erunt non entia, quia per se non sunt vera; non entia autem simpliciter et omnino non contingit pronunciare; quare non contingit tunc ista dicere.

Et iterum, si affirmatio cuiuslibet et negatio dicerentur coniunctim de eodem et non divisim, tunc nihil differret ab alio: si enim differret, tunc aliquid esset proprium alicui, quod diceretur de eo, non de alio; et tunc omnia essent unum, quod est inconveniens. Si vero divisim verum est affirmare idem et negare, adhuc eadem ratione erunt omnia unum, et etiam omnes mentientur et verum dicent; et etiam non continget disputare, quia nullus dicet quod est ita nec non ita, sed ita et non ita: si enim diceret aliquid determinate, concederet propositum. Et etiam si affirmatio est vera, negatio est falsa, quia affirmatio vera affirmat quod est esse, negatio vero huius negat quod est esse et dicit quod est non esse; si igitur unum est falsum, reliquum est verum et e converso; quare non contingit simul affirmare vere et negare idem.

Deinde ponit aliam rationem ibi: *Amplius quidem* et est: si contingit simul idem vere affirmare et negare, et nihil determinate vere affirmare nec vere negare, tunc aut iste qui opinatur affirmationem determinate, falsum opinatur, et similiter qui determinate opinatur negationem; qui

21 ARISTOTELES, *Metaph.*, IV, 4 (1008 a 7 sq.).
54 ARISTOTELES, *Metaph.*, IV, 4 (1008 b 2 sq.).

vero opinatur affirmationem et negationem simul, verum opinatur; aut qui opinatur utrumque, falsum opinatur, qui vero alterum, verum opinatur; aut omnes indifferenter mentiuntur et vera dicunt. Si primo modo, hoc est inconveniens, quia tunc entium natura non erit determinata magis ad esse quam non esse, cuius oppositum videmus. < Si secundo modo, > tunc aliquid est determinate verum, ita quod non eius oppositum. Si tertio modo, non contingit disputare cum tali, quia dicit et non dicit, et indifferenter existimat et non existimat; in hoc enim quod aestimat affirmationem, non aestimat negationem et e converso; et ideo si aestimat simul affirmationem et negationem, indifferenter aliquid aestimat et non aestimat; et similiter in eo quod aestimat verum, non aestimat falsum; et in hoc quod falsum, non verum; si igitur indifferenter aestimat verum et falsum, nec aestimat verum nec falsum; et id quod existimat verum, existimat falsum, quod est inconveniens. Si autem indifferenter aestimat et non aestimat, non differt ab his qui nati sunt cogitare et non cogitant: tales enim neutram partem sibi determinant. Quod autem sit inconveniens idem existimare affirmationem et negationem, docet PHILOSOPHUS in exemplis, dicens quod nullus sic disponitur quod sic aestimet, nec qui hoc dicit; quare enim intendens ire domum, non quiescit, si putat quod ire et non ire sint unum; et similiter quare fugit aliquis ne cadat in puteum, si cadere et non cadere idem existimet esse, non habent dicere; quare non idem aestimant bonum et non bonum, similiter et in aliis; quare non contingit etc.

Deinde: *Amplius si quam*, ponit ultimam rationem, quae est: ubi est magis verum et minus, est aliquid simpliciter | verum; sed in entibus est magis et minus verum, quod determinat PHILOSOPHUS: quod enim minus est falsum, magis est verum; et quod magis falsum, minus verum; sed talia sunt in entibus et in opinionibus: non enim aeque falsum est duo esse paria et duo esse tria, sed hoc ultimum magis falsum est; quare etc.

QUAESTIO <24>

QUAERITUR UTRUM OMNIA SINT ACCIDENTIA

Adhuc circa praecedentia quaeritur utrum omnia sint accidentia. Et videtur quod sic: saltem in sensibilibus enim sunt passiones sensibiles et alterationes et transmutationes, et ista sunt accidentia; et praeter hoc

---

75 ARISTOTELES, *Metaph.*, IV, 4 (1008 b 12 sq.).
81 ARISTOTELES, *Metaph.*, IV, 4 (1008 b 31 sq.).
83 ARISTOTELES, *Metaph.*, IV, 4 (1008 b 32-33).

dimensiones, et ista adhuc accidentia; quidquid autem est in sensibilibus sensu comprehenditur, sensu autem non comprehenduntur nisi quae dicta sunt; quare omnia quae sunt in sensibilibus sunt accidentia.

Item, in definitione cuiuslibet causati est ens additum enti; sed omne tale est accidens; quare etc. Antecedens patet quia, sicut dicit PHILOSOPHUS *VIII° huius*, definitio perfecta accipit omnes causas rei, quaedam autem causae sunt extra rationem rei; quare si ponantur in definitione, ponetur in ea ens additum enti; quare etc.

Item, si illud quod magis videtur substantia non est substantia, nec illud quod minus; sed duo sunt in sensibilibus quae maxime videntur esse substantiae, tres scilicet dimensiones et substantia intellectualis, quae est in re sensibili, non tamen comprehenditur sensu, sed intellectu. Nunc autem dimensiones magis videntur esse substantiae quam substantia intellectualis, et ipsae non sunt substantiae; quare nec forma sive substantia intellectualis erit substantia. Quod autem dimensiones sunt magis substantia quam forma quae est substantia intellectualis, patet quoniam primum subiectum seu materia prius recipit dimensiones quam formam substantialem, prius dico ordine essendi; quare ipsae sunt magis substantiae: quod enim prius recipit materia, primo est substantia. Quod autem dimensiones prius recipiantur in materia quam forma, declaratur rationibus AVERROIS libro *De substantia orbis*, quia forma de se non est divisibilis nec dividitur nisi divisione subiecti sive materiae; quare divisio formae in hanc formam signatam praesupponit subiectum divisum; subiectum autem seu materia non dividitur nisi per quantitatem et dimensiones; quare forma praesupponit in materia dimensiones. Et iterum, forma de se non est divisibilis, nec subiectum est divisibile de se; quare totum aggregatum erit indivisibile; oportet igitur subiectum esse divisum; sed non dividitur nisi per dimensiones; quare prius oportet in materia esse dimensiones, quam formam. Et iterum, materia recipit diversas formas numero et etiam specie; sed non reciperet diversa nisi prius dividatur, hoc vero est per dimensiones; quare praeexistunt formae in materia; quare sunt magis substantia quam forma; quare etc., ut prius.

Oppositum videtur: si omnia essent accidentia, tunc nihil esset accidens; quod est inconveniens. Consequentia probatur quia, sicut dicit PHILOSOPHUS *I° Physicorum* contra PARMENIDEM, accidens non habet esse

12 causae] *marg. sans signe de renvoi.*

11 ARISTOTELES, *Metaph.* VIII, 2 (1043 a 14 sq.).
26 AVERROES, *De substantia orbis*, c. 1 (fol. 3-4 M-F).
41 ARISTOTELES, *Physic.*, I, 3 (186 a 22 sq.).

nisi cum alterum aliquid sit et alterum ratione necessario de quo dicatur; sed alterum ratione ab accidente non potest esse nisi substantia; si igitur nihil esset substantia, sed omnia accidentia, tunc nullum esset accidens.

Solutio. Hic consideranda sunt tria. Primo, quod non omnia in sensibilibus sunt accidentia. Secundo, utrum dimensiones prius recipiantur in materia quam forma vel sequantur formam. Tertio, utrum dimensiones sint magis substantiae quam substantia intellectualis in illis sive forma substantialis.

Primum non est dubium, quod non omnia sunt accidentia, quia accidens non est nisi cum subiectum eius sit; et si substantia non sit, nihil potest esse tale subiectum primum; quare non contingit omnia esse accidentia.

Ad secundum praemittendum est quod quaecumque sensus comprehendit sunt passiones sensibiles vel alterationes sive transmutationes, et dimensiones seu magnitudines; intellectus vero in re sensibili accipit aliquid quod est obiectum eius proprium, ad cuius receptionem non se extendit sensus. Et quod tale aliud recipiatur ab intellectu, probatum est et acceptum ex materia et forma quae comprehenduntur a nobis, non tamen a sensu. Sed tunc dicet quis: unde acceptum est materiam esse in entibus et similiter formam? Dicendum, sicut dicit Averroes libro *De substantia orbis*, quod transmutatio fecit scire materiam, quoniam cum transmutatur res secundum substantiam, non remanet aliquid in actu quod prius fuerit; et cum transmutatio in qualitate et in ubi proportionem habeat cum transmutatione in substantia, et in transmutatione in qualitate, quae est alteratio, et similiter in motu secundum locum, apparet subiectum quod manet in tota transmutatione et utroque extremo transmutationis, acceptum fuit quod in transmutatione ad substantiam est aliquod subiectum similiter manens in tota transmutatione et utroque extremo; et quia nihil manet in actu eius quod prius fuit, ideo acceptum fuit quod illud subiectum est ens in potentia tantum, quod dico materiam.

Forma autem fuit accepta ex actione, sicut dicit Averroes libro *De substantia orbis*, quia actio fecit scire formam. Et idem *IX° huius* dicit quod qui negat entibus suas actiones, negat eis suas formas substantiales. Aristoteles etiam *I° De anima* dicit animatum differre ab inanimato operatione vitae et motu. Cum enim in re sensibili | apparent actiones quae non possunt reduci in qualitates sensibiles nec in passiones nec in

---

61 Averroes, *De substantia orbis*, c. 1 (fol. 3 H-M).
73 Averroes, *De substantia orbis*, c. 1 (fol. 4 E-F); *Metaph.*, IX, com. 7 (fol. 231 H-K).
76 Aristoteles, *De anima*, I, 2 (403 b 25-27).

materias nec dimensiones, tunc actiones istae concludent et cogent
rationem accipere in re sensibili aliam naturam a materia et passionibus
et dimensionibus. Sicut in substantia sensibili quae est homo apparent
sentire et intelligere, quae in materiam reduci non possunt sicut in
causam et principium. Quia materia indefinita est de se, et ideo nullius
potest esse principium: cum enim sit indefinita de se et indeterminata
respectu contrariorum, qua ratione esset principium unius, et alterius.
Ergo vel ageret simul utrumque, vel neutrum; sed simul non potest
contraria, quia est unius rationis; quare neutrius est principium et causa.
Nec reducuntur in dimensiones sicut in principium, quia aliqua attingunt
ad dimensiones hominis, quae non attingunt ad actiones istas, sicut
cadaver hominis mortui. Nec reducuntur in qualitates sensibiles, sicut
demonstrat PHILOSOPHUS contra DEMOCRITUM *I° De anima*, quia omnes
reducuntur ad calidum, frigidum, humidum, siccum, et actiones quae ex
his causantur in subiecto sunt ex aliqua proportione istorum et media
quadam ratione; medium autem sapit naturam extremorum; sentire
autem et intelligere non sapiunt naturam calidi, frigidi, humidi, sicci; et
hoc est quod quaerit PHILOSOPHUS *I° De anima* contra ipsum: sentire
autem et intelligere quam habent harmoniam, idest in qua harmonia
qualitatum consistunt? Quasi dicat: in nulla. Et ideo coacti sunt
philosophi ponere aliam naturam ab istis, quam dicunt esse formam, et
haec est substantia intellectualis, quia solo intellectu comprehenditur.

Tunc igitur videndum est secundum principale. Circa quod est intelligendum quod, licet albedo posterius adveniat materiae quam forma, et
posterius sit substantia, tamen per illam dicitur substantia esse alba.
Similiter etiam, licet dimensiones sint posteriores substantia, et posterius
adveniant materiae natura quam forma, cum forma divisibilis sit per eas,
et similiter substantia; non quod forma dividatur per subiectum praedivisum, ita quod subiectum seu materia sit divisa ante adventum formae,
quoniam, sicut subiectum primum quantitatis, licet non sit divisum,
quantitas tamen est divisibilis per se, licet sit in subiecto non praediviso,
similiter forma, licet adveniat subiecto non diviso, divisibilis erit per ipsas
dimensiones consequentes ipsam.

Sed si arguat aliquis contra hoc, quia, sicut dicit PHILOSOPHUS
V° huius, capitulo *De principio*, omnis causa est principium, quoniam

99 naturam] materiam *scr.*

91 ARISTOTELES, *De anima*, I, 2 (405 a 8 sq.).
96 ARISTOTELES, *De anima*, I, 2 (405 a 8 sq.).
13 ARISTOTELES, *Metaph.*, V, 1 (1013 a 16-17); 2 (1013 a 24 sq.).

esse rei inchoat ex causa, et illud ex quo inchoat esse est principium et primum; nunc autem recepta in materia sunt duo, scilicet forma et dimensiones, dimensiones autem sunt in causa receptionis formae aliquo modo, quia sunt causa divisionis eius, quare sunt primum principium receptorum in materia. Et ideo intelligendum, sicut vult ARISTOTELES *V° huius*, quod omne principium et primum aut est in esse, aut unde inchoat esse, aut inchoat fieri, aut inchoat cognitio; nos autem non loquimur hic de primo et principio nisi in ordine essendi. Vult autem ARISTOTELES *eodem V°*, capitulo *De priore*, quod primum et principium in esse sive in ordine essendi aut est primum principium simpliciter, aut quantum ad aliquid, ut quantum ad dignitatem, vel in loco, vel aliquo alio modo. Et ideo quod est primum principium essendi simpliciter, potest esse posterius quantum ad quid; et quia omnis causa est primum et principium, sicut aliquid est causa, sic est principium; ita quod, si sit causa simpliciter in esse, est primum et principium in esse simpliciter; si quantum ad quid est causa, quantum ad quid erit principium. Dimensiones autem non sunt causa formae simpliciter, nec inchoant esse formae simpliciter; sed tamen sunt causa divisionis formae, et ideo inchoant esse formae quantum ad divisionem: sunt enim primum et principium unde forma divisibilis est; et ideo sunt primum et principium ordine essendi, non simpliciter, sed quantum ad quid, et sic prius recipiuntur in materia quam forma, simpliciter autem posterius quam forma.

Tunc circa tertium est attendendum quod, cum dimensiones sint priores forma aliquo modo, si iste modus prioris non sit modus secundum quem substantia praecedat accidens, ex hoc non est convinctum dimensiones esse substantias: substantia enim est prior accidente ordine essendi, ut dicitur *V° huius*; et in *VII° huius* probat in principio quod substantia prior est accidente per hoc quod ipsa respondetur ad quaestionem factam per quid de Socrate vel alio aliquo, accidens autem non. Si enim quaeritur quid est Socrates, non dicetur quod est albus, magnus etc., quae sunt accidentia, sed quod est homo | , qui substantia est. Illud enim quod respondetur ad quaestionem factam per quid de aliquo, prius est omnibus aliis in illo; ex hoc autem quod aliqua < substantia > praedicatur in quid, sequitur quod est ens absolute et non

42 ipsa] ipsum *scr.*   47 in] *sup. lin.*

19 ARISTOTELES, *Metaph.*, V, 1 (1013 a 17-19).
22 ARISTOTELES, *Metaph.*, V, 11 (1018 b 9 sq.).
41 ARISTOTELES, *Metaph.*, V, 11 (1019 a 4-6); VII, 1 (1028 a 13-15).

habens esse in ordine ad aliud, nec per aliud cui attribuitur; est enim
quid, non quale, etc. Accidens vero non est ens absolute, quia tunc
responderetur ad quid est de aliquo: album enim dicit quale, non quid; et
ideo respondetur ad quaestionem quae quaerit non de ente absolute, sed
de ente per ordinem ad aliud, cuius qualitatem dicit: talia enim sunt
quale, quantum etc. Et quia ens simpliciter prius est ordine essendi quam
ens quod dicitur per ordinem ad ipsum, substantia vero est ens absolute,
accidens vero est ens per ordinem et habitudinem ad substantiam, ideo
substantia prius est simpliciter accidente ordine essendi, non quantum ad
quid, sed est simpliciter causa et principium accidentis, in genere, dico,
subiecti. Nunc autem, licet dimensiones sint priores forma aliquo modo,
non tamen simpliciter in ordine essendi; ideo non sequitur quod sint
substantiae.

Sed adhuc non est probatum quod substantia intellectualis, quae in
sensibilibus est, quam formam dicimus, sit magis substantia quam
dimensiones. Unde hoc manifestum erit ex quinque rationibus, quarum
duae primae sumuntur ex modo loquendi: hoc enim est quoddam
testimonium omnium philosophorum super veritatem.

Prima est: illud secundum quod aliquid formaliter est ens et quod
respondetur ad quaestionem factam per quid de ente in singulis, est
substantia uniuscuiusque, ut patet ex dictis et manifestum est; sed hoc in
sensibilibus est substantia intellectualis, non dimensiones, quoniam lapis
est lapis, similiter homo est homo, non per dimensiones, sed per naturam
intellectualem quae in ipsis est; quod autem sit pedalis vel bipedalis vel
parvus vel magnus, hoc habet per dimensiones: huiusmodi autem sunt
accidentia; quare dimensiones non sunt substantiae, sed natura intellectualis in illis.

Secunda ratio est: qualitercumque mutentur dimensiones sive figura
sive positione, remanente solum natura intellectuali in sensibilibus,
dicimus remanere substantiam et idem ens, licet non tale vel tantum:
sicut aes triangulatum, deinde quadratum, deinde circulatum, idem ens
est et eadem substantia; remanentibus dimensionibus, mutata natura
intellectuali, non manet idem ens, ut patet in cadavere hominis mortui:
manent eaedem dimensiones quae prius, mutatur autem natura intellectualis, et ideo corrupta est substantia et dicimus eam corrumpi et non
manere idem ens quod prius; quare secundum naturam intellectualem
fuit ens formaliter existens; quare est substantia et dimensiones non. Et
hic quidem ex modo loquendi assumptum est magnum testimonium

71 naturam] materiam *scr.*

quod sit verum, quia attestatur quod idem est iudicium plurium et sapientium super hoc.

Tertio, arguitur idem ratione PHILOSOPHI *III° huius*, quia, si dimensiones sint substantiae, cum superficies sit prior corpore quod est dimensio sive quantitas, tunc superficies prius et magis erit substantia quam corpus; superficies autem non est substantia; quare nec corpus. Quod autem non superficies, patet quia aut superficies exterior aut interior; non superficies exterior, quia ipsa est tantum terminus et extremitas rei; nec superficies interior est substantia, quia non habet esse nisi in potentia et etiam ipsa potest esse cuiuscumque figurae, vel triangularis vel quadratae, recta vel curva, et non est ibi aliqua superficies determinata, immo potest esse quaecumque: si igitur ipsa esset substantia rei, sequitur quod res non haberet determinatam substantiam nec etiam substantia rerum esset in actu, sed in potentia tantum, quae inconvenientia sunt; quare superficies non est substantia. Nulla igitur dimensio est substantia: quare erit natura intellectualis substantia rei.

Quarta ratio est: naturalis cognitio dat quod substantia nobilius est accidente, ut dicit AVERROES principio *II^i De anima*; illud igitur quod est nobilius omnibus aliis quae sunt in sensibilibus, est substantia eorum; sed natura intellectualis in eis est nobilior omnibus aliis. Et hoc probatur dupliciter. Primo, quia obiectum virtutis nobilioris est nobilius, quia virtus nobilitatem habet ex actu et actus ex obiecto; sed natura intellectualis in sensibilibus est obiectum intellectus et tantum illius, non alterius virtutis, alia autem sunt obiecta aliarum virtutum; sed intellectus est virtus nobilior omnibus aliis; quare et natura intellectualis est nobilior omnibus aliis quae sunt in sensibilibus. Secundo ostenditur idem sic, quia illud quod in ente est causa nobiliorum operationum propriarum rei est nobilius; sed natura intellectualis est causa nobiliorum operationum quae reperiantur in re et propriarum ei, ut dictum est superius; quare ipsa est nobilior omnibus quae sunt in re; quare etc.

Adhuc idem arguitur quinta ratione: illud quod est causa accidentium est substantia; quod igitur maxime est causa ceterorum et accidentium, maxime est substantia; | huiusmodi autem est natura intellectualis in sensibilibus, et non dimensiones. Et hoc probatur dupliciter. Primo, quia natura intellectualis est activa, dimensiones autem non; quare nullius sunt causa effectiva etc. Secundo, quia illud maxime est causa ceterorum

---

97 quadratae] quadrati *scr.*

89 ARISTOTELES, *Metaph.*, III, 5 (1002 a 4 sq.).
4 AVERROES, *De anima*, II, com. 2 (fol. 49 B-C).

ad cuius mutationem sequitur maxime mutatio omnium aliorum; sed ad mutationem huius naturae intellectualis alia mutantur intantum quod
25 omnia mutantur, nisi si qua sit passio communis generato et corrupto, puta diaphanitas aeri et aquae, ut dicitur *I° De generatione*, non autem ad mutationem dimensionum, ut praedictum est; quare etc. Et hoc est quod vulgus opinatur: ex propriis enim actionibus apparentibus de rebus, diversitatem naturae earum iudicant, licet omnia accidentia similia
30 habeant et dimensiones easdem, ut patet in lapidibus et herbis; quare natura intellectualis in sensibilibus est substantia, non autem dimensiones.

Et cum arguitur, patet solutio ex dictis. Cum enim dicitur quod in sensibilibus non sunt nisi tria quae sensu comprehenduntur et omnia
35 sunt accidentia, dicendum quod verum est et aliud ab istis est substantia, ut natura intellectualis, quae sensu non comprehenditur, sed intellectu.

Ad secundam rationem, cum dicitur quod in definitione cuiuslibet causati est ens additum enti et tale est accidens, dicendum quod illud in cuius definitione, quae debet tantum indicare quod quid est, oportet
40 ponere ens additum enti, est accidens, quia accidens non habet quod quid est nec intellectum nisi per ordinem ad substantiam; et ideo oportet ponere aliud in sua definitione. Si autem oporteat ponere in definitione substantiae aliquid additum substantiae, hoc non est ex illa <causa> quae est in accidente, quae est quia ratio essendi eius sit in ordine ad
45 aliud, sed propter aliquam aliam causam (dico, si oporteat) et ideo non procedit ratio.

Ad tertium dicendum quod dimensiones non sunt magis substantia quam natura intellectualis; et quamvis sint priores aliquo modo et quantum ad aliquid, non tamen sunt priores sicut substantia prior est
50 accidente; et ideo etc.

Ex quo patet solutio ad rationes omnes sequentes.

QUAESTIO <25>

QUAERITUR UTRUM QUI DICIT CONTRADICTORIA ESSE SIMUL VERA ALIQUID DICAT

Deinde quaeritur utrum qui dicit contradictoria esse simul vera,
5 aliquid dicat. Videtur quod sic, quia qui intellectum constituit, aliquid

43 est] nisi *add. marg.*

26 ARISTOTELES, *De generatione*, I, 4 (319 b 22-24).

dicit, *I° Perihermeneias*; sed qui dicit contradictoria aliquid constituit; quare etc.

Contrarium dicit in littera.

Et dicendum quod qui dicit affirmationem et negationem eiusdem, ut Socratem currere et non currere, nihil determinate dicit quin illud neget. Aliquid enim dicit ut affirmationem, sed non ita quin illud neget: in hoc enim quod dicit negationem, negat affirmationem; et in hoc quod dicit affirmationem, negat negationem; eo igitur quod dicit utrumque, negat utrumque et ita nihil dicit: nec enim dicit quod est ita, nec dicit quod non est ita, sed quod est ita et non ita, et per consequens quod nec est ita nec non ita, et ita omne quod dicit negat.

QUAESTIO <26>

QUAERITUR UTRUM QUI AESTIMAT CONTRADICTORIA ALIQUID AESTIMET

Consequenter quaeritur utrum qui aestimat contradictoria, aliquid aestimet. Videtur quod non, quia, si aestimat affirmationem determinate, non igitur negationem; et si negationem, non igitur affirmationem: neutrum igitur determinate aestimat. Nec etiam utrumque, quia opposita utriusque aestimat, non igitur utrumque: nihil igitur aestimat.

Contra: qui aestimat contradictoria, aestimat affirmationem et affirmatio est aliquid; quare aliquid aestimat.

Solutio. Dicendum quod si aliquis ita mente posset disponi, quod opinaretur contradictoria, aliquid aestimat et nihil aestimat: aestimat enim aliquid quia affirmationem, et nihil, quia aestimando affirmationem non aestimat negationem; et in hoc quod aestimat negationem, non aestimat affirmationem: neutrum igitur aestimat, et ita nihil.

---

12 negat] dicit *scr. sed marg. corr.*   9 Contra] et *scr.*   contradictoria] affirmationem *scr. sed corr.*   15 aestimat¹] existimat *scr.*

6 ARISTOTELES, *De interpretatione*, I, 3 (16 b 19 sq.).
8 ARISTOTELES, *Metaph.*, IV, 4 (1006 a 1 sq.).

QUAESTIO <27>

QUAERITUR UTRUM QUI DICIT CONTRADICTORIA DIFFERAT A NATIS COGITARE <QUI NON COGITANT>

Consequenter quaeritur utrum qui dicit contradictoria differat a natis
5 cogitare qui non cogitant, sicut dicit PHILOSOPHUS.
   Dicendum quod sic aestimans non differt a natis cogitare, quia in hoc quod nihil aestimat similis est plantis et his qui nati sunt cogitare et non cogitant; et sic contra talem non est disputandum. Inquantum tamen aliquid aestimat sic existimans, si sic possit mente disponi, non est similis
10 his qui nati sunt cogitare et non cogitant; et isto modo est disputandum contra talem.

QUAESTIO <28>

QUAERITUR UTRUM ALIQUIS ITA POSSIT MENTE DISPONI QUOD AESTIMET CONTRADICTORIA

Consequenter quaeritur utrum aliquis ita mente possit disponi quod
5 aestimet contradictoria. Videtur quod sic, quia contingit aestimare impossibilia et omne impossibile implicat opposita et incompossibilia; quare contingit aestimare opposita.
   Oppositum probavit PHILOSOPHUS superius, quia contraria non sunt simul in eodem; sed opiniones contradictoriorum sunt contrariae; quare
10 non possunt esse simul in eodem.
   Solutio. Dicendum quod nullus ita potest mente disponi quod opinetur contradictoria in forma contradictoriorum, et sic sunt opposita; et ideo simul non contingit opinari opposita, sicut probat ratio.
   Et cum dicitur quod aliquis potest aestimare impossibile esse verum,
15 dicendum quod verum est. Et licet praedicatum oppositum subiecto dicatur de subiecto in propositione impossibili, non tamen dicitur in forma oppositi, sed sub forma antecedente ad formam oppositi; et ideo omnem qui opinatur impossibile, contingit reducere ad hoc quod concedat oppositum de opposito in forma oppositi. Unde dixit

13 ideo] idem *scr.*

5 ARISTOTELES, *Metaph.*, IV, 4 (1008 b 10 sq.).
8 ARISTOTELES, *Metaph.*, IV, 6 (1011 b 15 sq.).

ARISTOTELES prius quod omnes demonstrantes reducunt in hanc ultimam opinionem, hanc scilicet dignitatem: non de eodem simul esse et non esse. Et quia oppositum sub forma oppositi non est de ratione subiecti | vel praedicati in propositione impossibili, sed consequens ad rationem subiecti vel praedicati, et consequens quandoque per multa media, nihil prohibet opinari impossibile, non tamen oppositum de opposito in forma oppositi. Cum praedicatur oppositum de opposito in forma oppositi, nota est repugnantia praedicati et subiecti per rationes terminorum, et ideo talis opinio utriusque simul esse non potest; sed in impossibili non est nota statim repugnantia per rationes terminorum, et ideo contingit illud opinari. Nec hoc est opinari contraria ita quod sint opiniones contrariae, quia non sunt contradictoriorum in forma propria, et ideo contingit illud opinari; nec hoc est opinari contraria ita quod sint opiniones contrariorum, quia non sunt contradictoriorum in forma propria; talium autem opiniones solae sunt contrariae, ut ostensum est prius.

Et patet solutio ad rationem in contrarium.

\<COMMENTUM\>

Consequenter ponit PHILOSOPHUS quasdam rationes, quae movebant quosdam ad dicendum quod idem simul est et non est, ibi: *Est autem et ab eadem*. Et primo dicit quod idem est hoc opinari et opinari quod omne quod apparet est verum: convertuntur enim inter se, sicut determinat PHILOSOPHUS in littera. Sed non est eodem modo procedendum contra omnes: quidam enim dixerunt hoc propter rationem aliquam quam nesciverunt dissolvere; alii vero causa disputationis vel proterviendi. Et contra primos procedendum est solvendo rationem eorum; contra alios arguendum est ex significatione nominum et vocum, ut prius argutum est.

Venit autem dubitantibus. Deinde ponit rationes moventes. Et primo, rationes moventes ad ponendum contradictoria esse vera; secundo, eas quae movent ad ponendum omnia quae apparent esse vera. Ponit igitur rationem quae movet ad ponendum contradictoria esse in eodem, dicens quod hoc habuit ortum ex sensibilibus: quia enim videbant ex eodem

27 repugnantia] subiecti *add.*

20 ARISTOTELES, *Metaph.*, IV, 3 (1005 b 32-37).
3/4 ARISTOTELES, *Metaph.*, IV, 5 (1009 a 6).
 6 ARISTOTELES, *Metaph.*, IV, 5 (1009 a 7 sq.).
12 ARISTOTELES, *Metaph.*, IV, 5 (1009 a 22-23).

fieri contraria et contradictoria, ex non ente autem non fit aliquid, quare utrumque oppositorum prius fuit in eo ex quo fiebat, et sic idem esset contradictoria.

20 *Ad eos quidem.* Solvit dupliciter. Primo, quia non ens dicitur dupliciter et similiter ens, scilicet potentia et actu; ex non ente autem in actu, ente tamen in potentia, fit aliquid; idem autem potentia potest esse contraria, actu autem non; et ideo, licet ex eodem fiant contradictoria, non sequitur quod sint in eodem nisi in potentia; sed ex hoc non sequitur quod
25 contradictoria possint enuntiari de eodem.

Amplius dignificemus. Secundo solvit aliter, et est solutio particularis, dicens quod licet ita sit in sensibilibus quod ex eodem fiant opposita, non tamen in omnibus, quia aliquod est ens ingenerabile et incorruptibile et universaliter intransmutabile, sicut probatum est *VIII° Physicorum*;
30 quare saltem de eodem non sunt simul vera opposita, quia ex eo nihil fit.

Similiter autem et quae circa. Consequenter ponit rationes quae movebant eos ad credendum quod omne quod apparet est verum, duas. Et primo ponit eas, deinde removet. Circa primum duo facit: primo, ponit rationem ex parte sensus et causam eius; secundo, determinat
35 quomodo diversi philosophi in hanc rationem consenserunt. Primo igitur ponit rationem, intendens quod idem diversis gustantibus videtur dulce et amarum, ita quod diversis hominibus contraria videntur de re, et hominibus et aliis animalibus contraria: asino enim delectabilius est fenum quam aurum, ut dicitur *X° Ethicorum*, homini autem e conver-
40 so. Et similiter eidem de eadem re in diversis temporibus contraria videntur; eadem autem ratione qua uni apparet verum, et alii, quia aequaliter credit suae opinioni quae ex rebus causatur; quare vel neutri apparet verum vel utrique; inconveniens autem est quod neutri, et ideo utrique apparet verum; quare omnia putata, vera sunt.

45 Et si aliquis dicat quod non, immo quia ille qui opinatur sicut plures opinantur, verum opinatur, qui autem non ut plures, falsum, removet hoc ARISTOTELES, dicens quod verum non est iudicandum multitudine vel paucitate. Si enim omnes homines vel plures essent infirmi et iudicarent dulce esse amarum, duo vero vel tres sani, qui iudicarent illud esse dulce,
50 tunc secundum hoc magis credendum esset infirmis quam sanis. Et

26 dignificemus] significemus *scr.*

20 ARISTOTELES, *Metaph.*, IV, 5 (1009 a 30).
26 ARISTOTELES, *Metaph.*, IV, 5 (1009 a 36).
29 ARISTOTELES, *Physic.*, VIII, 6 (258 b 10 sq.).
31 ARISTOTELES, *Metaph.*, IV, 5 (1009 b 1).
39 ARISTOTELES, *Ethic. Nic.*, X, 5 (1176 a 7-8).
47 ARISTOTELES, *Metaph.*, IV, 5 (1009 b 2-3).

similiter, si plures essent insipientes, et pauci sapientes, magis credendum esset insipientibus quia plures, quod est inconveniens.

Omnino vero propter existimare. Secundo ponit causam huius rationis, intendens quod hoc habuit ortum ex hoc quod quidam aestimabant sensum et intellectum esse idem, et cum hoc sensum esse alterationem factam a sensibili: omne enim alterans praesens alterat sicut est et ad formam suam; quare sensibile alterat sicut est; quare sensus semper iudicat sicut est; quare semper verum dicit; quare similiter et intellectus: omnia igitur quae apparent vera sunt.

Ex his enim EMPEDOCLES. Deinde determinat quomodo Antiqui in hanc rationem consenserunt, et patet in littera. Et ponit inconveniens quod sequitur, dicens quod, si illi qui maxime viderunt veritatem et amaverunt eam, talia dicebant de veritate, quae omnia inconvenientia sunt, tunc dignum est respuere conantes philosophari et dolere de illis quia tempus perdunt, et secundum hoc persequi veritatem est persequi volantia: semper enim magis et magis distabunt.

His autem opinionis causa. Consequenter ponit rationem quae movet ad credendum omne quod apparet esse verum, sumptam ex parte sensibilium. Prima est quod Antiqui credebant solum entia esse sensibilia, in istis autem est natura indeterminata, scilicet materia; et ideo nihil de eis est verum determinate, sed, sicut materia est indifferens ad contraria, ita indifferentia sunt entia ad veritatem, et omne quod apparet de his verum est.

Amplius autem omnium. Secunda ratio est quia omnia sensibilia | transmutabilia sunt et in continua transmutatione; sed de eo quod transmutatur, quia non est in aliqua determinata dispositione, non est aliquid determinate verum; si igitur est aliquid verum de eo, omne quod apparet de eo verum est.

Deinde removet hanc rationem interimendo utramque propositionem et ponit quinque vel sex rationes quae manifestae sunt in littera.

---

53 ARISTOTELES, *Metaph.*, IV, 5 (1009 b 12).
60 ARISTOTELES, *Metaph.*, IV, 5 (1009 b 15).
61 ARISTOTELES, *Metaph.*, IV, 5 (1009 b 33 sq.).
67 ARISTOTELES, *Metaph.*, IV, 5 (1010 a 1).
74 ARISTOTELES, *Metaph.*, IV, 5 (1010 a 7).
80 ARISTOTELES, *Metaph.*, IV, 5 (1010 a 15 sq.).

QUAESTIO <29>

QUAERITUR UTRUM HABENS RATIONEM PROBABILEM QUAM NESCIT
QUIS DISSOLVERE AD ALIQUAM CONCLUSIONEM NECESSE HABEAT
CREDERE CONCLUSIONI ILLI

Circa iam dicta quaeritur primo utrum habens rationem probabilem, quam nescit quis dissolvere, ad aliquam conclusionem, necesse habeat credere conclusioni. Videtur quod sic, quia creditis praemissis alicuius rationis, impossibile est non credere conclusionem: licet enim contingat <opinari> maiorem per se et similiter minorem, non opinando conclusionem, et similiter utramque, non tamen comparando ad invicem, contingat opinari, non opinando <conclusionem>, tamen opinari utramque et ad invicem comparando, impossibile est non credere conclusioni; sed habens rationem probabilem quam nescit solvere credit utramque praemissarum ad invicem comparatam; quare necessario credit conclusioni.

Oppositum videtur quia ad oppositum primi principii «non contingit simul idem esse et non esse» contingit habere rationem quam nescit aliquis solvere; non tamen propter hoc oportet oppositum principii primi credere, quia impossibile est aliquem sic mente disponi, ut praeostensum est; quare etc.

QUAESTIO <30>

QUAERITUR UTRUM HABENS RATIONES PROBABILES
AD UTRAMQUE PARTEM CONTRADICTIONIS
NECESSARIO HABEAT CREDERE UTRIQUE

Consequenter quaeritur utrum habens rationes probabiles ad utramque partem contradictionis, necessario habeat credere utrique. Videtur quod sic, quia effectus syllogismi probabilis est opinio; quare ubicumque est syllogismus probabilis, effectum suum inducit; quare syllogismus probabilis utriusque partis contradictionis, opinionem utriusque partis inducit.

Oppositum patet, quia nullus mente potest sic disponi quod opinetur contradictoria.

Solutio. Ad secundam quaestionem primo dicendum quod habens

---

13 Solutio] Solutio secundae *add. marg.*

rationes aeque probabiles ad utramque partem contradictionis, <non> habet opinari utramque, ut patet ex praecedentibus, quia nullus mente potest sic disponi ut opposita opinetur; nec habet opinari alterum tantum, quia rationes quae facerent opinari alteram sunt aeque probabiles, qua igitur ratione magis opinaretur unam partem quam aliam? Et ideo quantum est ex vi rationum neutro modo opinatur.

Et cum dicitur quod ratio probabilis semper inducit effectum suum, qui est opinio, dicendum quod verum est, nisi impediatur; potest autem impediri. Potest enim ratio probabilis considerari dupliciter: absolute et in se et sic inducit effectum suum; vel ut refertur ad rationem aeque probabilem ad oppositum, et sic impeditur ab effectu per istam.

Ad primam quaestionem dicendum quod non oportet aliquem habentem rationem probabilem ad aliquam conclusionem quam nescit dissolvere, credere illi conclusioni. Verum enim est quod, quando aliquis habet rationem quam nescit dissolvere, quantum est ex ratione faceret credere conclusioni; quia tamen fortior potest esse ratio obvia ad partem oppositam, non credet conclusioni per istam; vel etiam contingit quod pars opposita sit magis nota per se quantum ad sumptum in ratione ad propositum, ut est in principio primo, quia est per se notum; ideo notius est quam aliquid quod possit sumi ad probandum oppositum eius; et ideo est magis ei credendum quam rationi. Si vero ratio ista probabilis sit ad conclusionem quae potest probari, contingit quod ad partem oppositam sit ratio efficacior, et ideo non credet per istam conclusioni, etsi nesciat eam solvere, sed magis rationi oppositae.

Et patet solutio ad rationem.

QUAESTIO <31>

UTRUM CONTRARIA POSSINT ESSE SIMUL IN EODEM IN POTENTIA

Consequenter, quia dicit in solvendo rationem Antiquorum, quod idem in potentia est simul ad contraria, quaeritur utrum contraria possint esse simul in eodem in potentia. Videtur quod non, quia transmutatio debetur potentiae sive enti in potentia: est enim actus entis in potentia; sed non contingit simul transmutari ad contraria; quare nec contingit idem esse contraria in potentia.

Item, possibile est quo posito inesse, nihil sequitur impossibile; si

---

25 Ad primam] Solutio primae *add. marg.*

igitur contraria essent potentia in eodem, positis ipsis existere in actu in isto, nihil sequeretur impossibile; nunc autem impossibile sequitur; quare etc.

Item, ens in potentia non reperitur separatum ab altero contrariorum, ut dicitur *I° De generatione*: quare necessario alterum contrariorum semper est in subiecto quod est in potentia ad utrumque: quare non contingit quod ipsum simul sit in potentia <ad> utrumque.

Oppositum dicit ARISTOTELES.

Solutio. Hic intelligenda sunt tria.

Primo quod differt dicere quod aliquid simul habeat potentiam ad contraria, et quod habeat potentiam ad contraria simul, ita ut simul contraria sibi insint. Primum est verum, quia idem subiectum quantum est de se in potentia est simul ad duo contraria, nec magis determinatur ad unum quam ad alterum; secundum est impossibile, quod aliquid sit in potentia ad contraria simul, ita quod simul recipiat contraria, et hoc est impossibile quia contraria actu simul non reperiuntur in eodem, ut hic dicit PHILOSOPHUS. Et ex hoc patet solutio ad secundam rationem, quia positum est inesse sub isto sensu secundo, quod aliquid sit in potentia simul ad duo contraria recipienda, non autem primo modo, secundum quem est aliquid in potentia simul ad utrumque contrariorum recipiendum successive, simul tamen habet potentiam ad utrumque.

Secundo dico quod differt dicere aliquid esse in potentia simul ad contraria absoluto sermone, et dicere quod aliquid quantum est de se simul est in potentia ad utrumque contrariorum: primum enim est falsum, quia subiectum quod est in potentia ad contraria, semper est sub actu alterius contrariorum, sumendo contraria large; secundum tamen est verum, quia subiectum quantum est de se neutrum sibi determinat, et ideo quantum est de se potentia est contraria. Et ex hoc patet solutio ad rationem tertiam.

Tertio dicendum quod contraria actu non sunt in eodem, et quod motus, cum sit actus entis in potentia, non solum est potentia, sed est aliquis actus; et ideo transmutationes ad contraria non sunt simul, quia transmutationes ad contrarium | aliquid actu habent de illo; si igitur contraria actu simul non possunt esse in eodem simul, nec similiter transmutationes ad contraria possunt simul esse. Licet igitur transmutatio debeatur enti in potentia, quia tamen est aliquis actus, licet contraria

f. 111va

---

32 et] quia subiectim quod est in potentia ad contraria *add. sed verbo* va-cat *cancell.*

14 ARISTOTELES, *De generatione*, I, 3 (317 b 14 sq.).
17 ARISTOTELES, *Metaph.*, IV, 6 (1011 b 15-17).

in eodem sint in potentia, non tamen simul transmutantur. Ex quo patet solutio ad rationem primam.

<QUAESTIO 32>

UTRUM VERUM SIT IUDICANDUM MULTITUDINE VEL PAUCITATE

Consequenter quaeritur utrum verum sit iudicandum multitudine loquentium. Videtur quod sic, quia veritas bene iudicatur per signa; sed quod multi dicunt quasi signum est veritatis: unde dicit AVERROES libro 5 *De somno et vigilia* quod sermo famosus non potest esse in toto falsus; et ARISTOTELES in fine eiusdem dicit quod illud quod plures dicunt habet veri significationem; quare etc.

Oppositum videtur quia in quibus latet veritas, verum non est iudicandum nisi ex diuturna et profunda perscrutatione; sed diuturna et 10 profunda perscrutatio non habetur ex multitudine, sed superficialis magis; quare non debet verum, in omnibus saltem, iudicari multitudine vel paucitate.

Solutio. Dico sicut concludit ratio ista quod verum non est semper iudicandum multitudine. Credens enim aliquid esse verum quia multi hoc 15 dicunt innititur dicto aliorum et non rationi, et in hoc est duplex insufficientia. Etsi enim dicant verum, credere hoc et non quaerere rationem huius, etiam quare hoc dicunt, insufficiens est: illud enim quod habet rationem non contingit vere scire nisi in habendo rationem istam. Altera insufficientia est quia pluralitas dicentium aliquid non est certum 20 signum veritatis illius, maxime autem in his quae sensum transcendunt, cuiusmodi sunt separata a materia: ad horum enim cognitionem non pervenit multitudo, sed valde pauci et subtiliter perscrutantes, quia multitudo in cognitione non se extendit ultra sensibilia; illa tamen quae sensum transcendunt, maxime sunt vera. Iudicium igitur multitudinis in 25 his quae maxime sunt vera non est certum, et ideo verum iudicare multitudine vel etiam paucitate insufficiens est; sed iudicandum est verum per rationes, non quia aliquis sic opinatur. Qui enim credit opinioni alicuius propter amorem eius sive dicentis eam, non quia rationem habet, vituperandus est. 30

Ad rationem patet solutio, quia in sensibilibus aliquo modo est credendum dicto multitudinis sicut signo, sed hoc non est sufficiens.

3 Consequenter] quia veritas bene iudicatur per signa *add, sed verbo* va-cat *cancell.*

6 AVERROES, *De somno et vigilia* (fol. 33 M).
7 ARISTOTELES, *De divinatione per somnum*, 1 (462 b 14-16).

QUAESTIO <33>

UTRUM IN IUDICIIS CONTRARIIS SENSUUM DE SENSIBILIBUS SIT IUDICIUM CUI EST MAGIS CREDENDUM

Consequenter ibi: *De veritate autem*, disputat contra eos qui dicunt omne quod apparet verum esse, per rationem sumptam ex parte sensus; et ponit septem vel octo rationes ad removendam praedictam rationem et patent in littera. Et ad evidentiam eorum quae dicuntur in littera, quaeruntur duo. Primo utrum in iudiciis contrariis sensuum de sensibilibus sit iudicium cui magis sit credendum: sensus enim diversi contraria iudicant de eadem re. Secundo, utrum, cum sint opiniones contrariae de eadem re, sit aliqua opinio cui sit magis credendum.

De primo arguitur quod in iudiciis contrariis sensuum de sensibilibus non sit iudicium cui sit magis credendum: quantum enim videtur uni sensui illa pars quam iudicat, tantum videtur alii sua; non igitur magis credendum est uni quam alii.

Item, non magis credendum est uni sensui iudicanti quam alii nisi iudicium eius sit certum; sed iudicium sensus de sensibili non est certum quia sensus de nullo semper iudicat eodem modo, nec etiam de sensibili: gustus quandoque dulce dicit esse amarum; talis autem sensus non est iudicium certum; quare etc.

Item, si dicatur quod in iudiciis contrariis sensibilium magis est credendum uni quam alii, ut magis credendum est sensui de sensibili proprio quam de sensibili alterius, et sensui sano quam corrupto vel infirmo, adhuc idem remanet dubium quid magis est sensibile proprium quam aliud: nullus enim opinatur aliquid esse sensibile proprium quin alius opinetur oppositum, et similiter nullus ita opinatur aliquem sensum esse sanum quin alius opinetur eundem sensum esse infirmum. Et in istis iudiciis cui magis est credendum? Videtur quod neutri.

Oppositum determinat ARISTOTELES in littera pluribus rationibus.

---

4 ibi] *iter.*   11 credendum] credenda *scr.*

4 ARISTOTELES, *Metaph.*, IV, 5 (1010 b 1).
7 ARISTOTELES, *Metaph.*, IV, 5 (1010 b 2 sq.).
29 ARISTOTELES, *Metaph.*, IV, 5 (1010 b 14 sq.).

QUAESTIO <34>

UTRUM IN OPINIONIBUS CONTRARIIS
SIT OPINIO CUI EST MAGIS CREDENDUM

Consequenter arguitur de secundo, cum aliqui opinantur contraria de eodem, quod non est magis credendum uni quam alii, quoniam intellectus accipitur ex sensu et per consequens iudicium eius ex iudicio illius; sed in iudiciis contrariis sensuum non est magis credendum uni quam alii; quare etc.

Item, dicit ARISTOTELES *VII° Ethicorum* quod quidam magis credunt suae opinioni quam alii suae scientiae, vel saltem aequaliter. Ex quo videtur quod quantum videtur alicui sua opinio, tantum videtur alii sua; quare habentes contrarias opiniones de eodem aeque credunt illis; neutri igitur est magis credendum.

Item, inter opiniones contrarias non est aliqua cui sit magis credendum nisi si qua sit de qua iudicium intellectus certum sit et eodem modo semper iudicet; sed nulla est talis opinio intellectus; quare etc. |

f. 111vb   Item, si dicatur quod magis est credendum iudicio et opinioni sapientis quam opinioni contrariae insipientis, idem remanebit: quem enim unus dicet <sapientem>, alius dicet insipientem et e converso, et de hoc sunt opiniones contrariae et tunc manet dubitatio cui magis est credendum: videtur enim quod neutri.

Oppositum videtur velle in littera, quoniam in iudiciis sensuum contrariis est iudicium cui magis est credendum; quare et in opinionibus, quia ex sensu sumuntur.

Solutio. Ad primam dicendum quod non omni iudicio sensus de sensibili aequaliter est credendum. Non enim aeque credendum visui et gustui de dulcedine, si uterque dicat hoc esse dulce: quandoque enim dicit visus esse dulce quod est amarum secundum gustum. Et quod istis non sit de hoc aequaliter credendum signum est quia, cum aliquis opinatur per visum aliquid esse dulce, si postea per gustum id percipiat amarum, deponit opinionem quam habebat per visum, quasi magis credens gustui. Item, non aequaliter credendum est visui cum dicit aliquid esse album vel nigrum et cum dicit quod est homo vel asinus. Nec

3 credendum] credenda *scr.*

9 ARISTOTELES, *Ethic. Nic.*, VII, 10 (1151 b 4 sq.).
22 ARISTOTELES, *Metaph.*, IV, 5 (1010 b 14 sq.).

etiam aequaliter credendum est iudicio sensus vigilantis et dormientis.
35 Nec etiam aequaliter creditur tantas esse magnitudines, quales eas iudicat sensus in remoto et in propinquo. Nec etiam aequaliter creditur sic esse sicut quis imaginatur et sicut quis sentit. Nec aequaliter credendum sensui sano et infirmo, nec iudicio sani et aegri. Unde illi qui dicunt quod istis est aequaliter credendum, hoc mente non suscipiunt, quia, si sic,
40 aequaliter prosequerentur actus suos secundum iudicium unius sensus et alterius: unde dicit AVERROES hic quod dubitare utrum sit distinguere inter sensus veros et falsos est dubitare de omnibus praedictis.

Sed dicet aliquis: per quid est certum et notum sic se habere sicut dicit unus sensus magis quam sicut dicit alter, ut per quid notum est ita se
45 habere rem de dulci sicut dicit gustus <magis> quam sicut dicit visus.

Solutio. Dico: quod id quod sentitur sit tale quale sentitur, hoc scitur per nihil aliud nisi quia per istum sensum sentitur tale, et non per alium: ut quia gustu comprehenditur sapor et eius differentia, sicut dulce et amarum, ideo scitur quod hoc est dulce quod dicit gustus esse dulce. Et si
50 quis quaerat huius rationem, in principiis rationis rationem quaerit ubi non est ratio quaerenda: ratio enim quae daretur ad hoc aut non esset efficax aut, si esset efficax, ex aliquo sumeretur tandem quod notum est tale esse quia sentitur tale: quia enim isto sensu tantum illud cognoscitur, hoc scitur esse tale quia tali sensu cognoscitur. Et actus et operationes
55 secundum iudicia contraria contrariorum iudiciorum falsitatem manifestant: semper enim uni creditur et secundum illud fit actus et operatio. Unde intelligendum quod duo sunt quae possunt inducere ad credendum quod omne quod apparet verum sit. Si quis enim dubitet in iudiciis contrariis sensuum cui magis est credendum et videatur sibi quod neutri
60 magis quam alteri, immo quod utrique pari ratione, potest moveri ad opinandum quod omne quod apparet sensui verum est; et ideo quia contradictoria possunt apparere uni secundum sensum, ipsa simul essent vera; sed hoc iam remotum est quia magis credendum est iudicio unius quam alterius. Aliud est quod idem potest inducere, ut si quis, in omni
65 iudicio sensus quod ipsum iudicium sensus de sensibili sic se habeat, quaereret aliam rationem iudicantem, non posset certe iudicare veritatem in rebus, quia, si non esset aliquid primo certum, non esset aliquid aliud certum; et ideo, si non sit certum primo quod hoc quod comprehenditur gustu sit sapor dulcis vel amarus, nihil est certum, et ideo omne quod
70 apparet sensui verum est; sicut autem quia alicui sensui de aliquo est

51 enim] *inf. lin.*

41 AVERROES, *Metaph.*, IV, com. 24 (fol. 91 M - 92 A).

magis credendum quam alii, et ideo non oportet quaerere omnium semper aliam rationem, ideo est aliquid verum determinate.

Et cum arguitur quod in iudiciis contrariis sensuum de sensibilibus, quantum videtur uni sensui et quam certe, tantum et ita certe videtur alii, dicendum quod non est verum: si enim visui propter colorem appareat aliquid esse dulce, et gustui idem appareat esse amarum, non tantum nec ita certe videtur visui hoc esse dulce sicut gustui amarum, nec tantum videtur infirmo et ita certe sicut sano. Cuius probatio est quia, <si> alicui ita certe appareret unum sicut aliud, tunc per iudicium unius <non> deponeret iudicium contrarium; nunc autem deponit, ut cum iudicat per gustum esse amarum, deponit opinionem quam habuit per visum quod esset dulce.

Et cum arguitur secundo quod, si magis est credendum uni sensui quam alii, oportet quod iudicium sensus sit certum et quod sensus semper eodem modo iudicet, dicendum quod verum est secundum quod magis est credendum, et hoc est de sensibili proprio: de isto enim semper eodem modo iudicat.

Sed tum dicit ARISTOTELES in littera quod iudicium sensus gustus de dulci potest esse diversum vel propter mutationem subiecti dulcis, vel propter mutationem corporis gustantis, vel mutationem medii, circa autem dulcedinem non mutat umquam iudicium, licet de subiecto, ut de f. 112ʳᵃ vino vel melle, iudicium mutet, ut dicit ARISTOTELES hic. Et | intelligendum quod sensus sentit obiectum suum et passionem secundum quam afficitur in sentiendo obiectum; et quamvis in primo quandoque fiat deceptio, non tamen in secundo: quale enim sive qualiter sentiat sensus, taliter sentire se iudicat et in hoc non errat: quale enim sentiat vinum gustus in iudicando non errat, sed quale sit vinum in iudicando errat quandoque. Et ideo quidam exponunt ARISTOTELEM sic, quod ipse intelligat quod circa dulcedinem non mutat iudicium hoc quin iudicet illud esse tale, quale ipsum sentit. Sed hoc non valet, quia ad hoc quod semper eodem modo iudicet de dulcedine, sicut dicit ARISTOTELES, non tantum oportet quod tale iudicet ipsum quale ipsum sentit, quia non semper ipsum sentit sub eadem qualitate, sed quandoque ut dulce, quandoque ut amarum; sed oportet quod iudicet ipsum tale quale est. Et ideo intelligendum quod, cum gustus iudicat dulce esse amarum, non

79 appareret] apparet *scr.*   80 ut] et *scr.*   00 quia] ad *scr. sed corr.*

88 ARISTOTELES, *Metaph.*, IV, 5 (1010 b 21 sq.).
92 ARISTOTELES, *Metaph.*, IV, 5 (1010 b 23-26).
98 Cf. THOMAS DE AQUINO, *In Metaph.*, IV, lect. 14, n° 703.

solum est dulcis, sed etiam amari humoris in lingua existentis: unde, cum sic iudicat, <non> iudicat dulce esse amarum, sed illud cuius est esse iudicat amarum; unde cuius est ipsius dulcis semper eodem modo iudicat, ut ipsum esse dulce.

Et cum arguitur tertio, iam patet solutio quod magis est credendum uni sensui quam alii, ut de sensibili proprio; et quod hoc sit sensibile proprium, non habet aliam rationem, immo ex se notum.

Ad quaestionem secundam dicendum quod PHILOSOPHUS hic dixit quod alicui sensui est magis credendum quam alii et dedit cui iudicio sensus est magis credendum; non autem dedit cui opinioni inter contrarias est magis credendum; nec fuit necessarium, quia, si hoc dedit in sensu et iudicio sensus, et in opinione. Antiqui enim dixerunt intellectum et sensum esse idem, et similiter omne quod apparet sensui esse verum; et ideo, cum declaravit de sensu quod non omni eius iudicio est aequaliter credendum, sufficienter ad eos ostensum est similiter de opinione.

Et dicendum de opinionibus contrariis quod illi est magis credendum, quae sumpta est ex per se notis intellectui, et tandem accepta est ex sensibilibus in quibus iudicium sensus fit sine errore, quam illi quae sumpta est ex apparentibus probabilibus: opinio enim certa ex sensu non errante sumitur; unde eum qui negat alicui suam scientiam, ipse faciet eum negare sensum. Sic igitur magis credendum uni opinioni quam alii et magis iudicio sapientis quam insipientis. Sed quis sit sapiens non est per se notum, immo hoc aeque est dubium cum principali, scilicet quae opinio vera sit et quae non. PHILOSOPHUS enim in $X°$ *huius* dicit quod sapiens est mensura rerum, et consequenter ibi dicit quod magis res sunt mensura sapientis: non enim sic se habet res quia sapiens sic iudicat, sed sapiens sic iudicat quia res sic se habet. Et ideo eiusdem potestatis apud hominem est accipere quis sit sapiens et quis insipiens, et utrum res se habeant sic vel sic. Et propter hoc, sicut non iudicatur verum de rebus, praecipue in transcendentibus sensum, ex testimonio multitudinis, ita nec quis sit sapiens, quis insipiens, debet iudicari ex testimonio multorum. Et ideo non sufficit dicere quod credendum est magis iudicio sapientis, quia quis sit sapiens non est per se notum; sed ex re debet iudicari opinio cui est magis credendum, ut iam dictum est.

Et cum arguitur primo, patet solutio, quia in iudiciis contrariis

---

7 iudicat¹] iudicatum *scr.*   29 sit] sicut *scr.*

13 ARISTOTELES, *Metaph.*, IV, 5 (1010 b 14 sq.).
29 ARISTOTELES, *Metaph.*, X, 1 (1053 a 31 sq.).

sensuum magis est credendum uni quam alii; et ideo similiter in opinione.

Et cum arguitur quod aliquis aeque certus est de sua opinione sicut alius de contraria, dicendum quod non omnis est aequaliter certus in sua opinione: quando enim habet opinionem acceptam ex aliquibus per se notis intellectui, magis certus est de opinione sua quam qui habet opinionem acceptam ex apparentibus probabilibus. Unde dicit ARISTOTELES quod opinans falsum potest redire ad scientiam et veritatem, quod non contingeret si aequaliter crederet suis habitibus.

Sed, cum dicit ARISTOTELES *VII° Ethicorum* quod quidam non minus credunt suis opinionibus quam alii suis scientiis, dicendum quod, si quis habeat opinionem aliquorum ex per se notis intellectui et alius ex probabilibus, unus magis credit suae opinioni quam alius, ut qui habet opinionem ex per se notis. Adhuc, si quis opinetur aliquid per probabilia non necessaria et accipiat ea in ratione probabilium, alius vero opinetur idem ad necessaria accepta in ratione probabilium, ille qui per necessaria in ratione probabilium accepta, magis suae opinioni credit.

Tamen, si quis habeat opinionem alicuius per probabilia, accipit tamen ea ut necessaria, alius vero credat aliquid per necessaria, accepta tamen in ratione non necessariorum, ille qui opinatur per probabilia ut necessarie accepta magis credit suae opinioni, quam alius qui habet aliquid per necessaria, accepta tamen ut non necessaria, credat suae scientiae. Et hoc intendit ARISTOTELES. Non igitur omnis aeque certe credit suae opinioni.

Ad alias rationes ex dictis patet solutio.

QUAESTIO <35>

UTRUM OMNIUM SIT RATIO QUAERENDA

Consequenter, ad evidentiam dictorum et eorum quae dicuntur in littera, quaeritur utrum omnium sit ratio quaerenda. Videtur quod sic, quia circa quodcumque contingit dubitare, contingit rationem facientem notum quaerere; sed nihil est circa quod non contingat dubitare; quare in omnibus | contingit rationem quaerere. Minor probatur dupliciter, quia nihil est circa quod non sunt opiniones contrariae: quare manifes-

---

48 ARISTOTELES, *Metaph.*, IV, 4 (1008 b 31 sq.).
50 ARISTOTELES, *Ethic. Nic.*, VII, 10 (1151 b 4 sq.).
63 ARISTOTELES, *Metaph.*, IV, 6 (1010 b 26 sq.).
 4 ARISTOTELES, *Metaph.*, IV, 6 (1011 a 3 sq.).

tum est quod circa omnia est dubitatio. Item, si aliquid esset circa quod
non contingeret dubitare, hoc maxime esset illud quod sensus sentit sic
esse sicut res se habet: dico quod sensus de sensibili proprio, ut album
esse illud quod visus videt album et sibi videtur esse album; si igitur circa
hoc contingit dubitare, videtur quod circa omnia contingit dubitare;
quod autem circa hoc dubitare contingat, videtur de ZENONE qui
dubitabat de eo quod apparuit sensui utrum ita esset, ut utrum aliquid
moveretur, et dimittens sensum, rationem sequebatur et conabatur
ostendere nihil posse moveri: sic igitur in sensibili saltem communi,
cuiusmodi est motus, dubitabat utrum ita esset sicut sensui videtur;
similiter etiam potest hoc aliquis dubitare ex consuetudine audiendi
oppositum: si quis puero, cum videt album, dicat ei hoc esse nigrum et
ostendat ei nigrum et dicat quod illud quod videbat prius est tale, cum
tamen fuerit album, et ita sic puer assuetus potest dubitare utrum id
quod videtur visu esse album, sit album; maxime autem dubitabit si
rationibus aliquibus sophisticis inducatur seu moveatur ad hoc.

Item, ratio per quam probat ARISTOTELES quod non omnium est ratio
quaerenda non valet: dicit enim quod, si omnium est ratio, tunc nihil est
scitum per rationem et demonstrationem quia, sicut in entibus, si non sit
primum ens, non est aliquid posteriorum, similiter, si non sit aliquid
primo notum, non per aliud, non erit aliquid notum; hoc vero non
habent pro inconvenienti qui dicunt omnium esse rationem, immo
expresse dicunt quod nihil est determinate notum et cognitum; quare
non valet ratio.

Oppositum vult ARISTOTELES hic et etiam *I° Posteriorum*.

Solutio. Et dicendum quod non in omnibus cognitis quaerendum est
aliud notificans cognitum, immo quandoque oportet stare in principiis
quae cognita non sunt ex ratione priore: principia enim cognoscuntur
per rationes suorum terminorum, rationes vero terminorum ex sensu
cognoscuntur; hoc autem non fit notum per aliud genus cognitionis:
unde tale esse quod vel quale aliquid sentitur, hoc cognoscitur quia
sentitur tali sensu et huiusmodi in nullo genere cognitionis est quaerendum aliud notificans. Et ideo principia ex ratione priore non cognoscuntur. Aliud tamen est genus cognitionis prius eorum cognitione, ut
cognitio apprehensiva terminorum et etiam cognitio sensitiva; et ibi est
status, nec est eius quaerenda ratio, nec aliud genus cognitionis prius.

34 Solutio] *marg.*   39 aliquid] aliquis *scr.*   41 priore] priori *scr.*

14 Cf. ARISTOTELES, *Physic.*, VIII, 3 (253 a 32-34).
33 ARISTOTELES, *Metaph.*, IV, 6 (1011 a 3 sq.)); *An. post.*, I, 3 (72 b 1 sq.).

Est autem intelligendum quod, in eis quae sunt per se nota, non potest 45
quis mente dubitare, licet voce contingat dicere oppositum.

Et iterum intelligendum quod, quamvis posset dubitare de rationibus
sophisticis quae fiunt ad oppositum per se noti, tamen circa conclusionem non haesitat.

Tertio intelligendum quod, quamvis sensus haesitat de subiecto sensi- 50
bili, ut visus de subiecto albi utrum sit nix vel farina, tamen non haesitat
de albo utrum sit album illud quod videt, vel non.

Tunc sic arguitur: in quo nullus potest dubitare, non est quaerendum
aliud notificans ipsum; sed in hoc quod quis videt album, quin sit album
non dubitat; quare aliud notificans ad hoc non est quaerendum. Minor 55
patet, quia visus si fuerit albi, semper illud dicit esse album et semper
eodem modo iudicat; quare in hoc non errat; quare quin hoc fuerit album
homo non dubitat. Et non solum dico quod homo non dubitat quin illud
quod videt album sentiat et videat album, sed etiam dico quod homo non
dubitat hoc esse quod ipse videt album et cuius est sibi visio; non igitur 60
est semper quaerendum aliud notificans, sed in sensu est standum sicut in
principio.

Et patet solutio ad rationes.

<COMMENTUM>

In sermone autem vim. Disputat ARISTOTELES contra illos qui dixerunt
omne quod apparet verum esse, non propter aliquam rationem, sed
solum causa disputationis. Et primo demonstrat quomodo hoc potest
esse verum et quomodo non; deinde arguit contra eos; primum patet in 5
littera.

Et sicut prius. Arguit contra eos et ponit duas rationes, quarum prima
est quod, si omne quod apparet, verum est, et entia sunt talia in apparere,
tunc omnia entia sunt ad aliquid existentia et in relatione ad sensum et
opinionem; et si sic, nihil erit ens nisi sit opinio de ipso, et nullo sentiente 10
vel opinante, nihil erit in actu; quod est inconveniens. Ad expositionem
huius rationis advertendum primo quod, si entia haberent esse absolutum, non tantum in apparere, non oporteret quod omne quod apparet sit
verum, quia apparitio de re poterit non concordare suo esse, et tunc non
oporteret hoc esse verum; si igitur ipsi dicant omne quod apparet verum 15
esse, et verum esse in apparendo, tunc entia non sunt entia absolute, sed

---

2 ARISTOTELES, *Metaph.*, IV, 6 (1011 a 15).
7 ARISTOTELES, *Metaph.*, IV, 6 (1011 b 4).

in relatione ad illud cui apparent; haec autem sunt sensus et opinio; omnia igitur dicentur ad aliquid, ut ad sensum et opinionem.

<QUAESTIO 36>

<UTRUM HOC SIT INCONVENIENS> QUOD OMNIA SINT AD ALIQUID

Sed videtur quod | hoc non sit inconveniens, immo quod omnia sunt f. 112va
ad aliquid, ad sensum et opinionem, quia omnia vel sunt intelligibilia vel sensibilia; sed sensibilia dicuntur ad aliquid, ad sensum, et intelligibilia ad intellectum seu ad opinionem; quare omnia sunt ad aliquid.

Solutio. Dico quod ens sensibile, ut color, dupliciter potest considerari, et similiter intelligibile: potest enim considerari secundum quod est ens vel secundum quod sensibile, et alia est eius ratio secundum quod sic consideratur et sic: unde alia datur definitio coloris libro *De anima* et libro *De sensu et sensato*, quia in libro *De anima* determinatur de colore secundum quod sensibile, et in libro *De sensu et sensato*, de colore secundum quod color est. Similiter ens intelligibile, ut substantia, potest considerari secundum quod intelligibile vel secundum quod substantia; et alia est ratio substantiae secundum quod substantia et eius secundum quod intelligibile est. Unde, sicut ratio ligni secundum quod lignum alia est a ratione eius secundum quod est aequale, et secundum quod est aequale ad aliquid dicitur, non tamen secundum quod lignum, et licet non esset lignum nisi aequale, tamen ratio ligni non esset ratio aequalis nec consisteret in relatione ad aliud, similiter est in proposito, quod esse coloris secundum quod visibile, est esse ad aliquid, ut ad sensum, et esse terrae secundum quod intelligibile, in relatione ad aliud consistit, ut ad intellectum; non tamen habent relationem ad aliud secundum quod entia sunt et per naturas suas. Quaedam igitur sunt quae habent esse absolutum non in relatione ad aliud; et ideo non omnia sunt ad aliquid.

Praeter haec advertendum est quod sensibile et intelligibile per accidens referuntur ad sensum et intellectum. Non quidem per accidens, ita quod per aliquod accidens quod sit in ipsis, ut homo per accidens refertur ad filium quia per patrem vel paternitatem quae reperitur in homine, sed referuntur per accidens ad alia quia illa alia per se referuntur ad ipsa, ut

4 Sed] Obiectio *add. marg.*   14/15 potest considerari] *iter.*   29 quod^1] ut *scr. sed sup. lin. corr.*

11 ARISTOTELES, *De anima*, II, 7 (418 a 29 sq.).
12 ARISTOTELES, *De sensu et sensato*, 3 (439 a 26 sq.).

quia sensus per se refertur ad sensibile, ideo per accidens sensibile ad sensum, non per aliquid in eo existens; similiter est de intelligibili respectu intellectus. Unde dicit AVERROES V^o *huius*, capitulo de *Ad aliquid*, quod quaedam referuntur ad aliud per relationem existentem in substantia eorum, quaedam vero per relationem existentem in substantia alterius.

Ex dictis patet solutio ad rationem, quia entia per naturas suas non dicuntur ad intellectum, sed in eo quod sensibilia vel intelligibilia, et eorum ut sic est alia ratio et secundum naturam suam propriam.

Et ulterius advertendum quod, quia sensibile secundum quod sensibile refertur ad sensum, et intelligibile ad intellectum, nullo sentiente non est sensibile in actu nec intelligibile; si igitur color et huiusmodi secundum se et naturam propriam essent sensibilia et similiter terra secundum se et naturam intelligibile, tunc nihil esset in actu nec sentiente nec intelligente; hoc autem est inconveniens.

<COMMENTUM>

Amplius si unum. Secundo ratio est ad inconveniens, supposito quod omnia sint ad aliquid, quoniam idem non dicitur relative ad diversa per idem, sed per diversa; unde, licet idem sit duplum et aequale, ipsum non refertur ad dimidium secundum quod aequale, sed secundum quod duplum; quare, si omnia dicerentur ad aliquid, ut ad opinionem, tunc opinans erit infinita specie. Et ad expositionem huius rationis intelligendum quod, sicut lignum potest considerari secundum quod lignum et secundum quod aequale, secundum autem quod aequale est in relatione ad aliud, non secundum quod lignum, ut praedictum est, similiter alia entia secundum se non sunt in relatione ad opinans, sed secundum quod aliquid unum in eis, ut secundum quod opinabilia vel intelligibilia; et ideo oportet opinans esse infinita specie, etsi opinetur infinita, quia per aliquid unum dicuntur ad opinans; sed si omne quod apparet verum est, tunc non erit aliquod ens absolutum, sed entia omnia erunt entia et vera in relatione ad opinionem et secundum suas naturas diversas; et diversa dicuntur ad opinans relative; et sic oportet ipsum opinans esse specie infinita: quia secundum multiplicationem unius relativorum multiplicatur aliud, et unum dicitur ad unum et determinatum ad determinatum, et non unum ad diversa, ut praedictum est.

7 Et] Nota *add. marg.*

34/35 AVERROES, *Metaph.*, V, com. 20 (fol. 129 G-H).
2 ARISTOTELES, *Metaph.*, IV, 6 (1011 b 7).

Et si quis dicat: intelligere et intelligens speciem accipit ex intelligibili et sciens ex scibili, cum igitur contingat aliquem intelligere infinita et scire, ipse erit specie infinita, dicendum quod opinans propter hoc non erit actu infinita specie, quia actu non intelligit infinita, etiam quia non intelligit illa diversa nisi secundum aliquid unum in eis, ut in eo quod intelligibilia; ideo non erit diversa specie propter diversitatem eorum; sed si omne quod apparet verum esset, et ratio entis consisteret in relatione ad opinantem, oporteret opinantem esse infinita specie, ut iam dictum est.

Quoniam autem impossibile. Consequenter concludit PHILOSOPHUS corollarium quod contraria non possunt simul esse in eodem: quoniam contrariorum semper alterum est ut privatio respectu alterius, et aliud ut habitus; privatio vero et habitus simul non possunt esse in eodem, quia privatio idem est in subiecto sicut negatio, unde privatio et habitus circa subiectum determinatum sunt contradictoria; contradictoria autem non sunt simul; quare nec privativa; quare nec contraria nisi secundum quid utrumque, vel unum simpliciter, reliquum secundum quid.

At vero nec contradictoria. Consequenter, postquam declaravit quod non contingit contradictoria simul esse vera de eodem, declarat quod alterum istorum necessario reperitur in quolibet, ita quod de quolibet affirmatio vel negatio vera. Et hoc quidem probat probando quod inter contradictoria non cadat aliquod medium: cum enim aliquid distinguitur et diversificatur ab alio, statim in eius negationem cadit: quantumcumque enim parvum distinguatur contra aliud, in eius negationem cadit; et ideo de quocumque non est aliquid verum affirmare, verum est negare; quare non potest esse aliquod medium quod nec sit verum affirmare, nec | verum negare, et hoc probat septem rationibus, quae patent in littera. f. 112vb

Venit autem dubitantibus. Consequenter declarat quomodo Antiquorum opiniones ad ista inconvenientia devenerunt ex quibus sequitur omnia esse vera, ut ex opinione eorum qui dicunt omnia esse et non esse; et omnia esse falsa ex opinione eorum qui dicunt aliquid esse medium contradictionis, sicut patet in littera.

Determinatis autem his. Deinde ultimo removet errores quorundam ex praecedentibus. Et primo errorem eorum qui dicunt omnia esse vera et,

---

44 distinguatur] distinguantur *scr. sed corr.*

30 ARISTOTELES, *Metaph.*, IV, 6 (1011 b 15).
38 ARISTOTELES, *Metaph.*, IV, 7 (1011 b 23).
47 ARISTOTELES, *Metaph.*, IV, 7 (1011 b 23 sq.).
48 ARISTOTELES, *Metaph.*, IV, 7 (1012 a 17).
53 ARISTOTELES, *Metaph.*, IV, 8 (1012 a 29).

simul cum hoc, eorum qui dicunt omnia esse falsa, quattuor rationibus, 55
quae manifestae sunt in littera. Secundo errorem eorum qui dicunt omnia
quiescere. Tertio errorem eorum qui dicunt omnia moveri. Quarto
errorem eorum qui dicunt omnia moveri aliquando et quiescere aliquando, semper autem nihil; et patet in littera. Et attendendum est circa istos
errores quod, sicut dicit AVICENNA, ad hanc scientiam pertinet disputare 60
contra negantes principia aliarum scientiarum; sed quod omnia sint falsa
vel omnia vera est contra principia logicae, quae supponit aliquid
determinate verum; et ideo convenienter ARISTOTELES hic istum errorem
removet.

QUAESTIO <37>

QUAERITUR UTRUM ALIQUA ORATIO DESTRUAT SEIPSAM

Et quoniam dicit PHILOSOPHUS quod qui dicit omnia esse vera suam
orationem destruit et similiter qui dicit omnia esse falsa, quaeritur utrum
aliqua oratio talis destruat seipsam. Et videtur quod non, quia oratio una 5
non affirmat et negat idem; sed oratio destruens seipsam affirmat et
negat idem, aliter enim se non destrueret, nisi idem assereret et negaret;
quare nulla oratio una destruit seipsam; sed haec oratio quae dicit
«omne enuntiabile est falsum» et similiter «omne enuntiabile est verum»
est oratio una; quare non destruit seipsam. 10

Oppositum videtur: qui dicit hanc orationem «omnia enuntiabilia sunt
vera», contrariam huius orationis veram facit; et si contrariam veram,
seipsam facit falsam, et ita seipsam destruit.

Solutio. Et dicendum quod aliqua oratio destruit seipsam, sicut ista
«omnia enuntiabilia sunt vera», quia dicens omnia enuntiabilia. esse 15
vera, dicit se esse falsum et similiter verum. Dicit enim haec oratio se esse
veram sicut omnes aliae, et etiam dicit contrariam et contradictoriam
huius esse veram; per hoc autem dicit seipsam non veram; et ideo non
potest dicens hanc orationem sic dicere verum quin dicat se esse falsum.
Unde dicendum quod ista propositio «omnia enuntiabilia sunt vera» 20
non potest esse, quia enuntiabile quod non potest esse verum nisi sit
falsum, non potest esse verum; sed enuntiabile destruens seipsum est

14 Solutio] *marg.*

59 ARISTOTELES, *Metaph.*, IV, 8 (1012 b 29 sq.).
60 AVICENNA, *Metaph.*, tr. I, c. 8, p. 63.
63 ARISTOTELES, *Metaph.*, IV, 8 (1012 b 5 sq.).
 3 ARISTOTELES, *Metaph.*, IV, 8 (1012 a 34 sq.).

huiusmodi, cuiusmodi est illud in proposito «omnia enuntiabilia sunt vera»; quare non potest esse vera.

25 Et cum arguitur quod est oratio una, verum est, et tamen seipsam destruit: est enim una quia enuntiat unum, sicut verum, de pluribus contentis sub una ratione subiecti, quorum plurium veritas unius destruit veritatem alterius; et ideo seipsam destruit; propositio autem una est quae enuntiat unum de uno: unde ad iudicandam unitatem propositionis
30 non est attendendum ad ea quae sequuntur propositionem, sed ad formam propositionis, quae enuntiat unum de uno. Dico autem unum in ratione: unde «homo albus currit» non est una, quia homo albus non est unum ratione. Sic autem dicendo «omnia enuntiabilia sunt vera» non enuntiatur verum de omnibus enuntiabilibus in ratione plurium acceptis,
35 nec acceptis in ratione propria, sed prout accipiuntur ut unum secundum rationem, ut enuntiabilia sunt; et ideo ista propositio est una.

Quod autem non enuntietur verum de omnibus enuntiabilibus in ratione propria dicendo «omnia enuntiabilia sunt vera», manifestum, quia si intelligeretur verum de quolibet enuntiabili enuntiari sub propria
40 ratione, non fieret intellectus huius uno momento intelligendi, sed diversis et diversis et successive quasi infinitis; nunc autem apparet oppositum, quia uno momento intelligendi intelligimus illud quod enuntiatur per istam propositionem «omnia enuntiabilia sunt vera»; uno, dico, momento intelligendi per modum compositionis; quare sic
45 dicendo non enuntiatur verum de omnibus sub rationibus propriis, sed sub ratione una communi. Et hoc est quod dicit AVERROES *III° De anima*, quod intellectus infinita intelligit in propositione universali, faciendo unum ea.

Et iterum, non contingit intelligere opposita simul sub forma opposi-
50 torum, ut ostensum est prius; dico autem intelligere, quia nec simul apprehendere, nec simul componere et dividere; sed ista propositio «omnia enuntiabilia sunt vera» verum de oppositis enuntiat; si igitur enuntiaret de ipsis in ratione propria, in forma sua non contingeret istam propositionem simul intelligere, sicut nec contingit simul intelligere duo
55 contradictoria; huius autem oppositum manifestum est; quare non enuntiatur verum de omnibus enuntiabilibus in ratione propria.

Et iterum, si in propositione universali enuntiaretur praedicatum de omnibus suppositis subiecti in ratione propria, tunc non oportet quod subintelligatur aliqua propositio in entimemate ad inferendum conclu-

53 in²] et *scr. sed corr.*

46/47 AVERROES, *De anima*, III, com. 19 (fol. 162 B-C).

sionem, sicut nec oportet intelligi aliam propositionem ad hoc quod sequatur «Socrates currit, ergo Socrates currit», quia utrobique sumitur Socrates in ratione propria; similiter si in ista «omnis homo currit» diceretur currere de Socrate in ratione propria, eodem modo sequeretur «omnis homo currit, ergo Socrates currit» sine aliqua propositione subintellecta; hoc autem est inconveniens; quare non dicitur praedicatum in propositione universali de omnibus contentis sub subiecto in ratione propria, sed prout unum sunt in ratione subiecti; et ideo una est.

Et cum dicitur quod oratio destruens seipsam affirmat et negat idem, verum est aliquo modo, non quidem quod affirmet et | neget idem sub ratione et forma propria, sed quia ad ipsam sequitur affirmatio et negatio eiusdem.

Sic igitur patet quid dicendum sit de ista: «omnia enuntiabilia sunt vera».

De ista vero: «omnia enuntiabilia sunt falsa», dicendum quod dicens hoc dicit hoc esse falsum: non enim potest hoc esse verum nisi sit falsum, et sic non est simpliciter verum, immo magis falsum. Sed si ponamus omnia enuntiabilia alia ab isto esse falsa, estne ista propositio vera vel falsa: «omne enuntiabile est falsum»? Si sit falsum, et hoc dicit ista propositio; quare est vera: si vero sit illa propositio vera, cum dicatur omne enuntiabile esse falsum, et illud sit enuntiabile, quare erit falsum, non verum.

Solutio. Et dicendum quod posito quod omnia enuntiabilia alia ab isto sint falsa, idem erit iudicium de hac et de ista: «ego mentior», posito quod nihil aliud dicat quis quam istam orationem. De ista vero dicendum quod qui dicit «ego mentior», nihil aliud dicens, non potest dicere verum quin mentiatur; et cum mentiatur et dicat se mentiri, non potest hoc dicere nisi dicat verum. Unde dicendum quod ista oratio destruit seipsam; qui hoc dicit, scilicet se mentiri, nihil aliud dicens, falsum dicit simpliciter, verum autem secundum quid. Sicut cum dicimus aliquem esse bonum latronem, ipse malus simpliciter est, bonus tamen secundum quid, ut in eo quod latro. Similiter qui dicit «ego mentior», est verus mendax: verus enim est in hoc quod dicit se esse mendacem et verum esse ipsum esse mendacem; et si verus esset de quodam alio dicto quam de isto, scilicet ipsum esse mendacem, posset dicere verum simpliciter; sed quia nihil aliud dicit quam se esse mendacem et verum dicit, ideo verum est se esse mendacem; ideo falsus est simpliciter.

82 Solutio] *marg.*   87 seipsam] ipsam *scr.*

QUAESTIO <38>

UTRUM DE EO QUOD TRANSMUTATUR SECUNDUM ID QUOD TRANSMUTATUR VERE POSSIT ALIQUID ENUNTIARI

Deinde quaeritur utrum de eo quod transmutatur secundum naturam illam secundum quam transmutatur, verum sit aliquid enuntiare. Et dixerunt Antiqui quod non, quia antequam sit aliquid dictum de eo quod transmutatur, erit in alia et opposita dispositione quam prius; et ideo quod prius fuit in eo, de eo falsum erit enuntiare.

Oppositum probat hic PHILOSOPHUS.

Solutio. Et dicendum quod de eo quod transmutatur, secundum naturam illam secundum quam transmutatur verum est aliquid enuntiare negative: de eo quod mutatur secundum locum, secundum quod mutatur verum est dicere quod non est in tali vel tali ubi prius fuit. Et similiter de eo aliquid potest dici affirmative secundum quod mutatur. Et hoc potest intelligi dupliciter quod aliquid dicatur de eo affirmative: vel in genere, vel determinate. In genere autem contingit aliquid de eo enuntiare affirmative, ut de eo quod mutatur secundum locum verum est semper dicere quod est in loco, sed in quo loco determinato sit non contingit vere affirmare de eo, quia nullum describit in actu. Unde de eo quod mutatur secundum illud secundum quod mutatur non est verum aliquid enuntiare affirmative determinate sive aliquid determinatum, quia omnis enuntiatio temporalis est, et ideo antequam aliquid diceretur vel affirmative enuntiaretur de eo quod mutatur secundum quod mutatur, ipsum erit mutatum et in alia dispositione.

Et si dicitur quod intelligere mobile in motu esse in determinata dispositione verum est, quomodo igitur non contingit significare vere, dicendum quod non est verum intelligere mobile esse in aliquo loco in actu puro, quia non est sic in aliquo determinato, sed tantum in actu permixto potentiae, quia est in determinato loco secundum quod movetur et motus est actus permixtus potentiae; et ideo non est verum ipsum intelligere in aliquo loco determinato nisi in potentia, et sic contingit significare. Sed hoc habet magis videri ubi proprium est de motu loqui, et sic de isto.

Et haec sufficiant de quarto.

10 Solutio] *marg.*   34 quarto] ce mot est étiré, de manière à remplir la ligne, mais les trois lignes suivantes sont en blanc.

9 ARISTOTELES, *Metaph.*, IV, 8 (1012 b 28 sq.).

< LIBER V >

Principium dicitur aliud quidem unde etc.

Intentio PHILOSOPHI in isto quinto est quod, cum multa sint vocabula communia quorum ratio in hac scientia considerari habet, quorum quaedam pertinent ad subiectum, quaedam ad passiones subiecti, quaedam ad principia et causas eius, et ista dicuntur multipliciter, ita tamen quod inter ea de quibus dicuntur est aliquid primum de quo primo dicitur nomen, et per diversas attributiones ad primum dicitur nomen de aliis, intentio, dico, est distinguere intentiones talium nominum. Et non tantum est hoc videndum hic, sed etiam oportet videre de quo primo dicitur nomen, et quae sit ratio et attributio quam habent alia ad primum. Et hoc patet ex quarto huius: dixit ARISTOTELES quod, cum aliqua multipliciter dicta considerantur in scientia, multipliciter quidem dicta quia ad aliquid unum primum, distinguendum illud et reddendum est unumquodque eorum ad primum, ut sic habeatur scientia illius. Unde dicit hic COMMENTATOR quod iste liber quintus est pars essentialis et per se Metaphysicae, quia omnia quae hic distinguuntur et fere omnia de quibus dicuntur multipliciter dicta, ad considerationem huius scientiae pertinent.

Et primum hic distinguendum est nomen pertinens ad causam subiecti huius scientiae, ut est principium sive primum, quod idem est. Principium autem est primum in ordine aliquo; ordo autem invenitur quattuor modis, et per consequens principium principaliter quattuor modis dicitur. Est enim ordo in magnitudine, in motu secundum locum et tempore uno modo et per eandem rationem, quia secundum ordinem in partibus magnitudinis est ordo in partibus motus secundum locum et temporis. Alio modo invenitur ordo in aliis motibus ad similitudinem motus localis. Tertio modo, est ordo in cognitione secundum quem aliud prius est cognitum et aliquod posterius. Quarto modo, est ordo in esse secundum quem aliquid est prius dans esse, aliud posterius. Et princi-

---

8 primum] ipsum *scr. sed corr.*   14 illud] ad *scr. sed corr.*   20 distinguendum] distinctum *scr.*   28 quem aliud prius] quam ad praesens *scr.*

2 ARISTOTELES, *Metaph.*, V, 1 (1012 b 14).
12 ARISTOTELES, *Metaph.*, IV, 2 (1004 a 21 sq.).
16 AVERROES, *Metaph.*, V, com. 1 (fol. 100 I).

pium in hoc ordine est quod inchoat esse, et secundum hoc forma est
principium quia ex ea inchoat esse materiae | et compositi; et in tertio f. 113rb
ordine est principium quod primo notum est et unde inchoat cognitio; et
in secundo principium est unde principium motus et mutatio; et in primo
35 dicitur principium pars prima unde incipit motus. Et cum sit principium
principaliter quattuor modis, tamen primus et secundus subdividuntur in
duos, sicut patet in littera: primum enim modum ponit in principio;
secundum cum dicit: *Aliud unde primum generatur*; tertium cum dicit:
Amplius unde cognoscitur res; quartum innuit cum dicit: *Totidem autem*
40 *causae dicuntur*; causae enim sunt principium omne. Nunc videndum est
quid sit primum inter ista de quo primo dicatur hoc nomen principium.

QUAESTIO <1>

QUAERITUR UTRUM PRINCIPIUM PRIMO DICATUR DE FINE

Et quaeritur utrum primo dicatur de fine seu de causa finali. Et videtur
quod sic, quia hoc dicit AVERROES hic; et probatio eius est quia aliae
5 causae non habent ut sint principia nisi ex fine: est enim finis causa et
principium causarum, ut dixit ARISTOTELES *III° huius*; et ideo finis primo
dicetur principium.

Oppositum videtur, quia unumquodque nominatur secundum quod
cognoscitur; sed ratio primi in ordine secundum quem causa finalis
10 dicitur principium non est prius nota quam ratio primi in ordine
secundum quem dicitur esse principium in magnitudine, immo magis e
converso; quare principio magnitudinis primo attributum est nomen
principii, et per attributionem ad ipsum dicuntur alia principia per
diversas attributiones.

QUAESTIO <2>

UTRUM FINIS SIT PRINCIPIUM

Sed nunc dubitat aliquis utrum finis sit principium. Videtur quod non,

---

37 ARISTOTELES, *Metaph.*, V, 1 (1012 b 34 sq.).
38 ARISTOTELES, *Metaph.*, V, 1 (1013 a 4).
39 ARISTOTELES, *Metaph.*, V, 1 (1013 a 14).
39/40 ARISTOTELES, *Metaph.*, V, 1 (1013 a 16).
 4 AVERROES, *Metaph.*, V, com. 1 (fol. 101 F).
 6 ARISTOTELES, *Metaph.*, III, 2 (996 a 24 sq.).

quia ratio finis est ratio ultimi: unde et dicitur finis et terminus; quod autem habet rationem ultimi in ordine, non est principium; quare etc.

Item, principium debet esse ex quo incipit, non id ad quod terminatur; sed ad finem terminatur motus et ad ipsum cessat; quare etc.

Oppositum dicit hic PHILOSOPHUS.

<QUAESTIO 3>

UTRUM NOMEN PRINCIPII CONVENIAT ALIIS PER ATTRIBUTIONEM AD PRIMUM

Consequenter quaeritur qualiter nomen principii conveniat aliis per attributionem ad primum.

Solutio. Ad secundam quaestionem primo dicendum quod finis habet rationem principii motus: nisi enim esset finis motus, movens non moveret nec agens ageret, nec in naturalibus nec in moralibus. Si enim agens non haberet finem propter quem ageret, vage ageret, non determinate, et tunc non veniret ad aliquem finem nisi accidentaliter; nunc autem videmus agentia determinata ad fines determinatos venire et ut frequenter; quare necessarium est ea agere propter finem et quia moventur ex fine. Unde dicit ARISTOTELES *II° Physicorum* quod qui negant naturam agere propter aliquid, habent dicere omnia naturalia fieri a casu, quia agentia naturalia casu agerent; sed hoc est falsum, quia ut frequenter producunt effectus suos.

Et iterum, impossibile omne agens agere a casu: tunc enim nihil ageret, quia illud quod est causa alicuius secundum accidens et a casu, est causa alterius per se, ut dicit ARISTOTELES *II° Physicorum*; quare, si agens agat, aget aliquid per se; est igitur finis principium motus unde agens agit.

Et cum arguitur quod finis est ultimum, solet dici quod, quamvis sit ultimum in generatione, est tamen primum in intentione agentis; et primo modo non habet rationem principii, secundo modo habet. Sed quomodo tunc finis est principium, quia non habet esse in anima? Dicendum quod finem esse in intentione agentis est <dirigere> determinationem agentis ad talem finem vel talem, ita quod iam finis determina-

6 Solutio] Solutio secundae *add. marg.*   18 quod] *marg.*   25 dirigere] le ms. porte un espace vide d'un mot.

8 ARISTOTELES, *Metaph.*, V, 1 (1013 a 21 sq.).
13 ARISTOTELES, *Physic.*, II, 8 (199 a 3 sq.).
19 Cf. ARISTOTELES, *Physic.*, II, 6 (198 a 5-10).

tus est: aliter enim non fieret motus. Unde in fine sic est duo considerare, scilicet ipsum secundum quod ultimum est et secundum quod est causa: est enim cuius causa fiunt omnia alia; et licet ipse secundum quod
30 ultimum est non sit principium, est tamen principium secundum quod est cuius causa.

Ad quaestionem primam dicendum quod, sicut ordo in magnitudine, motu et tempore prius notus est quam ordo in aliis, sic et ratio principii in tali ordine prius nota erit quam in aliis; et quia ordo in aliis est ad
35 similitudinem vel dicitur saltem ad similitudinem huius ordinis, ideo et principium in aliis ordinibus dicitur ad similitudinem principii in ordine isto. Unde ratio AVERROIS non valet, quod propter hoc quod finis est principium aliarum causarum, propter hoc sit primo principium, quoniam ratio ordinis et per consequens ratio principii magis nota est in aliis
40 quam in fine; et ideo eis primo convenit nomen principii. Sed bene probat AVERROES quod finis sic sit primo principium quod primo est causa, cum sit principium aliarum causarum.

Ad tertiam quaestionem dicendum quod, cum primo principium sit principium in magnitudine, et per consequens in motu et tempore, quae
45 sunt eiusdem rationis quantum ad hoc, consequenter ad similitudinem ordinis et principii in motu locali est principium et ordo in aliis motibus. Et ideo consequenter prius primo principium est principium unde inchoat motus alicuius, dico a locali. Sed adhuc nomen principii magis et prius dicitur de extrinseco unde incipit quam existente intrinseco, quia
50 extrinsecum est magis activum et intrinsecum passivum.

Consequenter autem ad similitudinem horum, in cognitione est ordo secundum quem est aliquid prius cognitum et aliquid posterius; et de principio in isto ordine consequenter dicitur nomen principii.

Consequenter autem est ordo | inter aliqua quae simul sunt tempore et f. 113ᵛᵃ
55 cognitione, quae quodammodo temporalis est; unum tamen est prius in esse quam aliud, quia ex eo dependet esse alterius; et primum in isto ordine est principium in ordine essendi et huic consequenter convenit nomen principii.

32 Ad] Solutio primae *add. marg.*   43 Ad] Solutio tertiae *add. marg.*   51 cognitione]
magnitudine *scr.*

37 AVERROES, *Metaph.*, V, com. 1 (fol. 101 F).
41 AVERROES, *Metaph.*, V, com. 1 (fol. 101 E-F).

<QUAESTIO 4>

<UTRUM MALUM SIT FINIS>

Consequenter, quia in fine capituli dicit quod multorum et cognitionis et motus sunt principium bonum et malum, ex quo videtur velle quod malum sit finis et, secundum hoc, principium motus, intelligendum quod malum non est finis nisi per accidens: cum enim aliquis intendit bonum et agit propter ipsum ut propter finem, et ipsum bonum consequatur aliquod malum (multa enim sunt bona quae non possunt esse sine aliquibus malis), tunc ipsum malum per accidens est finis illius.

Et iterum alio modo, quia contingit quod illud quod intendit agens malum est, apparens tamen bonum, et non intenditur ab aliquo agente nisi ut apparens bonum; tunc etiam malum per accidens est finis intentus, et similiter unde principium motus.

<COMMENTUM>

Causa vero quidem dicitur uno modo. In capitulo isto distinguit ARISTOTELES hoc nomen «causa» et, licet omnes modi causae sive omnes causae non pertineant ad considerationem istius philosophi, quia non materia secundum quod causa est, tamen quia aliae tres causae ad ipsum pertinent, ideo hic distinguit causam. Et primo ponit species causarum, deinde modos causarum. Et sumuntur diversae species causarum ex diversa ratione causandi; diversa autem ratio causandi est ex diversa habitudine ad effectum: causa enim, secundum quod causa est, ad effectum dicitur. Modi vero causarum non sumuntur ex diversa ratione causandi, sed possunt diversi modi causarum esse in eadem ratione causandi secundum diversas proprietates accidentales. Adhuc primo ponit quattuor species causarum; secundo determinat quod non sunt plures, per hoc quod omnes causae ad has quattuor species reducuntur. Et primo ponit quattuor species causarum; secundo dat quasdam proprietates earum. Primo igitur ponit primam speciem, secundum quod materia rei dicitur causa eius, ut aes statuae.

---

3 Consequenter] Nota *add. marg.*

3 ARISTOTELES, *Metaph.*, V, 1 (1013 a 21 sq.).
2 ARISTOTELES, *Metaph.*, V, 2 (1013 a 24).
6 ARISTOTELES, *Metaph.*, V, 2 (1013 a 24 sq.).
7 ARISTOTELES, *Metaph.*, V, 2 (1013 b 28 sq.).

QUAESTIO <5>

UTRUM MATERIA SIT CAUSA REI

Et hic ad evidentiam huius quaeritur utrum materia sit causa rei. Videtur quod non, quia materia est ens in potentia tantum, factum autem est in actu; quare, si materia sit causa facti, ita quod maneat in facto, factum erit ens in potentia et in actu simul, quod est impossibile; quare materia non est causa.

Oppositum dicit PHILOSOPHUS hic.

Solutio ad hoc est quod materia est causa, et ratio causandi eius est quia ex ea fit aliquid, cum ipsa maneat in re: si enim ex aliquo fiat aliquid et non maneat in eo, non est causa illius.

Et cum arguitur quod materia est ens in potentia, dicendum quod potentia, quae est accidentalis materiae, corrumpitur apud adventum formae: cum enim argentum sit potentia statua et ex eo fiat statua, licet argentum maneat in facto, non tamen potentia secundum quod potentia distinguitur contra actum, sed corrumpitur potentia ista: unde non sequitur quod factum sit ens in potentia et in actu, licet materia sit in potentia, quia licet materia maneat in facto, non tamen potentia eius ad ipsum factum: ex quo sequitur quod potentia non est essentialis materiae.

Et si dicitur quod materia essentialiter est in actu vel in potentia, sed non est essentialiter in actu, quare est essentialiter in potentia, quare potentia est essentialis materiae, intelligendum, sicut dicit AVERROES libro *De substantia orbis*, quod, si materia esset potentia seu posse per essentiam suam, cum posse intelligatur respectu formae, materia per essentiam suam non esset de numero eorum quae habent esse absolutum, sed eorum quae habent esse in ordine ad aliud, et tunc non esset substantia; hoc autem est impossibile; quare potentia non est de essentia materiae.

Et cum dicit AVERROES quod materia substantiatur per posse, accipit posse et potentiam loco differentiae substantialis, non quia sit differentia substantialis eius. Unde cum dicitur quod materia non est essentialiter in actu, ergo est essentialiter in potentia, dicendum quod non sequitur, sed

---

30 substantiatur] quandoque *scr. sed corr.*

8 ARISTOTELES, *Metaph.*, V, 2 (1013 a 24-26).
24 AVERROES, *De substantia orbis*, c. 1 (fol. 3 L-A).
30 AVERROES, *De substantia orbis*, c. 1 (fol. 3 K-M).

sequitur quod materia sit tale ens essentialiter et per essentiam cuius habitudo talis est, et quae praeter essentiam suam habet talem habitudi- 35 nem, scilicet esse in potentia ad formam.

Quod autem materia non sit essentialiter in potentia, manifeste apparet ex dicto ARISTOTELIS *III° Physicorum*: dicit enim quod, cum aes sit aes et in potentia statua, alia est ratio aeris secundum quod aes et secundum quod in potentia statua. Et probat hoc sic: quoniam, si ratio 40 aeris secundum quod aes et secundum quod potentia statua sit ratio una, et similiter ratio sanguinis secundum quod sanguis et secundum quod in potentia ad sanitatem, eadem ratione erit eadem ratio aeris secundum quod aes et secundum quod in potentia ad non statuam; et sanguinis secundum quod sanguis et secundum quod in potentia infirmus; et si sic, 45 tunc posse sanari et posse infirmari sunt unum ratione; quare et sanitas et infirmitas unum sunt ratione, quia potentiae sunt eiusdem rationis aliquo modo cum actibus; hoc autem est impossibile; quare impossibile est primum.

Similiter contingit arguere hic: si ratio materiae secundum essentiam 50 suam et secundum quod potentia ad formam sit eadem, pari ratione erit eiusdem rationis ipsa secundum essentiam suam et secundum quod in potentia ad privationem; quare potentia ad formam et privationem erit eadem ratione; quare et forma et privatio, secundum rationem ARISTOTELIS; hoc autem est impossibile; quare impossibile est materiam 55 esse potentiam per essentiam suam.

<QUAESTIO 6>

QUOMODO FORMA SIT CAUSA

Secunda species causae est forma seu species, et ratio causandi eius est in tali habitudine quod ipsa est quod quid est ipsius cuius est causa. Sed quomodo tunc est causa quia est idem, cum sit quod quid est? 5

Solutio. Et dico quod forma dicitur quod quid est causati, non quia materia non pertineat ad quidditatem et quod quid est illius, sed quia est illud secundum quod causatum est id quod est, et quia est principale et perficiens quidditatem rei. Dicit autem formam esse rationem seu definitionem rei quia res non habet esse definitum nisi per formam, sed 10

34 quod] sed se *scr. sed corr.*   38 aes] est *scr. sed corr.*   42 et¹] eadem ratio *scr. sed corr.*   6 Solutio] *marg.*

38 ARISTOTELES, *Physic.*, III, 1 (201 a 29 sq.).

per formam distinguitur res et separatur ab omnibus aliis; unde per eam dicitur unumquodque caro et os etc.; res autem in materia et per materiam non habet esse nisi indefinitum, ut | prius dixit ARISTOTELES f. 113vb in *IV°* contra ANAXAGORAM. Per definitionem autem cognoscitur unum-
15 quodque habere esse definitum et distinctum ab aliis, et ideo forma quodammodo dicitur definitio. Et hoc patet in simili, in hoc quod est album lignum: album enim lignum <habet> quod sit album per albedinem, non ex ligno; ex hoc enim quod lignum non fuit album nisi in potentia, nec distinguitur a nigro nisi per albedinem; et similiter est de
20 composito ex materia et forma.

Tertia species causae est efficiens, et ratio causandi eius in tali habitudine est quod ipsum est unde fieri rei seu causati; ex quo patet quod causa efficiens, licet sit causa fieri, non tamen est causa esse, saltem in materialibus, ut aedificator, cum sit efficiens domus, non tamen est
25 causa esse eius, quia, ipso corrupto, adhuc habet esse; et ad hoc designandum dixit efficiens esse unde principium motus aut quietis. Et quia duae sunt causae efficientes per se: natura et propositum, ideo de utroque exemplificat, ut pater filii, et consilians, facti ex consilio.

Ed advertendum hic quod Primus Motor seu Deus videtur efficiens
30 quodammodo sicut consilians: sicut enim consilians agit ad effectum per hoc quod tribuit aliis unde est principium motus immediate, et hoc sine aliqua sui mutatione, ita Primum, cum sit agens per intellectum, videtur agere per hoc quod tribuit aliis id unde est principium motus immediate sine mutatione eius.

QUAESTIO <7>

UTRUM FINIS SIT CAUSA

Quarta species causae est finis, cuius gratia fiunt omnia alia; circa quam quaeritur primo utrum finis habeat rationem causae. Et videtur
5 quod non, quia, si sanitas est causa ambulationis, aut haec est cum sanitas est, aut cum non est. Non cum est, quia, cum sanitas est, cessat ambulatio, et cum finis est, cessat motus: habitibus enim praesentibus in materia cessat motus; quare, cum sanitas est, non est causa ambulationis. Nec cum non est, quia quod non est, nullius est causa; quare finis
10 non est causa.

14 ARISTOTELES, *Metaph.*, IV, 4 (1007 b 25 sq.).
28 ARISTOTELES, *Metaph.*, V, 2 (1013 a 30-31).

Item, finis potest dupliciter considerari: vel ut habet esse in materia, vel in intentione sive desiderio agentis. Secundum autem quod est in materia, non est causa actionis, quia tunc cessat actio. Nec finis ut est in desiderio agentis est causa, quia sic nihil aliud <est> quam desiderium agentis: sanitas enim in intendente est intentio ad sanitatem; sed actio non est propter intentionem, ut ambulatio non est propter desiderium sanitatis sicut propter causam: iam enim est illud desiderium ante ambulationem; quare finis prout est in desiderio non est causa; quare nullo modo.

Oppositum probat hic PHILOSOPHUS, et est ratio eius quia illud quod respondetur ad quaestionem propter quid, est causa; sed huiusmodi est finis: si enim quaeratur quare iste ambulat, dicimus «ut sanetur», finem proferentes; quare finis est causa.

Solutio. Dico quod finis habet rationem causae, sicut probat ratio. Nec obstat quod finis, cum habeat rationem causae respectu actionis, quod tunc non habet esse: cum enim tunc possit habere rationem appetibilis et desiderati, etsi non sit. Finis autem est causa sicut appetibile, ideo potest esse causa, etsi non sit; nec per non esse eius tollitur ratio causae, quod patet si intelligatur ratio causandi in hoc genere: ambulatio enim est propter sanitatem quia est ad sanitatem, non esse autem sanitatis non impedit ambulationem esse ad sanitatem; quare nihil impediet eam esse propter sanitatem.

Unde considerandum quod finis duplex habet esse, scilicet in materia et in agente seu desiderante. Et in istis inferioribus in quibus finis est eorum quae in materia sunt, secundum quod habet esse in agente non habet rationem finis, sed efficientis magis: quoniam finis prout est in agente non est nisi desiderium agentis, et ipse non desiderat nec appetit suum desiderium, sed suo desiderio appetit aliud; desiderium autem sanitatis est causa effectiva sanitatis. Sed appetibile et desideratum ipsum est intentum et est finis et hoc est sanitas in materia, licet ipsa non sit, et est illud propter quod agit agens. Et hoc est quod dicit AVERROES XII° *huius*, quod motores caelestes, qui immateriales sunt, fines sunt et etiam efficientes: esse enim eorum ut per se subsistens, quod est finis istorum motuum, et secundum quod est in intellectu efficientis et prout est efficiens motus istius, non differt, quia intellectum et intelligens in eis

---

31 esse²] *marg.*   35 non] ratio *scr. sed corr.*   43 eorum] earum *scr.*   44 et²] deficientis *add.*   45 intellectum] intellectus *scr.*

20 ARISTOTELES, *Metaph.*, V, 2 (1013 a 32 sq.).
42 AVERROES, *Metaph.*, XII, com. 44 (fol. 328 A-C).

non differunt; et ideo in eis non differunt finis et efficiens, et finis in esse et in intellectu agentis. Sed in materialibus differunt: forma enim sanitatis prout est in materia, secundum quem modum finis est, et prout est in anima, secundum quem modum efficiens est, differunt, quia forma
50 vel ratio sanitatis in anima est ars, et hoc non est id propter quod agit agens, sed est ratio sanitatis in materia habitus quidam materiae: et hoc est finis, aliud vero efficiens. Et patet ad rationes solutio.

Et advertendum quod finis non est causa alicuius nisi ut in fieri: finis enim non intelligitur nisi respectu motus vel moventis causae vel alicuius
55 habentis respectum ad motum. Et hoc patet per ARISTOTELEM III° *huius*, qui dicit quod in immobilibus non potest esse finis, quia finis actus cuiusdam finis vult esse, et actus non est sine motu. Unde advertendum quod causa rei dupliciter est: aut quantum ad fieri, aut quantum ad esse. Si quantum ad fieri, adhuc dupliciter: quia aut ex ea inchoat fieri et
60 motus et sic est causa efficiens unde est principium motus; aut propter ipsam est motus et sic est finis causa. Si autem quantum ad esse: aut ex ea fit et componitur res, et sic est materia causa; aut sicut perficiens rem et esse eius, et sic est forma causa; et sic patet sufficientia causarum.

QUAESTIO <8>

CUI <CAUSAE> PRIMO CONVENIAT NOMEN CAUSAE

Consequenter videndum est cui causae primo conveniat nomen causae. Videtur quod formae, quia causa est ad cuius esse sequitur aliud;
5 illud igitur ad cuius esse maxime sequitur aliud, maxime est causa; sed ad esse formae causati maxime sequitur causatum: per formam enim est id quod est; quare forma est maxime causa.

Oppositum videtur, quia finis est aliarum causarum causa; quare inter omnes est maxime causa.

10 Item, illud ex quo sumitur ratio et definitio aliarum causarum est maxime causa; sed hoc est finis, quia ratio materiae et formae sumitur | ex fine, ut patet ex fine II^i *Physicorum*: quare enim serra sit ex tali   f. 114ra materia dura, ut ex ferro, ratio redditur ex fine, quia est ad secandum ligna; et quare est talis formae, ut quare est dentata, ex eodem sumitur

---

46 differunt²] differt *scr.*   47 differunt] differt *scr.*   51 quidam] quid *scr.*

55 ARISTOTELES, *Metaph.*, III, 2 (996 a 26 sq.).
12 ARISTOTELES, *Physic.*, II, 8 (199 a 30 sq.).

ratio; ratio etiam efficientis ex fine sumitur; quare ratio omnium causarum ex fine sumitur; quare est maxime causa.

Item, illud quod antonomastice habet nomen causae, maxime videtur esse causa; sed finis est huiusmodi: nominatur enim per causam, dicitur enim cuius causa etc.; quare est maxime causa.

Solutio. Intelligendum quod finis est causa omnium aliarum causarum. Est enim finis causa efficientis ut efficiat: nisi enim esset finis, agens non ageret; non autem est causa substantiae ipsius efficientis, sed efficientis secundum quod efficiens est, et secundum quod causa. Efficiens autem est causa formae: forma enim est effectus agentis. Ulterius autem et forma est causa materiae, saltem in esse, quia ex forma dependet esse materiae. Et ideo finis est omnium aliarum causarum causa. Unde et antonomastice habet nomen causae; quare primo est causa, et ratio causarum aliarum ex fine sumitur; unde et omnes demonstrantur ex fine, ut dicitur II° *Physicorum* et sunt demonstrationes ex fine potissimae. Et quia finis est talis, necesse est efficientem et formam esse talem, et per consequens materiam; et ideo in ista causa cessat demonstratio. Unde, cum sit demonstratio per causam aliam, adhuc restat quaerere propter quid, donec reducatur in finem; et ideo finis primo habet nomen causae.

Et cum arguitur quod forma primo habet nomen causae, quia causa est ad cuius esse sequitur aliud, dicendum quod causa influxum dicit, et ideo quod plus influit, magis et prius est causa; et quia causa prior plus influit quam secundaria, ut dicitur *Libro de causis*, ideo quae est causa prior vel prius, magis est causa: haec autem inter omnes causas finis est, ut iam dictum est.

Sed cum dicitur quod ad esse formae maxime sequitur causatum, dicendum quod forma, cum sit quod quid est causati, maxime propinqua est causato et fere idem causato; et ex hoc non sequitur quod ipsa multum habeat de ratione causae, sed de ratione effectus magis; unde, etsi forma sit maxime propinqua causato, non tamen maxime influit; ex hoc autem debet dici causa; quare non maxime est causa, sed magis finis, quia primo influit.

19 etc.] *marg.*

29 ARISTOTELES, *Physic.*, II, 8 (199 a 30 sq.).
38 *Liber de causis*, § 1 (éd. BARDENHEWER, pp. 163-164).

<COMMENTUM>

Consequenter ponit proprietates causarum tres.

Prima est quod multae possunt esse causae per se eiusdem. Et intelligendum quod multae possunt esse causae eiusdem in diversis generibus, ut finis et materia etc., et causae per se; sed tamen in eodem genere causae et in eodem ordine seu gradu non contingit. In eodem tamen genere et diverso gradu plures possunt esse causae eiusdem, ut sol et homo sunt causae generationis hominis; sed homo causa propinqua, sol vero causa remota. Sed in talibus nullum per se acceptum est tota causa, sed est pars causae, sicut cum multi homines trahunt navem, nullus homo per se acceptus est causa, sed pars causae.

Secunda proprietas est quod causae sibi invicem sunt causae: ut finis causa efficientis et efficiens causa finis, ut ambulatio causa efficiens sanitatis et sanitas finis ambulationis.

<QUAESTIO 9>

UTRUM EFFICIENS SIT CAUSA FINIS ET E CONVERSO

Et hic primo quaeritur utrum efficiens sit causa finis. Videtur quod non, quia, si sic, et finis est causa efficientis, ut dictum est prius, idem ergo est causa sui ipsius; sed hoc est impossibile in quolibet genere causae: causa enim est aliud a causato; quare etc.

Oppositum dicit Philosophus hic.

Solutio. Dicendum quod si efficiens esset causa finis quantum ad illud quo finis est causa efficientis, tunc idem esset causa sui: causaret enim idem et causaretur. Si vero secundum aliud efficiens sit causa finis, et finis causa efficientis, non oportet hoc; sic autem est et non primo modo, quia efficiens est causa esse finis in materia et finis est causa efficientis ut appetibile et desideratum, et non per esse eius in materia, quia, si finis esset causa efficientis secundum quod huiusmodi, per esse eius in materia, tunc numquam agens ageret, quia agens non agit nisi producendo esse finis in materia.

Et eadem potest fieri quaestio e converso: utrum finis sit causa efficientis, et eadem ratione potest argui quod non.

9 quo] quod f *scr. sed corr.*

2 Aristoteles, *Metaph.*, V, 2 (1013 b 5).
7 Aristoteles, *Metaph.*, V, 2 (1013 b 9 sq.).

Et dicendum quod finem quantum ad unum esse nihil prohibet esse causam sui quantum ad aliud esse finis, inquantum habet rationem 20 appetibilis et desiderati sive intenti: per hoc enim movet efficiens, et efficiens per hoc quod sic est motus a fine, causa est esse finis in materia, et ita est causa finis; et ita per consequens finis est causa sui, licet secundum aliud.

Sed potestne aliquid esse causa alicuius et e converso in eodem genere 25 causae? Dicendum quod non quantum ad idem: cum enim A sit causa B, B secundum quod causatum est ab A non potest esse causa ipius A quantum ad id secundum quod A causavit B; unde quantum ad idem est impossibile, licet secundum aliud et aliud forte sit possibile.

<QUAESTIO 10>

UTRUM FORMA SIT CAUSA MATERIAE QUANTUM AD ESSENTIAM VEL E CONVERSO

Consequenter quaeritur utrum materia et forma sint sibi invicem causae. Dicit enim AVERROES *I° Physicorum* quod forma est causa esse 5 materiae; materia etiam est subiectum formae, et sic causa.

Sed nunc quaeritur utrum materia sit causa formae quantum ad essentiam vel e converso. Et videtur quod alterum sit causa alteri quantum ad essentiam, quia forma non potest esse sine materia, forma dico materialis, de qua quaerimus in proposito, sicut dicitur libro *De* 10 *anima*; similiter nec materia sine forma, ut patet ex libro *De generatione*; sed illa quorum unum non potest esse sine alio habent inter se ordinem causalitatis: si enim non, sed concurrant, unum potest esse sine alio; quare materia est causa formae vel e converso.

Oppositum arguitur: forma non est causa materiae quantum ad 15 essentiam, quia forma materialis, de quo loquimur, materiam praesupponit quantum ad essentiam; quare non est causa eius quantum ad essentiam; similiter nec materia est causa effectiva formae quantum ad essentiam: nullius enim est causa nisi sicut subiectum, et sic est causa formae et non effectiva, de qua quaerimus, quia ab ipsa non procedit 20 agere.

Solutio. Dicendum quod forma materialis non est causa materiae quantum ad essentiam, sicut probat ratio; sed verum est quod est causa

5 AVERROES, *Physic.*, II, com. 70 (fol. 41 D).
10/11 ARISTOTELES, *De anima*, II, 1 (412 a 6 sq.).
11 ARISTOTELES, *De generatione*, I, 5 (320 b 16 sq.).

ut materia sit in actu; similiter materia non est causa formae nisi ut
subiectum. Sed omnium transmutabilium causa effectiva immediata, ut
declarat ARISTOTELES *II° De generatione*, est orbis caelestis continue
motus. Et ad evidentiam huius primo videndum est quod materia non
potest esse sine forma. Et huius necessitatem quidam dicunt esse quia, si
materia esset sine forma, tunc esset per se | subsistens et haberet aliquem   f. 114rb
actum; nunc autem nullum actum habet, sed tantum est ens in potentia;
quare non potest esse sine forma. Sed etsi hoc verum sit quod materia
non sit in actu sine forma, tamen ex hoc non ostenditur utrum materia sit
aliquid sine forma quantum ad essentiam suam, sicut hic quaerimus. Et
quod materia non sit in actu sine forma, patet ex hoc ex quo sumpta et
probata est esse materia, cuiusmodi est transmutatio in substantia, quia
transmutatio in substantia est semper ex aliquo in actu, ut patet ex *I° De
generatione*; quare et materia, quae per transmutationem est probata, est
semper sub aliquo actu, quia est subiectum transmutationis.

    Item, *III° Caeli et mundi*, ubi quaerit ARISTOTELES utrum corpus possit
fieri ex non corpore et arguit quod non, quia tunc fieret generatio ex
vacuo et esset ponere vacuum, exponit AVERROES sic quod, si fieret
generatio ex non corpore, sicut ex materia sine dimensionibus, tunc
essent dimensiones separatae a materia; sed nihil aliud est vacuum nisi
dimensiones sine corpore; quare esset ponere vacuum si materia esset
sine forma; hoc autem est impossibile; quare primum.

    Idem arguitur sic: nihil non habens formam transmutatur ad formam;
sed materia de se et per naturam suam est transmutabilis ad formam;
quare materia non potest esse sine forma. Maior verificatur dupliciter.
Primo, quia omne quod transmutatur ad formam, ex orbe transmutatur,
ut patet ex *VIII° Physicorum*; quod autem transmutatur ex orbe oportet
habere situm ad orbem; quare omne transmutatum ad formam, antequam transmutetur oportet habere situm ad orbem; sed nihil habet situm
ad orbem nisi habens formam et ens in actu; quare omne quod
transmutatur ad formam habet aliquam formam. Secundo patet illud sic:
nihil transmutatur ad formam nisi alterabile, quia generatio est finis

---

25 causa] est *scr. sed corr.*   33 Et] Nota *add. marg.*   52 orbem] formam *scr. sed marg. corr.*   53 formam] orbem *scr. sed corr.*

26 ARISTOTELES, *De generatione*, II, 10 (336 b 34 sq.).
36/37 ARISTOTELES, *De generatione*, I, 3 (317 b 8 sq.).
39 ARISTOTELES, *De caelo*, III, 6 (305 a 16 sq.).
41 AVERROES, *De caelo*, III, com. 29 (fol. 199-200 M-C).
50 ARISTOTELES, *Physic.*, VIII, 7 (261 a 1 sq.).

alterationis; sed alterabile est aliquid in actu habens formam; quare nihil non habens formam transmutatur ad formam.

Ulterius intelligendum quod, cum materia sit ingenita et incorruptibilis, ut probatur *I° Physicorum,* tamen materia causam habet quantum ad suam essentiam, cum non sit Prima Causa, et causa eius non est forma materialis, ut iam probatum est.

Et iterum, nec Primum Movens est causa immediata materiae, quoniam secundum intentionem ARISTOTELIS et AVICENNAE effectus Primi immediatus est unus tantum: idem enim manens idem, semper natum est facere idem, ut dicitur *II° De generatione,* et illum effectum oportet esse similem Causae Primae: unde, cum Primum Movens sit maxime in actu et causa omnium entium, oportet effectum eius immediatum esse similem causae maxime in actu inter omnia causata; et cum Prima Causa non sit causa immediata nisi unius, oportet quod eius effectus immediatus sit causa omnium aliorum entium; sed materia non est maxime similis Causae Primae, immo inter omnia entia dissimile; et iterum, non est materia causa omnium aliorum a Primo; quare materia non est immediate causata a Primo.

< QUAESTIO 11 >

QUOD A PRIMO NON PROCEDAT NISI UNUM IMMEDIATE

... coagulat et dissolvit... actio fit una. Actio enim recipitur in materia per modum materiae... fiunt diversa ut ex... < cum > enim in effectu sit diversitas... in forma et non sit ex parte materiae ex... per se differant formaliter, quia per formas suas; tunc effective hoc habent ex causis agentibus, sicut ex eis habent formas... et si dicitur quod Primum Agens agit per cognitionem et intellectum, et ideo videtur posse plura producere immediate sine aliqua diversitate eius... ex uno principio ordinante

---

3/15 Les 25 premières lignes de cette question sont biffées à l'aide de gros traits d'encre, mais on peut déchiffrer certains passages.　　3 ... coagulat] trois lignes complètement biffées　　dissolvit ...] une demi-ligne biffée.　　4 materiae ...] une ligne et demie biffée　　ex ...] une ligne biffée.　　5 diversitas ...] une demi-ligne biffée　　ex ...] une ligne biffée.　　7 formas ...] six lignes biffées.　　9 eius ...] huit lignes biffées, dont les deux premières sont en outre raturées.

59 ARISTOTELES, *Physic.*, I, 9 (192 a 27-29).
63 ARISTOTELES, *De generatione,* II, 5 (332 a 27-29); 10 (336 a 28); AVICENNA, *Metaph.*, tr. IX, c. 4, p. 479, 4-6; p. 481, 50-51.
65 ARISTOTELES, *De generatione,* II, 5 (332 a 25-29).

causas medias ad effectus ultimos... <neque sic diversa a Primo procedunt...>, sed si quis poneret plura principia prima quorum neutrum dependeret ab alio, tunc multitudo in entibus et ordo esset casualis: esset enim concurrens et non ordinatum quod, illo existente, sit aliud, si unum causetur ab uno principio et aliud ab alio. Sed haec nunc dimittantur... <sed si effectus> | immediatus Primi est unus tantum et non est materia, cuius igitur est materia immediatus effectus? Dicendum quod orbis caelestis sive essentiae quintae. Et hoc sic probatur, quoniam, cum elementa generentur ex se invicem circulariter, sic generantur et transmutantur ex orbe: de generatione orbis enim est agens in generatione istorum: unde et formae eorum generantur ex orbe in materia. Et quia materia non causatur sine forma, quia sine ea esse non potest, ut iam ostensum est, verisimile est quod illud quod est causa formarum materialium et maxime primarum et simplicium immediate, sit etiam causa materiae quantum ad suam essentiam; hoc autem est orbis immediate, ut dictum est; quare materia immediate causatur ab orbe. f. 114va

Advertendum est tamen quod diversimode causantur ab eo materia et forma: forma enim causatur ab eo sicut ex generante; materia autem, cum sit ingenita et incorruptibilis, non causatur ab eo sicut ex generante. Ex quo sequitur quod ea quae innovata sunt in caelo causalitatem et potestatem habent super formas materiales, non autem super materiam: si enim materia non sit ab orbe generata nec per transmutationem producta, per nihil innovatum vel transmutatum in orbe per motum erit innovatio in materia.

Ex praedictis etiam sequitur quod materia non possit esse sine forma: si enim materia est effectus, simul cum forma, orbis, et talis est habitudo orbis ad eam quod, cum privationem alicuius formae in ea causat, quod aliam formam in ea habet causare, quare materia numquam est sine forma, nec potest esse. Et hoc est propter tertium uniens ea: sicut enim si, hac herba florente, floreat alia ex naturis istarum herbarum, sed accidit naturae earum, tamen propter tertium uniens hoc est necessarium, similiter in proposito: quod materia non sit sine forma nec possit esse, hoc non est tantum ex naturis suis, sed magis propter tertium uniens ipsa.

Sic igitur patet quod materia est causata, non tamen generata; et patet quod non est immediate causata a Primo, sed ab orbe.

Et si dicitur quod orbis, cum sit corpus, non agit nisi in tangendo, et iterum non agit nisi per motum ad ubi, quomodo igitur erit causa

---

10 ultimos ...] presque une ligne biffée, dont on peut lire les mots entre crochets.
15 dimittantur ...] presque une ligne biffée, mais on peut lire les trois mots entre crochets.

materiae, non tamen per transmutationem sive generationem? Et dicendum quod orbis sic agit et tantum sic cum agit generando; sic autem non est causa materiae, sed per naturam sempiternam essentiae quintae; et ideo ipsa materia est sempiterna. 50

Et cum arguitur in oppositum quod, quando aliqua ita se habent quod unum non potest esse sine alio, unum habet causalitatem super aliud, istud potest negari in duobus casibus. Si enim ita sit quod aliqua duo causentur ab aliquo tertio et propter istud tertium uniens non contingat unum esse sine alio, sicut se habent duo per se accidentia ad idem 55 subiectum, tunc non oportet quod, si unum non sit sine alio, quod alterum alteri sit causa; sic autem est in proposito, quia materia et forma simul sunt propter tertium uniens ea, sed ex hoc non sequitur nisi quod materia non possit esse sine forma quantum ad esse; utrum autem quantum ad essentiam possit esse sine forma, non patet ex hoc; et tamen 60 dico quod sic, quia si non, tunc tolleretur ei modus essentiae suae. Et iterum, aliter potest negari dicta propositio, quia, si unum sit dispositio necessaria ad modum essendi quem habet aliquid ex essentia sua, unum non poterit esse sine altero et tamen non erit ei causa; sic autem est hic, quia forma est dispositio necessaria ad modum essendi quem habet 65 materia ex essentia sua et similiter e converso, aliquo modo, quoniam si materia formam non haberet, non haberet aliquod esse nec etiam esse in potentia, quia illud nihil est sine aliquo ente in actu, sicut patet ex I^o *De generatione*; ubi enim quaeritur utrum generatio fiat ex ente in actu vel in potentia tantum, concludit quod, si generatio fiat ex non aliquo ente in 70 actu, sed tantum in potentia, tunc ex nihilo aliquid fieret, quod est contra communem opinionem omnium philosophantium; vult igitur quod potentia sine actu nihil sit; quare actus vel forma propria dispositio necessaria est ad modum essendi quem habet materia ex sua essentia, scilicet esse in potentia. 75

<COMMENTUM>

Tertia proprietas causarum quam ponit, est quod idem potest esse causa contrariorum: unius quidem per se per sui praesentiam, alterius vero per accidens per sui absentiam. Et advertendum quod dicit AVICENNA quod privatio potest esse causa privationis per se, contrarii 5

---

61 sic] si *scr. sed corr.*   71 aliquid] nihil *scr. sed marg. corr.*

68/69 ARISTOTELES, *De generatione*, I, 3 (317 b 23 sq.).
5 Cf. AVICENNA, *Metaph.*, tr. VII, c. 1, p. 351, 54 - p. 352, 71; tr. IX, p. 450, 22 - p. 451, 25.

autem nonnisi per accidens sicut removens prohibens. Est tamen intelligendum quod privatio unius contrarii est ad contrarium concomitative: quod enim privat unum contrarium a subiecto, ponit aliud; unde privatum frigido calidum est, et ideo privatio causae frigidi non potest
10 esse sine praesentia causae calidi; nec privatio unius contrarii potest esse sine praesentia causae alterius contrarii, large sumendo contraria ad extrema et media; et ideo privatio unius contrarii est causa alterius concomitative; quare idem potest esse causa contrariorum: unius per se, alterius vero per accidens, ut per sui privationem et concomitative.

15 Consequenter declarat quod non sunt plures causae, declarando quod omnes causae ad has quattuor reducuntur; et hoc probat inducendo in diversis modis causae in quolibet genere, sicut patet in littera. Et advertendum propter id quod dicit de causa quae est forma, quod quaedam habentia formam in materia, composita sunt ex materia
20 simplici et forma, et harum forma species vocatur; quaedam autem componuntur ex pluribus sicut ex materia; et hoc potest esse colligatione sive compositione aliqua, et horum forma dicitur compositio; vel potest esse quod componantur ex pluribus ordine solo, et horum forma dicitur totum. Et omnes istae formae reducuntur ad unam rationem causandi,
25 quae est quod ipsae sint quod quid est causati et ideo sunt una causa.

Consequenter ponit diversos modos causarum, qui quidem non sumuntur ex diversis rationibus causandi, sed ex diversis rationibus accidentalibus | ipsarum causarum; et sunt tres combinationes et sex f. 114ᵛᵇ extrema; et deinde quodlibet extremorum in duo dividitur; et ita sunt in
30 universo duodecim modi. Verbi gratia, quaedam est causa universalis, quaedam particularis, quaedam per se, quaedam per accidens, quaedam complexa, quaedam simplex, sicut declarat Philosophus in littera; et unumquodque istorum dicitur quoddam secundum potentiam, quoddam secundum actum. Et est hic advertendum primo quod pro eodem accipit
35 causam universalem et priorem et remotam; et similiter, e contra, idem sunt causa particularis seu singularis, posterior et propinqua. Et etiam advertendum quod causa prior et posterior, sive universalis et particularis, quandoque accipiuntur in eodem numero, secundum ordinem tamen rationis: ut cum aliquid est causa alterius et ipsum possit intelligi magis
40 abstracte vel minus, ipsum secundum quod magis abstractum dicitur

21 pluribus] materia *scr. sed corr.*   23 componantur] componatur *scr.*   26 non] sunt *scr. sed corr.*

15 Aristoteles, *Metaph.*, V, 2 (1013 b 16 sq.).

prior causa et universalis, et secundum quod minus abstractum, dicitur particularis et posterior: ut medicus est causa posterior sanitatis et causa particularis, artifex vero, quod est communius, est causa prior et universalis; prior dico, non ordine rei, sed rationis. Quandoque vero inveniuntur causa universalis et particularis sive prior et posterior in causis diversis numero, sicut cum duae causae concurrunt ad unum effectum et una sit universalior causalitate quam alia: sicut sol et pater sunt causae filii, sol sicut causa universalis, pater vero sicut causa particularis et posterior et propinqua; et hic tamen universalitas solis ad hominem non est universalitas praedicationis, sed causalitatis; sed primo modo, ut artificis ad medicum, est universalitas praedicationis.

Sed dubitabit aliquis quomodo sol et pater concurrant ad effectum unum, ut ad generationem filii. Videmus enim quandoque duas causas concurrere ad effectum, et una est sicut conservans aliam: sicut si lumen agat in visum, sol est causa huius effectus sicut conservans per se causam, ut lumen; sic autem non concurrunt sol et pater ad filii generationem, ita quod sol sit tantum conservans patrem, immo per se aliquid agit ad generationem. Quandoque autem pro tanto quod una causa <est> causa formae alterius secundum quam agit: ut ignis et aer sive aqua calefacta sunt causae concurrentes ad calefactionem manus: ignis quidem est causa quia est causa formae secundum quam agit aer vel aqua calefacta, scilicet caliditatis; sed et isto modo non concurrunt sol et pater ad generationem hominis sive filii, quia sol sit causa patris vel eius secundum quod pater agit, sed et ipse in se determinate ad effectum agit. Quandoque autem concurrunt duae causae ad effectum quia una applicat aliam ad materiam sive ad effectum: ut motor solis et sol concurrunt ad effectum caliditatis, sed motor quidem tantum sicut applicans ad materiam solem; sed nec isto modo tantum concurrit sol ad generationem hominis, pari ratione qua prius. Quandoque vero concurrunt duae causae ad effectum, non quod utraque sit causa effectus, sed quia utraque est pars unius causae respectu effectus: ut duo homines concurrunt ad trahendum navem, non sicut duae causae tractus, sed sicut duae partes unius causae; sed sol non isto modo concurrit cum homine: non enim tantum est pars causae generationis, sed est in se aliqua causa; sed de hoc alias videbitur.

Consequenter circa causam per accidens est attendendum quod causa per accidens quattuor modis invenitur.

41 abstractum] abstracta *scr.*   49 tamen] tantum *scr.*   52 Sed] Dubitatio *add. marg.*
58 causa] est *scr. sed corr.*   <est>] esse *scr. sed exp.*   76 Consequenter] Nota *add. marg.*

Uno modo dicitur causa per accidens effectus illud quod accidit causae per se, ut album per accidens est causa statuae quia accidit statuario qui est causa per se eius. Et cum casus sit causa per accidens, illud quod est sic causa per accidens non est casus quia nihil facit ad effectum; causa autem quae est casus aliquid debet facere ad effectum, sicut dicit AVERROES II° Physicorum.

Secundo modo dicitur aliquid per accidens causa, ex parte effectus attendendo accidentalitatem, ut quando aliquid est causa alicuius per se et ipsum effectum per accidens concomitatur aliud, tunc primum est causa istius per accidens. Illud autem concomitans effectum per se potest habere ordinem necessarium ad ipsum, et sic removens prohibens est causa per accidens motus lapidis deorsum: qui enim removet columnam, per se est causa remotionis huius prohibentis et istam remotionem consequitur necessario motus lapidis deorsum; et ideo removens prohibens est causa per accidens huius motus. Et quod sic est causa per accidens adhuc non est casus: motus enim lapidis deorsum non est a removente prohibens casualiter.

Potest etiam aliquid concomitare effectum per se non necessario nec semper, sed quandoque et accidentaliter et in paucioribus, et tunc quod est causa per se effectus, est causa per accidens concomitantis. Et haec est causa per accidens quae est casus et fortuna: ut fossio sepulchri est causa sepulchri et quia illud aliquando concomitatur inventio thesauri, ideo est causa per accidens sicut casus inventionis thesauri. Similiter qui facit domum, per se est causa domus, et quia quandoque domum factam concomitatur interfectio alicuius ex domo, ideo illius interfectionis est causa per accidens, quae est casus: unde casus et fortuna sunt causae per accidens alicuius, quae quidem sunt causae per se alterius quod aliquid facit ad effectum accidentalem; sed non semper est casus sic, quia tunc numquam esset casus nisi causa per se haberet suum effectum; sed hoc est falsum, sive habeat intentum sive non, dummodo accidat non intentum; et sic per accidens causa non intenti est casus vel fortuna. |

Quarto modo est per accidens aliquid quando est accidentalitas in comparatione effectus ad causam. Et hic oportet concurrere duo: primo, quod habeat ordinem ad effectum; ex quo tamen est causa accidentalis, oportet quod sit concursus effectuum, et si talis effectus non contingat sicut semper nec sicut frequenter, tunc est a casu. Unde differt aliqua duo comparare ad invicem sicut accidentia, et comparare effectum casualem ad causam per accidens, sicut album esse musicum accidentaliter et

f. 115ra

---

83 AVERROES, Physic., II, com. 50 (fol. 68 A-C).

invenire thesaurum ex fossione. Effectus igitur qui concurrit suae causae est a casu. Tamen advertendum quod non semper, quando ex causa raro provenit effectus, est casus: si enim sit causa propinqua et ex ea non contingat effectus nec semper nec sicut frequenter, tunc est a casu; si vero sit causa remota ad quam comparamus effectum, ut Causa Prima, non contingit casu, etsi non fiat semper vel frequenter: unde, si comparemus existentiam maris in aliquo loco nunc ad causam propinquam, non semper nec frequenter contingit, et ideo forte est casu; si autem comparemus ad Deum qui est causa omnium, non contingit semper nec frequenter et tamen non est casu, quia respectu Primae Causae nihil potest esse a casu, ut patebit *VI° huius*: unde respectu unius causae est casus, respectu alterius non. Sic igitur quadrupliciter dicitur causa per accidens.

Consequenter, quia dicit quod causarum per accidens quaedam sunt propinquiores, quaedam remotiores, ut homo propinquior est causae per se statuae, scilicet statuario, quam album, intelligendum quod accidens non dicitur de accidente nisi quia ambo dicuntur de eodem subiecto: unde aliquid potest dici de accidente quia dicitur de subiecto; quare prius illud de subiecto quam de accidente; propinquius igitur est accidenti subiectum quam aliud accidens, ut statuario propinquius est Policletus et homo et animal, quae pertinent ad subiectum, quam album et musicum, quae sunt accidentia; et propinquius est ei musicum quam album, quia musicum est proprium homini sicut statuarius, et accidens est animae sicut statuendi ars; et ideo talia sunt causae per accidens propinquiores quam aliae.

Consequenter in fine dat quandam proprietatem causarum in actu, dicens quod causae in actu et singulares differunt sic a causis in potentia quod ipsae simul sunt et non sunt cum suis effectibus, ita quod si causa in actu et particularis est, et effectus erit, et si non, non.

<QUAESTIO 12>

QUAERITUR UTRUM, SI SIT EFFECTUS IN ACTU, NECESSE SIT CAUSAM ESSE IN ACTU

Sed hic accidit dubium utrum, si sit effectus in actu, necesse sit esse causam in actu. Videtur enim quod non, quia, cum proicitur lapis in

---

27 ARISTOTELES, *Metaph.*, VI, 3 (1027 b 14 sq.).

aquam, pellit unam partem aquae constituendo circulationem, et illa aliam et sic usque ad finem, et lapis est huius motus causa in actu; et postquam cessat lapis moveri, adhuc est expulsio et motus, et adhuc parte aquae primo mota quiescente, adhuc moventur aliae partes, et pars
10 prior semper est causa in actu posterioris motus, quia motus eius est motus alterius partis; quare non oportet, si effectus sit in actu, causam esse in actu.
   Oppositum dicit Philosophus.
   Et dicendum quod, si causa est in actu, si sit causa particularis, est
15 effectus in actu et e converso. Et advertendum propter rationem quod in corporibus humidis, mota una parte, non oportet moveri aliam sicut est in corporibus siccis continuis simpliciter, mota una parte movetur totum.
   Et iterum, motus unius partis aquae non fit ex seipsa: oportet enim esse differentiam inter movens et motum, ut probatur $VII°$ $Physicorum$;
20 nec etiam fit motus sine causa agente; et ideo, cum videamus partem posteriorem moveri, priore non mota nec etiam movente, quia non movet nisi quia movetur, dubium est a quo movetur; et dicit Aristoteles $VIII°$ $Physicorum$ quod, cum non movetur pars prima in talibus, adhuc movens est, et $II°$ De $generatione$ $animalium$ dicit quod in talibus pars
25 posterior movetur cum prior non moveatur eo quod prior tetigit: unde manifeste est dicere quod primum movens aquam movet omnes partes motas, quoniam secundum differentiam primi moventis est differentia in motibus partium: unde partes velocius et tardius moventur secundum propinquitatem et distantiam ad primum impellens: secundum enim
30 quod partes sunt propinquiores ei, velocius moventur, et secundum quod remotiores, tardius. Iste tamen motus sic non potest esse in quolibet mobili, sed in tali ubi motum potest moveri eo quod aliud tetigit.
   Et cum dicitur quod causa istius motus in actu non est, dicendum quod falsum est, immo causa quare movetur pars posterior, priore quiescente,
35 est in actu. Causam enim effectus esse in actu possumus intelligere dupliciter: uno modo a posteriori, si effectus sit in actu; alio vero modo a priori, ut quando est vel verum est esse illud unde non tantum potest esse effectus, sed unde habet esse et est. Nunc autem partem posteriorem moveri, iste effectus habet esse ex partem praecedentem tangere, et non
40 tantum ex hoc, sed ex partem praecedentem tetigisse: aqua enim vel aer non solum quando habet tangere, sed et quando habet tetigisse, habet

13 Aristoteles, $Metaph.$, V, 2 (1014 a 20 sq.).
19 Aristoteles, $Physic.$, VII, 1 (241 b 24 sq.).
23 Aristoteles, $Physic.$, VIII, 10 (267 a 5 sq.).
24 Aristoteles, De $animalium$ $generatione$, II, 1 (734 a 3 sq.).

causam in actu sui motus. Et hoc est intelligendum in tempore determinato, cum habet tetigisse; et quia hoc potest habere, parte priore quiescente, ideo, ipsa quiescente, habet causam in actu sui motus, et ideo etc.

<COMMENTUM>

Elementum dicitur ex quo primo etc. In parte ista distinguit PHILOSOPHUS hoc nomen elementum, quod pertinet ad causam. Et primo ponit modum | elementi proprie dictum; secundo, modum transsumptum. Dicit igitur primo quod elementum est ex quo primo componitur res, inexistente indivisibili specie, in aliam speciem. Et dicit: *Ex quo primo componitur*, quia duplex est compositio: prima et secunda. Compositio prima est substantialis ex materia et forma sive ex quattuor corporibus simplicibus; secunda est compositio subiecti et accidentis, ut corpus album, et illud ex quo componitur aliquid secundo <modo> non est elementum. Et dicit *indivisibili specie*, quia aliquid potest componi primo ex partibus quae dividuntur in diversa specie, ut homo ex capite etc.; et caput in diversa specie dividitur.

Et est hic advertendum quod, sicut dicit AVERROES, tres sunt modi elementi: aut enim elementum est indivisibile secundum formam vel secundum quantitatem; si secundum formam, aut est particulare aut universale: universale quidem sicut generalissima; particulare, ut aer et aqua, quae in diversa non dividuntur; si secundum quantitatem, sic punctus et unitas. Sed tantum est unum proprie dictum, ut quod est particulare et non potest dividi in diversa secundum formam. Sed secundum hoc videtur quod caro et unumquodque homonymorum sit elementum animalis, quia non dividuntur in plura secundum speciem: caro enim non dividitur nisi in carnes. Et intelligendum quod, licet caro non dividatur in diversa specie sicut in partes quantitativas, tamen per aliquam alterationem resolvitur in diversa secundum formam, ut ignem, aerem, aquam et terram. Elementum autem oportet esse secundum formam indivisibile, ita quod non dividatur in plura secundum speciem, nec divisione quae est in partes quantitativas, nec divisione quae est resolutio in diversa per aliquam alterationem.

---

2 ARISTOTELES, *Metaph.*, V, 3 (1014 a 26).
6/7 ARISTOTELES, *Metaph.*, V, 3 (1014 a 26).
11 ARISTOTELES, *Metaph.*, V, 3 (1014 a 27).
14 AVERROES, *Metaph.*, V, com. 4 (fol. 106 G).

30   Intelligendum etiam quod dicit AVERROES hic, quod materia prima est elementum. Quidam vero dicunt quod materia non est elementum quia materia non habet speciem, et elementum est indivisibile secundum speciem. Sed dicet AVERROES quod, licet materia speciem non habeat, tamen est indivisibile secundum speciem, quia non dividitur in diversa
35 secundum formam, et ideo hoc non obstante erit elementum. Et hoc etiam dicit AVERROES *III° Caeli et mundi*: ubi enim ARISTOTELES vocat corpora simplicia elementa corporea, dicit AVERROES quod corporea dicit quia non sunt elementa prima, sed est aliquod prius, ut materia.

Consequenter ponit modum elementi transsumptive dictum, dicens
40 quod elementum est quod est simplex et parvum ad multa utile, secundum quod quidam dicunt genera prima et maxime universalia esse elementa, quia sunt unum et simplex et indivisibile in multis existentia; et similiter dicitur unum et punctum elementum, sicut patet in littera.

Natura vero dicitur uno quidem modo. In parte ista distinguit
45 PHILOSOPHUS hoc nomen natura, et primo ponit modos diversos; secundo reducit omnes ad unum primum. Et primo adhuc ponit modos proprie dictos; secundo quendam metaphorice sumptum. Primus modus est secundum quem generatio nascentium sive nativitas natura dicitur; secundo modo dicitur natura principium eius quod nascitur ex quo
50 generatur cum sit coniunctum ei; tertio modo dicitur principium motus universaliter existens in eo in quo est secundum quod huiusmodi; quarto modo dicitur de materia; quinto modo de forma. Secundum metaphoram autem dicitur natura omnis substantia sive materialis sive immaterialis, propter hoc quod natura proprie dicta substantia quaedam est. Et
55 tunc reducit omnes modos ad unum primum: ut omnia ista dicuntur naturae respectu formae, et forma primo dicitur natura, quia est principium motus in quibus est per se; et materia dicitur natura, quia huius est susceptiva; et generationes sunt naturae, quia sunt motus in hanc naturam.

60   Et advertendum, sicut dicit COMMENTATOR hic, quod non oportet quod illud quod est primum sub nomine sit primum secundum ordinem rei; sed quandoque illud quod est posterius in re, est prius sub nomine et ei

30 Intelligendum] Nota *add. marg.*   prima] primo *scr.*

30 AVERROES, *Metaph.*, V, com. 4 (fol. 106 H).
33 AVERROES, *Metaph.*, V, com. 3 (fol. 105 H).
36 AVERROES, *De caelo*, III, com. 31 (fol. 200-201 M-C).
43 ARISTOTELES, *Metaph.*, V, 3 (1014 b 8 sq.).
44 ARISTOTELES, *Metaph.*, V, 4 (1014 b 16).
60 AVERROES, *Metaph.*, V, com. 5 (fol. 108 F-G).

primo imponitur nomen: unde in modis naturae possumus accipere primum de quo dicitur natura et hoc potest esse cui primo convenit nomen naturae: et hoc est nativitas sive generatio nascentium, sicut 65 patebit post; vel primum ordine rei, et tunc est forma, sicut determinat in littera.

QUAESTIO <13>

QUAERITUR UTRUM NATURA SIT PRINCIPIUM MOTUS IN EO IN QUO EST PER SE ET NON SECUNDUM ACCIDENS

Quoniam definitio naturae posita *II° Physicorum* convenit cuilibet modo naturae hic posito praeterquam uni, scilicet, quod natura dicitur 5 metaphorice de substantia, immo etiam definitio illa ponitur hic pro tertio modo, scilicet quod natura est principium motus et quietis in eo in quo est secundum se et non secundum accidens, ideo quaeritur utrum hoc sit verum et definitio sit bene data. Et videtur quod non, quia non convenit cuilibet modo naturae: non enim convenit naturae secundum 10 quod natura dicitur generatio nascentium; generatio enim non est principium motus.

Item, natura substantia est, ut patet ex *II° Physicorum*; quare non debet definiri per nomen quod dicit habitudinem ad aliud, quia substantia non dicitur ad aliud; sed principium est nomen habitudinis; quare etc. 15

Item, in corporibus caelestibus est natura quae est principium motus et tamen non est principium quietis; male igitur coniunguntur motus et quies in definitione eius.

Item, motus corporum caelestium est a natura, aliter enim non esset perpetuus; non tamen moventur ab intrinseco, sed a principio separato; 20 quare natura non semper est principium motus in | eo in quo est.

Item, generatio terrae et aliorum elementorum ab extra est, ut vult ARISTOTELES saepe; si igitur natura est semper principium intra, tunc generatio elementorum non erit naturalis, quod falsum est.

Item, generans aliud, extrinsecum est illi; si igitur gravia et levia 25 moventur ad loca sua sursum et deorsum a generante, ut ARISTOTELES dicit libro *Physicorum*, quare moventur ab extra; si igitur natura est principium motus in eo in quo est, tunc iste motus non erit naturalis.

67 ARISTOTELES, *Metaph.*, V, 4 (1014 b 35 sq.).
4 ARISTOTELES, *Physic.*, II, 1 (192 b 20-23).
13 ARISTOTELES, *Physic.*, II, 1 (192 b 32 sq.).
23 ARISTOTELES, *Metaph.*, I, 8 (988 b 26 sq).
27 ARISTOTELES, *Physic.*, VIII, 4 (255 b 35 - 256 a 163).

Item, grave non movetur nisi per accidens: movetur enim quia est in potentia ad locum suum et non actu; hoc autem est per accidens, per hoc quod est sursum; si igitur natura est principium motus per se, tunc gravia non moventur naturaliter, quod est inconveniens.

Item, si bene definiatur natura, tunc ars erit natura: ars enim saltandi est principium motus in eo in quo est per se, quia nihil aliud movet nisi illud in quo est; similiter ars musicae quae est sine instrumento principium est motus in eo in quo est per se, quia nihil aliud movet quam illud subiectum in quo est. Nec potest hoc removeri sicut removetur obiectio de medico qui sanat seipsum: non enim agit in seipsum nisi per accidens; sed musicus et habens artem saltandi per se agit in seipsum: sunt enim artes quaedam ex quibus non tantum sunt actiones, sed et acta quaedam: ut ex arte aedificatoris fit aedificatio et, cum hoc, domus aedificata; et in talibus subiectum in quo est ars et subiectum in quo operatur ars quandoque dividuntur, ut in exemplo dicto: nullus enim in seipso aedificat; quandoque autem non dividuntur necessario, ut verbi gratia medicus agit sanitatem quae est res quaedam acta et quandoque operatur in seipso, quandoque in alio; sed in talibus non sunt necessario coniuncta, subiectum scilicet artis et subiectum in quod operatur, quia possunt divisim reperiri, ut dicitur *II° Physicorum*; sed in artibus in quibus sunt tantum actiones et non acta, necessario est idem subiectum artis et in quod agit; quare tales artes sunt naturae.

Oppositum vult Philosophus hic et *II° Physicorum*.

Solutio. Dicendum quod natura est principium motus secundum quemcumque motum moveatur aliquid, dummodo moveatur a principio intrinseco, quod quidem est in eo quod movetur per se, et non secundum accidens; nec moveatur mobile ab isto secundum accidens, sed per se. Et hoc apparet ratione quam ponit Aristoteles *II° Physicorum* ad hoc probandum: quoniam naturalia secundum quod naturalia differunt ab artificialibus, et nonnisi in hoc quod artificialia non habent principium sui motus in se secundum quod artificialia, habent autem secundum quod naturalia; naturalia autem sunt per naturam; quare natura est principium motus in eis etc.

Advertendum est autem quod effectus in naturalibus et virtutes formarum et formae naturae dicuntur. Sed generatio nascentium, scilicet

---

52 Solutio] Solutio *add. marg.*   53 aliquid] a^d *scr.*   60 naturam] materiam *scr.*

48 Aristoteles, *Physic.*, II, 1 (192 b 26).
51 Aristoteles, *Metaph.*, V, 4 (1015 a 6 sq.); *Physic.*, II, 1 (192 b 27 sq.).
56 Aristoteles, *Physic.*, II, 1 (193 a 31 sq.).

eorum quae generantur unita principio generanti, sicut sunt fetus, ut embryo in animalibus et fructus in plantis, manifeste habet nomen 65 naturae: unde et dicitur nativitas; et quia iste effectus nobis est notior quam forma vel principium huius effectus, ideo primo est ei impositum nomen naturae et primo dicitur natura de generatione tali. Consequenter autem est accommodatum nomen principio huius generationis, ut dicitur secundo natura illud quod est principium nativitatis: quod quidem 70 principium unitum est generato et non quodcumque principium eius dicitur natura, et hoc principium potest esse materia vel forma. Tertio, accommodatum est nomen naturae omni ei quod est principium alicuius motus existens in mobili per se: et hoc est commune omni motivo principio quod est in mobili per se: per omnem enim motum generatur 75 aliquid in mobili; ergo, si principium motus sit per se in mobili, iam est principium ex quo nascitur aliud, quia generans est unitum generato; et quia omne principium aliquid producit et aliquid pullulat ex eo, tale autem dicitur natura, ideo et principium omnis eius quod fit in mobili per aliquem motum, principium dico inexistens per se, est natura; et ita 80 natura isto modo est principium in eo in quo est per se omnis motus qui est in mobili a principio intrinseco. Et hoc est commune omni modo naturae, nisi modo naturae metaphorice dictae.

Tunc ad rationes. Cum dicitur primo quod generatio nascentium non est principium motus, dicendum quod immo: motus enim universaliter 85 est forma ad quam est vel actu vel potentia, sicut dicit AVERROES *III° Physicorum*; tunc igitur natura secundum quod est generatio vel nativitas est aliqua forma, quare aliquo modo principium motus.

Et cum arguitur secundo quod principium dicit habitudinem, natura autem est substantia, dicendum quod natura non est substantia nisi in 90 habitudine: sicut enim quaedam generata dicuntur nasci quia generans est unitum, et generationi tali primo convenit nomen naturae, ideo nulli conveniet illud nomen nisi in habitudine aliqua ad aliud.

Et cum dicitur tertio quod natura in caelestibus non est principium quietis, sed motus tantum, verum est: unde, sicut dicit AVERROES 95 *II° Physicorum*, motus et quies non simul iunguntur in definitione naturae quia natura semper sit principium utriusque, sed quia quandoque utriusque, quandoque unius tantum, ut scilicet motus, quia non

65 embryo] embrya *scr.*   77 quia] et *scr. sed corr.*   92 primo] *iter.*   96 motus] Nota *add. marg.*

87 AVERROES, *Physic.*, III, com. 6 (fol. 88 A-C).
96 AVERROES, *Physic.*, II, com. 3 (fol. 49 D-G).

contingit quod aliquid sit principium quietis tantum, quia non quiescunt
nisi quae nata sunt moveri; et ideo etc.

   Et cum | dicitur quarto quod, si natura est principium intrinsecum, f. 115ᵛᵇ
tunc motus caeli non est naturalis quia caelum movetur a principio
separato, dicendum quod motus caeli naturalis est natura passivi principii, quia caelum sic natum est moveri, et hoc est intrinsecum; est etiam
5 naturalis natura moventis principii, quia ipsum semper est sic natum
movere, et unitum est mobili in ratione moventis.

   Et cum arguitur quinto quod generatio elementorum est a principio
extrinseco, quare non est naturalis, dicendum quod generatio elementorum non est naturalis natura formae, sed tantum natura materiae, ut
10 dicit saepe AVERROES: materia enim in potentia est ad formas elementorum contrarias et ideo transmutatio eorum in formis est naturalis natura
materiae, et sic est a principio intrinseco, scilicet materia. Et quod isto
modo sit generatio elementorum naturalis *VII°* *huius* dicit ARISTOTELES:
dicit enim quod materia quorundam est pars formae possibilis moveri ab
15 ea, ut in artificialibus materia sanitatis quodammodo est pars sanitatis
possibilis moveri, ab ea scilicet parte, ad sanitatem: unde fit quandoque
aliquis sanus sine extrinseco movente, quandoque cum extrinseco movente; quorundam vero materia non est pars formae generandae, et in
talibus non fit effectus nisi a principio extrinseco, ut in artificialibus
20 domus, quia in lapidibus etc. non est aliqua pars formae eius; similiter est
in quibusdam naturalibus, ut cum ignis ex alio generetur, ut ipse dicit;
quare principium transmutans est ab extra; non est igitur naturalis
natura formae; quare, si sit naturalis, hoc erit natura materiae.

   Et cum dicitur sexto quod generans grave movet ipsum et tamen est
25 extrinsecum, quare non naturaliter, dicendum quod si generans grave
moveret ipsum immediate, non dando formam quam consequitur motus
deorsum, tunc moveret non naturaliter et non esset motus naturalis, sicut
nec motus lapidis sursum a proiciente est naturalis, cum fiat immediate a
proiciente quod non dat formam quam consequitur motus; sed quia
30 generans grave sic movet grave per hoc quod dat ei formam quam
consequitur motus deorsum, ideo non fit iste motus immediate a
principio extrinseco, sed ab intrinseco.

   Et cum arguitur septimo quod grave movetur per accidens et natura
est principium motus per se, dicendum quod haec obiectio procedit ex
35 malo intellectu definitionis naturae: per se enim quod ponitur in

10 AVERROES, *Physic.*, I com. 69 (fol. 40 I-M).
13 ARISTOTELES, *Metaph.*, VII, 9 (1034 a 9 sq.).
21 Cf. ARISTOTELES, *Metaph.*, VII, 9 (1034 a 17-18).

definitione naturae potest ad tria referri: vel quod sit sensus quod natura est principium per se motus, et non per accidens principio per se; alio modo, quod natura est principium motus qui est in mobili per se et non secundum accidens; tertio modo, quod natura sit principium motus per se existens in mobili et non secundum accidens. Sed licet primus sensus 40 verus sit, quod natura sit per se principium motus et non principium per accidens, tamen non sic intenditur in definitione naturae, sed tertio modo, quia si aliquid sit principium motus et sit per se in mobili et non per accidens, tunc est natura, sive iste modus sit accidentalis mobili quantum ad essentiam suam, sive non: semper enim principium est 45 essentiale mobili: essentiale dico ita quod per se sit in ipso primo modo dicendi per se vel secundo. Ratio autem procedit referendo per se ad motum, ita quod motus per se insit mobili ad hoc quod sit naturalis; hoc autem non oportet.

Et cum arguitur ultimo quod artes quaedam sunt principium motus 50 per se in illis in quibus sunt, verum est, quia illud in quo sunt movent per se et non secundum aliud, quia nihil aliud movent. Tamen, cum acceperimus illud quod est motum ab istis artibus sive illud in quo sunt istae artes, non est naturale ipsum habere tale principium: quod patet quoniam, manente natura subiecta, potest corrumpi illud principium, 55 sicut iste oblivisci potest et tamen homo idem maneret; non sic autem potest corrumpi gravitas, manente gravi, quia ista proprietas per se et naturalis est. Et ideo, licet istae artes sint principium motus per se et non in quocumque, sed in eo in quo sunt, quia tamen istae non sunt per se in eo in quo sunt sicut est natura, ideo non sunt naturae. 60

<QUAESTIO 14>

QUAERITUR UTRUM NATURAM ESSE SIT PER SE MANIFESTUM

Consequenter, quia dicit AVERROES hic quod quidam crediderunt quod philosophi primi esset demonstrare naturam esse, et dicit quod non, quia naturam esse est per se notum, et hoc etiam dicit PHILOSOPHUS 5 *II° Physicorum*, quaeritur utrum naturam esse sit per se notum. Videtur quod non, quia quod est demonstrabile non est per se notum; sed

---

56 maneret] manere *scr.*   2 naturam] materiam *scr. sed corr.*   4 naturam] materiam *scr.*   5 naturam] materiam *scr.*   6 naturam] materiam *scr.*

3 AVERROES, *Metaph.*, V, com. 5 (fol. 107 I).
6 ARISTOTELES, *Physic.*, II, 1 (193 a 3 sq.).

naturam esse est demonstrabile: est enim principium scientiae naturalis, et principia scientiae naturalis a philosopho demonstrantur; quare etc.

Item, illud in quo potest quis dubitare non est per se notum; sed tale est naturam esse: quidam enim de hoc dubitaverunt, ut ZENO, qui negavit motum, et alii; quare etc.

Item, de quocumque notum est esse eius, notum est quid est ipsum, quia per idem est aliquid ens et quid; sed quid sit natura non est per se manifestum; quare nec ipsam esse est per se notum. Minor patet, quia ARISTOTELES *II° Physicorum* demonstrat quid sit natura et definitionem suam probat de ipsa; quare definitio eius non est per se manifesta de ea: definitio enim quae est conclusio demonstrationis de aliquo, non est per se nota de illo.

Oppositum dicit PHILOSOPHUS *II° Physicorum* et AVERROES hic.

Solutio. Et dicendum quod | per se notum dupliciter dicitur, loquendo f. 116ra de per se notis intellectui. Uno quidem modo quod ex apparentibus ad sensum sine aliqua ratiocinatione intellectus et sine aliquo processu eius de uno in aliud notum est. Alio modo dicitur per se notum illud quod, etsi non sit tale quod dictum est, est tamen propinquum tali et sine longa ratiocinatione notum fit propter prope esse tale quod notum est ex apparentibus sensui. Tunc dicendum quod, cum quis attenderit ad apparentia sensui, manifestum sibi erit quod aliqua transmutantur ex se: quamvis enim de quibusdam dubium sit utrum ex se transmutentur vel ex alio, ut dicit AVERROES *II° Physicorum*, sicut de elementis dubium est utrum ex se transmutentur vel ex alio, tamen, ut dicit ARISTOTELES *VIII° Physicorum*, de quibusdam est manifestum ipsa moveri ex se, ut de animalibus, licet sit dubium secundum aliud in eis, utrum idem sit movens et motum in eis vel diversum; quod tamen ex se moveantur sensui est manifestum. Et quia hoc per se notum, ideo naturam esse est per se notum: unde, si sciat aliquis quid dicitur per nomen naturae, et ipse sit homo dispositus bene secundum intellectum (quidam enim sunt caeci oculo intellectus sicut quidam oculo corporis), non potest dubitare quin hoc sit verum; et hoc dico si prius habeat sensum: principia enim non sunt nota nisi quia prius sensata aliquo modo sunt ea ex quibus

---

8 naturam] materiam *scr.*   11 naturam] materiam *scr.*   21 Solutio] *marg.*   31 tamen] *marg.*   35 naturam] materiam *scr.*   36 naturae] materiae *scr.*

16 ARISTOTELES, *Physic.*, II, 1 (192 b 20 sq.).
20 ARISTOTELES, *Physic.*, II, 1 (193 a 3 sq.); AVERROES, *Metaph.*, V, com. 5 (fol. 107 I).
30 AVERROES, *Physic.*, II, com. 3 (fol. 49 B-E).
32 ARISTOTELES, *Physic.*, VIII, 4 (254 b 28 sq.).

sumuntur. Et ideo, si aliquis per doctrinam cognoscere debeat naturam esse, oportet haec tria habere: primo, quod habeat sensum eorum quae apparent; secundo, quod sit dispositus bene secundum intellectum et non sit naturaliter caecus intellectu; tertio, quod sciat quid significat nomen et esse. Si autem hoc sibi debeat fieri notum per inventionem, non oportet habere nisi duo, scilicet quod habeat sensum eorum quae apparent et quod sit dispositus secundum intellectum. Est igitur naturam esse per se manifestum.

Et cum arguitur quod naturam esse est demonstrabile, dicendum quod non est verum; et cum dicitur quod hoc est principium scientiae naturalis et principia naturalis scientiae habet divinus demonstrare, verum est principia quae non sunt per se nota; principia tamen per se nota naturalis scientiae nec alicuius alterius habet demonstrare nisi elenchice, ut patet ex *IV° huius*: unde cum naturam esse sit per se notum, hoc non habet demonstrare.

Et cum arguitur secundo quod contingit quosdam dubitare naturam esse, dicendum quod nonnisi caecos intellectu quibus negata est cognitio et scientia a natura.

Et cum arguitur tertio quid est natura non est per se notum, quare nec naturam esse, dicendum quod naturam esse est per se notum quia manifestum est ad sensum aliquid transmutari ex se: quare aliquid erit transmutans, quod dico naturam: unde, cum istae propositiones convertantur «aliquid transmutatur, aliquid etiam transmutat», si una est per se nota, et reliqua. Et cum dicitur quod ARISTOTELES ostendit definitionem naturae de natura, dicit COMMENTATOR *II° Physicorum* quod definitio naturae non est conclusio demonstrationis: dicit enim quod ARISTOTELES in declarando definitionem naturae utitur consequente et antecedente, et utrumque non dicit esse per se manifestum, et non fit consequens notum quia antecedens ipsum declaret vel demonstret. Et dicit etiam COMMENTATOR quod, cum iste etiam sit syllogismus hypotheticus, syllogismi hypothetici non demonstrant, sicut nec divisio demonstrat, quia

---

41 naturam] materiam *scr.*   47 naturam] materiam *scr.*   49 naturam] materiam *scr.*   54 naturam] materiam *scr.*   56 naturam] materiam *scr.*   60 naturam¹] materiam *scr.*   naturam²] materiam *scr.*   62 naturam] materiam *scr.*   62/63 convertantur] convertuntur *scr.*

54 ARISTOTELES, *Metaph.*, IV, 4 (1006 a 11 sq.).
65 AVERROES, *Physic.*, II, com. 3 (fol. 49 D-G).
70 AVERROES, *Physic.*, II, com. 3 (fol. 49 E-G).

sub conditione accipiunt praemissas. Dicit etiam ulterius quod
ARISTOTELES non induxit istam propositionem ad probandam vel de-
monstrandam definitionem naturae, sed propter immutationem.
75 Quaedam enim immutata magis cognoscimus quam ipsa in se, sicut
quandoque inducitur divisio ad aliquid immutandum secundum quod
magis manifestum est: unde, quia quaedam transmutari ex se manifestius
est quam quaedam transmutare se, ideo ARISTOTELES declaravit naturam
esse principium transmutationis in eo in quo est per hoc quod quaedam
80 transmutantur ex se.

QUAESTIO <15>

QUAERITUR UTRUM UNUM ALIQUID, PER HOC QUOD COMPOSITUM EST EX MATERIA ET FORMA VEL SUBIECTO ET ACCIDENTE POSSIT SEIPSUM TRANSMUTARE

5   Consequenter, ad videndum quae moventur natura et quae non,
quaeritur utrum aliquid unum, per hoc quod compositum ex materia et
forma vel ex subiecto et accidente, possit seipsum transmutare, ita quod
secundum unum componentium moveat et secundum aliud moveatur. Et
videtur quod sic: dicit enim PHILOSOPHUS *VII° huius* quod semen operatur
10 et agit sicut illa quae sunt ex artificio, per hoc quod aliquo modo habent
formam, sicut est in quibusdam artificialibus, ut in sanitate quae ab arte
est; quare videtur quod aliquid possit se movere ad formam. Et ulterius
probat ista ratio quod in materia ante generationem formae sunt
inchoationes formales quae sunt factivae ipsius formae, sicut dixerunt
15 quidam.
   Item, PHILOSOPHUS in eodem dicit quod in materia quorundam est pars
formae qualem possibile moveri ab ea; ipsa igitur moventur ex se ad
formam et seipsa transmutant per hoc quod aliquo modo habent
formam. Et similiter ista ratio ulterius probat, ex dicto PHILOSOPHI,
20 inchoationes formales, quae sunt potentiae activae formae generandae,
esse in materia ante generationem.
   Item, corpus mixtum et vivens per hoc quod compositum est ex
corpore et anima potest seipsum augere, ita quod secundum unum est

---

78 naturam] materiam *scr.*

72 AVERROES, *Physic.*, II, com. 3 (fol. 49 F-G).
9 ARISTOTELES, *Metaph.*, VII, 9 (1034 a 34 sq.).
16 ARISTOTELES, *Metaph.*, VII, 9 (1034 a 10 sq.).

augens et secundum aliud auctum; quare idem potest seipsum transmutare per hoc quod est ex materia et forma compositum.

Item, in corpore mixto eadem pars secundum subiectum agit et patitur: mixtum enim est ex contrariis et ideo dissolvitur ex motiva eorum actione, | et ista contraria idem sunt subiecto; quare idem subiecto potest transmutare et transmutari.

Item, subiectum est causa effectiva per se passionis et non in quocumque, sed in seipso: unde est etiam materia recipiens passionem; idem igitur subiecto est agens et patiens sive recipiens; quare idem subiecto potest movere se.

Item, aliquid unum subiecto potest movere se per hoc quod compositum ex subiecto et accidente: sicut animal, quod movetur ex se localiter et nihil est in eo quin moveatur, et subiectum ipsum quod est animal mobile est, movet autem appetitus, hoc autem est accidens animali: quare animal potest se movere per hoc quod compositum est ex subiecto et accidente. Nec potest dici quod animal movetur ex se quia una pars quantitativa sit movens et reliqua mota, quia, si pars quantitativa moveat et nonnisi quia movetur, tunc est eadem dubitatio quae prius utrum movetur ex se quia compositum ex materia et forma, quorum unum sit movens, reliquum motum, vel quia una eius pars movet aliam et sic in infinitum, quod est inconveniens; quare non movetur ex se quia una pars quantitativa moveat aliam.

Oppositum arguitur, quia dicit PHILOSOPHUS *I° De generatione* quod continuum et unum ens nec agit nec patitur a seipso; sed corpus compositum ex materia et forma et subiecto et accidente est continuum et unum; quare a seipso non transmutatur.

Item, alterans et alteratum debent esse contraria; sed materia et forma non sunt contraria, ut dicitur *I° Physicorum*; similiter nec subiectum et accidens, ut dicitur in eodem; quare nihil per hoc quod compositum ex materia et forma vel ex subiecto et accidente potest seipsum transmutare: non enim seipsum transmutaret nisi quia alterum transmutaret alterum; quare compositum ex diversis quae non sunt contraria, per hoc quod sic compositum, non potest transmutare se.

Item, sicut compositum est per se ens et non forma nec aliquid aliud, ita est per se agens; tunc igitur aliquid per hoc quod compositum est ex diversis non mutat se, ita quod unum mutat et reliquum mutatur: ubi enim est transmutatio, oportet esse duo, unum quod per se transmutatur,

---

46 ARISTOTELES, *De generatione*, I, 7 (323 b 17 sq.)
51 ARISTOTELES, *Physic.*, I, 6 (189 a 32 sq.).

aliud quod per se transmutat; cum igitur compositum sit per se alterans, non forma, nihil per hoc quod compositum est ex diversis poterit transmutare se.

Item, quod transmutat est in actu, quod autem transmutatur est in potentia ut sic; sed nihil idem est in potentia et in actu respectu eiusdem; quare nihil idem subiecto potest seipsum transmutare et ab eodem transmutari respectu eiusdem.

Solutio. Dicendum quod nihil prohibet corpus compositum ex materia et forma seipsum alterare per se, per hoc quidem quod compositum est ex diversis partibus quantitativis habentibus diversas dispositiones, propter quarum diversitatem una pars alteret et alia alteratur: sicut quandoque compositum corpus sanat seipsum quia una pars per aliquam dispositionem existentem in ea sanat aliam et alia sanatur.

Et iterum, in corporibus mixtis viventibus manifestum est quod possunt aliqua seipsa alterare per accidens, ut animal movendo quidem seipsum, quomodocumque hoc contingat, non differt enim ad propositum, calefacit seipsum, ut ad sensum patet, et ita se alterat per accidens, quia per se agit motum, quem consequitur calefactio.

Et iterum tertio modo aliquid alterat per hoc quod aliquid recipit ab eo in quod agit: ut planta vel animal quod augetur agit in cibum vel in nutrimentum quod debet ipsum augere, et per hoc ei unitur cibus et convertitur in substantiam eius; et ideo dispositiones nutrimenti aliquo modo remanent in aucto, et augens et auctum sunt contraria; ideo augens aliquo modo agit in auctum, ut dicit PHILOSOPHUS *I° De generatione*: unde quaerit quid est patiens auctum ab eo quod auget; et solvit quod illud quod patitur vinum ab aliqua parva aqua, illud patitur auctum ab eo quod auget; dispositiones autem aquae aliquo modo manent in mixto ex aqua et vino; quare similiter dispositiones nutrimenti manent in eo quod augetur; sunt autem ei contrariae et ideo agunt in ipsum; auctum igitur per accidens alterat seipsum quia convertitur et unit sibi aliud ex quo patitur. Corpus autem simplex non potest se per se alterare primo modo, quia non habet partes diversarum dispositionum secundum quod huiusmodi, immo omnes partes eius sunt unius rationis in parte et in toto. Nec per accidens potest se alterare tertio modo, quia aliquid recipiat in quod agat et illud per hoc in ipsum, quia nihil tale recipit simplex: non enim augetur nec minuitur. Secundo tamen modo potest corpus simplex seipsum alterare aliquo modo, ut cum grave

68 Solutio] Solutio *add. marg.*

84/85 ARISTOTELES, *De generatione*, I, 7 (323 b 17 sq.).

moveat se deorsum et motum consequitur calefactio; ideo grave per accidens se calefacit.

Et iterum intelligendum quod quandoque manet motus in mobili, quiescente primo movente et extrinseco et intrinseco, ut patet in motu partium aquae | motae ab impellente extrinseco: quiescente enim primo impellente et prima parte aquae mota, adhuc moventur partes aliae aquae. Similiter etiam contingit in alteratione quod aqua adhuc calefiat nullo extrinseco calefaciente: si enim primo calefiat aqua ab extrinseco calefaciente, illo adhuc remoto, calefiet magis: intendetur enim calor per tempus aliquod determinatum.

Et iterum intelligendum, sicut dicit AVERROES *II° Physicorum*, quod vivens auget se per accidens: non quidem ita quod anima nutritiva agat in materiam et ipsa augens et materia aucta, sed quia anima nutritiva per aliquam partem quantitativam corporis agit in nutrimentum convertendo ipsum in substantiam suam, et ita per accidens auget se totum. Et non tantum dicit hoc AVERROES, sed etiam ARISTOTELES libro *De motibus animalium*.

His suppositis dicendum quod unum et idem secundum subiectum non potest se alterare nec ad formam transmutare nisi tantum per accidens, ut sperma non potest se transmutare ad formam hominis per se nec ad aliorum. Et huius ratio est quia continuum et unum ens non agit simul et patitur in se, immo nec agit nec patitur, ut dicitur *I° De generatione*. Et iterum, idem subiecto non potest esse in actu et in potentia respectu eiusdem; quare nec potest se alterare et ad formam transmutare, quia tunc simul esset alterans et alteratum et in potentia et in actu respectu eiusdem: unde contraria oportet esse talia, quia transmutatio in contrariis fundatur; contraria autem non habentur per subiectum et accidens, nec per materiam et formam; et ideo aliquid per hoc quod compositum ex materia et forma vel ex subiecto et accidente non potest transmutari ex se nec transmutat se per se.

Et si quis dicat quod caelum transmutat ista inferiora ad formas, tamen non habet formas istorum in actu, sed solum virtute, quid igitur prohibebit similiter aliquid se transmutare ad formam, ut sperma ad formam hominis, etsi non habeat eam in actu, sed in virtute effectiva, ut per aliquam qualitatem in ea? Videtur enim quod nihil. Et dicendum quod, sicut non contingit unum subiecto esse in potentia et in actu

---

8 AVERROES, *Physic.*, II, com. 1 (fol. 48 C-D).
13 ARISTOTELES, *De motibus animal.*, 5 (700 a 26 sq.).
19 ARISTOTELES, *De generatione*, I, 7 (323 b 1 sq.).

respectu eiusdem, ita similiter non contingit, immo minus contingit, aliquid esse in potentia passiva ad formam et habere eam in virtute activa, ita quod eam possit agere per aliquam formam vel qualitatem existentem in ipso; sicut nec caelum, cum habeat virtutem activam formarum inferiorum, est in potentia passiva ad eas. Et iterum, si sperma haberet virtutem activam formae hominis, aut ista virtus esset substantialis, aut accidentalis; sed non est substantialis: nihil enim substantiale alicui agit ad eius corruptionem, corruptio enim fit ab agente contrario; quare, si ista virtus activa formae agat ad generationem formae et per consequens ad corruptionem spermatis, quia ipsum in generato non manet, non erit substantialis spermati; nec potest esse accidentalis, quia accidentia in generatione, etsi sint causae aliquarum dispositionum generati, non tamen sunt causae substantiae, quia non agunt ultra suam speciem; et ideo, cum sint accidentia, non agunt formam substantialem; nulla igitur virtus nec substantialis nec accidentalis spermatis potest esse activa formae hominis in spermate. Manifestum est igitur quod nihil per virtutem activam aliquam existentem in eo potest se transmutare ad formam.

Ad rationes in oppositum respondendum. Cum dicitur primo quod semen agit sicut quae ex artificio, quia aliquo modo habet formam, intelligendum quod ARISTOTELES *II° De generatione animalium* probat quod nulla particula spermatis facit animal et partes animalis ex spermate: quoniam, si esset aliqua particula spermatis, aut corrumpitur, aut manet; non corrumpitur, quia id quod facit partes animalis manet in animali et conservat eas; quare manet ista particula in animali; quare prius fuit animata, quia, si non animata, revertetur quaestio de factore eius utrum sit aliqua pars eius vel non, et sic in infinitum, nisi detur quod pars quae facit alias partes est animata; nunc autem nulla talis est in spermate quia opus generantis semen est, et non est animatum ante formam inductam.

Quid igitur facit animal ex spermate? Dicit ARISTOTELES quod motus existens in spermate ab eo quod primum movit extrinsecus, qui non est aliquid spermatis. Unde duobus abnegat ARISTOTELES causam generationis: nihil enim idem est sui generationis causa, nec iterum aliqua pars eius ex quo generatur aliquid per se, est causa generationis; sed est motus inexistens a primo movente ad generationem. Ut in spermate est aliquis motus seu potentia seu principium non ex se, sed ex eo quod primum

---

54 ARISTOTELES, *De animalium generatione*, II, 1 (734 b 25 sq.).
64 ARISTOTELES, *De animalium generatione*, II, 1 (734 a 5 sq.).

movit; quod quidem animal ipsum et partes eius facit. Et quia talis potentia sive principium in spermate ad vitam et ad animal et partes eius est propinquum naturae agentis, quia eius virtus est, ideo dixerunt quidam quod spermata habent virtutes activas formarum, sicut dixerunt medicorum quidam. Et hoc etiam videtur ARISTOTELES dicere, quod semen seipsum agit aliquo modo ad formam. Dicit igitur ARISTOTELES hoc, quia semen habet potentiam per quam remanet motus eius quod primo movit, qui quidem motus agit ad formam, non tamen est pars formae; et ideo etc.

Similiter dicendum ad secundam rationem. Et advertendum est hic quod in omni materia in quam agit agens, sive sit agens per naturam sive per artem, est quodammodo inchoatio formalis eius quod fit ex materia: oportet enim materiam esse dispositam ad formam si forma recipi debeat in materia, ut si debeat fieri serra, erit ex materia dura | et durities qua disponitur materia et aptatur ad formam serrae est inchoatio formalis. Et quanto propinquior est dispositio et probius disponit materiam ad formam, tanto magis inchoat formam in materia. Et hoc non tantum est verum in artificialibus, sed in naturalibus: homo enim non ex quocumque semine generatur, sed ex semine hominis; quare oportet esse dispositionem in materia et semine hominis ad formam eius propter quam magis generetur homo ex tali semine quam ex tali. Et talis inchoatio non est nisi potentia materiae ad formam; educitur autem forma ad actum, non ex ista inchoatione, sed agens educit ipsam de potentia ad actum.

Et non est intelligendum quod in virtute agentis sit facere formam, quia forma non est factibilis per se, sed facit compositum, quod per se factibile est, de potentia ad actum. Unde AVERROES et similiter ARISTOTELES dicunt quod agens non est formae factor, sed eius extractor: unde, quia forma numquam haberet esse in materia nisi esset potentia in materia ad eam, quam dicimus inchoationem formae, et quanto propinquior est talis potentia ad formam, tanto facilius educitur forma in materia, ideo verum est aliquo modo ponere inchoationem formae in materia, ut dictum est; non autem sic est ponere inchoationem formae in materia quod forma prius sit in materia sub aliquo esse, vel etiam aliqua pars formae: ut quod praeexistat in materia forma generis generalissimi

---

83 recipi] recipit *scr. sed corr.*

97/98 AVERROES, *Metaph.*, VII, com. 28 (fol. 178 H-I); ARISTOTELES, *Metaph.*, VII, 8 (1033 b 5 sq.).

et deinde alterius generis et sic usque ad speciem: declarabitur enim *VII° huius* quod eadem est forma et indivisibilis omnium istorum.

Et cum arguitur quod corpus vivens auget se, dicendum quod nonnisi per accidens; et hoc non est inconveniens. Et similiter ad aliud.

Sed cum arguitur consequenter quod subiectum est causa effectiva accidentis in seipso, dicendum quod subiectum non sic est causa per se passionis quia primo habeat esse in potentia ad passionem et postea fiat in actu: quia, si sic, numquam causaret passionem in se; sed subiectum sic est causa passionis quod simul cum habeat suam formam, habet et passionem; et illud quod transmutat ad formam, transmutat ad passionem; nos autem non dicimus idem non posse transmutare se nisi quia de se prius est in potentia ad illud et non in actu; ideo nihil ad propositum.

Ultimae rationis solutio inferius alias patebit.

<COMMENTUM>

Necessarium dicitur sine quo non contingit. In parte ista distinguit PHILOSOPHUS hoc nomen «necessarium» quod dicit conditionem principii et causae; quia etiam ratio eius non determinat materiam, ideo pertinet ad philosophi considerationem. Et primo ponit quattuor modos; secundo reducit tres ad quartum sicut ad primum.

Primus modus est quando aliquid dicitur necessarium alicui quia est concausa ad esse eius: ut respirare est necessarium animali quia est concausa ad vivere; et illud est necessarium ex suppositione: non enim simpliciter necesse animal respirare, sed ex hac suppositione: si vivere debeat.

Secundus modus est quando dicitur aliquid necessarium ad aliquod bonum acquirendum vel essendum, vel malum removendum: ut dicimus quod bibere medicinam laxativam est necessarium ut aliquis non laboret sive infirmetur, et necessarium ire ad locum aliquem vel forum ut recipiatur pecunia; et illud similiter est necessarium ex suppositione finis: finis enim imponit necessitatem his quae sunt ad finem, ut patet ex *II° Physicorum*; et ideo ea quae sunt ad finem necessaria sunt non simpliciter, sed supponendo esse aut fieri finem.

6 speciem] ut *add. sed cancell.*   11 seipso] se *scr. sed corr.*   3 necessarium] necessario *scr.*   6 tres] tertium *scr.*

7 ARISTOTELES, *Metaph.*, VII, 9 (1034 a 10 sq.).
2 ARISTOTELES, *Metaph.*, V, 5 (1015 a 20).
5 ARISTOTELES, *Metaph.*, V, 5 (1015 a 21 sq.).
6 ARISTOTELES, *Metaph.*, V, 5 (1015 a 35 sq.).
18 ARISTOTELES, *Physic.*, II, 9 (200 a 7 sq.).

Tertius modus est secundum quod violentum dicitur necessarium et violentia necessitas: unde dicitur quod necessitas cogit facere aliquid cum aliquid est inferens violentiam. Et declarat quid est violentum sive violentia, dicens quod est praeter impetum et praevoluntatem impediens et prohibens, vim faciens est et vis.

Circa quod intelligendum quod, cum duo sint agentia per se, natura et propositum, et omne agens aliquid habet inclinationem ad actionem, illud quod in agentibus naturalibus inclinatio est ad operationem impetus dicitur, quod autem est in agentibus ex proposito praevoluntas dicitur. Et iterum, impediri dicitur aliquid cum inceperit aliquid et desistat ad incepto, prohiberi autem aliquid dicitur quod non incepit motum vel actionem, cum tamen intendat. Illud igitur quod impedit et prohibet praevoluntatem alicuius, violentiam infert ei; similiter etiam qui impedit et prohibet impetum naturalem, violentans; et hic necessarium dicitur quod fit sic praeter impetum et praevoluntatem, non necessarium simpliciter, sed ex suppositione, ut in comparatione ad cogens.

Et tunc consequenter ex hoc concludit duo corollaria. Primum est quod necessarium sic triste est, et e converso aliquo modo, quia quod triste est, contra voluntatem est; tale vero est necessarium, ut dicit SOPHOCLES. Secundum est quod necessitas non est increpabile aliquid: illud enim est vituperabile et increpabile quod fit secundum voluntatem, non tamen ut oportet nec quando oportet nec in quibus etc.; necessitas autem est contrarium motui secundum praevoluntatem, et ideo in eo quod facit ex violentia et necessitate cogente non est increpandus.

f. 117ra   Quartus modus | est secundum quem dicitur necessarium quod simpliciter impossibile est aliter se habere, et hoc primo necessarium est, et huic primo convenit nomen necessarii; et secundum rationem istius necessarii, dicuntur et alia necessaria.

Deinde declarat quomodo alii modi necessarii reducuntur ad istum quartum: omnia enim dicuntur necessaria quia aliqualiter impossibilia aliter se habere: violentum enim dicitur necessarium sive in faciendo sive in patiendo, quia non contingit aliter facere vel pati, ut scilicet secundum impetum vel praevoluntatem, propter cogens; sic in secundo et tertio modo, quia respirare dicitur necessarium animali ad esse, quia non contingit aliter nisi per illud esse; similiter medicina aliqua est necessaria ne aliquis laboret, quia impossibile est aliter morbum expellere.

---

39 SOPHOCLES, *Electra*, 256 (éd. P. MASQUERAY, p. 220).
48 ARISTOTELES, *Metaph.*, V, 5 (1015 a 35 sq.).

Consequenter reducit necessarium in disciplinis ad necessarium quarto modo, quia per se continetur sub isto, et deinde ex hoc concludit tria corollaria.

Dicit igitur quod demonstratio necessariorum est, ut scilicet ad
60 conclusionem necessariam quam impossibile est aliter se habere, et hoc si simpliciter demonstratum sit. Et hoc patet ex natura demonstrationis: demonstratio enim est ex necessariis quae non contingunt simpliciter aliter se habere; cum igitur ex istis necessario sequatur conclusio, conclusio similiter erit necessaria.

65 Consequenter ex hoc concludit tria corollaria.

Quorum primum est quod necessariorum quaedam suae necessitatis habent aliam causam, quaedam vero non: et hoc sequitur ex immediate dicto, quia conclusio demonstrationis cum necessaria sit, necessitatem habet ex praemissis sive principiis; principia autem sunt ex se necessaria.
70 Ex quo sequitur quod aliquid est primum necessarium: cum enim sint aliqua quae de se possibilia sint esse et non esse, de se numquam possunt habere esse: quare necessario, cum sint, habent esse ex eo quod necesse est esse, quia esse non possunt sine sufficienti causa ipsius esse; si autem illud quod necesse est esse, sit necesse esse ex alio, non est sufficiens causa
75 esse; si igitur oportet necessario dare causam sufficientem esse ipsius, necesse est illud esse necessarium ex se, non ex alio; hoc autem est primo necessarium, ita quod possibilia esse et non esse reducuntur in id quod necesse est esse ex alio; et illud quod necesse est esse ex alio reducitur in id quod est necessarium ex seipso; vel igitur non est aliqua sufficiens
80 causa in entibus, quod est inconveniens, vel est necessarium primum in eis.

Secundum corollarium est quod primum et proprie necessarium est simplex: si enim non esset simplex, contingeret ipsum esse pluribus modis; quare aliter et aliter se haberet; non igitur fuisset primo
85 necessarium; sequitur igitur primum.

<QUAESTIO 16>

QUOD PRIMO NECESSARIUM SIT OMNINO SIMPLEX

Quod autem primo necessarium sit omnino simplex verificatur sic,

85 primum] ipsum *scr. sed corr.*   3 Quod] Nota *add. marg.*

56 ARISTOTELES, *Metaph.*, V, 5 (1015 b 6 sq.).
65 ARISTOTELES, *Metaph.*, V, 5 (1015 b 9 sq.).

2 Cet exposé n'est pas une question proprement dite, mais le commentaire du *Secundum corollarium* (*supra*, ligne 82).

quia in primo necessario non est aliqua potentia passiva: quod probatur quoniam actus simpliciter praecedit potentiam, licet in eodem praecedat actum: unde potentia non habet unde vadat ad actum nisi ex actu priore; si igitur in primo necessario esset aliqua potentia passiva, tunc non fieret illa ad actum nisi ex aliquo actu priore; sed primo necessario impossibile est aliquid esse prius; quare impossibile est in eo esse potentiam passivam. Est igitur simplex, quoniam, si esset compositum ex pluribus, cum omne compositum ex pluribus habeat saltem unum componentium in potentia, quia ex pluribus entibus in actu non fit unum, ut dicitur *VII° huius*, nisi forte colligatione ut domus, tunc in illis pluribus est aliqua potentia ad unionem et colligationem: ex quo sequitur quod in omni composito necessario est aliqua potentia; quare et in primo esset potentia, si esset compositum; hoc autem est impossibile, ut iam probatum est; quare primum necessarium omnino simplex est.

Idem probatur sic. In omni composito ex pluribus, cum ex his fiat unum, oportet esse causam componentem ea et facientem unum; causa autem componens ea est efficiens causa compositi, compositum autem suimet non potest esse causa efficiens; habet igitur omne compositum aliam causam effectivam sui; cum igitur primum necessarium non habet causam efficientem sui, tunc enim non esset primo necessarium, sequitur quod non sit compositum. Est igitur simplex: compositio enim arguit causam et similiter potentiam, et potentiam esse in actu arguit causam effectivam; et quia compositio arguit causam componentem plura, arguit etiam effectivam causam. Cum igitur hoc non contingat reperiri in primo, nec compositio in eo poterit reperiri.

Et iterum, universaliter quod simplicius est in aliquo genere, nobilius est: si enim aliquid in aliquo genere sit simplex, tunc non est aliquid magis tale in isto genere; quare nihil est nobilius ipso in illo genere. Exemplum huius est quod calidum ignis, quia simplex est in genere calidorum, ideo nobilissimum calidum est. Omne igitur simplex in aliquo genere nobilius est composito in illo. Quod igitur est nobilissimum inter omnia universaliter et in fine nobilitatis, est simplex necessario: si enim esset compositum, tunc simplex ex quo componitur ut sic esset nobilius eo. Sed primo necessarium est nobilissimum inter alia, existens in fine nobilitatis. Quare est causa omnium aliorum, ut praeostensum est; et causa universaliter nobilior est causato, sicut probat PROCLUS; quare ipsum omnino est simplex.

6 priore] priori *scr.*   8 priore] priori *scr.*   20 causa] causam *scr.*

13 ARISTOTELES, *Metaph.*, VII, 12 (1039 a 3 sq.).
39 PROCLUS, *Elementatio theologica*, prop. 7 (éd. VANSTEENKISTE, p. 267).

Adhuc autem praeter istas rationes ponit Aristoteles unam rationem ad hoc, dicens quod, si primum necessarium non contingat pluribus modis habere, ipsum est simplex. Ex quo videtur innuere quod, si primum necessarium sit compositum, quod ipsum mutabile sit et pluribus modis contingit ipsum habere. Et ita omne compositum, quoniam, si aliquod compositum contingat non pluribus modis habere, non tenet ratio Aristotelis. Et ideo intelligendum quod, si aliquid sit compositum, ipsum mutabile est quantum est ex ratione compositionis et nisi obstaret aliud, dissolubile esset, sicut videtur innuere. Et hoc patet sic, quia compositum ex pluribus necessario habet causam componentem plura, aliter enim non fierent unum; componentia igitur de se non sunt unita; possent igitur quantum de se est, nisi obstaret aliud, fieri divisa; quare composito ex hoc quod tale, nisi aliud obstet, non repugnat dissolutio.

<COMMENTUM>

Tertium corollarium, quod in per se necessariis et sempiternis nihil est praeter naturam vel violentum. Et hoc patet ex duobus corollariis praecedentibus. In eo enim quod simplex est omnino, nihil potest esse additum substantiae; sed omne violentum in re est additum substantiae eius: quod enim in re non pertinet ad substantiam est additum illi; sed violentum non pertinet ad substantiam; quare in omnino simplici nihil potest esse violentum | sed primum necessarium est omnino simplex; f. 117rb quare in eo non potest esse aliquid violentum.

Idem patet ex primo corollario, quia in eo quod necesse est esse ex se, non est aliquid habitum ex alio; sed violentum ex alio est, praeter impetum et praevoluntatem rei; quare non potest esse aliquid violentum in eo quod necesse est esse ex se, ut praeostensum est; quare in eo non est quid violentum vel praeter naturam.

Et iterum tertio hoc patet, quia quod est simpliciter et primo necessarium impossibile est aliter se habere et immobile est; sed omne illud in quo est aliquid violentum, mobile est et mutabile, possibile aliter se habere, ut ex inferente violentiam; quare in primo et per se necessario non potest esse aliquid violentum nec praeter naturam.

---

41 Aristoteles, *Metaph.*, V, 5 (1015 b 11 sq.).

QUAESTIO <17>

UTRUM DEFINITIO NECESSARII SIT BENE DATA PER IMPOSSIBILE NON ESSE

Et quia definit ARISTOTELES necessarium per impossibile aliter se habere sive impossibile non esse, quaeritur utrum bene definiatur, secundum quod AVICENNA dubitat. Et videtur quod non, quia actus universaliter praecedit potentiam; sed necesse esse est aliquid actu: unde omne aeternum et necessarium est actio pura, ut habetur *XII° huius*; possibile autem esse est in potentia; quare est posterius quam necesse; quare et impossibile, quod est eius privatio, est posterius quam necessarium; non igitur necessarium definitur per ipsum.

Item, arguitur sicut arguit AVICENNA: necessarium significat vehementiam essendi, quod est esse actu sine aliqua potentia; esse autem prius est quam non esse, sicut ens prius non ente; quare male definitur necessarium per non esse.

Item, si impossibile ponatur in definitione necessarii, definitio erit circularis, quia impossibile definietur per necesse; impossibile enim erit quod necesse est non esse; quare idem definietur per seipsum.

Oppositum vult ARISTOTELES hic, et expresse dicit in *IV° huius* quod ratio necessarii est impossibile non esse.

Solutio. Dicendum quod quinque sunt habentia ordinem rationis in intelligendo: primo enim secundum intellectum est ens; deinde non ens; tertio possibile; quarto impossibile; ultimo vero intellectus necessarii sive necessarium. Quod autem ens sit primum, manifestum est, sicut dicit AVICENNA, quia est primum eorum quae occurrunt intellectui nostro; consequenter autem est non ens; quomodo autem alia praecedant necessarium patebit solvendo rationes. Et ideo, quia necessarium est posterius his, omnia ista in definitione eius poni possunt: unde bene definitur per impossibile et per non esse. AVICENNA autem opinabatur quod necessarium esset prius possibili et impossibili, et ideo per neutrum debet definiri. Et ratio eius fuit quae dicta est: quia necessarium dicit

11 definitur] definietur *scr.*   14 ens] non *scr. sed corr.*

4 ARISTOTELES, *Metaph.*, V, 5 (1015 a 33-35).
8 ARISTOTELES, *Metaph.*, XII, 7 (1072 a 27).
12 AVICENNA, *Metaph.*, tr. I, c. 5, p. 41.
19 ARISTOTELES, *Metaph.*, V, 5 (1015 a 33-35); IV, 4 (1006 b 31-33).
25 AVICENNA, *Metaph.*, tr. I, c. 5, p. 31; etiam p. 40-41.

vehementiam essendi, et esse prius est quam aliquod aliorum; et dicit omnes Antiquos errasse in definiendo sic necessarium, ipse tamen erravit.

35 Et cum arguitur quod actus praecedit potentiam, dicendum quod actus alicuius potentiae, ordine rationis, praecedit potentiam ipsam: unde et definitur potentia per actum, ut visibile quod natum est videri et gressibile quod natum est gradi. Non tamen omnis actus praecedit potentiam ordine rationis sicut in proposito, quia actus necessarii
40 immaterialis est et elevatus ultra sensibilia; cognitio autem nostra a sensibilibus incipit; ideo non oportet quod sit prius ordine rationis et in cognitione nostra necessarium quam impossibile quod in sensibilibus reperitur. Unde intelligendum, sicut dicit PHILOSOPHUS *II° huius*, quod, cum separata a materia non cognoscantur a nobis, hoc non est ex parte
45 eorum, sed ex parte nostra, quia in se nota sunt primo; sed quia nos nihil accipimus nisi ex sensu et sensibilibus, ideo non sunt nobis primo nota. Et ideo ratio necessarii, cum sit separata a materia ut sic, licet sit prius simpliciter quam ratio possibilis, non tamen secundum ordinem intellectus nostri: possibile enim tantum in sensibilibus reperitur vel maxime, et
50 quia sensibilia priora sunt secundum ordinem intellectus nostri, ideo et ratio possibilis prior, et per consequens ratio impossibilis, quam ratio necessarii; et ideo necessarium per ista bene definitur.

Similiter ad secundam, cum dicitur quod ratio entis prior est ratione non entis, verum est non entis eidem oppositi; non ens tamen universali-
55 ter potest esse prius secundum rationem et notius quam aliquod ens determinatum, et per consequens quam non ens determinatum; necessarium autem non est simpliciter sive universaliter cuius non ens est oppositum, sed est ens quodammodo determinatum; et ideo per non esse simpliciter et universaliter definitur, et hoc est notius.

60 Et cum dicitur tertio quod definitio erit circularis, dicendum quod non est verum, quia qui definit impossibile per necesse prius secundum rationem, per posterius definit; et ideo etc.

<COMMENTUM>

Unum dicitur aliud secundum accidens etc. In capitulo isto distinguit PHILOSOPHUS hoc nomen unum, quod significat aliquid quod convertitur

41 prius] prior *scr.* in] non *scr. sed corr.*

43 ARISTOTELES, *Metaph.*, II, 1 (993 b 7).
2 ARISTOTELES, *Metaph.*, V, 6 (1015 b 16).

cum ente, quod est subiectum in ista scientia. Et distinguit ipsum, quia eius ratio prima pertinet ad considerationem philosophi: non enim determinat sibi materiam. Et primo distinguit unum in per se unum et per accidens; deinde declarat modos utriusque. Modos autem unius secundum accidens distinguit distinguendo quot modis dicitur aliquid accidere alii: quia unum secundum accidens est quod non esset nisi aliquid alii accideret. Dicitur autem aliquid accidere alii, quia inest ei ut subiecto: ut musicum Corisco; aliquid vero alii, quia utrumque accidit tertio sicut subiecto: ut musicum accidit iusto quia utrumque accidit Corisco: unde unum accidens non dicitur de alio nisi quia ambo dicuntur de tertio; similiter compositum ex subiecto et uno accidente potest dici accidens subiecto, quia altera pars ei accidit, ut Coriscus musicus accidit Corisco quia musicum ei accidit; dicitur etiam accidere alii composito ex eodem subiecto et alio accidente: ut musicus Coriscus Corisco iusto quia pars utriusque eidem accidit, ut musicum et iustum Corisco. Tot igitur modis est aliquid unum secundum accidens.

Consequenter distinguit unum secundum se: et primo distinguit per naturas diversas unius; secundo, per diversas intentiones logicales, ut genus, speciem. Et primo adhuc ponit diversos modos; secundo, reducit illos ad unum primum. Primo igitur ponit quinque modos. Quorum primus est secundum quem dicitur aliquid unum quia continuum et continuitas est eius unitas: quod patet quoniam, si fiat non continuum, ut si dividatur, non amplius erit unum. Sed iste modus subdividitur: quia quoddam est continuum per seipsum, quoddam per aliud, ut per colligamentum | vel viscum; et illud continuum per aliud potet esse tale natura vel arte. Et iterum potest esse continuum rectum, ut linea recta, vel angulare, ut compositum ex tibia et crure, est etiam unum continuum angulare sive reflexum. Et inter ista magis est unum continuum per se, quam per aliud; et inter continua per aliud, magis continua natura, quam arte; et iterum magis continuum rectum, quam reflexum. Quod probat describendo continuum: est enim continuum cuius motus per se est unus et indivisibilis secundum tempus, ita scilicet quod, mota una parte eius, moventur omnes aliae; dicit autem motus eius per se, propter motum quem habet aliquid motu alterius: ut qui movetur in navi, movetur per se motu proprio, movetur etiam per aliud motu navis; et haec descriptio magis convenit continuo recto, quam reflexo. Inter continua natura ideo unum est magis continuum quam aliud, et per consequens magis unum.

6 ARISTOTELES, *Metaph.*, V, 6 (1015 b 17 sq.).
20 ARISTOTELES, *Metaph.*, V, 6 (1015 b 36 sq.).

Et est hic advertendum quod subiectum quantitatis dicitur continuum et similiter magnitudo dicitur continua; sed hoc quidem per se, illud vero per accidens. Et si continuitas referatur ad subiectum quantitatis, tunc esse continuum non est unum per se, sed per accidens; si vero referatur ad magnitudinem, tunc esse continuum est esse unum per se, et isto modo vocat ARISTOTELES modum unius per se, non autem primo modo.

Similiter advertendum quod unum isto modo, quia continuum, differt ab uno quod est principium numeri, quoniam punctum est unum unitate quae est principium numeri, non tamen est continuum; verumtamen unum quod est principium numeri dicitur de continuo: continuum enim est unum numero. Et si obiciatur quod unum quod est principium numeri est indivisibile, continuum vero est divisibile, quare non dicetur de eo hoc unum, responsio est quod continuum secundum quod indivisum dicitur unum numero; et licet secundum quod continuum sit divisibile, non tamen secundum quod unum sive numero indivisum; secundum hoc tamen de eo dicebatur unum quod est numeri principium, et non secundum quod continuum. Sed adhuc potest obici, quia unum quod est principium numeri est indivisibile et in partes continuas et discretas sicut unitas, continuum autem utroque modo est divisibile, quare non dicetur tale unum aliquo modo de continuo. Et responsio est quod continuum est unum unitate numerali, quae est principium numeri ex indivisione eius actuali, non quia continuum sit indivisibile, sed quia actu indivisum; et quod propter hoc sit unum, patet quia, si dividatur in actu, non erit unum; quod autem continuum sit divisibile ratione unius quod est principium numeri accidit: quod patet quia punctum dicitur unum tali unitate, tamen divisibile non est; et cum dicitur quod unitas non dividitur in partes continuas nec discretas, quare nec unum numero, verum est secundum quod unum et indivisum; et licet unum numero, ut continuum, partes habeat, non tamen unitas aliquo modo habet partes: unitas enim non est in continuo nisi secundum quod indivisibilitatem habet, et ideo partes non habet nec per se nec per accidens.

QUAESTIO <18>

UTRUM CONTINUUM SIT CUIUS MOTUS EST UNUS

Consequenter quaeritur de definitione continui quam ponit, quod

47 Similiter] Nota add. marg.   64 ratione] rationi scr.   65 quod¹] quae scr.

46 ARISTOTELES, Metaph., V, 6 (1016 a 4 sq.).

continuum est cuius motus est unus. Et videtur quod non valeat. Primo, quia aer et etiam aqua continua sunt, et tamen motus eorum unus non est necessario: potest enim una pars moveri, non toto aere moto; et similiter potest una pars aquae moveri, etsi non tota; quare non est necessarium quod motus omnium partium sit in eodem tempore; non igitur continuum est cuius partes omnes moventur in eodem tempore.

Item, unius est una ratio essentialis; sed continuum aliter definitur V° *Physicorum* et similiter in *Praedicamentis*, quod continuum est cuius partes copulantur ad terminum communem; quare male definitur hic.

Oppositum dicit PHILOSOPHUS.

Solutio. Et dicendum quod non est definitio continui essentialis, quia motus in ea ponitur; hic autem non potest pertinere ad rationem continui, sed est quaedam proprietas continui; et ideo, cum dicitur quod continuum est cuius motus est unus, non est definitio, sed descriptio quaedam; et ita quibusdam continuis magis convenit quam aliis, sicut determinat in littera.

Intelligendum autem quod aer et aqua non sunt ita vere continua sicut sunt corpora sicca, ut lapis et huiusmodi; propinqua enim sunt ad divisionem, et ideo quodammodo discreta: unde in talibus utimur nominibus quae pertinent ad discreta, ut dicit ARISTOTELES inferius capitulo *De toto*: hoc enim nomen «omnis» ad discreta pertinet: ut dicimus «omnis homo» et «omnis lapis»; hoc autem nomen dicitur de aqua et de aere et similibus, ut «omnis haec aqua», «omnis hic aer»: quia enim propinqua sunt ad divisionem et ut fiant discreta, ideo quasi discreta sumuntur. Non sic autem in corporibus siccis, quia non sunt ita propinqua ad divisionem in partes; et ideo ista sicca magis continua sunt quam humida; et in istis manifestum est quod motus est unus, quia in eodem tempore fit motus cuiuslibet partis, ita quod mota una parte, moventur omnes.

Et patet ad rationes responsio.

<COMMENTUM>

Alio modo dicuntur unum illa quorum est unum subiectum, sive materia non divisibilis in diversa secundum speciem, sive sit subiectum

---

14 Solutio] *marg.*   3 non divisibilis] indivisibilis *scr. sed marg. corr.*

11 ARISTOTELES, *Physic.*, V, 3 (227 a 10 sq.); *Categ.*, 6 (5 a 1-14).
13 ARISTOTELES, *Metaph.*, V, 6 (1016 a 4-6).
24 ARISTOTELES, *Metaph.*, V, 26 (1023 b 28 sq.).

propinquum sive remotum in resolutione ultimum: ut omnes liquores unum sunt quia subiectum remotum unum, ut aqua vel aer.

Tertio modo dicuntur unum illa quorum genus est unum: ut homo, equus et asinus unum sunt, quia omnia animalia; et iste modus convenit cum secundo modo, quando aliqua dicuntur unum quia subiectum est unum, quia genus est quodammodo sicut materiale respectu duarum specierum, sicut subiectum formarum contrariarum; ideo dicit quod duae species sunt unum in genere superioris ad suum genus propinquum, et illud genus de ipsis potest praedicari cum nomine identitatis: verbi gratia, isosceles et isopleurus sunt una figura, non tamen idem triangulus; et huius ratio est, sicut patet ex fine *IV° Physicorum*, quia idem alicui dicitur a quo non differt differentia: quando igitur aliqua duo conveniunt in aliquo et non differunt differentiis quae sunt illius per se, sunt eadem in illo, quia sic unum non differt differentia ab alio; sic autem se habent isosceles et isopleurus respectu figurae: non enim differunt differentiis figurae, immo sub eadem differentia figurae cadunt; differunt autem differentiis trianguli, et ideo sunt eadem figura, non tamen idem triangulus.

Ed advertendum, quia dixit quod | iste tertius modus convenit cum f. 117vb secundo, in quo dicuntur aliqua unum quia subiectum est unum, hic autem quia genus est unum, quod genus non est <subiectum>, quia tunc non praedicaretur in quid de specie, nunc autem praedicatur. Tamen convenit cum eo, ut dicit ARISTOTELES hic, et hoc propter duas rationes. Prima quidem quia ratio speciei constituitur ex pluribus, ut ex genere et differentia, ratio autem generis in ea materialis est, quia indeterminata est, ratio autem differentiae eam determinat et est formalis: pro tanto igitur ea quae sunt unum genere sunt unum sicut ea quorum subiectum est unum, quia genus similitudinem materiae habet. Alia autem ratio est quia, licet genus non sit materiale, tamen sumitur ex materiali in re; verumtamen genus non est illud materiale, sed habens illud, et ideo potest praedicari in quid. Et ad huius evidentiam intelligendum quod aliquid accipit speciem in entibus ab eo a quo habet gradum distinctum in eis; ex tali autem sumitur ratio differentiae, quia differentia est id quo distinguitur ab aliis, tale autem ex quo habet determinatum gradum in entibus est forma: unde ratio differentiae ex forma sumitur, ut

24 <subiectum> le ms porte un espace vide d'un mot.   26 convenit] non *scr. sed corr.*

10 ARISTOTELES, *Metaph.*, V, 6 (1016 a 24).
14 ARISTOTELES, *Physic.*, IV, 14 (224 a 6-8).
26 ARISTOTELES, *Metaph.*, V, 6 (1016 a 24 sq.).

dicitur *VIII° huius*; sicut autem in materialibus aliud est determinans et
quod determinatur, ratio autem differentiae sumitur ex eo quod determi- 40
nat sicut ex forma, ideo ratio generis sumitur ex eo quod determinatur: et
ideo in materialibus ex alio sumitur ratio generis et ratio differentiae; sed
in immaterialibus, cum non sit aliud determinans et determinatum, ex
eodem sumitur in eis ratio generis et ratio differentiae, verumtamen
prout illud a nostro intellectu diversimode consideratur: potest enim 45
intellectus noster considerare ea indeterminate et sub ratione qua non
distincta ab aliis, vel etiam determinate ut distincta sunt ab aliis; et ideo
in immaterialibus non est genus unum quod etiam reperiatur in aliis nisi
genus logicum, scilicet secundum rationem tantum, non secundum rem,
ut dicitur *X° huius*; corruptibile enim et incorruptibile non sunt unum 50
secundum genus, scilicet secundum rem, sed tamen habent unum genus
secundum intellectum: quia enim nihil reale est in eis determinans et
aliud determinatum, ideo ex ratione nostra est quod eis detur aliquod
indeterminatum et aliquod genus: quia enim aliqua convenientia est inter
substantiam materialem et immaterialem, ideo intellectus considerat in 55
eis aliquod indeterminatum et unum genus logicum, ut substantiam,
quae tamen secundum rem genus non est, sed dictum secundum prius et
posterius.

   Quarto modo dicuntur unum quorum ratio una et indivisibilis:
indivisibilis quidem, non in se, quia omnis ratio in genus et differentiam 60
dividitur, sed indivisibilis ad aliam rationem. Sed hoc potest esse
dupliciter: vel quod ratio perfecta et simpliciter sit una, sicut tunicae et
indumenti, vel ratio imperfecta et secundum quid, ut hominis et equi.

   Quinto modo dicuntur unum quorum intellectus est indivisibilis, quae
etiam non separantur nec loco nec tempore nec ratione, cum sint unum, 65
sicut substantia. Et ratio huius est quia quidquid dividitur et est multum,
quocumque modo sit, eius intellectus est divisibilis, quia illa in quae
dividitur contingit intelligere pluribus intellectibus; quare, per oppositum, cuius intellectus est simpliciter indivisibilis, est simpliciter unum, et
ipsum est substantia: quia, si esset accidens, compositum esset alii, ut 70
subiecto; quare intelligi poterit intellectu divisibili, quia accidens intelligi
non poterit sine comparatione ad substantiam; eius igitur intellectus

---

45 illud] est suivi d'un espace vide; il ne semble cependant pas qu'il y ait une lacune dans le
texte.   61 dividitur] dividuntur *scr.*

39 ARISTOTELES, *Metaph.*, VIII, 2 (1043 a 12 sq.).
50 ARISTOTELES, *Metaph.*, X, 10 (1059 a 1 sq.).

est simpliciter indivisibilis. Et secundum istum modum dicuntur quodammodo omnes alii.

75 Quinque igitur sunt modi unius per se. Et sufficientia istorum sic sumitur quia omne unum dicitur unum quia indivisibile quodammodo: haec enim est ratio unius, sicut dicit inferius. Aliquid igitur quod est indivisibile, aut est indivisibile simpliciter secundum quemlibet modum, et sic est quintus modus unius, cuius intellectus est indivisibilis secundum
80 rationem; aut est indivisibile secundum aliquid, et hoc potest esse dupliciter: vel quantum ad quantitatem, vel quantum ad naturam; si vero quantum ad quantitatem sit indivisibile, sic est primus modus; si quantum ad naturam, hoc potest esse dupliciter: vel quantum ad materiam, vel quantum ad rationem quae principaliter se tenet ex parte
85 formae; si quantum ad rationem, sic est quartus modus; si autem sit indivisibile quantum ad materiam, aut hoc est quantum ad materiam naturalem, et sic est secundus modus, aut quantum ad materiam rationis, et sic tertius.

Consequenter reducit omnes modos ad unum primum qui est unum in
90 substantia, quia unum dicitur aliquid quia divisionem non habet et ideo simpliciter unum est quod simpliciter divisionem non habet, et hoc est unum in substantia quando substantia est una. Et hoc est quintus modus quando intellectus est indivisibilis, et patet reductio in littera.

Et tunc ponit unum modum quem prius non posuerat, secundum
95 quem aliquid dicitur unum ordine, cuius entitas, quia in ordine quodam consistit, ideo et unitas; et secundum hoc exercitus dicitur unus quia uno modo determinato ordinatur; et similiter partes sotularis dicuntur unum, sed determinato quodam ordine positae, ita quod possint dici sotulares, licet alio ordine sitae, possint dici unum continuatione. Et
00 secundum hoc aliquid totum dicitur unum: totalitas enim non in multitudine partium consistit, sed in ordine earum. Unde concludit corollarium quod circulus sic maxime dicitur unus quia totus est et perfectus, quia ei non potest fieri additio, cum non habeat terminum sive finem.

5 Consequenter ponit quamdam proprietatem unius, quod unum est principium cognitionis, quia omnis mensura est principium cognitionis; unum autem est mensura in quolibet genere, sed in diversis generibus

81 naturam] materiam *scr. sed corr.*   83 naturam] materiam *scr. sed corr.*

89 ARISTOTELES, *Metaph.*, V, 6 (1016 b 3 sq.).
94 ARISTOTELES, *Metaph.*, V, 6 (1016 b 11 sq.).
 5 ARISTOTELES, *Metaph.*, V, 6 (1016 b 17 sq.).

diversum: ut in ponderibus uncia, et in motibus motus primus et diurnus, et similia; quare unum est principium cognitionis. Tale autem est principium numeri, et quodlibet unum est indivisibile specie vel quantitate. Et determinat quid est indivisibile secundum quantitatem et quid divisibile: quod enim est indivisibile secundum quantitatem et inquantum habet quantitatem est punctus vel unitas; sed punctus quidem habet positionem, unitas autem non. Et tunc | declarat quid est divisibile secundum quantitatem, et potest esse tripliciter secundum triplicem dimensionem, ut patet in littera.

QUAESTIO <19>

UTRUM UNITAS HABEAT POSITIONEM

Sed hic accidit dubitatio quomodo punctus habet positionem, unitas autem non: videtur enim quod immo unitas positionem habeat: quod enim est in posito, positionem habet; unitas autem est huiusmodi: est enim in continuo habente positionem; quare etc.

Et dicendum quod unitas positionem non habet: si enim unitas in ligno positionem haberet, contingeret dicere ubi est: vel in principio, vel medio, vel fine; sed non contingit hoc de unitate; contingit autem dicere hoc de puncto, ut quod est in principio et fine lineae et medio; quare punctus positionem habet, unitas autem non.

Et iterum, positio est ordo quidam partium quantitatis vel in ordine tali consistit; ordo autem non est sine principio, medio et fine, quia nihil est infinitum. Arguo tunc sic: in uno secundum quod unum non est principium, medium et finis, quia aliquid secundum quod unum, est indivisibile, et tale non habet principium, medium etc.; in istis autem consistit ordo; quare in uno secundum quod unum non est ordo; quare nec positio: si enim unitas haberet positionem, tunc in uno secundum quod unum esset positio; sed hoc est falsum; quare unitas positionem non habet.

Praeterea, quod habet positionem respicit continuum secundum quod continuum est; unitas autem non est tale; quare non est in continuo secundum quod continuum, ut praedictum est; quare etc.

Et cum arguitur «quod est in posito, positum est», verum est quod est in posito secundum quod positionem habet; sic autem non est unitas in

3 Sed] Dubitatio *add. marg.*

16 ARISTOTELES, *Metaph.*, V, 6 (1016 b 23 sq.).

continuo, sed secundum quod indivisibile est; punctus autem est in continuo secundum quod continuum est et ordinem partium habet, et ideo positionem habet.

<COMMENTUM>

Consequenter distinguit unum per diversas rationes logicales, dicens quod quaedam dicuntur unum numero, quaedam specie, quaedam genere, quaedam proportione. Unum vero numero dicuntur quorum
5 materia est una et indivisa; specie vero unum dicuntur quae habent rationem unam; genere vero quae habent modum unum praedicandi, ut modum praedicandi in quid, vel in quale, vel in quantum etc.; proportione vero dicuntur unum quaecumque se habent sic quod, sicut unum se habet ad aliud, sic se habet alterum ad aliud. Sed advertendum quod unum
10 proportione potest esse <ad> aliquid dupliciter: uno modo quia eandem proportionem habent aliqua ad diversa; alio modo quia diversam proportionem habent aliqua ad idem. Primo modo sunt unum proportione serenitas et tranquillitas: sicut enim se habet serenitas ad aerem, ita tranquillitas ad mare. Secundo modo sunt unum proportione
15 sanum in urina et in medicina et in dieta: diversimode enim dicuntur sana et respectu eiusdem, ut animalis.

Deinde declarat quomodo isti modi se habent ad invicem, dicens quod unum numero est unum specie; et unum specie est unum genere; et unum genere est unum proportione et non e converso.
20 Et tunc consequenter ponit modos multi oppositos uni. Et patent in littera.

<QUAESTIO 20>

UTRUM SINGULARE SIT SINGULARE ET UNUM NUMERO PER MATERIAM

Sed quoniam ARISTOTELES dicit quod unum numero sunt quorum

13 sicut] ad mare *add. sed exp.*   13/14 sicut ... mare] *marg.*

2 ARISTOTELES, *Metaph.*, V, 6 (1016 b 31 sq.).
17 ARISTOTELES, *Metaph.*, V, 6 (1016 b 35 sq.).
21 ARISTOTELES, *Metaph.*, V, 6 (1017 a 3-6).
2/3 Cette question a été éditée par M. GRABMANN, dans *Neuaufgefundene «Quaestionen» Sigers ...*, pp. 142-145.
4 ARISTOTELES, *Metaph.*, V, 6 (1016 b 32-33).

materia est una, quaeritur utrum singulare sit singulare et unum numero, non natum esse in multis, per materiam. Et videtur quod non tribus rationibus.

Prima est quoniam, si aliquid esset individuum per materiam, tunc illud cuius ratio non abstrahit a materia esset singulare et individuum et unum numero; quare, cum ratio speciei non abstrahit a materia, ut ratio hominis, tunc homo de se esset unum numero et individuum, quia ratio eius non abstrahit ab essentia materiae, licet abstrahat a signationibus materiae quae sunt hic et nunc; quare non posset esse universale, quod est inconveniens.

Item, singulare habet quod sit unum numero non natum esse in multis per hoc quod distinguitur ab aliis; sed per essentiam materiae non habet aliquid unde distinguatur ab aliis; quare per eam non est unum numero nec singulare. Maior patet, quia individuum habet quod sit individuum per illud per quod non natum est esse in multis; per hoc autem quod non natum esse in multis distinguitur ab aliis, quia, si individuum non distinguatur ab aliis per hoc, ergo per illud non est non natum esse in eis, sed magis erit natum esse in eis. Minor patet sic, quia substantia rei composita est ex materia et forma; sicut igitur per formam non habet aliquid quo distinguatur ab aliis, quia forma in pluribus reperitur, sic nec per materiam. Et iterum, lignum secundum quod lignum non est divisibile, sed secundum quod quantum et continuum, et per hoc idem est distinctum et divisum in actu, non autem secundum quod lignum; cum igitur individuum per materiam non sit divisibile, sed magis per quantitatem, nec per materiam erit divisum et distinctum ab aliis; quare etc.

Item, unum numero dicitur aliquid ab indivisione quae est secundum quantitatem; quare nihil est unum numero per essentiam materiae, sed per aliquid aliud, quia quantitas non est in essentia materiae.

Contra: individuatio formae quae nata est esse in pluribus, ut formae materialis, debet esse ex aliquo tali quod non est natum reperiri in pluribus; tale autem maxime est id quod non est natum esse in aliquo; hoc autem est materia, maxime in materialibus; quare etc.

Item, si individuum non sit unum numero ex forma nec etiam ex materia, tunc erit individuum ex aliquo accidente; sed hoc videtur impossibile, quia substantia materialis particularis, cum considerata

17 aliquid] aliquod *scr*.

fuerit ad ea quae pertinent ad substantiam eius, videtur esse individua per aliquid pertinens ad rationem eius; quare, si individuetur per aliquod accidens, tunc aliquod accidens pertinebit ad rationem individui; hoc autem est inconveniens; quare stat primum.

45 Solutio. Primo intelligendum quod in formis separatis a materia non possunt esse plura unius speciei... non autem secundum numerum; quare in speciebus separatis... secundum speciem...

Et iterum, lignum secundum quod lignum... sed secundum quod quantum et continuum,... eadem ratione... in plura eiusdem... princi-
50 pium distinctionis, nec distinctio numerum in plura unius... non possunt aliqua esse unum... secundum aliquid, et multa secundum aliud... Si igitur separata a materia sumuntur multa et unum specie, per seipsa fiunt distincta. Tunc autem multa determinantur secundum formas... et cum dicitur quod unum sunt secundum speciem, hoc dicitur quia habent
55 unam formam; quare sunt unum secundum formam et multa secundum idem, quod est impossibile. In separatis igitur a materia non possunt esse plura unius speciei.

Tunc ad quaestionem utrum aliquid sit singulare per materiam, dicitur   f. 118ʳᵇ
quandoque quod sic, quia aliquid est unum numero et singulare ex eo
60 quod non natum est esse in multis. Quod autem forma sit non nata esse in multis potest esse dupliciter: vel quia forma non nata est esse in aliquo, sed est per se subsistens: et sic est individuatio in separatis a materia, quia sunt formae purae non receptae in aliquo, et ideo de se individuantur; vel forma non nata est esse in multis quia est individuata ex hoc
65 quod recipitur in aliquo, quod non natum est esse in multis: et cum non sit procedere in infinitum, tandem erit venire ad aliquid quod non natum est esse in multis quia non natum est esse in aliquo, et per illud dicetur aliquid individuum: et sic dicitur aliquid individuum in materialibus.

Et quia in eis nihil est quod non sit natum esse in aliquo nisi materia,
70 quia omne aliud a materia natum est esse in materia, ideo aliquid dicitur individuum in materialibus per materiam. Et quia non potest poni distinctio individui ab aliis ex parte materiae sicut nec ex parte formae, ideo dicitur quod non oportet quod ex eodem sit aliquid individuum et

---

46/68 Ces 23 lignes sont biffées de gros traits d'encre, mais on peut déchiffrer certains passages.   46 speciei ...] trois lignes illisibles.   47 separatis ...] quatre lignes illisibles   speciem ...] une ligne illisible.   48 lignum ...] trois mots illisibles.   49 continuum ...] une ligne illisible   eadem ratione ...] six mots illisibles   eiusdem ...] quatre lignes illisibles.   50 unius ...] une ligne illisible.   51 unum ...] quelques mots illisibles   aliud ...] plusieurs mots indéchiffrables.   53 formas] trois lignes illisibles.   58 Tunc] Opinio add. marg.

distinguatur ab aliis; sed forma per hoc quod est in materia <est> individuata; per hoc autem solum non distinguitur ab aliis, sed per hoc quod in materia determinatarum dimensionum.

Sed hoc non videtur sufficere: cum enim dicitur quod aliquid per idem non est individuum et distinctum ab aliis, falsum accipitur, quia individuum ex hoc quod individuum debet esse divisum ab aliis, quoniam individuum ex hoc quod individuum debet esse in se indivisum; sed non potest esse indivisum in se per aliquid nisi per illud sit distinctum ab aliis, quia, si non sit per illud distinctum ab aliis, tunc poterit esse alia multa per illud; quare in se non fuit indivisum, sed fuit divisibile in multa et divisum: sicut quia homo non habet unde distinguatur a multis singularibus, ideo non habet quod sit divisibilis in multa singularia, sed potest esse illa; si igitur singulare per illud per quod est indivisum in se, non esset divisum ab aliis, tunc singulare esset universale; hoc autem est inconveniens; sicut igitur attendendo ad totam rationem hominis, quae composita est ex materia et forma, non habet homo unde distinguatur ab aliis, ita per consequens nec attendendo ad suam naturam absolute.

Item, ratio per quam ponitur quod materia absolute sit causa quare aliquid sit individuum, peccat et deceptoria est: cum enim dicitur quod, cum forma accipitur cum materia, accipitur cum aliquo quod non est natum esse in pluribus, distinguendum est: quia aliquid esse in multis potest esse sicut in subiectis, sicut accidens est in subiecto et forma in materia, cui quidem non est essentiale; vel potest esse in multis quorum cuiuslibet est essentiale, sicut forma est in multis individuis, et similiter universale; cum autem forma accipitur cum tali quod non natum est esse in aliquo sicut in subiecto, non sequitur quod non sit nata esse in multis, immo adhuc nata erit esse in multis quia illud in quo recipitur, in multis poterit esse et multiplicari sicut forma multiplicatur, et hoc est secundum quantitatem: forma enim, cum accipiatur per se, non nata est esse in multis, sed per quantitatem; si igitur materia sic multiplicabilis est, non erit aliquid propter eam individuum.

Quomodo igitur erit forma materialis individua? Dicendum quod ex hoc quod est in materia determinatarum dimensionum et distinctarum ab aliis, quoniam sic accepta non nata est esse in multis, quia nec ipsa materia | sic accepta nata erit esse in multis. Dimensiones autem per se sunt distinctae ab aliis et non per aliud. Unde patet quod ad hominem et rationem eius pertinet materia, non tamen est individuum. Et cum

---

75 solum non] non solum *scr*.   80 indivisum] divisum *scr*.   85 divisibilis] indivisibilis *scr*.

accipitur forma cum determinatis dimensionibus, distinguitur per hoc ab aliis, et ita per idem est aliquid singulare et distinctum ab aliis; et hoc non est accipiendum universali et intellectuali iudicio, sed sensu, quia singulare sensibile est.

15   Intelligendum tamen quod, licet forma de se non sit individua, tamen de se non est universalis, quia quod convenit formae de se convenit cuilibet individuo in quo reperitur forma; si igitur forma de se esset universalis, tunc individuum esset universale, quod est inconveniens. Et iterum, tunc universalia non tantum haberent esse in intelligendo, sed in
20 essendo extra animam praeter intellectum, sicut et forma; non autem sunt, sicut ostendit PHILOSOPHUS inferius. Nec etiam sequitur: si forma de se non sit individua, ergo est universalis de se: utrumque enim est ex alio. Et ideo, cum universale sit obiectum intellectus, non praecedit intellectum in esse et secundum tempus, sed solum natura: simul enim cum fit
25 universale ab intellectu agente, intelligitur ab intellectu possibili; ideo etc.

Ad rationes patet solutio. Ad primam enim iam responsum est.

Ad secundam vero concedendum est quod concludit, quod ad rationem individui secundum quod huiusmodi pertinet aliquod accidens. Et
30 advertendum quod illud quod natum est multiplicari per multa suae rationis non per se, sed per quantitatem, non habet quod sit individuum, quia ex quo natum est dividi in multa suae rationis non est individuum: et ideo nec materia nec forma nec compositum habet unde sit individuum, quia quodlibet illorum natum est dividi in multa suae rationis
35 divisione quantitatis sive continui. Quare quod non natum est dividi in multa suae rationis divisione continui, est individuum de sua ratione; talia autem sunt duo: forma immaterialis liberata a quantitate, et forma materialis accepta cum materia sub dimensionibus determinatis et distinctis: sicut enim aliquid divisibile est per quantitatem, ita et divisum; et
40 ideo quod non habet quantitatem, sed separatum est a quantitate, non potest dividi divisione quantitatis et <non potest dividi in multa suae rationis> et ideo est de se individuum.

Et iterum, forma materialis non accepta secundum se, sed sub dimensionibus determinatis in materia, habet unde non sit communicabi-
45 lis multis, illa necessitate qua dimensiones istae, sub quibus accipitur forma, non possunt esse simul cum aliis; et sic est individua et numero

13 sensu] sensus *scr.*   41/42 <non ... rationis>] mots devinés sous de gros traits d'encre.

21 ARISTOTELES, *Metaph.*, VII, 13 (1039 a 3 sq.).

singularis. Et si dicatur quod adhuc materia sub dimensionibus determinatis divisibilis est et quodammodo in plura eiusdem rationis, ut in continuis, dicendum quod, licet dividatur in dimensiones plures, non tamen tales nec tantas, quales et quantae fuerunt dimensiones primae sub quibus fuit forma.

Ulterius intelligendum quod, sicut aliquod individuum distinguitur ab aliis per hoc quod sua forma existit hic sub istis determinatis dimensionibus et non alibi, sic distinguitur ab aliis per hoc quod est nunc, ut ab eo quod est in alio tempore. Et hoc dico propter individua quae redeunt eadem specie in materia una numero: licet enim materia sit una et forma et dimensiones, quia tamen hoc est nunc et aliud est generatum posterius, ideo non est unum individuum: unde corruptum prius et generatum posterius non sunt idem numero.

Et iterum advertendum quod cum aliquid non distinguitur ab alio per se, sed per aliud, oportet tandem devenire ad aliquid quod est tale per se, quod quidem dividatur et distinguatur per se; hoc autem est continuum: forma enim ligni non est divisibilis per se, sed dividitur divisione continui, quod dividitur per se: unde distinctio individuorum sub specie non est nisi numerus distinctus divisione continui.

<COMMENTUM>

Ens dicitur hoc quidem secundum accidens. In parte ista distinguit PHILOSOPHUS ens quod significat subiectum huius scientiae. Et primo distinguit in ens secundum se et ens secundum accidens; deinde ponit modos utriusque. Ens autem secundum accidens est quod non haberet esse nisi aliquid alii, ut homo albus, accideret; ita quod ad ens per accidens requiruntur duo, scilicet subiectum cui accidat et accidens quod accidat subiecto. Ens vero secundum se est quod esse haberet etsi nihil alii accideret, ut homo.

QUAESTIO <21>

UTRUM ACCIDENS ABSOLUTE SUMPTUM SIT ENS PER SE VEL PER ACCIDENS

Sed hic statim dubitabit aliquis utrum accidens, ut albedo, sit ens

---

2 Ens ... accidens] *non subl.*   4 accidens] ens *scr. sed corr.*

2 ARISTOTELES, *Metaph.*, V, 7 (1017 a 7).

secundum se vel secundum accidens. Et videtur quod secundum accidens, quia illud est ens secundum accidens quod non haberet esse nisi aliquid alii accideret; sed huiusmodi est accidens ut albedo: esse enim non haberet nisi aliquid alii accideret, ut manifestum est: esse enim accidentium est per subiectum; quare etc.

Oppositum vult ARISTOTELES hic: distinguit enim ens secundum se in figuras praedicamentorum, quorum novem accidentia sunt; quare etc.

Solutio. Et dicendum quod accidens absolute sumptum non est ens per accidens, quoniam ad ens per accidens duo pertinent, scilicet subiectum et accidens, ex quorum compositione resultat ens per accidens, quod esse non haberet nisi aliquid accideret alii; accidens autem absolute sumptum, ut albedo, etsi esse non habeat nisi aliquid alii accidat, tamen ad eius essentiam duo non pertinent quorum unum alii accidit.

Et cum arguitur quod illud est ens per accidens quod esse non habet nisi aliquid alii accidat, verum est si in se complectantur illa duo, quorum unum alii accidit et in eorum unione consistat sua entitas; accidens autem absolute sumptum non est tale, ut iam dictum est, et ideo non est ens secundum accidens: oportet enim aliquid esse accidens si aliquid sit tale quod non sit ens nisi aliquid alii accidat.

< COMMENTUM >

Deinde ponit modos entis secundum accidens, et sunt tres. Aliquid enim dicitur accidere alii et esse aliud per accidens, ut musicum dicimus esse album et hominem esse musicum et musicum esse hominem; et in omnibus istis | hoc esse hoc significat hoc accidere huic; sed diversa ratione accidunt sibi invicem haec tria: quia musicum est album secundum accidens, quia ambo eidem uni accidunt; homo autem est musicum per accidens, quia ei accidit musicum esse; musicum autem est homo per accidens, quia homini accidit musicum. Et modo quodam similiter dicitur musicum esse homo per accidens et musicum esse album: dicitur enim musicum esse album, quia id cui accidit esse musicum est album vel accidit albo; similiter musicum est homo per accidens, quia illud cui accidit musicum est homo.

f. 118vb

12 Solutio] *marg.*   3 alii] *iter.*   7 musicum] musicus *scr.*

10 ARISTOTELES, *Metaph.*, V, 7 (1017 a 22 sq.).
2 ARISTOTELES, *Metaph.*, V, 7 (1017 a 8 sq.).

QUAESTIO <22>

UTRUM MUSICUM SIT HOMO PER ACCIDENS

De quo statim dubitabit aliquis utrum musicum sit homo per accidens. Et videtur quod non, quia si esset homo per accidens, non videtur contingere hoc nisi dupliciter: vel quia musico accidat homo, vel quia cui accidit musicum sit homo per accidens; sed primum est falsum, quia homo, cum sit vere substantia, nulli accidit; et iterum secundum est falsum, quia illud cui accidit musicum, sicut Socrati, est homo secundum se et non secundum accidens; quare nullo modo musicum est homo per accidens.

Contrarium dicit Philosophus.

Solutio. Responsio ad hoc quod musicum per accidens est homo, non quia homo accidat alicui, nec musico, nec ei cui accidit musicum: quia cui accidit musicum est homo per se, non quia ad aliquid sit homo. Est tamen musicum esse hominem vel musicum homo ens secundum accidens, quia ipsum non esset ens nisi aliquid alii accideret; et ad rationem eius pertinent duo, quorum unum accidit alteri, non quidem quia homo accidat alicui, sed quia praedicato accidit subiectum, ut homini musicum.

<COMMENTUM>

Secundum. Consequenter distinguit ens secundum se. Et primo ens perfectum quod habet esse extra animam; secundo ens imperfectum quod habet esse in anima tantum; tertio, secundum potentiam et actum, quae in quolibet genere entis reperiuntur. Ens igitur secundum se, quod non est ens compositione quadam accidentali, dicitur quotiens aliquid praedicatur vel dicitur de alio: cum enim non sit genus, non distinguitur in diversa entia per differentias ei superadditas, sed per diversos modos essendi qui sumuntur ex diversis modis praedicandi: quotiens enim est dici, totiens est esse; et cum aliquid de aliquo dicitur est aliquis modus essendi; et ideo quot modis diversis contingit aliquid dicere vel praedicare de aliquo, tot modi sunt entis secundum se. Modi autem diversi praedicandi sunt decem, ut in quid et quale et quantum et quando et ubi etc.; et istum modum praedicationum non accepit Aristoteles nisi

12 Solutio] *marg.* 2 Secundum] *marg.*

11 Aristoteles, *Metaph.*, V, 7 (1017 a 13 sq.).
2 Aristoteles, *Metaph.*, V, 7 (1017 a 22).

15 inductione, sicut nec numerum causarum, quia omnes modi praedicandi ad istos reducuntur, et hoc accipitur inductione.

Et ne aliquis crederet quod, cum non ponitur in praedicatione esse expressum, ut dicendo homo convalescit, quod isti praedicationi non corresponderet esse, removet hoc dicens quod non refert dicere «homo
20 convalescit» et «homo est convalescens»; et ideo sicut ibi est esse, sic et hic.

Amplius esse. Consequenter ponit secundam divisionem vel secundum modum entis per se, dicens quod ens et esse significant ens secundum animam, quod non haberet esse si anima non esset; et non ens similiter:
25 sicut est ens quod est verum, quod consistit in compositione vel divisione intellectus, sicut est «hominem esse animal» esse quod est verum, et «hominem esse asinum» esse quod est falsum; et dicitur similiter non esse, vel «hominem non esse animal», non esse quod est falsum, et «hominem non esse asinum», non esse quod est verum.
30 Et advertendum quod ad istum modum entis reducuntur entia de quibus fecit ARISTOTELES mentionem in principio *IV^i huius*, secundum quod negationes et privationes dicuntur entia; immo et non ens sic est aliquo modo ens, scilicet secundum animam: non enim sunt entia extra animam, sed eorum opposita; unde, si non esset ratio considerans ista,
35 ipsa non essent aliquo modo entia.

Et iterum considerandum est quod dicit AVERROES hic, quod unicuique rei accidit quod sit verus intellectus de ea et verae enuntiationes, et ideo ei accidit esse quod habet per intellectum; tamen ei non accidit esse quod est ex natura sua propria, sed inest ei substantialiter. Et ideo sic dicendo
40 «homo est» potest esse problema de accidente, uno modo accipiendo ly esse secundum quod dicit esse quod habet secundum animam, quod non est esse verum; si autem dicat esse quod habet ex propria sua natura, tunc est praedicatum substantiale, et est problema de genere.

Amplius esse significat. Consequenter ponit tertiam divisionem, dicens
45 quod aliud est ens in potentia, aliud ens in actu. Et sicut in causis potentia et actus sunt modi modorum et distinguunt quemlibet modum in duo, ita in genere entium et modis eorum actus et potentia dividunt

---

22 Amplius esse] *marg.*   39 Et ideo] Nota *add. marg.*   40 homo est] *add. marg.*   44 Amplius ... significat] *marg.*

22 ARISTOTELES, *Metaph.*, V, 7 (1017 a 31).
31 ARISTOTELES, *Metaph.*, IV, 2 (1003 b 5 sq.).
36 AVERROES, *Metaph.*, V, com. 14 (fol. 117 F-G).
44 ARISTOTELES, *Metaph.*, V, 7 (1017 a 35 sq.).

quodlibet eorum, ita quod in quolibet modo entis reperiuntur et dividunt ipsum, et sic sunt modi modorum. Et determinat in exemplis et patet.

Addit autem iuxta hoc in fine quod, quando aliquid sit in potentia et quando non, inferius dicetur, scilicet in *IX° huius*. Et huius determinatio est quod quando aliquid sub proprio agente alicuius actus vadit ad actum, tunc est in potentia ad actum illum; et si non, non: ut lignum, quia per proprium agens arcae vadit ad actum et potest ex eo fieri arca, idem lignum in potentia est ad arcam; non sic autem terra est in potentia arca, quia terra existens sub proprio agente arcae non potest transmutari ad arcam; et ideo proprie non potest dici quod panis sit in potentia homo, nec etiam sanguis, quia sub proprio agente hominis non vadunt ad actum sine medio. Et ratio istius quare aliquid dicitur in potentia si per agens proprium actus possit transmutari ad ipsum, patet ex definitione potentiae: potentia enim passiva est principium transmutationis ab alio secundum quod est aliud; quando igitur aliquid potest transmutari ab aliquo agente ad actum agentis, ipsum habet principium passivum transmutationis ad ipsum actum; hoc autem est potentia passiva; ideo etc.

---

50 Addit] Quando aliquid est in potentia ad aliquid et quando non *add. marg. inf.*
65 *Marg. infer. col. b*: substantia dicitur et corpora sim. C'est la réclame du cahier suivant (qui est perdu) et l'*incipit* du chapitre 8 du livre V de la *Métaphysique*.

50 ARISTOTELES, *Metaph.*, V, 7 (1017 b 8-9).
51 ARISTOTELES, *Metaph.*, IX, 7 (1049 a 18 sq.).

< SIGERI DE BRABANTIA >
< QUAESTIONES IN METAPHYSICAM >

(REPORTATION DE VIENNE)

< LIBER V >

QUAESTIO < 1 >

UTRUM SINGULARE SIT SINGULARE ET UNUM NUMERO
ET INDIVIDUUM PER MATERIAM TANTUM

| Hic consequenter quaeritur de uno secundum numerum, et quaeritur f. 99ra ibi ad praesens utrum singulare sit singulare et unum numero et individuum per materiam tantum.

Et arguitur tribus rationibus quod non. Prima est talis: Si singulare esset singulare et unum numero vel individuum per ipsam essentiam materiae, iam omne illud quod non abstrahit a materia seu ab essentia materiae esset singulare et unum numero et individuum. Species autem quae immediate praedicatur de individuis ipsa non abstrahit a materia, (quamquam enim abstrahat ab hac materia vel illa dimensionata, tamen ab essentia materiae non abstrahit). Sed ad rationem speciei pertinet materia et etiam forma. Ergo species esset singulare et unum numero et individuum, et non nata esset esse in pluribus, quia tale est individuum et singulare. Hoc autem est falsum. Ergo etc.

2 Praeterea, per illud singulare est singulare et unum numero et individuum per quod ipsum est distinctum et divisum ab aliis contentis sub eadem specie. Per essentiam autem materiae unum individuum non distinguitur ab alio individuo eiusdem speciei. Ergo per essentiam materiae non est singulare singulare et unum numero et individuum.

Probatio maioris est ista: Per illud aliquid est singulare etc., per quod ipsum est natum non esse in pluribus; nam haec est ratio eius quod est

---

8 Hic] Quaeritur *add. marg.*   27 est^1] esse *scr.*

8 ARISTOTELES, *Metaph.*, V, 6 (1016 b 31).

unum numero. Sed illud per quod aliquid est natum non esse in multis, oportet esse illud per quod ipsum divisum est et distinctum ab aliis multis, id est ab omnibus aliis individuis illius speciei. Cuius probatio est quia, si per ipsum non distinguitur et dividitur ab aliis individuis, ergo nec per ipsum est natum non esse in illis vel non esse illa.

Probatio minoris: Nam per essentiam materiae unum individuum non dividitur et distinguitur ab alio individuo eiusdem speciei, quia, sicut cum fuerit considerata ratio formae absolute non distinguuntur in forma, sic etiam cum fuerit considerata ratio materiae absolute, prout scilicet pertinet materia ad speciem, non differunt nec distinguuntur in materia, aut oporteret quod species esset singularis et una numero non nata esse in multis, quod est inconveniens et falsum. Ergo etc.

3 Praeterea, tertia ratione arguitur sic: Ratio unius secundum numerum est ab indivisione quae est secundum quantitatem; et si hoc est, ergo, cum materia de se quantitate careat, manifestum <est> quod per materiam tantum non est aliquid unum numero et singulare et individuum.

Contra. Per illud per quod aliquid est natum non esse in pluribus habet quod sit singulare et unum numero et individuum. Sed illud per quod aliquid est natum non esse in pluribus, maxime est illud quod est natum non esse in alio, sed potius aliud in ipso. Illud autem quod est natum maxime non esse in alio est ipsa materia, nam etiam ipsum compositum non habet quod non sit in alio nisi per naturam materiae eius. Ergo per materiam tantum et non per aliud habet aliquid quod sit singulare, unum numero et individuum.

2 Praeterea, si per materiam non est aliquid individuum et unum numero, cum per formam non habeat singulare quod sit singulare et unum numero et individuum, ergo tunc sequetur quod ad rationem individui pertinet accidens aliquod.

Dicendum est et intelligendum quod in formis penitus a materia liberatis non possunt esse plura numero sub eadem specie. Et hoc apparet sic, quia in formis liberatis penitus a materia nihil est aliud quam forma; et ita, cum nihil sit ibi aliud per quod forma illa possit individuari, ideo forma illa seipsa statim determinatur ad suppositum et non per aliquid in quo ipsa recipiatur, per quod vel per cuius plurificationem plurificetur etiam ipsa forma. Sed ipsa seipsa est hoc aliquid determinatum ad suppositum, ita quod ipsamet est ipsum suppositum, cum nihil aliud ibi sit quod ipsam participet. Et ita non possunt ibi esse sub eadem forma plura diversa vel differentia; sed ibi species et suppositum idem est.

Unde, sicut vult ARISTOTELES, lignum vel aliquid tale consimile non habet quod sit divisibile per hoc quod lignum, sed tantum per hoc quod quantum. Et ideo, cum formae illae liberatae sint a materia et per consequens a quantitate, cum quantitas non sit nisi in materia, sequitur quod forma ibi non est divisibilis in plura, sed una et simplex.

Item, ibi non potest esse divisio et distinctio ubi non est principium divisionis et distinctionis. Sed in substantiis liberatis a materia non est principium distinctionis, quia nec est ibi quantitas nec materia, quae sunt principium divisionis et distinctionis unius individui ab alio; sed est ibi tantum forma, quae de se est indivisibilis et simplex. Ideo dico quod in formis separatis a materia etc. Unde per idem non potest esse aliquid unum et multa, licet aliquid possit esse unum uno modo et multa alio modo, quia unum est per aliquid et multa per quoddam aliud. Nunc autem, si ponis multa esse sub una et eadem specie vel forma in separatis a materia, cum ibi nihil sit nisi forma, quae principium est ibi indivisionis, iam pones quod per aliquid erit ibi unum et multa: ut, cum forma ibi per seipsam sit una, si ponis ibi plura sub ea, hoc non potest esse nisi esset per formam, cum non sit ibi aliud; ergo etc. Ideo dico quod in formis separatis a materia non possunt esse plura sub eadem forma vel specie.

In his ergo formis quae sunt in materia quid dicemus? Quid sit per quod aliquid est unum numero et individuum, scilicet per quid forma determinetur ad suppositum?

Consuevi alias dicere quod materia tantum est illud per quod aliquid est individuum et unum numero, et hoc tali ratione: Per illud aliquid habet quod sit singulare et unum numero per quod natum est non esse in pluribus. Sed illud per quod aliquid est natum non esse in pluribus est illud per quod natum est non esse in alio. Cuius probatio est quia, quod aliqua forma non reperiatur in pluribus, nec nata sit reperiri in pluribus, potest esse dupliciter: vel quia forma illa non est nata recipi in alio <ut> in materia, et ideo ipsa seipsa determinatur ad suppositum et est una et simplex, sicut est in formis separatis a materia; aut quia forma illa recipitur in aliquo tali quod natum est non esse in alio, et ideo cum forma illa accepta fuerit cum illo quod natum est non esse in alio, sed per se subsistere, non reperitur in pluribus, sed in uno tantum. Nunc autem materia tantum est illud quod natum est per se subsistere et non esse in alio. Et ideo materia tantum est illud per quod aliquid habet quod existat singulariter et individualiter.

87 Quid] Quod *scr.*   90 Consuevi] Solutio propria sed falsa *add. marg.*

68 ARISTOTELES, *locus non inventus.* Cf. *Physic.*, I, 2 (185 b 10 sq.).

Sed quia videbam quod, sicut in ratione formae, cum fuerit absolute 5
considerata, conveniunt et non distinguuntur ipsa singularia ad invicem,
sic in ratione materiae, non huius vel illius, sed cum fuerit considerata
universaliter, conveniunt et non distinguuntur unum individuum ab alio,
ideo propter hoc videbatur mihi tunc quod non oporteret quod per idem
aliquid haberet quod existeret individualiter et singulariter, et quod 10
divideretur et distingueretur ab alio individuo; sed quod aliquid habeat
existere singulariter et individualiter, hoc habet ex materia tantum; quod
autem habeat esse divisum et distinctum ab aliis individuis suae speciei,
hoc habet ex alio, scilicet ex illo a quo habet divisionem vel quod sit
divisibile, scilicet a quantitate. Ita consuevi dicere alias. 15

Sed videamus utrum haec opinio possit stare. Videtur quod non.
Immo videtur habere duo peccata in se: unum quando dicit quod non ex
eodem habet aliquid quod existat individualiter et quod distinguatur ab
aliis individuis; aliud peccatum est in ratione per quam ponitur haec
positio vel opinio, ut videbitur. 20

Quod autem primum sit peccatum, probatur sic: Illud per quod
aliquid est singulare et unum numero et individuum est per quod natum
est non esse in pluribus. Ex eodem autem ex quo natum est aliquid non
esse in pluribus habet esse indivisum in se, divisum autem ab aliis. Nam si
non ex eodem habet aliquid quod distinguatur ab aliis individuis ex quo 25
habet esse indivisum et unum numero, iam per ipsum non haberet quin
posset esse illa alia individua vel esse in illis; ergo nec ulterius haberet
esse indivisum et unum numero, vel quod non reperiatur in pluribus. |

f. 99rb Ideo oportet necessario, ut videtur, quod ex eodem ex quo habet aliquid
esse unum numero, habeat esse divisum et distinctum ab aliis individuis 30
eiusdem speciei. Et sic in isto peccabat.

Item, peccatum est in alio. Cum enim dicit quod «per illud per quod
aliquid est singulare et unum numero est illud per quod natum est non
esse in pluribus», verum dicit. Sed ulterius cum dicit «sed illud per quod
aliquid natum est non esse in pluribus est quod non est natum esse in 35
alio», hic est deceptio. Nam aliquid esse in alio ad praesens est dupliciter:
vel sicut forma in materia, (forma dico sive substantialis sive accidentalis). alio modo sicut aliquid natum est esse in aliquo, vel in aliquibus
quibus est essentiale praedicatum, (nam nec forma substantialis nec
accidentalis est essentialis vel de essentia materiae). Modo, cum dicis 40
«illud per quod aliquid natum est non esse in pluribus est quod natum est
non esse in alio», verum est, si natum est non esse in alio non tantum

16 Sed videamus] Improbatio *add. marg.*

sicut forma in materia, substantialis vel accidentalis, sed natum non esse
in alio vel in aliis sicut praedicatum essentiale illi vel illis. Nunc autem,
45 etsi materia non sit nata esse in alio sicut forma in materia, est tamen
nata esse in pluribus sicut essentiale vel substantiale praedicatum eis. Et
ita ipsa materia adhuc absolute accepta, ut ad speciem pertinet, nata est
plurificari et in pluribus recipi per quoddam aliud, ut per dimensiones
has vel illas. Ergo per materiam tantum, ut dicebas, non habet aliquid
50 quod sit unum numero et natum non esse in pluribus. Et sic apparet
quod praedicta opinio stare non poterat.

Propter quod dicendum quod illud per quod aliquid est singulare et
unum numero et natum non esse in pluribus non est materia tantum, sed
materia prout est sub certis et determinatis dimensionibus, materia haec
55 vel illa, cum non sit haec ipsa materia nisi per dimensiones terminatas, ut
has vel illas. Et ideo materia non per essentiam suam, sed per hoc quod
dimensionata certis et determinatis dimensionibus, ut his vel illis, ita
quod existens sub his non possit esse sub illis, ipsa est per quod aliquid
est singulare et unum numero. Et ideo dicit ARISTOTELES semper, cum
60 loquitur de singulari, quod singulare est hic et nunc.

Intelligendum tamen quod, licet forma nec etiam materia de se non
sint individuae vel principium individuationis, tamen non sunt de se
universales, sed utrumque, scilicet et universalitatem et individuationem,
habent ex alio et ab alio: unde individuationem a dimensionibus
65 determinatis, quae dimensiones determinatae de sui ratione individuare
habent. Unde si forma vel materia de se esset universalis, cum forma illud
quod habet de se, et etiam materia, habeat illud in individuo, sequeretur
quod individuum esset universale. Sequeretur etiam quod forma, vel
etiam materia, haberet esse universale non tantum per hoc quod
70 intellecta, sed etiam essendo in materia extra animam, quod est inconveniens. Unde verum est quod obiectum intellectus debet praecedere ipsum
intellectum, quia agens praecedit motum. Verum est quod praecedit
ipsum natura, non tamen tempore, sicut operatio intellectus agentis
naturaliter praecedit operationem intellectus possibilis, ut visum fuit
75 alias. Unde forma materialis, cum accipitur sic, scilicet prout est in
materia dimensionata determinatis dimensionibus, ex hac necessitate,
quia illae determinatae dimensiones non possunt esse simul cum aliis

---

52 Propter quod] Solutio vera et propria eius *add. marg.*

59 ARISTOTELES, *Anal. Poster.*, I, 31 (87 b 27-33).
75 Cf. SIGER DE BRABANT. *Questions sur la Métaphysique*, III, 15 (ed. GRAIFF, p. 133-134 et *supra*, p. 128-129).

dimensionibus, est illa forma individuata, non potens, ut sic accipitur, in pluribus esse sed in uno tantum. Et sicut dico de dimensionibus, sic intelligendum est de aliis conditionibus individuantibus, ut de tempore. Nam, sicut idem individuum non potest simul esse in diversis locis, ut hic et ibi, sic nec in diversis temporibus, ut in diversis nunc, nam prius et posterius in tempore faciunt numerum.

Et si dicas quod istae dimensiones determinatae, quae sunt in isto vel illo, non sunt individuae seu indivisibiles, quia possunt dividi in plures partes, ut medias, tertias, quartas etc., ergo etiam nec aliud per ipsas individuatur, dicendum quod, cum dico quod istae dimensiones determinatae ex hoc quod determinatae sunt, ipsae sunt individuae et indivisibiles, intelligendum est sic quod ipsae salvatae non possunt simul esse cum pluribus dimensionibus, ut cum quibusdam aliis dimensionibus ab his, sicut diversa ubi non possunt esse simul, nec diversa nunc, nec diversae lineae, et sic de aliis; sed bene sunt divisibiles in suas partes. Sed in illis partibus non sunt simul illae totales dimensiones salvatae. Ideo etc.

Sciendum etiam quod aliquid divisibile esse per aliud et dividi et distinguibile esse ab aliis, et in se indivisum et indistinctum, non in pluribus natum reperiri simul, hoc non vadit in infinitum, sed est devenire ad tale quod de sui natura, et non per naturam cuiusdam alterius, est divisibile, et per ipsum alia nata sunt dividi et distingui, sicut ad ipsum continuum. Continuum enim per naturam suam est divisibile et distinguibile, scilicet in partes quantitativas intelligas. Omnia autem alia, quaecumque dividuntur sic, nata sunt dividi et distingui sic per naturam continui. Unde Aristoteles dicit quod lignum est divisibile, non per hoc quod lignum, sed per hoc quod continuum et quantum. Et ideo dimensiones terminatae et signatae ad sensum <sunt> hae, ita quod illae de natura sua et non per quoddam aliud, distinguunt et dividunt unum individuum ab alio eiusdem speciei, et individuant materialem formam, id est, faciunt eam esse in hac materia signata. Materia enim non est signata nisi per dimensiones determinatas et signatas. Et ideo, ex consequenti, totum compositum ex forma et materia hac signata est individuum et unum numero, in se indivisum, quia non in pluribus natum esse et ab aliis distinctum, et per idem habet hoc, sicut visum fuit.

Unde illud quod est principium individuationis in formis materialibus non est investigandum per intellectum, sed per sensum, nam est hic et nunc, et determinatae dimensiones quae sensu et non intellectu compre-

84 Et si dicas] Instantia contra se *add. marg.*   98 nata sunt] terminati dividi *scr. sed marg. corr.*   4 quod] non *add.*   6/7 materialem formam] materiam *scr. sed marg. corr.*

henduntur, scilicet inquantum talia. Principium autem individuationis formae immaterialis non est aliud ab ipsa forma, sed ipsamet forma est ipsum individuum. Et ideo non possunt ibi sub eadem forma plura individua esse, ex quo forma ibi non potest plurificari, eadem dico forma quae est una secundum speciem; bene tamen sunt ibi plures formae, sed non sunt eadem forma, sicut dicimus quod forma Sortis, ut in Sorte est, est alia a forma Platonis, ut est in Platone.

1 Ad rationes in oppositum patet, nam prima ratio peccabat, sicut patuit.

2 Ad aliam rationem dicendum quod verum est quod ad rationem individui pertinet aliquod accidens, nam conditiones individuantes bene sunt de ratione individui secundum quod individuum est, licet non secundum quod substantia est.

QUAESTIO <2>

UTRUM INDIVIDUA EIUSDEM SPECIEI, VEL PARTES SUBSTANTIAE QUANTAE, DIFFERANT SECUNDUM SUBSTANTIAM VEL SOLO ACCIDENTE

Adhuc de diversitate individuorum substantiarum materialium eiusdem speciei est aliquid videndum quod in se est bonum et difficile; et est necessarium scire, ad hoc ut sciatur per quid individuum aliquod materiale est individuum. Et quaeritur utrum individua eiusdem speciei in istis materialibus, vel partes substantiae quantae, differant secundum substantiam vel solo accidente.

Et arguitur quod secundum substantiam, quia quae differunt per materiam, differunt secundum substantiam, cum materia sit substantia. Diversa autem individua sic differunt quia unum numero sunt quorum materia est eadem. Ergo individua diversa numero differunt secundum substantiam.

2 Praeterea, si Sortes et Plato non differunt secundum substantiam, ergo Sortes et Plato essent unum subiecto. Sicut enim Sortes albus et Sortes musicus sunt idem subiecto, quia solo accidente differunt, sic et Sortes et Plato essent idem subiecto, quod est inconveniens.

3 Iterum, si non differunt secundum substantias suas, uno existente albo et alio nigro, nigrum et album contraria essent idem et indivisa secundum substantiam subiectam, ita quod album et nigrum erunt idem secundum substantiam, quod est inconveniens.

21 a] ab *scr.*

4 Praeterea, quae differunt solo accidente, unum dicitur de alio, cum substantia subiecta sit una. Sortes igitur erit Plato, quod est impossibile.

5 Vel si arguatur sic: Accidentia quae sunt unum secundum substantiam subiectam, unum alteri accidit. Sed secundum praedicta, album et nigrum erunt unum secundum subiectum. | Quare verum erit dicere album esse nigrum eo quod eidem substantiae accidunt, sicut album et musicum, quod est inconveniens, quia non praedicatur Sortes de Platone, nec album de nigro. Quare etc.

6 Praeterea, si Sortes et Plato non differunt secundum substantiam, cum Sortes et Plato sint in diversis locis, una substantia esset in diversis locis, quod non est verum, sed impossibile.

7 Praeterea, si Sortes et Plato non differunt secundum substantiam, cum generatio sit transmutatio ad substantiam, iam generatio Sortis et generatio Platonis non differrent. Ergo, uno generato, generaretur alter, et uno <non> generato, non generaretur alter, quod non est verum.

8 Praeterea, si Sortes et Plato non differunt secundum substantiam, sequeretur quod idem simul esset ens et non ens, quoniam, Sorte generato, Sortes est ens; Platone autem nondum generato, Sortes est non ens, ex quo non differunt secundum substantiam; et potest Sortes esse generatus, Platone nondum generato. Ergo etc.

9 Praeterea, si Sortes et Plato non differrent secundum substantiam, tunc Sorte generato existente, Platone nondum generato, generatio Platonis non esset generatio simpliciter, sed esset generatio secundum quid. Quod patet, quia non esset generatio substantiae, cum praeexisteret substantia eius, ut substantia Sortis iam generati, et Sortes et Plato sunt idem in substantia secundum te. Etiam nec generatio Sortis esset generatio simpliciter, sed secundum quid, Sorte generato Platone nondum generato, quia non esset generatio substantiae Sortis, ex quo substantia Sortis et Platonis est una. Sed hoc est inconveniens, quoniam generatio cuiuslibet individuae substantiae est generatio simpliciter.

10 Item, in substantia quanta est considerare longitudinem et partes longitudinis, nihilominus est considerare partes substantiae subiectae. Et sicut nec longitudo est substantia ipsa, sic nec partes longitudinis sunt partes substantiae subiectae, nec partes substantiae sunt longitudines. Ergo partes istius substantiae habebunt differentiam, non quae est partium longitudinis, sed quae est substantiae. Unde substantia quae est lignum habet partes differentes per suam substantiam et non tantum per longitudinem et quantitatem.

31 nigro] nigrum *scr.*   41 (*et passim*) nondum] numdum *scr.*   47/48 praeexisteret] praeexistente *scr.*   59/61 Unde ... quantitatem] *marg.*

Oppositum vult ARISTOTELES *I° Physicorum* versus principium. Substantia non est divisibilis in partes quae sunt eiusdem rationis nec habet partes secundum se, sed divisibilis est tantum secundum quod quanta. Et si sic, partes substantiae non erunt differentes, quia si sic, esset substantia divisibilis secundum se.

2 Item, contingit intelligere lignum secundum quod quantum, et contingit intelligere ipsum non quantum; et contingit ipsum intelligere absolute secundum quod lignum, non intelligendo ipsum sub ratione non quanti vel quanti, sed secundum rationem ligni absolutam. Sed cum lignum intelligitur secundum rationem absolutam ligni et substantiam, non est assignare unde lignum sit partitum sive unde differant ligni partes. Quare videtur lignum partitum et diversitatem in suis partibus habere per hoc quod extensum et quantum, sicut est album ex ipsa albedine et non per aliud pertinens ad suam substantiam.

3 Item, substantia non habet illud quod est et substantiam ab accidente; quare differre etiam secundum suam substantiam non habebit ab accidente. Cum igitur substantia secundum se non habeat partes eiusdem rationis primo, et nisi esset quanta ut ex consequenti, ex eo quod est quanta habebit partes secundum substantiam differentes; a quo enim non habet aliquid substantiam, nec secundum substantiam differentiam.

4 Item, hoc idem quod est habere partes eiusdem rationis est ipsam substantiam esse quantam et extensam; aut des quod aliud sit esse quantam et extensam, et fingere non potes. Quare videtur quod substantia ex sola quantitate, et per hoc quod quanta, est partibilis et non secundum se et ex consequenti ex hoc quod quanta.

Dicendum et sunt hic intelligenda tria.

Primo intelligendum est quod idem est quaerere de partibus substantiae quantae, si secundum substantiam differunt, et de individuis diversis eiusdem speciei. Eadem enim natura quae, per hoc quod divisibilis, differentiam facit in partibus substantiae quantae, divisa est causa diversitatis individuorum. Nam et lignum divisibile, cum actu dividitur, statim sunt diversa ligni individua.

Secundo intelligendum quod nisi lignum esset quantum, et sic in ceteris substantiis quantis, non esset lignum partibile sive partes habens. Ita quod lignum, secundum quod lignum, non est partibile in diversa ligna, sed tantum secundum quod quantum.

Tertio intelligendum est quod quidam intellexerunt dictum

---

62 I° Physicorum] *marg.*   87 sunt] *iter.*   98 Tertio] Opinio *add. marg.*

62 ARISTOTELES, *Physic.*, I, 2 (185 a 32 - b 2).

ARISTOTELIS, cum dicit quod lignum secundum quod lignum non est divisibile, sed secundum quod quantum, hoc intelligendum est sic, quod ly 'secundum' potest accipi vel secundum quod dicit habitudinem causae effectivae, vel secundum quod dicit habitudinem causae formalis. Unde, si accipiatur secundum quod dicit habitudinem causae efficientis, verum est quod lignum non habet partes differentes secundum se, id est effective, ita quod substantia eius sit effectivum diversitatis partium ligni, sed hoc habet secundum quod quantum est. Si vero accipiatur ly 'secundum' secundum quod dicit habitudinem causae formalis, dicunt quod partes ligni secundum se, id est formaliter et per essentiam suam, sunt differentes; non sicut lignum differt per essentiam suam a lapide, quia lignum differt a lapide per essentiam suam, et a seipso habet hanc differentiam in essentia sua et non ab aliquo accidente sibi; sed partes ligni differunt secundum se, id est formaliter et essentialiter. Sed hanc differentiam in forma et essentia sua non habent per se effective, sed per aliquod consequens substantiam earum, ut per quantitatem. Etiam nec sic differunt partes ligni sicut Sortes albus et Sortes musicus differunt per albedinem et musicam, quoniam Sortes albus et Sortes musicus formaliter non differunt et per substantiam suam, sed tantum per albedinem et musicam, quae sunt accidentia ei.

Sed ista positio non videtur valere ut ostendunt rationes ad hoc factae in arguendo.

A quo enim non est substantia alicuius, ab eo non est differentia secundum substantiam. A quo enim aliquid habet substantiam, ab eo habet quod differat secundum substantiam. Si igitur substantia non habet illud quod est ex sibi accidente quantitate, nec etiam differre secundum substantiam habebit ab eadem.

Praeterea, si in partibus ligni esset diversitas secundum substantiam, quamvis illa differentia esset ab aliquo causata, cum ad solam rationem substantiae lignum consideraretur, inveniretur lignum habens diversitatem, ita quod intellectus, intelligens lignum absolute, haberet ex pertinentibus ad substantiam ligni unde ipsum distingueret. Nunc autem hoc non fit; immo sola positione diversa contingit assignare in partibus ligni diversitatem.

Praeterea, sicut prius dicebatur, ipsam substantiam habere partes eiusdem rationis est ipsam esse quantam et extensam; aut dicas quid aliud sit eam esse quantam et extensam, quod fingere non potes. Quare

---

17 differunt] differt *scr.*   19 Sed ista positio] Improbatio *add. marg.*   30 substantiam] substantia *scr.*

substantia habet partes eiusdem rationis ex quantitate, ex hoc quod quanta et extensa, sicut habet quod sit alba ex albedine.

Unde imaginatio videtur esse fictitia, quae imaginatur longitudinem et partes longitudinis et partes sub longitudine, extensas et differentes alio formaliter quam longitudine et partibus longitudinis. Haec enim imaginatio est ac si applicatio longitudinis et quantitatis ad substantiam esset extensi ad extensum, et partibilis ad partibile, et mensurantis extrinsece ad mensurabile, vel ut ulnae ad pannum. Non sic autem est de dimensione et longitudine ad substantiam dimensam et longam; immo ex nullo alio partes habet et divisibilis est formaliter, nisi ex hoc quod longa. Ita quod differentiae sive rationes differendi partium substantiae subiectae sunt solum partes diversae longitudinis et quantitatis, cum, sicut argutum est, substantiam esse partibilem in partes eiusdem rationis statim sit ipsam esse quantam.

Praeterea, si partes substantiae quantae differunt secundum se et suas essentias, nihil autem quod contingit substantiae per se et essentialiter accipitur ex quantitate, nullo igitur modo differunt huiusmodi | partes secundum quod quantae; immo in non habentibus quantitatem nihil prohibet habere talem diversitatem.

f. 99vb

Praeterea, partes quae conveniunt substantiae per se, ita quod essentialiter, a quocumque effective, pertinent ad rationem et definitionem substantiae. Sed partes substantiae eiusdem rationis secundum quantitatem ad substantiae rationem sive definitionem non pertinent, sicut vult ARISTOTELES *VII° Metaphysicae*.

Praeterea, si substantiae per se formaliter et essentialiter, licet ab alio effective, haberent partes eiusdem rationis differentes, cum, sicut dictum est, hoc sit substantiam esse quantam, ergo etc.

Propter quod dicendum, sine praeiudicio sententiae melioris, parati semper acquiescere meliori sententiae, quod substantia materialis et quanta non habet partes differentes nisi ex eo quod quanta, non solum effective sed formaliter. Ita quod, cum quantitas sit per se divisibilis, partes eius differentes per se sunt illa quibus formaliter et secundum rationes differendi differunt partes substantiae subiectae tamquam per sibi accidentia. Et sicut quantitas per se divisibilis causa est divisibilitatis substantiae, sic et actu divisa formaliter distinguit individua numero diversa.

57 secundum] sive *scr.*   63 Propter quod] Solutio vera *add. marg.*

59 Cf. ARISTOTELES, *Metaph.*, VII, 10-11.

Ex quo ulterius sciendum quod, cum causa individuationis, ut prius dictum est, sit materia determinata, et nunc visum est quod ipsa ad materiam alterius individui non est per se determinata, nec primo nec ex consequenti, sed per hoc quod stat sub dimensionibus determinatis et distinctis, hinc est quod materia non est per se sola causa in materialibus ut aliquid sit numero unum, ab aliis divisum; nec etiam ipsae dimensiones terminatae debent dici causa ut substantia sit numero una et singularis, non dicibilis de multis. Nam unum numero est hoc aliquid per se subsistens; nihil autem in materialibus tale est, cum sit de numero existentium in subiecto, cuiusmodi sunt dimensiones, sed oportet ad rationem per se existentis vel subsistentis in materialibus pertinere proximum subiectum. Et ideo nec sola materia nec solae determinatae dimensiones, sed materia his determinata et distincta causa est ut aliquid sit unum numero et ab aliis divisum, non dicibile de multis. Et quia utrumque concurrit ad individuationem substantiae, hinc est quod aliquando dicitur quod materia est individuationis causa, aliquando vero quod quaedam conditiones eius et accidentia individua, sicut esse hic et nunc, a quibus abstrahitur ratio universalis.

Ad primum in oppositum dicendum est quod individua differunt secundum materiam in eis differentem, sed nec ista differentia materiae est eius secundum se, sed secundum quod quanta.

Ad aliud dicendum quod consideratio Sortis et Platonis secundum se non est consideratio alicuius individuati sive unius numero ut tale, propter quod Sortem et Platonem esse unum secundum substantiam non est ipsos esse aliquid unum numero, subiecto vel loco. Dicuntur enim unum subiecto quae sunt unum loco sive < numero > secundum substantiam subiectam individualiter acceptam. In tali autem substantia non uniuntur Sortes et Plato. Unde deficit haec ratio et sequentes plures per hoc quod non faciunt differentiam inter unum secundum substantiam individualiter acceptam et inter unum secundum substantiam unitate quae est substantiae secundum seipsam absolute consideratam. Hoc autem plurimum differt, cum non sit unitas individualis substantiae ex ipsa substantia absolute, ut prius visum est. Unde non oportet quod, si Sortes et Plato sunt unum in aliquo quod natum est esse in multis, cuiusmodi est substantia eorum cum secundum se consideratur, quod ideo sint unum subiecto et loco.

Per idem patet ad tertium. Nam contraria, sicut album et nigrum, non

---

76 quod] cum *scr.*

sunt unum subiecto, quamvis Sortes albus et Plato niger non differant differentia quae est secundum substantiam, sicut prius visum est.

Per idem patet ad quartum. Quamvis enim Sortes et Plato non differant secundum substantiam absolute acceptam, immo sint unum in homine, in aliquo quod natum est esse in multis, non oportet quod Sortes sit Plato. Sed si non differrent secundum substantiam individualiter acceptam, bene concluderet ratio.

Per idem ad quintum. Album enim et nigrum, cum Sortes sit albus et Plato niger, non sunt unum secundum substantiam, sicut prius visum est, sicut album et musicum, cum Sortes sit albus et musicus. Et ideo non oportet album esse nigrum sicut musicum est album. Accidens enim accidit accidenti per hoc quod accidunt ambo eidem substantiae subiectae individualiter acceptae, et non ex hoc quod ambo accidunt eidem substantiae universali secundum diversa eius supposita. Non enim <oportet>, si homo albus et musicus sit, ita quod Sortes albus et Plato musicus, ideo album est musicum. Et ideo non oportet quod album sit nigrum, cum non sit unum subiecto individualiter accepto et numero sive loco.

Ad sextum dicendum quod substantiam eandem numero determinatam et distinctam ab aliis impossibile est esse in diversis locis. Substantiam tamen non determinate et individualiter acceptam, cum ipsa ut sic non sit ad locum determinata, nihil prohibet, sicut ipsa est in diversis suppositis, quod sit in multis locis.

Ad septimum dicendum quod, cum generatio sit transmutatio ad substantiam, ipsa transmutatio est ad substantiam individualem, et generatio substantiae, non simpliciter et absolute consideratae, sed secundum quod in hac et ex hac determinata materia. Nunc autem non oportet, cum ipsa ratio substantiae fiat in hac materia Sortis, quod sit in hac materia Platonis. Propter quod differunt generatio Sortis et generatio Platonis, et corruptiones etiam. Et accidit apud generationem substantiae generari substantiam in hac materia et rationem substantiae, cum omnino esset subiecto privata; et non tamen generatur aliquid accidens substantiae, quamquam non esset dicere quod esset generatio substantiae simpliciter et absolute consideratae, tamquam penitus non praeexistentis: praeexistebat enim homo quando generabatur Plato, sed non in hac materia in qua generatur.

Per praedicta patet ad octavum. <Nihil enim prohibet> aliquid quod natum esse in multis esse ens secundum quoddam eius suppositum, et

19 est] *iter.*   45 <Nihil ... prohibet>] Cf. *infra, Quaestiones duae ...,* p. 447, l. 27.

hanc etiam naturam non entem sed futuram etiam <in> quadam alia materia a materia suppositi existentis, quamquam non contingat eandem substantiam individualiter acceptam simul esse entem et non entem. Nunc autem est ita quod, cum substantia Sortis et Platonis absolute consideratur, consideratio est alicuius non individuati, sicut prius visum est. Et ideo quamquam Sortes et Plato non differant secundum substantiam, Sorte existente, Platone nondum generato, ideo eadem substantia secundum suppositum erit ens et non ens. Sed erit ipsa substantia, non individualiter accepta, ens secundum quoddam eius suppositum, futura autem in quadam alia materia.

Ad nonum dicendum quod, si praeexistentia Sortis ad generationem Platonis esset praeexistentia eiusdem hominis secundum materiam, tunc generatio Platonis non posset esse generatio simpliciter, sed tantum secundum quid. Nunc autem erit generatio Platonis generatio simpliciter eo quod ex materia determinata non tantum privata quodam accidente hominis, ut albedine vel musica, sed ipsa hominis substantia generatur.

Ad ultimum dicendum est quod partes substantiae subiectae longitudini verum est quod non sunt longitudines vel longitudinis partes; non sunt tamen distinctae nisi secundum quod quantae et longae, sive diversis partibus longitudinis, ut prius visum est, | non ita quod inhaerentia longitudinis ad substantiam sit inhaerentia partibilis longitudinis ad substantiam partitam, vel partibilem secundum se, non ex longitudine. Tunc enim esset quanta ex essentia sua et nihilominus quanta ex accidente.

QUAESTIO <3>

UTRUM NOMEN ACCIDENTIS IN CONCRETO, UT ALBUM VEL SIMUM, SIGNIFICET MULTA

Quaerendum est de quodam dicto COMMENTATORIS in quo adversatur sibi AVICENNA, scilicet de nomine concreto accidentis, de nomine scilicet denominativo. Et circa hoc quaeratur primo utrum nomen denominativum, ut album, simum et huiusmodi, significet multa, puta accidens et subiectum; secundo, dato quod sic, quod illorum prius significet.

De primo arguitur sic. Et videtur quod nomen denominativum non significet multa: nam si multa significaret, tunc nomen denominativum

---

48 eandem] eadem *scr.*   50 ita] ista *scr.*   7 significet] significent *scr.*

4 AVERROES, *Metaph.*, V, com. 14 (fol. 117 C-D).

esset nomen aequivocum vel analogum; sed neutrum horum est. Ergo etc.

2 Praeterea, dicit ARISTOTELES in *Praedicamentis* quod album solam qualitatem significat. Ergo non significat subiectum. Igitur non significat multa.

3 Praeterea, si significaret multa, ut accidens et etiam subiectum, iam hic esset nugatio dicendo 'nasus simus', quia nasus solus significatur nomine suo, et iterum secundum te significaretur nomine simi. Et sic esset dicere 'nasus nasus'.

4 Praeterea, album nihil significat nisi ab albedine, cum nihil significet nisi significando albedinem. Ergo si album non significat nisi ab albedine, igitur album nihil significat nisi secundum quod album. Sed hoc non est significare subiectum; ergo album non significat multa.

Contrarium vult COMMENTATOR, etiam AVICENNA. Quilibet enim vult quod multa significent, sed quod prius et quod posterius, in hoc differunt.

2 Praeterea arguitur: Nomen illud significat quod est definitio et ratio eius cuius est nomen, ut habitum est in *IV° huius*. Sed album, sicut quodlibet aliud accidens, non habet definitionem absolute dictam, sed definitionem in habitudine ad subiectum, ita quod definitio eius congregat accidens et subiectum. Ergo hoc nomen «album» significat accidens et subiectum, et ita multa significat.

Dicendum quod nomen denominativum, et quodqumque aliud accidens, non habet entitatem nec essentiam absolute dictam, sed in habitudine ad aliud, ut puta ad substantiam, consistit essentia cuiuslibet accidentis et entitas; ita quod non est quantitas absolute dicta, et sic de aliis accidentibus, sed huius quantitas. Ita quod accidens non habet rationem essendi absolute dictam, sed rationem essendi in comparatione ad substantiam, ut plane determinat ARISTOTELES *VII° huius*. Unde, sicut sanitas in urina non est absolute, sed in comparatione et habitudine ad aliquod unum, ut ad animal, nec intelligitur sanitas in urina nisi intelligatur in habitudine ad aliquod aliud unum, sic non habetur intellectus accidentis quousque non intelligatur aliquod tale, cuius ratio essendi non est absolute, sed ad aliud dicta.

Et non tantum hoc dico de accidente secundum quod accidens potest

---

35 essentia] essentiam *scr.*

13 ARISTOTELES, *Categ.*, 5 (3 b 19).
24 AVERROES, *Metaph.*, V, com. 14 (fol. 117 C-D); AVICENNA, *Metaph.*, tr. V, c. 5, p. 273, 26-36.
28 ARISTOTELES, *Metaph.*, IV, 4 (1007 a 25-26).
39 ARISTOTELES, *Metaph.*, VII, 4-5 (praecipue 1030 a 17 - b 13).

accipi ut est passio substantiae, sed etiam secundum quod est essentia quaedam distincta ab essentia substantiae. Distinguit enim accidens isto modo AVICENNA, quod secundum quod est passio substantiae significat subiectum, et primo subiectum, et non dicitur nisi in habitudine ad subiectum; sed secundum quod est essentia quaedam, non.

Sed haec distinctio nulla est, nam quocumque modo accidens accipiatur, semper ita est quod entitas eius et essentia et natura eius non est absolute dicta, sed in habitudine ad substantiam. Unde secundum quod ARISTOTELES dicit in *VII° huius*, accidentia non habent quod quid est nisi secundario dictum, scilicet per habitudinem ad quod quid est substantiae.

Ex his ergo dico quod nomen denominativum concretum accidentis significat multa, quia significat accidens et subiectum, non accidens tantum nec subiectum tantum, sed accidens et subiectum.

Sed est advertendum quod non significat accidens et subiectum pluribus significationibus, id est quod significet ea sic quod utrum illorum aeque immediate referatur ad vocem, scilicet subiectum aeque immediate referatur et significetur per hanc vocem «album», et etiam ipsum accidens, ut albedo; id est, quod ista referantur ad vocem illam pluribus impositionibus, ut quod una impositione impositum sit ad significandum nomen illud ipsum subiectum, et alia impositione ad significandum ipsum accidens. Nam si ita esset, non esset effugere quin nomen denominativum esset aequivocum vel analogum, nam tam aequivocum quam etiam analogum nomen significat multa. Et multa dico pluribus impositionibus, ita quod utrumque significatorum immediate referetur ad vocem vel nomen, et non unum per alterum. Sed nomen concretum accidentis significat multa, ut accidens et subiectum, significando utrumque illorum significatione una, quia unum significando significat alterum, eo quod illud unum, scilicet ipsum accidens, significare non potest nomen illud nisi significando alterum quoddam, scilicet ipsum subiectum; ut album non potest significare albedinem nisi significando subiectum albedinis, et nisi unum propter alterum, utrobique tantum unum, ut dicitur *I° Posteriorum*.

Et ideo album significat albedinem et subiectum non pluribus significationibus, (id est quod utrumque immediate copulatum sit illi voci), sed significatione una, (id est significando unum, propter illud significat alterum) ista necessitate, quia non potest illud unum significare nisi

---

48 AVICENNA, *Metaph.*, tr. V, c. 5, p. 273, 26-36.
54 ARISTOTELES, *Metaph.*, VII, 4-5.
78 ARISTOTELES, *Anal. Poster.*, I, 4 (73 b 1-10).

significando alterum quoddam, ut subiectum, propter naturam accidentis, ut dictum est. Et ideo dicit ARISTOTELES quod qui definit album definit hominem album vel aliquod tale.

Et ideo, quamquam nomen denominativum significet multa, ut accidens et subiectum, quia tamen non significat illa multa sicut nomen aequivocum et etiam analogum significat multa, ut visum est, non sequitur quod nomen denominativum sit nomen aequivocum sive analogum.

Et sic patet ad primam rationem.

Ad secundam, «album solam qualitatem significat», verum est primo et principaliter. Sed quia qualitatem significare non potest nisi significando subiectum, ideo, quamquam solam qualitatem significet quia a qualitate significat, tamen subiectum etiam significat per modum qui dictus est.

Ad tertiam dicendum quod, si simum significaret nasum principaliter, ita quod immediate referretur ad vocem, et non quia significaret simitatem, vere esset nugatio dicendo 'nasus simus'. Sed quia non sic est, ideo etc.

Ad ultimam dicendum quod verum est quod album significat ab albedine, nam et subiectum non significat nisi significando albedinem. Sed ex hoc non sequitur: ergo album nihil significat nisi secundum quod album, quoniam, quamquam significando albedinem significet alterum, scilicet subiectum, tamen non significat ipsum, scilicet subiectum, tantum secundum quod album, sed secundum quod ipsum est alterum ab accidente, ut secundum quod est aliquid per se subsistens, cum accidens ad entitatem suam requirat alterum ut alterum est ab eo, scilicet secundum quod est per se subsistens, scilicet substantiam. Sic de isto.

QUAESTIO <4>

UTRUM NOMEN ACCIDENTIS IN CONCRETO PRIUS SIGNIFICET
SUBIECTUM QUAM ACCIDENS, VEL E CONVERSO

Consequenter quaeritur quod illorum significat primo.

Et arguitur quod subiectum, nam, ut vult ARISTOTELES *VII° huius*, in definitione accidentis ponitur subiectum, nam accidens definitur per

---

4/6 quoniam ... album] *marg.*   2 prius] primo *scr.*

84 ARISTOTELES, *Metaph.*, VII, 4 (1029 b 31-33).
 5 Cf. ARISTOTELES, *Metaph.*, VII, 4 (1030 b 4-13).

subiectum. Et ideo, sicut ipse dicit, subiectum seu substantia praecedit accidens et ratione et cognitione, nam quod ponitur in definitione alicuius prius debet esse notum quam illud in cuius definitione ponitur. Ergo, si subiectum praecedit accidens et definitione et etiam cognitione, quia substantia definit accidens, et ita etiam substantia facit cognoscere accidens, igitur nomen accidentis concretum significat subiectum.

Contrarium dicit COMMENTATOR contra AVICENNAM, qui vult quod primo subiectum significet, deinde accidens.

2 Et etiam contrarium vult ARISTOTELES cum dicit quod solam qualitatem significat.

3 Praeterea arguitur, si prius significaret subiectum quam accidens, ergo significaret multa sicut aequivocum vel analogum, | quia tunc significaret accidens et subiectum, et subiectum non significando accidens, ut determinatum est, sed una significatione per se significaret subiectum.

Dicendum quod primo significat accidens, deinde subiectum. Et ratio huius est ista: quia illud quod per aliud nomen non significatur nisi significando quoddam aliud, non primo significatur per nomen illud, sed potius secundario, scilicet significatione illius alterius. Sed subiectum non significatur per nomen denominativum concretum accidentis nisi quia illud nomen significat aliquod aliud unum, puta accidens, quod significari non potest nisi in habitudine ad subiectum. Ergo nomen denominativum non primo significat subiectum, deinde accidens, sed e converso, propter praedictam causam et necessitatem.

Ad rationem in contrarium dicendum et sunt intelligenda duo hic. Quorum unum est quod confusum prius est secundum intellectum quam distinctum et determinatum magis, sicut ARISTOTELES dicit in *I° Physicorum*. Et ideo definitum, secundum quod est quoddam confusum includens in se multa definientia, ut homo, animal et rationale, prius est et notius secundum intellectum quam ipsa definientia, secundum quod unumquodque ipsorum est aliquid determinatum, id est secundum quod sunt partes ipsius definiti; partes dico definitionis vel ratione. Aliud est intelligendum quod ARISTOTELES dicit *I° De anima*, quod accidentia magnam partem conferunt ad cognoscendum quod quid est, eo quod in cognitionem quod quid est devenimus per quaedam accidentia.

9 prius] primo *scr*.   17 prius] primo *scr*.

13 AVERROES, *Metaph*., V, com. 14 (fol. 117 C-D); AVICENNA, *Metaph*., tr. V, c.5.
15 ARISTOTELES, *Categ*., 5 (3 b 19).
34 ARISTOTELES, *Physic*., I, 1 (184 a 22 - b 12).
39 ARISTOTELES, *De anima*, I, 1 (402 b 21-22).

Ex istis dico: cum dicis «subiectum praecedit ratione et cognitione ipsum accidens», verum est simpliciter; tamen in comparatione ad nos non oportet, sed potius e converso, propter illa duo quae dicta sunt,
45 scilicet quia accidens est definitum per substantiam, ergo substantia, licet sit prior accidente simpliciter, tamen non oportet quod sit prior secundum cognitionem nostram, cum confusum prius et notius sit intellectui nostro quam distinctum et magis determinatum; etiam propter aliud, quia accidentia magnam partem conferunt etc.

QUAESTIO <5>

UTRUM POTENTIA IN COMMUNI SIT PRINCIPIUM TRANSMUTATIONIS

Quaeritur primo de potentia in communi ad potentiam activam et passivam, utrum scilicet potestas seu potentia sit principium transmuta-
5 tionis.

Et arguitur quod non, nam ARISTOTELES *I° Physicorum* determinavit substantiam et numerum principiorum transmutationis, et tamen de potentia ibi non determinavit. Ergo potentia non est principium transmutationis.

10 Oppositum dicit hic, quod potentia est principium transmutationis in altero aut inquantum est alterum.

Dicendum et intelligendum quod hoc quod dico principium potest de aliquo dici vel praedicari dupliciter.

Uno modo praedicatione accidentali, id est praedicatione quae non est
15 in substantia eius de quo praedicatur, ita quod principium non cadit in substantia eius. Verbi gratia, sicut dicimus aliquam naturam vel aliquam substantiam esse principium transmutationis, ut dicimus quod materia est principium, forma etiam est principium; et de talibus dicitur non essentialiter, ita quod <non> cadat in substantia eorum. Non enim
20 materia substantialiter, id est per suam substantiam, est principium, nec etiam forma; quod patet quia ipsa sunt sicut naturae absolutae. Principium autem non est de numero eorum quae absolute dicuntur, sed de numero eorum quae per se dicuntur ad aliud. Nam principium est nomen ordinis, nomen significantis ordinem et habitudinem ad aliud;
25 ideo accidentaliter dicitur principium de eis.

---

3 ARISTOTELES, *Metaph.*, V, 12.
6 ARISTOTELES, *Physic.*, I, 7.
10 ARISTOTELES, *Metaph.*, V, 12 (1019 a 15-16).

Alio modo dicitur principium de aliquo praedicatione essentiali, sicut dicimus quod principium est principium. Haec enim est substantialis praedicatio, nam de ratione et essentia principii est principium, id est dici ad aliud.

Similiter dico quod, sicut principium dicitur de aliquo his duobus modis, sic et potentia in communi potest dupliciter de aliquo dici, scilicet aut accidentaliter aut essentialiter: sicut dicimus aliquam naturam realem et per se dictam, ut naturam passivam aut activam, esse potentiam quamdam in hoc quod hoc potest transmutare, hoc autem transmutari; substantialiter quidem sicut de hac potentia inferiore sub ea, ut haec potentia est potentia.

His visis, quando quaeris utrum potentia est principium transmutationis, dico quod, si accipis potentiam primo modo, potentia est principium non essentialiter sed accidentaliter, nam dictum est quod principium accidentaliter dicitur de eo cui accidit potentia, ut de aliqua natura. Si vero accipias potentiam secundo modo, dico quod potentia est principium essentialiter, quoniam potentia secundo modo dicta per se et essentialiter de numero eorum est quae dicuntur ad aliud. Et ideo si definiatur, cum definitio debeat esse per essentialia definito, non potest potentia sic dicta aliter definiri quam per nomen ordinis vel significans ordinem, scilicet per nomen principii. Et isto modo definit hic ARISTOTELES potentiam quando dicit quod potentia est principium etc. Et ideo etiam notabiliter dicit «in altero» aut «inquantum alterum», cum potentia sic dicta per se sit talis, scilicet ad alterum secundum quod alterum dicta.

Ad rationem potest respondi dupliciter: vel quod accipiendo potentiam primo modo vel secundo. Ita communiter tu potes dicere tunc quod ARISTOTELES in *I° Physicorum* non determinaverit de principio quod est potentia, immo quia determinavit de natura materiae, quae et principium et etiam potentia dicitur, ut visum est. Alio modo potest dici quod Aristoteles in *I° Physicorum* determinavit substantiam et numerum principiorum quae sunt naturae aliquae absolute dictae, sicut de substantia et natura materiae et huiusmodi, ut ibi apparet. Potentia autem proprie accepta, scilicet ut hic definitur, non est de numero talium principiorum. Et ideo de ea non habuit determinare. Utroque modo bene respondetur.

---

47 ARISTOTELES, *Metaph.*, V, 12 (1020 a 1-2).

QUAESTIO <6>

UTRUM POTENTIA ACTIVA SIT PRINCIPIUM TRANSMUTANDI ALTERUM SECUNDUM QUOD ALTERUM

Consequenter quaeritur de potentia activa. Et quaeritur utrum potentia activa sit principium transmutandi alterum secundum quod alterum. Id est, utrum ipsa sit principium transmutationis existens in aliquo secundum quod ipsum est alterum ab eo, scilicet quod transmutatur ab ipso.

Et arguitur quod non. Nam amans in amatum movetur; sed idem potest amare seipsum. Ergo etc.

2 Praeterea, II° *Physicorum* dicitur quod natura est principium mutationis eius in quo est, ita quod natura est principium transmutationis non alterum ab eo in quo est, et iterum, eius in quo <est> non secundum quod alterum. Et natura non tantum dicitur de natura passiva sed activa. Ergo etc.

3 Praeterea, aliqua sunt quae moventur ex se, ut dicitur VIII° *Physicorum*.

4 Praeterea, gravia et levia movent se, et non distinguntur in movens et motum. Ergo etc.

Oppositum dicit ARISTOTELES hic.

Et dicendum quod potentia activa, ut ARISTOTELES hic dicit, est principium transmutandi alterum, secundum quod alterum est ab eo quod transmutat. Sive illud quod transmutatur est aliud subiecto ab eo quod transmutat, sive idem subiecto, semper debet esse alterum ab eo quod transmutat. Et potest intelligi illa definitio quam hic dat ARISTOTELES, ita bene de potentia activa sicut de passiva. Et istud dictum ARISTOTELIS hic, scilicet quod potentia est principium etc., non habet ex alio necessitatem nisi ex hoc quod impossibile est idem seipsum movere et transmutare. Hoc autem praesupponit ARISTOTELES hic, et non probat, sed alibi.

---

9 amatum] amato *scr.*

---

11 ARISTOTELES, *Physic.*, II, 1 (192 b 20-23).
17 ARISTOTELES, *Physic.*, VIII, 4 (254 b 12-13).
20 ARISTOTELES, *Metaph.*, V, 12 (1019 a 15-16).
30 ARISTOTELES, *Physic.*, VII, 1; VIII, 4-5.

Et videtur mihi quod tres <sunt> rationes eius ad hoc; et duae ipsarum ponuntur in *VIII° Physicorum*, quarum una est inductiva.

Unde probat ARISTOTELES, inducendo in omnibus moventibus et motis, quod impossibile est idem seipsum movere. Eorum enim quae moventur, quaedam moventur per se et quaedam per accidens. Et quae per se, quaedam per naturam, quaedam autem sicut gravia et levia. Et nullum horum movetur a seipso, sicut ipse probat de quolibet ibi. Ergo nihil movet seipsum.

Secunda ratio sumitur ex ratione moventis et mobilis, et est ista: Mobile dicitur per hoc quod in potentia, movens per hoc <quod> est in actu. Sed impossibile est idem, inquantum idem, simul esse in actu et in potentia. Ergo impossibile est idem, inquantum idem, seipsum movere.

Tertia ratio sumitur in principio *VIIⁱ Physicorum*: Si aliquid moveatur ita quod idem sit movens et motum, illud movebitur motu locali, quia iste est primus motus et causa aliorum. Quod autem tale | moveatur ab alio patet, quia si movetur a motore extrinseco, tunc ab alio movetur, et differunt movens et motum. Si vero ab intrinseco, tunc probat quod differunt. Et accipit quod aliquid est quod primo movetur per se, ita quod non pars primo, sed totum illud primo movetur. Tunc arguit sic: Illud quod a seipso movetur, illud debet quiescere a seipso et non quiete alterius; aut si quiescit quiete alterius, non movetur tunc ab alio et non est primo motum; sed quod movetur a seipso quiescit quiete alterius; ergo etc.

Quod autem hoc sit verum probatio. Accipiamus aliquid quod primo movetur totum. Si pars quiescit, et totum quiescit; aut si non, tunc movebitur totum; aut si totum quiescit, oportet quod moveatur ab alio.

Sed contra hanc demonstrationem ARISTOTELIS obicit GALENUS et etiam AVICENNA, non intelligentes eam.

47 differunt] differt *scr*.   48 differunt] differt *scr*.

32 ARISTOTELES, *Physic.*, VIII, 4 (254 b 7 - 256 a 3); 5 (257 a 31 - b 13). On trouve un groupement semblable de ces arguments tirés de la *Physique* chez THOMAS D'AQUIN, *Summa contra Gentiles*, I, 13.
43 ARISTOTELES, *Physic.*, VII, 1 (241 b 24 - 242 a 15).
57 AVERROES, *Physic.*, VII, com. 2, (fol. 307 G-H), où l'auteur affirme que Galien et d'autres n'ont pas compris cette démonstration d'Aristote. Il ne cite aucun écrit de Galien, mais il désigne l'écrit visé en ces termes: «in hoc tractatu in quo nititur declarare corruptionem istius demonstrationis». (com. 1, fol. 306 C). Quant aux autres commentateurs d'Aristote, par exemple Albert le Grand et Thomas d'Aquin, ce texte d'Averroès semble être leur source pour l'objection de Galien à Aristote. Dans son ouvrage *Galen on Jews and Christians* (Oxford, 1949), p. 48, R. WALZER mentionne un écrit de Galien, *Sur le Premier Moteur*, dont il dit qu'il est conservé seulement dans une traduction arabe.

GALENUS sic: Illud quod movetur, demus quod dividatur ita quod una
60 pars eius moveatur et alia non moveatur, adhuc, dicit GALENUS, non est
dicere quod totum non moveatur per se; immo movetur per se quia per
aliquid eius; pars enim aliquid est ipsius totius. Ergo, dicit ipse,
ARISTOTELES non probat per hoc quod illud non moveat seipsum.

Sed obiectio ista nulla est, quoniam aliquid moveri per se aliquando
65 opponitur ei quod est moveri per accidens, et hoc modo id quod movetur
per partem bene movetur per se, quia per aliquid eius. Accidens enim
dicimus quod non est aliquid eius in quo est aliquid in substantia eius.
Aliquando autem per se moveri opponitur ei quod est moveri primo, et
hoc modo id quod movetur per partem non movetur per se, quia ipsum
70 totum non est illud quod primo habet rationem moti. Demonstratio
autem ARISTOTELIS procedit hoc secundo modo et non primo, sicut obicit
GALENUS.

AVICENNA sic obicit contra praedictam demonstrationem, dicens quod
demonstratio ARISTOTELIS non habet efficaciam quia fundatur super
75 quoddam impossibile, scilicet quod ipso toto moto, pars eius aliqua
quiescat, ita quod, si totum movetur primo, non est possibile quod aliqua
pars eius quiescat. Sed ARISTOTELES ponit aliquam partem eius quiescere.
Ergo, quia accipit impossibile, ideo demonstratio eius efficaciam non
habet.

80 Sed quamquam COMMENTATOR in *VII° Physicorum* ponat quandam
solutionem ad istam obiectionem, do tamen aliam quae forte est melior,
et est ista: quod nihil prohibet conditionalem esse veram cuius antecedens est impossibile. Unde haec est vera conditionalis, «Si homo habet
alas, homo potest volare». Tunc dicendum quod propositio ARISTOTELIS
85 conditionalis est et non categorica. Dicit enim quod si eius quod movetur
primo una pars quiesceret, tunc, quamquam alia pars eius moveretur,
totum ipsum quiesceret et non moveretur. Et est quaedam conditionalis
cuius, licet antecedens in se sit impossibile, ipsa tamen tota conditionalis
vera est. Et ideo AVICENNA contra ARISTOTELEM non arguit.

90 Alii tamen volunt aliter formare probationem ARISTOTELIS; et videtur
mihi quod non habuerunt intentionem ARISTOTELIS de hoc. Et volunt
facere demonstrationem ARISTOTELIS causalem, non ex signo, et proce-

---

82 esse] est *scr.*

73 AVICENNA, *Sufficientia*, II, 1 N-P (fol. 24^(ra-rb)).
80 AVERROES, *Physic.*, VII, com. 2 (fol. 307 K - 308 C). Averroès donne comme exemple la proposition: «si lapis volat, habet alas».
90 THOMAS DE AQUINO, *In VII Physic.*, lect. 1, p. 323-324.

dunt sic: Idem non potest seipsum movere quia idem penitus seipsum movere repugnat rationi eius quod est moveri, ita quod non esset moveri aliquid si idem penitus seipsum moveret. Et hoc apparet, quia nihil movetur cuius motus non dependeat ex aliquo priore quod movetur, quia nihil movetur cum aliqua pars eius non primo mota sit, nisi ponatur ipsum quod movetur esse indivisibile, sicut posuit PLATO. Et ideo ipse posuit idem seipsum movere, nec contradicit ARISTOTELES sibi nisi in verbis. Tamen si quod movetur est divisibile, vel est dare quod sit primo motum, quoniam nihil movetur quin prius aliquid eius motum sit, et ad hanc intentionem dixit ARISTOTELES VI° *Physicorum*, quod in motu non est dare primum, id est quod primo moveatur, cum omne quod movetur, si divisibile est motum, dependeat in motu suo ex aliquo priore moto. Et sic apparet quod primo motum esse sit contra rationem eius quod est moveri. Nunc autem si aliquid seipsum moveret, ita quod idem penitus esset motor et motum, esset primo motum. Ergo non contingit idem penitus esse movens et motum.

Ad primum in oppositum dicendum quod motus quidam est qui est actus imperfecti secundum quod imperfectum, et hoc modo proprie dicitur motus. Et isto modo dicimus quod impossibile est idem seipsum movere. Alius est qui non proprie dicitur motus, sed potius propria operatio alicuius, quia est actus perfecti etiam secundum quod perfectum est, sicut sunt huiusmodi actiones animae, ut intelligere, sentire et huiusmodi. Et tali motu bene est possibile.

Ad secundum dicendum quod natura in definitione illa non continetur sub potentia activa. Unde si accipis quod natura sit principium motus non alterius ab eo in quo est, sed motus eius in quo est natura, et sic principium illius motus per se, et non secundum quod est alterum ab eo in quo est, tunc dico quod natura non potest ibi stare pro natura quae est principium activum.

8 motum] Sed isti non habent intentionem ARISTOTELES, et hoc apparet sic: Nam primo moveri aliquid potest esse ad praesens dupliciter. Uno modo quod dicatur aliquid primo moveri quia movetur, non quia aliqua pars eius primo moveatur sed ipsum primo est motum. Et hoc modo bene est impossibile aliquid primo moveri sic, quia sic primo moveri repugnat rationi eius quod est moveri. Alio modo est aliquid primo moveri, quia pars eius movetur primo et per se, ita quod necesse est ipsum moveri sic quod aliquid eius, ut pars, primo moveatur sine motu alterius partis. Est enim, secundum ARISTOTELEM, dare primo alteratum. Et hoc modo primo moveri non repugnat rationi eius quod est moveri; immo non tantum potest aliquid sic moveri, sed necesse est aliquid sic primo moveri. Et iterum, ARISTOTELES in toto VII° *Physicorum* utitur primo moveri isto secundo modo. *add. sed verbo* va-cat *cancell.*

2 ARISTOTELES, *Physic.*, VI, 4 (234 b 10 sq.).

Ad aliud dicendum quod, licet aliquid moveatur a se, tamen differt in eo movens et motum.

Ad aliud dicendum quod gravia et levia non moventur ex se, sed ab extrinseco: vel a removente prohibens, vel a generante, vel in eo quod movet medium, vel movetur per medium quia movet se in medio, sicut nauta in navi se movet per accidens. Et sic non est idem penitus movens et motum.

<COMMENTUM 1>

Circa capitulum *De quali*, considerandum quod non est substantialis definitio numeri dicere quod numerus est compositus ex aliquibus numeris, ut dicere quod senarius est compositus ex bis tribus. Unde hoc non est praedicatum essentiale.

Et hoc patet per Avicennae rationem, quia, qua ratione definitio eius est essentialis quod sit ex bis tribus, eadem quod sit ex quaternario et binario: non enim dignius est quod unum sit definitio essentialis senarii quam aliud. Et hoc non est essentialis definitio. Ergo nec aliud nec utrumque potest.

Et ad hoc est dictum Aristotelis hic, qui dicit quod senarius est semel sex. Et omne quod est in numero praeter substantiam ipsius est secundum quantitatem. Unde definitio essentialis numeri, ut senarii, est quod sit compositus ex uno et uno, numerando usque ad sex. Sed quia hoc esset longum numerare, ideo dicitur quod componitur ex numeris; quod tamen facit discretionem et ultimo oportet devenire ad unitatem, cum unitas sit principium cognoscendi numerum.

Item, licet verum sit dicere quod decem sit compositum ex novem et uno, licet non essentialiter, tamen non est verum dicere quod sit novem et unum. Hoc dicit Avicenna, sicut est de domo composita ex | lateribus,

f. 100^(vb)

2 Circa] Circa capitulum De quali notabile *add. marg.*   17 numerum] Et hic magis quam sit ut unitates, ut sit substantia aliquid praeter hoc, sicut domus est aliud aliquid praeter fundamentum etc. *add. marg.*

2 Aristoteles, *Metaph.*, V, 14.
6 Avicenna, *Metaph.*, tr. III, c. 5, p. 135-136. Il prend comme exemple le nombre 10.
11 Aristoteles, *Metaph.*, V, 14 (1020 b 7-8).
14/15 Cf. Avicenna, *Metaph.*, tr. III, c. 5, p. 136. Et propter hoc dixit egregius philosophus: «non putetis quod sex sunt tres et tres, sed sunt sex semel». Consideratio autem numeri secundum unitates suas est difficilis ad imaginandum et ad proferendum; et ideo necessario recurrunt ad descriptiones praedictas, scilicet ex quinque et quinque, vel ex aliis.
20 Avicenna, *Metaph.*, tr. III, c. 5, p. 136.

etc. Probatio AVICENNAE est quia si decem sit novem et unum, hoc potest intelligi tribus modis. Uno modo quod praedicetur de eo ut duae proprietates divisim verificatae de aliquo, et sic non possunt praedicari de eo. Alio modo sic quod ly 'unum' sit quasi specificatio de ly 'novem', sicut rationale respectu animalis, ita quod sit sensus 'decem sunt novem quae sunt unum'; isto etiam modo, non. Alio modo potest intelligi ita quod sit sensus 'decem sunt novem coniuncta cum uno'; et isto modo etiam non, quia nec novem per se, nec coniuncta cum alio, sunt decem, sicut nec verum est dicere quod domus est lateres etc., vel lateres cum lapidibus, quamvis ex illis componatur.

QUAESTIO <7>

UTRUM IN ANIMALIBUS UNIVERSALITER SIT APPETITUS EX COGNITIONE

Deinde quaeritur utrum in animalibus sit universaliter appetitus ex cognitione; secundo utrum in eis sit libertas appetitus.

De primo sic: ARISTOTELES vult in libro suo *De bona fortuna* quod contingit aliquando bene fortunatis appetere quasdam operationes et facere quasdam absque hoc quod cognoscant bonum et utile sibi admixtum, ita quod moventur ad appetendum facere tales operationes plus quam alias ex cognitione utilis admixti.

2 Item, si appetitus hominis esset ex cognitione alicuius sub ratione <boni>, cum cognoscere aliquid esse bonum vel malum non sit in nobis, (in potestate enim nostra non est iudicare sic vel sic de malis vel bonis), in nobis tunc non esset esse bonos vel malos, quia nec appetere, et per consequens nec operari, nec esse bonos vel malos. Hoc autem est inconveniens. Quare primum.

Oppositum vult Aristoteles *VII° Ethicorum* et *III° De anima*; et per experientiam apparet.

Dico ad hoc quod appetitus hominis universaliter insurgit ex cognitione alicuius sub ratione boni, ut patet ex *III° De anima*. Unde motivum appetitus hominis est apprehensio alicuius sub ratione boni. Et patet per experientiam.

---

5 ARISTOTELES, *Magna Moralia*, II, 8 (1207 a 35-37). Ce chapitre était intitulé *De bona fortuna* dans la tradition manuscrite latine. Dans le ms. *Vat. Borghese 127*, fol. 202va, le texte est: «Est igitur bona fortuna sine ratione natura. Bene fortunatus est enim sine ratione habens impetum in bona et haec adipiscens; haec autem est natura».
16 ARISTOTELES, *Ethic Nic.*, VII, 3 (1147 b 3-5); *De anima*, III, 10 (433 a 11-12).
19 Cf. ARISTOTELES, *De anima*, III, 10 (433 a 27-29).

Ad rationem in oppositum, ut habetur *III° Ethicorum*, visio de bonis et malis et phantasia aliquando insurgit ex dispositione videntis, aliquando ex dispositione rei visae. Unde non ex dispositione rei visae plus quam
25 alterius, sed ex dispositione videntis aliquando insurgit appetitus; qualis enim unusquisque est, talia apparebunt ei. Unde dico quod talis, de quali loquitur ARISTOTELES, nisi videretur sibi plus hoc esse bonum quam oppositum, non plus hoc appeteret. Sed verum est quod videtur sibi hoc ex dispositione sua et non ex dispositione istius rei.
30   Et hoc vult ARISTOTELES in littera quod, cum feramur in hoc et appetitus ex cognitione in hoc plus quam in oppositum, hoc est in nobis in anima et a natura. Unde in istis est appetitus ex cognitione, licet hoc insit ei non ex dispositione rei, cum nesciret distinguere inter conditiones rei. Unde si peteretur ab eo quare hoc magis quam oppositum, nesciret
35 dicere nisi quod sic magis placet. Unde non est imperitus quia sine cognitione; sed quia appetens ex magna deliberatione fit quasi impetuosus, sicut est iudicium imaginationis et sensus.
   Ad aliud, aliquos operari bene vel male, et esse bonos vel malos, vel appetere, potest referri in causam huius proximam vel in causam huius
40 primam. Si in causam proximam, cum voluntarie ea facimus, in nobis est ea facere sic vel sic, quia voluntas est causa. Si vero in primam causam, cum voluntas nostra non sit prima causa habituum vel operationum, non est in nobis, etc.
   Unde ad duo attendendum dixit ARISTOTELES in nobis esse, etc. Unum
45 est quod a natura non sumus determinati ad esse bonos vel malos, quia si sic, in nobis non esset. Aliud est quod ex operibus voluntariis, non involuntariis, fimus boni vel mali, ita quod habitus causantur ex operibus quae sunt in voluntate nostra. Et quia voluntas est in nobis, et sic operari est in nobis, ideo in nobis est bonos esse vel malos. Sed tertia via, scilicet
50 tamquam nos simus prima causa, non est in nobis; et sic arguitur.

---

24 rei visae¹] Sicut enim ex apprehensione sensibilium insurgit appetitus, sic ex apprehensione in imaginatione *add. marg.*

22 Cf. ARISTOTELES, *Ethic. Nic.*, III, 4.
30 ARISTOTELES, *Magna Moralia*, II, 8 (1207 a 38 - b 3). Le ms. *Vat. Borghese 127*, fol. 202ᵛᵃ porte: «In anima enim inest natura tale quo impetu ferimur sine ratione ad quae utique bene habebimus. Et si quis interroget sic habentem propter quid hoc placet cui (ei?) operari, nescio, inquit, sic placet mihi».

QUAESTIO <8>

UTRUM IN APPETITU HOMINIS SIT LIBERTAS

Deinde quaeritur utrum in appetitu hominis sit libertas.

Videtur quod non, quia existente apprehensione alicuius sub ratione boni, necesse est hominem appetere; et non potest non appetere, nec oppositum. Ergo non est liber appetitus.

Item, contingit quod aliqui nascuntur tales quod bene videntes et iudicantes de visibilibus, aliqui tales quod male iudicantes de visibilibus. Item, loquamur de aliquo antequam sit bonus vel malus. Ex hoc autem quod aliquis bene iudicat in principio de bono vel malo, bene vel male appetit vel operatur; et aliquis male similiter. Tunc arguitur: Quae est causa quod isti in principio efficiuntur boni, isti mali? Non videtur esse causa nisi quia isti nascuntur bene iudicantes de bonis vel malis, et bene appetentes vel operantes, et illi male nascuntur; sicut aliqui nascuntur bene videntes, alii non. Sic videtur esse in proposito. Et si ita est, non videtur esse libertas in appetitu hominis, quia unicuique a natura est determinatum iudicium de bono vel malo. Quare etc.

Dico quod voluntas hominis libera est, quamvis non appetitus brutorum. Per oppositam causam quam in brutis est hoc videre. Quia appetitus brutorum est non liber, quia nec iudicium, cum nascantur cum iudicio determinato ad delectabile et triste. Unde non erat liber appetitus; immo a natura determinatur. Per oppositam causam homo habet liberum appetitum, quia non nascitur cum determinato iudicio de bonis vel malis; immo possibile est iudicium humanum esse indifferens de aliquo quod sit bonum vel malum; et ideo nascitur liber ad appetendum hoc vel oppositum. Unde et ARISTOTELES dicit quod magis est bonum vel malum in animatis, et maxime in habentibus prohaeresim, quia in eis est magis ratio boni; quia bruta, licet ex cognitione agant ad finem, tamen determinantur a natura; unde magis aguntur quam agant ad finem, propter quod habet finis operationis minus rationem boni in illis. Homo autem liberum appetitum habet et non determinatum a natura, propter quod magis dicitur agere ad finem quam agi, cum non sit actus a natura. Ideo in eis magis habet finis operationis rationem boni.

Ad rationem in oppositum, quidam habebant pro vero quod, stante iudicio in particulari quod hoc sit bonum vel malum, poterat adhuc

---

29 determinantur] determinatur *scr.*

26 ARISTOTELES, *Metaph.*, V, 14 (1020 b 23-25).

eligere; eius tamen oppositum determinat ARISTOTELES *VII° Ethicorum* et alibi. Unde dicendum est quod, licet insit libertas appetitui, tamen necesse est quod appetat quando appetit. Ad rationem dicendum quod non sequitur ex hoc quin appetitus sit liber. Quamvis enim sub tali
40 iudicio determinatus est ad appetendum, tamen quia non natus est sic determinatus, nec sub tali iudicio determinate, sed sub iudicio de possibili ad utrumque, ideo nec nascitur sub appetitu determinato; unde a natura liber est in appetitu. Utrum tamen nascatur cum determinato iudicio a natura, hoc non determino, quia hoc non sequitur ratio.
45 Ad secundum, concedo quod aliquis nascitur bene iudicans de visibilibus, et aliquis male. Sed nonne quia efficitur bonus vel malus, iudicat sic vel sic quia natus cum bono iudicio vel malo? Dico quod non. Immo homo non nascitur cum determinato iudicio bono vel malo de bonis vel malis; immo contingit hominibus fieri bonos vel malos per iudicium
50 bonum vel malum, ita quod poterant deduci per pravas consuetudines et operationes et iudicia prava, ita quod mali efficerentur. Verumtamen aliqui nascuntur melius iudicantes quam alii. Unde, si nihil posset dare bonum iudicium vel malum nisi natura, bona bonum <et mala malum>, quid esset bona natura? Sed non est ita.

QUAESTIO <9>

UTRUM POTENTIA MATERIAE SIT SUBSTANTIA MATERIAE
VEL ALIQUOD ACCIDENS EIUS

| Consequenter quaeritur utrum primum potens passive, id est materia f. 101ra
5 prima, sit per suam substantiam, et non per aliud a sua substantia, potens seu in potentia.
Et arguitur multipliciter quod sit per suam substantiam in potentia, ita quod in sua substantia cadat potentia, quia si non, sequeretur quod aliquod accidens praecederet formam substantialem in materia. Hoc
10 autem est falsum. Ergo etc.
2 Praeterea, si materia per aliud a sua substantia esset in potentia, tunc materia esset in potentia ad suam potentiam. Et tunc iterum quaeram de illa potentia qua est in potentia ad suam potentiam; aut est in sua substantia aut non. Si sic, habeo propositum; si non, erit in
15 potentia ad illam. Et sic quaeram de illa alia potentia qua est in potentia

36 Cf. ARISTOTELES, *Ethic. Nic.*, VII, 2; 3 (1147 a 24 - b 5).
37 Cf. ARISTOTELES, *Ethic. Nic.*, VI, 5-13, parmi les remarques d'Aristote sur la prudence et l'homme prudent.

ad illam aliam potentiam vel ad suam potentiam. Et sic vel erit procedere in infinitum, quod est inconveniens, vel erit devenire ad potentiam quae erit idem cum substantia.

3 Praeterea, materia essentialiter non est in actu; ergo essentialiter est in potentia. Igitur etc.

4 Praeterea, dicit COMMENTATOR quod potentia est differentia substantialis materiae. Ergo etc.

Contrarium dicit COMMENTATOR in *De substantia orbis*, et etiam in *I° Physicorum* expresse.

Dicendum quod materia prima non est in potentia per suam substantiam, ita quod substantialiter sit sua potentia, sed est potentia sua accidens substantiae materiae. Et ratio huius est, sicut dicit COMMENTATOR, quia essentia materiae est de numero absolutorum, potentia autem est de numero ad aliud dictorum. Ideo materia essentialiter non est sua potentia.

Unde et hoc etiam ostendit quaedam ratio quam consuevi facere ad hoc. Cum enim una numero sit substantia materiae quae est in potentia ad omnem formam, si potentia esset sua substantia, sequeretur quod materia per unam et eandem potentiam numero esset in potentia ad omnem formam < et > ad formas contrarias; quia, sicut substantia materiae quae est in potentia ad contrarias formas est una, sic, si potentia sua esset sua substantia, una numero esset potentia ad contrarias formas.

Immo plus, sequeretur quod dicit ARISTOTELES *XII° Metaphysicae*. Quia, si potentia materiae esset idem cum substantia materiae, cum substantia eius quae est in potentia ad omnem formam sit una, sequeretur quod potentia materiae ad omnes formas esset una. Sed cum una potentia non sit nisi ad unam formam, sequeretur quod materia non esset potentia nisi ad unam formam, aut quod omnis forma ad quam materia est in potentia esset una forma. Materia igitur substantialiter non est sua potentia.

43 potentia] potentiam *scr.*   44 materia¹] natura *scr.*

21 AVERROES, *De substantia orbis*, c.1 (fol. 3 L).
23 AVERROES, *De substantia orbis*, c.1 (fol. 3 L-M).
24 AVERROES, *Physic.*, I, com. 66 (fol. 39 I); com. 69 (fol. 40 M).
28 AVERROES, *De substantia orbis*, c.1 (fol. 3 L-M).
31 consuevi facere: voir le texte parallèle de P (GRAIFF, p. 361, 7-10). On notera aussi que le second argument proposé au début de la q.9 et expressément rejeté par Siger, se lit dans les *Quaestiones in Physicam* attribuées à Siger par Ph. DELHAYE (*Siger de Brabant. Questions sur la Physique d'Aristote*, 1941, p. 68-69).
38 ARISTOTELES, *Metaph.*, XII, 2 (1069 b 26-33).

Unde materia prima intelligitur uno modo inquantum est aliquid privatum, quantum de se est, omni forma. Et iste intellectus materiae non est intellectus essentialis eius, quia privatio formae in ea non est substantia eius.

Alio modo intelligitur materia per quandam similitudinem ad materiam artificiatorum; quia, sicut ibi est aliquid receptivum omnium formarum artificialium et nullam illarum sibi determinat, sic et in naturalibus est aliquid receptivum omnium formarum naturalium, nullam illarum sibi determinans. Et hoc est materia prima. Et iste etiam non est essentialis intellectus materiae, sicut nec primus.

Tertio modo intelligitur materia prima prout est aliquid habens formam, et hoc modo intelligitur per ipsum compositum. Et iste etiam non est essentialis. Sic ergo potentia materiae non est in substantia materiae, sed est accidens substantiae eius.

Est tamen advertendum quod, licet potentia materiae sit accidens substantiae materiae, tamen non est accidens reale: accidens tale quod sit aliquid in materia reale, distinctum a substantia sua, scilicet materiae, si ratio et intellectus non esset. Sed est accidens in materia, accidens dico rationis, ita quod, si non esset ratio et intellectus qui compararet materiam ad formas, non esset hoc accidens in materia quod dicimus potentiam materiae.

Ulterius est intelligendum quod, licet non sit accidens reale sed secundum rationem, tamen non est accidens fictum in materia ab intellectu. Fictitium enim dicitur illud cui non respondet aliqua causa ex parte rei. Hoc autem non sic est, nam non potest esse in quocumque subiecto. Non enim quodcumque dicitur esse in potentia, sed materia prima tantum. Ipsa enim tantum est conveniens subiectum talis accidentis; nihil enim aliud potest intellectus comparare ad omnem formam passive nisi materiam primam vel aliud per ipsam. Et per quid hoc habet materia? Per illud quod ipsa tantum est illud quod, manens una et eadem, modo invenitur subiectum unius formae cum prius non eiusdem, modo autem alterius; et solum tale debet esse subiectum talis accidentis. Et ita hoc accidens habet causas ex parte rei.

Ad rationes tunc in contrarium. Ad primam, cum tu dicis «si materia per suam substantiam non esset in potentia, sed potentia est accidens materiae, iam aliquod accidens praecederet formam substantialem in materia», dico quod accidens quod est potentia materiae non est accidens reale quod in materia secundum esse praecedat formam substantialem, sed est accidens tantum secundum rationem. Et adhuc istud secundum rationem intelligendi non praecedit formam substantialem in materia; immo primo oportet quod formam intelligat et comprehendat intellectus antequam materiam comparet ad formam.

Ad secundam rationem dicendum quod bene materia potest esse in potentia ad suam potentiam, potentiam inquam, qua potentia careat, licet non sit in potentia ad potentiam quam habet. Verbi gratia, quid volo dicere? Materia est modo actu sub forma terrae, et ita non caret potentia ad formam terrae, quam potentiam prius habebat antequam esset sub forma terrae actu; modo ipsa est in potentia ad illam potentiam, quoniam potest corrumpi forma terrae et regenerari alia forma in ea; et tunc in ea est potentia ad formam terrae, qua potentia carebat cum erat sub forma terrae actu. Et ad hanc potentiam, quam habet ad formam terrae, non est in potentia, cum aliquid non sit in potentia ad illud quod habet. Et ita non erit procedere in infinitum, sicut arguebas, quia non est in potentia nisi ad potentiam qua caret.

Posset tamen dici quod, cum hoc accidens sit accidens secundum rationem vel rationis, et in entibus rationis non sit inconveniens procedere in infinitum, ideo nec hic esset inconveniens procedere in infinitum. Ita diceret aliquis ad rationem. Tamen, quamquam sic posset dici evadendo rationem illam, tamen adhuc non potest hic esse hoc, scilicet quod procedatur in infinitum, sicut visum est.

Ad tertiam rationem dicendum: Tu dicis «materia non est essentialiter in actu, ergo est essentialiter in potentia». Dico quod, sicut duplum vel aliquid tale potest dupliciter considerari: vel duplum inquantum duplum, et sic dicitur ad dimidium, et essentiale est sibi dici ad dimidium sic acceptum; vel potest accipi duplum non inquantum duplum sed illud quod est duplum cui accidit duplum, et hoc modo accidit duplo dici ad dimidium; sic potest materia prima dupliciter accipi, vel ens in potentia potest accipi dupliciter: vel inquantum est in potentia, vel inquantum est aliquid quod est in potentia. Modo dico quod materia prima considerata secundum quod est aliquid substantialiter in se, et non inquantum est in potentia, non est essentialiter in actu; similiter nec hoc modo accepta est essentialiter in potentia; immo utrumque, et actus scilicet et potentia, est accidens sibi, isto modo consideratae.

Ad quartem rationem, cum dicit AVERROES quod «potentia est differentia substantialis materiae primae», non intelligo aliter nisi quia pro tanto hoc dicit, quia potentia eius accipitur loco differentiae substantialis materiae, cum illa sit in nobis immanifesta. Non tamen est differentia substantialis eius ita quod sit sua substantia, sed potius accipimus eam loco substantiae eius. Et ideo dicitur differentia substantialis. Sic de hoc.

1 entibus] actibus *scr.*

<COMMENTUM 2>

UTRUM IN ANIMATIS SIT VERIUS BONUM QUAM IN INANIMATIS

Consequenter circa praesentem lectionem notandum est primo quod ARISTOTELES dicit hic in littera expresse quod bonum verius est in ipsis animatis quam in inanimatis. Et ideo notandum quod ad bonum vel ad rationem boni duo requiruntur. Unum est quod bonum debet esse perfectio illius cui ipsum est bonum; et haec est ratio materialis boni. Aliud requiritur ad bonum, quod ipsum non tantum sit perfectio illius cui est bonum, sed quod etiam habeat rationem appetibilis, et quod sit tale propter quod est motus vel actus; propter sanitatem enim habendam fit ambulatio; et haec ratio est formalis ipsius boni.

Modo dico quod, quamquam ad bonum requirantur ista duo, tamen ratio boni verius consistit in secundo quam in primo. Bonum enim est quod omnia optant et cuius gratia fit motus et actus. Si ergo attendatur ad rationem boni materialem, id est ad primum quod requiritur ad bonum, scilicet inquantum bonum est perfectio illius cui est bonum, sic dico quod bonum magis et verius consistit in inanimatis quam in animatis. Nam bonum in inanimatis non solum est apparens perfectio eorum, sed est simpliciter et realis perfectio eorum. Bonum enim gravis, quod est perfectio gravis, scilicet locus naturalis eius, non tantum est apparens perfectio gravis, sed etiam realis; simpliciter est perfectio gravis. Ratio autem quare bonum in inanimatis est realis et simpliciter perfectio eorum, non tantum apparens, est ista: quia illud quod est causa inclinans ea in suum bonum est motor qui est intelligentia, qui non errat in actione sua. Et ideo, cum non | erret, si inclinat ea in bonum, illud est f. 101rb simpliciter et realiter bonum eorum, et non tantum apparens bonum. Sed quia non tantum prima causa sed etiam proxima causa in quibusdam animatis, ut voluntas, ipsa inclinat in illud quod videtur bonum eorum, scilicet animatorum, et haec nata est errare, propter hoc in animatis non semper quod videtur bonum et perfectio eorum est in rei veritate ita.

Si autem attendatur ad formalem rationem boni, scilicet ad secundum quod requiritur ad bonum, sic dico quod in animatis verius et magis consistit ratio boni, eo quod tale bonum rationem apprehensibilis et appetibilis habet. Unde et in tale bonum inclinantur animata; per hoc

---

5 inanimatis] Notabile de bono in animatis et in inanimatis *add. marg.*

4 ARISTOTELES, *Metaph.*, V, 14 (1020 b 23-25).

autem habent cognitionem eius. Et ideo gratia eius moventur animata et 35
agunt. Inanimata autem cognitionem non habent.

Quia ergo bonum verius consistit in illo secundo quam in primo, et quantum ad istud secundum verius et magis consistit ratio boni in animatis quam in inanimatis, propter hoc dicit ARISTOTELES in littera hic quod bonum simpliciter et verius est in animatis quam in inanimatis. 40

<QUAESTIONES 10 ET 11>

UTRUM APPETITUS IN BRUTIS SIT DETERMINATUS VEL NON
UTRUM IN BRUTIS APPETITUS SIT LIBER

Consequenter quaeritur utrum appetitus in brutis sit determinatus a natura vel non. 5

Et videtur quod non. Bruta, quia sentiunt aliquid delectabile, appetunt illud; quia autem sentiunt aliquid sibi triste, non appetunt illud sed fugiunt. Ergo non est in eis appetitus determinatus a natura, sed ex cognitione quam habent de appetibili.

Oppositum dicit ARISTOTELES. 10

Deinde quaeritur utrum in brutis appetitus sit liber.

Et videtur quod sic, quia bruta, una vice prosequuntur et appetunt, alia vice refugiunt, sicut manifeste apparet sensui. Hoc autem non esset nisi appetitus in eis esset liber. Ergo etc.

Oppositum vult ARISTOTELES *VII° Ethicorum* et in *III° De anima* et 15
multis aliis locis.

---

39 ARISTOTELES, *Metaph.*, V, 14 (1020 b 23-25).
2/3 Les deux thèses développées dans ces questions jumelées sont abordées aussi par d'autres commentateurs à propos de la phrase finale du chapitre d'Aristote sur la *qualité*. Cf. THOMAS DE AQUINO, *In Metaph.*, V, lect. 16, n. 1000: «Res autem irrationales animatae cognoscunt quidem finem et appetunt ipsum...; sed appetitus finis ... determinatur eis ex naturali inclinatione. Propter quod sunt magis acta quam agentia. Unde nec in eis est iudicium liberum».
10 Cf. ARISTOTELES, *De anima*, III, 10 où, mettant en relation l'imagination et l'appétit comme sources du pouvoir d'auto-locomotion dans l'animal, Aristote distingue une «imagination sensible» commune à tous les animaux et une «imagination rationnelle» propre à l'homme. Dans le texte parallèle de C (fol. 85ra), on trouve une référence à l'*Expositor*. Averroès écrit (*In V Metaph.*, com. 19, fol. 127 C-D): «... haec nomine bonum et malum non dicuntur simpliciter in maiore parte, nisi de accidentibus provenientibus a formis, quae sunt in animatis, et praecipue in animatis rationabilibus. Et quandoque dicitur bonum et non bonum de actionibus eius quod non est rationabile, sed raro». J. DUIN pense que l'*Expositur* est Thomas d'Aquin (*La doctrine de la providence...*, p. 240-241, n. 163).
15 ARISTOTELES, *Ethic. Nic.*, VII, 3 (1147 b 3-5); *De anima*, III, 10-11: cf. 11 (434 a 12): «D'où l'appétit ne contient pas d'élément délibératif».

Dicendum ad primum quod appetitus in brutis determinatur ex hoc quod eis ad sensum est aliquid delectabile: quia sentiunt aliquid delectabile, ideo appetunt illud. Quod autem hoc sit delectabile ad sensum eis et
20 hoc triste, hoc habent a natura, quia natura non tantum dedit brutis quod sentirent, sed etiam dedit eis naturam per quam sentirent hoc <esse> delectabile eis et hoc esse triste eis. Dedit enim eis natura quod hoc esset conveniens naturae eorum et ita delectabile, hoc autem disconveniens et ita triste. Et sic a natura habent bruta appetitus suos
25 determinatos.

Item, etiam ex alio determinatur in eis appetitus, etiam a natura, quoniam in eis non est ratio et virtus superior, scilicet intellectus, quae in iudicio suo contradicat iudicio sensuali quod habent de aliquo ipsa bruta, quemadmodum est in hominibus.

30 Ad rationem in contrarium dicendum quod in brutis determinatur appetitus ex hoc quod sentiunt aliquid sibi delectabile et conveniens; hoc tamen habent a natura, ut dictum est; ideo etc.

Ad secundam quaestionem dicendum quod in brutis appetitus non est liber. Cuius ratio est quia in eis non est sic vel sic appetere, ut quia in
35 potestate eorum sit quod appetant, vel quod iudicent hoc esse delectabile vel non esse delectabile; sed a natura habent quod tale iudicent sibi delectabile et conveniens, tale autem tristabile sibi. Et non idem possunt quasi in potestate vel arbitrio eorum sit aliquod unum iudicare delectabile vel non delectabile, vel quodcumque delectabile et quodcumque triste,
40 sicut in hominibus est, sed ut dictum est.

Ad rationem in oppositum dicendum quod hoc, scilicet quod «bruta una vice appetunt illud et prosequuntur, alia vice fugiunt», hoc est propter mutationem et diversitatem aliquam factam, vel in eo quod appetitur, vel in eo quod appetit seu in appetente. Manentibus tamen
45 extremis eisdem et in eadem dispositione, scilicet re appetibili et appetente ipso, necesse est actionem et motum qui fit ab utroque eorum esse eundem. Ideo etc.

<COMMENTUM 3>

Ad aliquid vero etc.
Notandum quod, sicut dicit AVICENNA in *Metaphysica* sua, ratio

2 Ad aliquid] Supra capitulum relationis notabile add. marg.

2 ARISTOTELES, *Metaph.*, V,15 (1020 b 26).
3 AVICENNA, *Metaph.*, tr. III, c.10, p. 179, l. 27-28.

essentialis eius quod est esse ad aliquid, sicut etiam ARISTOTELES dicit, est
quibus hoc ipsum esse quod sunt est ad aliud se habere; id est, dicit
AVICENNA, quorum essentia et substantia est in respectu alterius. Immo,
dicit ipse, quidditas et substantia eius quod est esse ad aliquid non
intelligitur nisi in respectu alterius, ut duplum id quod est essentialiter
non est, nec intelligitur, nisi in respectu alterius, ut dimidii, et e converso. Haec est ergo ratio universaliter eius quod est esse ad aliquid.

Sed ut videamus naturam totam relationis, notandum est diligenter
litteram ARISTOTELIS hic.

Et sciendum, sicut ipse innuit, quod prima divisio eorum quae ad
aliquid dicuntur est ista: quia quaedam dicuntur ad aliud secundum se;
quaedam autem dicuntur ad aliud non secundum se, sed ratione alterius.

Et ea quae dicuntur ad aliud secundum se dividuntur: quia quaedam
dicuntur ad aliquid secundum se et naturam suam, non quia 'ad' dicatur
ad ipsa, sed utrumque, secundum illud quod est, ad utrumque dicitur.
Quaedam autem dicuntur ad aliquid secundum se, non quia utrumque
extremorum, secundum illud quod est et naturam suam, dicatur ad
utrumque, sed quia unum, secundum se et naturam suam, dicitur ad
aliud. Ideo illud aliud dicitur ad ipsum, non tamen per naturam suam
propriam, sicut se habet scientia ad scibile et sensus ad sensibile et
mensura ad mensurabile, et etiam, sicut dicit AVICENNA, columna refertur
ad nos secundum dextrum vel sinistrum eius, quia hoc est in nobis,
scilicet dextrum vel sinistrum columnae. Non enim habet dextrum vel
sinistrum columna nisi in respectu nostrum, qui habemus nos sic ad eam
secundum dextrum vel sinistrum quod est in nobis.

Item, ea quae dicuntur ad aliquid sic, quod utriusque extremorum
essentialiter est esse ad aliud, dividuntur. Quia quaedam sunt quantitates
quarum una ad aliam dicitur, sive sint quantitates continuae sive
discretae, ita quod relatio quaedam fundatur super quantitatem, in
genere dico subiecti. Accidit enim relatio quantitati, ut dicit
COMMENTATOR, et non secundum substantiam suam in genere quantitatis, sed tantum sicut in genere subiecti est in quantitate. Quaedam autem
sunt quae referuntur ad invicem sicut activa et passiva, id est quaedam
relatio fundatur super potentiam activam et passivam.

Item, eorum quae referuntur, id est illae relationes quae fundantur in

29 utriusque] utroque *scr.*

4 ARISTOTELES, *Metaph.*, V,15 (1021 a 26-29). Toutefois Aristote limite cette définition aux
deux premières formes de relations: la relation selon le nombre et selon la puissance.
24 AVICENNA, *Metaph.*, tr. III, c.10, p. 175.
34 AVERROES, *Metaph.*, V, com. 20 (fol. 129 D).

habitudine quantitatis ad quantitatem, dividuntur: quia quaedam sunt quae fundantur in habitudine quantitatis discretae, quaedam quae fundantur in habitudine quantitatis continuae ad quantitatem continuam.

Item, relationes quae fundantur in quantitatibus discretis, in quantitatibus dico tamquam in genere subiecti, quaedam fundantur in habitudine numeri ad unum, quaedam in habitudine numeri ad numerum.

Et quae fundantur in habitudine numeri ad unum, possunt se habere dupliciter, scilicet aut determinate aut indeterminate: determinate, ut duplum ad dimidium, et similiter in aliis huiusmodi determinatis relationibus; et haec relatio, scilicet numeri ad unum determinate, potest ire in infinitum, (secundum quod numerus potest excrescere in infinitum, ut duo ad unum, tria ad unum, quatuor ad unum, et sic in infinitum), ut duplum, triplum, quadruplum, et sic in infinitum; indeterminate autem, sicut multiplex ad submultiplex, et huiusmodi.

Et si dicatur quod in huiusmodi relationibus, scilicet secundum quod dicitur duplum ad dimidium vel multiplex ad submultiplex, potest esse relatio numeri ad numerum, nam dimidium potest esse numerus, et etiam submultiplex potest esse numerus, dicendum quod, quia relatio sortitur nomen et rationem et speciem suam ab his in quibus primo reperitur, ratio relationis huiusmodi, qua relatione duplum dicitur ad dimidium et multiplex ad submultiplex et huiusmodi, primo reperitur in habitudine numeri ad unum, scilicet duorum ad unum. Ideo ab hoc tota ista relatio qua duplum dicitur ad dimidium et multiplex ad submultiplex et huiusmodi similes dicuntur et denominantur relationes numeri ad unum; quamquam etiam possint esse numeri ad numerum.

Item, relationes quae fundantur in habitudine numeri ad numerum dividuntur: quia quaedam fundantur super habitudinem numeri ad numerum determinate; quaedam autem indeterminate. Et determinate sicut prius <in> infinitum, sicut prius diximus in aliis relationibus, ut determinate quidem sicut numerus sesquialter, id est hemiolium ad subhemiolium, id est sesquialter ad subsesquialterum. Dicitur enim numerus sesquialter qui continet alium numerum totum et dimidietatem ipsius, ut tria se habet ad duo et sex ad quatuor, et hoc in infinitum. Indeterminate autem sicut numerus superparticularis ad numerum subsuperparticularem. Dicitur enim numerus superparticularis qui continet alium numerum totum et aliquid vel aliquam partem eius, et hoc indeterminate, ut quinque se habet ad tria, et huiusmodi. Et patet quod

---

69 (*et passim*) sesquialter] sexquilater *scr.*   72 tria] ter *scr.*

huiusmodi relationes, quibus sesquialter numerus refertur ad subsesquialterum et superparticularis ad subsuperparticularem, non est nec esse potest numeri ad unum, sed tantum numeri ad numerum; quia tam sesquialter numerus quam superparticularis dicitur qui continet aliquem numerum et aliquam eius partem. Nunc autem unum non habet partem, sed est indivisibile.

Si autem relatio sit quantitatis continuae ad quantitatem continuam, hoc potest esse primo dupliciter: quia aut quantitas continua dicitur ad quantitatem aliam continuam secundum aliquam proportionem numeralem, aut non per aliquam proportionem numeralem. Potest enim bene quantitas continua ad quantitatem continuam referri, non per hoc quod ad ipsam habeat aliquam proportionem numeralem, sed dicitur ad eam per hoc quod sibi aequalis est vel inaequalis; sicut diameter se habet | ad latus quadrati, quia penitus secundum omnem proportionem numeralem est sibi incommensurabilis, sed dicitur ad ipsum per hoc quod sibi inaequalis et incommensurabilis.

Si vero quantitas continua dicatur ad quantitatem continuam secundum aliquam proportionem numeralem, hoc potest esse aut excedendo eam in proportione numerali, aut per hoc quod excedetur ab ea.

Si dicitur ad eam secundum habitudinem excedentis eam in proportione numerali, tunc huiusmodi talis relationis quinque sunt species, quarum cuilibet respondent infinitae species, secundum quod in infinitum potest excrescere numerus vel proportio numeralis. Et similiter sunt quinque species correspondentes ex parte excessae quantitatis, quia cuilibet activo respondet suum passivum. Verbi gratia, species excedentis quantitatis dico sunt quinque, scilicet multiplex, superparticulare, et superpartiens, et multiplex <super> particulare, et multiplexsuperpartiens. Et cuilibet istorum respondet quantitas excessa, ut ad multiplex submultiplex, et ad superparticulare subsuperparticulare, et ad numerum superpartientem numerus subsuperpartiens, (et dicitur numerus superpartiens qui continet alium numerum multotiens et aliquam eius partem), ad multiplexsuperparticulare submultiplexsuperparticulare, ad multiplexsuperpartiens submultiplexsuperpartiens.

Et quaelibet ipsorum quantitatis excedentis potest habere species infinitas, nam multiplex ad submultiplex potest hoc ire in infinitum, superparticulare ad subsuperparticulare etiam, superpartiens etiam in infinitum; multiplexsuperparticulare etiam, tam ex parte multiplicis quam ex parte superparticularis numeri, et similiter multiplexsuperpartiens in infinitum, et ex parte qua multiplex et ex parte qua superpartiens.

Et sic tot modis, et non pluribus, possunt variari relationes quae fundantur super quantitatem, sicut diximus.

Adhuc tamen quaedam sunt relationes quae non fundantur super numerum sed super principium numeri, ut super unitatem, sicut simile, aequale, idem et huiusmodi. Nam dicuntur similia quorum qualitas est una; dicuntur aequalia quorum quantitas est una. Et ita huiusmodi relationes super unitatem et indivisionem universaliter fundantur.

Si autem aliqua dicantur ad aliquid secundum potentiam activam et passivam, hoc potest esse multipliciter. Nam secundum potentiam activam dicitur aliquid ad aliud primo dupliciter: scilicet aut activum dicitur ad passivum, ut calefactivum ad calefactibile et e converso; aut ut agens, scilicet in actu, dicitur ad passivum in actu. Et eodem modo intelligas de potentia passiva, ut calefaciens dicitur ad illud quod actu calefit.

Item, activum dicitur ad passivum diversis modis secundum diversitatem temporum: ut quod fecit ad illud quod factum est secundum praeteritum tempus, ut pater dicitur ad filium quia pater generavit filium, et filius generatus est; alio modo secundum futurum, ut facturum ad illud quod nondum factum est nec fit, sed faciendum est, ut quod calefaciet ad illud quod calefiet.

Item, non tantum per posse vel habere potentiam dicitur aliquid ad aliud, verum etiam per privationem potentiae, ut per non posse, ut invisibile, quia visu non potest comprehendi, et sic de aliis consimilibus.

Ergo ea quae dicuntur ad aliquid, vel quae sunt ad aliquid in isto secundo genere et primo relationis, sunt ad aliquid secundum se, ita quod utrumque extremorum secundum illud quod est essentialiter, est ad aliud; et utrumque secundum naturam suam propriam dicitur ad utrumque et non quia alterum includitur in altero.

Sed quantitates, ut numeri, non dicuntur ad aliquid per motum vel actionem, id est per potentiam aliquam activam vel passivam. Universaliter enim quantitates abstractae sunt a motu secundum rationem suam. Tamen tam relationes quae fundantur super quantitates, quam relationes quae fundantur super potentiam activam et passivam, sunt relationes secundum se, id est quod utrumque extremorum per se dicitur ad alterum, et non quia alterum includitur in altero.

Sed tamen, sicut dictum fuit, adhuc sunt quaedam quae dicuntur ad alterum non sicut praedicta, sed unum extremorum dicitur ad aliud, non secundum illud quod est essentialiter, sed per alterum extremum quod

43 altero] alterum *scr.*

includitur in eo; ut intelligibile et scibile dicitur ad scientiam, non secundum quod est scibile et intelligibile essentialiter, sed per hoc quod scientia est eius, scilicet scibilis vel intelligibilis; similiter sensibile ad sensum et mensurabile ad mensuram.

Et hoc ARISTOTELES probat per id quod nomen dicit. Intelligibile enim vel scibile dicitur vel significat quod eius est intellectus vel scientia. Ergo dicuntur ad scientiam per hoc quod intellectus vel scientia dicuntur ad ea, et non secundum illud ipsum quod sunt. Quae ergo secundum se, dicit ARISTOTELES epilogando, sunt ad aliquid, sunt ea quae dicta sunt in generali.

Et tunc sequitur secundum membrum primae divisionis, scilicet quod aliqua dicuntur vel sunt ad aliquid, non secundum se, sed ratione cuiusdam alterius. Et hoc potest esse tribus modis.

Nam aliqua sunt ad aliquid non ratione sui, inquantum scilicet sic per nomen significantur, sed ratione sui generis, ut medicina dicitur esse alicuius medicina, non per se, id est per hoc quod medicina, sed per hoc quod scientia, et ita per suum genus. Et debes scire, sicut hic dicit COMMENTATOR, quod quamquam medicina (illud quod est medicina) sit alterius, nam est aegri vel sani, sicut et scientia, tamen non ut sic nomine significatur, scilicet in eo quod medicina, sed in eo quod scientia. Quod autem secundum se dicitur respectu alterius dicitur ad ipsum secundum illam rationem quam nomen significat. Ideo medicina et huiusmodi non dicuntur ad aliquid secundum se, ut dictum est.

Alio modo dicitur aliquid ad aliud, non secundum se, sed per aliud, sicut abstractum per concretum, ut aequalitas quia aequale, et similitudo quia simile, et huiusmodi.

Tertio modo dicitur aliquid ad aliquid non secundum se, sicut subiectum dicitur ad aliquid per hoc quod sibi accidit aliquid, ut homo vel illud quod est duplum, sive sit homo sive lignum, vel quodcumque tale dicitur ad aliud, ut ad dimidium, per hoc quod sibi accidit esse duplum. Similiter etiam imago per istum modum dicitur ad illud cuius est imago.

Et sic apparuit iam quae est natura eius quod est esse ad aliquid et ratio essentialis. Apparuit etiam in speciali magis natura relatorum in diversis speciebus vel generibus relativorum.

60 ea] eam *scr.*

62 ARISTOTELES, *Metaph.*, V,15 (1021 b 3).
71 AVERROES, *Metaph.*, V, com. 20 (fol. 129 K-L).

<COMMENTUM 4>

UTRUM SCIBILE VEL SENSIBILE DICANTUR SECUNDUM SE AD ALIQUID

Sed tunc dubitatur, quia dicit quod scibile vel sensibile non dicuntur <secundum> se ad aliquid. Sed videtur quod secundum se dicantur,
5 quia sensibile dicitur quod est activum in sensum, et scibile vel intelligibile quod est activum in intellectum. Prius autem dixit quod activum secundum se dicitur ad passivum. Ergo et ista.

Dicendum quod sensibile vel scibile potest dupliciter considerari: vel in eo quod activum est unumquodque eorum, (hoc in sensum, illud vero
10 in intellectum); vel in eo quod sensibile et in eo quod scibile. Et utriusque est alia ratio secundum quod sic vel sic consideratur.

Modo dico quod quantum ad illam rationem qua activa sunt, non continentur in hac specie vel isto modo relationis, sed in secundo, quia secundum se dicuntur ad aliquid sicut activa ad passiva.
15 Quantum autem ad aliam rationem, sunt ad aliquid isto tertio modo, scilicet non secundum se; et sic intelligit ARISTOTELES.

<COMMENTUM 5>

UTRUM RELATIONES ET COMPARATIONES QUAS FACIT ANIMA
SINT IN ENTIBUS ABSQUE EO QUOD ANIMA SIT

Sed de relatione quaerit AVICENNA duas quaestiones. Una est utrum
5 relationes et comparationes huiusmodi quas facit anima sint in ipsis entibus absque eo quod anima sit, vel absque eo quod anima faciat istas operationes.

Et solvit AVICENNA, quod quaedam sunt relata vel relationes quae, etsi non esset anima, ipsae essent in entibus, sicut sunt illae relationes quae
10 fundantur super extrema quorum utrumque est, ut pater et filius; quia

---

4 ad aliquid] Sensibile inquantum sensibile non refertur ad sensum nisi quia sensus refertur ad ipsum, nam quia sensus dependet a sensibili, nec est in actu sine sensibili; et sic de scibili: nam, si sit aliquod scibile, non oportet quod sit scientia de ipso, sicut patet de quadratura circuli. *add. marg.*

3 ARISTOTELES, *Metaph.*, V, 15 (1021 a 29 - b 3).
6 ARISTOTELES, *Metaph.*, V, 15 (1021 a 14-15).
16 ARISTOTELES, *Metaph.*, V, 15 (1021 a 29 - b 3).
4 AVICENNA, *Metaph.*, tr. III, c. 10, p. 178.
8 AVICENNA, *Metaph.*, tr. III, c. 10, p. 179-183.

enim pater habet in se esse patris secundum quod dicitur ad filium, et filius habet in se esse filii secundum quod dicitur ad patrem, ideo pater dicitur ad filium et e converso, | etsi intellectus non faciat hanc comparationem.

Tamen quaedam relationes sunt quae, etsi non esset anima, non essent, sicut est comparatio prioris alicuius in esse ad id quod nondum est in actu sed in potentia tantum, ut secundum quod intellectus comparat materiam ad formam, dicens quod est in potentia ad formam, et sic in talibus consimilibus.

<COMMENTUM 6>

UTRUM RELATIO SIT IN UTROQUE EXTREMO SICUT IN SUBIECTO. UTRUM SIT UNA RELATIO QUA UTRUMQUE EXTREMORUM REFERTUR AD ALTERUM

Aliam quaestionem solvit AVICENNA: utrum relatio habeat esse sicut in subiecto in utroque extremo relationis; et utrum sit una relatio qua utrumque extremorum refertur ad alterum, ut qua pater refertur ad filium et filius ad patrem.

Et dicendum quod relatio non in utroque extremorum habet esse sicut in subiecto, sed in altero tantum, ut paternitas habet esse ut in subiecto in ipso patre et non in filio, et filiatio in filio et non in patre, et sic de aliis.

Etiam dicendum quod non est una relatio qua utrumque extremorum dicitur ad alterum, sed sunt duae relationes: ut relatio qua pater dicitur ad filium dicitur paternitas, et relatio qua filius dicitur vel refertur ad patrem dicitur filiatio; et istae sunt duae relationes.

<COMMENTUM 7>

UTRUM SCIENTIA DICATUR AD ALIQUID SECUNDUM SE, ET IN QUO PRAEDICAMENTO SIT

Sed tunc dubitatur de scientia, utrum scilicet scientia dicatur ad aliquid secundum se <et> in quo praedicamento sit ipsa scientia.

Et arguit AVICENNA quod scientia sit in praedicamento substantiae, ita quod ipsa sit substantia. Et hoc sic: scientia est quidditas rei expoliata a

---

5 AVICENNA, *Metaph.*, tr. III, c. 10, p. 180-181.
6 AVICENNA, *Metaph.*, tr. III, c. 8. p. 157.

materia. Et hoc expresse videtur sentire ARISTOTELES *XII° Metaphysicae*, quando dicit: ars aedificatoria est quidditas domus et ars medicinae quidditas quaedam. Ergo saltem aliqua scientia, ut scientia quae est ipsius substantiae, est in praedicamento substantiae.

Et maxime, dicit AVICENNA, hoc erit verum de scientia substantiarum separatarum in nobis. Nam et dicit ARISTOTELES, *XII° huius*, quod substantiae separatae sunt scitae secundum se, ita quod, cum sciuntur, substantiae separatae non sciuntur per aliquid quod sit diversum a substantia et essentia earum, sed species intelligibiles quibus sciuntur et intelliguntur sunt ipsaemet substantiae et essentiae earum. Ergo scientia earum quae est in nobis substantia est, et in praedicamento substantiae, cum illae substantiae separatae sint etiam substantiae.

Praeterea, arguitur ratione una quam AVICENNA non facit, quod scilicet scientia sit forma substantialis, quia universaliter omnis forma quae advenit alicui non habenti esse actu per aliquam naturam, sed tantum esse in potentia, per hanc autem habet esse in actu, est sibi forma substantialis. Nunc autem scientia adveniens alicui est huiusmodi. Ergo etc.

Probatio maioris: Dicit enim ARISTOTELES, *III° De anima*, quod intellectus noster, antequam actu intelligat, nullam habet naturam aliam nisi quod possibilis dicitur et potens esse. Cum autem advenit sibi scientia, ut cum actu intelligat, tunc dicitur intellectus in actu. Et similiter cum intellectus non sit intelligibilis nisi cum intellectus actu iam intelligit aliquid, tunc enim seipsum reflectendo intelligit, et intellectus, ut dictum est, ante intelligere non est aliqua natura in actu intelligibilis, sed tantum in potentia, fit autem actu cum intelligit et habet scientiam de aliquo, ergo etc. Scientia igitur est forma substantialis, et sic est in praedicamento substantiae et non relationis.

Sed videtur quod sit in praedicamento qualitatis, quia hoc dicit ARISTOTELES in *Praedicamentis*, quod virtus et scientia sunt in prima specie qualitatis. Et item dixit superius, capitulo *De quali*, quod universaliter virtus et vitium, bonum et malum, dicuntur qualia. Ergo scientia est in praedicamento qualitatis.

8 XII°] II° *scr.*

8 ARISTOTELES, *Metaph.*, XII, 4 (1070 b 33-34).
12 AVICENNA, *Metaph.*, tr. III, c. 8, p. 160.
13 ARISTOTELES, *Metaph.*, XII, 7 (1072 b 20-21).
26 ARISTOTELES, *De anima*, III, 4 (429 a 18-24).
37 ARISTOTELES, *Categ.*, 8 (8 b 29-32).
38 ARISTOTELES, *Metaph.*, V, 14 (1020 b 12-13).

Sed videtur quod in praedicamento relationis, quia ARISTOTELES, iuxta finem huius capituli *Ad aliquid*, concludendo dicit quod «ergo secundum se dicta ad aliquid sunt quae dicta sunt». Et cum numeravit prius scientiam inter talia quae sic dicuntur ad aliquid, ergo videtur per ipsum quod scientia secundum se collocetur in hoc genere, scilicet relationis.

Et praeterea, si ARISTOTELES vidisset quod scientia non secundum se diceretur ad aliquid, sed per aliud, iam non numerasset scientiam inter numerum relatorum secundum se, sed inter numerum relatorum per aliud, quos ponit in fine lectionis. Ergo etc.

Ratio per quam probat AVICENNA quod sit in praedicamento substantiae non probat quod sit in praedicamento substantiae. Et solvit eam AVICENNA sufficienter, dicens quod scientiae rerum non sunt essentiae et substantiae ipsarum rerum, sed sunt impressiones in anima similes ipsis rebus et ipsis substantiis rerum. Nam substantiae rerum et essentiae non sunt in anima, sed species et similitudines earum. Unde et in hoc erravit EMPEDOCLES et quidam alii Antiqui, ut ARISTOTELES dicit, quia credebant quod, quia anima est omnia quia cognoscit omnia, quod esset substantiae et essentiae omnium, et ita quod esset composita ex omnibus substantiis omnium rerum. Et sic dicit AVICENNA quod scientia non est substantia et essentia rei et quidditas, sed impressio similis illi rei.

Et dicit etiam AVICENNA de substantiis separatis quod etiam scientia quam habemus de ipsis non est substantia et essentia earum, sed impressio etiam similis eis, ita quod intelliguntur et sciuntur substantiae separatae non per suas essentias, sed per species et similitudines quasdam quae sunt aliud a substantia earum.

Et si tu dicas quod ARISTOTELES in *XII°* dicit quod substantiae separatae sunt secundum se intellectae et scitae, ergo per suam substantiam et non per aliud, (si enim per aliud a substantia earum essent scitae, ita quod scientia esset accidens eis, iam non essent secundum se scitae), dicendum quod quidquid sit de hoc, (utrum scilicet substantiae separatae intelligantur a nobis per suas essentias et substantias, ita quod non sint species intelligibiles quibus eas intelligimus aliud quam substantiae et

47 per aliud] Sicut videtur velle, scientia et huiusmodi non sunt relata per se, sed ea quae dicuntur ad ea. *add. marg.* 72 aliud] ad *scr.*

42 ARISTOTELES, *Metaph.*, V, 15 (1021 b 3-4).
49 ARISTOTELES, *Metaph.*, V, 15 (1021 b 4-11).
56 ARISTOTELES, *De anima*, I, 5 (409 b 23-28).
59 AVICENNA, *Metaph.*, tr. III, c. 8, p. 158-160.
61 *Ibidem*, p. 162.
66 ARISTOTELES, *Metaph.*, XII, 7 (1072 b 20-21).

essentiae earum, vel non, sed sint species intelligibiles quibus eas intelligimus aliud a substantiis et essentiis earum, nam et de hoc tangitur
75 in XII° huius), tamen dico ad rationem, quando dicis «sunt secundum se intellectae», verum est ab eis, sed non a nobis; ita quod cum ipsae intelligant se, idem est scientia et scibile, sed non sic cum intelliguntur a nobis. Nam cum intelliguntur a nobis, species intelligibilis mediante qua intelligimus non est ipsa substantia et essentia earum intellecta; sed cum
80 intelligunt se, una aliam vel seipsam, species intelligibilis idem est quod substantia et essentia intellecta. Et ideo scientia quae est in eis de ipsis idem est quod substantia et essentia earum; scientia tamen nostra non, de qua est nunc intentio et sermo.

QUAESTIO <12>

UTRUM PRIMUM PRINCIPIUM SIT PERFECTUM SIC QUOD IN EO SINT PERFECTIONES INVENTAE IN QUOCUMQUE GENERE RERUM

Perfectum vero etc.
5 De perfecto secundum virtutem quaeritur primo utrum Primum Principium, sicut dicit ARISTOTELES et etiam COMMENTATOR hic, sit

76 ipsae] ipsa *scr.*   83 sermo] Secundum non videtur posse solvi, nisi quis dicat quod intellectus secundum se est aliquid actu existens, privatum tamen scientia et ratione, et existens in potentia ad ista. Utrum tamen sit in genere qualitatis vel relationis, dubito; sum tamen certus quod idem in diversis praedicamentis esse non potest, nisi forte principaliter esset in uno et postea per aliquam attributionem vel respectum esset in altero. In quo tamen sit, nescio modo. Jacobus. *add. marg.*

75 Cf. ARISTOTELES, *Metaph.*, XII, 9.
4 ARISTOTELES, *Metaph.*, V, 16 (1021 b 12).
5 ARISTOTELES, *Metaph.*, V, 16 (1021 b 14-23). Le parfait «secundum virtutem» est la deuxième des trois manières d'être parfait.
6 ARISTOTELES, *Metaph.*, V, 16 (1021 b 30 - 1022 a 1); AVERROES, *Metaph.*, V, com. 21 (fol. 131 B-C). Averroès, suivi par Siger, semble aller ici au-delà du texte. Il rapporte à Dieu la description que donne Aristote des choses dites parfaites: «... perfecta sunt illa quorum nihil invenitur in eis per quod dicuntur imperfecta in eis, aut extrinsecus; et ista est dispositio primi principii, scilicet Dei. Et forte intelligit per hoc quod dixit 'et quibus nihil est extra', id est, et a quibus nihil diminuitur ex eis quae sunt. Et hoc potest intelligi per hoc quod dixit 'ita quod in eis non est nobilitas in unoquoque generum', id est, quando de eis non diminuitur nobilitas ex eo quod invenitur in unoquoque generum». Voyez aussi THOMAS DE AQUINO, *In V Metaph.*, lect. 18, n. 1040: «Et haec est conditio primi principii, scilicet Dei, in quo est perfectissima bonitas, cui nihil deest de omnibus perfectionibus in singulis generibus inventis».

perfectum sic quod in eo sint perfectiones inventae in quocumque genere rerum.

Et arguitur quod non. Perfectiones inventae in quocumque genere sunt diversae; in Primo autem non sunt diversae; ergo in eo non sunt perfectiones in quocumque genere inventae.

Praeterea, perfectiones in quocumque genere inventae, aliquae sunt oppositae; in eodem autem non sunt oppositae; ergo in eo non sunt etc.

Contrarium dicit ARISTOTELES hic. Dicit enim quod est quoddam perfectum secundum virtutem, extra quod non est aliqua virtus nec aliqua perfectio, sed in eo sunt omnes virtutes, omnes perfectiones, etc.

Dicendum sicut ARISTOTELES dicit *XII° huius*: quidam attendentes quod facta ex principiis sunt nobiliora quam principia ipsa, sicut facta ex seminibus nobiliora sunt quam semina, ut facta ex spermate nobiliora sunt quam sperma, ex hoc crediderunt quod primum principium non esset perfectum, sed imperfectum. Et defectus istorum, sicut ARISTOTELES ibidem dicit, fuit quia non attenderunt nisi ad principium materiale, de quo verum est quod dicunt, sed non attenderunt ad principium in genere formae, in genere efficientis, vel etiam finis. | De quo falsum est quod dicunt, scilicet quod facta ex principiis nobiliora sint quam ipsa principia; sed principia nobiliora sunt factis ex eis. Sic, quamquam facta ex spermate nobiliora sint quam sperma, tamen aliud principium est effectivum illius facti quod nobilius est ipso spermate, sicut homo generans, et nobilius est inquantum huiusmodi ipso facto ex spermate inquantum factum. Et quia Primum Principium est causa omnium rerum effectiva, ideo ipsum est nobilius et perfectius omnibus aliis entibus.

Estne ergo Primum perfectum sic quod in eo sint perfectiones inventae in quolibet genere? Dico quod sic et probatio huius est ista: effectus enim omnis est in sua causa aut secundum eandem rationem aut secundum aliam et nobiliorem. Saltem omnis effectus est in sua causa effectiva virtualiter, sicut omnes substantiae generabiles et qualitates sunt in sole. Cum ergo Primum Principium sit omnium aliorum entium effectivum primum, sequitur quod in eo sit omnis perfectio, ut bonitas, essentia, vita, etc., et omne quod in aliis entibus reperitur. Sed non reperiuntur in eo haec per eandem rationem per quam sunt in aliis entibus, ita quod perfectiones inventae in aliis entibus sint eaedem penitus secundum quod

---

10 diversae²] diversa *scr*.   13 oppositae¹] compositae *scr*.   oppositae²] composita *scr*.

14 ARISTOTELES, *Metaph*., V, 16 (1021 b 30 - 1022 a 1).
17 ARISTOTELES, *Metaph*., XII, 7 (1072 b 30 - 1073 a 3).
22 ARISTOTELES, *Metaph*., XII, 7 (1072 b 30 - 1073 a 3).

dicuntur de creaturis et secundum quod dicuntur de Creatore. Unde non sunt eadem specie nec eadem genere; sed bene sunt eadem analogia. Quoniam si omnia entia, secundum ARISTOTELEM, sunt eadem analogia,
45 quia ens analogice idem est dictum de omnibus entibus, tam de Primo Ente simpliciter quam de aliis, sequitur quod omnes perfectiones in quocumque genere aliorum entium inventae sint eaedem in Primo Principio et in aliis entibus, non specie nec genere, sed analogia.

Per hoc ergo apparet responsio ad rationes in contrarium, quia,
50 quamquam perfectiones repertae in quocumque genere sint diversae, tamen prout sunt in Primo Principio non sunt diversae, quia altiore et nobiliore modo sunt in eo quam in aliis entibus.

Eodem modo dicendum ad aliam rationem, quia, quamquam aliquae sint oppositae, in eo tamen non sunt oppositae.

QUAESTIO <13>

UTRUM HAEC SIT PER SE: CALLIAS EST HOMO VEL SORTES EST HOMO

Ex aliquo autem esse etc.

Circa capitulum *De per se* quaeritur utrum Callias sit homo per se vel
5 secundum se.

<Et videtur quod non>, quia dicit ARISTOTELES *IV° huius*, et in multis aliis locis, quod homo accidit Sorti et e converso etiam. Ergo etc.

2 Praeterea, dixit ARISTOTELES superius quod homo musicus est homo secundum accidens. Hoc autem non est nisi quia homo musicus est
10 aliquid dictum secundum accidens. Sed sic est de Callia vel de Sorte, quia in Sorte sunt aliqua quorum unum accidit alteri. Ergo haec est per accidens: 'Sortes vel Callias est homo seu animal'.

Oppositum dicit ARISTOTELES in littera, capitulo *De secundum se*.

Dicendum quod 'triangulus cupreus est triangulus', haec est per
15 accidens. Et ratio huius est quia in triangulo cupreo duo sunt, quorum

3 Ex aliquo] Circa capitulum De per se *add. marg.*

44 Cf. ARISTOTELES, *Metaph.*, IV, 2 (1003 a 33 - b 10).

3 ARISTOTELES, *Metaph.*, V, 24 (1023 a 26). Ce lemme est tiré du chapitre 24, alors que la q. 12 se rapportait au chapitre 16 et que la q. 13 se rapporte au chapitre 18.
4 ARISTOTELES, *Metaph.*, V, 18 (1022 a 24-36).
6 Cf. ARISTOTELES, *Metaph.*, IV, 4 (1007 a 20 - b 18).
8 ARISTOTELES, *Metaph.*, V, 7 (1017 a 8-18). Cf. 9 (1017 b 28-33).
13 ARISTOTELES, *Metaph.*, V, 18 (1022 a 25-36).

unum accidit alii; nam est ibi triangulus et est ibi cuprum, et cuprum accidit triangulo. Unde triangulus est absolute. Et ideo, quamquam haec 'triangulus cupreus est triangulus' non sit per accidens ratione alterius partis, scilicet trianguli, immo triangulus per se est triangulus, tamen ratione alterius partis, scilicet cupri, triangulus accidit triangulo cupreo. 20

Unde quandocumque sunt aliqua duo quorum unum accidit alteri, si aliquod tertium praedicetur de illo tali dicto secundum accidens, quamquam illud tertium insit ei per se ratione alterius partis aggregati, dicitur propositio illa per accidens; licet non pure per accidens, sed est aliquo modo per se et aliquo modo per accidens. 25

Sic est in proposito. Sortes enim et Callias in se includit illud quod est de essentia sua, et substantia et ratione, scilicet hominem aut animal. Includit etiam in se nihilominus aliquid quod accidit substantiae et rationi substantiali et essentiali eius, scilicet hanc materiam. Ideo haec est per accidens aliquo modo 'Callias est homo', et aliquo modo per se. Licet 30 enim materia, absolute considerata, non accidat rationi speciei, tamen materia haec vel illa accidit sibi; nam potest homo esse sine hac materia, licet non sine materia simpliciter. Et ideo ratione huius quod Sortes includit hanc materiam, homo inest Sorti accidentaliter. Sed ratione huius quod Sortes includit in se materiam humanam et naturam 35 humanam, inest ei homo essentialiter et per se.

Et per hoc apparet solutio ad rationes; procedunt enim suis viis.

QUAESTIO <14>

UTRUM HAEC SIT PER SE: ANIMAL EST HOMO

Deinde quaeritur utrum haec 'animal est homo' sit per se.

Arguitur quod non, nam dixit ARISTOTELES superius quod universalia insunt per se, ita quod quod per se inest, universaliter inest. Nunc autem 5 non omne animal est homo. Ergo haec 'animal est homo' non est per se.

2 Praeterea, 'per se' est nota causalitatis in subiecto, nam hoc dicit 'per se'. Si ergo animal per se, id est per hoc quod est animal, esset homo, tunc ad quaecumque se extenderet causa, id est animal, se etiam extenderet homo. Ergo, cum animal per hoc quod animal sit omne animal, iam 10 omne animal esset homo.

3 Praeterea, si animal esset homo per se, hoc non videtur posse esse alio modo nisi quia praedicatum est de ratione subiecti, nam aliis modis

---

4 ARISTOTELES, *Metaph.*, V, 9 (1017 b 35).

per se non videtur esse, si bene consideres. Hoc autem non est verum, nam animal non definitur per hominem. Ergo animal non est per se homo.

4 Praeterea, sicut rationale non est per se animal, sic nec animal est per se rationale; quia, sicut ARISTOTELES dicit *III° huius*, nec genus praedicatur de differentia per se, nec differentia de genere. Sed si animal non est per se rationale, tunc nec est per se homo.

Oppositum arguitur, quia ARISTOTELES superius, in modis secundum accidens, posuit unum modum entis secundum accidens secundum quod subiectum accidit praedicato, ut musicum est homo secundum accidens, quia subiectum accidit praedicato. Modo arguo. Si ex hoc quod subiectum accidit praedicato est unus modus entis secundum accidens, sic ex hoc quod subiectum est essentiale praedicati, immo de substantia praedicati, est unus modus entis per se, vel est propositio talis per se. Nunc autem sic est in proposito, nam animal de substantia et essentia hominis est; ergo animal per se est homo.

2 Praeterea, si animal per accidens esset homo, iam unum eorum accideret alii. Nunc autem unum eorum non accidit alteri: homo enim non accidit substantiae animalis. Ergo animal per se est homo.

3 Praeterea, ibi est essentialis habitudo et comparatio, et necessaria, scilicet hominis ad animal; quod patet quia sequitur non nisi ex necessariis praemissis 'animal est homo'. Ergo est per se 'animal est homo'.

4 Praeterea, si esset per accidens, iam esset in aliquo modorum entis secundum accidens quos posuit ARISTOTELES superius. Nunc autem nullum talem modum entis secundum accidens invenies inter illos modos quos posuit ARISTOTELES superius. Ergo non est per accidens, ut videtur.

Dicendum quod animal est homo, non per aliquid additum suae substantiae, scilicet animalis, sed per illud idem per quod est animal, id est per suam substantiam animal est homo. Nam haec res quae est homo non accidit substantiae animalis, sed animal per suam substantiam est homo. Tamen quamquam animal per suam substantiam et non per aliud sit homo, tamen per suam substantiam sub hac ratione, scilicet qua est animal, non est homo; | immo sub tali ratione accidit sibi homo. Ita quod   f. 102rb sunt ibi duo: quorum unum est quod animal, per id <per> quod substantialiter est animal, est homo; sed per id per quod substantialiter

---

18 ARISTOTELES, *Metaph.*, III, 3 (998 b 22-27).
21 ARISTOTELES, *Metaph.*, V, 7 (1017 a 19-24).
38 ARISTOTELES, *Metaph.*, V, 7 (1017 a 7-22).

est animal sub hac ratione qua est animal, sic animal per accidens est homo, et non per se.

Primo autem modo est per se; nec est ibi accidentalitas primo modo, sed secundo modo tantum, quia ratio accidit animali. Licet haec substantia absolute, non considerata sub tali vel tali ratione, non accidat illi substantiae aliae, consideratae absolute, non <sub> tali vel tali ratione, tamen haec substantia considerata sub tali ratione et illa sub tali ratione, una bene accidit alii; ut ratio hominis qua est homo, sub tali ratione qua est homo, accidit animali sub ratione qua est animal. Nunc autem ad hoc quod aliquid insit alicui per se, non tantum oportet quod substantia non accidat substantiae, id est quod unum secundum suam substantiam non accidat alteri secundum suam substantiam; sed etiam oportet quod unum sub ratione qua tale est non accidat alteri, etiam sub ratione qua tale est. Ita quod ad hoc ut animal per se esset homo, non tantum oporteret quod animal, per illud quod substantialiter est animal, esset homo, sed etiam sub ratione qua est animal.

Et ideo, quamquam dicas quod animal necessario est homo et quod animal essentialiter est homo, ergo est per se, bene concluderes, si aliud non oporteret esse ad hoc quod esset per se. Nunc autem aliud oportet esse, scilicet quod ratio unius non accidat rationi alterius. Istud autem non est hic. Ideo animal per accidens est homo, licet non ita pure per accidens sicut si ibi esset ex toto accidentalitas.

Per hoc apparet solutio ad rationes.

<COMMENTUM 8>

Genus vero dicitur etc.

Quaeritur de ente per accidens. Videmus enim, tam in his quae fiunt a proposito quam in his quae fiunt a natura, quod attendendo ad illa duo vel plura quae sibi concurrunt, in quorum concursu consistit ens per accidens, ens per accidens non habet causam per se et unitivam illorum concurrentium; ita quod nullum eorum est causa quare sibi concurrunt et sint simul. Sed attendendo extra illa sibi concurrentia, bene videtur esse causa aliquid per se illius concursus illorum.

53 animali] rationi *scr.*   64 oporteret] oportet *scr.*

2 ARISTOTELES, *Metaph.*, V, 28 (1024 a 29). Une fois de plus le lemme est étranger au contexte de la question précédente (qui se rapporte au chapitre 18) et au contenu du *Commentum 8*, qui se rapporte au chapitre 30.
3 ARISTOTELES, *Metaph.*, V, 30.

Verbi gratia, in his quae fiunt a proposito. Si enim bos alicuius cecidit in puteum, tunc dicimus quod ille cuius erat bos ille, mittit unum servientem ad puteum. Deinde autem mittit alium servientem per aliam partem ad puteum, ut illi duo servientes, sibi concurrentes ad puteum, extrahant bovem de puteo. Modo huius concursus, scilicet quod ambo servientes sibi obvenient in puteo, nullus servientium est huius causa, sed est praeter intentionem utriusque servientium. Sed attendendo ad tertium, scilicet ad dominum qui misit eos tali intentione ut sibi adiuvarent et traherent bovem de puteo, illi iste concursus non est accidens. Sed ipse est causa uniens eos, causa illius concursus eorum, causa per se et non accidentaliter, cum tali intentione miserit eos.

Similiter etiam est in his quae fiunt a natura. Quod enim hac herba florente, illa floreat, et ita quod istae duae herbae sint simul in floratione, huius causa per se non est in entibus concurrentibus, id est in illis herbis. Virtus enim florativa quae est in hac herba causa ut ipsa floreat, non est causa ut, ipsa florente, simul floreat illa alia. Sed attendendo extra istas herbas concurrentes sibi, puta ad accessum solis in tali situ, est dare causam unitivam harum herbarum in floratione. Et sic est in aliis.

QUAESTIO <15>

UTRUM EXTRA ILLA QUAE SIBI ACCIDENTALITER CONCURRUNT
SIT CAUSA PER SE ET DETERMINATA, UNITIVA EORUM
QUARE IPSA SINT SIMUL ET CONCURRUNT,
CUM IN EIS NON SIT CAUSA HUIUS CONCURSUS

Ideo quaeritur utrum extra illa quae sibi concurrunt sit causa per se et determinata, unitiva eorum quare ipsa simul sint et sibi concurrunt, cum in eis non sit causa.

Et arguitur quod sic duobus mediis. Quia, si aliquis talis effectus, scilicet per accidens hic inferius eveniat, tandem saltem hunc effectum erit reducere in Causam Primam omnium, scilicet in providentiam divinam. Sed ipsa est per se causa unitiva omnium effectuum; non sibi nihil concurrit, nihil tamen ab eius causalitate effugere potest. Ergo effectus per accidens habet per se causam unitivam aliquorum duorum quae sibi concurrunt et simul eveniunt sicut raro.

2 Praeterea, arguitur sic. Si aliquis est talis effectus, scilicet per accidens, cum nullum illorum duorum vel plurium, quorum concursus

15 servientium] servientum *scr.*   22 simul] sibi *scr.*   10 inferius] est *add.*

est ille effectus per accidens, sit per se causa unitiva concursus illorum, oportet dare aut extra illa causam per se unitivam illorum, aut oportet dare effectum contingere sine causa; cum non detur causa illius effectus, saltem sufficiens, quosque statur in causa per accidens, quia illius causae per accidens adhuc quaeritur causa, et sic oportet dare tandem causam per se et determinatam illius effectus.

Et declaratur ratio ista sic in exemplo. Si aliquis mercator vadat ad aliquem locum, ut ad aliquam villam, in eundo obviet latronibus et expolietur ab eis, huius effectus per accidens, scilicet quod sibi concurrant, scilicet mercator et latrones, oportet esse aliquam causam per se. Nunc autem huius causa per se non est nec mercator nec latrones, quia praeter intentionem utrorumque est ille concursus. Ergo causam oportet dare extra eos.

Et si dicis quod causa est quia mercator volebat ire ad villam pro tali causa et latrones etiam ibant ad eandem villam pro una alia causa, et ideo cum quilibet vellet ire ad eandem villam, necesse erat quod sibi concurrerent in via, si per eandem viam ibant, si hanc causam reddis, adhuc contingit quaerere causam quare scilicet iste et etiam illi volebant ire ad eandem villam. Et sic quousque non dederis causam per se et determinatam illius effectus, quaeret intellectus et non sistet quaerere. Quare etc.

Oppositum huius dicit ARISTOTELES expresse hic in littera, et expresse dicit in *VI° huius* quod ens per accidens non habet causam aliquam, nisi indeterminatam et per accidens.

2 Et praeterea, arguitur ratione. Nam si esset causa aliqua per se et determinata et unitiva essentialiter, non accidentaliter, entis per accidens, tolleretur ratio entis per accidens. Quia si haberent causam unitivam et essentialiter sui concursus aliqua duo sibi concurrentia, vere concursus eorum non eveniret ex illa causa raro, sed sicut semper aut sicut frequenter; eo quod posita illa causa, poneretur unum illorum sibi concurrentium. Et cum non posset contingere ex illa causa sine alio cui concurrebat, ex quo eorum causa est per se unitiva eorum, sequitur quod quandocumque unum eorum erit ex sua causa, quod reliquum etiam sit; et sic erunt simul sicut semper vel sicut frequenter et non raro. Et ita tolletur ratio entis secundum accidens. Ergo etc.

Dicendum quod multa sunt in entibus, ut apparet nobis ad sensum, quae contingunt non ex necessitate et semper vel sicut frequenter, sed in

---

39 ARISTOTELES, *Metaph.*, V, 30 (1025 a 24-25).
40 ARISTOTELES, *Metaph.*, VI, 2 (1026 b 27 - 1027 a 9).

minore parte, sed raro. Et talis effectus si evenit, causam per se et essentialem propinquam non habet; causam tamen per se et essentialem remotam tamen bene habet tandem, cum reducetur in Causam Primam simpliciter, quae est per se causa omnium.

Sed intelligendum ulterius quod effectum talem esse, et habere causam propinquam per se, bene repugnant; | et tollitur statim cum ponitur f. 102ᵛᵃ causa propinqua per se, ratio entis secundum accidens, sicut dicebatur in obiciendo; quia statim quod unum illorum sibi concurrentium esset, simul esset et aliud, ex quo concursus eorum et simultatis est causa propinqua per se et determinata. Sed habere causam essentialem et per se, remotam tamen, non tollit rationem entis per accidens.

Cuius ratio est quia illa causa per se unitiva illorum duorum, quae nunc sibi concurrunt et uniuntur, potest esse causa unius illorum ut sit alias, absque eo quod sit causa ut aliud sit cum eo; ita quod potest unum illorum contingere ex illa causa per se remota aliquando et non erit tunc aliud illorum. Et ita, licet nunc posita tali causa per se, quae est causa per se remota utriusque istorum, et etiam unionis eorum et concursus, non quandocumque continget unum eorum ex ea, continget simul et aliud, sed unum potest evenire sine alio. Ergo stare poterit ratio entis per accidens, scilicet quod eveniat ille concursus illorum raro, et non ex necessitate, nec sicut frequenter.

Ita quod secundum hoc, aliqua duo esse simul potest contingere tribus modis. Uno modo possunt aliqua duo esse simul quia unum est per se et essentialis causa alterius, sicut se habent risibile et homo. Alio modo aliqua sunt simul, non quia unum sit alterius causa, sed quia ambo sunt sub una causa propinqua per se, qua posita, non potest poni unum eorum sine eo quod ponatur aliud; et ista simul contingunt ex ea, et hoc sicut semper vel sicut frequenter. Tertio modo possunt aliqua esse simul quia ambo sunt sub aliqua una causa per se unitiva eorum, non propinqua sed remota; et talia esse simul non contingit nec sicut semper nec sicut frequenter, sed raro, sicut visum fuit.

Sed contra illud quod dictum est arguitur, scilicet quod causa per se remota tollat rationem entis per accidens. Nam detur modo aliquem effectum talem contingere, scilicet aliqua duo sibi concurrere accidentaliter. Eius est aliqua causa, sed nullum illorum concurrentium est eius causa. Tunc ergo reducam illum concursum in aliquas duas causas sibi concurrentes, et iterum illas duas causas alias sibi concurrentes in alias

60 ponitur] tollitur scr.   78 habent] habet scr.   86 Sed contra] Arguit contra se add. marg.

duas causas sibi concurrentes, et illas in alias duas concurrentes; et sic quousque devenero ad aliquid unum per se unitivum et non accidentaliter illorum duorum concurrentium. Illa ergo causa per se unitiva istorum unit aliqua duo sibi concurrentia ex necessitate vel sicut frequenter, sicut illa duo ultima concurrentia in quibus steti. Puta, si sint aliquae duae stellae quae sibi concurrant in caelo, ut cum una est hic in tali ubi vel aspectu, alia sit in alio tali ubi vel aspectu simul, cum illa est in illo; et ulterius faciant concurrere alios duos effectus hic inferius, ut aliquas duas herbas simul florere, vel aliquid tale; dico quod illae stellae sibi concurrant sic, causa est Prima Causa. Ergo, cum illarum stellarum concursus non reducatur ulterius in alias causas sibi concurrentes, sed in causam per se et determinatam, scilicet in Causam Primam, erit concursus harum stellarum sicut semper vel sicut frequenter; ita quod quandocumque Causa Prima faciet quod haec stella sit in tali ubi vel tali aspectu, simul cum hoc faciet quod illa alia stella sit in illo alio ubi vel aspectu, ut prius erat. Et si sic, tolletur ratio entis per accidens, quia non erit ens per accidens, si das quod ens per accidens habeat causam per se, etiam remotam.

Dicendum ad hoc, sicut dixi, quod habere causam per se et essentialem, remotam tamen, non tollit rationem entis per accidens; immo nisi esset aliqua una causa quae per se uniret aliquando aliquas duas causas, ut puta duas stellas vel huiusmodi, ut cum faceret unam esse in tali situ, faceret etiam illam aliam esse in illo alio situ, non esset in entibus umquam ens per accidens, ex quo non datur causa sufficiens effectus quousque statur in causa per accidens. Nam quod ista duo concurrant sibi, quid est causa? Dabis quod causa haec sunt duo alia sibi concurrentia, quae cum concurrant, oportet ista duo sibi concurrere. Sed ego iterum quaeram de illis aliis duobus concurrentibus sibi, quid facit ea concurrere? Et sic semper quaeretur quousque devenietur ad aliquod unum tale quod per se est causa uniens aliqua duo concurrentia sibi, saltem ad Causam Primam simpliciter cui nihil concurrit, sed ipsa omnia quae eveniunt, praeordinat.

Et tu dices: Si Prima Causa est causa ut istae duae stellae sibi nunc concurrant, ut cum una est hic, alia sit ibi et non alibi, semper vel frequenter faciet ea concurrere, ita ut, cum erit causa ut haec stella sit hic, simul etiam erit causa quod illa alia stella sit ibi et non alibi, cum sit causa per se unitiva earum, et ita non erit causa per accidens.

10 Dicendum] Solvit *add. marg.*

10 sicut dixi: cf. *supra*, p. 355, lignes 64-65.

Dico quod non est verum quod, licet aliquando Causa Prima faciat quod istae duae stellae sibi concurrant in talibus aspectibus, ut cum una sit hic, alia sit ibi et non alibi, quod propter hoc semper vel sicut frequenter faciat hoc. Immo alias faciet quod haec stella sit in eodem loco ubi prius erat, et tamen non faciet quod illa alia sit in alio suo ubi, ubi prius erat, sed faciet quod erit alibi, ipsa Prima Causa manente eadem et immobili, et non renovata in voluntate sua, nec in aliquo sui, nunc et prius. Nam causa motus solis est voluntas motoris. Quod etiam sol sit modo hic et non ibi, et postea ibi et non alibi, et sic successive in diversis ubi, causa est motor ipse vel voluntas eius. Sed quod motor velit quod sol sit modo hic et non ibi, et postea ibi et non alibi, et sic successive, tunc hinc inde non renovatur voluntas motoris, sed una est et immobilis hinc inde; immo in toto motu solis.

Et si dicas: quomodo potest hoc esse? Dico quod hoc ideo est quia motor ille est causa alicuius unius, puta motus solis, ad quod unum pertinent multa, quae multa non possunt esse simul sed successive, ut diversa ubi. Et ideo quod velit quod sol modo sit hic et modo ibi, hoc est per eandem voluntatem penitus et immobilem, nullo modo innovatam.

Sic etiam potest causa vel voluntas Causae Primae modo velle seu esse causa ut tales stellae sibi invicem concurrant; alias autem per eandem voluntatem in numero, non innovatam aliquo modo, erit causa ut una sit in alio ubi quam prius, cum tamen alia stella sit ubi prius erat. Et ita stat ratio entis per accidens, etsi detur quod habeat causam per se remotam; immo, ut visum est, necesse est causam esse unitivam aliquorum sibi concurrentium, si debet esse ens per accidens. Ideo etc.

LIBER VI

QUAESTIO <1>

UTRUM HAEC SCIENTIA CONSIDERET PRINCIPIA ENTIS SECUNDUM QUOD ENS

Principia et causae etc.
Quaeritur utrum haec scientia consideret principia entium inquantum entia.

Videtur quod non, quia non sunt principia entium inquantum entia, quia sic omnis entis esset causa et principium. Quod enim convenit enti secundum quod ens convenit omni enti, sicut quod convenit homini secundum quod homo convenit omni homini. Nunc autem non omne ens habet causam et principium, quia Primum, scilicet Deus, est ens, et non est eius causa et principium. Ergo haec scientia non debet quaerere <et> considerare principia entium secundum quod entia.

2 Praeterea, scientia non debet quaerere sive inquirere de principiis et causis illius scientiae, nam illa debet supponere tamquam nota, et ex illis alia posteriora in scientia debet inquirere. Ergo haec scientia non debet inquirere et considerare principia entis secundum quod ens.

Oppositum dicit <ARISTOTELES> expresse in littera.

Dicendum quod haec scientia debet inquirere et considerare de principiis entis secundum quod ens, sicut ipse dicit in littera, quoniam omnis scientia habet considerare principia sui generis subiecti, circa quod versatur illa scientia, sicut ipse probat in littera, inducendo in scientiis particularibus. Nunc autem, ut ostensum est in *IV° huius*, ens secundum quod ens est subiectum in hac scientia; et ideo principia entis secundum quod ens debet quaerere haec scientia. Nam, cum non sit, ut de subiecto, de ente aliquo speciali, sed de omni ente quocumque secundum quod ipsum est ens, ideo nec principia entis particularis secundum quod

---

5 Principia] Sestus Liber *add. marg.*   6 Quaeritur] Supra 6ᵐ librum *add. marg.*
8 Videtur] Haec scientia inquirit de principiis entis causati secundum quod est ens causatum *add. marg.*

5 ARISTOTELES, *Metaph.*, VI, 1 (1025 b 3).
19 *Ibidem.*
24 ARISTOTELES, *Metaph.*, IV, 1 (1003 a 21-32).

particulare habet quaerere vel considerare haec scientia, sed principia entis secundum quod est ens. |

Sciendum tamen quod dicuntur principia entis secundum quod ens, non quia omne ens habeat causam et principium, sed debet intelligi quod sunt principia omnis entis, id est, omnis entis causati. Unde substantiae separatae, quae dicuntur principia entis secundum quod ens, pro tanto dicuntur principia et causae entis secundum quod ens et omnis entis, quia non tantum sunt causa unius entis causati, sed omnis entis causati.

Per hoc solvitur ratio prima.

Ad secundam dicendum quod haec scientia debet bene inquirere de causis et principiis entis secundum quod ens, cum illa sint prima entia et primae causae totius entis causati, et cognitio totius entis causati dependeat ex cognitione illorum. Unde, si essent nobis manifesta illa prima principia, non oporteret de illis inquirere. Sed quia ignota sunt nobis, ideo oportet inquirere de eis, ut fiant nobis nota.

\<COMMENTUM 1\>

QUALITER DIFFERT THEOLOGIA QUAE EST SACRA SCRIPTURA A THEOLOGIA QUAE EST PARS PHILOSOPHIAE

Consequenter quaeritur qualiter differat scientia theologia quam prae manibus habemus, quae est pars philosophiae, et scientia theologia quae non est pars philosophiae sed est sacra scriptura, nam utraque dicitur theologia. Quomodo ergo differunt?

Dicendum quod, sicut nunc mihi apparet, differunt quantum ad sex: primo, quantum ad modos considerandi; secundo, quantum ad considerata in utraque; tertio, quia theologia quae est sacra scriptura, ipsa est magis universalis quam theologia quae est pars philosophiae; quarto, quia item est magis certa; quinto, quia ipsa etiam est practica, theologia vero quae est pars philosophiae, ipsa non est practica; sexto, quia theologia quae sacra scriptura est, est magis sapientia quam theologia ista.

Dico ergo quod differunt quantum ad modum considerandi, quia modus considerandi in ista theologia, quae est pars philosophiae, est procedere ex principiis quae sunt nota nobis via sensus, memoriae et experimenti, ex lumine et ratione naturali. Modus autem considerandi in theologia quae est sacra scriptura non est procedere ex principiis quae

37 Per ... prima] Verum enim est quod ens secundum quod ens non habet principia *add. marg.*

sint nota via sensus, memoriae et experimenti et lumine naturali, sed proceditur in ea ex principiis notis per divinam revelationem, sicut multis sanctis nota fuerunt per revelationem divinam. Deinde autem ex illis principiis, sic notis per revelationem divinam, proceditur per investigationem humanam, applicando ad alia, sicut ad conclusiones illius scientiae, illa principia.

Differunt etiam quantum ad considerata in eis, quia haec scientia theologia quae est pars philosophiae non extendit considerationem suam nisi usque ad ea quae per rationem humanam et per creaturas tantum possunt cognosci a nobis. Illa autem scientia theologia quae est sacra scriptura extendit considerationem suam ad ea quae sunt supra rationem humanam et quae per creaturas tantum non possunt cognosci: nam, sicut dictum est, ipsa considerat ea quae per revelationem divinam tantum possunt cognosci. Unde et quaecumque scibilia sunt per modum divinae revelationis, sive sint entia naturalia, sive divina, sive mathematica, sive quaecumque, in eo quod cadunt vel cadere possunt sub modo sciendi vel cognoscendi ea per revelationem divinam, considerat haec scientia theologia quae est sacra scriptura, quae non est pars philosophiae.

Differunt etiam tertio, quia theologia quae est sacra scriptura est magis universalis, quod patet ex praedictis. Nam si ipsa considerat omnia illa quaecumque possunt cadere sub ratione divinae revelationis, tunc haec non tantum possunt esse principia scientiarum particularium, sed etiam conclusiones particularium scientiarum. Sed scientia haec theologia quae est pars philosophiae non intromittit se de conclusionibus aliarum scientiarum particularium, sicut COMMENTATOR dicit. Ideo illa scientia theologia magis est universalis quam ista.

Differunt quarto, quia theologia quae sacra scriptura est magis est certa quam ista theologia quae est pars philosophiae. Et hoc etiam apparet ex praedictis quia, sicut dictum est, theologia quae est pars philosophiae procedit ex principiis notis via sensus, memoriae et experimenti, et ita in cognitione suorum principiorum potest cadere error, ut sic cognoscuntur sicut in hac scientia cognoscuntur. Sed theologia sacra scriptura procedit ex principiis notis per divinam revelationem. In tali autem cognitione non potest cadere error. Et ideo, quia principia ex quibus procedit scientia theologia quae est sacra scriptura sunt magis nota et certa quam principia ex quibus procedit scientia theologia quae

22 ea] eis *scr.*   42 tunc] et *scr.*

46 AVERROES, *locus non inventus.*

est pars philosophiae, et cuius principia sunt magis nota, eius conclusiones sunt magis notae et certiores, et per consequens tota scientia magis certa, hinc est quod theologia sacra scriptura est certior.

Differunt etiam quinto per hoc quod illa est practica, ista vero non. Et quod theologia quae est sacra scriptura sit practica et non tantum speculativa, apparet per duas rationes. Quarum prima est quia, sicut dictum est, illa considerat omnia illa quae cognosci possunt per revelationem divinam; haec autem possunt esse non solum speculabilia, verum etiam practica, id est factibilia vel agibilia. Ergo practibilia vel agibilia ipsa considerat inquantum ipsa possunt cadere sub revelatione divina, vel sub cognitione quae est per eam. Ergo ipsa aliquo modo est practica scientia. Hoc etiam patet alia ratione, nam si ipsa considerat ea quae imprimuntur in nobis per revelationem divinam, tunc ex ipsa impressione apparet quod est activa: ita quod, sicut theologia quae est pars philosophiae est scientia una speculativa, sic et theologia quae est sacra scriptura est scientia una practica seu activa, et non tantum speculativa, sicut ex praedictis patet. Haec autem theologia nullo modo est practica. Ergo etc.

Differunt etiam sexto per hoc quod theologia quae est sacra scriptura magis est sapientia quam ista. Quod apparet sic. Nam dicit ARISTOTELES in principio *primi libri* huius scientiae, quod illa scientia dicitur sapientia quae considerat de primis causis et primis principiis, ut de Deo et aliis substantiis separatis. Tunc arguo: Illa scientia dicetur magis sapientia quae maiorem cognitionem et certiorem habet de primis principiis entium. Sed sicut ex praedictis apparet, theologia quae sacra scriptura est, ipsa maiorem et certiorem cognitionem habet de ipsis quam ista theologia, cum sint nota in ea per divinam revelationem, ad quam cognitionem non potest pertingere ratio humana per se, et ita nec ista theologia quae dicitur pars philosophiae, cum ipsa consideret solum illa quae per inventionem et rationem humanam, lumine et ratione naturali, sciri possunt. Hinc est quod illa est magis sapientia quam ista.

Sic ergo quantum mihi videtur nunc, ipsae differunt in his sex iam dictis. Ex quibus iam dictis apparet quod pessime volunt procedere illi qui in illa scientia volunt procedere in omnibus modo demonstrativo. Principia enim demonstrationis debent esse nota via sensus, memoriae et experimenti. Principia autem illius scientiae nota sunt, ut visum est, per revelationem divinam.

---

77 ARISTOTELES, *Metaph.*, I, 2 (982 b 9-10).

<COMMENTUM 2>

QUALITER DEBET INTELLIGI ILLUD DICTUM ARISTOTELIS,
QUOD OMNIA NATURALIA SUNT CONCEPTA CUM MATERIA SENSIBILI
INQUANTUM SENSIBILIS EST, MATHEMATICA AUTEM NON.

Consequenter nota quiddam quod ARISTOTELES dicit in littera. Ponens enim differentiam inter scientiam naturalem et scientiam mathematicam, dicit quod differunt in hoc, quia omnia naturalia sunt concepta cum materia sensibili et inquantum sensibilis est, mathematica autem non.

Unde hoc potest intelligi tribus modis; et duobus modis intelligitur falso, tertio autem modo intelligitur tantum vere.

Uno modo sic, quod naturalia omnia sunt in materia sensibili et non separantur a materia sensibili, ut quia passiones sensibiles et qualitates quae faciunt materiam esse sensibilem cadunt in definitione et substantia rerum naturalium. Et hoc est falsum.

Alio modo potest intelligi ut quod omnia naturalia sunt in materia sensibili, mathematica autem non, ut quia naturalia sunt in materia quae est sensibilis, mathematica autem sunt in materia quae non est sensibilis. Et hoc etiam est falsum, quia utrorumque materia est sensibilis.

Tertio modo potest intelligi sic: Scis enim quod quaedam materia est per se et proprium subiectum passionum sensibilium; quaedam autem non est proprium subiectum passionum sensibilium et per se, sed per accidens tantum. Modo cum dicitur naturalia, vel res omnes naturales, sunt tantum in materia sensibili, mathematica autem non, potest intelligi hoc quia materia naturalium rerum est per se subiectum passionum sensibilium. Et ideo res naturales non possunt intelligi sine materia sensibili inquantum sensibilis est. Materia autem mathematicarum rerum non est per se subiectum passionum sensibilium, sed per accidens tantum. Ideo bene possunt abstrahi a materia secundum quod sensibilis est. Res autem naturales, quia earum materia est per se subiectum passionum sensibilium, ideo non possunt a materia sensibili, secundum quod sensibilis est, abstrahi. Et isto tertio modo tantum vere intelligitur illud verbum ARISTOTELIS. |

5 Consequenter] Notabile *add. marg.*

5 ARISTOTELES, *Metaph.*, VI, 1 (1025 b 28 - 1026 a 10).

QUAESTIO <2>

UTRUM ENS SECUNDUM ACCIDENS SIT ENS QUOD EST RARO

Sed quoniam ens simpliciter dictum etc.

Ad evidentiam litterae ARISTOTELIS, quaerenda sunt quaedam de ente
secundum accidens. Et de ente secundum accidens, in se considerato, non
per comparationem ad ens necessarium, quaeruntur sex: primo, utrum
ens secundum accidens sit ens quod nec est semper, nec ut in pluribus,
sed raro; secundo, utrum in caelestibus sit ens secundum accidens; tertio,
utrum ens ut in pluribus sit causa entis secundum accidens; quarto,
utrum ens secundum accidens habeat causam per se; quinto, utrum
materia sit causa entis secundum accidens; sexto, utrum ens secundum
accidens habeat scientiam et speculationem.

De primo sic arguitur.

Videtur quod ens secundum accidens non sit ens raro, sed ens semper
vel ut in pluribus. Quod causam habet per se et <essentialiter>
ordinantem, evenit sicut semper vel sicut frequenter. Sed ens secundum
accidens habet causam per se et essentialiter ordinantem, sicut visum fuit
in *V° huius*; nam et Causa prima simpliciter est causa eius per se, cum ei
nihil accidat. Ergo etc.

Oppositum dicit ARISTOTELES in littera.

Dicendum quod ens secundum accidens nec est semper nec ut in
pluribus, sed in paucioribus et raro. Et hoc tripliciter apparet. Primo,
quia ens secundum accidens est defectus vel oppositum entis vel agentis
ut in pluribus, sicut videbitur in sequenti quaestione, scilicet in tertia
quaestione. Ergo si est defectus entis vel agentis ut in pluribus, et tale
quod est defectus eius quod est ut in pluribus non potest esse nisi raro,
manifestum quod ens secundum accidens est raro, et non semper nec ut
in pluribus.

Praeterea, nisi esset ens raro, iam non esset nisi esset quod est semper,
et ita omnia essent necessaria. Et sic omnes nostri sermones essent
necessarii, sicut necessarium est hominem esse animal, vel aliquid tale,
quod falsum est. Quod autem sequatur primo dato patet. Nam si non sit
aliquid quod raro et in paucioribus eveniat, non erit aliquid quod eveniat
ut in pluribus et quod deficere possit, quoniam agens ut in pluribus ad

---

3 ARISTOTELES, *Metaph.*, VI, 2 (1026 a 33).
18 ARISTOTELES, *Metaph.*, V, 30 (1025 a 13-30).
20 ARISTOTELES, *Metaph.*, VI, 2 (1026 b 30-32).

suum effectum non agit ut in pluribus et non semper nisi quia in paucioribus et raro deficit, ut quia natum est impediri, et sic aliquando impeditur. Hoc tamen est raro. Ergo si non est ens raro, tunc non erit ens ut in pluribus. Ergo quaecumque eveniunt, sic eveniunt quod semper eveniunt, et nihil ut in pluribus nec alio modo, quod falsum est. Falsum est igitur quod ens per accidens sit ens semper vel ut in pluribus, et non ens raro. Frigus enim esse sub cane, hoc est per accidens ens; et hoc est raro per hoc quod contingit aliquando impediri agens quod est causa caloris. Unde calorem esse sub cane, hoc est ut in pluribus, non tamen semper, quia contingit hoc impediri et esse aliquando, licet raro, frigus sub cane. Est ergo ens raro, sive ens per accidens.

Praeterea, quandocumque aliqua duo sic se habent quod unum alterum concomitatur semper vel ut in pluribus, necessario hoc oportet esse altero horum duorum modorum: scilicet, aut quia unum est causa determinata et per se alterius, sicut se habent homo et risibile; aut quia, licet unum non sit per se causa alterius, ambo tamen continentur sub una causa propinqua quae est per se causa et determinata eorum, ita quod, <quod> efficit unum illorum, efficit etiam et aliud. Nunc autem neutrum horum est in ente per accidens. Quod probatur, quia in ente per accidens sunt duo, quorum unum accidit et concurrit alii. Huius autem concursus neutrum illorum per se est causa, per se et determinata, sed accidentalis tantum. Iterum, etiam nec ambo habent causam propinquam per se, a qua, cum unum eorum efficitur, efficiatur alterum, sicut visum fuit in V° huius, nam hoc impediret et tolleret rationem entis per accidens. Ergo ens per accidens est quod nec est semper nec frequenter, sed raro.

Ad rationem in oppositum dicendum: Tu dicis «quod habet causam per se et essentialiter ordinantem non est ens raro». Verum est si illa causa per se est causa propinqua et, qua posita, ponatur effectus. Et cum dicis «ens per accidens habet causam per se, etc.», dico quod illa est causa per se remota et non propinqua, et qua posita, non ponitur effectus. Causa enim, etiam si per se sit posita, non propter hoc ponitur effectus. Unde licet Deus sit causa per se quod musicum sit album, non tamen oportet quod, quandocumque album est, quod sit musicum, ut quandocumque homo est albus, quod homo sit musicus, quia non est causa per se propinqua.

---

48 scilicet] quia *add.*

58 ARISTOTELES, *Metaph.*, V, 30 (1025 a 13-30).

QUAESTIO <3>

UTRUM IN CAELESTIBUS SIT ENS SECUNDUM ACCIDENS

De secundo arguitur quod in caelestibus sit ens per accidens. Ratio entis per accidens est quod evenit, non sicut semper nec in pluribus, sed raro. Nunc autem aliqua eveniunt in caelestibus non sicut semper nec in pluribus, sed raro, ut multae constellationes; ut evenit aliquando quod, sole existente in tali situ, alia stella sit in alio situ sibi concurrenti, scilicet soli. Et hoc tamen est raro. Ergo etc.

Oppositum vult ARISTOTELES in *II° Physicorum*. Ibi enim expresse reprobans illos qui ponebant omnia contingere a casu et nihil ex necessitate, dixit quod in caelestibus nihil contingit nec evenit a casu. Ergo etc.

Dicendum quod ens per accidens non est in caelestibus. Et ratio huius est quia, sicut apparebit statim in sequenti quaestione, ens per accidens est defectus agentis ut in pluribus. Ita quod ens per accidens duo debet habere de ratione sua, scilicet quod sit raro et iterum quod sic sit raro quod sit defectus agentis ut in pluribus. Nunc autem in caelestibus, etsi ibi aliquid eveniat raro et non sicut semper vel sicut frequenter, tamen quia illud raro eveniens sit defectus agentis non est verum.

Non dico quod corpora caelestia agentia aliquem effectum hic inferius non deficiant aliquando ab effectu suo hic inferius. Sed dico quod agentia in corporibus caelestibus aliquid, ut situs aliquos vel aliquid tale, non deficiunt nec contingit deficere ea ab effectu quem faciunt in corporibus supercaelestibus, cum non sint nata impediri ab actione sua, et nihil agens deficit ab actione sua nisi quod in natura sua natum est impediri. Et ideo si agentia corporum caelestium producant aliquem effectum in caelestibus raro et non sicut semper vel sicut frequenter vel ut in pluribus, ut sole existente in tali situ faciant quod stella alia talis sit in alio situ et concurrat soli, iste tamen effectus quamquam raro sit, tamen non est per accidens, quia non habet reliquam conditionem quam debet habere ens per accidens, quoniam non est defectus agentis ut in pluribus. Illa enim agentia non sunt nata deficere, cum nec impediri.

Similiter, illud quod est per accidens non contingit scire, sicut ARISTOTELES dicit in littera, nec quando erit nec quando non erit, cum

---

7 concurrenti] concurrentis *scr*.   20 aliquem] aliquid *scr*.

9 ARISTOTELES, *Physic.*, II, 4 (196 b 1-3).
34 ARISTOTELES, *Metaph.*, VI, 2 (1027 a 20-27).

huius non sit causa determinata et per se: ut quando fodiens debeat invenire thesaurum et quando non, vel utrum debeat invenire, hoc non contingit scire. Sed quae raro eveniunt in caelestibus et quidquid evenit in caelestibus ab agentibus in corporibus caelestibus, hoc totum contingit scire quando et quomodo. Ergo in eis nihil est ens per accidens.

Unde ergo contingit, dices tu, quod aliquis talis effectus, scilicet raro, ibi contingat; ut quod, sole hic existente, alia stella concurrat sibi in alio situ, ex quo hoc non est quia agens talem concursum impediatur a sua actione?

Dico: substantiae separatae, quae sunt agentia in corporibus caelestibus, sunt immobiles secundum ubi; et ideo quaecumque et quandocumque sunt ibi aliqua vera, sunt semper ibi vera, ita quod nullus sermo est aliquando ibi verus quin semper verus sit in illis. Corpora autem caelestia sunt mobilia secundum ubi; et ideo quae sunt ibi aliquando vera, non sunt semper vera, quantum scilicet ad illud quod mobilia sunt, scilicet quantum ad ubi. Unde si aliqua sunt in eis vera quantum ad ubi, non semper sunt vera, quia contingit ea secundum ubi aliter se habere quam tunc se habeant. Si ergo, sole existente in tali situ vel ubi, alia stella, existens in alio situ, sibi concurrat, et sit hoc verum aliquando, tamen non semper est hoc verum nec ut in pluribus, sed raro. | Et hoc contingit, non quia agens, ut dictum est, deficiat, sed propter multum motum interesse ibi, et per consequens tempus longum antequam stellae et alia corpora caelestia redeant ad istos tales situs. Hinc est quod raro illud eveniat. Si enim, sole existente nunc in tali situ, stella quaedam alia concurrat sibi in tali alio situ, hoc tamen raro evenit, quia motus solis et illius alterius stellae, et similiter multarum aliarum, est multus; et similiter tempus longum antequam sol et illa alia stella redeant ad illos situs ut nunc sunt. Et hinc contingit talis effectus raro. Istud tamen raro contingens non est eiusdem rationis cum raro quod ens per accidens dicimus, quoniam illud est defectus agentis ut in pluribus, hoc autem non, sed ex praedicta causa quae dicta est. Ideo bene dixit ARISTOTELES quod in caelestibus nihil evenit a casu seu per accidens. Ens enim per accidens non habet causam nisi a casu; causam dico, qua posita, ponatur effectus. Et ideo si in caelestibus nihil contingat a casu, ergo nec in eis contingit aliquid per accidens.

Per hoc patet solutio ad rationem in contrarium.

---

65 ARISTOTELES, *Physic.*, II, 4 (196 b 1-3).

QUAESTIO <4>

UTRUM ENS UT IN PLURIBUS SIT CAUSA ENTIS PER ACCIDENS

De tertio arguitur quod ens ut in pluribus non sit causa entis per accidens, quia unum oppositorum non est causa alterius. Sed ens ut in pluribus est oppositum enti per accidens, vel e converso. Ergo etc.

Oppositum dicit ARISTOTELES in littera. Determinans enim quae sit causa entis per accidens, dicit quod causa eius est ens ut in pluribus. Ergo etc.

Et dicendum quod ens per accidens est defectus agentis ut in pluribus, et ita ens ut in pluribus causa est entis per accidens, sicut ARISTOTELES dicit in littera. Ita quod, si omnia agentia similiter se haberent ad ea quae proveniunt ex eis, sicut agentia corporum caelestium se habent ad corpora caelestia vel effectus in corporibus caelestibus, vere non esset ens per accidens. Quod patet ex praedictis, quia sic nullum esset agens quod posset deficere in actionibus suis. Ergo non esset ens per accidens et quamquam aliquid raro eveniret, ut apparet in caelestibus.

Quia ergo sunt aliqua agentia quae nata sunt recipere impedimentum in actionibus suis, et ita contingit deficere aliquando ne producatur ab eis effectus in quem nata erant, et hoc, scilicet quod aliquando non producant effectum suum quem nata erant producere si non impediretur, sed producatur aliquid aliud, est ens per accidens quod est raro; agens ergo ut in pluribus causa est entis per accidens, ut visum est.

Et est etiam causa sui effectus ut in pluribus, sed alio et alio modo. Nam agens ut in pluribus per se est causa effectus ut in pluribus, quia natum est producere illud. Est autem causa entis per accidens non per se, sed per hoc quod deficit aliquando ab effectu suo per se: natum enim erat recipere impedimentum. Propter quod in agentibus non natis impediri ab actionibus suis vel effectibus, non invenitur ens per accidens, et similiter etiam nec ens ut in pluribus, sed semper tantum, cum ens ut in pluribus non esset nisi ens per accidens esset. Sic ergo ens ut in pluribus, vel agens ut in pluribus, causa est entis per accidens, sicut PHILOSOPHUS dicit in littera, et bene.

Ad rationem in contrarium: Tu dicis «unum oppositorum non est causa alterius». Dico quod idem bene potest esse causa oppositorum, sed non eodem modo, sed alio et alio modo. Sic est in proposito, ut visum est. Ideo etc.

6 ARISTOTELES, *Metaph.*, VI, 2 (1026 b 30-31).
10 *Ibidem.*
31 *Ibidem.*

QUAESTIO <5>

UTRUM ENS PER ACCIDENS HABEAT CAUSAM PER SE

De quarto arguitur quod ens per accidens habeat causam per se. Omnis ille effectus qui evenit a causa, respectu cuius causae suum esse est necessarium, evenit ab illa causa per se. Sed omnis effectus est huiusmodi. Ergo omnis effectus evenit a sua causa per se et de necessitate. Effectus igitur qui est ens per accidens habet suam causam per se, ut illam a qua evenit. Maior probatur, quod omnis effectus procedens a causa, respectu cuius suum esse est necessarium, proveniat ab illa causa per se, quia effectus esse non est necessarium respectu causae per accidens. Minor probatur per AVICENNAM, qui dicit quod omnis effectus, respectu causae a qua evenit, est necessarius. Et etiam probatur ratione, quia effectus aut est necessarius ex sua causa aut possibilis, non tamen necessarius. Si non necessarius, sed possibilis, ergo illa non fuit causa a qua proveniret ille effectus, sed ulterius eget aliquo alio ad producendum effectum illum, quo habito, necessario proveniet effectus. Ergo etc.

2 Praeterea, arguitur quod ens per accidens habeat etiam causam per se etiam in causis propinquis, quia ens per accidens est defectus agentis ut in pluribus, ut visum est. Sed causa quae facit agens ut in pluribus deficere est per se causa et determinata, ut puta indispositio materiae, aut actio contrarii agentis. Ergo ens per accidens habet causam per se etiam propinquam.

Oppositum dicit ARISTOTELES in littera expresse. Et etiam in V° *huius* expresse dicit quod entis per accidens nulla est causa per se.

Dicendum quod ens per accidens non habet causam per se, dico propinquam, sed accidit ei quod est causa entis per accidens quod sit causa entis per accidens. Verbi gratia, in exemplo per quod dissolvetur una ratio quae est in oppositum: si sit aliquod agens per se natum producere effectum suum nisi impediatur, tunc si impediatur ab effectu suo ne producat eum, hoc erit, scilicet impediens, indispositio materiae, ut quia materia disponatur a contrario agente; tunc illa indispositio materiae, quae est causa impediens ne in materia illa producatur effectus huius agentis, ut in se considerata et absolute, accidit sibi quod sit causa entis per accidens; id est, accidit ei quod concurrat et ordinem habeat ad hoc agens contrarium; id est, quod faciat ipsum deficere, hoc accidit sibi. Non enim per se nata erat in hunc effectum, sed extra

---

11 Cf. AVICENNA, *Metaph.*, tr. I, c. 7, p. 44, l. 38-39 et p. 46, l. 69-71.
23 ARISTOTELES, *Metaph.*, VI, 2 (1027 a 8-9); cf. *Metaph.*, V, 30 (1025 a 13-30).

naturam suam est. Unde antequam sibi concurrat, accidit ei quod faciat ipsum deficere: hoc enim est praeter ordinem eius per se et essentialem. Et sic apparet quod ens per accidens non habet causam per se, scilicet
40 propinquam.

Ad rationes in oppositum, dicendum, cum dicis «omnis effectus qui evenit a causa respectu cuius suum esse est necessarium, evenit ab illa causa per se», dico ad hoc per interemptionem. Quia causa non dicitur per se alicuius effectus quia effectus aliquando proveniat ab ea et tunc,
45 cum provenit, necessario proveniat. Sed dicitur per se quia de natura sua habet ut producat effectum suum sicut semper vel sicut frequenter, ita quod ordinem essentialem habeat ad ipsum. Ita quod, etsi aliquando non producat eum, ut quia impediatur, nihilominus causa per se dicitur illius effectus, si ordinem essentialem habet ad producendum talem effectum
50 nisi impediatur. Ex hoc ergo dicitur causa per se.

Vel dicas quod omnis effectus proveniens a causa respectu cuius, absolute consideratae, suum esse est necessarium, evenit ab illa causa per se. Concedatur tunc. Sed cum tu dicis «omnis effectus quicumque sit ille, sic se habet ad causam suam», scilicet quod respectu eius necessarius est,
55 dico per interemptionem. Immo, aliquis effectus sic se habet ad suam causam quod semper evenit ab ea et numquam eius oppositum, et talis effectus bene est necessarius respectu suae causae talis. Aliquis autem est effectus qui sic se habet ad suam causam quod est natus evenire ab ea ut in pluribus, non tamen semper, quia sua causa nata est impediri. Et talis
60 effectus non est simpliciter necessarius respectu suae causae talis. Aliquis etiam effectus est qui se habet ad suam causam a qua provenire natus est non semper, nec in maiore parte, sed raro et in minore. Et talis effectus non est necessarius simpliciter ex sua causa. Et sic minor tuae rationis falsa est, intelligendo eam sic sub maiore, scilicet quod effectus sit
65 necessarius respectu suae causae simpliciter et absolute consideratae.

Et tu probas eam per AVICENNAM et etiam ratione, quia dicit AVICENNA quod omnis effectus respectu suae causae est necessarius. Dico quod propositio AVICENNAE sic est intelligenda quod omnis effectus, cum comparatur ad causam non absolute, sed causam entem in dispositione
70 illa in qua non recipit impedimentum, vel in qua est sufficiens causa ad producendum illum effectum, est necessarius respectu illius causae, sic, scilicet, acceptae. Tunc enim necessario, cum potest producere effectum et non impeditur, producit effectum. Tamen, quilibet effectus, cum comparatur ad suam causam absolute, in quacumque dispositione
75 entem, <non> est necessarius respectu illius. Verbi gratia, primo in his f. 103va quae eveniunt ut in pluribus. Si enim corpus caeleste, quod per se agit

calorem, sit in tali dispositione in qua non sit impeditum a sua actione, necesse est tunc effectum esse et calorem esse sub cane; absolute tamen consideratum, in quacumque dispositione sit, non est necessarium calorem esse sub cane, eo quod poterat impediri et deficere in actione sua, et esse frigus sub cane, quod est ens per accidens. Similiter etiam apparet in his quae eveniunt raro et per accidens: sicut indispositioni materiae, absolute consideratae, accidat quod faciat deficere hoc agens ut in pluribus, quod etiam accidit ei ut concurrat sibi, tamen, ut consideratur sub tali dispositione, scilicet ut concurrat illi agenti, necessarium est tunc effectum evenire, scilicet defectum illius agentis. Sic apparet ergo quid dicendum ad primam rationem.

Ad secundam etiam patet per iam dicta, quia licet indispositio materiae, absolute considerata, sit aliqua causa per se, tamen ratio talis effectus, scilicet entis per accidens vel defectus agentis, non est causa per se sed per accidens, ut visum est.

QUAESTIO <6>

UTRUM ENS PER ACCIDENS POSSIT SCIRI QUANDO ERIT, ET UT ERIT, VEL QUOMODO ERIT

Quod autem non est scientia accidentis etc.

Consequenter quaeritur utrum ens per accidens possit sciri quando erit, et ut erit.

Et arguitur quod sic: Quia ens per accidens raro sit, non impedit quin possit sciri quando debet esse et quomodo. Constellationes enim aliquae raro sunt, et tamen scitur quando debent esse constellationes tales et quomodo. Ergo ens per accidens, ut quod fodiens inveniat thesaurum, quamquam raro contingat, poterit sciri quando erit, ut quando fodiens inveniet thesaurum. Ergo etc.

2 Praeterea, effectus ille cuius esse in praesentibus determinatum est, sciri potest quando erit. Sed ens per accidens est huiusmodi, nam in causis praesentibus determinatum est a qua causa ipsum debeat evenire. Ergo etc.

77 impeditum] impedimentum *scr.*

88/91 Siger répond ainsi à la quatrième et à la cinquième des questions posées au début de la q. 2 du livre VI à propos de l'*ens secundum accidens*. Il omet donc de traiter formellement la question *Utrum materia sit causa entis secundum accidens* et passe aussitôt à la sixième des questions annoncées.

4 ARISTOTELES, *Metaph.*, VI, 2 (1027 a 20).

3 Praeterea, omnis ille effectus qui habet causam talem praesentem, respectu cuius suum esse est necessarium tempore determinato, sciri potest quando erit. Ens per accidens est huiusmodi, quia, sicut dicit AVICENNA, omnis effectus respectu causae a qua evenit, necessario evenit. Ergo etc.

4 Praeterea, omnis effectus qui habet causam in qua ipsum praeordinatum est et praevisum quando et quomodo esse debeat, quando erit et quomodo etiam sciri potest. Sed ens per accidens est huiusmodi, quia habet Causam Primam simpliciter, in qua praeordinatum est et praevisum quando et quomodo esse debeat. Ergo etc.

Oppositum expresse dicit ARISTOTELES in littera, quod entis per accidens non est scientia, quia omnis scientia est eius quod est sicut semper vel sicut frequenter. Ens autem per accidens praeter haec est.

Dicendum est quod ens per accidens non habet scientiam: scientiam dico quae sit habitus semper verus. Ens etiam per accidens non tantum non habet scientiam quae sit habitus animae semper verus, immo etiam non habet scientiam qua sciri possit quando erit. Ens per accidens, ut quando fodiens inveniet thesaurum, non habet scientiam quae sit habitus semper verus: hoc planum est, cum non semper sit. Ens per accidens non etiam habet scientiam qua sciri possit quando erit. Et huius probatio est quia non contingit sciri de aliquo quando erit, nisi de eo quod habet causam praesentem talem, ex qua posita, necesse sit ipsum evenire, vel sicut semper vel sicut frequenter; id est, quod habet causam per se et determinatam propinquam, qua posita, necesse sit ipsum esse sicut semper vel sicut frequenter. Ens autem per accidens talem causam non habet, sicut visum fuit in superioribus. Talis enim causa tolleret rationem entis per accidens. Ergo ens per accidens scientiam non habet quando esse debeat.

Et si tu dicas: Licet ens per accidens non habeat causam per se et determinatam a qua eveniat, habet tamen causam per accidens, et ex illa causa per accidens sciri potest quando erit, quoniam, aspiciendo ad totam habitudinem praesentium quae quidem sunt determinativa ad hoc ut ex causa aliqua per accidens ipsum eveniat, invenietur quod necesse est ipsum evenire. Nam, licet respectu unius causae praesentis non sit determinatum ad esse, tamen respectu totius habitudinis omnium causarum praesentium invenietur quod ipsum habet causam determinantem ad eius esse. Ergo adhuc, quamquam ens per accidens non habeat

20 Cf. AVICENNA, *Metaph.*, tr. I, c. 6, p. 46.
27 ARISTOTELES, *Metaph.*, VI, 2 (1027 a 20-26).
42 Cf. *supra*, VI, 5.

aliquam unam causam determinatam in praesentibus, ipsum potest sciri
quando erit.

Dico ad hoc quod utrum in tota habitudine praesentium, vel tota habitudo praesentium determinet necessario esse entis per accidens vel non, nunc non determino, nec sic, nec non, quoniam hoc debet esse de sequenti quaestione. Tamen, supponendo nunc quod sic, scilicet quod in tota habitudine praesentium determinetur ad esse, adhuc dico quod ens per accidens non potest sciri quando erit, vel quando non erit. Et ratio huius est, quia infinitas impedit certitudinem, impedit intellectum; propter quod dicit Aristoteles *II° Physicorum* quod, quia fortuna et casus infinitae sunt, homini videntur esse immanifestae. Nunc autem, quamquam, ut nunc supponatur, respectu totius habitudinis entium ens per accidens determinatum sit ad esse, quia tamen illa quae possunt determinare ad hoc quod ens per accidens sit, quae possunt prodesse, et quae etiam possunt obesse ad esse eius, infinita possunt esse, et non sunt determinata, cum sint accidentaliter ordinata ad ens per accidens ea quibus ens per accidens evenire potest, ideo intellectus ea cernere non potest. Et ideo non potest scire quando ab eis ens per accidens evenire debeat et quando non. Sed in causis per se et essentialiter ordinatis ad effectum aliquem producendum semper vel ut in pluribus, potest intellectus bene cernere, quia causae tales non sunt infinitae sed determinatae.

Et adhuc in istis, quando oportet intellectum ratiocinari multum a longe, non videtur intellectus bene posse discernere propter multitudinem. Et ideo, quia infinita sunt illa a quibus effectus per accidens evenire potest, non potest intellectus ratiocinari de eis discernendo ea, et videndo qualiter ex eis, et quando effectus posset contingere. Ideo etc.

Ad rationes in contrarium dicendum. Ad primam dicendum quod ex alia ratione contingit aliquid raro in caelestibus et in istis inferioribus. Nam quae raro contingunt in caelestibus non contingunt raro ex causis et agentibus suis, ut quia agentia illos effectus raro deficiant, ita quod aliquando impediantur in suis actionibus. Non sic est; immo respectu agentium ibi necessario eveniunt, et semper etiam eveniunt hoc modo, quia non contingit ea impediri a tali effectu. Unde ad talem effectum, qui raro ibi contingit, non habet agens ibi ordinem accidentalem; immo essentialem ordinem habet ad ipsum, sicut aliqua causa per se ad suum effectum per se. Et non contingit raro quia sit defectus illius agentis.

68 obesse] abesse *scr.*   sunt] sint *scr.*

59 *Infra*, VII, 1.
63 Aristoteles, *Physic.*, II, 5 (197 a 8-12).

90 Praeordinatus est iste effectus ab illo agente sic, sicut contingit, scilicet raro, et non potest aliter se habere quin sic producat eum. Contingit autem raro propter causam quam alias dixi. | Et ideo talis effectus bene f. 103ᵛᵇ potest sciri determinate, quando erit ex sua causa, et quando non, et qualiter etiam. Ex hoc tamen non sequitur quod ergo contingit scire ens
95 per accidens quando erit, quia ens per accidens non sic respicitur a causa a qua evenit, scilicet ordine per se et essentiali, sed ordine accidentali tantum. Et non evenit nisi quia agens ut in pluribus, impeditum a contrario agente vel huiusmodi, deficit. Et eius defectus est ens per accidens. Causa autem illa, scilicet quae facit deficere agens ut in
00 pluribus, ut contrarium agens, licet in se consideratum sit aliqua causa per se alicuius alterius effectus, tamen ad hunc effectum, scilicet ad defectum agentis huius, accidentalem habet ordinem. Et ita causa a qua evenit ens per accidens accidentalis est, et propter hoc non contingit scire quando erit ex ea et quando non.
5 Ad alias duas sequentes rationes simul dicendum quod falsum est quod ens per accidens habeat in praesentibus causam, scilicet propinquam, ita <quod> intelligas in qua determinatum sit ad esse tempore determinato, cum non habeat in causis propinquis aliquam causam nisi per accidens, ut visum fuit.
10 Et si dicas quod, inspiciendo ad totam habitudinem praesentium, bene in praesentibus determinatum est esse suum necessario, de hoc, sive ita sit, sive non, nunc non determino. Spectat enim ad sequentem quaestionem. Sed supponendo quod ita sit, ut dicis, adhuc tamen non contingit scire quando erit ens per accidens ex eis, propter dictam causam, quia illa
15 quae possunt facere ad esse eius infinita sunt, sicut et infinita sunt quae possunt obesse. Ideo etc.
Ad illud quod arguitur ultimo, dicendum quod non contingit scire aliquem effectum, quando erit, in sua causa in qua praeordinatum est et praevisum esse eius, nisi contingat scire qualiter effectus ille est in sua
20 causa praeordinatus et praevisus, ita quod illa praeordinatio et praevisio sit nobis nota. Aliter enim quomodo continget scire quando erit, quamquam praeordinatum est et praevisum ab ea quod sic sit, et in tali hora? Vere numquam. Et ideo, quamquam ens per accidens habeat Causam Primam in qua praeordinatum et praevisum est quando et
25 quomodo debet esse, quia tamen providentia divina nobis ignota et occulta est, ideo propter hoc non potest sciri ens per accidens quando et quomodo erit, ut quando fodiens inveniet thesaurum et quando non et quomodo. Ideo etc.

92 Cf. *supra*, VI, 3.

< LIBER VII >

QUAESTIO < 1 >

UTRUM OMNIA QUAE EVENIUNT, DE NECESSITATE EVENIANT

Ens multipliciter dictum etc.

Consequenter quaeritur utrum omnia eveniant de necessitate, ita quod quaecumque sunt nunc et quaecumque fuerunt, necessarium fuerit ea evenire antequam forent; et similiter quaecumque futura sunt, necessarium sit ea evenire. Sic quaero utrum omnia de necessitate eveniant.

Et arguitur quod sic multipliciter. Effectus non evenit nisi ex causa respectu cuius suum esse est necessarium. Si ergo aliquis effectus nunc evenit, non evenit nisi a causa respectu cuius suum esse est necessarium. Et iterum illa causa, si sit effectus alterius causae, non evenit nisi a causa necessaria ad talem effectum, id est, a causa respectu cuius suum esse erat necessarium. Et sic, secundum connexionem causarum procedendo, videtur quod omnia quae eveniunt, de necessitate eveniunt.

Et declaratur ratio ista sic: Nam quod non eveniant de necessitate quaecumque eveniunt, non dices quod sit propter aliud nisi quia quaedam causae sunt quae producunt suos effectus non semper sed ut in pluribus, cum sint natae impediri a productione suorum effectuum. Et ideo non omnia de necessitate eveniunt.

Sed hoc non obstante, quod quaedam sunt causae a quibus aliqua eveniunt ut in pluribus, omnia eveniunt de necessitate. Probatio: Quoniam causa illa quae erat causa sui effectus ut in pluribus, accepta sub dispositione illa in qua non impedita, ipsa, ut sic accepta, necesse est quod effectum producat et causet. Et non tantum nunc, sic accepta, necesse est quod causet suum effectum, immo semper, ipsa posita sub tali dispositione, causabit suum effectum; et non aliquando sic et aliquando non, sed semper, sic accepta, causat effectum. Nunc autem effectus qui evenit a causa non evenit ab ea nisi cum accipitur sine impedimento, ita quod non sit impedita. Si enim esset impedita, non eveniret effectus ab

---

4 Ens] Supra 7ᵐ librum *add. marg.*   9 ex causa] *marg.*

4 Aristoteles, *Metaph.*, VII, 1 (1028 a 10). Ce lemme tiré du livre VII introduit une question suscitée par un passage du livre VI. Voyez, à ce propos, Dondaine-Bataillon, p. 198-199. Pour le reste du livre VII, la marge supérieure du recto de chaque folio continue à porter le nombre 6.

ea. Et ita, non obstante quod quaedam sint causae ut in pluribus suorum effectuum, omnia quaecumque eveniunt, de necessitate eveniunt.

2 Praeterea, si aliquis effectus sit futurus, ita quod evenire debeat, tunc aut in praesentibus, id est, in his quae sunt praesentialiter, habet causam non impeditam, aut habet impeditam. Si habeat causam non impeditam, tunc necesse est ipsum fore ex ea, ut nunc declaratum est. Si autem habet causam impeditam, tunc ex ea non eveniet *b*, id est, ille effectus. Ergo, supposito quod eveniat ille effectus a sua causa, necesse est ipsum fore vel evenire ex ea. Ita quod ergo quaecumque futura sunt, si debent evenire, necesse est ea fore, sive in praesentibus ponas <causam> impedibilem sive causam non impedibilem, ut ostensum est.

3 Praeterea, sicut vult ARISTOTELES in *VI° huius*, si aliquis effectus habeat in praesentibus causam quae non potest impediri a productione sui effectus, tunc necesse est effectum illum fore ex illa causa: ut quia iste vivens in se habet causam mortis naturalis quae non potest impediri, scilicet quia compositus est ex contrariis, ideo hunc viventem moriturum necesse est mori, scilicet sua morte naturali, cuius compositio talis contrariorum erat causa non impedibilis. Nunc autem omnis effectus, quicumque sit ille, in praesentibus habet causam talem quae nullo modo impediri potest a sua causalitate, scilicet divinam providentiam. Divina enim providentia causa est omnium quae eveniunt, et ipsa impediri non potest. Ergo omnia quae eveniunt, necesse est evenire.

4 Praeterea, hoc est arguere auctoritate BOETHII in *De consolatione*. Sentit enim ipse quod quaecumque eveniunt, necesse est evenire, sicut plane innuit in illo dicto quando dicit, fatum est quod «ab immobili providentiae», etc.

5 Praeterea, hoc arguitur ex praescientia Dei; aliud enim est Dei providentia et Dei praescientia. Unde arguitur sic: *b* | est praescitum a f. 104ra Deo fieri; ergo *b* necessarium est fieri. Probatio: Nam quandocumque conditionalis aliqua est vera cuius antecedens est necessarium, oportet consequens etiam esse necessarium. Nunc autem haec conditionalis est vera: Si *b* praescitum est a Deo fieri, *b* fiet. Et antecedens eius necessarium est, quia impossibile est aliter esse quin *b* sit praescitum a Deo. Ergo consequens necessarium est, scilicet quod fiet *b*. Ergo necessarium est fore, si debeat fore. Nunc autem omnia sunt talia, sicut *b* respectu praescientiae divinae, quaecumque eveniunt. Ergo quaecumque eveniunt, de necessitate eveniunt.

34 tunc] nunc *scr. sed marg. corr.*

42 ARISTOTELES, *Metaph.*, VI, 3 (1027 a 29 - b 10).
53 BOETHIUS, *De consolatione philosophiae*, IV, prosa 6, 16, C.S.E.L. 67, 98, 11-14.

Oppositum expresse vult COMMENTATOR supra VI° huius. Dicit enim quod hoc, scilicet «omnia quae eveniunt necessarium esse fore», est contra sensum et intellectum. Et dicit: et non est hoc sicut in exemplis legalibus dicitur quod omnia sunt scripta in tabula et necesse est omnia illa evenire.

2 Praeterea, hoc expresse vult ARISTOTELES in *eodem VI°*. Dicit enim quod, quamquam in praesenti factum est aliquid <quod> a sua causalitate impediri non potest et a quo sit effectum suum necessarium fore, ut in hoc vivente factum est aliquid, scilicet compositio ex contrariis; ex qua necesse est vivens mori, scilicet morte naturali, tamen in praesenti non est factum aliquid in hoc vivente propter quod necessarium sit hoc vivens mori violentia aut infirmitate. Et dato quod violentia moriatur, tamen hoc non fuit necessarium, antequam esset, ex aliqua causa facta in praesenti. Hoc expresse dicit in littera, si quis attendat ad suam litteram. Ergo vult ARISTOTELES quod non quaecumque eveniunt sic eveniunt, quod necessarium esset ea fore antequam essent.

3 Praeterea, hoc ARISTOTELES etiam vult in libro *Perihermenias*. Vult enim ibi quod in altera parte futuri contingentis, vel in altera parte contradictionis de futuro contingenti, ut navale bellum fore cras vel non fore, non est veritas, ita quod sit verum dicere quod navale bellum erit cras. Et sic etiam dico de negativa parte, navale bellum non fore cras. Hoc ipse expresse vult. Ex hoc tunc ego arguo: Si omnia quaecumque eveniunt sic evenirent quod necessarium esset ea fore antequam essent, re vera et indubitanter in altera parte contradictionis de futuro contingenti esset veritas, quoniam non ex alio dicit ARISTOTELES quod non est veritas in altera parte de futuro contingenti nisi quia neutram partem necessarium est evenire. Ergo etc.

4 Praeterea, sicut etiam ARISTOTELES ibi dicit, si omnia evenirent de necessitate, vel a casu vel a fortuna, tolleretur ratio arbitrii, tolleretur consilium nostrum et omnis nostra ratiocinatio tolleretur, etiam et retraheretur homo ab omnibus actibus bonis. Haec autem omnia sunt inconvenientia et contra sensum. Ergo omnia non de necessitate eveniunt.

Dicendum et imprimis intelligendum est quod necessitas quaedam

---

86 de] *sup. lin.*   futuro] de *add.*

68 AVERROES, *Metaph.*, VI, com. 7 (fol. 151 B-C).
73 ARISTOTELES, *Metaph.*, VI, 3 (1027 a 29 - b 10).
84 ARISTOTELES, *De interpretatione*, 9 (19 a 23 - b 4).
95 ARISTOTELES, *De interpretatione*, 9 (18 b 31-32).

impossibilitas aliter se habendi est. Impossibilitas autem aliter se habendi quaedam immobilitas est. Immobilitas autem quaedam sempiternitas est. Ita quod secundum hoc 'necessarium', 'impossibile aliter se habere', 'immobile', 'sempiternum' convertuntur. Ita quod omne necessarium, eo modo quo necessarium, est immobile et sempiternum; et omne quod est immobile, eo modo quo est immobile, ipsum est necessarium.

Propter quod in diversis diversimode reperitur ratio necessarii. Nam in separatis a materia verius reperitur ratio necessarii quam in non separatis a materia, eo quod ibi verius reperitur ratio immobilitatis, nam illa penitus sunt immobilia et universaliter. Adhuc tamen in eis verius dicitur ratio necessarii de eo separato a materia, quod causam penitus non habet; in solo enim ipso simpliciter salvatur ratio necessarii, quia et immobilitatis. In aliis autem separatis a materia, quae causam habent, non est ita vera ratio necessarii sicut in Primo, quia nec ratio immobilitatis, cum hoc habeant ex priore causa.

In caelo autem, quia ibi reperitur quaedam mobilitas, puta quantum ad motum, hoc modo quia, aliquo corpore caelesti in tali ubi vel situ existente, non semper est ibi, sed potest aliter se habere quia potest esse alibi; et ideo quantum ad hoc non est ibi necessitas, quia non est necesse, sole existente in tali situ, ipsum esse in illo situ, quia possibile est aliter se habere. Quia tamen in motu caeli vel corporum caelestium, quaedam immobilitas est quantum ad hoc quod ille motus est uniformis et regularis, ita quod moventur corpora caelestia tali motu quod impossibile est ea aliter vel alio motu moveri quam illo, ideo ibi, quantum ad hoc, necessitas reperitur.

In istis autem inferioribus adhuc reperitur ratio immobilitatis. Haec enim immobilitas consistit in quibusdam quantum ad hoc quod semper operantur vel agunt eodem modo. Cuiusmodi immobilitate se habent aliquae causae hic inferius ad suos effectus, quia semper, ipsis positis, necesse est poni suos effectus fore, eo quod non sunt impedibiles. Et ideo etiam in eis est quaedam necessitas iuxta illam immobilitatem.

Adhuc etiam alia quaedam ratio immobilitatis ab ista reperitur in quibusdam istis inferioribus. Quia in connexione causarum, acceptis causis in illa dispositione ut non sunt impeditae, ipsae sic immobiliter se habent tunc ad suos effectus, quod scilicet, ipsis causis semper sic in tali dispositione acceptis, causant suos effectus. Et non habet hoc se aliter, immo eodem modo, quia semper causa, posita in illa dispositione in qua non impedita, non tantum tunc causat suum effectum; immo et alias ipsa

12 separato] quod *exp.*   25 illo] et *add.*

sic posita, et semper, quandocumque sic posita fuerit, causat suum effectum. Non dico quod illa immobilitas sit ibi quia talis causa non est impedibilis. Immo, si ipsa sit impedibilis, dum tamen sic accipitur ut non impedita, ut quia deficiat agens impediens et removens eam a motu, quo motu debet producere suum effectum, immobilis est quantum ad hoc, quia semper causat tunc suum effectum. Et hoc modo etiam ibi est quaedam necessitas iuxta illam immobilitatem, ita quod accepta etiam nata impediri, in illa dispositione in qua non impedita, necesse est quod causet suum effectum.

Et quicumque credit oppositum huius, provenit ex sua ignorantia. Immo ponit quod nulla causa sit quae umquam causet suum effectum. Nisi enim, cum sic accepta est causa, scilicet ut non impedita, necesse esset quod causaret suum effectum, numquam illum effectum causaret; nam cum impedita est non causaret eum. Unde hoc vult AVICENNA expresse quando dicit quod omnis effectus respectu suae causae necessarius est. Hoc etiam expresse vult ARISTOTELES in *VIII° Physicorum* quando dicit quod, agente seu movente existente in tali dispositione in qua natum est movere, et mobili existente in tali dispositione | in qua natum moveri, necesse est hoc movere, illud vero moveri.

Sed quid dices ad quaestionem: Evenientne de necessitate illa quae eveniunt a causis non impeditis? Ita quod, quacumque causa accepta, sive impedibili sive non impedibili, ex quo effectus non provenit a causa nisi cum fuerit accepta ut non impedita, ut ratio ista docuit, quaeram utrum ea quae eveniunt, de necessitate eveniant, id est, utrum ea quae eveniunt a causis non impeditis, et ut acceptis in illa dispositione, scilicet ut non impeditae sunt, de necessitate eveniant.

Dico quod non quaecumque eveniunt a causis ut sic etiam acceptis, scilicet ut non impeditae, de necessitate eveniunt. Et huius probatio est ista: Nam ex hoc quod aliquid non movetur actu, ut quia deficiat movens quia non sit praesens, non ex hoc debet dici istud immobile, quamquam non moveatur nunc actu propter defectum moventis, eo quod de ratione sua est mobile.

Tunc ulterius procedo. Quamquam aliqua causa accepta sic, scilicet ut non impedita, propter hoc quod deficit impediens, quia impediens eam non est praesens ut moveat eam a motu quo producit effectum suum, ex

40 quandocumque] *marg.*   59 Sed quid dices] Quaerit ad quaestionem *add. marg.*
66 Dico quod] Solvit *add. marg.*   72 Tunc ulterius] Nota exemplum declarativum optimum *add. marg.*

53 Cf. AVICENNA, *Metaph.*, tr. I, c. 6, p. 46.
55 ARISTOTELES, *Physic.*, VIII, 1 (251 b 1-5).

hoc tamen connexio et habitudo talis, scilicet talis causae, etiam sic acceptae, ut non impeditae ad suum effectum, non debet dici immobilis, eo quod talis causa de sui ratione habet quod possit impediri a motu suo quo producit effectum suum. Et quamquam ipsa, sic accepta, semper causet suum effectum, propter hoc quod deest agens contrarium, ex hoc tamen non debet dici immobilis, scilicet a tali motu quo producit effectum suum. Immo stat quod ipsa sit mobilis a tali motu quo ipsa producit suum effectum; tunc, cum sic accepta est, ut scilicet non impedita, et quod semper sic accepta, scilicet ut non impedita, causet suum effectum, ut visum est. Et si sic, tunc etiam stant ista duo: quod ipsa, sic accepta, semper causet suum effectum; et quod tamen de necessitate, etiam sic accepta, non causet suum effectum, vel quod effectus de necessitate non proveniat ex ea, etiam sic accepta, sicut iam apparet, quia necessarium et immobile convertuntur.

Sed dices: hoc quod tu nunc dicis videtur contradicere ei quod prius dixisti. Nam prius dixisti quod causa, sic accepta ut non impedita, semper causat suum effectum, et immobiliter se habet quantum ad hoc, quia semper causat. Ergo necesse est tunc ex ea, sic accepta, effectum provenire; quod contradicit ei quod nunc dicis.

Et dico quod ipsa, sic accepta, scilicet ut non impedita, quamquam semper causet suum effectum, non propter hoc dicemus quod ex ea, sic accepta, necessario proveniat effectus; sed potius dicemus quod necessario provenit, non absolute, sed necessario provenit contingenter. Unde non dicam, quamquam effectus non proveniat ex causa nisi cum fuerit accepta ut non impedita, et quamvis tunc semper causet effectum, cum scilicet sic fuerit accepta, tamen non propter hoc de necessitate absolute ex ea, sic accepta, provenit effectus, quia causa illa de ratione et natura sua impedibilis potest esse; ut si sit causa ut in pluribus, illa de sui natura impedibilis est, et, quamquam accepta ut non impedita, producat effectum. Sed dicemus quod tunc ex ea, sic accepta, necessarium est provenire effectum contingenter et modo quo possibile est aliter se habere.

Nam et haec est providentia divina. Sic enim Deus providit talibus effectibus ut sic ex suis causis provenirent: quibusdam ut absolute ex suis causis necessario provenirent, quia causae eorum impedibiles non sunt, quibusdam autem sic quod provenirent ex suis causis, non simpliciter ex necessitate, sed contingenter, ut quia causae eorum impedibiles sunt. Ergo de talibus verum est dicere quod necesse est eos evenire contingen-

89 Sed dices] Arguit contra se *add. marg.*   94 Et dico] Solvit *add. marg.*   7 Nam et haec] Nota *add. marg.*

ter ex suis causis, etiam sic acceptis ut non sunt impeditae. Nam aliter numquam dares quod evenirent, nisi acciperes causas eorum ut non impeditas. Quia tamen impedibiles sunt, quamquam tunc non sint impeditae propter hoc quod deest agens contrarium, non est dicendum quod simpliciter sit necessarium eos evenire ex suis causis, sed eos evenire contingenter bene est necessarium. Sic enim Deus providit.

Sic etiam intelligit AVICENNA quando dicit quod omnis effectus respectu suae causae est necessarius; id est, quia omnis effectus necesse est quod proveniat ex sua causa, sic accepta ut non impedita, sicut Deus providit. Etiam necesse est quod, si debeat evenire effectus, quod eveniat a causa quae sit non impedita; sed quamquam sit non impedita, non propter hoc necessaria est etiam tunc ad suum effectum, sed contingens potest esse et aliter se habere. Sic etiam intelligit ARISTOTELES. Non ergo contradicunt illud dictum et istud, ut visum est.

Sed advertendum quod multum differt aliquid evenire de necessitate primo modo, scilicet quia evenit a causa quae non tantum est non impedita, immo etiam non est impedibilis, et quod aliquid eveniat de necessitate (si necessitas potest dici quod proprius dicitur contingentia), eveniat dico ex causa quae, licet non sit impedita, est tamen impedibilis. Id est, differt aliquid evenire de necessitate simpliciter et aliquid evenire ex causa de necessitate contingenter et modo possibili aliter se habere. Quia aliquid evenire de necessitate primo modo tollit, circa illud quod sic evenit, arbitrium et consilia nostra, eo quod nihil prodesset consiliari aut negotiari ut eveniret eius contrarium, ex quo habet causam non impedibilem. Quomodo enim medicus posset tantum apponere medicamen in hoc vivente quod ipsum aliquando non moreretur morte naturali? Non posset umquam hoc facere medicus nec aliquis alius homo, cum causa talis mortis in hoc vivente sit non impedibilis. Et ita etiam omnia evenire de necessitate isto modo esset inconveniens et retraheremur ab omnibus actibus nostris bonis et etiam malis, ex quo necessarium esset eos evenire, et non possent impediri per consilia vel per aliquas nostras negotiationes.

Sed aliquid evenire de necessitate secundo modo, scilicet ut dictum est, non tollit circa illud consilium nostrum nec negotiari, eo quod evenit a causa impedibili. Et ita per nostra consilia et per nostrum negotiari posset impediri et non evenire. Sicut, licet comestio calidorum, absolute accepta, non causet mortem in isto violentam, quia impediri potest,

27 Sed advertendum] Notabile *add. marg.*

19 Cf. AVICENNA, *Metaph.*, tr. I, c. 6, p. 46.

tamen ut non impedita est, scilicet vel medicamine vel aliquo alio agente contrario, causat effectum, | scilicet facit hunc mori violenter. Et de necessitate non simpliciter, sed de necessitate causat ipsum contingenter, id est, modo quo possibile est aliter se habere, quia sic ordinata est in suum effectum quando producere debet eum, scilicet ut contingenter producat eum, et semper sic eum producet. Et non tollit haec sempiternitas et haec necessitas rationem nostri arbitrii vel consilium nostrum, nec propter hoc retrahemur ab actibus nostris.

f. 104va

Et ideo, quia isti duo modi eveniendi aliquid de necessitate ex suis causis non sunt idem, sed multum differunt, sicut visum est, quidam, qui non distinguebant inter primum modum et secundum, in diversos errores inciderunt. Et vidi aliquos ex hoc in duos errores incidere.

Primus modus est quia, non distinguentes inter primum modum et secundum necessitatis, dixerunt quod, causa posita in illa dispositione in qua non est impedita, non est necesse aliquo modo quod causet suum effectum. Et hoc est contra AVICENNAM et ARISTOTELEM; et quia numquam aliter dabunt quod producat suum effectum.

Alius modus est quia, non distinguentes inter primum modum et secundum necessitatis, (si necessitas potest dici), devenerunt ad hoc quod omnia evenirent de necessitate ex suis causis non impeditis; quaecumque eveniunt ex causis non impeditis, ex hoc quod eveniunt ex causis non impeditis, tollitur ex hoc consiliari et omne nostrum negotiari et omnia quae diximus. Et hoc falsum est, et est error, ut visum est, quia aliquid evenire de necessitate ex causa non impedita secundo modo non tollit negotiari nec consiliari.

His visis, tunc ad rationem in contrarium respondendum est.

Ad evidentiam huius, utrum omnia quae eveniunt, eveniant de necessitate, ita quod quae sunt et fuerunt necesse esset fore antequam essent, et quae futura sunt necessarium sit fore vel non, sex per ordinem consideranda sunt.

Primum est quod omnis effectus qui evenit a causa, aut evenit a causa necessaria (id est, non impedibili), aut evenit a causa quae non est causa sui effectus semper sed ut in pluribus, (et haec est nata impediri), aut evenit a causa per accidens, quae non est causa illius effectus nec semper nec ut in pluribus, sed per accidens et raro. Hoc primo considerandum est.

58 quidam] Opinio et error quorundam *add. marg.*   66 Alius modus] Improbatio eorum *add. marg.*   74 His visis] Notabilia multa in crastina die ad solutionem quaestionis *add. marg.*

Secundum quod considerandum est, est aliquid quod commune est omnibus istis tribus causis et est istud: quod omnis causa, quaecumque sit illa causa, posita in tali dispositione in qua nata est producere suum effectum, semper quandocumque sic ponitur, causat suum effectum. Et hoc est adeo necessarium quod qui hoc negat, ponit effectum contingere sine causa. Nam si causa aliqua posita in dispositione illa in qua habet esse causa in actu sui effectus, causet nunc suum effectum, alias tamen posita sic, non causet suum effectum, cum primus effectus causabatur ab ea sic posita, non proveniebat effectus a sua causa, (quia postea alias sic et eodem modo posita, et habens omnia quae prius habebat, non causabat); dicis quod non est causa eius cum non causet eum tunc, ergo nec prius erat causa eius cum effectus proveniebat.Et ita dabis effectum contingere sine causa, nisi concedas praedictam propositionem. Unde manifesta est homini intelligenti, et concessa est per AVICENNAM et ARISTOTELEM et alios philosophos. Hoc est secundum quod considerandum est.

Tertium quod considerandum est, est istud: quod tria sunt quae eadem via eodem modo, penitus coartant et ligant effectus futuros ad eventum. Unum est providentia divina; secundum est connexio causarum <seu> habitudo causarum praesentium, id est, habitudo causarum secundarum. Et quod ista duo eodem modo, et non plus unum quam aliud, coartent effectus futuros ad eventum, patet. Nam providentia divina est causa universalis, immo universalissima, et non causat effectus futuros nisi per causas secundas. Ergo, si per causas secundas coartat effectus futuros ad eventum, tunc, sicut causae secundae se habent, et qua via, ad effectus futuros evenire, sic oportet quod providentia divina faciat effectus illos evenire et non aliter. Nam si aliter, tunc per causas secundas eos non produceret. Eodem ergo modo ambo illa effectus futuros coartant ad eventum, quia, si secunda causa necessariam habitudinem habet ad effectum suum simpliciter et non impedibilem, sic et providentia divina facit effectum illum evenire. Et si habet causa secunda quod sit causa effectus non semper sed <ut> in pluribus, sic providentia divina causat ipsum ea necessitate, et sic ulterius. Tertium <est> quod eodem modo coartat eos sicut ista est quia omnia quae fient, aut fient ex causa necessaria et non impedibili, aut fient ex causa ut in pluribus et impedibili, aut fient ex causa per accidens et raro. Et hoc eodem modo, et non aliter, artat et ligat effectus futuros, sicut duo praedicta, ut visum est.

88/89 Et hoc est] Notandum *add. marg.*   92 cum] tunc *scr.*   94 habens] habenti *scr.*
95 ergo] Notandum *add. marg.*   2 eventum] effectum *scr.*

Quartum quod considerandum est, est istud: quod causa alicuius effectus futuri, accepta per se solam, non habet unde sit causa in actu ipsius effectus; sed accepta ipsa in dispositione illa in qua nata est esse causa effectus, habet unde sit causa in actu. (Dico vel immediate vel per medium, et per medium vel per plura media vel per unum tantum; sic accipio nunc 'causam in actu'). Et hoc quartum probo ex duobus. Primo, quia si causa accepta per se solam haberet unde esset causa in actu sui effectus, iam providentia divina produceret effectus suos sine causis intermediis; ex quo ipsa per se solam esset causa effectuum futurorum, et non cum causis secundis accepta. Hoc tamen est falsum: non enim producit eos nisi per causas secundas. Iterum, hoc probatur ex alio: quia si causa, per se solam accepta, haberet unde esset causa effectus, tunc causa in potentia, cum non sit in potentia nisi quia non accipitur cum alio quod facit eam in actu causam, produceret effectum; aut dabis quod numquam producatur effectus, cum tunc, cum est in potentia, non possit producere ipsum. Et tamen secundum te, habet tunc unde sit causa in actu. Ergo numquam effectus producet.

Quintum quod considerandum est, est istud: quod omnis effectus futurus habet causam in actu in praesentibus, (in actu dico vel per medium vel sine medio), ita quod in ipsa connexione praesentium est causa in actu (mediate vel sine medio intelligas) quae est causa ut determinate eveniat altera pars contradictionis cuiuslibet effectus futuri imaginati. Cuius probatio est: Quia si esset aliquod futurum quod in tota connexione causarum non haberet causam in actu, id est, causam quae determinata esset ad alteram partem contradictionis illius futuri, tunc numquam aliqua pars illius futuri eveniret. Unde etiam, nisi providentia divina providisset alteram partem contradictionis determinate ut eveniret vel non eveniret alterum determinate, numquam illud eveniret. Omnis ergo effectus futurus in praesentibus habet causam in actu, (in actu dico vel per medium vel immediate). Sed non tamen omnis effectus futurus habet in praesentibus eandem causam in actu et eiusdem naturae. Sed quidam effectus habent in praesentibus causam in actu non impedibilem, quidam autem causam impedibilem et ut in pluribus; quidam autem causam per accidens. Hoc est ergo quintum.

Sextum quod considerandum est, est istud: quod licet omnis effectus futurus habeat in praesentibus causam in actu, in tota etiam connexione causarum habeat causam quae est causa in actu ut determinate eveniat altera pars contradictionis cuiuslibet futuri, tamen non propter hoc

28 esset] esse *scr.*   30 solam] sola *scr.*

omnis effectus qui evenit a sua causa evenit ab illa causa de necessitate. Dico 'de necessitate' secundum quod dividitur | contra contingentem, nam sic vel sic de necessitate bene evenit, ut tangebatur heri, scilicet vel de necessitate simpliciter, vel de necessitate contingenter, ut provisum est a Deo et ut se habet connexio causarum ad effectum ipsum.

Et quod propter hoc non sit de necessitate omnis effectus qui evenit a sua causa eveniens, probatur. Nam licet causa in actu, vel etiam causa accepta in dispositione tali in qua nata est producere effectum, semper (quandocumque fuerit sic posita) causet suum effectum, ex hoc tamen non debet dici quod causet suum effectum de necessitate, quia cum illo actu stat potentia ad oppositum illius: ut cum sedens est aliquis actu, stat potentia ad standum, licet non stet potentia ad standum quando stat: sic enim opposita essent simul et respectu eiusdem in eodem. Similiter, licet aliqua causa existente in actu, id est, in illa dispositione in qua non fuerit impedita, causa illa causet effectum et determinate alteram partem contradictionis illius futuri effectus, tamen simul cum ipsa est causa sic in actu, est in potentia ut alias non causet suum effectum. Licet non sit in potentia ut alias non causet suum effectum cum est non impedita, tamen cum hoc quod ipsa nunc, non impedita, causet effectum et sit causa determinata alterius partis contradictionis, stat potentia ut alias non causet suum effectum (non alias non impedita, sed alias simpliciter). Unde quod aliqua causa sit causa determinata alterius partis contradictionis et quod sit causa necessaria effectus, ista non sunt idem; immo diversa et ex diversis habet causa haec duo. Nam ad hoc quod determinate sit causa alterius partis contradictionis, non exigitur plus nisi quod sit causa in actu et non impedita, ita quod ex hoc quod non impedita, causat alteram partem contradictionis. Sed ad hoc ut esse debeat causa necessaria ad effectum producendum, non tantum oportet quod sit non impedita, sed quod sit non impedibilis. Ergo iam manifeste apparet quod ex hoc quod in praesentibus sit causa determinata et in actu ad alteram partem contradictionis cuiuslibet futuri imaginati, (in actu, dico, mediate vel immediate), non oportet quod quicumque effectus eveniat, quod de necessitate eveniat. Ita quod non tantum respectu unius causae determi-

---

71 stat] sedet *scr.* Cf. SIGERUS DE BRABANTIA, *De necessitate* ...,: «... sicut dicit ARISTOTELES in *Primo Caeli et mundi*, ille qui sedet, dum sedet, habet potentiam ad standum. Sed qui sedet, dum sedet, non habet potentiam ad standum dum sedet.» J.J. DUIN, *La doctrine* ..., p. 32. Cf. etiam P. MANDONNET, *Siger* ..., II, p. 117.   74 alteram] *iter.*

70/71 Cf. ARISTOTELES, *De caelo*, I, 12 (281 b 15-18).

natae non oportet quod effectus eveniat de necessitate; immo etiam nec respectu totius habitudinis et connexionis praesentium vel causarum.

Et tu dices: Ex quo in ipsa habitudine et connexione causarum est iam causa in actu, quae determinata est ad eventum alterius partis contradictionis et talem causam habet in praesentibus omnis effectus futurus, ut dictum est, aliter effectus aliquis numquam contingeret, aut esset effectus sine causa, ergo omnis effectus qui evenit a causa, de necessitate evenit.

Ista obviatio fatua est et hominis non intelligentis. Nam, sicut dixi, ex hoc quod causa est in actu et determinata ad alteram partem contradictionis, in illa dispositione in qua nata est esse causa in actu effectus, non dicitur causa necessaria, nec dicitur effectus proveniens ab ea de necessitate provenire ex hoc ab ea; sed dicitur necessaria ex hoc quod non impedibilis. Et ex hoc dicitur effectus provenire de necessitate, non quia proveniat a causa non impedita, sed quia provenit a causa non impedibili. Et ideo, quamquam in connexione praesentium sit causa determinata et in actu ad eventum determinatae partis contradictionis, (sive sit in actu per medium sive non), non oportet quod omnis effectus proveniens, de necessitate eveniat, etiam ab illis causis in actu, nisi in ipsa connexione causarum esset quaelibet causa non impedibilis; quod tamen non est, ut ad sensum apparet.

Ulterius intelligendum, sicut tangebatur heri: quidam ex eadem radice inciderunt in duos errores. Unus error est, quia quidam voluerunt negare istam propositionem, quod omnis causa posita in tali dispositione in qua nata est esse causa in actu, necesse est quod causet effectum. Et dicebant quod non est vera; immo, quamquam nunc sic posita causet effectum, alias tamen posita eodem modo non necesse est quod causet effectum. Et in hunc errorem inciderunt ex hoc quia, timentes, si concederent hanc propositionem, quod oporteret eos ponere omnia quaecumque eveniunt de necessitate evenire, ita quod tolleretur omne consilium et libertas arbitrii, negaverunt eam.

Sed concedendo eam, ut manifeste vidisti, non propter hoc oportet istud ponere, nec quod tollatur libertas arbitrii, nec consiliari, nec negotiari.

Alii autem, videntes primam propositionem esse veram et necessariam, inciderunt in alium errorem, scilicet quia, credentes ex veritate primae propositionis aliquid esse contra fidem catholicam, posuerunt quod omnia quae eveniunt de necessitate eveniunt, sic quod non oportet negotiari, etc.

95 Et tu dices] Arguit contra se *add. marg.*   00 Ista obviatio] Solvit *add. marg.*
13 Ulterius] Positio praedictorum. Magis haeretica. *add. marg.*   20 ponere] quod *add.*

Hoc etiam vidisti quod non oportet ponere, quamvis concedatur praedicta propositio esse vera et etiam necessaria. Non enim consiliamur, nec etiam negotiamur de aliquibus futuris effectibus et quia velimus impedire providentiam divinam, sed potius explere; nec etiam ut velimus impedire connexionem causarum ad effectum. Nam et hanc etiam impedire non possumus, sic enim eam ordinavit providentia divina. Non etiam consiliamur vel negotiamur ut impediamus eventum vel non eventum illorum futurorum quae eveniunt a causis non impedibilibus. Quantumcumque enim medicus consilia et medicinas apponeret, vel aliquis alius, ut iste non moreretur morte naturali, non posset facere, quoniam effectus ille habet in praesentibus causam non impedibilem, scilicet quia iste compositus est ex contrariis. Sed negotiamur et consiliamur de aliquibus futuris ut impediamus per nostra consilia et actiones nostras quasdam causas particulares quae sunt impedibiles, quas, si non impediremus a suis effectibus per nostra consilia et negotia, ipsae producerent forte effectus aliquos malos super nos, quoniam, cum essent non impeditae, causarent effectus suos.

Verbi gratia, comestio veneni, si non impediatur, vel medicamine vel aliquo tali, causabit effectum in isto, scilicet mortem; tamen, si apponantur consilia et medicamina, impedietur, nec causabit mortem in isto. Hoc autem non esset nisi fuisset causa impedibilis et quamquam, non impedita, causet effectum. Et similiter est de aliis causis consimilibus. Et ideo studendum est nobis ut fiamus boni, et ut removeamus per opera nostra et actiones bonas quasdam causas particulares a suis effectibus malis, quos effectus malos producerent in nobis et facerent nos malos, nisi eas per nostra consilia bona et actiones nostras impediamus.

Et sic apparet quod, quamquam causa posita ut non impedita producat semper effectum suum quandocumque sic fuerit posita, quod propter hoc non de necessitate producit effectum, nec propter hoc tollitur negotiari nec consiliari, nec propter hoc retrahimur ab actibus bonis; similiter nec propter hoc tollitur arbitrium. Et hoc apparet: voluntas enim qualiter dicitur libera? Planum enim est quod ipsa non dicitur libera sic, quia sit primum movens et primum principium actionis. Planum enim est quod oportet, antequam voluntas velit aliquid vel non velit, quod ipsa moveatur ab aliquo vel ex apprehensione alicuius, et ita, ut ipsa moveatur, vel velit, vel non velit. Quandocumque vult sine aliqua apprehensione praecedente, in hoc voluntas non est libera. Sed cum iam mota est apprehendendo aliquid, libera est ut velit vel non velit illud; ita quod libertas eius non esset si nulla causa esset impedibilis, sed quia aliquae causae sunt impedibiles, ideo etc.

Ista ergo omnia quae dicta sunt, si recte intelligantur, omnia vera sunt.
Et apparet ex dictis iam solutio rationum usque ad | ibi, scilicet ad illas f. 105ra
duas ultimas de providentia divina et de praescientia eius.

Et ideo dico ad primam illarum quod, quamquam providentia divina
75 infallibilis sit, tamen ex hoc non sequitur quod omnis effectus quem
providit evenire a sua causa, eveniat de necessitate. Unde per illam
rationem tu non quaeris nisi quid respondet infallibilitati providentiae
divinae. Cum providentia divina sit impossibilitas quaedam aliter se
habendi, quid respondet in rebus futuris isti impossibilitati aliter se
80 habendi? Et dico quod non respondet in rebus hoc quod est eadem
necessitate evenire; sed duo alia respondent ei, scilicet quod ipsae res
proveniunt a causis in actu existentibus et quod in praesentibus est causa
in actu cuiuslibet effectus futuri.

Ad aliam rationem dicendum et eodem modo solvendum esset.
85 Quia, quamquam praescitum sit hoc a Deo, non propter hoc sequitur
quod fiat de necessitate, sed sequitur quod de necessitate fiat sicut
praescitum est a Deo. Nunc autem non est praescitum a Deo fieri de
necessitate quidquid praescitum est ab eo fieri, sed aliquid praescitum est
ab eo fieri contingenter. Ideo etc.

QUAESTIO <2>

UTRUM ALIA ENTIA A SUBSTANTIA HABEANT QUOD QUID EST

Consequenter quaeritur circa praesentem lectionem. Et quaeritur
primo utrum alia entia a substantia habeant quod quid est.

5 Et arguitur quod sic. Nam qualitas habet quod quid est, ut albedo et
nigredo, et sic de aliis praedicamentis a substantia. Quia, sicut homo
habet suum quod quid est, vel aliqua alia substantia, ut animal, etc., sic et
qualitas et quantitas habent suum quod quid est. Ergo etc.

Praeterea, nisi accidentia haberent quod quid est, non dicerent quale
10 aut quantum vel aliquid tale ipsius substantiae. Nunc autem dicunt
accidentia quale aut quantum substantiae, ut dicit ARISTOTELES. Ergo
habent quod quid est.

Oppositum dicit in littera, quod alia a substantia non dicunt quid, sed
quale aut quantum, etc., sed sola substantia. Ergo etc.

72 ibi] usque ibi *scr.*   77 tu non quaeris] quaeris *scr. sed marg.* tu non quaeris *add.*
4 utrum alia] Dubium *add. marg.*

3 ARISTOTELES, *Metaph.*, VII, 1 (1028 a 10-20).
11 ARISTOTELES, *Metaph.*, VII, 4 (1030 a 17 - b 13).
13 ARISTOTELES, *Metaph.*, VII, 1 (1028 a 10-15).

Dicendum quod alia a substantia, ut accidentia ipsa quaecumque sunt 15
in aliquo novem praedicatorum, non habent quid absolute dictum, sed
habent quid qualitatis aut quantitatis, et sic de aliis. Ita quod qualitas
non habet quid absolute, sed habet quid quod est qualitas, et ita de aliis.
Unde et sicut ARISTOTELES dicet inferius, duplex est quid, sive duplicitur
est habere quod quid est, scilicet primo et per se, et secundario. Nunc 20
autem substantia solum habet quod quid est simpliciter et per se. Quia,
sicut ens quod dicitur de substantia est ens per se subsistens, (non quia sit
entis, sed per se est ens quia primo), sic et quod quid est substantiae est
quod quid est simpliciter et primo dictum et absolute, (non quia sit quid
huius, sed est quid simpliciter). Accidentia autem habent quod quid est 25
secundario et secundum quid, quia quid eorum non est quid simpliciter,
sed est quid huius, scilicet ut color non est quid simpliciter, (scilicet, quia
sit absolute quid), sed est simpliciter qualitas. Est tamen quid qualitas, id
est, est quid respectu albedinis vel nigredinis, et sic de aliis quae sunt sub
eo essentialiter; tamen simpliciter qualitas est. Ita quod, sicut ens dictum 30
de eis non est ens absoluto vocabulo, sed ens per habitudinem ad
substantiam, (ut quia dicuntur entia quia sunt entis, aut ut qualitates
eius, aut ut quantitates eius, et sic de aliis), sic et quid eorum sumitur per
habitudinem ad quid substantiae.

Per hoc cessant obiectiones. 35

QUAESTIO <3>

UTRUM NOMINA ABSTRACTA ACCIDENTIUM, UT AMBULATIO
ET HUIUSMODI, SIGNIFICENT ALIQUOD ENS

Consequenter quaeritur utrum nomina abstracta accidentium, ut
'sessio', 'ambulatio', etc., significent ens aut non ens. 5

Et videtur quod significent non ens. Quia, si aliquid quod non est
natum per se subsistere nec separatim existere a substantia, ipsum
significetur ut separatim a substantia et ut per se existens, illud nomen
quod ipsum sic significat, non ens significat. Nunc autem talia sunt
accidentia, quia non sunt nata per se existere, nec separari a substantia. 10
Nomina autem abstracta eorum significant ea abstracte a substantia.
Ergo etc.

Oppositum innuit ARISTOTELES in littera, dicens quod, quamvis nomina concreta, ut 'sedens', 'ambulans' etc. magis videantur significare ens

13 ARISTOTELES, *Metaph.*, VII, 1 (1028 a 20-30).

15 quam nomina abstracta, ut 'sessio', 'ambulatio', etc. eo quod concreta significant ea per modum quo existunt, abstracta autem non, tamen intelligit ARISTOTELES quod nihilominus abstracta significant ens.

Dicendum quod nomina abstracta accidentium ens significant, quia significant illud quod per se non enuntiant existere vel separari, sed esse
20 in alio; tamen non per modum illum significant ea, sed abstracte. Concreta autem significant illud idem et per illum modum per quem existunt, scilicet quia significant ens inhaerens et ut inhaerens. Abstracta autem significant ens inhaerens, non tamen ut inhaerens.

Ita quod, secundum hoc, duo sunt modi possibiles intelligendi ipsis
25 accidentibus. Unus est intelligendo ea ut coniuncta sunt et habent esse in substantia, et isti modo intelligendi respondet modus significandi nominum concretorum. Alius modus intelligendi est intelligendo ea abstracte a substantia, et isti modo intelligendi respondet modus significandi abstractorum nominum accidentium.

30 Et potest intellectus intelligere accidens abstracte a subiecto, quia inter ea quae in esse coniuncta sunt, si tamen naturas essendi habent diversas, quamquam una sine alia non reperiatur, potest intellectus noster ea separare; non in esse, quasi dicat hoc esse sine hoc, sed in natura, dicendo quod hoc non est illud.

35 Ad rationem ergo in contrarium dicendum: Cum dicis: nomina accidentium abstracta significant non inhaerere quod inhaeret, ergo etc., scilicet significant non ens, dico quod non sequitur. Quia in significando ea, non exprimunt illum modum, scilicet quia dicunt illud non existere in alio, sed per se existere, sed significant quod inhaeret, non ut inhaeret,
40 sed modo quo intelligitur. Et ex hoc non sequitur quod significet non ens.

QUAESTIO <4>

UTRUM SUBSTANTIA COGNITIONE PRAECEDAT IPSUM ACCIDENS
VEL E CONVERSO

Consequenter quaeritur utrum substantia cognitione praecedat ipsum
5 accidens.

Videtur quod non. Quia cum substantiae sint nobis occultae, per accidentia quaedam cognoscimus substantias. Unde et «accidentia magnam partem conferunt ad cognoscendum quod quid est», ut in *I° De anima* dicitur. Ergo primo cognoscimus accidens quam substantiam.
10 Ergo etc.

24 Ita quod] Nota *add. marg.*   33 quasi] quia *scr.*
9 ARISTOTELES, *De anima*, I, 1 (402 b 21-22).

Oppositum dicit in littera.

Dicendum quod aliquid praecedere alterum in cognitione est dupliciter: scilicet aut ordine temporis, ut quod hoc tempore praecognoscatur illi, et isto modo non est verum quod substantia praecedat accidentia cognitione, saltem omnia accidentia, sed e converso; alio modo ordine perfectionis ipsius cognitionis, nam secundum unum modum prioris dicuntur priora quae perfectiora sunt his quae sunt minus perfecta; et hoc modo substantia cognitione praecedit accidentia et omnia accidentia, quia perfectior cognitio ipsius substantiae, cum iam cognoscitur substantia, quam sit cognitio accidentis substantiae, nam et cognitio substantiae est etiam cognitio accidentium, saltem quorundam.

Unde substantia quantum de se, sicut in esse non dependet ex accidentibus, sic etiam nec in cognitione quae est eius cognitio essentialis; sed est sua cognitio tantum per principia sua essentialia. Accidentia autem, sicut quantum ad illud quod sunt, dependent ex substantia, sic et quantum ad cognitionem eorum etiam essentialem dependent ex substantia. Ita quod etiam illud quod sunt essentialiter, sicut non sunt nisi inquantum sunt huius, scilicet substantiae, sic nec cognosci possunt nisi per habitudinem ad substantiam. Et ideo cognitio substantiae perfectior cognitio est quam cognitio accidentium.

Et quamquam aliquando per quaedam accidentia cognoscamus substantiam, hoc tamen magis est ex parte nostri quam rei, quia substantia occulta est. Et ideo utimur nobis manifestis loco eius, ut quibusdam accidentibus propriis. In re tamen non est iste ordo, sed magis e converso. Ideo etc.

<COMMENTUM 1>

UTRUM SCIENTIA POSSIT ESSE SINGULARIUM VEL PARTICULARIUM.

Dicitur autem substantia, si non multiplicius, etc.

Dubitatur primo quia dicit statim in principio lectionis quod «primo de hoc determinandum est», id est, de substantia particulari.

Sed contra, scientia non est singularium sed universalium, ut ARISTOTELES multotiens dicit. Non ergo debet descendere ad | determinandum de substantia singulari.

---

15 (*et passim*) saltem] saltim *scr.*

11 ARISTOTELES, *Metaph.*, VII, 1 (1028 a 31 - b2).
3 ARISTOTELES, *Metaph.*, VII, 3 (1028 b 33).
5 ARISTOTELES, *Metaph.*, VII, 3 (1028 b 37 - 1029 a 2).
7 Cf. ARISTOTELES, *Metaph.*, I, 1 (981 a 5-12); *Ethic. Nic.*, VI, 6 (1140 b 31-33).

Contrarium dicit in littera.

Dicendum quod scientia bene est singularium, tamen non est per ipsa singularia, sed in suo universali, id est, per suum universale. Unde scientia quae est universalis bene est etiam ipsorum singularium illius universalis, sed non est illorum singularium sub forma singularium, id est, per ipsa singularia, sed per universale repertum in eis ab intellectu. Unde scientia quae habetur de homine est etiam scientia cuiuslibet hominis, sed non secundum quemlibet hominem particularem, sed secundum formam communem repertam in eis, scilicet secundum hoc universale quod est homo.

Cum ergo dicit ARISTOTELES in littera quod de hoc, id est de substantia particulari, determinandum est et primo, verum est in suo universali, declarando scilicet de quod quid est ipsius substantiae demonstratae, et inferius ipse facit, sed non determinandum est de ipsa sub forma propria.

<COMMENTUM 2>

Consequenter, quia ARISTOTELES notificaverat substantiam quae est subiectum ultimum, et non notificatione essentiali, sed per quasdam intentiones logicas, dicendo quod substantia quae est ultimum subiectum est quae non dicitur de alio, sed omnia alia dicuntur vel praedicantur de ipsa, (praedicari enim et subici res logicae sunt), ideo postea parum post dicit quod «typo», id est figuraliter, «dictum est quid est substantia», quasi removendo dubium, quia posset sibi aliquis dicere: ex quo notificasti et determinasti de substantia, non debes plus de ea determinare.

Dicit quod prius determinatum est de ipsa 'typo', id est figuraliter et non realiter, id est notificatione essentiali, quia dictum est de ipsa notificatione logica, quae non est essentialis nec sufficiens. Sed adhuc ipsa est immanifesta, scilicet talis notificatio vel substantia innota est adhuc, quamvis notificata sit per tales intentiones logicas. Et ideo determinandum adhuc de ipsa. In quo videtur ARISTOTELES innuere quod huiusmodi intentiones logicae non faciunt rem aliquam certam et manifestam, ut aliquid esse genus, speciem, et sic de aliis, nec cognoscitur res perfecte et sufficienter per tales intentiones. Sed ad hoc quod sit res nota et bene, non tantum notificari debet per tales intentiones logicas, sed per propria et essentialia illi rei.

9 ARISTOTELES, *Metaph.*, VII, 3 (1028 b 35-37).
2/6 ARISTOTELES, *Metaph.*, VII, 3 (1028 b 33-37).
7 ARISTOTELES, *Metaph.*, VII, 3 (1029 a 7).

Ideo quaestio esset de hoc, utrum scilicet logicus possit scire veritatem talium propositionum in quibus dicitur hoc esse genus, hoc esse speciem, etc., absque eo quod res ipsa cognoscatur. Sed hoc nunc non determino.

QUAESTIO <5>

UTRUM ESSENTIA MATERIAE SIT ALIQUOD ENS

Consequenter, quia ARISTOTELES, in notificando substantiam quae est materia, dicit quod materia secundum se nec est quid nec quantum nec quale, et sic de aliis, ita quod notificatio ista est per privationem et 5 negationem entium data, dicendo quod ipsa secundum se, id est secundum essentiam suam, nullum talium entium est; et postea, in fine illius partis, dicit quod non tantum materia secundum essentiam suam non est aliquid praedictorum, immo etiam nec secundum se est ipsae privationes, ipsae negationes entium; ita quod ista praedicatio non est essentialis 10 materiae, qua dicitur quod materia non est aliquid praedictorum; ita quod non tantum aliquid praedictorum entium non cadit in substantia et essentia materiae, immo nec etiam ipsa materia essentialiter est ipsa negatio; ita quod esse non essentiale sit materiae, immo accidentale sicut et alia entia; ita quod secundum hoc forma non tantum accidit materiae, 15 quia non est in substantia materiae, sed etiam privatio formae accidit materiae qua dicimus materiam secundum se non esse hoc, nec hoc, etc.

Ideo de materia hic duo essent quaerenda: primo de entitate materiae, utrum materia sit aliquod ens; secundum erit, utrum sit substantia, dato quod sit aliquod ens. 20

De primo videtur quod materia, id est essentia materiae, non sit ens aliquod, sed negatio vel privationes tantum entis. Et hoc tali ratione: Illud quod est ens, habet rationem aliquam intelligibilis et naturam intelligibilis per se. Cuius probatio est quia, sicut ARISTOTELES dicit *III° De anima*, intellectus possibilis est quo est omnia fieri, id est, quo est 25 intelligere omnia entia. Nunc autem materia non est per se intelligibilis, sicut ARISTOTELES dicit *I° Physicorum*. Ergo materia non est aliquod ens. Est igitur essentialiter privatio et negatio entis.

24 non determino] Quaestio non soluta. Considera de ea. *add. marg.*   13 materia essentialiter] essentia materiae *scr. sed corr.*   14 non] ens *add.*   15 hoc] non tantum *add. sed exp.*   forma] accidit materiae *add. sed exp.*

4 ARISTOTELES, *Metaph.*, VII, 3 (1029 a 20-21).
8 ARISTOTELES, *Metaph.*, VII, 3 (1029 a 24-26).
25 ARISTOTELES, *De anima*, III, 5 (430 a 14-15).
27 ARISTOTELES, *Physic.*, I, 7 (191 a 7-12).

Praeterea, illud quod est in potentia aliud non est illud; immo oportet
quod sit aliquid aliud ab illo, aliter non esset in potentia illud aliud: sicut
quod est in potentia album non est illud album, nec est idem quod album.
Nunc autem materia est in potentia omnia entia, quia ipsa est in potentia
<ad> omnes formas. Ergo materia nullum est ens. Materia igitur
essentialiter est privatio entis.

Oppositum vult ARISTOTELES hic in littera expresse, sicut visum fuit
nunc; et etiam hoc idem vult *I° Physicorum*, scilicet quod materia non
est essentialiter privatio formae; immo distinguit ibi privationem a
materia et e converso.

Dicendum quod generatio, communiter accipiendo generationem, et
prout est in substantiis et prout est in aliis a substantia, ipsa, dico, ad hoc
quod sit ad minus requirit duo, scilicet oppositum, id est privationem
formae generandae, et etiam subiectum, quod scilicet transmutetur de
uno oppositorum ad aliud oppositum, sicut ARISTOTELES dicit in
I° Physicorum.

Differunt tamen nihilominus generatio in substantia et generatio in
aliis a substantia, quia cum est generatio in substantia, tunc subiectum
quod transmutatur non retinet nomen nec rationem quam prius habebat;
et cum ratio vel definitio sit secundum formam, non retinet formam et
speciem quam prius habebat.

Et quod requirat oppositum, id est privationem formae generandae,
apparet, quoniam illud quod est non generatur. Si enim debet generari
haec forma in aliquo, scilicet musica, oportet quod ille habeat privationem huius formae generandae, scilicet quia sit immusicus, cum nihil
transmutetur ad illud quod actu habet et ut etiam habet. Ergo vides quod
non esset transmutatio nisi esset oppositum eius quod debet generari in
transmutato.

Quod etiam generatio requirat subiectum quod transmutetur de uno
ad aliud patet etiam, quoniam unum oppositum per se non transmutatur
ad aliud oppositum, quia sic non ens per se fieret et esset ens, quod est
impossibile. Non ens enim, sicut non potest esse ens, sic nec per se
transmutari ad esse vel ens. Ergo oportet quod sit subiectum aliquod
quod sustineat illam transmutationem, quod scilicet relinquens unam
formam oppositam, vadat sub alia. Hoc autem subiectum est materia.

45 differunt] differt *scr.*   51 quoniam] quod *scr.*

35 ARISTOTELES, *Metaph.*, VII, 3 (1029 a 2).
36 ARISTOTELES, *Physic.*, I, 9 (192 a 3-6).
44 ARISTOTELES, *Physic.*, I, 7 (190 b 13-17).

Materia ergo est aliquid distinctum ab opposito, id est a privatione, ut iam visum est, ita quod materia est aliqua natura distincta a privatione. 65

Ad rationes in contrarium dicendum et intelligendum quod non oportet quod quidquid intelligitur non per se, sed per aliud, quod illud essentialiter sit nihil vel privatio. Cuius ratio est quia forma est principium intelligendi. Ergo oportet quod omne illud quod in essentia sua caret forma, quod illud non possit intelligi per se. Non tamen oportet 70 quod omne tale, scilicet quod in essentia sua non habet formam, quod illud sit essentialiter non ens vel privatio entis. Unde non omne ens intelligibile est per se, nisi illud ens quod in essentia sua habet formam vel est ipsa forma separata, sicut substantiae separatae. Et ideo materia, quamquam per se non sit intelligibilis sed in alio, scilicet in simili, non 75 oportet quod sit pure privatio. Et ideo maior tuae rationis falsa est.

Et cum probas eam, quod intellectus possibilis est quo est omnia fieri, verum est, sed non de fieri per se, sed vel per se vel per aliud. Istud autem, scilicet quod forma sit principium intelligendi, acceptum est ex hoc: quia enim formae abstractae per intellectum, cum actu sunt abstractae, sunt 80 intelligibiles in actu, ante autem quam abstractae sint in actu, sunt tantum intelligibiles in potentia, ex hoc acceptum est, quoniam forma per se liberata a materia sit principium intelligendi, et sit ipsum intellectum vel ipse intellectus in actu. Unde forma de se habet illud unde aliquid intelligitur. 85

Ad secundam rationem intelligendum quod in eo quod est esse in potentia aliud duo sunt, scilicet subiectum illius potentiae et terminus illius potentiae. Modo, quamquam illud quod est in potentia non sit terminus potentiae suae, non propter hoc ipsum est nihil essentialiter. Unde, cum dicimus quod materia est in potentia omnia entia, ibi 'omnia 90 entia' est terminus suae potentiae, sed ibi non accipitur 'omnia entia' nisi pro entibus in actu. Ita quod est sensus: materia est in potentia omne ens actu, ita quod terminus potentiae ipsius materiae est non quodcumque ens, sed ens in actu; non autem ens in potentia.

f. 105ᵛᵃ   Unde ipsa non est in potentia ad illud quod ipsa est essentialiter, | sed 95 ad alia entia in actu. Ergo ex hoc quod materia sit in potentia omnia entia, ut dictum est, non probat quod materia essentialiter non sit ens, quia est ens in potentia. Immo adhuc, sicut dicit COMMENTATOR, per hoc

---

94 ens²] est *scr.*   96 in actu] Per hoc patet quod materia non est medium inter duo contradictoria, quia sic esset non ens simpliciter, quae poterat (?) est ratio quaedam. *add. marg.*

98 Cf. AVERROES, *De substantia orbis*, c. 1 (fol. 3 L-M); *Physic.*, I, com. 69 (fol. 401 M).

quod materia est in potentia ad aliud recte ostenditur quod materia essentialiter est aliquod ens, quoniam, ut ipse dicit, potentia non potest esse in puro non ente; immo oportet quod illud quod est in potentia sit essentialiter ens aliquod. Hoc tamen ens non est intelligibile per se, ut ostensum est, sed in simili, ut ARISTOTELES dicit. Ideo etc.

QUAESTIO <6>

UTRUM MATERIA SIT SUBSTANTIA

Consequenter de secundo quaeritur, utrum materia sit substantia, viso quod est ens aliquod.

Et videtur quod non sit substantia, quia illud cuius esse est posse esse, non est substantia. Cuius probatio est quia substantia est aliquid absolute dictum; posse autem esse est aliquid ad aliud dictum; ideo etc. Nunc autem, ut ostensum est, materiae esse est posse esse. Ergo materia non est substantia.

Contrarium dicit littera. Dicit enim quod substantia subiectum ultimum est, quae nec dicitur de alio nec est in alio, sed alia sunt in ea et dicuntur de ea. Et postea subdividit hoc ultimum subiectum in materiam, formam, et compositum. Materia ergo non est in alio, sed aliquid est in ea, et ipsum est subiectum aliorum. Ergo materia non est accidens, quia accidens per se non est subiectum, sed tantum habet esse in alio. Materia igitur, cum sit ens, est substantia.

Ad rationem in contrarium, cum dicis «illud cuius esse est posse esse non est substantia», verum est cuius esse substantialiter est posse esse. Sed cum dicis «materiae esse est posse esse», verum est, sed non esse substantiale, sed accidentale, est sibi, scilicet posse esse, ut alias ostensum est. Ideo non oportet quod materia non sit substantia.

<COMMENTUM 3>

UTRUM MATERIA SIT MAGIS MANIFESTA QUAM FORMA

Consequenter dubitatur, quia ipse dicit postea quod, quia substantia composita est posterior et minus ens quam forma, et etiam quia substantia composita est aperta et manifesta, materia autem quia

---

4 ARISTOTELES, *Physic.*, I, 7 (191 a 7-12).
10 ARISTOTELES, *Metaph.*, VII, 3 (1028 b 35 - 1029 a 3).
20 alias: cf. *supra*, l. V, q. 9.
3 ARISTOTELES, *Metaph.*, VII, 3 (1029 a 30-33).

aliqualiter manifesta, tertia autem substantia, scilicet forma, est magis ens et prior et «maxime dubitabilis», ideo duas primas substantias, scilicet materiam et substantiam compositam, dimittendum; de tertia autem substantia, scilicet de forma, est speculandum. Vult ergo ibi, immo dicit, quod materia est magis manifesta quam forma.

Sed videtur contrarium, quia materia non est per se intelligibilis; caret ergo eo unde debet esse intelligibilis. Forma autem ipsa habet unde intelligibilis est. Ergo etc.

Dicendum quod forma magis dubitabilis est quam materia, sicut ipse dicit in littera. Et ratio huius est quia, ex hoc ipso quod materia non est intelligibilis per se, sed in essentia sua caret principio intelligendi, scilicet forma, ex hoc ipso redditur substantia quae est forma incerta et dubitabilis.

Quid dicis? Immo videtur quod materia ex hoc reddatur incerta et dubitabilis. Non, et vide quare. Nam ex hoc quod materia non est per se intelligibilis, Antiqui multi erraverunt in acceptione substantiae quae est forma, quia posuerunt substantiam quae est materia esse aliquam substantiam in actu, et ita accipiebant pro forma illud quod non est forma. Quod non proveniebat eis nisi ex hoc quia nesciverunt distinguere substantiam quae est materia a substantia quae est forma. Immo materiam accipiebant pro forma et faciebant materiam substantiam in actu, ita quod, omnibus aliis formis accidentalibus, ut dimensionibus et aliis passionibus, ablatis, totum residuum ponebant, scilicet totum compositum ex materia et forma. Et nesciverunt in illo residuo discernere substantiam quae est forma, sed totum dixerunt esse materiam, ut alii ignem, alii aquam, etc.

Et sic apparet quod, ex hoc quod materia non est per se intelligibilis, devenerunt ad hoc quod nesciverunt distinguere formam a materia in residuo, ablatis aliis passionibus; immo crediderunt quod dimensiones essent substantiae et formae rerum. Quare autem hoc crediderunt, dixi vobis quando quaesivi utrum mathematica essent substantia rerum.

17 redditur] reddetur *scr.*   32 Et sic apparet] F.T. ponit in sententia *add. marg.* DONDAINE-BATAILLON (p. 178, n. 32) *legunt* frater Thomas ponit in sententia, «c'est-à-dire *Sententia super Metaphysicam* liv. VII, c. 3, lect. 2, n. 1284».

15 ARISTOTELES., *Metaph.*, VII, 3 (1029 a 30-33).
21 HERACLITUS, THALES, etc. Cf. ARISTOTELES, *Physic.*, I, 4 (187 a 15-16); *Metaph.*, I, 3 (983 b 6-27 et 984 a 7-8).
34 PYTHAGORICI. Cf. ARISTOTELES, *Metaph.*, VII, 2 (1028 b 15-18).
35/36 En C (Cambridge, *Peterhouse 152*, fol. 64ra), on trouve la question: *Utrum lineae, superficies et corpora sint substantiae ipsorum entium.* Apparemment Siger renvoie ici à un exposé semblable qu'il a fait au cours des leçons conservées en V.

Sic ergo bene dicit ARISTOTELES quod materia est aliqualiter nota; forma autem substantia est maxime dubitabilis. Quod autem dicit quod materia est manifesta, hoc non contingit quia sit per se intelligibilis, sed
40 quia, quamquam per se non intelligatur, tamen de facili intelligitur in simili. Ideo etc.

<COMMENTUM 4>

UTRUM TANTUM DEBEAT DETERMINARE DE FORMA ET NON DE MATERIA VEL COMPOSITO

Consequenter dubitatur, quia primo, ut dictum est, dicit quod vult
5 determinare de tertia substantia, scilicet de forma, dimittendo alias duas, scilicet materiam et compositum ex his, scilicet materia et forma. Postea autem dicit quod, cum substantia quaedam sit generabilis, quaedam ingenerabilis, primo dicendum est de substantia generabili. Et de substantia generabili determinandum est hoc modo, scilicet determinando
10 quod quid est substantiae generabilis. Et hoc facit postea per totum *istum VII^m*. Modo arguitur: sicut ARISTOTELES dicit inferius, ad quod quid est substantiae generabilis non tantum pertinet forma, sed etiam materia; ergo male dixit prius quod volebat determinare de forma, dimittendo alias duas substantias, scilicet materiam et compositum, hic autem dicit
15 quod determinandum est de quod quid est substantiae generabilis. Aut hic dicit male, cum prius dixisset oppositum.

Et dicendum quod modus ARISTOTELIS est vocare quod quid est substantiae rei ipsam formam, non autem materiam, et hoc rationabiliter. Nam licet materia ad quod quid est et substantiam rei pertineat,
20 tamen secundum materiam non est quod quid est et substantia rei, sed forma est illud secundum quod res habet quod quid est et substantiam per se.

Et hoc declaratur in exemplo 'caro'. Licet quod quid est carnis non sit tantum forma, sed etiam materia, tamen secundum materiam carnis non
25 habet caro magis quod sit caro quam ignis vel aliud ens; sed secundum eam non plus habet nisi quod potest esse caro, sed non quod sit caro. Quoniam in materia de se sunt ista indivisa, scilicet caro et non caro, cum

---

5 tertia] secunda *scr.*   9 determinando] determinato *scr.*   18 substantiae] substantiam *scr.*

4 ARISTOTELES, *Metaph.*, VII, 3 (1029 a 30-33).
7 ARISTOTELES, *Metaph.*, VII, 3 (1029 a 33-34).
17 ARISTOTELES, *Metaph.*, VII, 10 (1035 a 1 - b 3).

sit in potentia de se ad utrumque, ideo secundum materiam non plus habet caro quod sit caro quam non caro. Et ita secundum materiam non habet caro quod quid est et speciem suam. Sed caro bene habet secundum formam carnis quod sit caro, et quod sit substantia in actu distincta a qualibet alia substantia, ut a non carne; et quamquam hoc non possit esse sine materia vel nisi in materia, ideo rationabiliter forma dicitur quod quid est et licet ad quod quid est rei pertineat materia.

Cum ergo dixit prius quod determinandum erat de forma et non de materia, postea autem dicit quod determinandum est de quod quid est substantiae demonstratae, scilicet generabilis substantiae, non quia ad quod quid est substantiae demonstratae non pertineat materia, sed quia materia non dicitur quod quid est eius. Forma autem dicitur, propter illud quod dictum est.

QUAESTIO <7>

UTRUM HOMO STUDIOSUS MAGIS DEBEAT STUDERE AD BONUM PROPRIUM QUAM AD COMMUNE

Consequenter, gratia exempli quod ponit in fine lectionis, licet non multum sit ad propositum nisi propter exemplum, quaeritur utrum homo studiosus debeat magis studere ad bonum proprium, scilicet ad bonum sibi soli, quam ad bonum communitatis.

Et arguitur quod sic, quia homo studiosus maxime debet facere et velle bonum eius qui maxime est sibi amicus. Sed quilibet est amicus sibi ipsi. Ergo quilibet debet maxime studere ad bonum proprium et non communitatis.

Item, hoc idem videtur auctoritate EURIPIDIS. Dicit enim ipse in *VI°* quod non est prudens qui sibi est innegotiosus, attendendo bonum communitatis seu civitatis. Tunc arguo: Prudens ergo est ille qui est innegotiosus circa bonum communitatis, attendendo ad bonum proprium sibi. Ergo etc.

Contrarium apparet, quia videmus multos homines maxime studere bono communitatis, dimittendo bonum proprium, ut hi homines qui dimittunt principatus aliis, et honores, et divitias, etc. Ergo etc.

Quaestio ista solvitur in *IX° Ethicorum* ex dissolutione cuiusdam

5 quaeritur] Quaestio moralis *add. marg.*

4 ARISTOTELES, *Metaph.*, VII, 4 (1029 b 5-8).
12 ARISTOTELES, *Ethic. Nic.*, VI, 8 (1141 b 33 - 1142 a 9).
20 ARISTOTELES, *Ethic. Nic.*, IX, 8 (1168 b 15 - 1169 b 2).

alterius quaestionis. Dicit enim ibi ARISTOTELES quod duplicia sunt bona. Quaedam enim sunt bona sensualia, bona extrinseca, sicut delectationes sensuales, ut honores, divitiae et cetera consimilia; quaedam autem sunt bona virtutum seu intellectus, bona intrinseca, | ut scientia, sapientia, f. 105vb
25 castitas, liberalitas, et ceterae virtutes morales. Modo dicit ARISTOTELES ibi quod qui maxime student ad bonum proprium, loquendo de bonis primo modo, ut qui sibi student habere honorem, principatus, divitias et huiusmodi, quod tales homines vituperandi sunt; et si non aliquando vituperentur, tamen vituperandi sunt. Illi autem homines qui maxime
30 student ad bonum proprium, loquendo de bonis secundo modo, ut qui student esse scientes, esse studiosi et boni, isti non sunt vituperandi, sed laudandi.

Ex isto ergo dissolvitur quaestio. Quando quaeris utrum aliquis magis debeat facere bonum proprium quam bonum commune vel communita-
35 tis, dico quod, loquendo de bonis secundo modo, magis debet facere bonum proprium quam communitatis. Quod enim aliquis faceret se malum vel non faceret se bonum, cum sit malus, et faciat alios bonos, hoc parum valeret. Ideo magis debet facere bonum sibi, loquendo de talibus bonis, quam bonum communitatis, quoniam etiam faciendo bonum
40 communitatis, de talibus bonis loquendo, facit bonum proprium, quoniam ex hoc quod facit alios bonos, ipse est bonus.

Si autem loquamur de bonis primo modo, dico quod magis debet facere bonum communitatis quam bonum proprium, ut quod magis debet relinquere principatus aliis et honores quam retinere sibi, eo quod,
45 studendo talia bona aliis, scilicet communitati, acquirit sibi maius bonum, puta bonum virtutis, quam si studuisset illud bonum sibi vel illa talia bona.

Ita quod secundum hoc in generali et breviter, nullus debet studere magis ad bonum communitatis quam ad bonum proprium de quocum-
50 que bono loquamur, si studendo ad bonum communitatis non acquirat sibi maius bonum quam si studuisset ad bonum proprium.

Et sic solvitur quaestio et rationes utriusque partis solutae sunt per hoc.

45 maius] magis *scr.*

QUAESTIO <8>

UTRUM HOMO ALBUS HABEAT QUOD QUID EST

At vero dicemus de eo, etc.

Quaeritur utrum homo albus habeat quod quid est.

Et arguitur quod sic. Omne ens habet quod quid est ipsum, quia per idem est aliquod ens et quid. Sed homo albus est aliquod ens. Ergo et habet quod quid est ipsum.

Oppositum arguitur. Illud quod habet quod quid est ipsum non continet in se ens additum enti. Sed homo albus est ens additum enti. Ergo non habet quod quid est.

Praeterea, quod quid est non est nisi eius quod est species alicuius generis, sicut Aristoteles dicet inferius in lectione ista. Cuius probatio est quia genus et differentia sunt illa quae constituunt quod quid est alicuius; sed non constituunt genus et differentia quod quid est cuiuscumque entis, sed eius tantum quod est species alicuius generis; nunc autem homo albus nullius generis est species; ergo etc.

Dicendum quod homo albus non habet quod quid est. Cuius ratio est quia quod habet quod quid est, est ens per quidditatem et est ens per essentiam. Sed homo albus non est ens per quidditatem, nec est ens per essentiam, sed per accidere quidditatem quidditati. Ergo < homo > albus non habet quod quid est.

Item, quia habens quod quid est non est tale in quo sit ens additum enti, ut Aristoteles dicit in littera. Homo autem albus est ens in quo est ens additum enti. Ergo etc.

Ad rationem in contrarium dicendum: Cum dicis «omne ens habet quod quid est», verum est omne ens per se vel secundum se, nam solum tale ens est per idem ens et quid. Homo autem albus non est huiusmodi. Ergo etc.

QUAESTIO <9>

UTRUM ACCIDENS HABEAT RATIONEM DICENTEM QUOD QUID EST

Consequenter quaeritur utrum accidens habeat rationem dicentem quod quid est.

Et arguitur quod non. Ratio dicens quod quid est album non est nisi

---

3 Aristoteles, *Metaph.*, VII, 4 (1029 b 12).
12 Aristoteles, *Metaph.*, VII, 4 (1030 a 11-14).
23 Aristoteles, *Metaph.*, VII, 4 (1029 b 24 - 1030 a 7).

ratio hominis albi, ut ARISTOTELES dicit in littera. Qui enim definit album, definit hominem album. Sed ratio hominis albi non potest esse ratio dicens quod quid est alicuius. Ergo album non habet rationem dicentem quod quid est ipsum.

Praeterea, ratio dicens quod quid est alicuius debet dicere quod quid est ipsum solum et praecise, non cum alio, sicut ARISTOTELES dicit in littera. Quia in littera ponit tria quae debet habere ratio dicens quod quid est: primo, quia non debet in ea esse ens additum enti; secundo, quia debet esse ratio eius quod est species alicuius generis; tertio, quia in ea non debet esse aliquod praedicamentum quod dicatur de definito secundum participationem neque secundum accidens. Et ita ex his apparet quod ratio dicens quod quid est debet habere quidditatem et essentiam illius tantum et non alterius. Ratio autem accidentis non est huiusmodi, quoniam, si definiatur accidens, non potest definiri quin aliud a definito ponatur in definitione, puta subiectum, ut videbitur. Ergo ratio accidentis non dicit tantum quod quid est accidentis; immo adhuc aliud, scilicet subiectum.

Contra. Omne quod habet quod quid est habet rationem dicentem quod quid est ipsum. Sed accidens habet quod quid est, ut ARISTOTELES dicit in littera. Ergo et habet rationem dicentem quod quid est ipsum.

Praeterea, omne ens secundum se habet rationem dicentem quod quid est ipsum. Nunc autem, quamquam nomen album sit ens secundum accidens, tamen accidens est ens secundum se, quoniam ARISTOTELES divisit superius, *V° huius*, ens secundum se in decem categorias praedicamentorum. Ergo ens quod est accidens habet rationem dicentem quod quid est ipsum.

Intelligendum est imprimis quod accidens nullo modo potest habere definitionem seu rationem dicentem quid est ipsum, nisi talem in qua ponitur essentia extrinseca, scilicet subiectum. Et ratio huius est: accidens enim illud quod est, etiam essentialiter, non est nisi secundum quod inhaerens est alii, scilicet subiecto. Ita quod, quamquam quidditatem et essentiam habeat per se, quia est ens per quidditatem, tamen rationem essendi quidditatem etiam vel essentiam non habet nisi in habitudine ad quandam aliam essentiam extra, scilicet ad substantiam.

Et ideo, si definiatur accidens, necessario in eius definitione ponetur subiectum, vel in recto vel in obliquo, ut homo vel asinus vel huiusmodi.

---

6 ARISTOTELES, *Metaph.*, VII, 4 (1029 b 32-33).
12 ARISTOTELES, *Metaph.*, VII, 4 (1030 a 6-17).
25 ARISTOTELES, *Metaph.*, VII, 4 (1030 a 28-32).
29 ARISTOTELES, *Metaph.*, V, 7 (1017 a 22-27).

Ita quod ratio eius non potest dicere quod quid est accidens nisi cum alio, scilicet cum subiecto; ex quo accidens non habet quid est nisi in respectu ad subiectum. Unde, si ratio medicinalis, id est rei quae medicinalis dicitur, si, in eo quod medicinale est, non est medicinale nisi in respectu 45 ad medicinam, necessario si sit eius aliqua ratio dicens esse medicinalis, non poterit esse illa ratio sine eo quod in ea ponatur medicina. Ergo similiter, si accidens quidditatem et essentiam habeat, ut qualitas habet suum quod quid est et quantitas quod quid est quantitas et sic de aliis, tamen illam quidditatem non habet primo, sed in habitudine et compara- 50 tione ad substantiam: ut quia qualitas est ens quia entis, quantitas est ens quia entis, et sic de aliis, quia omnia alia a substantia sunt entia et quid per hoc quod sunt <in> substantia, scilicet vel ut qualitates vel ut quantitates, vel ut actiones, vel ut passiones, et sic de aliis. Ergo non poterit definiri accidens nisi tali definitione in qua ponatur subiectum. 55

Hoc viso quod accidens non potest habere definitionem dicentem quod quid est nisi in qua ponatur subiectum, cum tu quaeris utrum accidens habeat rationem dicentem quod quid est, oportet etiam primo videre utrum accidens habeat quod quid est.

f. 106ra Unde accidens | habet quod quid est; sed non habet quod quid est 60 absolute dictum, sed hoc modo habet quod quid est substantia tantum. Sed accidens habet quod quid est, non primo, sed per posterius dictum et per comparationem ad substantiam vel quod quid est substantiae, quia habet quod quid est qualitas, quod quid est quantitas, etc. Etiam accidens non habet quod quid est simpliciter, sed hoc modo sola 65 substantia habet quod quid est. Sed accidens habet quod quid est secundum quid tantum, ut qualitas habet quod quid est non simpliciter, (sic enim esset substantia), sed quod quid est qualitas: ut albedo habet quod quid est, scilicet colorem, sed color non est quod quid est simpliciter, (sic enim esset substantia), sed est quid qualitatis, scilicet 70 albedinis. Sicut dicimus quod animal est quid vel quod quid est hominis; tamen differt, quia animal non tantum est quod quid est hominis, immo est quid absolute et simpliciter, sed color est accidens simpliciter, quid autem est albedinis. Et sic dico de aliis accidentibus. Apparet ergo qualiter accidens habet quod quid est. 75

Sed habetne accidens rationem dicentem quid est ipsum? Intelligendum ad huius evidentiam quod accidens adhuc minus proprie habet rationem dicentem quid est ipsum quam habeat quod quid est. Aliud enim est habere quod quid est et habere rationem dicentem quid est ipsum vel quod quid est illius; nam accidens habet quod quid est sic, 80 quod ad quod quid est eius non pertinet extrinseca substantia, ut subiectum ipsum. Et licet quod quid est suum non sit absolute dictum nec simpliciter, sed in comparatione ad extrinsecam essentiam, scilicet substantiam, tamen illa extrinseca essentia ad quod quid est accidentis non pertinet. Sed accidens non habet rationem dicentem quod quid est suum in qua non sit extrinseca substantia, scilicet subiectum. Immo, sicut prius patuit, non potest ratio accidentis dicere quod quid est accidens, non dicendo aliquid aliud ab eo quod est quod quid est; sed de necessitate, si debet dicere quod quid est accidentis, in se continet subiectum.

Ita quod secundum hoc, ratio accidentis dicens quod quid est accidentis in duobus diminuitur a vera definitione: scilicet et quia quod quid est accidentis, quod dicit ratio eius, non est quod quid est absolute et simpliciter dictum, sed per posterius et secundum quid dictum; in alio etiam, quia ratio accidentis non potest dicere quod quid est accidentis solum dicendo tantum quidditatem accidentis, non cum extrinseca essentia, quod debet facere vera definitio, sed necessario dicit quod quid est eius cum alio, scilicet cum subiecto, ut visum est. Et sic apparet quod minus proprie adhuc habet accidens definitionem dicentem quod quid est quam quod quid est.

Nihilominus est intelligendum quod, quamquam minus proprie habeat rationem dicentem, etc., tamen ratio eius non diminuitur a vera ratione nisi ex diminuta ratione sui quod quid est, id est ex eo quod diminute habet quod quid est. Nam quod ratio accidentis non possit dicere quod quid est accidentis solum, sed necessario cum alio, ut visum est, tamen hoc non est nisi quia quod quid est accidentis non est absolute et simpliciter dictum, sed secundum quid et in habitudine ad aliud dictum.

Apparet ergo ex dictis quod accidens aliquo modo habet quod quid est et aliquo modo rationem dicentem quod quid est, sed neutrum horum habet simpliciter, sed diminute respectu quod quid est et rationis dicentis quod quid est in substantiis. Et ideo ARISTOTELES hoc attendens superius, cum quaerebat utrum accidens haberet quod quid est, ut utrum album haberet quod quid est, recurrebat ad rationem accidentis et dicebat quod, si album haberet rationem dicentem quod quid est ipsum, illa ratio non esset nisi hominis albi. Sed ratio hominis albi non potest dicere quod quid est alicuius. Ergo album non habet quod quid est.

Inferius autem, cum debebat dare definitionem accidentibus, recurre-

11 attendens] accidens *scr. sed marg. corr.*

11 ARISTOTELES, *Metaph.*, VII, 4 (1029 b 25 ss.).
17 ARISTOTELES, *Metaph.*, VII, 4-5 (1030 a 18 - 1031 a 13).

bat ad quod quid est. Et dicebat quod, sicut quod quid est est dupliciter, scilicet simpliciter et primo, et per posterius et secundum quid dictum, (primo modo est in substantiis, secundo modo in accidentibus), sic et ratio dicens quod quid est est dupliciter, scilicet simpliciter et primo, (et isto modo reperitur tantum in substantiis), et per posterius et secundum quid, (et isto secundo modo accidentia tantum habent definitionem). Sicut etiam hoc nomen 'ens' dicitur de substantiis et accidentibus: si de substantia, simpliciter et primo, ut superius probavit ARISTOTELES; de accidentibus autem non dicitur nisi secundario et per habitudinem ad substantiam.

Per haec dicta solvuntur rationes utriusque partis. Bene enim videtis in quo possunt convincere et in quo non.

<COMMENTUM 5>

UTRUM ACCIDENS HABEAT QUOD QUID EST ET RATIONEM QUAE EST DEFINITIO

Oportet igitur intendere etc.

ARISTOTELES ibi, *Palam autem*, probat accidentia habere definitionem, cum adhuc non probasset, sic: Ratio quae est definitio debet esse unius non quocumque modo, nam non unius continuitate aut congregatione, sed unius sic, quod sic dicitur unum sicut unum quod est ens, id est unius quod est unum ens secundum se, id est per quidditatem. Nunc autem omnia accidentia sic sunt unum, scilicet quia sunt entia secundum se et per quidditatem, ut qualitas est ens secundum se, et quantitas, quia per essentiam et quidditatem. Ergo talium, scilicet accidentium, potest esse ratio quae est definitio.

Sed per istam eandem rationem ego ostendo quod non habet definitionem. Et hoc sic: Ratio quae est definitio ipsa debet esse unius secundum se; et illius unius debet esse sic, quod dicat illud unum. Cuius ratio est quia definitio debet dicere quod quid est eius cuius est definitio. Ergo definitio debet esse unius, ita quod dicat illud unum, vel quod quid est unum debet dicere quod quid est aliquid unum, aliter non esset ratio quae est definitio. Nunc autem ratio accidentis, puta albi, non est ratio

---

9 per quidditatem] F.T. aliter. *add. marg. Probabiliter legendum* frater Thomas aliter. Cf. THOMAS DE AQUINO, *In VII Metaph.*, lect. 4, nn. 1339-1341.

24 Cf. ARISTOTELES, *Metaph.*, VII, 1.

4 ARISTOTELES, *Metaph.*, VII, 4 (1030 a 27).

5 ARISTOTELES, *Metaph.*, VII, 4 (1030 b 4).

quae dicat aliquid unum. Non enim est ratio albi talis unius ita quod dicat illud unum, nam ratio albi dicit hominem album. Ergo ratio albi non dicit hoc unum, scilicet album, sed dicit hominem album, quod non est illud unum. Ratio igitur albi non est definitio, et ita ratio accidentium
25 non est definitio.

Praeterea, ARISTOTELES expresse dixit superius quod homo albus non habet rationem quae sit definitio, eo quod ratio quae est definitio debet dicere quod quid est illud cuius est definitio. Homo autem albus non habet quod quid est, quia nec ipsum est quid, id est ens per quidditatem.
30 Cum igitur ratio albi dicat hominem album, sequitur quod ratio albi non est definitio, et similiter est de aliis accidentibus. Accidentia ergo non habent definitionem.

Praeterea, si album haberet rationem quae esset definitio, cum etiam homo habeat rationem quae est definitio, tunc et homo albus haberet
35 definitionem; quod, cum sit falsum, ratio albi non est definitio.

Cum dicitur: ratio quae est definitio debet esse unius secundum se et illius sic quod dicat illud unum, potes respondere dupliciter.

Primo, quia verum est de ratione primo et simpliciter dicta, scilicet quod debet esse unius, ita quod dicat quod quid est illud unum; sed non
40 est verum de definitione secundum quid et posterius dicta, qualis est definitio accidentium.

Sed ista solutio non est sufficiens, quia ARISTOTELES expresse dicit in littera quod accidentium est ratio quae est definitio, quia ipsa sic sunt unum, scilicet sicut est unum illud quod dicit ipsa definitio.
45 Et ideo dicendum alio modo quod verum est quod ratio quae est definitio debet dicere quod quid est aliquid unum, ita quod illud cuius est definitio debet esse unum per quidditatem, debet habere quod quid est, et definitio eius debet esse eius dicendo quod quid est ipsum.

Sed dicere quod quid est aliquid est dupliciter: scilicet aut praecise
50 dicendo, scilicet quod quid est illud et non aliud, et hoc modo solum definitio substantiae dicit quod quid est aliquid; alio modo non praecise dicendo quod quid est aliquid, scilicet dicendo illud vel quod quid est illud cuius est illa definitio, dicat aliquid aliud quod est alterius essentiae a definito, eo quod non possit ratio illa dicere quod quid est illud unum

---

36 Cum dicitur] Solutio quaedam inconveniens add. marg.   42 Sed ista] Removet eam add. marg.   45 Et ideo] Solutio vera add. marg.

26 ARISTOTELES, Metaph., VII, 4 (1030 a 1-7).
42 ARISTOTELES, Metaph., VII, 4 (1030 b 6-13).

f. 106rb nisi dicendo alterum quoddam quod est alterius essentiae | ab illo uno 55
definito. Et hoc modo ratio seu definitio est accidentium. Nam et
accidens est aliquid unum secundum se, per quidditatem et essentiam est
ens, et definitio eius dicit quod quid est ipsum.

Sed tamen, quamquam accidens quod quid est habeat et sit sic unum,
tamen non est sic unum quasi absolute et simplicitur dictum, sed per 60
habitudinem ad extrinsecam naturam, scilicet ad substantiam. Ideo et
definitio eius non potest praecise dicere quid est accidens vel quod quid
est accidentis, non dicendo scilicet naturam alterius essentiae. Immo
necessario, si ratio eius debet dicere quod quid est ipsum accidens,
necessario dicet illud unum cum natura extrinseca, ut cum subiecto, ita 65
quod in illa ratione ponetur subiectum. Et propter hoc dicit ARISTOTELES,
et verum est, quod ratio albi dicit hominem album, eo quod ratio albi
non potest dicere quod quid est hoc unum, scilicet album, non dicendo
hoc cum natura extrinseca, ut cum 'homine' dicimus quod homo sit eius
subiectum proprium. Et ideo ratio albi dicit hominem album, ita quod et 70
dicit ratio albi vel alterius accidentis aliquod unum ut album, sed illud
unum non dicit praecise, sed cum extrinseca natura.

Et propter hoc solvitur quod primo obiciebas.

Etiam solvitur quod secundo, quia ratio dicens hominem album,
secundum quod est ratio albi, dicit aliquod unum, scilicet ipsum album. 75
Cum hoc tamen ex consequenti dicit aliud, scilicet subiectum, ut
hominem, si homo sit eius proprium subiectum. Sed ratio dicens
hominem album, secundum quod est ratio huius totius aggregati, scilicet
hominis albi, non dicit aliquod unum, cum homo albus non sit tale
unum, scilicet secundum se. Et tale debet esse illud unum quod dicit 80
definitio, ut ARISTOTELES in littera dicit. Ideo ratio dicens hominem
album, secundum quod est ratio hominis albi illius totius, ratio illa non
est definitio, sed ratio quaedam, vel ratio idem dicens ipsi nomini, ipsi
orationi, exponens ipsum nomen. Nunc autem non quaecumque ratio
quae idem significat nomini est definitio, quoniam sic ratio quae est 85
unius continuitate, aut unius aggregatione et colligatione, definitio esset,
cuius oppositum dicit PHILOSOPHUS in littera. Et ideo ratio albi, licet dicat
hominem album, quia tamen dicit hominem album dicendo aliquod
unum, scilicet album, quod dicendo dicit etiam hominem, ideo ratio albi,

69 dicimus] demus (?) scr.

66 ARISTOTELES, Metaph., VII, 4 (1030 b 6-13).
81 ARISTOTELES, Metaph., VII, 4 (1030 b 8-11).
87 ARISTOTELES, Metaph., VII, 4 (1030 b 8-11).

90 quia est alicuius unius secundum se, talis ratio est definitio, licet non definitio primo et simpliciter dicta, sed definitio ex additione, cuiusmodi debetur accidentibus.

Et per hoc etiam solvitur quod ultimo obiciebas, quia, quamquam ipsae partes huius totius aggregati quod est homo albus rationem
95 habeant quae est definitio, ut homo et etiam album, hoc ideo est quia quodlibet illorum est unum secundum se, per quidditatem unum seu ens. Et ideo ratio uniuscuiusque eorum est ratio unius quae est unum sicut definitio dicit unum. Et ideo non sequitur quod ergo ipsum totum aggregatum habebit rationem quae sit definitio, eo quod tale aggregatum
00 non est sic unum, scilicet secundum se, quale unum dicit definitio. Unde non habet quod quid est. Ideo etc.

<COMMENTUM 6>

Utrum autem idem quod quid est, etc.

Ad evidentiam totius litterae tria sunt notanda, quibus visis, patet littera.

5 Primum est quod, si non esset aliquid accidere alicui, vere quod quid est unumquodque et unumquodque essent idem. Probatio: Si enim homini nihil accideret, sed homo esset tantum dictum secundum se, ita quod nulla accidentia essent ibi, tunc quod quid est homo et homo esset. Unde, quia aliquid potest homini accidere et potest esse homo secundum
10 accidens, puta album vel aliquid tale, propter hoc non semper quod quid est homo et homo sunt idem. Si ergo nihil accideret alicui, universaliter quod quid est unumquodque et unumquodque essent idem.

Secundo intelligendum: Videmus enim quod in substantiis immaterialibus idem est quod quid est et cuius est quod quid est. In istis autem
15 materialibus, aliquando est idem quod quid est et cuius hoc est, et aliquando non idem. Unde ergo possumus hoc solvere quando hoc contingit, et solvuntur per hoc multae quaestiones quae possunt fieri de ista materia.

Et ideo sciendum secundo quod in substantiis immaterialibus, ideo
20 quod quid est et illud cuius est quod quid est sunt idem penitus, eo quod in eis nihil est dictum secundum accidens, sed quidquid est dictum in eis est dictum secundum se et essentialiter. Unde et in eis non differt species et individuum; immo ipsamet forma est illud individuum. Ideo etc.

3 Ad evidentiam] Notabile circa litteram *add. marg.*   6 essent] esset *scr.*
19 Et ideo] Notabile *add. marg.*

2 ARISTOTELES, *Metaph.*, VII, 6 (1031 a 15).

Tamen etiam de hoc debes intelligere quod, ideo quia est idem quod quid est et illud cuius est quod quid est in substantiis immaterialibus, quod quod quid est eorum non est separatum ab eis. In istis autem rebus materialibus, intellige quod universaliter quando accipitur aliquid quod est secundum se et non accidentaliter dictum, idem est ipsum tunc et quod quid est eius. Quando autem accipitur aliquid quod non est secundum se dictum, sed per accidens dictum, tunc quod quid est et cuius est quod quid est, est alterum.

Verbi gratia, cum accipitur homo ut est aliquid secundum se dictum, non secundum accidens, tunc idem est homo et quod quid est homo. Cum autem accipitur homo ut est aliquid dictum secundum accidens, puta homo albus vel aliquid tale, tunc quod quid est homo et homo sic, scilicet homo albus, hoc totum non sunt idem, quia nec illud totum aggregatum, scilicet homo albus, est aliquid unum secundum se, sed secundum accidens. Album etiam, cum album sit homo, non est idem quod quid est homo, quia album non est homo secundum se, sed per accidens tantum. Sortes etiam, cum sit homo, et quod quid est homo non sunt idem, quoniam etiam Sortes aliquid addit accidentalitatis supra hominem, scilicet naturam individuationis. In istis ergo materialibus, aliquando quod quid est et cuius est quod quid est sunt idem, aliquando autem alterum.

Et debes etiam intelligere quod, quamquam aliquando quod quid est et cuius est quod quid est sint alterum in istis inferioribus materialibus, tamen non est sic alterum quia sit separatum secundum esse quod quid est ab eo cuius est quod quid est in istis materialibus, ut quod sit homo separatus ab isto et illo homine.

Propter quod tertio est intelligendum quod PLATO circa hoc erravit; et dupliciter erravit circa quod quid est in istis inferioribus materialibus.

Primo quidem erravit quia sine distinctione aliqua dixit in istis materialibus quod quid est aliquid esse alterum ab eo cuius est quod quid est. Erravit enim quia, si universaliter unumquodque quod quid est et unumquodque est alterum in istis inferioribus, tunc quaeram a te, PLATO: Si quod quid est est talis substantia, quam ponis quod quid est ipsum, quod est aliud ab eo quod est, id est quod quid est, vel substantia talis differt ab eo quod ipsa est. Ponis enim eam separatam et aliquid esse per

---

24 Tamen] Notabile *add. marg.*   45 Et debes] Notabile *add marg.*   46 sint] sit *scr.*   50 Propter quod] Notabile de erroribus Platonis circa quod quid est *add. marg.*

49 Cf. ARISTOTELES, *Metaph.*, VII, 6 (1031 a 28 - b2); *Metaph.*, I, 6.

se, ut dicetur; et oportet te dicere quod sic, id est quod sit aliud. Ergo
60 tunc procedetur in infinitum, scilicet in eo quod est alterum esse quod
quid est ab eo cuius est quod quid est, quod est inconveniens.

Et si tu, PLATO, respondeas quod non differt in tali substantia illud
quod substantialiter est ab eo quod ipsa est, eo quod ibi non est aliquid
dictum nisi secundum se et non secundum accidens, quare ergo, dicam
65 tibi, non stetisti in principio, scilicet quod in istis materialibus quod quid
est non est alterum universaliter ab eo cuius est quod quid est? Saltem in
illis, ubi tantum est aliquid dictum secundum se, non potes huiusmodi
reddere causam. Male ergo ponis universaliter in istis materialibus quod
quid est esse alterum ab eo cuius est quod quid est.

70 Erravit etiam circa hoc alio modo etiam peius: scilicet quia posuit
istud quod quid est quod separatum < est > secundum esse et rem ab eo
cuius est, ut posuit hominem separatum, equum etiam, et bonum quod
non est hoc bonum nec illud, et sic de aliis. Et hoc est peius quam
primum, quia ex hoc sequuntur duo inconvenientia.

75 Primum est quod ista materialia, scilicet sensibilia, a quibus dicit quod
quid est eorum esse separatum, non essent entia, quia per idem est
aliquid quid et est ens; et non est quid | nec ens per illud quod separatum f. 106ᵛᵃ
est ab eo secundum rem.

Sequitur etiam quod istorum sensibilium non sit scientia, quia scientia
80 non est eorum nisi per quod quid est eorum. Unde bonum non
cognoscitur nisi per quod quid est boni, et sic de aliis. Si ergo quod quid
est eorum est separatum ab eo secundum esse vel ab eis, et nihil
cognoscitur per illud quod separatum est ab eo secundum esse, (bonum
enim non cognoscitur a nobis per bonum quod separatum est ab eo
85 secundum esse, et sic de aliis), ergo etc.

Sed quia visum est iam quomodo in substantiis se habet quod quid est
et ad illud cuius est quod quid est, tam in materialibus quam in
immaterialibus, videndum est etiam in accidentibus, cum accidentia dicat
ARISTOTELES habere quod quid est, ut patet in littera superius. Et ideo
90 intellige: quando in accidentibus accipitur aliquid secundum se dictum,
ut album esse album, hoc est secundum se dictum, et sic in aliis
accidentibus, tunc semper quod quid est accidentis et accidens idem sunt.
Sed quando accipitur in eis aliquid additum, ut album esse hominem, vel
lignum, vel aliquid tale, tunc quod quid est accidentis et accidens, sic
95 acceptum, non est idem sed alterum.

70 Erravit] Secundus error Platonis add. marg.   76 essent] esse scr.   77 et non est quid] iter.   86 Sed quia] Notabile de accidentibus add. marg.

89 Cf. ARISTOTELES, Metaph., VII, 4.

<COMMENTUM 7>

UTRUM IN DICTIS SECUNDUM SE, IDEM SIT QUOD QUID EST
ET ILLUD CUIUS EST QUOD QUID EST

Sed dubium est utrum etiam in dictis secundum se, idem sit quod quid est et cuius est quod quid est.

Et videtur quod non, quia forma rei est quod quid est rei; sic enim eam vocat ARISTOTELES multotiens. Sed res non est idem quod sua forma. Ergo etc.

Dicendum quod sic. Et quod dicis, quod forma rei est quod quid est rei, dicendum quod non est verum. Licet enim forma sit illud secundum quod res habet quod quid est, non autem materia, tamen materia est de quod quid est rei sicut ipsa forma; tamen forma dicitur quod quid est rei propter illud quod dictum est, non autem materia. Ideo etc.

Sed adhuc est quaestio: Humanitas est quod quid est hominis, et homo et humanitas non sunt idem.

Dicendum quod humanitas non est quod quid est hominis, sed quidditas eius. Unde ita est quaerere de quidditate ad quod quid est, utrum sint idem vel diversa, sicut et de quod quid est et cuius est quod quid est. Immo, quod quid est hominis est animal rationale mortale, quoniam quod quid est rei est illud quod per definitionem suam significatur. Et humanitas non est illud quod significatur per animal rationale mortale, sed homo est illud secundum quod homo est aliquid dictum secundum se.

Sed tamen adhuc est videndum in quo differunt humanitas et homo: quare homo non est humanitas, quare etiam accidentia possunt praedicari de homine, non tamen de humanitate. Unde in hoc differunt, quia humanitas suo nomine non includit aliquod accidens; et non tantum non includit, immo etiam excludit. Homo, etsi non includat suo nomine aliquod accidens, tamen suo nomine nullum accidens excludit. Ideo de homine, qui concrete significat, possunt accidentia praedicari; de humanitate autem non, cum significet abstracte.

Sed de ideis quas posuit PLATO videndum est aliquid. Et ad praesens, quia ipse posuit hominem separatum secundum esse, quia separate

---

24 Sed tamen] In quo differunt homo et humanitas *add. marg.*   est] esse *scr.*   differunt] differt *scr.*   30 concrete] concretive (?) *scr.*   32 Sed de ideis] Notabile de ideis Platonis *add. marg.*

7 Cf. ARISTOTELES, *Metaph.*, VII, 4 (1030 a 18-23); V, 8 (1017 b 23-26).

intelligitur a particularibus et abstracte, et ideo abstractum et separatum
35 secundum esse a particularibus ipsum posuit, notandum est quod aliquid
esse abstractum potest esse tribus modis: scilicet aut quia est separate
ens, aut quia separate intellectum, aut quia separate movens intellectum.

Unde quodlibet istorum trium est aliud et aliud, et nullum eorum est
quod non habeat vel habuerit indicem proprium. Verbi gratia: ad hoc
40 enim ut intellectus educatur de potentia ad actum, scilicet intelligendi,
tria concurrunt. Unum est intellectus possibilis: oportet enim esse
intellectum possibilem. Secundo exiguntur formae rerum; non tantum
quod sint in materia, immo quod sint imaginatae vel sensatae: qui enim
non sensit nec imaginatus est, nihil intelligit. Sed quia formae rerum, nec
45 secundum quod sunt in materia, nec ut imaginatae vel sensatae, possunt
movere intellectum possibilem, et ita non possunt eum educere de
potentia in actum, (quia, secundum quod dicit COMMENTATOR, si secundum quod sunt in materia, vel secundum quod imaginatae vel sensatae,
moverent intellectum, iam ipsius singularis esset intellectus per se, sicut
50 est sensus), ideo exigitur tertium ad hoc quod intellectus possibilis
educatur de potentia ad actum intelligendi.

Videmus enim quod, existente sensu visus et etiam colore, et in debito
situ, nisi sit tertium, scilicet lumen quod facit actu colorem, non fit visio.
Sic etiam, existente intellectu possibili et formis rerum quae natae sunt
55 movere intellectum, cum tamen secundum quod in materia, aut secundum quod imaginatae aut sensatae, non possint movere nisi sensum et
non intellectum, propter hoc exigitur tertium, scilicet ad hoc ut possint
actu movere intellectum, scilicet aliquid quod det eis formam abstractionis, scilicet a conditionibus individuantibus, ut est intellectus agens, qui
60 sic eas abstrahit et, dando eis sic formam abstractionis, dat eis unde actu
moveant intellectum possibilem et unde actu sint proprium obiectum
eius; et movent tunc sic quod conditiones individuantes ad hoc non
cooperantur.

Ista ergo tria exiguntur ad hoc ut intellectus educatur de potentia in
65 actum, et non plura. Quando ergo dicimus: hoc per se et abstracte
intelligitur a particularibus, non intelligitur quod propter hoc sit abstracte ens a particularibus, sicut et PLATO posuit, sed bene oportet concludere
quod ergo abstracte est movens; immo necessarium est ad hoc ut
intelligatur, ut visum est. Ideo etc.

53 actu] actum *scr.*

47 AVERROES, *De anima*, III, com. 18 (fol. 161 C-E).

QUAESTIO <10>

UTRUM CONTINGAT INTELLIGERE ACCIDENS, NON INTELLIGENDO SUBIECTUM

Quoniam vero ab aliquo fit, etc.

Quaeritur utrum accidens possit abstracte intelligi a subiecto, id est, utrum contingat intelligere accidens, non intelligendo subiectum.

Et arguitur quod sic. Accidens abstracte potest significari, ergo et abstracte potest intelligi. Probatio antecedentis: Primo quia nomina abstracta accidentium significant per modum substantiae; nunc autem per modum substantiae non significarent nisi abstracte a subiecto significarent; ergo etc. Item, probatur per intentionem ARISTOTELIS. Superius enim, in principio *huius VII^i* dicebat ARISTOTELES quod quidam dubitant utrum huiusmodi, scilicet sedere et ambulare, etc., significent ens vel non ens. Et hoc rationabiliter, quoniam nullum talium, ut ipse dicit, est natum per se existere, nec separabile et abstracte esse a substantia. Nunc autem talia abstracte significant a substantia. Ideo bene dubitant utrum ipsa significent ens vel non ens. Et sic vult ARISTOTELES ibi quod accidens potest abstracte significari a substantia; ergo et potest abstracte intelligi.

Praeterea, sensus abstracte a subiecto sentit accidens, quoniam sensus sentit passiones sensibiles tantum; et non est sensus ipsius substantiae. Ergo multo magis ipse intellectus potest abstracte a subiecto intelligere accidens.

Contra. Intelligere, secundum propriam operationem intellectus, est apprehendere quod quid est rei. Tunc arguo: Si accidens posset intelligi abstracte a subiecto, intelligendo scilicet <quod> quid est eius abstracte a subiecto, ergo et accidens posset abstracte a subiecto definiri, quia definitio dicit quod quid est rei. Nunc autem <accidens> a subiecto abstracte definiri non potest, ergo nec intelligi. Ergo etiam nec significari.

Dicendum et intelligenda sunt hic duo. Unum est quod accidens, sub ratione accidentis, non potest abstracte a subiecto intelligi nec significari;

---

18 significari] significare *scr*.   25 posset] potest *scr*.

4 ARISTOTELES, *Metaph.*, VII, 8 (1033 a 24). La question 10 semble n'avoir guère de rapport avec le chapitre 8 du livre VII. Dans C (Cambridge, *Peterhouse 152*, fol. 99va), Siger aborde cette question après avoir discuté des sujets tirés des chapitres 8 et 9 du livre VII; mais il présente cette nouvelle question comme traitant d'un sujet «omissum in primo capitulo huius VII^i».
12 ARISTOTELES, *Metaph.*, VII, 1 (1028 a 20).

id tamen quod est accidens bene potest abstracte intelligi a subiecto et etiam significari. Secundum est quod ille intellectus qui est accidentis ad id quod ipsum est, et non sub ratione qua accidens, non est intellectus
35 accidentis secundum quod accidens, sed per modum substantiae; et est intellectus eius non secundum quod intellectus accidentis dividitur contra | <intellectum substantiae>, sed est intellectus talis ut substantiae, et f. 106vb non ut ipsum dividitur contra substantiam.

Declaratio primi est: Intellectus enim primum quod facit, intelligendo
40 substantiam et accidens, est quod distinguit inter intellectum substantiae et intellectum accidentis, dicendo quod intellectus substantiae est intellectus cuiusdam per se existentis, et non in habitudine ad extrinsecam essentiam in qua habeat esse, sed intellectus accidentis est in habitudine ad substantiam in qua, vel ex qua, suum esse dependet, ut ex subiecto. Et
45 sic apparet quod ratio accidentis secundum quod est accidens, est ut dicatur in habitudine ad extrinsecam essentiam, ut ad substantiam. Ergo accidens, secundum quod accidens, abstracte non potest intelligi a subiecto, nec etiam significari.

Propter quod ARISTOTELES dicebat superius quod dubitant quidam
50 utrum talia nomina accidentium significent ens vel non ens, cum significent abstracte a subiecto. Et ipse dicebat ibi quod huiusmodi accidentia vel nomina concreta, ut sedens, ambulans, etc., magis videntur ens significare eo quod significant accidens sumptum secundum quod accidens; illa autem abstracta non, sed per modum substantiae. Et ideo
55 nomina concreta accidentium, quia significant accidens secundum quod accidens, non abstracte significant a subiecto. Et sic apparet primum.

Declaratio secundi est: Dico enim quod potest illud quod est accidens abstracte intelligi a subiecto; et huiusmodi possibilitas est et ex parte intellectus nostri, et etiam ex parte ipsius rei.
60 Ex parte intellectus nostri, quia intellectus noster talis possibilitatis est, ut inter ea quae unum faciunt in actu, dummodo naturas habeant diversas, quod potest distinguere et unum intelligere, non intelligendo aliud. Et sic se habent illud quod est accidens et subiectum. Ideo etc.

Ex parte etiam ipsius rei est haec possibilitas, nam, quamquam
65 substantia sic dividatur contra accidens, quia hoc est ens per se et absolute, hoc autem in habitudine ad aliud, scilicet ad substantiam, tamen est quaedam similitudo, scilicet proportionalis similitudo, accidentis ad substantiam. Quoniam, licet accidens non sit simpliciter quid,

53 sumptum] sup *scr.*

49 ARISTOTELES, *Metph.*, VII, 1 (1028 a 20).

sed quale vel quantum, et sic de aliis, tamen sicut in substantiae praedicamento invenitur aliquid quod est quid alterius et substantia, ut 70 animal est quid ipsius hominis vel asini, sic et in accidentibus aliquid est quod est quid et substantia alterius, ut color est quid et substantia albedinis vel nigredinis. Et ita est similitudo proportionalis accidentis ad substantiam. Et haec similitudo facit quod accidens, id quod est, non sub ratione accidentis, sed ut accipitur per modum quid et substantiae, ut 75 modo visum est, possit intelligi abstracte a subiecto et etiam significari. Unde et grammatici dicunt quod huiusmodi nomina accidentium abstracta sunt nomina substantiva, quia significant per modum substantiae et per se stantis.

Sed intellige quod, quia definitio debet definite et determinate dicere 80 ipsum definitum, ut ARISTOTELES dicit, ideo definitio accidentis, ex quo ipsa est ipsius accidentis, non tantum debet dicere et significare illud quod est accidens, sed definite et determinate debet dicere ipsum accidens. Hoc autem non potest facere nisi dicat illud quod est accidens sub ratione accidentis; aliter enim non definite diceret definitum. 85 Accidens autem, sub ratione accidentis, a subiecto abstrahi non potest nec in intelligendo nec in significando, ut visum fuit. Et ideo definitio accidentis nullo modo potest abstrahere a subiecto, sed dicit ipsum accidens in habitudine ad substantiam. Sed quia nomen illud quod significat non oportet quod definite significet, sed potest et definite et 90 confuse suum significatum dicere, vel per modum per se stantis vel per modum inhaerentis, nam et nomen ipsius definiti illud idem diceret quod definitio illius definiti, sed nomen eius, scilicet definiti, dicit illud confuse et indeterminate, definitio autem eius dicit illud distincte et determinate, hinc est quod nomine accidentis potest significari accidens illud quod 95 ipsum est, non determinando illud esse accidens seu inhaerens, sed significando ipsum tantum illud quod est ita absolute, non in relatione ad aliud. Et ideo potest in significando abstrahere a subiecto, quamquam eius definitio non possit. Sic etiam et intelligi potest illud quod est accidens abstracte a subiecto, sicut et significari. 00

Et non obicias de accidentibus propriis, scilicet simitate et huiusmodi. Simitas enim, dices tu, etsi non dicat subiectum, puta nasum, in recto, dicit tamen ipsum in obliquo, ut simitas nasi cavitas.

Dico quod etiam tale accidens illud quod est potest nomine suo significari abstracte a subiecto, sive in recto sive in obliquo. Non enim 5

1 Et non obicias] Obicit contra se *add. marg.*   4 Dico quod] Solvit *add. marg.*

81 Cf. ARISTOTELES, *Physic.*, I, 3 (186 b 14-34).

video quare plus possit abstracte in recto quam in obliquo. Ergo etiam intelligi potest sic, quamvis definitio eius non possit hoc facere.

His visis, apparet solutio ad rationes; procedunt enim suis viis.

QUAESTIO <11>

UTRUM SUBSTANTIA MATERIALIS SIT IDEM CUM SUO QUOD QUID EST

Dubitabit autem, etc.

Quaeritur utrum substantia materialis sit idem quod suum quod quid
5 est.

Et videtur quod sic: Homo est substantia materialis, et tamen homo est idem cum suo quod quid est. Ergo etc.

Oppositum vult ARISTOTELES in littera.

Dicendum quod homo, vel aliqua alia substantia materialis huiusmo-
10 di, non individuatur ex suo quod quid est, sed per aliud a suo quod quid est individuatur. Ex quo sequitur quod quod quid est individui vel singularis in substantiis materialibus non est idem cum ipso singulari vel individuo, eo quod, sicut dictum est, singulare non est singulare vel individuum per suum quod quid est, sed per aliud a suo quod quid est, ut
15 per conditiones individuales.

Est tamen intelligendum quod, quamquam homo, (et sic intelligo de aliis substantiis huiusmodi), non sit extra animam nisi singulare et individuum, vel singulariter et individualiter, (et ita homo non existit extra animam cum suo quod quid est), potest tamen homo abstrahi et
20 intelligi esse idem cum suo quod quid est, intelligendo scilicet tantum principia eius essentialia.

Et hoc modo arguebam quod homo est idem cum suo quod quid est, ita quod, secundum hoc, tria sunt hic per ordinem. Unum est quod Sortes, quia nec est nec potest intelligi praeter conditiones individuantes,
25 ideo nec est nec potest intelligi esse idem cum suo quod quid est. Homo autem — et istud est secundum — licet non sit idem cum suo quod quid est, ut scilicet existit extra, tamen potest intelligi esse idem cum suo quod quid est. Substantia autem immaterialis — et istud est tertium — et ipsa ut existit, et etiam ut intelligitur, est idem cum suo quod quid est, quia
30 ipsa individuatur ex suo quod quid est, et non per aliud a substantia et suo quod quid est individuatur. Ideo etc.

22 Et hoc modo] Nota *add. marg.*

3 ARISTOTELES, *Metaph.*, VII, 9 (1034 a 9).
8 ARISTOTELES, *Metaph.*, VII, 11 (1037 b 4-5). Une fois de plus le lemme ne semble guère avoir de rapport avec la matière traitée dans cette question.

APPENDICES

I

FRAGMENT DE COMMENTAIRE AU LIVRE II
DE LA MÉTAPHYSIQUE

(Clm 9559, fol. 93-94)

De veritate autem theoria fit etc.

Sicut prius dictum est, haec scientia considerat de ente et de conse- f. 93ra
quentibus ad ens. Quorum quaedam sunt species et partes, ut substantia
et accidens; quaedam communia ad ens sunt, ut unum, multum et sic de
5 aliis, et haec non determinant ens ad aliquod ens speciale. Item,
quaesitum in hac scientia est de principiis entis, non entis in universali,
sed entis causati. Quartum quod perscrutatur haec scientia est de
principiis aliarum scientiarum.

Et quaecumque in hac scientia considerantur ad aliquod istorum
10 quattuor reducuntur. Et status huius scientiae est quando ad hoc
perventum est, quod sua quaesita sunt in materia: entis enim alicuius, ut
unius et multi, causae et causati, ratio potest esse in materia et extra. De
quibusdam autem est haec scientia, quae in materia non possunt esse.

Dividamus igitur hanc scientiam secundum quaesita in ea considerata.
15 De hoc quaesito, scilicet causis et principiis secundum veritatem et
opinionem propriam in *XII°* consideratur; secundum aliorum opinionem
in *XIII°* et *XIV°*.

De partibus quae sunt substantia et accidens *VII°* et *VIII°*; de potentia
et actu *IX°*; de uno et multo *X°*; et *XI°* nihil aliud facit nisi repetit
20 quaedam necessaria ad determinationem de substantiis separatis, et
etiam in principio *XIIⁱ* hoc facit.

De principiis autem aliarum scientiarum considerat in *IV°*, errores
circa principia aliarum scientiarum removendo.

In *VI°* autem, cum debeat inquirere de ente secundum quod ens, et
25 nulla scientia de ente per accidens consideret, naturam talis entis inquirit,
declarans quae causa tali enti conveniat, ut quod fodiens inveniat
thesaurum, tamquam a doctrina abiiciens.

1 Aristoteles, *Metaph.*, II, 1 (993 a 30).
21 Aristoteles, *Metaph.*, XII, 1 (1069 a 30 sq.).

In V^o autem, distinguit nomina significantia intentiones considerandas in hac scientia, docens de quo per prius dicantur, ut videatur qualiter per habitudinem ad primum, nomen posterioribus conveniat.

In III° autem, quaestiones quaerendas movet.

In II° autem, cum haec scientia consideret veritates simpliciter omnium entium et de veris verissimis, ideo modum viae inducentis ad veritatem determinat in hoc II°.

I^{us} autem dicitur fuisse THEOPHRASTI, non ARISTOTELIS, et hoc dicunt expositores graeci; et ideo ad II^{um} librum nos transferamus.

Intentio autem ARISTOTELIS in hoc libro est ostendere modum viae qua homo in cognitionem veritatis veniat. Et primo ponit conclusionem, quae est quod cognitio veritatis uno modo est facilis, alio modo difficilis; et eam probat primo signo, deinde causa, ibi: *Forsan difficultate* etc.

Primum signum est quia cognitio veritatis secundum partem facilis est: unde quilibet dans se studio veritatis aliquid de veritate dixit; et signum difficultatis est quia ad totum devenire difficile.

Secundum signum difficultatis est quia per inventionem cognitio veritatis difficilis: unde quod potest aliquis per se invenire, modicum est; sed cognitio veritatis per doctrinam facilis est, quia si aliquis colligat inventa de cognitione veritatis, aggregatum erit magnae quantitatis.

Iterum, cognitio veritatis facilis est quantum ad principia. In cognitione enim entis sunt quaedam ut est locus januae in domo, ut principia per se nota quae sunt fores veritatis; et in eorum cognitione nullus errare potest. Quantum autem ad principiata et conclusiones, cognitio veritatis difficilis.

Et est attendendum: verum est quod pauci quaerunt scientiam, et pauciores ad eam perveniunt.

Quidam non quaerentes desperant ne ad cognitionem veritatis possint pervenire.

Quidam ex malitia intellectus desperant, et rationabiliter: homo enim non proficit nisi in eis ad quae natura eum aptavit, et ideo iussit PLATO aptitudines puerorum inspicere.

Alii desperant quia vident amatores veritatis habere positiones contrarias, et haec non est bona causa desperationis. Unde AVICENNA: non est mirum si unus in uno errat, in alio bene dicat: homo enim errare potest.

---

40 ARISTOTELES, *Metaph.*, II, 1 (993 b 7).
58 PLATO, *locus non inventus*. L'idée est exprimée au livre VI de la *République* (489 a - 495 b). Cf. aussi H. FESTUGIÈRE, *Contemplation et vie contemplative selon Platon* (1936), p. 160-162.
61 AVICENNA, *Metaph.*, tr. I, c. 8, p. 59.

Quidam non dant se inquisitioni veritatis, quia occupati sunt in quaerendo necessaria ad vitam, et hi non sunt vituperandi; liberato enim a curis animo, philosophari inceptum est.

Alii non quaerunt cognitionem veritatis, quia non gustaverunt delectationem quae est in ea; nullus autem eligit ducere tristem vitam; unde sensibilia ulterius se offerentia quaerunt, non potentes gaudere aliis delectationibus. Unde quidam artibus abutuntur propter excessum in delectationibus sensibilibus, ut dicit ARISTOTELES in *Politicis*.

Quidam autem ad veritatem non perveniunt quia in via errant, et tria faciunt errare.

Quidam enim obediunt assuetis, ita quod consuetudo eos tantum trahit quod opposita principiorum credunt, sicut pueri assueti audire sermones falsos vel disciplinas sophisticas.

Quidam etiam impediuntur in cognitione veritatis, qui testimonio auctorum solum innituntur; et qui hanc viam vult tenere ad veritatem non veniet, quia non quaerit eam per ea per quae debet generari. Et aliquis per consuetudinem se talem faciet. Et tamen in scibilibus non est solum rationi innitendum, nec soli auctoritati; sed secundum quod dicit AVICENNA, in his quae fidei <sunt>, via est ex testimonio prophetae, non argumento.

Quidam autem non veniunt ad cognitionem veritatis, quia quaerunt scire veritatem per propositiones communes, et odiunt sermonem perscrutatum. Quae igitur via ad cognoscendam veritatem logica docet. Qualiter enim unaquaeque propositio debeat recipi docet logica, sive probabiliter sive necessario. Scientiae enim reales modum communem procedendi habent, et hunc logica docet. Habent etiam scientiae reales proprios modos | qui in illis scientiis tradi debent.

Consequenter ponit ARISTOTELES causam difficultatis in cognitione veritatis.

Intellectus noster exit de potentia ad actum, et aliquando cognitio veritatis propter rem ipsam difficilis est. Tunc scilicet, cum principium per quod aliquid est intelligibile forma sit: unde forma abstracta a materia intellectus est. Res igitur quae non habent formam, ut materia prima, aut habent formam admixtam privationi, ut motus et tempus, de difficili intelliguntur.

66 Alii non quaerunt] Nota *add. marg.*   77 hanc] habet *scr. sed corr.*   89 qui] quae *scr.*

70 ARISTOTELES, *Polit.*, I, 3 (1258 a 8-14).
81 AVICENNA, *Metaph.*, tr. IX, c. 7, p. 507, 93.
90 ARISTOTELES, *Metaph.*, II, 1 (993 b 7-8).
97 Cf. THOMAS DE AQUINO, *In Metaph.*, II, lect. 1, n° 280.

Materiae autem quadruplex intellectus esse potest. Uno modo intelligitur materia ut aliquid in actu per formam, et hic intellectus non est essentialis materiae. Alio modo intelligitur ut <aliquid> privatum forma: unde materiae, cum in essentia formam non habeat, hic intellectus non est essentialis. Similiter intelligi potest per analogiam, et hic intellectus non est eius essentialis. Aliter intelligitur ut ens in potentia, et intellectus iste non est eius essentialis.

Secundum enim quod vult ARISTOTELES *III° Physicorum*, alia est ratio sanguinis secundum quod sanguis et secundum quod potentia sanum et infirmum, et aeris secundum quod aes et secundum quod potentia statua; si enim idem esset, idem esset posse sanari et posse infirmari. Similiter in materia: quare ratio potentiae videtur esse addita, non essentialis universaliter subiecto quod dicitur esse in potentia. Materia autem formam in sui essentia non habet per quam intelligi possit; quae igitur carent principio intelligendi, difficilis cognitionis sunt.

Alia autem sunt ex parte nostra difficilia. Cum enim intellectus noster non intelligat nisi per phantasmata sensibilia, ideo separata a sensibilibus non possumus intelligere.

Item, COMMENTATOR: noster intellectus in genere intellectualis naturae est infimus. Unde ARISTOTELES intellectum nostrum comparat ad maxime intelligibilia, sensui debili in comprehensione luminis solis quod maxime est visibile.

Consequenter docet ARISTOTELES qualiter praedecessores iuvant successores in cognitione veritatis. Uno modo, adinveniendo veritates; alio modo, ponendo errores. Error enim excitat intellectum ad diligentem inquisitionem. Utroque modo praedecessores nos iuvant.

Unde ARISTOTELES dicit quod utriusque dignum est reddere gratiam. Est autem gratia subvenire indigenti, non ut sibi aliquid <referat, neque ut ad ipsum gratificantem aliquid propterea perveniat, sed eius tantum causa cui gratificatur>, ut *in Rhetoricis* scribitur.

---

1 materiae] materia *scr.*   25 aliquid] *sequitur semi-linea vacua.*

2 ARISTOTELES, *Physic.*, I, 7 (191 a 7-8).
5 ARISTOTELES, *Physic.*, III, 1 (201 a 29-35). Cf. *supra*, 1. V, q. 5, p. 248, 37-49 (mêmes exemples et même référence).
16 AVERROES, *De anima*, III, com. 19 (fol. 162 D).
17 ARISTOTELES, *Metaph.*, II, 1 (993 b 7-9).
20 ARISTOTELES, *Metaph.*, II, 1 (993 b 9-11).
24 ARISTOTELES, *Metaph.*, II, 1 (993 b 11-13).
27 ARISTOTELES, *Rhetor.*, II, 7 (1385 a 16-18).

Deinde ponit exemplum inventionis in musicis: nisi enim fuisset TIMOTHEUS, multas melodias non habuissemus, et ponit alia exempla manifesta.
Vocari vero philosophiam etc.
Prius posita est una conclusio principalis, hic ponit ARISTOTELES secundam, quae est: ad quam scientiam principaliter pertineat cognitio veritatis. Et ponit duas <conclusiones> : et est una quod ad philosophiam pertinet cognitio veritatis; secunda est quod philosophia maxime est scientia veritatis.

Et primo videndum quae scientia intelligatur per philosophiam. Per eam enim sapientia intelligitur: unde nec est quaecumque scientia, sed quae de primis causis considerat est sapientia, scientia et philosophia proprie. Verum est tamen quod nomen philosophiae ad quasdam alias scientias bene se extendit inquantum ad causam accedunt; sed, sicut dicit *I° huius*, scientia quae ad magis causam accedit, magis est sapientia; magis autem causae sunt universaliores causae, quae sunt entis causae.

Naturali autem aliqualiter competit nomen philosophiae cum sit de causis universalibus quibusdam; particularibus scientiis improprie.

Conclusio probatur sic. Scientia speculativa est scientia veritatis; philosophia est scientia speculativa; ergo etc. Maior probatur ex differentia speculativae scientiae ad practicam, quae sumitur ex fine. Finis enim speculativae, cognitio veritatis; practicae, opus; si sic, patet quod scientia speculativa est scientia veritatis. Minor patet primo ex modo inveniendi et ex accedente suae inventioni; inventa enim fiunt ad fugiendam ignorantiam; homines enim mirabantur de effectibus manifestis quorum causas non habebant, et tandem ad causas devenerunt. Ex accedente, quia repertis necessariis ad vitam et ad eruditionem et ad voluptates, quaesita est philosophia. Tertio, ostenditur ex eo de quo est philosophia, cum sit de primis causis et principiis quae non sunt a nobis scibilia, sed cognoscibilia tantum.

Consequenter tollit dubium. Artifex enim <et> domificator consi-

28 inventionis] infinitis *scr. sed corr.*   38 sapientia] scientia *add.*   45 improprie] in propriis *scr.*

28 ARISTOTELES, *Metaph.*, II, 1 (993 b 14).
29 Il s'agit de Timothée de Milet, qui vécut de 447 à 357. Il paraît avoir excellé presque également dans le nome et dans le dithyrambe. Cf. G. COLLE, *La Métaphysique*, livre II. (1912) p. 39, note 2.
31 ARISTOTELES, *Metaph.*, II, 1 (993 b 19-20).
42 ARISTOTELES, *Metaph.*, I, 2 (982 a 12-14).
52 ARISTOTELES, *Metaph.*, I, 2 (982 a 19-20).

derant similiter acta; ideo crederet aliquis quod huiusmodi scientiae essent speculativae; et ideo dicit ARISTOTELES quod huiusmodi scientiae considerant propter opus: non enim est in his consideratio nisi ut, post considerationem, recte agamus.

Et numquid philosophia magis est scientia veritatis quam aliae scientiae? Probat ARISTOTELES quod sic, quia scientia quae est de veris verissimis est scientia veritatis maxime, et haec ponitur in littera. Philosophia est huiusmodi, quia est de causis primis quae sunt maxime causae; quando enim aliquid inest causae et causato secundum eandem rationem univocam, verius inest causae quam causato, et quod est causa, <est> maxime tale; si igitur causae primae sunt aliqua vera, et effectus similiter, tunc ergo maxime tale.

Consequenter infert corollarium.

Et est quod «principia semper existentium sunt vera verissima». *Principia semper existentium*: per hoc intelligit corpora caelestia et dispositionem causarum ad ea: excellunt autem alia in veritate et entitate.

Consequenter concludit aliud corollarium quod «sicut unumquodque se habet ad esse, ita ad veritatem»; ita quod perfecta in entitate, perfecta in veritate; et hoc sequitur ex hoc quod illa quae semper sunt, veriora sunt quam alia. |

At vero quod sit principium quoddam etc.

PHILOSOPHUS in parte praecedenti supposuit esse aliquod principium esse et veritatis. Nunc aliquis diceret causas in infinitum procedere et sic non esse principium; et ideo hic suppositum probat. Unde conclusio est ista quod causae non procedunt in infinitum in directum, neque etiam quantum ad speciem. Intendit autem secundum speciem quia species causarum finitae sunt, nam quantum ad quemlibet effectum quattuor causae concurrunt, non tamen plures ad aliquem. Secundum rectum autem in causis, intendit in causis unius speciei, ut homo calefactus ab

---

59 acta] considerant *add.*   65 ponitur] non *add.*   79 quam alia] et est veritas in rebus *add. sed exp.*

60 ARISTOTELES, *Metaph.*, II, 1 (993 b 20-23).
64 ARISTOTELES, *Metaph.*, II, 1 (993 b 24 sq.).
67/68 ARISTOTELES, *Metaph.*, II, 1 (993 b 24-25).
71 ARISTOTELES, *Metaph.*, II, 1 (993 b 28-29).
73/75 Cf. THOMAS DE AQUINO, *In Metaph.*, II, lect. 2, n° 295: *transcendunt in veritate et entitate corpora caelestia.*
76/77 ARISTOTELES, *Metaph.*, II, 1 (993 b 30-31).
80 ARISTOTELES, *Metaph.*, II, 2 (994 a 1).

aëre, aër calefactus a sole, et sic tandem oportet venire in Primam
90 Causam efficientem. Et similiter in aliis est intelligendum, et hoc est ire in directum secundum rectam lineam.

Deinde probat cum dicit: *Mediorum est.* Et ista pars habet quattuor.

Primo enim probat statum in causis efficientibus, cuius ratio est talis. In ordine causarum agentium primum agens est causa eorum quae sunt
95 post se, intantum quod, subtracto primo, alia non movent; ex quo enim non movent nisi quia mota a primo, primo igitur ablato, alia non movebunt nec movebuntur; est igitur propositio plana. Sed, positis causis moventibus in infinitum, aufertur primum. Quare etc. Maiorem declarat ARISTOTELES. Medium enim in ordine moventium non movet
00 ultimum nisi quia motum; unde, si movens medium auferatur, non movebit ultimum: unde cum baculus moveat lapidem quia motus, nisi moveatur non movebit. Similiter autem se habent media si infinita moventia ponantur: infinitis enim moventibus positis, omnes sunt medii et instrumentales.

5 Et est notandum: quaedam causae efficientes sunt per modum motus, quaedam non. Generata solum per modum motus habent esse. Sed in utrisque causis procedit ratio: medium enim ad utrumque modum essendi commune est, quia primum causa est esse omnium quae sunt post se; unde, non existente primo, nihil eorum quae post.

10 Iterum notandum quod ad unum effectum plures causae possunt concurrere: effectus enim ab aliqua formam accipit, et illa ab alia; alia confert causa ad effectum quia dat formam, alia autem applicat. Et utroque modo tenet ratio, nam ad omnia se extendit ratio medii, et secundum potestatem medii conclusio accipienda est.

15 Consequenter probat ARISTOTELES statum in causis materialibus cum dicit: *At vero* etc. Et primo ponit conclusionem, deinde probat. Et notandum quod in causis moventibus est venire usque ad deorsum; sed in sursum an esset procedere in infinitum, dubium est. In materialibus autem e converso, quia non est dubium quin sursum sit status; sed an
20 deorsum sit processus in infinitum est dubium, quia non est effectus materialis quin possit esse causa et materia... alia. Et non probat ARISTOTELES in causis materialibus in sursum esse statum, quia demonstratio probat hoc; posterius enim subiectum in genere causae materialis

3 enim] autem *scr.*   10 possunt] concurrunt *scr. sed corr.*   11 aliqua] aliquo *scr.*   alia[1]] alio *scr.*   21 materia] Après ce mot le copiste a laissé un quart de ligne en blanc.

92 ARISTOTELES, *Metaph.*, II, 2 (994 a 11).
16 ARISTOTELES, *Metaph.*, II, 2 (994 a 19).

non esset primum subiectum, et ideo in sursum supponit ARISTOTELES statum in causis materialibus.

Consequenter cum dicit: <*Dupliciter autem fit* etc.>, dupliciter probat suam conclusionem. Primo praemittens quaedam ex quibus arguet, et primo differentiam causarum materialium. Sicut habetur *V° huius*, «ex» improprie sumptum dicit aliquid fieri ex aliquo, idest, fieri aliquid post aliud. Si proprie sumatur, est dicere aliquid fieri ex aliquo dupliciter: uno modo ut ex puero fit vir, alio modo ut ex aëre fit aqua. His modis praemissis, assignat differentiam; et sunt duae, et sequitur secunda ex priore. Differunt autem quia ex puero fit vir, sicut ex illo quod est in fieri fit factum; et sicut ex eo quod est in perfici fit perfectum, et sicut ex medio fit extremum, medio quidem inter esse et non esse, et eodem modo ex addiscente fit sciens. Non isto modo fit ex aëre aqua sicut ex illo quod est in fieri, vel in perfici, vel medio; sed sicut ex illo quod est iam in termino a quo receditur.

Consequenter ARISTOTELES ex hac differentia concludit aliam: ex aëre fit aqua ita quod contingit reflecti, sed cum ex puero fiat vir, non immediate ex viro fit puer; et sunt plura exempla: ut ex pane sanguis immediate, sed non reflectitur immediate; ex vivo mortuum immediate, sed non contingit reflecti. Et causam ARISTOTELES assignat, quia, cum ex puero fit vir, ista respiciunt materiam secundum ordinem quendam, non aequaliter: ideo dixit ARISTOTELES propter priorem differentiam: est enim prius fieri antequam sit factum, et perfici ante perfectum. Ex aurora autem fit dies immediate, non e converso immediate, quia mobile quod affert solem est in potentia ut ascendendo in Oriente adducat diem et moveatur in Occidentem, sed non e converso, et in natura motoris est sic movere. Similiter ex puero fit vir immediate, non e converso, quia non respiciunt materiam eodem modo. Materia enim sub forma pueri immediate est in potentia ad formam viri; sub forma autem viri existens non est immediate in potentia ad formam pueri. Sed aër et aqua aequaliter respiciunt materiam, non secundum ordinem naturalem sicut puer et vir.

Modo quaeret aliquis causam naturalis ordinis. Causa est quia puer <est> immediate vir in potentia, non e converso.

26 Dupliciter ... etc.] *om.* en laissant vide la partie correspondante de la ligne.

26 ARISTOTELES, *Metaph.*, II, 2 (994 a 22).
29 ARISTOTELES, *Metaph.*, V, 24 (1023 b 1 sq.).
39 ARISTOTELES, *Metaph.*, II, 2 (994 a 26 sq.).

Sed ulterius quaeret aliquis: contingit aliquando quod materia existens sub aliqua forma non potest transmutari ad contrariam formam propter defectum agentis: estne ergo causa quod ex pane fit sanguis immediate,
60 non ex sanguine panis, defectus | agentis? f. 94rb

Dico quod non, quia non est hoc possibile, sub aliquo agente; aliquando enim bene contingit quod materia sub uno agente non est transmutabilis, sed sub alio bene transmutabilis esset; dico igitur quod materia existens sub forma sanguinis, non est in potentia immediate ad formam
65 panis.

II

FRAGMENT DE COMMENTAIRE AU LIVRE VII

DE LA MÉTAPHYSIQUE

(Clm 9559, fol. 94)

Manifestum est igitur ex dictis quod quoquomodo omne quod fit, fit a sibi convenienti nomine etc.

Istud potest quaeri in *VII° Metaphysicae*. Notandum secundum COMMENTATOREM quod fictas opiniones ponunt <qui ponunt> ideas
5 esse: penitus provenit ex falsa imaginatione et ex defectu huius propositionis: quod generatur nec est materia, nec forma, sed compositum. Et ex defectu huius similiter: quod fit, fit a sibi conveniente etc., quia non in omnibus est hoc uno modo verum. Et dicit COMMENTATOR quod hoc est impossibile, scilicet quod forma habeat unam generationem per se et
10 subiectum similiter suam generationem per se, quia tunc forma et subiectum essent duo in actu, et non esset unum eorum in actu et reliquum in potentia; et ita ex his numquam esset unum, quia tunc unum secundum quod unum a duobus agentibus secundum quod duo esset secundum naturam; et cum hoc sit impossibile, non erunt duae genera-
15 tiones istorum, sed unica tantum.

Item, ponunt impossibile cum dicunt quod formae separatae immediate transmutant materiam: illud enim quod immediate transmutat mate-

---

1/2 ARISTOTELES, *Metaph.*, VII, 9 (1034 a 21-23).
4 AVERROES, *Metaph.*, VII, com. 31 (fol. 180 M).
8 AVERROES, *Metaph.*, VII, com. 31 (fol. 181 G-I).

riam est in materia. Unde dicit COMMENTATOR quod illud quod transmutat materiam vel est corpus habens qualitatem activam vel est potentia quae agit per corpus tale; et ideo formae separatae non immediate transmutant materiam, sed immediate transmutant corpora supracaelestia, et corpora supracaelestia per virtutem suam receptam in materia transmutant materiam. Unde tam ARISTOTELES quam PLATO posuit formas separatas causas istorum materialium. PLATO tamen peccavit in duobus, tum quia posuit istas ideas causas generantes ista materialia et immediate transmutantes ea, tum quia posuit istas formas separatas quidditates istorum materialium; ARISTOTELES vero posuit eas causas istorum, sed non generantes nec immediate transmutantes ea; sed posuit eas transmutare corpora supracaelestia et corpora caelestia per virtutes suas immissas in ista immediate transmutant ea.

Intelligendum etiam secundum AVERROEM quod in semine sunt quaedam virtutes naturales transmutantes materiam, in qua sunt quousque transmutentur ad formam ultimam; et istae virtutes sic actu existentes in materia et transmutantes eam dicuntur forma illa generanda in potentia; istae etiam virtutes proveniunt in semine duabus de causis, scilicet et ab eo a quo deciditur semen et a sole. Et per hoc similiter intellige alias stellas, sicut vult ARISTOTELES in $XVI°$ *De animalibus* versus principium, dicens: calor vero solis et calor animalis sunt in corpore et non in spermate tantum, et secundum hoc est in illo semine principium vitae. Et sicut est in semine, similiter est in putrefactione, scilicet quod sunt ibi virtutes dantes vitam, convenientes cum generando in genere vel specie, immediate transmutantes materiam in qua sunt ad ultimam formam, convenientes cum ultimo generando; sed istae solum veniunt a sole et aliis stellis, et istae sunt illud conveniens a quo fit generandum. Similiter dicit de anima sensitiva, quod in ista etiam sunt virtutes efficientes calorem naturalem in materia, cuius caloris naturalis in materia iam inductio fit per ulteriorem transmutationem, anima vero sensitiva est actus et forma.

De levitate vero in igne dicit quod ista levitas non est singulariter generata, sed totus ignis generatus est; et ista forma quae est levitas per accidens generata est, sed non sicut accidens: eius enim esse naturaliter est ante esse compositi.

Dicit etiam COMMENTATOR de istis virtutibus divinis, quas assimilat

---

18 AVERROES, *Metaph.*, VII, com. 28 (fol. 178 C.).
23 ARISTOTELES, *Metaph.*, XII, 8 (1073 b 1 sq.).
23 PLATO: cf. surtout le *Timée, passim.*
31 AVERROES, *Metaph.*, VII, com. 31 (fol. 181 D-F).
37 ARISTOTELES, *De gener. animalium*, II, 3 (737 a 1 sq.).
52 AVERROES, *Metaph.*, VII, com. 31 (fol. 181 E).

ARISTOTELES intellectui, quod sunt in elementis per calorem solis et aliarum stellarum, idest per lumen solis mixtum cum lumine aliarum
55 stellarum: sol enim proicit radios suos et similiter aliae stellae, qui hic in medio incorporantur, et ista lumina quae sunt illae virtutes habent proportionem et mensuram et quantitatem determinatam ex diversitate appropinquationis et remotionis stellae a stella.

Sed adhuc dubium est qualiter intelligenda est illa propositio: *omne*
60 *quod fit, fit a sibi simili* etc. Aut enim intelligenda est de convenienti in specie, vel de convenienti in genere; et si de convenienti in specie, aut in specie suprema, aut non; vel si convenienti in genere, aut ergo in genere generalissimo, aut subalterno. Et hoc est quaerere utrum istae virtutes sint convenientes generando sic vel sic. Sed cum istae vir- | tutes non sint   f. 94vb
65 anima vel corpus et sint res simplices, quae non habent definitionem, unde non cadunt in praedicamento substantiae sicut species sub genere. Quaeratur ergo in quo conveniunt istae virtutes cum generando, quia in intentione communi praedicabili non conveniunt; quare in re aliqua et natura convenient cum eis: aut igitur in forma, vel in materia.

70   Item, cum anima sensitiva sit ultima forma animalis, quid est causa eius? Non est dicere quod virtutes istae sint causa ipsius, quoniam oportet quod eius causa sit nobilior ipsa; sed ipsa est nobilior istis virtutibus: istae enim virtutes non habent apprehensionem, tunc enim essent animata, et ista habet apprehensionem; ergo oportet nobiliorem
75 invenire causam; sed hanc non est invenire in materia; quare videtur opinio PLATONIS vera.

Et si forte dicatur quod danda est talis causa toti composito solum, et non ultimae formae, contra hoc est quod ipsa forma ultima naturaliter est ante compositum: est enim causa essentiae compositi; ergo, si habet
80 causam sui esse, ista naturaliter erit prior quam causa totius compositi; sed nulla talis est in materia; quare videtur quod sit extra, sicut posuit PLATO.

Quidam dicunt ad hoc quod in semine est actu substantia virtutis sensitivae: est enim ibi virtus ipsius, et virtus non est praeter substantiam
85 eius cuius est virtus; sed tamen substantia virtutis sensitivae est in semine sicut motor in moto, praeparans et disponens sibi organum cuius ipsa postea est actus; et ideo non est ibi sicut forma in materia, sed sicut

---

61 convenienti] inconvenienti *scr.*   67 in¹] genus *scr. sed corr.*

53 ARISTOTELES, *De gener. animalium*, II, 3 (737 a 3 sq.).
59/60 ARISTOTELES, *Metaph.*, VII, 9 (1034 a 21-23).

motor in moto: unde differunt secundum substantiam et definitionem, et ideo ex his non est vere unum; sed postea, cum ipsa est actus materiae, fit ex his vere unum et sic est intelligendum quod dicit COMMENTATOR super VII^m, secundum sic dicentes quod primo modo est anima in semine sicut motor corporis caelestis est inclusus in eo. Hoc tamen non est verum, immo intendit quod anima sensitiva est inclusa in semine sicut ipsa eadem est inclusa in corporibus caelestibus.

Ad hoc autem opponitur quod anima sensitiva habet causam nobiliorem ipsa. Dicendum quod verum est: est enim totum corpus caeleste nobilius hoc toto quod est brutum: habet enim ipsum caelestem virtutem intellectivam, motivam in loco et appetitivam, quae sequitur alias; ergo, cum illud sit nobilius isto secundum totum, quia secundum materiam et secundum formam caeleste est nobilius bruto, quare et actus; actu igitur causa animae sensitivae nobilior est ipsa. Virtus enim corporis caelestis incorporata est potentiae animae sensitivae, et istae virtutes incorporatae sunt transmutantes materiam et generant in ea calorem naturalem, qui calor naturalis est animatus, et non anima.

Ad illud quod quaeritur qualiter intelligendum sit *quod fit a sibi convenienti*, si dicatur quod convenit in genere logico, hoc nihil est; sed si comprehendamus istam propositionem in generantibus et generatis, dico quod conveniunt in essentia, quamvis non in esse, quia universaliter potentia et actus secundum esse diversa solum, semper eandem essentiam dicunt; et etiam quia propria conditio agentis est quod educit aliquid de potentia ad actum, et hoc non est in potentia causa, ideo ipsa non agit proprie. Dico ergo quod istae virtutes sunt eaedem in essentia cum anima sensitiva, et etiam ipsa forma corporis caelestis est eadem in essentia cum illa. Explicit.

2 potentiae animae sensitivae] potentia anima sensitiva *scr*.   3 et] aliud *add*.

90 AVERROES, *Metaph*., VII, com. 31 (fol. 180 F).

III

SIGER DE BRABANT
DEUX QUESTIONS SUR L'UNITÉ NUMÉRIQUE
DES SUBSTANCES

INTRODUCTION

Cette édition des *Quaestiones duae circa unitatem numeralem substantiarum* est basée sur les six manuscrits connus actuellement:

C Munich, *Clm. 317*, fol. 195ra-197rb;

L Leipzig, *Universität 1386*, fol. 104va-106ra;

E Erlangen *213*, fol. 81ra-82va;

O Rome, *Ottoboni lat. 2165*, fol. 81rb-83rb;

M Munich, *Clm. 6942*, fol. 268vb-271vb;

V Rome, *Vat. lat. 828*, fol. 127^{r}-128^{r}.

La première édition de cet écrit a été publiée en 1939 par Gerardo Bruni, sur la base des trois manuscrits alors connus, O, E et V, mais Bruni attribua ces questions à Gilles de Rome([1]). C'était compréhensible, puisque O et E les attribuent expressément à Gilles. En O, cette attribution se lit à la fin du texte: *Expliciunt questiones fratris Egidii*; en E, on la trouve dans la marge supérieure.

En 1954, J.J. Duin annonça la découverte d'un quatrième témoin, C, qui porte la même attribution à Gilles de Rome. Toutefois Duin démontra que cet écrit devait être restitué à Siger de Brabant: il se basait sur sa ressemblance avec des textes parallèles des *Quaestiones in Metaphysicam* de Siger dans les versions de Munich, Paris et Cambridge. Il proposa aussi quelques hypothèses pour expliquer l'attribution de cet écrit à Gilles de Rome([2]).

En 1966, A. Dondaine et L.J. Bataillon comparèrent le texte édité par Bruni avec les deux premières questions du livre V des *Quaestiones in Metaphysicam* de Siger qu'ils venaient de découvrir à Vienne. En raison de la substantielle identité des deux textes, les savants Dominicains

---

([1]) G. BRUNI, *Aegidii Romani Quaestiones*... (1939), p. 197-207.

([2]) J.J. DUIN, *La doctrine de la providence*... (1954), p. 242-246. Pour la description de C, p. 143-145.

conclurent que l'écrit attribué à Gilles de Rome appartenait à Siger([3]). Ils annoncèrent aussi la découverte d'un cinquième témoin, L; grâce à l'étude d'un groupe d'opuscules de S. Thomas trouvé en L, C et O, ils purent établir que L était l'ancêtre de C et le frère ou le cousin de O([4]).

Dans une lettre du 15 novembre 1966, le P. Bataillon me fit connaître un sixième témoin, M, qui voisine également avec une collection d'opuscules de S. Thomas, mais ceux-ci appartiennent à une famille assez différente de celle de L, C et O.

Vu la parenté textuelle étroite qui existe entre les *Quaestiones duae* et les textes parallèles de Vienne, il a paru utile de rééditer ici les deux questions, mais en utilisant cette fois les six témoins connus.

Un subside du *Conseil canadien de recherches en sciences sociales et humanités* m'a permis d'examiner sur place les manuscrits de Munich, de Rome et d'Erlangen; seul le texte de Leipzig *1386* a été étudié sur microfilm. Le principe fondamental qui a guidé l'éditeur a été de livrer un texte correct et lisible de l'écrit de Siger, que celui-ci semble avoir rédigé lui-même en vue de sa diffusion, comme il l'a fait pour ses traités *De necessitate et contingentia causarum* et *De aeternitate mundi*: ces trois opuscules sont le fruit de discussions approfondies de ces thèmes au cours des leçons du maître à la Faculté des arts de Paris.

Il faut noter toutefois que, par homoioteleuton dans un ancêtre commun, les six témoins omettent tous d'importants passages, parfois des mots isolés, qu'on retrouve heureusement dans les reportations des cours de Siger sur la *Métaphysique*. Bon nombre de ces lacunes ont pu être comblées à l'aide de la reportation de Vienne, comme on le verra dans l'apparat.

Ensuite, bien que la seconde question reproduise presque mot à mot la question V, 2 de Vienne, on y trouve deux divergences importantes par rapport à V. D'abord le passage *Unde imaginatio videtur esse fictiva...* (cf. p. 440, l. 63-73) prend place ici dans le quatrième argument *contra*, tandis qu'il est incorporé dans la *solutio* en V (cf. p. 313, l. 38-49). La seconde divergence concerne le nombre et l'ordre des *objections*: on n'en compte que neuf ici, tandis que V en a dix, classées dans un ordre légèrement différent. Mais, très curieusement, les réponses aux objections sont dix ici comme en V et dans le même ordre que V. Il y a là un mystère, heureusement d'importance mineure, que les données actuelles ne per-

---

([3]) A. DONDAINE et L.J. BATAILLON, *Le manuscrit...* (1966), p. 202-205.
([4]) *Ibidem*, p. 203, note 73.

mettent pas d'éclaircir. Cette anomalie confirme le caractère défectueux de l'ancêtre commun des six témoins retrouvés: le copiste trahit sa négligence, non seulement par les omissions signalées, mais par plusieurs fautes de lecture que j'ai essayé de corriger à l'aide des passages parallèles ou par des restitutions conjecturales.

La comparaison des six copies révèle qu'elles appartiennent à deux familles principales: C,L,E,O et M,V. Après examen des variantes significatives relevées dans les deux groupes, il a été décidé de prendre comme base de l'édition le groupe C,L,E,O, tout en corrigeant les omissions majeures ou les fautes évidentes de ce groupe à l'aide de M-V. Je n'ai pas mentionné dans l'apparat 27 cas d'inversions sans importance qui opposent M-V à C-L-E-O. On notera cependant que cette opposition régulière confirme le groupement des témoins en deux familles principales.

A l'intérieur de la première famille, C et L ont régulièrement de meilleures lectures et semblent être antérieurs à E et O. En outre, des indices paléographiques suggèrent que C est postérieur à L et pourrait même en être une copie. Ainsi, là où L répartit le mot *abstrahunt* en deux lignes (*abstra-hūt*), C écrit: *abstracta habent* (*hñt*). Ailleurs la barre horizontale du *t* final de *patebit* penche vers le bas, de telle manière qu'elle pourrait être lue comme un *s* allongé, ce que nous trouvons effectivement en C. Ou encore, là où L a *Preterea, ex q^u quo*, C n'a apparemment pas remarqué que le *q^u* était exponctué et a écrit... *ex qua quo*.

L'examen de l'apparat révélera que C et L, le plus souvent suivis par E et O, ont servi de base à l'édition, avec des corrections occasionnelles empruntées à M et V.

<QUAESTIONES DUAE>
<CIRCA UNITATEM NUMERALEM SUBSTANTIARUM>

Circa unitatem numeralem substantiarum duo quaeruntur. Primum est utrum substantia sit una numero singularis, non dicibilis de multis, ex materia. Secundo, utrum diversa individua eiusdem speciei, vel partes quantae substantiae homogeneae, differant secundum substantiam.

<QUAESTIO 1> 5

<UTRUM SUBSTANTIA SIT UNA NUMERO SINGULARIS, NON DICIBILIS DE MULTIS, EX MATERIA>

Ad primum sic proceditur. Sunt aliqua separata a materia quae individualiter subsistunt, non dicibilia de multis, ita quod singulare, numero unum, indivisum, non natum esse in multis non minus habet esse 10 in separatis a materia quam in materialibus; quod non contingeret si ex materia esset aliquid individuum, numero unum, singulare, non in multis aptum esse.

2 Item, si singulare et unum numero, individuum, non de multis dicibile, esset tale ex materia, non abstrahens igitur a materia esset 15 unum numero, non de multis dicibile. Hoc autem est falsum: hominis enim ratio, et universaliter eorum quae in materialibus de multis dicibilia sunt, non abstrahunt sua definitione a materia, sicut patet *VII°* *Metaphysicae*.

3 Item, numerus in materialibus divisione continui causatur. Ergo 20

2 est] *om. E* substantia] *om. O* una] unum *M* non] *marg. M*. 3 diversa] et *add. C, L, E, O*. 4 differant] differunt *O*. 8/9 quae individualiter] *iter. O*. 9/10 ita ... multis] *om. C (hom.)*. 9 quod] non *add. L, E, O*. 10 indivisum] individuum *M* multis] aut dici de multis *add. M, V* minus] unus *C, E, O*. 11 separatis] separati *O* in] a *C, L, E, O*. 12 esset] esse *V* unum] *om. M*. non] nam *M*. 14 Item] et *M* et] individuum *M, V* unum] in *add. M* individuum] *om. M, V*. 15 esset] esse *C* Igitur] Ergo *C*, quod *V* a] *om. V* materia] non *add. V*. 16 autem] *marg. M*. 17 enim] vero *V* et] *om. V* materialibus] materia existunt *M, V* de] ex *C, L, E, O* 18 abstrahunt] abstracta habent *C*, abstracta tamen *M, V* definitione] dispositione *omnes cod*. 20 Item] vel *M* materialibus] ex *add. M, V* causatur] causabitur *V* Ergo] Igitur *M* 20/21 Ergo... causatur] *om. V (hom.)*.

18/19 ARISTOTELES, *Metaph.*, VII, 10 (1034 b 20-1035 b 2).

unum numero eiusdem continui indivisione causatur. Quare singulare et unum numero non est per materiam, sed ex hoc quod quantitate indivisum est.

4 Item, per idem est aliquid <unum> numero et singulare per quod divisum est ab aliis suae speciei. Hoc autem non est per materiam. Ergo nec per materiam est singulare et unum numero. Maior patet, quia per hoc est aliquid individuum, singulare et unum numero, per quod non natum est esse in multis, per quod distinguitur ab eis. Minor patet quia, sicut forma specifica non est secundum se divisibilis neque partes habens, sed secundum quod quanta, ita etiam nec materia.

Contrarium videtur velle ARISTOTELES V^{o} *Metaphysicae*, capitulo *De uno*, ubi dicit quod unum numero est cuius materia est una. Est ergo aliquid singulare et individuum ex materia.

Item, aliquid est singulare et individuum ex eo ex quo non potest esse in multis; hoc autem est materia; ergo etc. Maior est evidens. Probatio minoris: forma materialis non per se subsistit, propter quod nec ei repugnat esse in multis; videtur ergo individuari et non nata esse in multis ex hoc quod accepta est cum subiecto primo quod est materia prima: quod non natum esse per materiam in alio, propter quod nec in multis; quare in materialibus, quia <materia> est subiectum primum, non nata esse in subiecto, propter quod neque in multis, erit aliquid unum in numero singulare.

Solutio. Dicendum est quod in separatis a materia prima et in materialibus universaliter, est aliquid numero unum et singulare ex eo

21 numero] ex *add. M*   indivisione] divisione *M*   causatur] et *add. M*.   22 est] aliquid *add. M, V, om. C, L, E, O*   quantitate] quantitatem *C, L, E, O, M*   23 est] *om. C, L, E, O*.   24 idem] aliquid *O*, illud *V*   aliquid] idem *O*, illud *M*, aliud idem *V*.   25 suae] eiusdem *M*   Ergo] Igitur *M*.   26 nec... numero] etc. *M*   et... numero] *om. V*.   26/27 maior... numero] *om. O (hom.)*.   27 hoc] illud *M*   singulare] *om. M, V*   et] *om. V*.   28 est] *om. L*   esse] *om. C*   multis] et *add. M, V*.   29 forma] formam *C*   30 sed] *om. C, L, E, O*.   32 ergo] igitur *M, V*.   33 aliquid] quid *M*   34 ex²] *ex iter. C*   non potest] natum est non *M, V*   potest] *sup. lin. L*.   35 est] per *add. M, V, E*   materia] materiam *M, V*   ergo] igitur *M*   etc.] per materiam est aliquid unum numero et singulare *M, V*.   Maior est evidens] *om. M, V*   36 propter] per *M*.   37 ergo] igitur *M*   individuari] individuum *V*   nata] *om. M*.   38 quod¹] cum *C*   est] *sup. lin. L*   quod²] hoc *M*.   39 natum] est *add. M, V*   propter... multis] *om. M, V*.   40 quare] quae *M, V*   quia] *om. M, V*, quae *C, L, E, O*   subiectum] absolutum *M*.   non] si *V*   41 nata] est *add. M, V*   in] *om. V*.   erit] Per ipsum igitur est *M, V*   42 in] *om. M, V*.   43 est] *om. M*.   44 eo] aliquo *V*, quod *add. E*.

31 ARISTOTELES, *Metaph.*, V, 6 (1016 b 32-33).

existente in ipso quod natum est non esse in multis. Hoc autem differt in 45
separatis a materia et in materialibus.

In separatis enim a materia, forma specifica est per se subsistens, non
nata esse in aliquo, quare nec in multis, non divisibilis secundum se quia
specificata, nec divisibilis seu divisa per aliud in quod recipiatur vel eo
quod quanta divisibilis vel quantitate divisa, quia nec quanta nec in 50
subiecto esse est apta nata. Unde forma separata a materia ex eodem ex
quo speciem accipit, et individuum. Ita quod in separatis a materia,
individuum est ipsa sua species, propter quod nec speciem contingit in eis
dici de multis, si non possibile individuum.

In materialibus vero substantiis, forma ex seipsa non individuatur, nec 55
est ex se una numero, singularis, non dicibilis de multis, eo quod nata est
in alio et in multis per quae individuatur ut in diversis materiebus.
Materia etiam secundum se non est sufficiens principium ut forma in ea
recepta sit una numero et singularis, eo quod materia divisibilis est in
multa eiusdem rationis, sicut et forma per hoc quantitatem habens. Ita 60
quod universaliter nihil quod tale est quod natum est multiplicari per
aliud in multa suae rationis, ex se est individuum. Nunc autem forma
substantialis et materia et compositum ex eis, cum secundum se accipiuntur, talia sunt quod nata sunt per aliud multiplicari, ex eo quod nulli
istorum repugnat esse quantum, extensum, quantitate divisibile vel 65
divisum, nec ad substantiam alicuius istorum pertinet quantitas determinata. Propter quod nihil istorum ex se est individuum; sed ex hoc quod
forma accipitur cum materia determinata et ab alia materia distincta per

---

45 existente] *om. V*   est non] *om. C, L, E, O*   esse] est *O*.   46 in] *om. O*   materialibus] item *add. C, E, O*.   47 In] etiam *E*   enim] autem *V*.   48 non] *om. M, V, E*   secundum] per *O*.   49 seu] nec *M, V*   divisa] divisiva *V*   aliud] aliquid *M, V*   in] et *O*   in quod] *iter. V*   vel] ex *add. M*.   50 quanta] quanto *E*   divisa] divisiva *V*.   51 esse] *om. M, V*   a materia] *om. V*.   52 accepit] recipit *E*   52/53 Ita ... individuum] *om. M (hom.)*   53 speciem] species *V*   54 si ... individuum] *dub., forsan corruptum*   si non] sive *V*   individuum] et *add. C, L, E*.   55 vero] non *C, L, E, O*.   56 est²] esse *add. M, V*.   57 alio] aliquo *O*, uno *M, V*   individuatur] dividuatur *C*, dividatur *L, E, O*, materialibus *add. O*   ut ... materiebus] *om. M*   materiebus] materialibus *V*, membris *O*.   58 materia] *om. O*   etiam] autem *V*   ea] eo *C, L, E*.   59 una] uno *M*   et singularis] *om. M, V*   divisibilis] difficilis *C, L, E, O*.   60 hoc] quod est *add. M, V*.   61 est¹] *om. C, O*   est²] *om. C, L, E, O*.   61/62 per aliud] *om. M, V*.   62 Nunc] Tunc *M*.   63 et²] *om. M*   cum] tamen *E*   se] esse *C, L, E, om. O*.   64 sunt²] *om. C, L, E, O*   aliud] aliquid *M*.   65 istorum] istarum *V*   extensum quantitate] quantitate extensiva *M, V*, excessum quantitate *E*.   66 istorum] istarum *V*.   67 istorum] istarum *V*.   68 ab alia materia] aliquo modo *M, V*.

hoc quod stat sub determinatis dimensionibus et distinctis, in quibus
70 dimensionibus per se ad invicem distinctis, est forma individua numero
una, non dicibilis de multis; nec compositum ipsum ea necessitate
<eximitur> qua dimensiones determinatae et distinctae ab aliis dimen-
sionibus non sunt simul cum aliis. Et est attendendum quod ex eodem est
aliquid unum et ab aliis suae speciei divisum, sicut ostendebatur arguendo.
75 Et hoc etiam est aliter videre: ex hoc enim est aliquid unum numero, ex
quo est in se indivisum; sed quod ab aliis non divisum, potens esse vel ens
illa alia, non est in se indivisum. Ut homo secundum quod sic significatur, cum non sit quid divisum a singularibus, nec in se est unum et
indivisum indivisione opposita tali divisioni quae est ipsius in singularia
80 et singularium ad invicem. Quod si in substantiis materialibus, ex eo ex
quo est aliquid ab aliis divisum, ex eo est numero unum, in eis autem non
est materiae nec formae substantialis per se divisio in multa eiusdem
rationis, sed solum ex eo quod est ens quantum, ut in sequenti
quaestione patebit, tunc etiam materia per se non est sufficiens causa ut
85 sit aliquid numero unum, sed ex ipsa secundum quod distincta et
determinata, quae distinctio et determinatio eius ab alia materia est per
distinctas et determinatas dimensiones. Ita quod secundum hoc, quia
materia non est per se sufficiens ad individuandum, dicitur quod
conditiones quaedam materiae et accidentia individui, sicut esse hic et
90 esse nunc, individuant, a quibus abstrahit ratio universalis. Et quia
individuum debet esse hoc aliquid et per se subsistens, tale autem non
contingit alicui quae sunt in subiecto, propter hoc etiam materia
concurrit ad hoc quod aliquid sit numero unum. Et coniungens ista duo,

---

69/70 in... distinctis] om. V (hom.).   70 dimensionibus] om. E.   72 determinatae] terminatae M.   73 attendendum] advertendum V   eodem] eo C, L, E, O, quod add. E.   74 sicut] sic M, V   ostendebatur] ostenditur M, V.   75 etiam] om. E   est²] quod C, L, E, O.   76 est] om. C, L, E, O   indivisum] divisum V   divisum] dividitur M   ens] in add. V.   76/77 vel... alia] universale vel in alio M.   77 indivisum] divisum M   quod] om. E.   78 cum] ut M, V, om. O   quid] quod C, L, O.   79 indivisum] divisum C, L, E, O, V   indivisione] divisione C.   80 si] om. V, E.   81 eo] quod add. E.   82 nec] aut M, V   divisio] dicit et multa O   in multa] intellecta M, V.   83 quantum] et quanta C, L, E, O   sequenti] consequenti M,   84 patebit] patebis C, patet M   etiam] et M.   85 sit] si V.   86 et] om. V   determinatio] est add. V.   est] del. V.   87 et] om. C   secundum] si O   quia] quod M, V.   88 quod] et M.   89 quaedam materiae] quodammodo M, V   esse] om. V   90 esse] om. M, V   nunc] faciant add. M, V, in add. L, O   individuant] individuatum V, O.   91 individuum] et add. sup. lin. M   et] om. M, O, E.   92 alicui] eorum add. M, id est, eorum add. V   propter] propria V   hoc] ea M, om. V.   93 concurrit] corr. marg. M   coniungens] et add. E.

ARISTOTELES, V° *Metaphysicae*, capitulo *De uno*, dixit quod unum numero est cuius materia est una, intelligens unam per quantitatem 95 indivisam et determinatam. In quibus enim una materiae ratio secundum se, non oportet quod sint numero unum.

Est nihilominus adiciendum praedictis quod, sicut forma individuatur ex hoc quod est in materia determinatarum et distinctarum dimensionum, utpote hic existentium, et distinguitur a forma quae in aliis et 00 distinctis dimensionibus per se a prioribus, sic etiam contingit distingui formam a forma et numerari per hoc quod una prius ordine temporis et transmutationis habet esse in materia quam alia.

Secundum enim hoc, corrupta aqua in aerem et regenerata in eadem materia est aqua numero diversa a priore et specie eadem, secundum 5 quod vult ARISTOTELES *II° De generatione et corruptione*, in fine. Ipsum autem prius et posterius distinguitur priore et posteriore motus; hoc autem causaliter distinguitur a priore et posteriore in magnitudine.

Unde, sicut statim apparet numerus et distinctio in substantiis per hoc quod una est hic et alia non hic sed alibi, sic etiam statim numerantur et 10 distinguuntur substantiae cum una sit nunc seu in hoc tempore et non in alio, alia autem in tempore posteriore et non priore. Et ideo, coniungens ista duo ARISTOTELES in ratione singularis, dicit quod singulare est quod est hic et nunc.

Nec obstat praedictae determinationi quod, si in materialibus indivi- 15 duatio est ex materia determinata, cuius determinatio non est ex se, quod

---

94 capitulo De uno] *om. M.* 95 cuius] *om. C* est¹ ... est²] *corr. marg. M* intelligens] intellectus *C, O, V*, materiam esse *add. M* unam] uno *O.* 96 indivisam] indivisis autem *C* una materiae ratio] ratio materiae est una *M, V.* 98 Est] Et *V* individuatur] inducitur *C, L, O, om. E.* 99 hoc] inducitur *add. E* quod] autem *V* determinatarum] determinata *M, V,* determinatorum *O.* 00 hic] hoc *O* distinguitur] distinguuntur *M* a] *om. O* et] *om. M, V, E.* 1 prioribus] existit *add. M, V,* sunt *add. O* sic] *om. O* etiam] sicut *add. V.* 2 formam] et *add. E* et numerari] *om. M* prius] species *E.* 3 alia] aliud *C.* 4 hoc] *om. V* aqua] *om. V* regenerata] regnanta *C, L,* regnata *O.* 5 diversa] divisa *E.* 6 et corruptione] *om. M, V.* 6/7 in fine... posteriore] et posteriorum *O.* 7 motus] motu *V.* 7/8 motus... posteriore] *om. C (hom.).* 8 causaliter] *om. M* distinguitur] distinguuntur *V* posteriore] priore *E* in] *om. M, V.* 9 in] et *O* hoc] est *add. M, V.* 10 non] est *add. M.* 11 substantiae] substantia *E* seu... tempore] *om. M.* 12 alio] quo *M* et non] aut *V* priore] *om. M.* 13 Aristoteles] *om. M.* 13/14 quod est] *iter. O.* 15 Nec] Nunc *O* determinationi] distinctioni *O.* 15/16 individuatio] indivisum *M, V.* 16 quod] quia *M.*

94 ARISTOTELES, *Metaph.*, V, 6 (1016 b 32-33).
6 ARISTOTELES, *De gen. et corr.*, II, 11 (338 b).
13 ARISTOTELES, *Anal. poster.*, I, 31 (87 b 27-33).

individua substantiarum materialium non significent substantiam solum, quia, sicut vult ARISTOTELES *VII° Metaphysicae* et suo loco patebit, quod quid est in dictis per accidens non est idem cum eo cuius est quod quid
20 est. Per hoc nihilominus ibidem voluit quod in substantiis materialibus quod quid est non est penitus idem cum eo cuius est quod quid est, eo quod Sors et Plato sunt secundum accidens dicta.

Unde, sicut non oportet quod quid hominis sit idem cum homine, et, <si> album sit homo vel homo albus, quod quid est ipsius hominis sit
25 idem cum albo vel homine albo, eo quod album et homo albus sit homo secundum accidens, sic nec oportet quod, quamquam Sortes sit homo, quod quid est hominis vel pertinens ad quod quid est Sortis sit idem cum Sorte, eo quod Sortes non est homo ipse seu sua species vel quod quid est suum pertinens ad substantiam, sed est ipsum secundum accidens
30 dictum, sicut homo albus vel circulus cupreus, licet dici secundum accidens in praedictis individuis lateat propter rationem individuationis substantiae in eis.

In oppositum dicendum ad primum, cum dicit ARISTOTELES quod unum numero est cuius materia est una, intelligendum est hoc non de
35 unitate materiae secundum suam substantiam, sicut prius dictum est, sed de materiae unitate per quantitatem indivisam et determinatam.

Ad secundum dicendum quod non oportet primum subiectum non natum esse in subiecto sicut forma in materia vel accidens in subiecto,

---

17 non] *om. C* significent] significant *M, V* substantiam] subiectum *M, O*. 18 vult] dicit *M* patebit] parebit *C*, apparebit *M, V* quod] quia *V*. 19 quid] aliquid *C, L, O* est¹] *sup. lin. M* per] secundum *M* cuius est] *om. C, L, E, O*. 19/20 quod quid est] *om. M*. 20 Per] Cum *M, V* nihilominus] ulterius *M* ibidem] *om. V* voluit] volens *C, L, E, O* materialibus] quod ipsum *add. M*. 21 penitus] *om. M* quod quid est] *om. M*. 22 sunt] *om. O* dicta] *om. V*, sunt *O*. 23 quid] est *add. V* hominis] si *add. M, V*. 24 vel] et *M, V, O* homo²] *om. E* quid] *om. C* ipsius] *om. M, V*. 25 albo¹] et homine *add. M* vel] et *M, V* homo] unum *M*. 26 sic] *om. M*, sicut *V* nec] *om. O*, non *M* quamquam] quamvis *M, V, E*, quam *O*. 27 quid¹] quidquid *V* est] *om. C*, sit *V* Sortis] eius *M, V*, *om. O, E* sit] *om. O, E* idem] *om. C, L*. 28 eo] ergo *M* Sortes] illa *E* est] omnino *add. M, V* ipse] per se *M, V* seu] sive *M, V* species] sed *add. C*, *add. et del. L*. 29 suum] unum *E* ad] suam *add. V* ipsum] aliquo modo *add. M, V*. 30 dictum] deinde *C, L, E, O*, sed *add. M* vel] et *V* circulus] *om. O* dici] dicitur *V*, dicta *O*. 33 In ... primum] Ad primum in oppositum *M, V* 34 est³] ad *O* non] est *add. C, L, O* de] commune *C, L, E, O*. 37 oportet] quod *add. L, E, O, V*, quia *add. M*, ad *add. C* non²] est *add. sup. lin. M*. 38 sicut] *om. E* forma in materia] materia et forma *O*.

18 ARISTOTELES, *Metaph.*, VII, 4 (1029 b 12-16). Les mots «et suo loco patebit» révèlent que ces deux questions ont fait partie d'un commentaire à la *Métaphysique*.

quin tamen natum esse in multis ut universale praedicabile, dicens substantiam eam divisibilem in talia per hoc quod quantum et continuum et in talibus multis divisim ipsius continui divisione, sicut prius dictum est.

<QUAESTIO 2>

<UTRUM INDIVIDUA EIUSDEM SPECIEI IN MATERIALIBUS
VEL PARTES SUBSTANTIAE QUANTAE
DIFFERANT SECUNDUM SUBSTANTIAM VEL SOLO ACCIDENTE>

Quaeritur utrum individua eiusdem speciei in materialibus vel partes substantiae quantae differant secundum substantiam vel solo accidente.

1 Et videtur quod secundum substantiam, quia quae differunt per materiam, differunt per substantiam, cum materia sit substantia. Sed individua diversa differunt per materiam: sunt enim diversa numero quorum materia est diversa, sicut est numero unum cuius materia est una. Individua igitur differunt secundum substantiam.

2 Praeterea, si non differant individua secundum suas substantias, contraria erunt indivisa secundum substantiam subiectam, ita quod album et nigrum erunt unum secundum subiectum, cum Sortes sit albus et Plato niger.

3 Praeterea, quae differunt solo accidente, unum dicitur de alio, cum subiecta substantia sit una. Sortes igitur erit Plato.

4 Vel arguitur sic. Accidentia quae sunt unum secundum subiectam substantiam, unum alteri accidit. Sed secundum praedicta, album et nigrum erunt unum secundum subiectum. Quare verum est dicere album esse nigrum, eo quod eidem substantiae accidant, sicut album est musicum.

39 quin] quoniam *M*   natum] sit *add. M, V*.   40 eam] esse *add. M*   quantum] quantam *M, O*   et] *sup. lin. M, om. E,* ad *O*.   41 multis] numeris *M*   divisim] divisis *M, V*.
5 Quaeritur] Secundo quaeritur *M*   in materialibus] *om. O*.   6 substantiae] subiecto *M*   differant] differunt *O*.   7 secundum] per *M*   quia] *om. M*.   8 differunt] et *add. V*.   10 est¹] *om. O*   esr²] *om. M, V*   cuius] quorum *M, V, E*.   11 Individua igitur] Igitur ista individua *M*, Ergo individua *V*, Individua ergo *C*.   12 differant] differunt *M, V, C, O*.   13 erunt] essent *V*, enim (?) *M*   album] *om. M*.   14 et nigrum] *om. M, V*   erunt] *om. M*, essent *V, E*   sit] Sortes *add. M*.   16 dicitur] dicetur *V*.   17 igitur] ergo *C*.   18 arguitur] aliter *V*.   20 erunt] erant *V*, essent *M*   verum] *om. M*   est] esset *M, V*.   21 esse] est *M*   eidem] idem *C*   substantiae] subiecto *M, V*   accidant] accidunt *M, V, O, E*   est] et *O*.

5 Praeterea, cum generatio sit transmutatio, si Sortes et Plato secundum substantiam non differant, non differunt horum generationes; et
25 generato Sorte, generabitur et Plato; et sic etiam est de eorum corruptionibus.

6 Praeterea, ex quo Sortes et Plato non differunt in substantia, Sorte ente, Platone nondum generato, eadem substantia est ens et non ens.

7 Praeterea, ex quo Sortes et Plato non differunt secundum substan-
30 tiam, Sorte ente, Platone nondum generato, generatio Platonis est generatio secundum quid, cum substantia eius praeexisterit, sicut est generatio secundum quid cum generatur homo musicus.

8 Praeterea, longitudines ligni sunt partes quarum quaelibet est longitudo et nihilominus sunt partes hominis subiectae, quae partes non
35 sunt longitudines nec longitudinis partes; quare videntur partes substantiae habentis longitudines secundum se differre.

9 Praeterea, si Sortes et Plato sunt unum secundum substantiam, cum Sortes et Plato sint in diversis locis, eadem substantia est in diversis. Hoc est impossibile. Ergo et illud ex quo sequitur.

40 Contra: lignum non est divisibile nisi secundum quod quantum, sicut dicit ARISTOTELES *I° Physicorum*. Ergo partes eius differunt sola quantitate.

2 Praeterea, contingit intelligere lignum secundum quod quantum, et contingit intelligere ipsum non quantum, et contingit ipsum intelligere
45 absolute secundum quod lignum, non intelligendo ipsum sub ratione non quanti vel quanti, sed secundum rationem ligni absolute. Sed cum lignum intelligatur secundum rationem absolutam ligni et substantiae, non est

---

23 sit] om. C.   24 differant] differunt M, V, O, om. E   non²] nec M, om. V, E   differunt] om. V   horum] eorum M   et] sed M, V.   25 et¹] om. M, V, E   Et sic etiam] Similiter M   est] om. V.   27 ex quo] qua add. C, add. et exp. L.   27/29 in substantia ... differunt] om. E (hom.).   28 ente] om. M, ante O   Platone] Platonem O.   29/30 secundum substantiam] om. V.   30 ente] ante C, O   Platone] Platonem O   Platonis] om. V.   31 generatio] Sortis add. V   praeexisterit] praeexistit E, O.   32 quid] quod M.   33 longitudines] longitudinis E.   34 hominis] iter. M   subiectae] subiective V   quae] quod C.   35 sunt] hominis add. M   videntur] numeratio M, V   partes] partis M, V.   36 longitudines] longitudinis C, L, O, longitudinem M, V   differre] differtur M, V.   37 substantiam] album M.   38 sint] sunt V, sicut C   est] erit M, V   diversis] locis add. M, V   Hoc] autem add. M, V.   39 Ergo] Quare M.   40 non est] om. V   sicut] ut M, V.   41 Aristoteles] philosophus E, in add. V   Ergo] Igitur M.   43 contingit] sit V.   44 ipsum] ut add. M, V.   45 lignum] longum M   non] om. M, V   ipsum] neque add. M. V.   46 cum] tamen V, si add. M, V.   47 intelligatur] sed add. V.

41 ARISTOTELES, *locus non inventus*; cf. *Physic.*, I, 2 (185 b 10 sq.).

designare unde lignum sit partitum <sive unde differant ligni partes. Quare videtur lignum partitum> et divisibile in suis partibus habere per hoc quod extensum et quantum, sicut est album ex ipsa albedine et non per aliquid pertinens ad suam substantiam.

3 Praeterea, substantia non habet id quod est et substantiam ab accidente; quare nec esse secundum suam substantiam ab accidente habebit. Cum igitur substantia secundum se non habeat partes eiusdem rationis primo, et si esset quanta, neque ex consequenti, ex eo quod est quanta habebit partes secundum substantiam differentes. A quo enim non habet substantiam, nec secundum substantiam differentiam.

4 Praeterea, hoc ipsum quod est substantiam habere partes eiusdem rationis est ipsam esse quantam et extensam, et huius oppositum fingere non potes; quare videtur quod substantia sola quantitate et per hoc quod quanta est partibilis et non per se est partibilis, etiam ex consequenti per hoc quod quanta.

Unde imaginatio videtur esse fictiva quae imaginatur longitudinem et partes longitudinis sub longitudine extensas differentes alio formaliter quam longitudine et partibus longitudinis. Haec enim imaginatio est ac si applicatio longitudinis et quantitatis ad substantiam esset extensi ad extensum, et partibilis ad partibile, et mensurantis extrinseci ad mensurabile, ut ulnae ad pannum. Non sic autem est de dimensione et longitudine ad substantiam dimensam et longam; immo ex nullo alio partes habet et divisibilis est formaliter nisi ex hoc quod longa. Ita quod differentiae seu

---

48 unde] unum *M, C, O*.   48/49 <...>] Cette correction est faite d'après les *Q, in Metaph.* de Siger, cf. supra p. 313, l. 72-73. L'omission commune à tous les témoins semble due à un homoioteleuton dans un ancêtre commun.   49 divisibile] indivisibile *E*   partibus] sed est partes *add. M, V*   quod] quia *E*, est *add. V*.   50 aliquid] aliud *M, V*.   51 suam] *om. E*, essentiam vel *add. M*.   52 ab] *om. O*.   53 esse] *corr. marg. L*   secundum] per *M, V*   ab] aliquo *add. M*.   54 habebit] habebat *M*   igitur] ergo *C*   habeat] habet *C*, habebat *M, V*   partes] partes dico *add. M*, dicas partes *add. V*.   55 et si] nisi *M, V*   ex consequenti] existenti *M*   quod est] oportet *V*.   56 habebit] habebat *M, V*   secundum] *marg. V*   differentes] determinatas *V*.   59 est] esse *M*   huius oppositum] *om. C, L, E, O*.   60 et] *om. E*   quod] est *V*.   61 est] *om. M, V*, et *add. E*   partibilis¹] partibilem *M*   etiam] et *V*   consequenti] quanti *V*.   61/62 per ... quanta] *om. M, V*.   63 Unde] videtur *add. V*   imaginatio] imaginationem non *V*   fictiva] iiictiva (?) *C*, fatua et ficta *M*   et] per *E*.   64 alio] alia *M, V, C*, autem *E*   formaliter] forma *M, V*.   64/65 partes ... et] *om. O (hom.)*.   65 et] in *M, V*   longitudinis] Et *add. V*   est] *om. C, L, E, O, M*   ac] hac *C, L, E, O*   ac si] ficta *M, V*.   66 applicatio] s *add. C, L*, scilicet *add. E*, applicans *O*   substantiam] subiectum *O*, sicut *add. M, V*   esset] esse *O*   extensi] extensa *M*.   66/67 ad extensum] *om. M, V*.   67 partibile] partibilem *O*.   67/68 mensurabile] mensurabilem *C, O*.   68 sic] sicut *M*.   69 substantiam] subiectum *O*   immo] numero *M, V*.   70 nisi] non *M*   differentiae] de *C*.

rationes differendi partium substantiae subiectae sunt solum diversae partes longitudinis et quantitatis, cum (sic argutum est) substantiam esse partibilem in partes eiusdem rationis statim sit ipsam esse quantam.

Solutio. Primo intelligendum est quod idem quaerere est de partibus
75 substantiae quantae, si secundum substantiam differunt, et de individuis diversis eiusdem speciei. Eadem enim natura, quae per hoc quod divisibilis differentiam facit in partibus substantiae quantae, divisa, est causa diversitatis individuorum: nam et lignum divisibile cum actu dividitur statim sic diversa ligni individua sunt.

80 Secundo intelligendum est quod, nisi lignum esset quantum, et sic in ceteris substantiis quantis, non esset lignum partibile seu habens partes; ita quod lignum secundum quod lignum non est partibile in diversa ligna, sed tantum secundum <quod> quantum.

Tertio intelligendum est quod quidam intellexerunt, cum lignum
85 secundum quod quantum sit divisibile et partes habens, hoc ipsum quod est «secundum» designare circumstantiam causae efficientis circa quantitatem, ita quod quantitas ligni est unde lignum est divisibile in diversas partes effective, seu communiter ens ad quantitatem. Nihilominus tamen partes ligni quanti differunt ad invicem secundum substantiam, ita ut,
90 licet «secundum» notet circumstantiam causae formalis in partibus ligni differentiam facientis, ita quod partes ligni differunt secundum substantiam ad invicem et ligna numero diversa aliter, tamquam lignum a lapide, quia partes ligni et ligna diversa differunt secundum substantiam, per consequens tamen seu per accidens, eo quod nisi esset ligni quantitas non

---

71 subiectae] substantiae *M, V*.   72 sic] enim *add. M, V*   argutum] augmentum(?) *M*   substantiam] subiectum *V*, ipsam *add. M*.   73 sit] scitur (?) *M, V*.   74 primo] prima *M*   quod idem] *om. M, V*   est] *om. M. V*.   75 quantae] quantitate *O*   substantiam] subiectum *O*   differunt] differant *V, E*.   76 diversis] *iter. O*   quae] quod *V*.   77 divisibilis] divisibile est *M, V*, a materia *add. E*.   78 causa] cum *E*   individuorum] in individuo *O*, est *add. C, L, O*   cum] est *V*.   79 dividitur] dicitur *M*, dicit *O*   diversa] diversi *C, L, O*   sunt] *om. C, L, E, O*.   80 est] *om. V, O*.   81 substantiis] *om. O*.   81/82 seu ... partibile] *om. M (hom.)*   83 tantum] tamen *V*, competit ei talis partitio *add. M, V*.   84 est] *om. M*   quidam] quidem *C*   intellexerunt] dixerunt *E*.   cum] dicitur quod *add. M, V*.   85 quod] quantum *C, L, om. E*   sit] est *M*.   86 «secundum»] si *O*, hoc *M*   designare] designat *M, V*   circumstantiam] circumstantiae *O, om. M, V*   causae efficientis] causam efficientem *M, V*   circa] contra *V*, tunc *O*.   87 est[*om. M, V*   unde] unum *V*.   88 seu... quantitatem] *dub., forsan corruptum*   tamen] tantum *C*.   89 differunt] differant *C, L*   ad invicem] *om. M, V*   substantiam] rei *add. M, V*   ita] *om. M, V*   ut] quod *E*.   90 licet] si *add. M*   secundum] quod *add. C, E*   notet] vocet *V*   causae] esse *O*   formalis] formaliter *C, L, O*   ligni] digni *E*.   91 ita] in *V*   differunt] differant *E*.   92 diversa] diverso *V*   tamquam] *corr. marg. C*.   93 diversa] *om. V*   substantiam] subiectum *V*   94 seu] sive *M*   accidens] acc *del.*, antecedens *add. O*   nisi] nihil *O*.

haberent partes ligni in substantia diversitatem hanc. Lignum autem 95
differt a lapide secundum substantiam ligni, non per consequens seu per
accidens ligno vel lapidi vel utrique. Ita quod, secundum quod positio
est, quod partes ligni secundum substantiam formaliter et essentialiter
differunt, effective tamen per quantitatem. Ita quod differunt partes ligni
et ligna diversa in numero secundum suas substantias per accidens; 00
tamen non sicut lignum substantialiter differt a lapide. Et non differunt
solo accidente seu diversa positione quantitatis, sicut Sortes albus differt
a Sorte musico. Sortes enim albus differt a Sorte musico solo accidente,
ita quod Sortes per hoc quod albus et musicus nullam habet in se
secundum substantiam differentiam, eo quod albedo et musica possunt 5
inesse eidem subiecto substantiae. Sed diversae partes ligni vel diversa
ligna numero sic differunt positione et quantitate quod etiam ad hoc
sequitur in partibus ligni et diversis lignis numero substantialis diversitas,
requirunt substantias subiectas diversitatem habentes, quod non contin-
gebat in albo et musico. 10

Sed ista positio non videtur valere, ut ostendunt rationes ad hoc factae
in arguendo.

A quo enim non est substantia alicuius, ab eodem non est secundum
substantiam differentia. A quo enim habet aliquid substantiam, ab
eodem habet a quo differat secundum substantiam. Si igitur substantia 15
non habet id quod est ex sibi accidente quantitate, nec etiam differre
secundum substantiam habebit ab eadem.

Praeterea, si in partibus ligni esset differentia secundum substantiam,
quamquam illa differentia ab alio esset causata, cum ad solam substantiam ligni consideraretur, inveniretur lignum habens diversitatem; ita 20

96 secundum ... ligni] *om. M, V*   97 accidens] antecedens *O*   vel¹] et *V*   vel²] *om. V*
utrique] utriusque *V*   quod] *om. M, V*   positio] positionem *V*, potentiam
M.   98 est] *om. M, V*   quod] quam *M, V*   secundum substantiam] habent *M, V*
substantiam] subiectum *O*   essentialiter] accidentaliter *M, V*, secundum substantiam *add.
M, V*.   99 differunt¹] *om. C, L, E, O*   per quantitatem] quia quantitative *M*   quod]
om. M, V   differunt²] differant *L, E*   ligni] *om. M, V*.   2 solo] solum *M*   positione]
potentiae *M*.   3 albus] musicus *M, V*   musico] albo *M, V*   solo] *om. V*.   4 ita quod
Sortes] *om. E*   albus] album *V*.   5 secundum] *corr. marg. O*   quod] licet *add. V*.
6 substantiae] subiectae *C, L, O, om. E*.   7 differunt] differant *L*   positione] potentiae *M*   etiam] *om. O*   ad] in *O*.   8 diversitas] diversitates *O*.   9 requirunt] requi-
rant *C, E*, requirat *O*, quaerit *V*   substantias] diversas *add. V*   diversitatem] diversitates *O*
quod] quae *V*.   12 arguendo] argumentando *V*.   13 est¹] *om. O*   eodem] eadem
C, L, O.   14/15 A quo ... secundum substantiam] *om. M (hom.)*.   15 eodem]
non *add. V*   habet aliquid substantiam *add. O, add. et del. L*   Si igitur] signi *V*.
16 id] ad *E*   ex] *om. V*.   17 secundum] sed *V*   eadem] eodem *V*.   18 esset] *om. O*.
19 illa] ista *E*   alio] alia *M, E*.   19/20 substantiam] scilicet *O*.   20 inveniretur]
invenitur *E*   lignum] longum *M*.

quod intellectus, intelligens lignum absolute, haberet ex pertinentibus ad substantiam ligni unde ipsum distingueret. Nunc autem hoc non contingit, immo sola positione diversa contingit assignare diversitatem in partibus ligni.

25 Praeterea, sicut prius dicebatur, ipsam substantiam habere partes rationis est ipsam esse quantam et extensam; aut dicas quod aliud sit eam esse quantam et extensam, et fingere non potes. Quare substantia habet partes eiusdem rationis ex quantitate et ex hoc quod quanta et extensa, sicut habet quod sit alba ex albedine.

30 Praeterea, si partes substantiae quantae differunt secundum se et suas essentias, nihil autem quod sit substantiae per se et essentialiter accipitur ex quantitate, nullo ergo modo different huiusmodi partes secundum quod quantae; immo in non habentibus quantitatem, nihil prohibebit habere talem diversitatem.

35 Praeterea, partes quae conveniunt substantiae per se ita quod essentialiter a quocumque effective, pertinent ad definitionem substantiae. Sed partes substantiae eiusdem rationis seu quantitativae ad substantiae rationem seu definitionem non pertinent, sicut vult ARISTOTELES *VII°* *Metaphysicae*.

40 Praeterea, si substantia per se formaliter et essentialiter, licet ab alio effective, haberet partes eiusdem rationis differentes, cum, sicut prius dictum est, hoc sit substantiam esse quantam, tunc substantia per suam substantiam esset quanta, non accidente.

Propter quod dicendum est, sine praeiudicio melioris sententiae, parati
45 semper acquiescere meliori sententiae, quod substantia materialis et quanta non habet partes differentes nisi ex hoc quod quanta, non solum

---

21 intelligens] intellectus *V*, *om. O*. 22 unde] ut *scr. sed sup. lin. corr. L* Nunc] Hoc *M* hoc] om. *M*. 22/23 contingit] contingat *C*. 23 positione] ratione *E* diversitatem] diversitate *V*. 26 et] aut *M* aut] tu *add. M* quod] quid *V*, quid *add. O* aliud] alia *M*, ad *C*, *om. O* eam] causam *C*, causa ipsam *M*, causa eam *V*. 28 rationis] nisi *add. M* et] *om. C, E* ex] *om. L, O*, q *del. L*, eq3 (?) *C* extensa] vel *add. V*. 29 ex] ab *V, E*. 30 differunt] differant *M, E*. 31 quod] *om. M* sit] est *M*. 32 nullo] nulla *M* ergo] igitur *M*. 33 quod] *corr. marg. M* quantae] quantitate *V* nihil] nisi *L, O*. prohibebit] prohibetur *M, V*. 35 quae] qui *C* conveniunt] *om. V* substantiae] *om. E* per] *om. M*, secundum *V* ita] habent *add. M*. 36 pertinent] pertinens *M* ad] *om. C, L, O, M, V* definitionem] definitioni *M, V*. 37 substantiae] speciei *M* ad] et *V*. 38 seu definitionem] *om. M, V*. 40 licet] sed *M* alio] alia *M*. 41 partes] scilicet *add. O*. 42 tunc] *om. C, L, E, O*. 43 non] *sup. lin. corr. L*. 44 est] *om. M* parati] patimur *M, V*, pati *C, L, E, O*. 45 quod] propter *E*, est *add. O*. 46 habet] *om. C* nisi] natura *E*.

38/39 Cf. ARISTOTELES, *Metaph.*, VII, 10-11.

effective sed formaliter. Ita quod, cum quantitas sit per se divisibilis, partes eius per se differentes sunt illa quibus formaliter et sicut rationibus differendi differunt partes substantiae subiectae tamquam per sibi accidentia. Et sicut quantitas per se divisibilis causa est divisibilitatis substantiae, sic et actu divisa formaliter distinguit individua numero diversa.

Ex quo ulterius sciendum est quod, cum causa individuationis, ut prius dictum est, sit materia determinata, et tunc visum est quod ipsa non est per se a materia alterius individui determinata, neque primo neque ex consequenti, sed per hoc quod stat sub dimensionibus determinatis et distinctis, hinc est quod materia per se non est sola causa in materialibus ut aliquid sit numero unum, ab aliis divisum; nec etiam ipsae dimensiones determinatae debent dici causa ut substantia sit una numero et singularis, non dicibilis de multis. Et unum numero est aliquid hoc, per se subsistens; nihil autem in materialibus tale est, cum sit de numero existentium in subiecto, cuiusmodi sunt dimensiones; sed oportet ad rationem per se subsistentis in materialibus pertinere primum subiectum. Et ideo nec sola materia nec solae determinatae dimensiones, sed materia his determinata et distincta est causa ut aliquid sit numero unum ab aliis divisum, non dicibile de multis. Et quia utrumque concurrit ad individuationem substantiae, hinc est quod aliquando dicitur quod materia est individuationis causa, aliquando vero quod quaedam conditiones eius et accidentia individua, sicut esse hic et esse nunc, a quibus abstrahit ratio universalis.

Ad primum in oppositum dicendum quod individua differunt per materiam in eis differentem. Sed nec illa differentia materiae est eius secundum se, sed secundum quod quanta.

47 cum] accidens *add. V*.   48 illa] illae *M, V*.   49 differunt] different *V*, differens *E* tamquam] sicut *E*.   49/50 accidentia] *corr. marg. M*.   50 est] per se *add. E*.   51 sic] sicut *M, V*   formaliter] forma *M, V*, debet *del. M*, licet *add. M, V*   distinguit] distinguat *M, V*, assignat *del. M*, distinguatur *E*.   53 sciendum] dicendum *O*   est] *om. V* individuationis] individua rationis *V*.   54 est¹] *om. V*   tunc] nunc *M, V*   ipsa] *om. V* non] sic *add. E*.   56 determinatis] indeterminatis *M, V*.   56/57 et distinctis] *om. M, V*.   57 materia] *om. M*   non] *iter. M*.   58 ut] quod *M*, nec *V*   aliquid] aliud *V*   unum] *om. V*   ipsae] ipsi *M*.   59 una] unum *M*.   60 non] vel *V*   est] et *M*, hoc *add. V*   hoc] *om. M, V*.   61 cum] quod *M, V*.   62 existentium] entium *M* cuiusmodi] cuius *M, E, O*.   62/63 ad rationem] omni rationi *E*.   63 subsistentis] subsistens *O*.   64 nec] non *M, V*.   65 aliquid] *om. E*.   66 divisum] et *add. M* 67 est²] esse *V, om. C, L, E, O*.   69 individua] individui *M, V*   esse¹] et *add. C, L, O* esse²] *om. M, V*.   71 dicendum] est *add. V*   differunt] differant *C, L, E*.   72 materiam] naturam *E*   nec] est *V, om. M*   materiae] non *add. M*.   73 quod] *sup. lin. M*.

Ad secundum dicendum quod consideratio substantiae Sortis et
75 Platonis secundum se non est consideratio alicuius individuati seu unius
numero ut tale; propter quod Sortem et Platonem esse unum secundum
substantiam non est ipsos esse aliquid unum numero subiecto vel loco.
Dicuntur enim unum subiecto quae sunt unum loco seu numero
secundum substantiam subiectam individualiter acceptam. In tali autem
80 substantia, non uniuntur Sortes et Plato. Unde deficit haec ratio et
sequentes plures per hoc quod non faciunt differentiam inter unum
secundum substantiam individualiter acceptam et inter unum secundum
substantiam unitate quae est substantiae secundum se ipsam absolute
consideratam. Hoc autem plurimum differt, cum non sit unitas indivi-
85 dualis substantiae ex ipsa substantia absolute, ut prius visum est. Unde
non oportet, si Sortes et Plato sint unum in aliquo, quod natum est esse
in multis, cuiusmodi est substantia eorum cum secundum se consideratur, quod ideo sint unum subiecto et loco.

Per idem patet solutio ad tertium. Nam contraria, sicut album et
90 nigrum, non sunt unum subiecto, quamquam Sortes albus et Plato niger
non differant differentia quae est secundum substantiam, ut prius visum
est.

Per idem patet ad quartum. Quamquam Sortes et Plato non differant
secundum substantiam absolute acceptam, immo sunt unum in homine
95 et in aliquo quod natum est esse in multis, non ideo oportet quod Sortes
sit Plato. Sed si non differrent secundum substantiam individualiter
acceptam, tunc concluderet ratio.

Ad quintum similiter: album enim et nigrum, cum Sortes sit albus et

---

74 dicendum] est *add. C, L.*   75 secundum se] *om. E*   est] *om. C*   individuati]
individui *M*   seu] vel *E.*   77 substantiam] subiectum *M, V, O*   ipsos] ipsas *V*
aliquid] *om. M, V*   vel] et *E.*   78 Dicuntur] Dicunt *C*   Seu] vel *M, V.*
79 substantiam] subiectum *O*   subiectam] subiectum *O.*   80 haec] hic *M, V, E.*
81 sequentes] sequente *O*, consequentes *M*   per hoc] eo *M*   differentiam inter] differen-
tialiter *V.*   82/83 individualiter ... substantiam] *om. O (hom.).*   84 Hoc] Haec *C.*
85 ex ... absolute] absolute accepta ipsa substantia ad ipsum *M, V*   ut] sicut *M, om. V*
prius] *om. M, V.*   86 oportet] quod *add. M*   sint] sunt *O.*   87 cuiusmodi] cuius *E, O*
eorum] earum *V.*   87/88 consideratur] consideretur *C, L, E,* considerentur *O.*
88 ideo] idem *M,* iam *V*   sint] sunt *C, L, E, O.*   89/93 solutio ... patet] *om. V (hom.).*
89 contraria sicut] *ist del.*, cum ista sint *add. M.*   91 non] *om. M, marg. L*   differant]
differunt *O.*   93 patet] *om. M*   Quamquam] enim *add. M, V*   Sortes] albus *add. V*
Plato] niger *add. V*   differant] differunt *C, O.*   95 est] *om. C, L, O*   multis] et *add. C*
non] *om. C*   ideo] iam *V.*   96 sit] et *V*   different] differant *M.*   97 concluderet]
concluderetur *M,* concludit *C, O,* concludet *V.*   98 quintum] enim *add. C, O, add. et
del. L.*   enim] *om. O.*

Plato niger, non sunt unum secundum substantiam, sicut prius visum est; sicut album et musicum, cum Sortes sit albus et musicus. Et ideo non oportet album esse nigrum, sicut musicum esse album. Accidens enim accidit accidenti per hoc quod ambo accidunt eidem substantiae subiectae individualiter acceptae, et non ex hoc quod ambo accidant eidem substantiae universali secundum eius diversa supposita. Non enim oportet, si homo albus et musicus sit, <ita> quod Sortes albus, musicus et Plato, ideo album est musicum. Et ideo non oportet quod album sit nigrum, cum non sint unum subiecto individualiter accepto et numero et loco.

Ad sextum dicendum quod substantiam eandem numero determinatam et distinctam ab aliis impossibile est esse in diversis locis. Substantiam tamen non determinate et numeraliter acceptam, cum ipsa ut sic non sit ad locum determinata, nihil prohibet, cum ipsa sit in multis suppositis, quod sit in multis locis.

Ad septimum dicendum quod, cum generatio sit transmutatio ad substantiam, <ipsa transmutatio est ad substantiam> individualem, et generatio substantiae non simpliciter et absolute consideratae, sed secundum quod in hac et ex hac determinata materia. Nunc non oportet, cum ipsa ratio substantiae fiat in hac materia determinata Sortis, quod fiat in alia materia Platonis. Propter quod differunt generationes Sortis et Platonis et corruptiones etiam. Et accidit apud generationem substantiae generari substantiam in hac materia et rationem substantiae, cum omnino esset substantia privata; et non tamen generatur aliquod accidens substantiae, quamquam non esset dicere quod esset generatio

---

99 substantiam] subiectum *C, L, E, O*   prius] *om. M*.   00 sit] *om. M*   et musicus] *om. V*.   2 ambo] numero *M*, eidem substantiae accidunt eidem substantiae *add. M*.   2/3 subiectae] et *add. M*.   3 hoc] sequitur *add. M*   accidant] accidunt *M, V, O*.   4 universali] universaliter *M, V*.   5 oportet] quod *add. E, O*   si] *iter. M, om. O*   homo] sit *add. M*   et] Plato *add. M*   sit] *om. M*, quia Sortes est albus et Plato musicus *add. V*   <ita>] *Cf. supra p. 315, l. 23*.   5/6 quod ... non] propter hoc non oportet quod albus sit musicus sicut nec homo *M, V*.   6 album] *om. C*.   9 eandem] eadem *V*.   11 numeraliter] universaliter *M*   ipsa] ipso *E*   sic] sit *O*.   12 sit] sic *O*   ad] a *C*   nihil prohibet] *om. E*.   13 quod ... locis] *om. M*.   15 <ipsa ... substantiam>] *Cf. supra p. 315, l. 33*.   16 generatio] generans *M*   et] *om. O*.   17 et ex hac] *om. M, V, E*   Nunc] existere nata est *M, V*   17/18 nunc ... determinata] *om. E (hom.)*.   18 cum] quod si *M, V*.   19 fiat] etiam *add. M, V*   differunt] dixerunt *C, L, E, O*.   20 et[1]] *sup. lin. C*   etiam] *om. M*   apud] *om. M, V*   generationem] generationi *M, V*.   21 materia] determinata Sortis *add. V*   rationem] ratione *omnes cod*.   22 omnino] omnia *C*, non *V, E*   tamen] tantum *M, E, O*.   23 quamquam] quamvis *M, V*   esset[2]] est *E*.

substantiae simpliciter et absolute consideratae, tamquam penitus non
praeexistentis: praeexistebat enim homo quando generabatur Plato, sed
non in hac materia in qua generatur.

Per praedicta patet ad octavum. Nihil enim prohibet aliquid quod
natum est esse in multis esse ens secundum quoddam eius suppositum, et
hanc etiam naturam non entem sed futuram in quadam alia materia a
materia suppositi existentis; quamquam non contingit eandem substantiam individualiter acceptam simul esse entem et non entem. Nunc autem
est ita quod, cum substantia Sortis et Platonis absolute consideratur,
consideratio est alicuius non individuati, sicut prius visum est. Et ideo,
quamquam Sortes et Plato non differant secundum substantiam, Sorte
existente, Platone nondum generato, ideo eadem substantia secundum
supposita est ens et non ens; sed est ipsa substantia non individualiter
accepta ens secundum quoddam eius suppositum, futura tamen in alia
quadam materia.

Ad nonum dicendum quod, si praeexistentia Sortis ad generationem
Platonis esset praeexistentia eiusdem hominis secundum numerum, tunc
generatio Platonis non posset esse generatio simpliciter, <sed tantum
secundum quid. Nunc autem erit generatio Platonis generatio simpliciter> eo quod ex materia determinata, non tantum privata quodam
accidente hominis, ut albedine vel musica, sed ipsa hominis substantia
generatur.

Ad ultimum dicendum quod partes substantiae ligni etc., verum est
quod non sunt longitudines vel longitudinis partes, non tamen distinctae

---

24 substantiae] *om. O.*   25 praeexistebat] praeexistebit *V*   generabatur] generatur *C, L, E, O.*   26 in¹] *om. V*   in²] *om. M.*   27 prohibet] *om. M, V*   aliquid] aliud *V, om. M.*   28 natum] non *M, V*   esse²] non *add. M, V*   secundum] vel *M, V.*   quoddam] quemdam *omnes cod.*   eius] scilicet *add. O.*   29 naturam] materiam *V, O*   materia] *om. E.*   31 et] *sup. lin. M*   Nunc] Non *C*, nec *V.*   32 et] *sup. lin. O.*   33 individuati] individuari *C*   sicut... est] *om. M.*   34 non differant] sint idem *M, V*, non differunt *O*   substantiam] subiectum *O.*   35 ideo] *om. E*, non propter hoc oportet quod *M, V*   secundum] sub *E.*   36 supposita] suppositum *M, C*, suppositam *V*   est] sit *M, V.*   37 futura] futurum *M, V*   in] quam *add. L, E, O*, qua *add. C*, quantum nata est generari in *add. M, V*; cf. supra p. 316, l. 56.   38 quadam] quoddam *O. om. M.*   39 dicendum] *om. C, L, O.*   40 esset praeexistentia] praeesset existentia *M, V*   hominis] *om. M, V*   numerum] materiam *E*   tunc] causat *C.*   41 Platonis] Sortis *M*   posset esse] possit esse *O*, esset *E*, posset dici *M, V.*   41/43 <sed... simpliciter>] *Cf. supra p. 316, l. 59-60.*   43 tantum] tamen *V, E, O*   privata] est *add. C, L, E, O*, et *add. V.*   44 hominis¹] *om. M, V*   albedine] albedinis *M, V*   musica] musicae *M.*   45 generatur] gn̄a (?) *C, L.*   46 ligni etc.] longi etc. *V*, longitudini *C, L, E, O.*   47 longitudines] longiores *V*   vel] *del.*, secundum *add. marg. E.*

nisi secundum quod quantae et longae, seu diversis partibus longitudinis, ut prius visum est, non ita quod inhaerentia longitudinis ad substantiam <sit inhaerentia partibilis longitudinis ad substantiam> partitam vel 50 partibilem secundum se, non ex longitudine. Tunc enim substantia esset quanta ex essentia et nihilominus quanta ex accidente.

48 nisi] *om. M, V* quod] *om. E* seu] *sive M, V.* 50 <sit ... substantiam>] *Cf. supra p. 316, l. 67-68.* 51 partibilem] *est add. M* non ex longitudine] *om. M, V* esset] *om. C, L, E, O.* 52 ex¹] *sua add. M, V* quanta²] *om. M, V.*

C, E et O ont des explicits identiques: Expliciunt questiones fratris Egidii. *Les autres mss ont les explicits suivants*: Expliciunt questiones fratris Egidii Romani ordinis Sancti Augustini (*L*); Explicit compilatio fratris Egidii Romani it (?) et sic est finis (*M*); Explicit. Deo Gratias (*V*).

TABLES

TRAVAUX CITÉS AU COURS DU VOLUME

[ALBERTUS MAGNUS], *B. Alberti Magni ... opera omnia*, cura ac labore Augusti BORGNET. Paris, 1890-1899.

[ARISTOTELES], *Aristoteles graece, ex recensione Bekkeri*. Ed. Academia regia Borussica. Berlin, 1831.

[AVERROES], *Aristotelis opera cum Averrois commentariis*. Venise, 1562-1574.

[AVICENNA], *Avicenna Latinus. Liber de philosophia prima sive scientia divina* I-IV et V-X. Édition critique de la traduction latine médiévale par S. VAN RIET. Introduction doctrinale par G. VERBEKE. Deux vol. Louvain-Leiden, 1977-1980.

— *Avicenne perhypatetici philosophi ac medicorum facile primi opera in lucem redacta*. Venise, 1508.

— *De diluviis*. Ed. M. ALONSO dans *Las traducciones de Juan González de Burgos y Solomón*. Al Andalus, 1949 (14), 306-308.

BAZÁN B., *Siger de Brabant. Écrits de logique, de morale et de physique*. Édition critique (Philosophes médiévaux XIV). Louvain-Paris, 1974.

[BOETHIUS], *Opera* (Patrologiae series latina, t. 63 et 64). Paris, 1882-1891.

— *De consolatione philosophiae*. Ed. G. WEINBERGER (Corpus scriptorum ecclesiasticorum latinorum, 67). Vienne, 1934.

BRUNI G., *Aegidii Romani Quaestiones I-II circa unionem numeralem substantiarum*. Analecta Augustiniana, 1939 (17), 197-207.

COLLE G., *La Métaphysique*, livres II-III, Louvain, 1912-1922.

DELHAYE PH., *Siger de Brabant. Questions sur la Physique d'Aristote. Texte inédit* (Les Philosophes Belges, XV). Louvain, 1941.

DONDAINE A., *Abréviations latines et signes recommandés pour l'apparat critique des éditions de textes médiévaux*, Bulletin de la Société internationale pour l'étude de la philosophie médiévale, II (1960), 142-149.

DONDAINE A. et BATAILLON L.J., *Le manuscrit Vindob. lat. 2330 et Siger de Brabant*. Archivum Fratrum Praedicatorum, 1966 (36), 153-261.

DUIN J.J., *La doctrine de la providence dans les écrits de Siger de Brabant*. (Philosophes médiévaux, III). Louvain, 1954.

DUNPHY W. et MAURER A., *A promising new discovery for Sigerian studies*. Mediaeval Studies, 1967 (29), 364-369.

FESTUGIÈRE H.J., *Contemplation et vie contemplative selon Platon*. Paris, 1936.

GILSON É., *History of Christian Philosophy in the Middle Ages*. New-York, 1955.

GLORIEUX P., *Un recueil scolaire de Godefroid de Fontaines*. Recherches de théologie ancienne et médiévale, 1931 (3), 37-53.

GRABMANN M., *Neuaufgefundene Werke des Siger von Brabant und Boetius von Dacien*. (Sitzungsberichte der Bayerischen Akademie der Wissenschaften. Philosophisch-historische Abteilung, 1924, 2). Munich, 1924.

— *Neuaufgefundene «Quaestionen» Sigers von Brabant zu den Werken des Aristoteles*, dans *Miscellanea Francesco Ehrle*, t. I, 103-147. Rome, 1924.

— *Methoden und Hilfsmittel des Aristotelesstudiums im Mittelalter*. Munich, 1939.

GRAIFF A., *Siger de Brabant, Questions sur la Métaphysique* (Philosophes médiévaux, I). Louvain, 1948.

[GUILELMUS DE ALVERNIA], *Opera omnia*, t. II. Paris, 1674.

MANDONNET P., *Siger de Brabant et l'averroïsme latin au XIIIe siècle*. Deux. éd., 2 vol. (Les Philosophes Belges, VI-VII). Louvain, 1911-1908.

MARLASCA A., *Les Quaestiones super librum de causis de Siger de Brabant*. (Philosophes médiévaux, XII). Louvain-Paris, 1972.

MAURER A., *Ms. Cambrai 486: Another redaction of the Metaphysics of Siger of Brabant?* Mediaeval Studies, 1949 (11), 224-232.

— *Between reason and faith: Siger of Brabant and Pomponazzi on the magic arts*. Mediaeval Studies, 1956 (18), 1-18.

— *The State of historical research in Siger of Brabant*. Speculum, 1956 (31), 49-56.

[PLATO], *Platonis Dialogi*. Éd. HERMANN, Leipzig, années diverses.

[PROCLUS], *Procli Elementatio theologica translata a Guilelmo de Moerbeke. Textus ineditus.* Ed. C. VANSTEENKISTE, dans Tijdschrift voor Philosophie, 1951 (13), 263-302 et 491-531.

SAJÓ G., *Boèce de Dacie et les commentaires anonymes inédits de Munich sur la Physique et sur la Génération attribués à Siger de Brabant*. Archives d'histoire doctrinale et littéraire du moyen âge, 1958 (25), 21-58.

[SOPHOCLES], *Electra*. Éd. P. MASQUERAY. Paris, 1922.

[THOMAS DE AQUINO], *Sancti Thomae Aquinatis Doctoris Angelici opera omnia iussu edita Leonis XIII P.M.* Rome, 1882 sqq.

— *In duodecim libros Metaphysicorum Aristotelis expositio*. Editio iam a M.-R. CATHALA O.P. exarata retractatur cura et studio P.Fr.R.M. SPIAZZI O.P. Turin, 1964.

— *In Aristotelis librum De anima commentarium*, cura et studio A.M. PIROTTA, Turin, 1959.

— *Scriptum super Libros Sententiarum magistri Petri Lombardi Episcopi Parisiensis*. Editio nova cura R.P. MANDONNET O.P., t. I-II, Paris, 1929.

VAN STEENBERGHEN F., *Siger de Brabant d'après ses œuvres inédites*, 2 vol. (Les Philosophes Belges, XII-XIII). Louvain, 1931-1942.

— *Maître Siger de Brabant*. (Philosophes médiévaux, XXI). Louvain-Paris, 1977.

VENNEBUSCH J., *Die Questiones metaphysice tres des Siger von Brabant*. Archiv für Geschichte der Philosophie, 1966 (48), 163-189.

WALZER J., *Galen on Jews and Christians*. Oxford, 1949.

TABLE DES NOMS DE PERSONNES

Albert le Grand, 21, 30, 43, 44, 324.
Alonso, 82.
Anaxagore, 75, 145, 249.
Aristote, 5, 10-12, 16, 23-25, 29-32 *et passim*.
Averroès, 30, 36, 43, 45, 46, 48, 51-54, 56, 60, 62, 64, 70, 71, 74, 76, 77, 79, 80, 82, 84-86, 89, 90, 93, 95, 99, 102, 114, 127, 128, 132, 133, 137, 138, 147-149, 155-157, 162, 164, 166, 167, 171, 174, 195, 199, 211, 212, 216, 226, 229, 236, 239, 242, 243, 245, 247, 250, 254, 255, 261, 264, 265, 268-273, 276, 278, 301, 316, 317, 320, 324, 325, 332, 334, 336, 338, 342, 347, 360, 376, 394, 411, 420, 425, 426, 428.
Avicenne, 29-31, 35-40, 42, 44-47, 59, 61, 62, 67, 82, 85, 98, 99, 102, 111, 112, 137, 146, 153, 174, 177, 187, 202, 238, 256, 258, 284, 316-318, 320, 324, 325, 327, 337, 338, 343-346, 368, 369, 371, 378, 380-382, 418, 419.

Bardenhewer, 60, 89, 138, 252.
Bataillon L.J., 6, 14-17, 19, 21, 23, 29, 374, 396, 429, 430.
Bazán B., 162.
Boèce de Dacie, 9.
Boèce, 42, 46, 47, 375.
Boyle L., 8.
Bruni G., 5, 429.

Cathala, 30.

Colle G., 421.

Dachs, 7.
Delhaye Ph., 332.
Démocrite, 151, 213.
Dondaine A., 6, 14-17, 19, 21, 23, 29, 33, 374, 396, 429, 430.
Duin J.J., 5, 9, 11, 12, 18, 21, 23, 24, 26, 28, 78, 111, 144, 336, 384, 429.
Dunphy W., 6, 31.

Empédocle, 117, 139, 140, 222, 346.
Euripide, 398.

Festugière H.J., 418.

Galène, 31, 324, 325.
Gilles de Rome, 15, 429, 430, 448.
Gilson É., 6, 20.
Glorieux P., 21.
Godefroid de Fontaines, 21, 22, 24, 26.
Grabmann M., 5, 9, 10, 13, 18, 25, 35, 59, 293.
Graiff A., 5, 6, 9-12, 14, 18, 20-26, 30, 32, 80, 307, 332.
Guillaume d'Auvergne, 44.
Guillaume de Moerbeke, 22.

Héraclite, 396.

Jean Sambucus, 15.

Mandonnet P., 47, 384.
Marlasca A., 17, 25.
Masqueray P., 280.
Maurer A., 5-7, 21, 22, 31.
Mazal O., 7.
Mélisse, 122.

O'Donnell J.R., 7.

Parménide, 148, 211.
Pierre d'Auvergne, 5, 6, 15-17, 19, 20.
Platon, 32, 91, 129, 130, 137, 141, 148-151, 156, 163, 326, 408-411, 418, 426, 427.
Platonici, 121, 124.
Proclus, 21, 29, 30, 58, 59, 61, 98, 102, 105, 112, 113, 282.
Pythagore, 61, 80.
Pythagorici, 396.

Renner L., 7.

Sajó G., 9.
Sambucus J., 15.
Siger de Brabant, *passim*.
Siger de Courtrai, 18.
Sophocle, 280.

Tempier É., 20.
Thalès, 396.
Théophraste, 10, 11, 418.
Thomas d'Aquin, 21, 26, 30, 31, 44, 47, 55, 64, 73, 80, 86, 100, 105, 142, 163, 164, 166, 230, 324, 325, 336, 347, 404, 419, 422, 430.
Thomson S.H., 19.
Timothée de Milet, 421.

Van Steenberghen F., 5, 6, 8, 10, 12, 13, 18, 20, 21, 25, 26, 28.
Vansteenkiste C., 58, 61, 98, 105, 112, 113, 282.
Vennebusch J., 5, 13.

Walzer R., 324.
Wey J.E., 7.

Zénon, 150, 233.

TABLE DES MATIÈRES

Avant-propos 5
Introduction 9

SIGERI DE BRABANTIA
QUAESTIONES IN METAPHYSICAM II-V
(Reportation de Munich)

Introductio

1. Utrum ens sit ponendum in metaphysica pro subiecto 35
2. An de quaesitis in hac scientia debeat esse inquisitio de primo principio . 37
3. Utrum haec scientia debeat facere mentionem de specialibus subiectis scientiarum 38
4. Utrum scientia divina sit utilis in alias scientias 39
5. Utrum haec scientia ordine doctrinae alias antecedat 39
6. Utrum modus scientiae huius sit topicus vel demonstrativus 40
7. Utrum esse in causatis pertineat ad essentiam causatorum 41
8. Quaeritur utrum solus Deus sit causa Socratis secundum quod ens . . 49

Liber II

1. Utrum cognitio veritatis sit nobis impossibilis 51
2. Utrum habeamus naturale desiderium ad sciendum 52
3. Utrum naturale desiderium possit esse otiosum 53
4. Utrum potentia hominis quam habet ad sciendum possit compleri per actum 54
5. Utrum homo nascatur cum cognitione primorum principiorum 54
6. Utrum ad cognitionem sufficientem alicuius oportet inducere usque ad cognitionem Causae primae 55
7. Utrum quando aliquid inest causae et causato excellentius insit causae . . 58
8. Utrum semper existentia possint habere principium 59
9. Utrum veritas sit in rebus vel in intellectu 62
10. Utrum in causis moventibus contingat procedere in infinitum 64
11. Utrum in partibus infiniti sit accipere unam priorem, aliam posteriorem . 66
Commentum 67
12. Utrum contingat materiae, quantum est de se, quod sit in potentia ad formam spermatis existens sub sanguine 69
Commentum 70
13. Quaeritur quomodo dividitur intellectus rei, re existente indivisa . . . 72
Commentum 73
14. Quaeritur utrum continuum possit intelligi 75
15. Utrum intellectus possit cognoscere infinitum 76
16. Quaeritur quomodo Deus se habeat ad intellectum infinitorum, an ea intelligat 77
Commentum 80
17. Utrum consuetudo audiendi falsa faciat ea credere esse vera 81
18. Utrum sensus possit errare consuetudine 83
19. Utrum homo qui credit opposita principiorum ex consuetudine possit redire ad cognitionem veritatis 83
Commentum 85

Liber III

Commentum	88
1. Utrum impossibile sit cognoscere Primam Causam essentialiter	89
2. Utrum esse sit de essentia rei	90
3. Quaeritur utrum multa quae sunt contraria sint unius scientiae	92
4. Quaeritur utrum unum contrariorum sit ratio cognoscendi reliquum	93
5. Utrum in mathematicis sit bonum	95
6. Utrum immobile possit esse finis	96
7. Utrum in intelligentiis possint esse duo prima	97
Commentum	99
8. Utrum sit una causa effectiva omnium	101
9. Utrum unius scientiae vel plurium sit considerare prima principia omnium	105
10. Quaeritur utrum unius scientiae sit considerare de omni substantia	107
11. Utrum ad eandem scientiam pertineat considerare de substantia et accidentibus substantiae	108
12. Utrum omnium sit causa una	109
Commentum	113
13. Quaeritur utrum sint substantiae praeter sensibiles quae sint eaedem specie cum illis	115
Commentum	117
14. Utrum genus sit principium vel pars speciei	119
Commentum	121
15. Utrum universalia sint in esse separata a singularibus	125
Commentum	129
16. An eadem sint principia corruptibilium et incorruptibilium	134
Commentum	137
17. Utrum ens sit substantia entis, ita quod praedicet substantiam entium	141
18. Utrum ex non ente ponere aliquid fieri ab aliquo agente sit contradictoria facere	143
19. Utrum incorruptibile possit esse principium corruptibilis immediate	144
20. Utrum sit eadem materia in corpore generabili et in corpore caelesti	146
Commentum	148
21. Utrum ens possit participari	149
Commentum	150
22. Utrum unum principium numeri sit praedicabile de magnitudine	151
23. Utrum ex uno fiat magnitudo	152
Commentum	152
24. Utrum superficies generetur	159
25. Utrum nunc in tempore sit aliud et aliud	160
26. Utrum nunc in tempore corrumpatur	161
Commentum	163
27. Quaeritur utrum primum principium sit actu vel potentia	164
28. Quaeritur utrum prima principia sint universalia vel particularia	166

Liber IV

Commentum	168
1. Quaeritur utrum unius scientiae sit speculari opposita	175
2. Quaeritur quomodo unum opponatur multo	176
Commentum	177
3. Quaeritur utrum philosophus habeat considerare de inaequali	177
4. Quaeritur utrum philosophus habeat considerare de contrario	178
Commentum	179

5. Quaeritur utrum idem, diversum, simile, dissimile etc. sint passiones entis secundum quod ens 179
Commentum 180
6. Quaeritur utrum philosophus in sui cognitione sit certissimus 183
Commentum 184
7. Quaeritur utrum in cognitione primi principii contingat errare 185
8. Quaeritur utrum primum principium sit notissimum 186
9. Quaeritur utrum primum principium naturaliter veniat ad habentem . . . 187
10. Quaeritur utrum opiniones contradictoriorum sint contrariae 189
11. Quaeritur utrum non de eodem simul esse et non esse sit primum principium aliarum dignitatum 189
Commentum 190
12. Quaeritur utrum qui interimit loquelam ponat loquelam 192
Commentum 192
13. Quaeritur utrum nomen significet aliquid naturaliter 194
14. Quaeritur utrum quid significet nomen possit doceri 195
15. Quaeritur utrum quid significet nomen possit haberi per rationem . . . 196
16. Quaeritur utrum nomen significet intellectum rei 197
17. Quaeritur utrum nomen significet quod quid est et substantiam rei . . . 198
18. Quaeritur utrum nomen possit significare infinita 199
19. Quaeritur utrum nomen possit significare plura 200
20. Quaeritur utrum, si homo significat animal bipes, necesse sit ipsum esse hoc 201
21. Utrum nomen idem significet et univoce, re existente et non existente . . 201
Commentum 203
22. Utrum accidens possit accidere accidenti essentialiter 204
23. Utrum omne accidens in substantia habeat causam propter quam inest . . 206
Commentum 208
24. Quaeritur utrum omnia sint accidentia 210
25. Quaeritur utrum qui dicit contradictoria esse simul vera aliquid dicat . . 217
26. Quaeritur utrum qui aestimat contradictoria aliquid aestimet 218
27. Quaeritur utrum qui dicit contradictoria differat a natis cogitare <qui non cogitant> 219
28. Quaeritur utrum aliquis ita mente possit disponi quod aestimet contradictoria 219
Commentum 220
29. Quaeritur utrum habens rationem probabilem quam nescit quis dissolvere ad aliquam conclusionem necesse habeat credere conclusioni illi 223
30. Quaeritur utrum habens rationes probabiles ad utramque partem contradictionis necessario habeat credere utrique 223
31. Utrum contraria possint esse simul in eodem in potentia 224
32. Utrum verum sit iudicandum multitudine vel paucitate 226
33. Utrum in iudiciis contrariis sensuum de sensibilibus sit iudicium cui est magis credendum 227
34. Utrum in opinionibus contrariis sit opinio cui est magis credendum . . 228
35. Utrum omnium sit ratio quaerenda 232
Commentum 234
36. <Utrum hoc sit inconveniens> quod omnia sint ad aliquid 235
Commentum 236
37. Quaeritur utrum aliqua oratio destruat seipsam 238
38. Utrum de eo quod transmutatur secundum id quod transmutatur vere possit aliquid enuntiari 241

Liber V

Commentum 242

1. Quaeritur utrum principium primo dicatur de fine	243
2. Utrum finis sit principium	243
3. Utrum nomen principii conveniat aliis per attributionem ad primum	244
4. Utrum malum sit finis	246
Commentum	246
5. Utrum materia sit causa rei	247
6. Quomodo forma sit causa	248
7. Utrum finis sit causa	249
8. Cui <causae> primo conveniat nomen causae	251
Commentum	253
9. Utrum efficiens sit causa finis et e converso	253
10. Utrum forma sit causa materiae quantum ad essentiam vel e converso	254
11. Quod a Primo non procedat nisi unum immediate	256
Commentum	258
12. Quaeritur utrum, si sit effectus in actu, necesse sit causam esse in actu	262
Commentum	264
13. Quaeritur utrum natura sit principium motus in eo in quo est per se et non secundum accidens	266
14. Quaeritur utrum naturam esse sit per se manifestum	270
15. Quaeritur utrum unum aliquid, per hoc quod compositum est ex materia et forma vel subiecto et accidente, possit seipsum transmutare	273
Commentum	279
16. Quod primo necessarium sit omnino simplex	281
Commentum	283
17. Utrum definitio necessarii sit bene data per impossibile non esse	284
Commentum	285
18. Utrum continuum sit cuius motus est unus	287
Commentum	288
19. Utrum unitas habeat positionem	292
Commentum	293
20. Utrum singulare sit singulare et unum numero per materiam	293
Commentum	298
21. Utrum accidens absolute sumptum sit ens per se vel per accidens	298
Commentum	299
22. Utrum musicum sit homo per accidens	300
Commentum	300

SIGERI DE BRABANTIA
QUAESTIONES IN METAPHYSICAM V-VII
(Reportation de Vienne)

Liber V

1. Utrum singulare sit singulare et unum numero et individuum per materiam tantum	303
2. Utrum individua eiusdem speciei, vel partes substantiae quantae, differant secundum substantiam vel solo accidente	309
3. Utrum nomen accidentis in concreto, ut album vel simum, significet multa	316
4. Utrum nomen accidentis in concreto prius significet subiectum quam accidens, vel e converso	319
5. Utrum potentia in communi sit principium transmutationis	321
6. Utrum potentia activa sit principium transmutandi alterum secundum quod alterum	323

Commentum 1 327
7. Utrum in animalibus universaliter sit appetitus ex cognitione 328
8. Utrum in appetitu hominis sit libertas 330
9. Utrum potentia materiae sit substantia materiae vel aliquod accidens eius ·331
Commentum 2. Utrum in animatis sit verius bonum quam in inanimatis . . 335
10-11. Utrum appetitus in brutis sit determinatus vel non. Utrum in brutis appetitus sit liber 336
Commentum 3 337
Commentum 4. Utrum scibile vel sensibile dicantur secundum se ad aliquid . . 343
Commentum 5. Utrum relationes et comparationes quas facit anima sint in entibus absque eo quod anima sit 343
Commentum 6. Utrum relatio sit in utroque extremo sicut in subiecto; utrum sit una relatio qua utrumque extremorum refertur ad alterum 344
Commentum 7. Utrum scientia dicatur ad aliquid secundum se, et in quo praedicamento sit 344
12. Utrum Primum Principium sit perfectum sic quod in eo sint perfectiones inventae in quocumque genere rerum 347
13. Utrum haec sit per se: Callias est homo vel Sortes est homo 349
14. Utrum haec sit per se: animal est homo 350
Commentum 8 352
15. Utrum extra illa quae sibi accidentaliter concurrunt sit causa per se et determinata, unitiva eorum quare ipsa sint simul et concurrunt, cum in eis non sit causa huius concursus 353

Liber VI

1. Utrum haec scientia consideret principia entis secundum quod ens. . . . 358
Commentum 1. Qualiter differt theologia quae est sacra scriptura a theologia quae est pars philosophiae 359
Commentum 2. Qualiter debet intelligi illud dictum Aristotelis, quod omnia naturalia sunt concepta cum materia sensibili inquantum sensibilis est, mathematica autem non 362
2. Utrum ens secundum accidens sit ens quod est raro 363
3. Utrum in caelestibus sit ens secundum accidens 365
4. Utrum ens ut in pluribus sit causa entis per accidens 367
5. Utrum ens per accidens habeat causam per se 368
6. Utrum ens per accidens possit sciri quando erit, et ut erit, vel quomodo erit 370

Liber VII

1. Utrum omnia quae eveniunt, de necessitate eveniant 374
2. Utrum alia entia a substantia habeant quod quid est 387
3. Utrum nomina abstracta accidentium, ut ambulatio et huiusmodi, significent aliquod ens 388
4. Utrum substantia cognitione praecedat ipsum accidens vel e converso . . 389
Commentum 1. Utrum scientia possit esse singularium vel particularium . . 390
Commentum 2 391
5. Utrum essentia materiae sit aliquod ens 392
6. Utrum materia sit substantia 395
Commentum 3. Utrum materia sit magis manifesta quam forma 395
Commentum 4. Utrum tantum debeat determinare de forma et non de materia vel composito 397
7. Utrum homo studiosus magis debeat studere ad bonum proprium quam ad commune 398

8. Utrum homo albus habeat quod quid est 400
9. Utrum accidens habeat rationem dicentem quod quid est 400
Commentum 5. Utrum accidens habeat quod quid est et rationem quae est definitio 404
Commentum 6 407
Commentum 7. Utrum in dictis secundum se, idem sit quod quid est et illud cuius est quod quid est 410
10. Utrum contingat intelligere accidens non intelligendo subiectum 412
11. Utrum substantia materialis sit idem cum suo quod quid est 415

APPENDICES

I. *Fragment de commentaire au Livre II de la Métaphysique* 417
II. *Fragment de commentaire au Livre VII de la Métaphysique* 425
III. *Siger de Brabant. Deux questions sur l'unité numérique des substances* . . 429
Introduction 429
1. Utrum substantia sit una numero singularis, non dicibilis de multis, ex materia 432
2. Utrum individua eiusdem speciei in materialibus vel partes substantiae quantae differant secundum substantiam vel solo accidente 438

Tables

Travaux cités au cours du volume 449
Table des noms de personnes 451
Table des matières 452

PHILOSOPHES MÉDIÉVAUX

I. C.A. GRAIFF, *Siger de Brabant. Questions sur la Métaphysique*, 1948. Épuisé.

II. R. ZAVALLONI, *Richard de Mediavilla et la controverse sur la pluralité des formes*, 1951, VI-551 p.

III. J.J. DUIN, *La doctrine de la providence dans les écrits de Siger de Brabant*, 1954, 504 p.

IV et X. É. VAN DE VYVER, *Henricus Bate. Speculum divinorum et quorundam naturalium*, I-II, 1960-1967, CX-260 et 302 p.

V. A. WALZ et P. NOVARINA, *Saint Thomas d'Aquin*, 1962, 246 p.

VI. B. MONTAGNES, *La doctrine de l'analogie de l'être d'après saint Thomas d'Aquin*, 1963, 212 p.

VII. Th. LITT, *Les corps célestes dans l'univers de saint Thomas d'Aquin*, 1963, 408 p.

VIII. A. PELZER(†), *Études d'histoire littéraire sur la scolastique médiévale*, 1964, 596 p.

IX. F. VAN STEENBERGHEN, *La philosophie au XIIIe siècle*, 1966, 594 p.

XI. M. GIELE, F. VAN STEENBERGHEN, B. BAZAN, *Trois commentaires anonymes sur le Traité de l'âme d'Aristote*, 1971, 527 p.

XII. A. MARLASCA, *Les Quaestiones super librum de causis de Siger de Brabant*, 1972, 211 p.

XIII. B. BAZAN, *Siger de Brabant. Quaestiones in tertium de anima. De anima intellectiva. De aeternitate mundi*, 1972, 80*-151 p.

XIV. B. BAZAN, *Siger de Brabant. Écrits de logique, de morale et de physique*, 1974, 196 p.

XV. J. ZWAENEPOEL, *Les Quaestiones in librum de causis attribuées à Henri de Gand*, 1974, 160 p.

XVI. H. HUBIEN, *Iohannis Buridani Tractatus de consequentiis*, 1976, 138 p.

XVII. J. HAMESSE, *Les Auctoritates Aristotelis. Un florilège médiéval. Étude historique et édition critique*, 1974, 351 p.

XVIII. F. VAN STEENBERGHEN, *Introduction à l'étude de la philosophie médiévale*, 1974, 611 p.

XIX. F. VAN STEENBERGHEN, *La bibliothèque du philosophe médiéviste*, 1974, 537 p.

XX. A. MICHEL, *In hymnis et canticis. Culture et beauté dans l'hymnique chrétienne latine*, 1976, 412 p.

XXI. F. VAN STEENBERGHEN, *Maître Siger de Brabant*, 1977, 442 p.

XXII. R. HISSETTE, *Enquête sur les 219 articles condamnés à Paris le 7 mars 1277*, 1977, 337 p.

XXIII. F. VAN STEENBERGHEN, *Le problème de l'existence de Dieu dans les écrits de S. Thomas d'Aquin*, 1980, 375 p.

XXIV. W. DUNPHY, *Siger de Brabant. Quaestiones in Metaphysicam*, 1981, 457 p.

Sous presse:

XXV. A. MAURER, *Siger de Brabant. Quaestiones in Metaphysicam* (reportations de Cambridge et de Paris).